Andrea Riccardi

Johannes Paul II.

Andrea
Riccardi

Johannes Paul II.

Die Biografie

echter

Titel der Originalausgabe:
Giovanni Paolo II° – La biografia

Übersetzt aus dem Italienischen von Antje Peter
Redaktion: Susanne Bühl

Bibliografische Information der Deutschen Nationalbibliothek
Die Deutsche Nationalbibliothek verzeichnet diese Publikation in der Deutschen Nationalbibliografie; detaillierte bibliografische Daten sind im Internet über <http://dnb.d-nb.de> abrufbar.

www.echter-verlag.de
Umschlag: Peter Hellmund (Foto: © KNA-Bild, Bonn)
Druck und Bindung: Friedrich Pustet KG, Regensburg
ISBN 978-3-429-03412-2

Inhalt

Vorwort

Johannes Paul II. war eine bedeutende Gestalt des 20. Jahrhunderts – und ein entsprechender Platz in den Geschichtsbüchern ist ihm sicher. Allerdings gehörte er zugleich auch dem neuen Jahrtausend an; er starb nach dessen Beginn, und sein religiöses Vermächtnis ist nach wie vor lebendig. Als Zeuge der komplexen Geschichte der polnischen Nation und als Protagonist auf der Weltbühne während eines Zeitraums von siebenundzwanzig Jahren war Karol Wojtyła nicht nur eine entscheidende Persönlichkeit in der Religionsgeschichte der Gegenwart, sondern auch eine Führergestalt, die die Kirche ins Zentrum der Geschichte gerückt hat. Zu seinem Begräbnis kamen denn auch die Mächtigen dieser Erde, die Vertreter der Weltreligionen und mit ihnen unzählige Menschen. Gebannt verfolgte die ganze Welt das Ereignis. Dieses große Interesse zeigte noch einmal, wie entscheidend Johannes Paul II. die Kirche und die Gläubigen geprägt und wie sehr er als international geschätzte Persönlichkeit den Nerv der Zeit getroffen hatte.

Als er 1978 zum Papst gewählt wurde, sah sich Johannes Paul II. mit der Krise des Katholizismus, einer säkularisierten westlichen Welt und mit einem vielgestaltigen Marxismus konfrontiert. Jedermann wird sich an seine erste Botschaft erinnern, die das Wort des Evangeliums aufgriff: „Habt keine Angst!" Tatsächlich glaubte er fest an die religiösen und spirituellen Energien seiner Kirche und der ganzen Menschheit, auch und gerade in der Auseinandersetzung mit politischen Systemen, die über andere, weitaus schärfere „Waffen" verfügten. Benedikt XVI. hat mir einmal über seinen Vorgänger gesagt: „Er stammte aus einem leidgeprüften Volk, dem polnischen, das in seiner Geschichte harten Proben ausgesetzt war. Und gerade von diesem leidenden Volk ging, nach all den Verfolgungen, die Kraft der Hoffnung aus."

Für die Christen und viele andere Menschen repräsentierte Karol Wojtyła diese „Kraft der Hoffnung“, die im Schmelztiegel des Zweiten Weltkrieges und nicht zuletzt im Geschick seines eigenen Landes sichtbar geworden war. Als Papst hat er diese Kraft in immer größeren, meist komplexen und durchaus widersprüchlichen Konstellationen eingesetzt, in die zu begeben er sich nie gescheut hat. Der Niedergang der Kirche und der Religionen, wie er im Denken des Zwanzigsten Jahrhunderts häufig als unvermeidlich vorausgesehen wurde, war für ihn kein Anlass zur Resignation. Im Gegenteil: Er ahnte wohl, dass die Religionen der Welt, wenn auch in vielschichtiger Weise, wieder aufleben würden.

Mehr als zehn Jahre lang hat sich Johannes Paul II. mit dem Kommunismus auseinandergesetzt – bis zum Fall der Mauer. So könnte man ihn durchaus als „Sieger“ über das Sowjetimperium bezeichnen, dem die meisten Beobachter in den siebziger und achtziger Jahren bekanntlich noch ein langes Leben vorausgesagt hatten. Also ein politischer Papst? Wem die spirituelle Dimension, die mystische Seite Karol Wojtyłas und die Tiefe seines Betens vertraut sind, kann nur das Gegenteil bestätigen. Der Glaube stand im Mittelpunkt seines Pontifikats, und es war die Verkündigung der Frohen Botschaft auf dem ganzen Erdkreis, um die es ihm vor allem ging. Zugleich war Johannes Paul II. freilich davon überzeugt, dass das Christentum eine befreiende Kraft für alle Menschen und Völker in sich trage. Gerade in seiner spirituellen Ausrichtung konnte das Christentum so die Geschichte der Nationen berühren und verändern. Ein Beispiel hierfür ist sicherlich die Befreiung Polens vom Kommunismus, bei der Johannes Paul II. eine wichtige Rolle gespielt hat.

Im Jahr 2003 erklärte der inzwischen alte und kranke, weltweit hochgeehrte Karol Wojtyła bei einem Empfang des Diplomatischen Corps im Vatikan: „Alles kann sich verändern. Es hängt nur von jedem Einzelnen ab. Jeder kann in sich das eigene Glaubenspotenzial entwickeln [...]. Deshalb ist es möglich, den Lauf der Ereignisse zu beeinflussen." Darauf vertraute er. Gewiss, auch Johannes Paul II., der so viele Siege errungen hat, waren Niederlagen und Rückschläge nicht fremd: Krieg und Gewalt – vom Irak bis nach Ruanda –, die Kritik an seiner Haltung zum ungeborenen Leben, die Widerstände gegen seine Predigt bis in die postkommunistische Zeit Polens hinein, und anderes mehr. Doch er wusste, dass es im komplexen Zeitalter der Globalisierung keinen dauerhaften Sieg geben würde. Auch aus christlicher Perspektive war ihm dies klar. Sein Leben war daher ein Kampf, den er mit Hartnäckigkeit zu bestehen wusste. Dieser Kampf, den er mit großer Gelassenheit geführt hat, ist auch ein wichtiger Schlüssel, um zu verstehen, wie Johannes Paul II. sein Amt lebte. „Ich habe ihn leidend gesehen, aber nicht traurig", hat Benedikt XVI. einmal über ihn gesagt.

Karol Wojtyła hat in ganz unterschiedlichen Zusammenhängen gewirkt, sie reichten von Polen über Rom bis in die weite Welt hinein. Gleichwohl ist seine Lebensgeschichte weniger von existenziellen Brüchen als vielmehr von einer tiefgreifenden Kontinuität gekennzeichnet, die seiner Religiosität und der Fähigkeit entsprang, mit verschiedenen Menschen und neuen Situationen umzugehen. Als Inhaber eines hohen Amtes war er bis zuletzt daran interessiert, aus der Begegnung mit anderen zu lernen. Sein polnischer Freund Jerzy Turowicz hat einmal über ihn bemerkt: „Auch wenn er das Oberhaupt der katholischen Kirche ist, Weltbürger und Europäer, so hat Johannes Paul II. doch niemals aufgehört, ein Pole und Krakauer zu sein." Ein Krakauer? Um die Geschichte dieses Mannes und den Einfluss seines Pontifikats ganz zu verstehen, ist es meiner Ansicht nach notwendig, seine Biografie, die mit leidvollen historischen Ereignissen verknüpft war, Schritt für Schritt in Augenschein zu nehmen.

Der polnische Historiker Bronisław Geremek, ein Anführer der Solidarność-Bewegung, beschrieb die Geschichte gemäß einer großen historiografischen Tradition in Europa einmal

als „eine Mischung aus Wissenschaft und Poesie". Den Lebensweg Karol Wojtyłas nachzuvollziehen, einen Lebensweg, der lang und vielgestaltig war und voller bedeutender Ereignisse auf dem Hintergrund verschiedenster Szenarien, erfordert daher nicht nur einen „wissenschaftlichen" Zugang (viele Archive sind im Übrigen noch nicht zugänglich), nicht nur die Fähigkeit, Fakten richtig zu interpretieren und sie angemessen wiederzugeben. Ebenso wichtig ist es, die kulturelle Prägung und die inneren Beweggründe dieses Mannes zu durchdringen und sich dabei stets der spirituellen Energien bewusst zu sein, die er freisetzte. Angesichts der Größe und der Bedeutung Johannes Pauls II. habe ich beim Verfassen dieses Buchs tiefe Verantwortung und Freude empfunden. Das Ziel dieser Biografie kann jedoch nicht darin bestehen, ein Monument zu errichten. Vielmehr geht es darum, die Persönlichkeit des Papstes und die Zeit, in der er gelebt hat, zu verstehen und damit auch die Geschichte unserer eigenen Epoche besser zu begreifen.
Zum Schluss möchte ich mich, im Bewusstsein der Komplexität im Leben Karol Wojtyłas, seiner Zeit und seiner Kirche, auf den großen russischen Denker Pavel Florenskij berufen, der einmal gesagt hat, er wisse, dass er sich während des Schreibens verlieren werde, da er niemals all das, was er in seinem Bewusstsein habe, auf einmal werde sagen können.

Mein besonderer Dank gilt Papst Benedikt XVI., mit dem ich ein aufschlussreiches Gespräch über seinen Vorgänger führen durfte. Neben den verschiedenen Archivdokumenten, die ich im Laufe dieser Arbeit benutzen konnte, haben mir viele Menschen bereitwillig von ihren eigenen Erfahrungen mit Karol Wojtyła erzählt. Einige von ihnen sind noch vor Fertigstellung des Buches verstorben. Ihnen allen möchte ich meinen Dank aussprechen, weil sie mir geholfen haben, nähere Einblicke in die Welt dieses Papstes zu gewinnen. Besonders hervorzuheben sind in diesem Zusammenhang die Erinnerungen des Privatsekretärs von Johannes Paul II., Kardinal Stanisław Dziwisz. Schließlich waren auch die Gespräche, die ich selbst seit 1979 mit Karol Wojtyła geführt habe, von besonderer Bedeutung für dieses Werk.

Abschließend kann ich nicht umhin, unter den vielen Menschen, die mir bei der Entstehung dieses Buches geholfen haben, Adriana Gulotta zu nennen, die sich maßgeblich um die Korrektur des Textes gekümmert hat, sowie Massimiliano Signifredi, der entscheidend zur Aufarbeitung der polnischen Geschichte beigetragen hat.

Andrea Riccardi

I

Das Geheimnis Wojtyła

Ein Ausländer

Ist es ein Afrikaner? Das fragten sich die Menschen an jenem frühen Abend des 16. Oktober 1978 auf dem Petersplatz, als Kardinal Pericle Felici, es war nach 18 Uhr, den Namen des Erwählten in lateinischer Sprache, mit unverkennbar römischem Akzent freilich, bekannt gab: „Nuntio vobis gaudium magnum. Habemus papam. Eminentissimum atque Reverendissimum Carolum Sanctae Romanae Ecclesiae Cardinalem Wojtyła, qui sibi nomen imposuit Ioannem Paulum II." Es handelte sich nicht um Carlo Confalonieri, den über achtzigjährigen Kardinaldekan, wie man im ersten Moment dachte, als der Name „Carolum", also Carlo, fiel. Aufgrund seines fortgeschrittenen Alters hatte der Dekan des Kardinalkollegiums nicht am Konklave teilnehmen dürfen, verfolgte die Verkündung nun jedoch von seiner Terrasse oberhalb des Petersplatzes aus. Es handelte sich aber auch nicht um einen Afrikaner, wie dies die besondere Aussprache des Nachnamens hätte vermuten lassen können. Neuer Papst war vielmehr der Erzbischof von Krakau: der erste Nicht-Italiener seit 1523, also seit dem Tod Hadrians VI., eines Holländers aus Utrecht. Die Überraschung war gelungen.
Warum hatten die Kardinäle mit einer Tradition gebrochen, die mehr als vier Jahrhunderte überdauert hatte? Gewiss, bereits während des gut zwanzig Jahre zuvor zu Ende gegangenen Zweiten Vatikanischen Konzils waren Stimmen laut geworden, die den ausgesprochen italienischen Charakter der römischen Kurie kritisierten. Und Papst Paul VI. (1963–1978) begann nach dem Konzil tatsächlich damit, die Kurie zu internationalisieren, indem er Jean-Marie Villot, einen französi-

schen Kardinal, zum Staatssekretär ernannte. Nach dem Tod Pauls VI. allerdings knüpfte das Kardinalskollegium an ältere Traditionen an und wählte einen Italiener zum Nachfolger. Es handelte sich um den Patriarchen von Venedig, Albino Luciani, der allerdings nach nur dreiunddreißig Tagen im Amt plötzlich verstarb. Die im Oktober 1978 neuerlich nach Rom berufenen Kardinäle befanden sich in einer Situation, die die britische „Times" treffend als *The Church in Shock*[1] bezeichnet hat. Nun musste ein Nachfolger gefunden werden, der in der Lage war, eine gewissermaßen noch benommene Kirche zu führen. Luciani hatte zum Typus des „guten Hirten" gehört; vielleicht bedurfte es jetzt aber einer stärkeren Persönlichkeit, um die Kirche aus ihrer nachkonziliaren Krise herauszuholen. Dabei sprach, ohne dass dies beschlossene Sache gewesen wäre, zunächst vieles für die Wahl eines Italieners: die Tradition, der Universalismus, die Unabhängigkeit von nationalen Einzelinteressen, nicht zuletzt auch die Gewohnheit der Kirchenregierung. Allerdings sollte es sich um einen Hirten handeln, einen residierenden Bischof also, und nicht um einen Vertreter der Kurie, die im nachkonziliaren Prozess vielfach als zu bürokratisch betrachtet wurde. Im Übrigen waren alle Päpste im zwanzigsten Jahrhundert zum Zeitpunkt ihrer Wahl aktive Bischöfe gewesen – mit Ausnahme Pius' XII., der als Staatssekretär auf den Stuhl Petri gelangte. Warum also wählten die Kardinäle trotzdem einen Nicht-Italiener – und noch dazu einen Polen? Unter den Italienern gab es sehr wohl geeignete Kandidaten wie etwa Kardinal Colombo, den Nachfolger Montinis in Mailand, oder den römischen Kardinalvikar Poletti. Auch der Erzbischof von Neapel, Kardinal Ursi, wäre sicher in Frage gekommen. Zwei Namen allerdings stachen von Anfang an hervor: Kardinal Siri, der Erzbischof von Genua, der bereits als Wunschkandidat Pius' XII. gegolten hatte, doch bei dessen Tod im Jahr 1958 noch zu

[1] „The Church in Shock", in: „Times" vom 9. Oktober 1978.

jung gewesen war, um seine Nachfolge anzutreten, und Kardinal Benelli, seit kurzem Erzbischof von Florenz, der unter Paul VI. entscheidend zur Reform der Kurie beigetragen hatte und als angesehener, aber zugleich autoritär agierender Substitut unter Staatssekretär Villot bekannt geworden war. Der Gegensatz zwischen den beiden hätte nicht größer sein können, und er betraf nicht nur ihre Ansichten über die Zukunft der Kirche, sondern auch über die italienische Innenpolitik. Siri hatte sich einer Linksöffnung der *Democrazia Cristiana* und dem „historischen Kompromiss" zwischen Christdemokraten und Kommunisten, den Aldo Moro mit Zustimmung Pauls VI. geschlossen hatte, stets verweigert. Im Mai 1978 war Moro dann von den *Brigate Rosse*, den Roten Brigaden, ermordet worden, und Siri wurde nicht müde zu betonen, dass die politische und moralische Krise Italiens gerade aus der Öffnung der DC nach links und ihrem Zugehen auf die Kommunisten resultierte. Benelli, ein Freund Amintore Fanfanis, eines führenden Politikers der *Democrazia Cristiana*, hatte hingegen die Mitte-Links-Politik unterstützt. Nicht von ungefähr sandte Kardinal Ratzinger, während das Konklave immer näher rückte, ein klares Signal aus: Die Wahl des Papstes dürfe nicht in die Auseinandersetzung über politische Fragen Italiens oder jenen „historischen Kompromiss" hineingezogen werden. Und der Unmut über eine zu enge Verknüpfung von Papsttum und inneritalienischen Angelegenheiten, wie er hierin zum Ausdruck kam, wurde von vielen Kardinälen geteilt.

Die Debatte im Vorfeld des Konklave reichte denn auch weit über die Beschäftigung mit den italienischen Befindlichkeiten hinaus und konzentrierte sich ganz auf die Zukunft der Kirche. An diese Diskussionen zu erinnern soll daher nicht bezwecken, Gerüchte in die Welt zu setzen – auch wenn ein Konklave allein aufgrund seiner Geheimhaltung immer eine gewisse Faszination auf die öffentliche Meinung ausübt. Vielmehr gilt es zu betonen, dass vor dem Konklave ausführlich über Lage und Zukunft der Kirche debattiert wurde. Nur so kann der Rahmen abgesteckt werden, in dem die Wahl schließlich auf Karol Wojtyła fiel. Die Rede war von einer schweren, seit mindestens zehn Jahren anhaltenden Krise, die mit innerkirchlichen Protestbewegungen ihren Anfang genommen und die älteste Institution der westlichen Welt in einem unvorstellbaren Ausmaß getroffen hatte. Hinzu kam, dass diese Krise nicht von äußeren Faktoren hervorgerufen worden war – wie etwa bei der Französischen Revolution – oder von der Politik laizistischer Staaten, sondern in der Kirche selbst wurzelte. Unterschiedlichste Aspekte wie Hierarchie, Tradition, Lebensformen, Entscheidungen und Liturgie wurden öffentlich kritisiert. Eine spontane Bewegung, bestehend aus kleinen Gruppen und Zusammenschlüssen, schien sich im Stil der 68er-Bewegung als zeitgemäße Alternative zur hierarchischen Institution Kirche anzubieten. Auch die Berufungen zum Priesteramt und zum Ordensleben gingen deutlich zurück. Viele Priester schieden aus ihrem Amt aus, und die Diskussion über den Zölibat erreichte eine bislang ungekannte Intensität. Darüber hinaus ging auch die Zahl der Gottesdienstbesucher im Westen spürbar zurück, und dies konnte durchaus als Ausdruck einer schleichenden Entfremdung vom Glauben und den Ritualen der Kirche verstanden werden. Das Pontifikat Pauls VI. stand, zumindest seit 1968, im Zeichen dieser Krise.[2]

Zwei italienische Kandidaten

Wie sollte man nun aus dieser Krise herauskommen? Kardinal Siri erklärte in einem Interview, das kurz vor dem Beginn des Konklave – allerdings unautorisiert – veröffentlicht

---

[2] Vgl. A. Riccardi, Il potere del papa. Da Pio XII a Giovanni Paolo II, Rom, Bari 1993.

wurde, ein Ausweg sei nur in einer Wiederherstellung der kirchlichen Disziplin beziehungsweise des Katholizismus insgesamt zu finden. Der Erzbischof von Genua, der dem Kirchenverständnis Pius' XII. nahestand, hatte die von Paul VI. durchgeführten Reformen mit innerer Distanz verfolgt. Er war bekannt für seinen entschlossenen Führungsstil und darüber hinaus darauf bedacht, Entwicklungen rückgängig zu machen, in denen er nur nebulöse neoprotestantische Tendenzen wahrzunehmen glaubte. Nicht von ungefähr veröffentlichte er seine theologischen Vorstellungen in der Zeitschrift „Renovatio", die als Gegengewicht zum progressiven „Concilium" gegründet worden war. Kardinal Siri war der Auffassung, der vielbeschworene „Geist des Konzils" werde nur deutlich, wenn man die Texte des Zweiten Vatikanischen Konzils in der Tradition des Ersten Vatikanums und des Konzils von Trient interpretiere. Das Zweite Vatikanische Konzil sei als Anpassung an die Welt interpretiert worden. Die nachkonziliaren Strömungen entsprächen einer 68er-Bewegung in der Kirche und hätten eine revolutionäre Atmosphäre in diese hineingetragen, in der nun alles zur Disposition gestellt werden könne.[3]

Siri hatte die fünfzehn Jahre des Montini-Pontifikats in seiner Diözese Genua verbracht, fernab von der neuen Entwicklung, und deshalb wohl umso entschiedener in seinen Überzeugungen. 1978 schien der Zeitpunkt gekommen, sein Rezept für die Bewältigung der Krise vorzustellen: die Wiederherstellung der „katholischen Tradition" sowie die Beendigung der nachkonziliaren Debatte, die im Zuge des Zweiten Vatikanums zu einer schleichenden, wenn auch möglicherweise ungewollten „Protestantisierung" der Kirche geführt und sie schließlich in die Krise gestürzt habe. Die Zeitungen interpretierten Siris unausgesprochene Kandidatur für den

---

[3] Vgl. B. Lai, Il papa non eletto. Giuseppe Siri cardinale di Santa Romana Chiesa, Rom, Bari 1993; N. Buonasorte, Siri, Tradizione e Novecento, Bologna 2006; Siri, la Chiesa, l'Italia, hg. v. P. Gheda, Genua, Mailand 2009.

päpstlichen Stuhl daher unumwunden als „konservativ". Sie erschien jedoch nicht nur den Kardinälen hilfreich, die mehr an die Vergangenheit gebunden waren, sondern auch denen, die sich über die Unruhe jener Jahre Sorgen machten. Siris Kontrahent war Kardinal Benelli. Den Konflikt mit Siri hatte der Erzbischof von Florenz gewissermaßen von Paul VI. übernommen. Mit dessen Wahl zum Papst 1963 hatte Siri zwar seine Vorrangstellung unter den italienischen Bischöfen, wie er sie unter Pius XII. und Johannes XXIII. besessen hatte, weitgehend eingebüßt. Allerdings pflegte der Montini-Papst einen persönlichen Kontakt zu Siri, um ihn nicht zu sehr auszugrenzen. An der treuen Ergebenheit des Kardinals von Genua konnte in seinen Augen kein Zweifel bestehen, auch wenn Siri, wie gesagt, keineswegs mit dem postkonziliaren Programm übereinstimmte.

Benelli hingegen stand voll und ganz hinter dem postkonziliaren Kurs Montinis, ja, man könnte ihn sogar als dessen Speerspitze bezeichnen. Als Mann der Kurie, der erst seit kurzem einer Diözese vorstand, verfügte er jedoch nicht über die intellektuelle und spirituelle Ausstrahlung eines Paul VI.[4] Gleichwohl trafen sich am 11. Oktober 1978 fünfzehn Kardinäle im französischen Seminar in Rom, unter ihnen Marty, Arns und Lorscheider, um über das bevorstehende Konklave zu beraten. Gemeinsam gingen sie die Namen der italienischen Kandidaten durch und verständigten sich schließlich auf Benelli – nicht zuletzt um die Wahl Siris zu verhindern, der nach ihrem Dafürhalten zu rückschrittlich war und eine letztlich restriktive Interpretation des Konzils vertrat. Benelli wurde so zum Kandidaten der „Progressiven". Allerdings hatte der Erzbischof von Florenz sowohl unter italienischen Kardinälen als auch unter Angehörigen der Kurie, die ihm nicht nur seine Nähe zur Politik, sondern auch seinen autori-

[4] Vgl. A. Riccardi, Art. Benelli Giovanni, in: Dizionario Biografico degli Italiani, Rom 1988, S. 340–345.

tären Führungsstil als Substitut ankreideten, entschiedene Gegner. Wieder andere waren der Ansicht, Benellis Ernennung zum Erzbischof von Florenz im Jahr 1977 sei nichts anderes gewesen als eine Begünstigung durch Paul VI., der ihm dieses Hirtenamt, das ihm gewissermaßen noch im Lebenslauf fehlte, verschafft habe, um ihn als Nachfolger auf dem päpstlichen Stuhl ins Spiel zu bringen. Die Geschichte schien sich zu wiederholen, hatte doch Pius XII. im Jahr 1954 niemand anderen als Montini zum Erzbischof von Mailand ernannt, um ihm einen Wechsel aus dem Staatssekretariat zu ermöglichen und ihn auf diese Weise *papabile* zu machen.[5] Mit der Nominierung Benellis zum Erzbischof von Florenz war man übrigens in der Kurie, dem harten Regiment des Substituts überdrüssig, durchaus zufrieden. Poletti etwa, der Kardinalvikar von Rom, hat zu dieser Entscheidung bemerkt, jetzt werde alles anders, und man werde endlich in Frieden arbeiten können.[6] Während des kurzen Pontifikats von Johannes Paul I. hatte dann die Ernennung Benellis zum Staatssekretär im Raum gestanden, was allerdings auf deutliche Kritik gestoßen war. Hätte die Kurie nun eine Rückkehr Benellis als Papst akzeptiert?

Der autoritäre Ruf Benellis ging nicht zuletzt auf die unbeliebten Maßnahmen zurück, die er im Auftrag Pauls VI. als Substitut durchsetzte. In den Kreisen, die gegen den Reformkurs des Montini-Papstes Front machten – beispielsweise in den Überresten des „Partito Romano“, der in der Kurie unter Pius XII. eine wichtige Rolle gespielt hatte – stießen sie einhellig auf Ablehnung. In ökumenischen Zirkeln und in anderen katholischen Zusammenhängen, etwa in Brasilien, galt Benelli hingegen als fähiger Mann, der auch Positionen vertrat, die in Rom nicht sonderlich geschätzt wurden.[7] In Italien

---

5 Zur Angelegenheit Montini vgl. A. Riccardi, Il partito romano. Politica italiana Chiesa cattolica e Curia romana da Pio XII a Paolo VI, Brescia 2007.
6 Gespräch des Autors mit Kardinal Poletti.
7 Gespräch des Autors mit Kardinal Arns und Monsignore Duprey.

allerdings stieß er bei nicht wenigen kritischen Katholiken auf Ablehnung – nicht zuletzt deshalb, weil er sich 1974 für das Referendum zur Abschaffung der Ehescheidung eingesetzt hatte und mit der DC sympathisierte. Die italienische Presse sah in ihm keinen fortschrittlichen Vertreter der Kirche. Dennoch stand Benelli im Grunde für eine Kontinuität zum Reformprogramm Montinis. Die Frage aber war, ob es genügte, den Montini-Kurs gewissermaßen ohne Paul VI. fortzuführen, um die Krise zu bewältigen.

Nach Paul VI., dem Papst der großen Krise

Papst Paul VI. hatte es sich zur Aufgabe gemacht, die Beschlüsse des Zweiten Vatikanischen Konzils umzusetzen, wobei er die Probleme, die Menschen und die Strukturen im Vatikan und in der Kirche sehr genau kannte. Die Regierung nahm er weitestgehend selbst in die Hand, standen ihm doch zwei eher zurückhaltende Staatssekretäre zur Seite: der inzwischen in die Jahre gekommene Kardinal Amleto Cicognani, der das Amt bereits unter Johannes XXIII. bekleidet hatte, und der Franzose Jean-Marie Villot, der den römischen Apparat nur wenig kannte. Hinter der Nominierung Villots – einem Zugeständnis an den französischen Katholizismus und zugleich Ausdruck einer stärkeren Internationalisierung der Kurie – stand vermutlich Montinis Wille, die Leitung der Kirche persönlich in die Hand zu nehmen, wie es im Übrigen auch Pius XII. gehandhabt hatte, der gleichsam sein eigener Staatssekretär gewesen war. In den vielen Jahren, die Montini unter Pius XI. und Pius XII. im Staatssekretariat gearbeitet hatte, war er zu der Überzeugung gelangt, eine Reform der Kirche sei dringend notwendig.[8] Seine Erfahrung als Erzbi-

---

[8] Zu dieser Zeit siehe die wichtige Einführung von L. Pazzaglia in G. Montini/G.B. Montini, Affetti familiari spiritualità e politica. Carteggio 1900–1942, hg. v. L. Pazzaglia, Brescia, Rom 2009.

schof von Mailand hatte ihm darüber hinaus nicht nur die Augen für die Säkularisierung im Westen geöffnet, sondern auch für die Notwendigkeit einer neuen Evangelisierung. Von da an war ihm bewusst, dass der Westen die Herausforderung annehmen musste, den Weg der Evangelisierung von Neuem einzuschlagen.

Seine Idee einer Reform war – wenn man so will – an die Vision eines „aufgeklärten Souveräns" geknüpft. Wäre er bereits 1958 zum Papst gewählt worden, wie dies einige gehofft hatten (allerdings war er von Pius XII. nicht zum Kardinal erhoben worden), hätte Montini möglicherweise überhaupt kein Konzil einberufen. Dies geht jedenfalls aus seinen Einschätzungen hervor, die er anlässlich der Entscheidung Johannes XXIII., ein ökumenisches Konzil abzuhalten, äußerte.[9] Allerdings hat er das Zweite Vatikanum nach dem Tod des Roncalli-Papstes mit persönlichem Einsatz bis zum Schluss geleitet. Die Reformen, wie sie durch das Konzil beschlossen worden waren, sollten es der Kirche ermöglichen, vor der modernen Welt über den Glauben zu sprechen. In diesem Sinne äußerte sich Montini – mittlerweile zum Papst gewählt – auch bei der Eröffnung der zweiten Sitzungsperiode des Konzils:

> In dieser Sicht will das Konzil ein frühlingshaftes Wiederaufleben ungeheurer geistiger und moralischer Energien sein, die gleichsam im Schoß der Kirche verborgen sind; es offenbart sich als ein entschlossener Vorsatz zu einer Verjüngung, sei es ihrer inneren Kräfte, sei es der Normen,

[9] Vgl. A. Riccardi, Il potere del papa. Zu Montini in Mailand siehe A. Majo, G.B. Montini arcivescovo, Mailand 1983; L. Crivelli, Montini arcivescovo a Milano, Cinisello Balsamo 2002; A. Riccardi, Vescovi d'Italia, Cinisello Balsamo 2002. Montini vertraute La Pira an, es wäre möglicherweise besser gewesen, einen informellen Workshop über die Kirchenreform in der Fondazione Cini anzusetzen, anstatt das Konzil zu riskieren. Siehe hierzu E. Balducci, Il cerchio che si chiude, Genua 1986, S.76.

> welche ihre rechtlichen Strukturen und rituellen Formen regeln.[10]

Zwei Jahre später hat Paul VI. das Konzil dann, in eleganter Diktion, mit folgenden Worten geschlossen:

> Die Kirche des Konzils, ja, sie hat sich mit sich selbst und mit der Beziehung befasst, die sie mit Gott vereint, aber abgesehen davon auch mit dem Menschen, als der er sich heute präsentiert: als der lebendige Mensch, der ganz mit sich selbst beschäftigte Mensch, der Mensch, der sich nicht nur ins Zentrum jeden Interesses rückt, sondern der es sogar wagt, sich als Prinzip und als Grund jeder Wirklichkeit zu bezeichnen.[11]

Unter Paul VI. verkündete das Zweite Vatikanum die Botschaft einer christlichen Menschlichkeit. Dabei ging es dem Papst vor allem darum, die Energien der Kirche wiederzuerwecken. Bereits während des nachkonziliaren Prozesses stieß er allerdings auf deutliche Hindernisse. In den sechziger Jahren vollzog sich in der westlichen Welt ein kultureller Wandel, der, um es mit Olivier Clément zu sagen, von einer Mischung aus Freudianismus und Marxismus geprägt war. Die 68er-Bewegung war eine anthropologische und kulturelle Revolution, die die Freiheit des Individuums ins Zentrum rückte, getragen von den westlichen Konsumgesellschaften, in denen jeder Sinn für Grenzen aufgehoben war und im Grunde fast alles möglich schien. Infolgedessen setzten sich neue Lebensformen durch, die sich von der Vergangenheit

[10] Eröffnungsansprache der zweiten Sitzungsperiode vom 29. September 1963 durch Paul VI. In: Papst Paul VI. an die Welt. Ansprachen und Botschaften 1963–1969. Hg. v. K. Kraemer, mit einem Vorwort v. J. K. Döpfner, Osnabrück 1970, S. 37.

[11] Schlussansprache vom 7. Dezember 1965 in: Il Concilio Vaticano II. Documenti, Bologna 1966, S. 1084.

ebenso distanzierten wie von Traditionen und Institutionen. Es war eine Zeit der diffusen Kritik, der Lust auf Neues, der Utopie und der sexuellen Freiheit. Es war auch der Beginn einer Krise der Familie, brach man doch nun grundsätzlich mit althergebrachten Vorstellungen. Die sechziger Jahre lösten daher eine Bewegung aus, die sich in allen Bereichen des Lebens gegen Traditionen und Institutionen richtete. Die emotionale Dimension der 68er-Bewegung wirkte sich auch auf die Rezeption des Zweiten Vatikanums aus, das die katholische Basis hauptsächlich über Medien und Presse erreichte und weniger, wie bei den vorangegangenen Konzilien, über die Verlautbarungen des kirchlichen Lehramts. Mit dem Zweiten Vatikanischen Konzil sollte für die Kirche eine neue Phase des Aufbruchs beginnen. Allein, das II. Vatikanum, so hat es der französische Intellektuelle André Glucksmann formuliert, „wollte die Kirche für die Welt öffnen, die alte Welt aber hat sich der Kirche verschlossen."[12] Mit der nachkonziliaren Krise der Kirche schien sich ein Axiom zu bewahrheiten, das einen großen Teil der westlichen Kultur prägte: Der Siegeszug der Moderne würde endgültig den Untergang der Religionen auf allen gesellschaftlichen Ebenen herbeiführen. War dies das Ende der Kirche?

Im Jahr 1977 veröffentlichte der französische Historiker Jean Delumeau ein Buch, das das zentrale Problem bereits im Titel benannte: „Stirbt das Christentum?"[13] Doch das Krisenbewusstsein beschränkte sich nicht nur auf einen kleinen Kreis von Gelehrten und Geistlichen, sondern war in der öffentlichen Meinung und unter den Gläubigen weit verbreitet. Gesellschaftliche Debatten waren mit Macht in die Kirche eingedrungen, die sich wie nie zuvor mit der öffentlichen Meinung auseinandersetzen musste. Unter einigen kritisch gesinnten Katholiken, den sogenannten „Progressiven",

---

[12] A. Glucksmann, La troisième mort de Dieu, Paris 2000, S. 20.
[13] Jean Delumeau, Stirbt das Christentum?, Freiburg im Breisgau 1978.

schob man die Verantwortung für die Krise dem Montini-Papst zu, der die Reformen des Konzils unzureichend umgesetzt habe. Die Kirche, so lautete ihre Forderung, solle sich der modernen Welt noch entschiedener öffnen, Freiheit und Demokratie fördern, wichtige historische Gelegenheiten nicht versäumen und sich engagierter für die Befreiung unterdrückter Menschen einsetzen.

Dem zerbrechlich wirkenden Paul VI. aber, mit seiner geschliffenen Ausdrucksweise, bereitete es zunehmend Mühe, sich mit einer Welt auseinanderzusetzen, die sich seit 1968 im Wandel befand. Doch das Problem reichte ja über die Figur des Papstes hinaus. Stand tatsächlich das Ende des Christentums insgesamt oder zumindest der katholischen Kirche, wie sie seit Jahrhunderten existierte, bevor? Einige mochten sich ein solches Ende durchaus wünschen, andere fürchteten es. Die Krise des priesterlichen Amts jedenfalls schien das Ende eines traditionellen Kirchenmodells anzukündigen, und die Reformpläne Pauls VI. waren kaum geeignet, eine im stetigen Wandel befindliche, unspezifische und pluralistische Wirklichkeit, als die sich der Katholizismus darstellte, zu beherrschen. Mehr noch: Die römische Kirche schien akut von der Gefahr der Spaltung bedroht. Denn während einige die Situation letztlich für das Ergebnis der Konzilsreformen hielten, beklagten andere gerade Montinis Zaghaftigkeit, die die Kirche ihrer Glaubwürdigkeit beraubt hätte. Ein extremes Beispiel für die Kritik aus den eigenen Reihen war das Verhalten des traditionalistisch eingestellten Erzbischofs Lefebvre, der sich mit dem Papst vollends überwarf. Karl Rahner, der als Konzilstheologe am Zweiten Vatikanum teilgenommen hatte, hat die Polarisierung zwischen Progressiven und Konservativen nicht zu Unrecht als dramatisch bezeichnet.[14] Auch unter den Bischöfen waren zum Teil raue Töne zu vernehmen.

---

[14] Vgl. K. Rahner, Strukturwandel der Kirche als Aufgabe und Chance, Freiburg im Breisgau 1972.

Mitten in den problematischen siebziger Jahren meinte Paul VI. jedoch erste Anzeichen eines religiösen Aufschwungs zu erkennen. Zu dieser Zeit, in der allenthalben Pessimismus herrschte, teilte freilich niemand seine Einschätzung. Hier sei an das Heilige Jahr 1975 erinnert, dessen feierliche Begehung keine einfache Entscheidung für den Papst war, warf man ihm doch vor, zu sehr einer triumphalistischen Tradition entgegenzukommen. Nur wenige bemerkten den Erfolg, den das Heilige Jahr tatsächlich hatte. Inmitten der Krise zeigte sich ein neuer Katholizismus der Laien. Selbst Alphonse Dupront, einem laizistisch denkenden Gelehrten, der das Jubiläum von 1975 aus der Nähe beobachtete, entging dieses Wiederaufleben des Religiösen nicht: Die Pilger, so bemerkte er, hätten „mit ihrem Eifer und ihrer Anzahl dieses großartige Szenario" zustande gebracht.[15] Neben dem Laienkatholizismus, wie er sich bei diesen Feierlichkeiten manifestierte, durfte sich Paul VI. auch über die vom amerikanischen Protestantismus angeregte katholische Pfingstbewegung freuen, die der belgische Kardinal Suenens , der schon während des Zweiten Vatikanischen Konzils als führender Kopf der Reformer in Erscheinung getreten war, aufmerksam beobachtete. Auch wenn sich die *Azione Cattolica*, die Katholische Aktion – die Paul VI. umso mehr am Herzen lag, als die gesamte Elite der DC in der Zeit nach dem Zweiten Weltkrieg durch sie hindurchgegangen war –, nach wie vor schwer tat, konnte der Papst doch Anzeichen eines aufstrebenden, leidenschaftlichen Laienkatholizismus wahrnehmen. Diese Aufbruchsstimmung nahmen allerdings nur wenige wahr; vorherrschend blieb ein Klima der Krise, das bis zu der Befürchtung reichte, das Ende stehe unmittelbar bevor. Diese gespannte Lage machte sich inzwischen auch in einigen Kongregationen bemerkbar, die überaltert waren und keine Berufungen mehr in ihren Reihen zu verzeichnen hatten. Befand man sich in

[15] A. Dupront, Il presente cattolico, Turin 1993, S. 25.

einem Änderungsprozess oder war dies gar das Ende? Die letzten Jahre im Pontifikat Pauls VI. galten vor allem der Evangelisierung, in der nach Ansicht des Papstes alle Ziele des Konzils kulminierten. Das apostolische Schreiben „Evangelii nuntiandi“ aus dem Jahr 1975 verwies denn auch auf die Evangelisierung als Zukunft der Kirche. Dennoch standen diese letzten Jahre grundsätzlich im Zeichen der Krise, und der plötzliche Tod von Papst Luciani verschlechterte die Situation dann noch einmal erheblich. Für die Kardinäle war es daher nicht gerade leicht, einen geeigneten Erben zu finden.

Auf der Suche nach dem neuen Papst

In welche Richtung sollte man gehen, um einen Nachfolger für Johannes Paul I. zu finden? Waren die „jungen Kirchen“ des Südens möglicherweise ein Anhaltspunkt? Im Jahr 1976 hatte der Missionswissenschaftler Walbert Bühlmann in seinem Buch „Es kommt die dritte Kirche“ die These vertreten, die Zukunft des Katholizismus liege in den neuen Gemeinden Afrikas und Lateinamerikas.[16] War also die Stunde des Abschieds vom Westen gekommen? In Afrika hatten die Bischöfe eine Pastoral für kleine Gemeinden initiiert und dabei scheinbar eine Antwort auf die Krise der westlichen Pfarreien gefunden. In Lateinamerika war nach der Bischofskonferenz in Medellín 1968 eine neue theologische Strömung entstanden, die sogenannte Theologie der Befreiung, und 1971 veröffentlichte Gustavo Gutiérrez das erste Werk dieser Bewegung, „Teología de la liberación“.[17] Kam die Antwort auf die Krise also aus dem Süden? In diesem Teil der Welt schienen die Christen jedenfalls wacher zu sein als im Westen. Bereits

---

[16] W. Bühlmann, Wo der Glaube lebt. Einblicke in die Lage der Weltkirche, Freiburg im Breisgau, Basel, Wien 1974.
[17] Gustavo Gutiérrez, Teología de la liberación, Lima 1971.

nach dem Tod Pauls VI. war von einem Kandidaten aus Lateinamerika die Rede, und auch Kardinal Luciani hatte beispielsweise von dem Brasilianer Lorscheider gesprochen. Auch in rein quantitativer Hinsicht befanden sich die Katholiken der „Dritten Welt", insbesondere Südamerikas, im Vergleich zu ihren Mitchristen auf der Nordhalbkugel auf dem Vormarsch. Im postkonziliaren Katholizismus, für den die Laien ebenso wichtig waren wie gesellschaftliche Minderheiten, herrschte ein diffuses messianisches Grundgefühl, demzufolge alles Neue vom Rand der Welt, fern von der Mitte, kommen müsse. Es passte hierzu, wenn der Befreiungstheologe Leonardo Boff 1978 ein Buch veröffentlichte, in dem er „das Zentrum des Glaubens" an der „Peripherie der Welt" verortete.[18]

Die Kardinäle waren diesen Tendenzen jedoch nicht gefolgt und suchten den zukünftigen Papst keineswegs auf der Südhalbkugel. Albino Luciani, ein bescheiden auftretender Bischof und Seelsorger, wurde schließlich zum Nachfolger Pauls VI. gewählt, und Kardinal Benelli hatte seine Kandidatur im Unterschied zu Kardinal Siri nachdrücklich unterstützt.[19] Nun, nach Lucianis Tod, begann ein Kopf-an-Kopf-Rennen zweier italienischer Kardinäle. Viele Fragen wurden laut. Sie betrafen unter anderem die Konflikte zwischen Siri und Montini, die schon immer unterschiedliche Vorstellungen von der Zukunft der Kirche gehabt hatten und sich dennoch beide in gewisser Weise als „Erben" Pius XII. betrachten durften. Im Konklave vom Oktober 1978 standen sich Benelli und Siri daher von der ersten Stimmabgabe an gegenüber und und hoben sich damit im Grunde gegenseitig auf. Die italienische Kandidatur neutralisierte sich durch diesen Konflikt also gewissermaßen selbst. Die Kardinäle kamen bald darin überein, dass die Auseinandersetzungen zwischen den Italie-

---

[18] L. Boff, La fede nella periferia del mondo, Assisi 1978.
[19] Gespräch des Autors mit Kardinal Angelini.

nern letztlich nur zeigten, wie ungeeignet beide Kandidaten für das päpstliche Amt waren. Der Guatemalteke Casariego soll trotz seiner Nähe zu Rom nach dem Konklave gesagt haben, die Italiener hätten ihre Streitigkeiten in das Konklave hineingetragen. Auch Kardinal Tarancón, Erzbischof von Madrid, soll sich ähnlich geäußert und von einer „Spaltung der Italiener" gesprochen haben. Darüber hinaus stammt von ihm wohl das Wort, nur ein Nicht-Italiener könne den Vatikan endlich von der italienischen Politik fernhalten.[20] Kardinal Marty, Erzbischof von Paris, soll schließlich nach dem Konklave berichtet haben, die Kardinäle hätten einen ganzen Tag vergeblich versucht, sich über die Kandidatur eines Italieners einig zu werden.[21]

Die italienischen Kardinäle überwarfen sich also auch bei diesem Konklave – nicht anders als bei den vorangegangenen Papstwahlen, auch wenn diese zugunsten eines italienischen Kandidaten entschieden wurden. So war es im Übrigen auch im Konklave vor der Wahl Pauls VI. Allerdings bildete bereits das Jahr 1958 in gewisser Hinsicht eine Ausnahme, da mit dem armenischen Kurienkardinal Agagianian hier erstmals ein Nicht-Italiener als möglicher Kandidat gehandelt und von einem Teil der Kurie unterstützt wurde. Beim Konklave von 1978 kündigte sich nun eine Wendung an, die sich auch in der Folge durchsetzte: Nur wenn sich die Italiener einig waren, sollte es fortan möglich sein, einen Italiener zum Papst zu wählen – was übrigens auch damit zu tun hatte, dass die Anzahl der nicht-italienischen Kandidaten zwischenzeitlich gestiegen war. Allein, die Italiener waren nicht imstande, die neue Situation zu überschauen. Auch schienen sie nicht die Absicht zu haben, ihre Zwistigkeiten beizulegen, um einem

---

[20] Vgl. B. Lai, I segreti del Vaticano da Pio XII a papa Wojtyła, Bari 1984, S. 176ff.

[21] Giulio Andreotti, Meine sieben Päpste. Begegnungen in bewegten Zeiten, Freiburg, Basel, Wien 1982, S. 199.

Landsmann den päpstlichen Stuhl zu sichern. Diese Zwistigkeiten führten dazu, dass sich die italienischen Kandidaten, wie erwähnt, gegenseitig ausschalteten, zumal sie im Konklave nicht überzeugend auftraten.
Der Plan einer katholischen Restauration, wie ihn sich Siri vorstellte, war weder ausgereift noch vollständig realisierbar und hätte wohl nur zu weiteren Zerwürfnissen geführt. Im Konklave saßen zahlreiche Kardinäle, die den konzilsfreundlichen Montini-Kurs in den zurückliegenden Jahren unterstützt hatten. Einige hatten beim Zweiten Vatikanischen Konzil sogar eine nicht unwesentliche Rolle gespielt wie etwa König oder Suenens, die die Umsetzung der beschlossenen Reformen zu ihrer Herzenssache gemacht hatten. So war es kein Zufall, dass Suenens die Kandidatur Benellis unterstützte, dessen Entwurf eines Programms im Stile Pauls VI. freilich nicht überzeugte. Vielmehr bedurfte es eines Papstes mit ganz eigenem Charisma, mit eigener Kraft. In einem Dokument der „officina bolognese", das im Sommer 1978 unter den Kardinälen in Umlauf war, umrissen Giuseppe Alberigo und Giuseppe Dossetti, die beide am Zweiten Vatikanum mitgewirkt hatten, das Profil des neu zu wählenden Papstes. Dieser, so hieß es dort, solle den Mut aufbringen, „sich so zu zeigen, wie er wirklich ist und sich nicht hinter dem Nachlass seiner vielleicht vor langer Zeit amtierenden Vorgänger verbergen." Schließlich, so war weiter zu lesen, stehe die Lösung gravierender Probleme, vor allem hinsichtlich des Kommunismus und der sexuellen Revolution, an.[22]
Im Sommer 1978, nach Montinis Tod, veröffentlichte die französische katholische Zeitung „La Croix" ein Manifest von Konzilstheologen wie Schillebeeckx, Küng, Chenu und Congar, in dem sie sich für einen „charismatischen" Papst aus-

[22] „Per un rinnovamento del servizio papale nella Chiesa alla fine del XX secolo", August 1978, in: L'„officina bolognese", 1953–2003, Bologna 2004, S. 199–203.

sprachen.[23] Er sollte also nicht nur ein Mann für die Leitung der Kirche sein, sondern eine charismatische Antwort auf die Krise. In der Tat stand eine zentrale Frage im Raum: Was hieß es, nach dem Zweiten Vatikanischen Konzil Katholik zu sein? Denn mit der Liturgiereform, den allgemeinen Veränderungen und den Widersprüchen, die sich nach dem Konzil herausgeschält hatten, stand die katholische Identität selbst auf dem Prüfstand. Theologen wie Hans Urs von Balthasar oder Philosophen wie Jacques Maritain schlugen laut Alarm. Auch Kardinal Ratzinger, ehedem Konzilstheologe und nun Erzbischof von München, war sich dieser Identitätskrise durchaus bewusst. Eine kurzfristige Antwort genügte nicht. Die Vorschläge Siris und Benellis waren zu schwach, um der komplexen Situation der Zeit gerecht zu werden.

Pater Congar, ein einflussreicher französischer Theologe, hatte daher bereits von zwei anderen Kandidaten gesprochen: von dem brasilianischen Kardinal Arns aus Saõ Paolo, der im Ruf stand, ein Bischof der Armen zu sein, und von Kardinal Willebrands, einem überzeugten Ökumeniker. Die Antwort auf die Krise war, so hieß das zugleich, jedenfalls nicht in Italien zu finden. Es musste an einer Lösung gearbeitet werden, die überzeugender war als Albino Luciani, den die französische Tageszeitung „Le Monde" in einer tragisch anmutenden Karikatur als von der Kuppel des Petersdoms erdrückt darstellte. Nicht von ungefähr hatte der pakistanische Kardinal Cordeiro mit einer gewissen Sympathie für den Verstorbenen, aber zugleich mit einer bezeichnenden Offenheit geäußert, die Kirche könne nun einmal nicht mit einem Lächeln regiert werden: „Einen Monat lang geht das vielleicht, für mehr reicht es nicht." Die Kirche brauchte eine starke Führung, die nicht nur in der Lage war, die Bürde der neuen Evangelisierung auf sich zu nehmen, sondern auch das komplexe

[23] A. Melloni, Das Konklave. Die Papstwahl in Geschichte und Gegenwart, Freiburg, Basel, Wien 2002, S. 124.

System der Kurie zu steuern und die nationalen Bischofskonferenzen so einzubeziehen, dass die Beschlüsse des Konzils noch effizienter umgesetzt werden konnten.
Einige Kardinäle waren sich überdies darin einig, dass es an der Zeit war, mit einer gewissen Vorherrschaft der Linken oder gar des Kommunismus aufzuräumen, die in Italien und anderen europäischen Ländern sowie in der südlichen Hemisphäre verbreitet war. Darüber hinaus galt es, den Regimen im Osten und dem Kommunismus im Allgemeinen zu trotzen. Einige traten dabei für einen Dialog mit den kommunistischen Regierungen ein, andere bevorzugten eine härtere Haltung. Während der Generalkongregationen, die dem Konklave vorausgingen, machte Kardinal Wyszyński, der Primas von Polen, noch einmal deutlich, vor welch großen Problemen der Katholizismus stehe, wies jedoch zugleich darauf hin, dass das wachsende Interesse am Glauben gerade in den osteuropäischen Ländern als neuer Hoffnungsschimmer zu verstehen sei. Ihm zufolge erhofften sich die jungen Menschen hier viel vom Evangelium, der Kommunismus hingegen befinde sich in einer Krise:
„Dem ‚Fatum' des Kommunismus darf man sich nicht einfach ergeben, zumal sich die Vorhersagen einer Unumkehrbarkeit des Kommunismus nicht zwangsläufig bewahrheiten müssen. Um so weniger, als sich der Kommunismus auf dem Rückzug befindet, was sich in seinem Verfall auf ideologischer, sozialer und wirtschaftlicher Ebene manifestiert. Nur die Macht der Politbüros und des Militarismus halten ihn noch. Das kann man in allen Ländern des Ostblocks beobachten."[24]
Vermutlich wurden Wyszyńskis Worte von der Mehrheit der Kardinäle als Vision eines Mannes verstanden, der selbst in einer Situation der Unterdrückung lebte. Zweifellos war die Frage nach dem Umgang mit dem Kommunismus in Europa,

---

[24] P. Raina, 1978. Wybór Papieża Jana Pawła II. Zapiski Prymasa [Die Wahl von Johannes Paul II. Die Notizen des Primas], Warschau 2008, S. 32.

Asien oder den Ländern der „Dritten Welt" eines der zentralen Probleme der Zukunft. Wichtiger aber noch als diese politischen und institutionellen Fragen war die Tatsache, dass sich immer mehr Menschen von der Kirche abwandten. Es bedurfte eines spürbaren Aufschwungs, um diese Resignation zu überwinden – entsprechend äußerten sich jedenfalls verschiedene Kardinäle während der Generalkongregationen. Wie aber sollte das angesichts des Pessimismus, der in vielen Bereichen der Kirche herrschte, überhaupt gelingen?

Das Ende des italienischen Pontifikats

Am 14. Oktober 1978 traten 111 Kardinäle zum Konklave zusammen. Nachdem der päpstliche Zeremonienmeister laut und deutlich sein „Extra omnes!" gesprochen hatte, schlossen sich die Türen. Es war ein feierlicher Moment. Lucianis Tod erschien nun fast als Zeichen, dass die im August eingeschlagene Richtung nicht die richtige gewesen war. Allerdings war auch nicht zu übersehen, dass sich zunächst kein Kandidat aufdrängte. Die weihevolle Stimmung, das Bewusstsein der historischen Verantwortung sowie das Fresko mit Michelangelos „Jüngstem Gericht" über den Köpfen der Kardinäle machten die Situation in der Sixtinischen Kapelle nicht eben leichter. Über die Atmosphäre im Konklave hat einer der Teilnehmer, Kardinal Wojtyła, in einem Gedicht bemerkt:

> Es ist wichtig, dass die Vision des Michelangelo
> zu ihnen spricht.[25]

In diesem feierlichen Rahmen hatten die Kardinäle also ihre Wahl zu treffen. In den vier Wahlgängen vom 15. Oktober, die

---

[25] Johannes Paul II., Römisches Triptychon. Meditationen. Mit einer Einführung von Joseph Kardinal Ratzinger, Freiburg, Basel, Wien 2003, S. 37.

in der Sixtinischen Kapelle stattfanden, kamen zu den anfänglich aussichtsreichsten Kandidaten, Siri und Benelli, weitere Purpurträger hinzu – etwa Poletti, der Kardinalvikar von Rom, aber auch andere. Infolge der Konflikte zwischen den beiden Favoriten, von denen bereits die Rede war, stand schließlich eine ganze Reihe von Namen zur Debatte. Am Ende des ersten Wahltages brachte Kardinal König, Erzbischof von Wien, der bereits am Konklave von 1963 teilgenommen hatte, die Kandidatur Karol Wojtyłas ins Spiel. Die Wahl eines nicht-italienischen Kandidaten wäre ohne das Zweite Vatikanische Konzil im Übrigen nur schwer möglich gewesen, hatte man hier doch sehr auf eine Erneuerung der Kirche gesetzt.[26]
Wojtyła war in der großen Öffentlichkeit zwar weithin unbekannt, nicht aber unter den Kardinälen und Bischöfen. Seit 1962 war er einunddreißigmal nach Rom gekommen und hatte an allen Bischofssynoden nach dem Konzil teilgenommen. 1976 hatte er zudem Exerzitien für Paul VI. im Vatikan gehalten. In den Tagen vor dem Konklave hatte bereits der brasilianische Kardinal Arns seinen Namen in die Waagschale geworfen. Als eigentlicher Papstmacher erwies sich aber Kardinal König, ein führendes Konzilsmitglied und zugleich der erste hohe Geistliche, der auf Wunsch Johannes' XXIII. einen Kontakt zu den Regimen hinter dem eisernen Vorhang hergestellt hatte. Der Purpurträger wirkte überzeugend, und es gelang ihm, von seiner römischen Residenz, der Klinik Salvator Mundi auf dem Giannicolo, ein umfangreiches Netz an Kontakten zu spinnen.[27]

---

[26] Im Tagebuch von Giancarlo Zizola kann man unter dem Datum des 27. November 1971 lesen, Monsignor Palazzini habe unter anderem die Position vertreten, der Nachfolger Pauls VI. müsse zu diesem Zeitpunkt, also 1971, ein Nicht-Italiener sein, wobei er wohl an Kardinal Villot dachte.

[27] Hier hatten sich während des Zweiten Vatikanums die melkitischen Bischöfe getroffen, die von Patriarch Maximos IV. Saigh angeführt wurden. Dies geht aus dem Tagebuch von Monsignor Edelby hervor, siehe dazu: R. Cannelli (Hg.), Il Vaticano II nel diario di un vescovo arabo, Cinisello Balsamo 1996.

Der erste Einwand, der hinsichtlich einer Kandidatur des Erzbischofs von Krakau überwunden werden musste, war erwartungsgemäß seine nicht-italienische Herkunft. Kardinal Lorscheider etwa, ein Brasilianer, der sich zunächst bereit erklärt hatte, einen Italiener zu wählen, ließ sich immer mehr von seinem polnischen Mitbruder überzeugen. Die Deutschen waren ihrerseits besorgt darüber, dass sich die Italiener gegenüber dem Kommunismus so nachgiebig zeigten. Dabei spielten sowohl inneritalienische Fragen als auch internationale Tendenzen eine Rolle, hier vor allem ein marxistisch inspiriertes Engagement in der „Dritten Welt", das immer mehr Raum einnahm (die Revolte der sandinistischen Befreiungsbewegung in Nicaragua hatte begonnen), sowie die zunehmend spürbare sowjetische Expansionspolitik.
Joseph Ratzinger hatte sich dezidiert für das Zweite Vatikanische Konzil eingesetzt; gleichwohl sollte die Rezeption des Konzils in seinen Augen nicht zu einer katholischen 68er-Bewegung führen. Siris Kandidatur erschien ihm und den anderen Kardinälen, die hinter den Ideen des Konzils standen, als unzureichend. Viele waren aber auch davon überzeugt, dass ein Montini-Kurs ohne Montini nicht eben der beste Weg sei – zumal in Gestalt eines Reformismus, der sich möglicherweise bereits erschöpft hatte. Die Beziehungen zwischen den deutschen und den polnischen Bischöfen waren ausgesprochen eng, seitdem letztere, mit Blick auf die Gräueltaten während des Zweiten Weltkriegs, im Jahr 1965 ein Vergeben auf beiden Seiten angeregt hatten. Just im September 1978 hatte eine Delegation des polnischen Episkopats, mit dem Primas Wyszyński und Kardinal Wojtyła an der Spitze, die deutschen Bischöfe besucht und damit den Versöhnungsprozess, der Jahre zuvor begonnen hatte, zu einem Abschluss gebracht. Im gleichen Sinn wie Kardinal König engagierte sich während des Konklave auch der angesehene polnische Kurienvertreter Andrzej Maria Deskur, der ein enger Vertrauter Wojtyłas war und sich um Wahlabsprachen mit den amerikanischen Kardi-

nälen bemühte. Deskur entging nicht, dass auch Staatssekretär Villot gewisse Sympathien für Wojtyła hegte. Der amerikanische Kardinal Krol, dessen Familie aus Polen stammte, setzte sich ebenfalls für Wojtyła ein. Irritiert zeigte sich hingegen Wyszyński, der an die großen italienischen Päpste gewöhnt war und daher über den Vorschlag einer polnischen Kandidatur überrascht war. Da den polnischen Kommunisten sein eigener Weggang nach Rom in jedem Fall zupass gekommen wäre, hegte er im Übrigen keine persönlichen Ambitionen. Seinem Tagebuch hatte Primas Wyszyński noch vor der Wahl Lucianis am 26. August 1978 anvertraut: „Die nicht-italienischen Kandidaten scheinen keine Chance zu haben. Persönlich glaube ich, dass der römische Bischof, also der Primas Italiens, nur ein Italiener sein kann. Dies entspricht einem ungeschriebenen Gesetz."[28] Dennoch setzte sich Wyszyński während des Konklave nachdrücklich für Wojtyła ein und bat sogar Kardinal Duval, den Erzbischof von Algier, um seine Stimme, wobei er ihn daran erinnerte, dass jener 16. Oktober, an dem die Entscheidung schließlich fallen sollte, der Gedenktag der Heiligen Hedwig, der Herzogin von Schlesien, sei. Dem algerisch-französischen Mitbruder, der um nähere Informationen über den polnischen Kandidaten bat, soll er geantwortet haben: „Er ist ein Heiliger, ein Mystiker, ein Hirte, ein Philosoph, aber kein großer Verwalter."

Als im Konklave keiner der beiden italienischen Kandidaten die erforderliche Mehrheit von 75 Stimmen erreichte, schienen sich die Stimmen einen Moment lang zu zerstreuen. Dann fielen die Vorbehalte gegen einen nicht-italienischen Papst. Was allerdings blieb, waren Bedenken gegen einen Kandidaten aus einem mächtigen Land wie etwa Frankreich, den USA oder Deutschland. Unabhängig davon war die Op-

[28] P. Rainia, 1978. Wybór Papieża Jana Pawła II., S. 40. Vgl. auch C. Bernstein/M. Politi, Seine Heiligkeit. Johannes Paul II. und die Geheimdiplomatie des Vatikans, München 1997.

tion eines Übergangspapstes gänzlich auszuschließen, suchte man nach dem plötzlichen Tod Lucianis doch einen physisch gesunden Kandidaten, wie man ihn im achtundfünfzigjährigen Wojtyła dann auch fand. An diesem Punkt bat Kardinal Wyszyński vorsorglich seinen Krakauer Mitbruder, die Wahl zu akzeptieren, sollte sie auf ihn fallen. Kardinal Poma sah einen betrübten Primas, der seufzte: „Armer Wojtyła, wie sehr wird er leiden müssen!" In der Tat wirkte Wojtyła vor dem Konklave verändert – Mieczysław Manliński, ein polnischer Priester und Freund des Krakauer Erzbischofs, nahm ihn in jenen Tagen als „nachdenklich und zugleich sehr präsent" wahr, als „schweigsam, so als hörte er einem nicht zu, und gleich danach sehr herzlich."[29] Wojtyła hatte bereits beim vorangegangenen Konklave fünf Stimmen erhalten und nun in Rom viel Aufmerksamkeit erfahren. Doch er hielt sich abseits.

Bei den Wahlgängen am Sonntag, dem 15. Oktober, und am darauffolgenden Montagmorgen hatte man sich zunächst noch auf die italienischen Kandidaten konzentriert. Der Rekonstruktion Giulio Andreottis zufolge, der über gute Kontakte zu verschiedenen Kardinälen verfügte, überschritt der von Samorè und dem „Palazzini-Paupini-Kreis" sowie möglicherweise auch von Felici unterstützte Siri jedoch nicht die Schwelle von 48 Stimmen.[30] Der von Kardinal Cordeiro und den Lateinamerikanern favorisierte Benelli konnte etwa 30 Stimmen auf sich vereinigen. Poletti erhielt beachtliche 17 Stimmen, schied jedoch als Kompromisskandidat aus. Es folgten Pappalardo mit sechs, Ursi mit vier, Colombo mit etwa fünf Stimmen, während sich die übrigen Stimmen weithin zerstreuten (eine Stimme entfiel auch auf Felici). In dieser Si-

---

[29] Vgl. M. Maliński, Johannes Paul II. Sein Leben, von einem Freund erzählt, Freiburg, Basel, Wien 1979, S. 338f.

[30] Handschriftliche Notiz von Giulio Andreotti vom Oktober 1978, in: Archivio Storico Istituto Luigi Sturzo (ASILS), Fondo Giulio Andreotti, Collegio cardinalizio, 6.125, f.3.

tuation brauchte man einen starken Kandidaten: Beim morgendlichen Wahlgang am Montag erlangte Wojtyła 11 Stimmen, beim ersten nachmittäglichen Wahlgang waren es bereits 47, und beim zweiten Wahlgang erreichte er 99 von 111 Stimmen (Luciani hatte im vorangegangenen Konklave 98 Stimmen erhalten). Schnell hatte sich seine Kandidatur durchgesetzt.

Kardinal de Fürstenberg, der Wojtyła aus seiner Zeit als Rektor des Belgischen Kollegs in Rom kannte, ermutigte den neuen Papst mit den Worten: „Deus adest et vocat te.“ Zum ersten Mal seit vierhundert Jahren war ein Nicht-Italiener zum Papst gewählt worden, und nie zuvor hatte es einen polnischen Papst gegeben. Er nahm den Namen Johannes Paul II. an – einem Vorschlag Wyszyńskis folgend, der ihn darauf aufmerksam gemacht hatte, wie sehr die Italiener am verstorbenen Luciani gehangen hatten. Auch Andrzej Półtawski, der Ehemann von Wojtyłas enger Vertrauten Wanda, hatte ihm zu diesem Namen geraten, als er von Krakau aufbrach.[31]

Seinem Privatsekretär, Stanisław Dziwisz, der am Abend des 16. Oktober den Raum betrat, in dem sich die Teilnehmer des Konklave befanden (und Wojtyła zum ersten Mal im weißen Gewand sah), sagte der neue Papst mit einer Anspielung auf die Kardinäle und den römischen Dialekt nachahmend: „Sie können ...“ Der treue Sekretär fand, wie er sagte, im Papst ganz „denjenigen wieder, den ich kannte“.[32] Giuseppe Lazzati, der Rektor der Katholischen Universität Mailand, war mit Wojtyła gut bekannt. Nach seiner Wahl bekräftigte er, Wojtyła sei „ein echter Mann, nicht so wie gewisse Geistliche. Er ist sehr konkret. Er hat nichts mit den Katholiken des Dissenses gemein, ihm geht es um den historischen Kompromiss.“[33] Kardinal Con-

---

[31] W. Półtawska, Diario di un'amicizia. La famiglia Półtawski e Karol Wojtyła, Cinisello Balsamo 2010, S. 401.

[32] S. Dziwisz, Mein Leben mit dem Papst. Johannes Paul II., wie er wirklich war, Leipzig 2007, S. 68.

[33] Gespräch des Autors mit Prof. Giuseppe Lazzati.

falonieri, einst Privatsekretär Pius' XI. und nun Dekan des Kardinalskollegiums, zeigte sich zufrieden, dass der Papst „eine so starke Stimme" hatte und „die Situation in dieser Weise beherrschte. Ich habe den Eindruck, Pius XI. wiederzubegegnen!" Das Abenteuer eines Papstes, den die Welt nicht kannte, hatte begonnen.

Das Geheimnis des neuen Papstes

Als Johannes Paul II. auf der Loggia des Petersdoms erschien, vor sich eine neugierige, gelöste, aber auch unsichere Menge, vermittelte er den Eindruck einer warmherzigen, menschlichen Persönlichkeit.
„Und hier nun", sagte er, „haben die hocherhabenen Kardinäle einen neuen römischen Bischof ernannt. Sie haben ihn aus einem fernen Land herberufen [...]. Es ist fern, aber doch auch so nah durch den gleichen Glauben und die christliche Tradition. Ich hatte Angst vor dieser Berufung, aber ich habe sie dennoch aus Gehorsam gegenüber unserem Herrn Jesus Christus und im vollen Vertrauen auf die Gottesmutter, die Heilige Madonna, auf mich genommen."
Dann äußerte er ganz unumwunden und ohne jeden feierlichen Gestus seine Sorge, in Rom als Fremder betrachtet zu werden: „Ich weiß nicht, ob ich mich gut in eurer [...] in unserer italienischen Sprache ausdrücken kann. Wenn ich etwas falsch sage", so fuhr er fort und machte tatsächlich einen Fehler, „korrigiert mich." Wer war dieser Papst, der darum bat, korrigiert zu werden? Die linke französische Tageszeitung „Libération" nannte ihn einen „beau gosse", einen hübschen Jungen also, einen „telegenen Papst für eine Politik mit neuem Look". Der Eindruck war oberflächlich. Für die Mehrheit der Katholiken und weite Teile der Kirche, ja, für fast alle Beobachter war Karol Wojtyła ein Geheimnis. Die östlichen Geheimdienste, die das Konklave in Rom verfolgt hatten, wie

etwa jene, die mit der ungarischen und der tschechoslowakischen Botschaft in Verbindung standen, waren in keiner Weise auf die Wahl eines Nicht-Italieners vorbereitet und schon gar nicht auf einen Mann aus einem kommunistischen Land. Sie waren perplex[34] Der römische Korrespondent des „Figaro“, Vandrisse, sagte unmittelbar nach der Papstwahl: „Klöster, Kirchen und Botschaften gaben ihre ersten Kommentare und waren meist vollkommen verblüfft.“[35] Die wenigen Kirchenmänner des kommunistischen Ostens, die im Westen bekannt waren, wurden entweder als Märtyrer betrachtet (wie der ungarische Kardinal Mindszenty, der lange Zeit in der amerikanischen Botschaft in Budapest Zuflucht fand) oder aber als Kollaborateure der Macht.
Die Person Karol Wojtyła war weitgehend unbekannt, was heute kaum vorstellbar scheint, war er doch in der Folge siebenundzwanzig Jahre lang Papst und mehr als einer Generation bestens vertraut. Damals jedoch war Wojtyła ein nahezu unbeschriebenes Blatt. Wer ihn allerdings kennengelernt hatte, war beeindruckt von seiner einzigartigen Menschlichkeit. Henri de Lubac, der große französische Theologe, der in seinem umfangreichen Werk die Tiefe und Komplexität der Kirche ergründet hat, war bereits seit dem Zweiten Vatikanischen Konzil von Wojtyła angetan. Unter diesem Eindruck hatte er Freunden gegenüber einmal bemerkt: „Nach Paul VI. ist Wojtyła mein Kandidat.“ Und nicht ohne ironischen Unterton hatte er hinzugefügt: „Aber er hat keine Chance.“[36]

---

[34] Gespräch des Autors mit Kardinal Silvestrini über die Unfähigkeit der östlichen Nachrichtendienste, die Wahl eines Papstes aus ihrem Machtbereich vorherzusehen.

[35] Vgl. M. Impagliazzo, Lo „shock Wojtyła“ in Francia, in: Shock Wojtyła. L'inizio del pontificato, hg. v. M. Impagliazzo, Cinisello Balsamo 2010, S. 130–153. Vgl. auch: Il pontificato di Giovanni Paolo II, hg. v. E. Guerriero/M. Impagliazzo, Cinisello Balsamo 2006.

[36] Henri Cardinal de Lubac, Meine Schriften im Rückblick. Mit einem Vorwort von Erzbischof Christoph Schönborn, Freiburg 1996, S. 539.

Den meisten Katholiken wie dem Klerus in den Ländern des Westens erschienen die Polen nicht sonderlich geeignet, um die Beschlüsse des Zweiten Vatikanums umzusetzen. Man hielt sie für nationalistisch, antikommunistisch und ganz der vorkonziliaren Kirche verhaftet. Der polnische Katholizismus war im Westen weitgehend unbekannt. Und die Polen selbst waren keineswegs mehr so populär wie noch im 19. Jahrhundert, als die Tragödie des polnischen Staates auf ein breites Interesse gestoßen war. Mit großer Anteilnahme hatte die westliche Öffentlichkeit mitverfolgt, wie 1956 sowjetische Truppen in Ungarn und 1968 auch in die Tschechoslowakei einmarschierten, während die Geschehnisse in Polen kaum verfolgt wurden. Daher war die Welt des neuen Papstes zunächst geheimnisumwoben. Dieser Papst kam von weither. Doch schon bei seinen ersten Auftritten gelang es ihm aufgrund seiner sympathischen Ausstrahlung, eine Nähe herzustellen. Dieser Tatsache konnten sich selbst kirchenferne Beobachter nicht entziehen. Antonello Trombadori etwa, ein römischer Kommunist und Kunstkritiker, beschrieb in einem Gedicht, das er unmittelbar nach der Papstwahl in römischem Dialekt verfasst hat, wie überrascht und angenehm berührt man in der italienischen Hauptstadt vom neuen Papst war, der in seiner Zeit als Kardinal das „Carbonara“ besucht haben soll, ein typisches Restaurant im historischen Zentrum, das er selbst ebenso schätzte:

> Es war ganz still unten auf dem Petersplatz
> als Felici sagte: ‚Wir haben ihn!‘
> Aber wo? Tausend Gesichter mit finsterer Miene,
> jeder sagte: ‚Hältst du mich für dumm?‘
> Sei dem 16. Jahrhundert war das Zepter
> der Christenheit – wenn ich dran denke kommt mir das Zittern –
> in italienischer Hand und jetzt, um der Mode hinterherzulaufen,

sollen wir das ändern?
Doch als Wojtyła seinen Gruß gesprochen hatte,
indem er das Römische mit dem Polnischen vermischte,
flüsterte ein vorbeiziehender Schatten:
‚Ich kann euch sagen, dass ihm Rom so sehr am Herzen liegt,
dass er vor dem Konklave
zum Abendessen im „Carbonara“ war![37]‘

Wie aber hat Wojtyła selbst jenen 16. Oktober erlebt? Es liegen uns keine persönlichen Aufzeichnungen vor (Wojtyła hat bekanntlich kein Tagebuch geführt), die uns einen Einblick in seine Gemütsverfassung geben könnten. Dafür lässt sich aus seinem Gedicht „Stanisław“, das er kurz vor seiner Abreise zum Konklave 1978 verfasst hat, etwas davon erahnen, was Wojtyła unmittelbar vor der großen Wende seines Lebens empfunden haben mag. Er hat das Gedicht dem heiligen Stanisław gewidmet, dem Bischof von Krakau, den König Bolesław der Kühne im Jahr 1079 umbringen ließ, da er von ihm aufgrund seiner Gräueltaten gegen die eigenen Untertanen exkommuniziert worden war. Und auch wenn einige Historiker diese Sichtweise in Zweifel gezogen haben, ist Stanisław für Wojtyła und den polnischen Katholizismus gewiss der Prototyp der polnischen Kirche im Widerstand gewesen.

---

37 „C'è stato un gran silenzio ggiù a Ssan Pietro // quanno Felici ha detto: ‚Ce l'avèmo!‘ // Indove? Mille facce a muso tetro // oggnuna a ddì: ‚Me voi piglià pe scemo?‘. // Era dar Cinquecento che lo scetro // de Cristinterra – a ripenzàcce tremo- // era itajano e mmò pe curre dietro // a le mode der monno corriggémo? // Ma appena che Voitìla ha ssalutato // mischianno er romanesco cor polacco, // un'ombra de passaggio ha sussurrato: // ‚Ve posso dì che ha Roma tanto cara // c'avanti de svortà in Concrave er tacco // era ito a ccenà a La Carbonara!“ Gedicht von A. Trombadori, geschrieben im Restaurant „La Carbonara“ in Rom, erschienen in: A. Trombadori, Indovinela-Grillo. Duecento sonetti romaneschi, Rom 1984.

> Ich möchte meine Kirche besingen, in der durch die Zeiten Wort und Blut gemeinsam vorangehn, vereint durch den verborgenen Atemhauch des Geistes.[38]

Der Kirche stehen nur das Wort und das Blut der Märtyrer zu Gebote: Sie repräsentiert eine bescheidene, gewaltfreie Macht, die schwach ist gegenüber politischer Macht und Gewalt. König Bolesław, eine Verkörperung der Macht schlechthin, gebrauchte das Schwert. Wenn es um Märtyrer ging, verharrte Wojtyła jedoch nicht bei den Opfern, er betrachtete auch ihre Mörder und verwies dabei stets auf die enge Verflechtung beider Figuren – ein Zusammenhang, den er mir während der Vorbereitungen für die Feier der neuen Märtyrer im Jahr 2000 noch einmal verdeutlicht hat.[39] Es bestand ein Konflikt zwischen dem Schwert des Königs und dem Wort des Heiligen. Wer aber schrieb wirklich Geschichte: der Mann des Schwertes oder der des Wortes? Wojtyła bemerkte hierzu:

> Auf der Erdscholle unserer Freiheit fällt das Schwert.
> Auf der Erdscholle unserer Freiheit fällt das Blut.
> Welches der beiden wird obsiegen?[40]

Seit 1972 bereitete sich Polen auf den neunhundertsten Jahrestag des Martyriums des Heiligen Stanislaus vor, der in das Jahr 1979 fiel. Diese Vorbereitungen stellten inmitten eines von der kommunistischen Macht beherrschten Landes die Kraft des Wortes und des Glaubens angesichts eines Systems der Kontrolle, der Unterdrückung und der Manipulation heraus. Wer würde schließlich das größere Gewicht haben: das

---

[38] Johannes Paul II., Stanislaus, zit. n. Johannes Paul II., Auf, lasst uns gehen! Erinnerungen und Gedanken, Augsburg 2004, S. 206.
[39] Gespräch des Autors mit Johannes Paul II.
[40] Johannes Paul II., Stanislaus, zit. n. Johannes Paul II., Auf, lasst uns gehen!, S. 207.

Schwert oder das Blut der Märtyrer? Wojtyła stellte sich diese Frage am Ende der siebziger Jahre in Polen, einem Land, das unter der kommunistischen Diktatur einer ungewissen Zukunft entgegenging. Vermutlich hat er sich diese Frage nach seiner Wahl zum Papst ein Jahr vor den Gedenkfeiern für den Heiligen Stanislaus aufs Neue gestellt. Vor ihm aber öffnete sich nun der Horizont der Welt, schon bei seinem ersten Auftritt auf der Loggia des Petersdoms am 16. Oktober 1978. Wie würde die Zukunft aussehen? Was würde am Ende mehr Gewicht haben: das Zeugnis von Wort und Blut oder das Schwert?

II

Ein Mann und eine Geschichte

Der Pole

Im Jahr 1978 war Karol Wojtyła der großen Öffentlichkeit kaum bekannt. Viel ist unmittelbar nach der Wahl über ihn geschrieben geworden, als die Erinnerungen frisch und die meisten Zeugen noch am Leben waren. In der Folge sind verschiedene Biografien erschienen, noch zu Lebzeiten des Papstes. Auch wenn man daher heute viel über Wojtyłas Jahre in Polen weiß, ist es – jenseits aller Fakten – kein leichtes Unterfangen, in ein Gewebe von Bedeutungen und Erfahrungen einzudringen, das der Tod mit ihm fortgetragen hat. Tad Szulc etwa, ein bedeutender Journalist der „New York Times" und Autor zahlreicher Bücher, darunter ein Porträt Fidel Castros, hat scharfsinnige Betrachtungen zu Wojtyłas polnischer Identität vorgelegt.[1] Dabei hat ihm die Tatsache, dass er ein amerikanischer Jude polnischer Herkunft war, verborgene Türen zur Welt des neuen Papstes geöffnet, mit dem er auch persönliche Gespräche führte. In Szulcs 1994 veröffentlichtem Buch, also fünf Jahre vor George Weigels ebenfalls autorisierter Biografie, heißt es: „Sein Polentum ist ein wesentliches Element seiner Persönlichkeit, in der sich Konservatismus und Modernität auf eine manchmal seltsam anmutende Weise mischen."[2]

Weigels Biografie wiederum bietet auf annähernd tausend Seiten eine eindrucksvolle Sammlung von Informationen und Zeugnissen, in denen auch die polnischen Jahre des Papstes

[1] Tad Szulc, Papst Johannes Paul II. Die Biographie, Stuttgart 1996, S. 12.
[2] Ebenda.

beleuchtet werden.[3] Szulc, der in seinem Urteil zurückhaltender ist als Weigel, gelingt es gut, Wojtyłas *„polishness*“, also sein „Polentum“, zu erfassen – einen Aspekt, über den ich gleich mehrfach mit George Weigel gesprochen habe. Wojtyła selbst hatte ja zunächst den Eindruck erweckt, stark von seiner nationalen Identität geprägt zu sein: „zu polnisch“, lautete denn auch das Urteil in manchen katholischen Kreisen über den neuen Papst. Kardinal Ballestrero etwa, der Vorsitzende der italienischen Bischofskonferenz, von dem Johannes Paul II. auf seiner ersten Reise nach Polen begleitet wurde, hat nicht ohne eine gewisse Ironie, aber durchaus besorgt gefragt: „Jetzt wird uns der Papst doch nicht etwa alle zu Polen machen wollen?“ Dieser hatte ihm, mit Verweis auf die am Wallfahrtsort Częstochowa (Tschenstochau) versammelten Menschenmassen, gesagt: „Das ist es, was wir in unserem schönen Italien wollen!“[4] In der ersten Zeit hatte man daher in Italien und Europa den Eindruck, die polnische Herkunft des neuen Papstes beeinflusse zu sehr dessen Entscheidungen und Regierungsstil.
Karol Wojtyła war jedoch nicht nur Pole, auch wenn er sein „Vaterland“ nicht verleugnete – und schon das Wort „Vaterland“ (*patria*) hörte man im Italien der siebziger Jahre nur ungern, war man doch, aufgrund der Erfahrung mit dem Faschismus, grundsätzlich misstrauisch gegenüber derartigen Begriffen geworden, etwa auch dem der „Nation“. Gewiss: Es war gute römische Tradition, dass der Papst seine nationale Identität weitestgehend zurückstellte, um stattdessen ein „padre comune“, ein „Vater für alle“, zu werden. Die Vorgänger Johannes Pauls II. hatten dazu tendiert, sich nahezu zu ‚entnationalisieren‘, ihre Nationalität also gleichsam abzustreifen, auch wenn sie das Interesse für nationale Fragen

[3] George Weigel, Zeugnis der Hoffnung. Johannes Paul II. Eine Biografie, Paderborn, München, Wien, Zürich 1999.
[4] Gespräch mit dem Autor.

dabei nicht gänzlich verloren. Pius XII. etwa sprach vor italienischen Gästen bewusst von *eurer* Heimat, und Paul VI. hat, auch wenn er viele Reisen durch Italien machte, weder seiner Heimatstadt Brescia noch dem Erzbistum Mailand je wieder einen Besuch abgestattet. Wojtyła indes schlug die entgegengesetzte Richtung ein: Er bekannte sich weiterhin zu seiner nationalen Herkunft. Johannes Paul II. war ein Pole, und er bezeichnete sich auch als ein solcher, als Sohn der polnischen Kirche, als Slawe. Der Tag seiner Wahl, die auf den 16. Oktober fiel, war zugleich der Gedenktag der Heiligen Hedwig. Die Verbindung zu seiner Heimat hat Wojtyła dann auch als Papst nie abgebrochen, suchte er doch während zahlreicher Auslandsreisen immer wieder den Kontakt zu seinen Landsleuten, und Polen selbst war, nach Italien, das Land, das er am häufigsten besucht hat. Zugleich war damit eines der zentralen politischen Probleme dieses Pontifikats markiert. Ein apostolisches Schreiben anlässlich des neunhundertsten Jahrestags des Martyriums des heiligen Stanislaus unterzeichnete Wojtyła sogar mit „Johannes Paul II., Pole“.[5]
Offensichtlich empfand der Papst seine polnische Herkunft als gottgewollt. Hatten ihn die Kardinäle nicht gerade wegen seiner Lebensgeschichte gewählt? „Dieser polnische Papst“, so hat er einmal zu Kardinal Wyszyński gesagt, „wäre nicht auf den Thron Petri gelangt, wenn nicht dein Glaube gewesen wäre“. Und er fügte hinzu, nie wäre die Wahl auf ihn gefallen, „wenn es nicht Jasna Góra gegeben hätte und das ganze Kapitel in der Geschichte der Kirche in unserer Heimat, zusammengenommen mit deinem Amt als Bischof und Primas“. Es passte dazu, wenn Johannes Paul II. bei seiner ersten Polenreise im Jahr 1979 erklärte, er trage „tief in seiner Seele die Geschichte der Brudervölker und ihrer Nachbarn“. Durch ihn

---

[5] „Lettera apostolica Rutilans agmen del Sommo Pontefice Papa Giovanni Paolo II alla Chiesa di Polonia nel IX centenario del martirio di San Stanislao“ vom 8. Mai 1979, in: Giovanni Paolo II, Insegnamenti, Bd. II, t.1, Città del Vaticano 1980, S. 1095–1101.

tritt nicht nur Polen, sondern die gesamte slawische Welt in das Pontifikat ein. Und als er während dieser Reise ein Plakat mit der tschechischen Aufschrift „Erinnere dich, heiliger Vater, an deine tschechischen Kinder“ sah, antwortete er prompt: „Dieser Papst, der das Erbe Adalberts in sich trägt, kann diese Kinder nicht vergessen.“ Dies bedeutete nun nicht nur, dass Johannes Paul II. sein Augenmerk auf die slawische Welt zu legen beabsichtigte, sondern dass er dem Erfahrungsschatz der polnischen und slawischen Kirche insgesamt eine größere Bedeutung für die Weltkirche zusprach. In der Enzyklika „Slavorum Apostoli“, die 1985 veröffentlicht wurde, hat er diese Ansicht noch einmal systematisch entfaltet: „Das Evangelium führt nicht zur Verarmung oder zur Auslöschung dessen, was jeder Mensch, jedes Volk und jede Nation, was jede Kultur während ihrer Geschichte als Wert, Wahrheit und Schönheit anerkennen und leben will. Es regt vielmehr an, diese Werte aufzunehmen und sie weiter zu entwickeln: sie mit Freude und Großmut zu leben [...].“[6] Benedikt XVI., der als Deutscher Teil einer völlig anderen Geschichte ist, hat dazu gesagt: „Papst Wojtyła war ein wahrer Patriot.“[7]

Ein Pole unter anderen

Die Zeit zwischen Karol Wojtyłas Geburt am 18. Mai 1920 bis zum 16. Oktober 1978, also seiner Wahl zum Papst, ist schon bald nach Beginn des Pontifikats zum Gegenstand zahlreicher Forschungen geworden. Mieczysław Maliński etwa, ein Freund Wojtyłas, hat 1980 ein umfangreiches Buch veröffentlicht, das Auskunft über diese Jahre gibt. George Blazynski, ein Journalist bei der BBC, hat seinerseits viele Zeugnisse zu-

[6] Papst Johannes Paul II., Rundschreiben Slavorum Apostoli (Verlautbarungen des apostolischen Stuhls 65), Bonn 1985, S. 18.
[7] Gespräch des Autors mit Benedikt XVI.

sammengetragen, die er bereits 1979 veröffentlichte.[8] Viele weitere Autoren haben die polnischen Jahre des Papstes beschrieben. Und auch Wojtyła selbst legte verschiedene autobiografische Schriften vor.[9] Dennoch ist die Geschichte seines Lebens keineswegs leicht zu verstehen. Nach dem Zweiten Vatikanischen Konzil teilte man die Katholiken im Allgemeinen in das Lager der Konservativen und das der Progressiven ein. Wo aber war Johannes Paul II. zu verorten, eine in vielerlei Hinsicht erstaunliche Persönlichkeit, die sich nicht in die Kategorien ihrer Zeit einordnen ließ? Nicht von ungefähr stellte Gonzalo Puente Ojea, von 1985 bis 1987 spanischer Botschafter beim Heiligen Stuhl, einmal fest: „Die Figur Papst Karol Wojtyłas ist ein faszinierendes Geheimnis."[10]

Die Wurzeln dieses Geheimnisses lagen in Polen. Karol Wojtyła wurde in einem Land geboren, das gerade erst seine Unabhängigkeit zurückerlangt hatte, noch dazu in einem Jahr, in dem man fürchten musste, diese neugewonnene Freiheit schon wieder zu verlieren – 1920 war das Jahr des „Wunders an der Weichsel", also des polnischen Sieges über die Rote Armee. Seit 1918 hielt sich Achille Ratti, zunächst als päpstlicher Visitator, dann als Nuntius in Warschau auf. Die dramatischen Ereignisse dieser Zeit verfolgte er mit großer Anteilnahme.[11] Als er 1922 den Stuhl Petri bestieg, ließ er für die Kapelle der päpstlichen Sommerresidenz Castelgandolfo das Wunder an der Weichsel und die Verteidigung von Jasna Góra gegen die Schweden auf Gemälden verewigen, und ein

---

[8] Vgl. M. Maliński, Johannes Paul II. Sein Leben, von einem Freund erzählt. Freiburg, Basel, Wien 1979, sowie G. Blazynski, Jean-Paul II. Un homme de Cracovie, Paris 1979.

[9] Vgl. Johannes Paul II., Geschenk und Geheimnis. Zum 50. Jahr meiner Priesterweihe, Graz, Wien, Köln 1997.

[10] G. Puente Ojea, Mi embajada ante la Santa Sede. Textos y Documentos 1985–1987, Madrid 2002, S. 165.

[11] Vgl. R. Morozzo della Rocca, Le nazioni non muoiono. Russia rivoluzionaria, Polonia indipendente e Santa Sede, Bologna 1992. Siehe auch die aufschlussreiche Dokumentensammlung: Acta nuntiaturae Poloniae, Achille Ratti, 4 Bd., Rom 1995–1998.

Bildnis der Madonna von Tschenstochau kam hinzu. Hier feierte später auch Johannes Paul II. die Liturgie, nachdem er die auf Veranlassung Montinis verdeckten Gemälde erneut ans Licht gebracht hatte. 1921 hatten die Sowjetunion und Polen einen Vertrag unterzeichnet, mit dem die Grenzen der jungen Republik abgesteckt wurden, die bis zum Ausbruch des Zweiten Weltkriegs bestehen bleiben sollten.

Polen war wieder unabhängig. 1795 hatte das Land mit der letzten Teilung zwischen Preußen, Russland und Österreich seine Unabhängigkeit und Freiheit eingebüßt. Nach dem Ersten Weltkrieg nun war der Patriotismus der Polen groß. So wuchs auch der kleine Karol in einem Klima auf, das vom Enthusiasmus für die zurückgewonnene Heimat geprägt war. Das heißt jedoch nicht, dass das Land ethnisch homogen war: Einer Volkszählung von 1921 zufolge waren von den 27.200.000 Einwohnern nur 69% Polen, Ukrainer machten 14% aus, Juden 8%, Weißrussen und Deutsche jeweils 4%, während alle weiteren Nationen insgesamt 1% der Bevölkerung bestritten. Polen war also nach dem Ersten Weltkrieg weitaus multinationaler als nach dem Zweiten Weltkrieg. In der Zwischenkriegszeit – in Europa eine Hochphase nationalistischer Begeisterung – kam es in Polen zu heftigen Auseinandersetzungen zwischen Mehrheit und Minderheiten. Der multiethnische Charakter des Landes spiegelte sich auch in Karols Heimatstadt wider, dem etwa fünfzig Kilometer von Krakau entfernt gelegenen Wadowice. Hier kamen auf die zehntausend Einwohner circa zweitausend Juden, was mehr als dem Doppelten des Landesdurchschnitts entsprach.

Karol wurde in Wadowice geboren, weil sein Vater hier den Militärdienst bei der polnischen Armee absolvierte. Auch er hieß Karol. Seinen Dienst hatte er beim 56. österreich-ungarischen Infanterieregiment begonnen. Nach Ende des Ersten Weltkriegs wechselte er dann in den polnischen Militärdienst über. Bis 1927 diente er als Leutnant; entlassen wurde er schließlich als Hauptmann. Eine Nachbarin beschrieb ihn als

„großgewachsen, mit geraden Schultern und harmonisch wirkender Gestalt". So erscheint er auch auf den erhaltenen Fotografien. Seinen Sohn nannte er mit zweitem Namen Józef, möglicherweise in Anlehnung an den Habsburgerkaiser Franz Joseph. Es gab allerdings noch einen zweiten bedeutenden Träger dieses Namens: Marschall Piłsudski, einen nationalen Befreiungshelden. Andere wiederum meinten, den Zweitnamen Józef habe der Junge im Gedenken an Józef Kalinowski erhalten, einen polnischen Patrioten, der zunächst nach Sibirien verschleppt worden war, bevor er als Karmelitermönch mit dem Namen Pater Rafał 1907 in Wadowice starb. Johannes Paul II. hat ihn später selig- und heiliggesprochen.

Das Nationalgefühl war in Karol Wojtyła stark ausgeprägt, auch wenn er durchaus große Sympathien für multinationale Staaten hegte. Darin zeigte sich das Erbe des Habsburgerreiches: Sein Vater hatte hier das Bürgerrecht besessen und seinen Militärdienst absolviert. Und Galizien, die Heimat seiner Familie, hatte eine gewisse Autonomie erlangt. Wojtyłas Erinnerungen an die Donaumonarchie waren daher keineswegs negativ. Als Zita von Bourbon-Parma, die Gattin des letzten österreichischen Kaisers, Karl I., den Vatikan besuchte, begleitete der Papst sie, das Protokoll außer Acht lassend, zum Ausgang und brachte sie mit dieser höflichen Geste in Verwirrung. Wojtyła wusste sein Vorgehen damit zu begründen, dass sein Vater einst im Habsburgerreich gedient hatte. Im Jahr 2004 sprach Johannes Paul II. dann sogar Karl I. selig – was für all diejenigen überraschend war, die nicht von der mäßigenden Rolle der Habsburger während des Ersten Weltkriegs überzeugt waren.

Polen erlebte in den zwanziger Jahren eine neue Phase seiner Geschichte.[12] In Ostgalizien, nicht weit vom Geburtsort des

[12] Vgl. R. Bender, La première guerre mondiale et la Pologne indépendante (1914–1939), in: Histoire religieuse de la Pologne, hg. v. J. Kłoczowski, Paris 1987, S. 429–461. Vgl. auch H. Rollet, La Pologne au XXe siècle, Paris 1984.

Papstes entfernt, spürte man die starke Präsenz der anderen Nationalitäten, besonders der Ukrainer. Zur gleichen Zeit hatte die griechisch-katholische Kirche der Ukraine freilich auch unter dem polnischen Nationalismus zu leiden. Der Sohn des Offiziers Wojtyła, eines ehemaligen Untertans des habsburgischen Vielvölkerreichs mit ausgeprägtem Nationalbewusstsein, hatte von seinem Vater gelernt, die unterschiedlichen ethnischen Komponenten des Landes zu respektieren. Das polnische Nationalgefühl und der katholische Glaube des kleinen Karol entwickelten sich neben Menschen anderer ethnischer Herkunft und religiöser Traditionen, ohne dass dies zu Konflikten geführt hätte.

Glaube und Leid

Der junge Karol, der von klein auf Lolek genannt wurde (seine Freunde blieben auch nach der Wahl zum Papst dabei), wuchs in einer gläubigen Familie auf. In seinem Buch „Geschenk und Geheimnis", in dem er die Geschichte seines Glaubens erzählt, schrieb Johannes Paul II.: „Der Vorbereitung auf das Priestertum, die ich im Seminar erhielt, war jene, die mir in der Familie durch das Leben und Vorbild der Eltern zuteil geworden war, in gewisser Weise vorausgegangen."[13] Die Familie Wojtyła lebte in Wadowice, in der Nähe der Marienkirche. Sie wohnte zur Miete in einer bescheidenen Wohnung. Ihre Nachbarn, eine jüdische Familie, waren die Besitzer des Hauses. Früh schon lernte Lolek das Leid kennen. Noch vor seiner Geburt war eine Schwester gestorben, und die Mutter, Emilia Kaczorowska, die als Stickerin zum Lebensunterhalt der Familie beitrug, starb 1929 mit fünfundvierzig Jahren. Sie war, den Erinnerungen von Zeitzeugen zufolge, eine schöne und elegante Erscheinung. Die Schwangerschaft mit Lolek

[13] Johannes Paul II., Geschenk und Geheimnis, S. 29.

schien für sie riskant gewesen zu sein, hatte man ihr doch sogar zu einem Abbruch geraten. Erst neun Jahre alt war der Sohn, als seine Mutter starb. Später bekannte er, dieser Tod habe einen wahren „Bruch" in seinem Leben bedeutet.
1939, zehn Jahre nach diesem traurigen Ereignis, widmete Wojtyła, der zu diesem Zeitpunkt bereits in Krakau lebte, der Mutter eines seiner ersten Gedichte:

> Über deinem weißen Grab,
> vor so vielen Jahren schon geschlossen,
> Stille schwebt mit sonderbarer Kraft,
> mit Kraft, wie der Tod – unbegreiflich. (...)[14]

Die schmerzliche Erinnerung an diesen Verlust begleitete Karol Wojtyła stets, wie er mehrfach gestanden hat. Noch als Papst besuchte er bei jeder Reise nach Krakau das Grab seiner Eltern. Karol hatte auch einen älteren Bruder, Edmund, der 1906 geboren wurde und 1929 sein medizinisches Staatsexamen ablegte. Doch bereits 1932, drei Jahre nach dem Tod der Mutter, verstarb auch er, nachdem er sich im Krankenhaus mit Scharlach angesteckt hatte. Die Familie Wojtyła war fortan auf den Vater, den Witwer und Pensionär, und den kleinen Lolek beschränkt. Der Vater konzentrierte sich ganz auf die Erziehung und das Wohlergehen des Sohnes. Jerzy Kluger, ein jüdischer Schulfreund Karol Wojtyłas, erinnerte sich so an ihn: „Er lehrte Lolek zu schwimmen, zu lernen und zu leben. Und er lehrte ihn zu beten und die Betrachtung des Geheimnisses Gottes."[15] Wenn der Junge frühmorgens aufstand, fand er den Vater oft auf den Knien betend.[16] Über den

---

[14] Auszug aus dem Gedicht „Emilii, meine Mutter", in: Karol Wojtyła, Die Jugendgedichte des Papstes. Renaissance Psalter, Graz, Wien, Köln 2000, S. 7; siehe auch A. Borghese, Le donne di Wojtyła, Rom 2010, S. 17ff.
[15] Gian Franco Svidercoschi, Brief an einen jüdischen Freund, Karol Wojtyła und Jerzy Kluger, Graz, Wien, Köln 1993, S. 18.
[16] Johannes Paul II., Geschenk und Geheimnis, S. 30.

Vater und den Bruder Edmund sagte Kluger, sie seien zwei „besondere“ Menschen gewesen.
Ein Jahr nach dem Tod der Mutter nahm der Vater seinen Sohn auf eine Pilgerfahrt nach Kalwaria Zebrzydowska mit, einer Ansammlung von Kapellen unter freiem Himmel, die den „Weg unseres Herrn“ und den „Weg der Muttergottes“ nachempfinden. Als Ort der Volksfrömmigkeit und des Gedenkens an die Passion und Auferstehung Jesu war diese heilige Stätte dem jungen Wojtyła lieb und teuer. Die schmerzvollen Erfahrungen in der eigenen Familie veranlassten ihn dazu, über das Leiden an sich nachzudenken. Und so wurde die Verbindung von Glaube und Leiden, die ihm seit der Kindheit vertraut war, denn auch zu einer Konstanten in seiner Spiritualität. Sicherlich wurde Lolek, neben der Marienverehrung und den Formen der Volksfrömmigkeit, mit denen er aufwuchs, auch zur Lektüre der Bibel ermuntert, die er gemeinsam mit dem Vater betrieb.[17] Darüber hinaus las er die großen Vertreter der polnischen Romantik wie etwa Cyprian Norwid und Adam Mickiewicz. Dem ebenso lebenszugewandten wie tiefgründigen Vorbild des Vaters folgend, verbanden sich Glaube und Nationalgefühl in der Erziehung Karols untrennbar miteinander. Zwischen Vater und Sohn bestand ein unkompliziertes, liebevolles Verhältnis, das von der gemeinsamen Liebe für Kultur und Literatur getragen wurde. Über seinen Vater schrieb Johannes Paul II.: „Von Berufung zum Priestertum war zwischen uns allerdings nie die Rede gewesen, doch sein Beispiel war für mich in gewisser Weise das erste Seminar, eine Art Hausseminar.“[18] Pater Figlewicz, der Lolek von Kind an begleitete, erinnerte sich an ihren „schlichten Lebensstil“.[19] In Wadowice begegnete er als Messdiener

---

[17] A. Boniecki, The Making of the Pope of the Millennium. Kalendarium of the life of Karol Wojtyla, Stockbridge 2000, S. 39.
[18] Johannes Paul II., Geschenk und Geheimnis, S. 30.
[19] K. Figlewicz, in: „Tygodnik Powszechny“ 44 (1978), zit. nach A. Boniecki, The Making of the Pope of the Millennium, S. 44.

zahlreichen Priestern, die ihm Wertschätzung entgegenbrachten. Eine Berufung zum Priestertum zeichnete sich hier aber noch nicht ab. Eine erste Begegnung mit dem Erzbischof von Krakau, Sapieha, der in ihm einen potentiellen Priester erkannte, fand am Ende der Schulzeit statt, als ihm der achtzehnjährige Lolek einen Gruß im Namen seiner Mitschüler überbrachte. Bekanntlich hat der Bischof angesichts der Tatsache, dass der junge Mann Literaturwissenschaft studieren wollte, gesagt: „Schade, daß es nicht die Theologie ist."[20]
Wojtyła war ein brillanter junger Mann, noch dazu sportlich und mit einem ausgeprägten Sinn für Freundschaften. Seine Klassenkameraden aus dem Gymnasium sollten sich ein Leben lang jedes Jahr im erzbischöflichen Palais in Krakau treffen, und noch als Papst hat Wojtyła an diesen Treffen teilgenommen. Während seiner Jugend in Wadowice fand Wojtyła vor allem Gefallen an Theater und Rezitation: Theater und Literatur waren geradezu seine Leidenschaft. Nach Ablegung der Reifeprüfung zog er zusammen mit seinem Vater nach Krakau, in die vornehmste und kultivierteste Stadt Polens also, um dort die Jagiellonen-Universität zu besuchen. Er hatte sich dazu entschlossen, das Studium der polnischen Literatur an der Philosophischen Fakultät der Krakauer Universität aufzunehmen. Gemeinsam mit dem Vater bezog er eine bescheidene Wohnung. Viele Jahre später erinnerte sich der Papst:

> Mich hatte in jenen Jahren vor allem die Leidenschaft für die Literatur, besonders die dramatische, und für das Theater erfaßt. [...] Was das Studium betrifft, so möchte ich unterstreichen, dass meine Wahl für die polnische Philologie von einer klaren Vorliebe für die Literatur motiviert war. [...] Das eröffnete mir völlig neue Horizonte, um nicht zu sagen, das eigentliche Geheimnis des Wortes. Das

[20] Johannes Paul II., Geschenk und Geheimnis, S. 14.

Wort lebt, bevor es auf der Bühne gesprochen wird, in der Geschichte des Menschen als fundamentale Dimension seiner geistlichen Erfahrung. [...] Später erkannte ich, dass das Studium der polnischen Philologie in mir den Boden für einen anderen Interessen- und Studienbereich bereitete und meinen Geist für die Philosophie und die Theologie empfänglich gemacht hatte.[21]

Freund der Juden

Zur gleichen Zeit machten sich auch in der kleinen Welt von Wadowice, in der der Antisemitismus von neuem auflebte, Spannungen zwischen Polen und Juden bemerkbar. 1939 gab es in Polen dreieinhalb Millionen Juden. Ihr Anteil an der Politik und Wirtschaft des neuen Staates war bereits seit 1919 Gegenstand zahlreicher Polemiken. Seit dem Staatsstreich von Marschall Piłsudski im Jahr 1926 war für die jüdische Bevölkerung ein wenig Ruhe eingekehrt, bevor sie durch die Folgen der Weltwirtschaftskrise von 1929, die sich auch in Polen bemerkbar machten, erneut in Schwierigkeiten geriet: Ihr Einkommen war, antisemitischen Hetzkampagnen zufolge, um 40% höher als das von Nicht-Juden. So fehlte es denn auch nicht an judenfeindlichen Äußerungen und Übergriffen. Nach dem Tod Marschall Piłsudskis im Jahr 1936 wurden erste antisemitische Maßnahmen umgesetzt, unter anderem ein Numerus Clausus für jüdische Studenten an den Universitäten. Das Klima war zunehmend bedrückend, auch in Wadowice, wo Lolek das Gymnasium besuchte.
Der Antisemitismus erfasste auch das katholische Milieu und überdauerte hier bis über die Schoah hinaus. Begründet wurde er mit dem Beitritt einiger Juden zur kommunistischen Partei, ihrer wirtschaftlichen Position oder ihren ver-

[21] Ebenda, S. 16f.

meintlichen Schwierigkeiten, sich in die polnische Gesellschaft zu integrieren. Der Hirtenbrief des Primas, Kardinal Hlond, aus dem Jahr 1936 verurteilte zwar alle Pogrome gegen die Juden, rechtfertigte allerdings rechtliche Maßnahmen, die den wirtschaftlichen Aufstieg von Juden begrenzten. Im Vergleich zur antisemitischen Hetze, wie sie in einigen anderen katholischen Kreisen herrschte, waren dies zwar diskriminierende, aber noch gemäßigte Positionen. Die jüdische Frage erwies sich gleichwohl als heikel.

Der junge Wojtyła war mit dem Sohn eines bekannten jüdischen Anwalts, Jerzy Kluger, befreundet, der darüber hinaus auch Gemeindevorsteher war. Kluger hat später sympathische Anekdoten berichtet. Eine handelt davon, wie er einmal die Kirche betreten habe, um dem Messdiener Wojtyła von einer bestandenen Prüfung zu berichten. Sein Erscheinen in der Kirche habe einer Frau ganz offensichtlich missfallen, woraufhin Karol (im Alter von zehn Jahren) ärgerlich wurde und es aus ihm herausbrach: „Sind wir denn nicht alle Kinder Gottes?"[22] Auch andere Kameraden waren Juden. Und so wuchs Lolek insgesamt in einer gewissen Nähe zu den jüdischen Traditionen seiner Nachbarn auf. Dabei war es in Polen zu dieser Zeit keineswegs selbstverständlich, dass ein katholischer Junge im herzlichen Einvernehmen mit seinen jüdischen Mitmenschen lebte. Karol Wojtyła und sein Vater, so erinnerte sich Kluger später, hegten große Sympathie für die Juden, was durch ihre religiöse Gesinnung noch verstärkt wurde. Angesichts der antisemitischen Ausschreitungen, die auch vor Wadowice nicht Halt machten, gemahnte ein Lehrer des Gymnasiums, das Wojtyła und Kluger besuchten, an das, was Mickiewicz bereits 1848 zu Papier gebracht hatte: dass Israel der ältere Bruder sei.

Tatsächlich wies die polnische Kultur auch einen judenfreundlichen Aspekt auf, der insbesondere in den Werken

[22] Svidercoschi, Brief an einen jüdischen Freund, S. 22.

Adam Mickiewiczs anklingt. In seinen reifen Jahren hat Mickiewicz eine geradezu mystische Beziehung zwischen Juden und Polen herausgearbeitet: Israel sei demnach, wie bereits erwähnt, der „ältere Bruder" der polnischen Nation, deren Schicksal als „zweitem erwählten Volk" sich erfüllen würde, wenn sie vom jüdischen Geist durchdrungen wäre. Nach Ansicht dieses nationalen „Propheten" hätte Polen also dem Weg Israels folgen müssen, von der Wüste bis ins Gelobte Land. Seine Geschichte warte auf den Messias.[23]

Die Idee vom Judentum als dem „älteren Bruder" sollte Johannes Paul II. wieder aufnehmen, als er 1986 als erster Papst eine Synagoge besuchte, den „Tempio Maggiore" in Rom. Im Allgemeinen jedoch gaben unter den polnischen Katholiken in der Zwischenkriegszeit antisemitische Stimmungen und Haltungen den Ton an.

Karol Wojtyła, inzwischen nach Krakau gezogen, wurde denn auch Zeuge der wohl dramatischsten Phase des Antisemitismus in den letzten Monaten der polnischen Unabhängigkeit, vor allem aber während der Besetzung des Landes durch die Nationalsozialisten, die bekanntlich zur ‚Endlösung' führte. Im Jahr 1939 machte der jüdische Bevölkerungsanteil in Krakau noch 25% aus, in absoluten Zahlen waren dies 64.958 von insgesamt 251.451 Menschen. Die Gemeinde war groß, lebhaft und vielschichtig: Assimilierte Juden hatten hier ebenso Platz wie traditionsbewusste und chassidische Gruppen. Unter der Jagiellonen-Dynastie hatte die Gemeinde dieser Stadt im 16.

[23] Vgl. E. Krakowski, Mickiewicz et l'histoire pathétique de la Pologne, Paris 1955. Betrachtungen zu diesem Autor und über das Judentum in: E. Hoffman, Im Schtetl. Die Welt der polnischen Juden, Wien 2000. Siehe auch A. Mickiewicz, Pan Tadeusz, hg. v. C. Agosti Garosci, Turin 1955. Siehe vor allem auch J. Tomaszewski, Polonia, 1918–1939: la Chiesa cattolica e gli ebrei, und P. Bocheńska, La Chiesa cattolica e gli ebrei in Polonia negli anni 1945–1948, in: Quando il papa andò in sinagoga. Atti del convegno in occasione del ventennale della visita del Papa alla Sinagoga di Roma, Rom 2008, S. 80–105, S. 106–112. Vgl. auch D. Tollet, Histoire des juifs en Pologne du XVIe siècle à nos jours, Paris 1992, S. 259ff.

und 17. Jahrhundert eine Zeit der Toleranz erlebt, wobei vor allem die kulturelle und religiöse Blüte im 17. Jahrhundert hervorzuheben ist.[24] Es gab zahlreiche Synagogen, unter anderem die Alte und die Hohe Synagoge sowie den Tempel der reformorientierten Juden. Das Judentum war in seiner ganzen Vielfalt in der Stadt präsent und bedeutsam. Mit der deutschen Besetzung wurden zwischen Ende 1940 und Anfang 1941 gut 48.000 Krakauer Juden gezwungen, die Stadt zu verlassen.

Diejenigen, die blieben, pferchte man im Ghetto ein, das die Deutschen am rechten Weichselufer, von Mauern umschlossen, eingerichtet hatten. Die Polen konnten die schreckliche Situation der Juden im Übrigen mit eigenen Augen sehen – etwa bei der Zwangsarbeit auf dem zentralen Marktplatz (wie einige Fotos belegen) oder von der Straßenbahn aus, die ohne Zwischenhalt durch das Ghetto fuhr. Wenn die Juden aus dem Ghetto herausgeholt wurden, durchquerten sie einige Straßen Krakaus. Im Gebiet des Ghettos befand sich überdies eine Apotheke, die von einem Polen geführt wurde, der nicht nur Zeuge des Leidens der jüdischen Bevölkerung wurde, sondern sich mit ihr solidarisierte. Insgesamt lebten im Ghetto circa 18.000 Juden in 320 Gebäuden. Nach den Massenevakuierungen am 13. und 14. März 1943 wurde das Ghetto vollständig geräumt. Kinder und Alte wurden entweder noch vor Ort getötet oder nach Auschwitz deportiert, während die arbeitsfähigen Männer in das nahegelegene Lager Plaszów verschleppt wurden, das bis zu 25.000 Mann aufnahm.[25]

Wojtyła wurde zum Zeugen der Schoah – und befand sich, wie die meisten Polen, zugleich selbst in einer schwierigen Si-

---

[24] Vgl. S. Dziwisz, Intervento, in „AEC". Bollettino a cura dell'Amicizia Ebraico Cristiana di Firenze 1–2 (2010), S. 13–16, bes. S. 14.

[25] Vgl. S. Martin, Jewish Life in Cracow, 1918–1939, London–Portland 2003. Siehe auch C. Steinlauf, Bondage to the Dead. Poland and the Memory of the Holocaust, New York 1997. Vgl. A. Smolar, Les juifs dans la mémoire polonaise, in : „Esprit" 127 (1987), S. 1–31 sowie E. Duda, Cracovia ebraica, Krakau 2005.

tuation. Es ging ums Überleben, und so arbeitete er im Steinbruch der Firma Solvay. Aus der Nähe konnte er sehen, dass die Krakauer Juden, dem Tode geweiht, ein noch schwereres Los zu tragen hatten als die anderen Polen. Während der Gespräche für das erste Interview-Buch fragte André Frossard den Papst mit Blick auf die getöteten Juden: „So gibt es also, Heiliger Vater, mindestens sechs Millionen Heilige mehr?" Und der Papst bejahte die Frage ohne zu zögern. Es lässt sich erahnen, welchen Raum das Drama der Schoah im Denken Karol Wojtyłas seit seiner Jugend einnahm.[26]

Wojtyła hatte erlebt, wie Polen und Juden in seiner Heimatstadt Wadowice friedlich nebeneinander lebten. Während der deutschen Besatzung musste er nun mitansehen, wie seine jüdischen Mitbürger in Krakau niedergemetzelt wurden. Später sollte er Bischof jener Diözese werden, in deren Gebiet das ehemalige Vernichtungslager Auschwitz lag. Auch deshalb beschäftigten ihn das Judentum und sein dramatisches Schicksal sehr. In seinem Buch „Erinnerung und Identität" erinnert sich Johannes Paul II. daran, wie die Nationalsozialisten die Morde an den Juden verschleierten: „Für lange Zeit wollte der Westen an die Vernichtung der Juden einfach nicht glauben. Erst später kam die volle Wahrheit ans Licht. Nicht einmal in Polen war all das bekannt, was die Nazis den Polen angetan hatten und noch antaten, ebenso wenig wusste man, was die Sowjets mit den polnischen Offizieren in Katyń getan hatten, und selbst die so traurigen Vorkommnisse der Deportationen waren nur teilweise bekannt."[27]

Während des Krieges hatte Karol den Eindruck, an den Rand der „Hölle" gelangt zu sein. Und noch anlässlich der geistlichen Exerzitien für Paul VI. und die römische Kurie im Jahr

---

[26] Vgl. A. Frossard, „Fürchtet euch nicht!" Im Gespräch mit Johannes Paul II., München 1982, S. 12–26. Siehe auch Ders., Portrait de Jean Paul II, Paris 1988.

[27] Johannes Paul II. Erinnerung und Identität. Gespräche an der Schwelle zwischen den Jahrtausenden, Augsburg 2005, S. 28f.

1976 sagte Kardinal Wojtyła, die Konzentrationslager blieben für immer die realen Manifestationen der Hölle auf Erden. In ihnen habe sich das äußerste Böse gezeigt, das ein Mensch einem anderen Menschen zufügen könne. Dieser Verweis war ungewöhnlich für das katholische Lehramt, noch dazu in der damaligen Zeit. Während des Krieges war Wojtyła Zeuge des großen Leids der Juden geworden. Er sah, wie seine jüdischen Mitbürger aus dem gemeinsamen Leben verschwanden und in den Tod gingen. Es waren Klassenkameraden (ein Viertel seiner Gymnasialklasse) und Freunde. Johannes Paul II. schrieb an Kluger: „Ich habe noch die langen Reihen von Gläubigen vor Augen, die sich am Feiertag zum Gebet in die Synagoge begaben.“[28] Bei einem Treffen mit Warschauer Juden im Jahr 1987 hat Wojtyła sein spezielles Verhältnis zum tragischen Schicksal der Juden dann noch einmal erklärt: „Und der Papst aus Polen hat dazu eine besondere Beziehung, weil er zusammen mit Euch das alles hier auf diesem Boden ein wenig miterlebt hat.“[29]

Nach dem Zweiten Weltkrieg musste der junge Wojtyła mitansehen, wie der Antisemitismus gegenüber den übriggebliebenen Juden in Polen erneut aufflammte. 1945 gab es in Krakau nur noch 10.453 Juden, und auch sie wurden noch angefeindet. Im Jahr darauf wurden beim „Pogrom von Kielce“ sogar 42 Juden getötet und viele verletzt, da man sie des Ritualmords an einem christlichen Kind beschuldigte.[30] Allein, in der Krakauer Kirche ließ man sich nicht von antisemitischen Gedanken beirren wie sonst vielerorts in Polen. Kardinal Sapieha, der Erzbischof von Krakau, bezog nach diesen schmerzvollen Ereignissen vielmehr klar Position, indem er an der Gedenkfeier für den Aufstand im Warschauer Ghetto teilnahm. Während sich Sapieha philosemitisch zeigte, blieb

[28] Svidercoschi, Brief an einen jüdischen Freund, S. 114.
[29] Ebenda, S. 115.
[30] Vgl. R. Taradel, L'accusa del sangue. Storia politica di un mito antisemita, Rom 2002, S. 297–303.

die Haltung des polnischen Episkopats insgesamt jedoch eher distanziert.
Als Bischof nahm Wojtyła die Erklärung des Zweiten Vatikanischen Konzils zu den Juden begeistert auf. 1969 fragte er als Erzbischof von Krakau an, die Synagogen der noch bestehenden jüdischen Gemeinde besuchen zu dürfen. Dies war im Polen der damaligen Zeit (und in der katholischen Welt im Allgemeinen) durchaus ungewöhnlich. Noch dazu geschah dies unmittelbar nach einer antisemitischen Kampagne der polnischen Regierung im Zusammenhang mit dem Sechs-Tage-Krieg. Wojtyła und Wyszyński hatten sich gegen diese Kampagne gewandt. In der Geschichte des jungen Wojtyła, der ein Freund der Juden und ein Zeuge des Holocaust war, lässt sich gut erkennen, wie fremd ihm schon seit den dreißiger Jahren die antisemitischen Strömungen waren und wie eng er sich den jüdischen Mitbürgern verbunden fühlte. Seine Lebensgeschichte unterschied sich daher erheblich von der Biografie anderer Päpste, die im Judentum vor allem ein Stück Vergangenheit sahen. Für Karol aber waren die Juden nicht in erster Linie die Vertreter einer anderen Religion, sondern vielmehr Klassenkameraden, Freunde und schließlich Verfolgte. Wojtyła empfand tiefen Respekt für den jüdischen Glauben. Als junger Geistlicher hatte er es abgelehnt, ein jüdisches Kind zu taufen, dessen Eltern in Auschwitz ermordet worden waren und das man bei einer katholischen Familie untergebracht hatte. Hier wird deutlich, wie sehr sich der junge Priester von weiten Teilen des europäischen Klerus unterschied, war doch etwa im Frankreich der Kriegs- und Nachkriegszeit die Taufe jüdischer Kinder an der Tagesordnung.
Auch in kultureller Hinsicht waren die Juden fester Bestandteil der polnischen Identität. Wojtyłas Polen, gewiss stolz auf die katholische Tradition, war kein Land ohne Juden. In „Erinnerung und Identität", einem Buch, das kurz vor seinem Tod erschien, schrieb der alte Papst: „Ein ethnographisch äußerst wichtiges Element war in Polen auch die Präsenz der

Juden. Ich erinnere mich, dass mindestens ein Drittel meiner Klassenkameraden in der Grundschule von Wadowice Juden waren. Am Gymnasium waren sie etwas weniger zahlreich. Mit einigen verband mich eine enge Freundschaft. Und was mich bei einigen besonders beeindruckte, war ihr polnischer Patriotismus."[31] Abschließend schrieb der Papst über seine Vorstellung von der polnischen Identität: „Im Grunde ist also der polnische Geist ein Geist der Mannigfaltigkeit und des Pluralismus und nicht der Begrenztheit und der Verschlossenheit."

Drei Porträts im Zimmer des Papstes

Im Februar 1941 starb Karols Vater, der ihn nach Krakau begleitet hatte. Wojtyła war von nun an auf sich alleingestellt. Mit zwanzig Jahren habe er alle Menschen verloren, die er in diesem Leben hätte lieben können, sagte er später einmal. Und so wurden die Freunde zu seiner Familie. Bis in die letzten Lebensjahre war die Freundschaft für Johannes Paul II. etwas Ernstes und Verbindliches, der Kontakt zu den Freunden lebenswichtig und selbstverständlicher Teil des Alltags. Der Tod des Vaters, die mit dem Krieg einhergehende Entfernung von der Universität und nicht zuletzt der größere Abstand von der Welt des Theaters, die ihm zuvor die Zukunft zu bedeuten schien, setzten, so berichtet der Papst selbst, einen Prozess in Gang, der Wojtyła schließlich zur Erkenntnis führte, der Herr habe ihn zum Priester berufen. Diese Überlegungen reiften in einem kaum zwanzigjährigen jungen Mann heran, der seit seiner Zeit in Wadowice – nach dem Vorbild des Vaters – ein intensives spirituelles Leben führte. So war für ihn das Gebet ein wichtiger Teil des täglichen Lebens

[31] Dies und das folgende Zitat in: Johannes Paul II. Erinnerung und Identität, S. 115.

und keineswegs nebensächlich. Der Krieg hat dann seine Entscheidung, Priester zu werden, maßgeblich beeinflusst: „Die endgültige Reifung meiner Priesterberufung erfolgte [...] in der Zeit des Zweiten Weltkriegs, während der Besetzung durch die Nazis. [...] Angesichts des Umsichgreifens des Bösen und der Gräuel des Krieges wurde mir der Sinn des Priestertums und seiner Sendung in der Welt immer klarer."[32]
Drei spirituelle Weggefährten waren für Lolek von besonderer Bedeutung: Pater Figlewicz, Jan Tyranowski und Adam Chmielowski. Die ersten beiden hat der junge Wojtyła persönlich kennengelernt, letzterer war kurz vor seiner Geburt gestorben und daher eine eher abstrakte Leitfigur. Porträts der drei Männer schmückten seit 1978 das päpstliche Schlafzimmer im vatikanischen Palast.[33]
In Krakau bedeutete die Beteiligung am „Lebendigen Rosenkranz" in der salesianischen Pfarrei St. Stanislaus Kostka eine wichtige Erfahrung für Karol. Etliche Salesianer wurden von den Deutschen verhaftet. Aus der Pfarrei stach die Figur des im ganzen Viertel bekannten Schneiders Tyranowski hervor, der mit seiner lebendigen Spiritualität von sich reden machte. Er war es auch, der den Kreis „Lebendiger Rosenkranz" für junge Männer ins Leben rief, sie in Gruppen teilte und spirituell-theologische Diskussionen anregte. Auch wenn er keine systematische Ausbildung erfahren hatte, verfügte der Schneider doch über eine beachtliche Bibliothek und verlieh Bücher an die jungen Leute. Tyranowski war von zentraler Bedeutung für die spirituelle Entwicklung Karols, der ihm als Johannes Paul II. in den neunziger Jahren ein Denkmal setzen sollte, als er den Seligsprechungsprozess dieses Laienbruders eröffnete. Durch ihn hatte er die Mystik des heiligen Johannes vom Kreuz kennengelernt, die ihn so sehr inspirierte, dass er zunächst Karmelit werden wollte (wovon ihm dann aber

[32] Johannes Paul II., Geschenk und Geheimnis, S. 42.
[33] Weigel, Zeugnis der Hoffnung, passim.

Erzbischof Sapieha abriet). Später, während der Studienzeit in Rom, vertiefte Wojtyła seine Kenntnisse über Johannes vom Kreuz, indem er dessen Mystik zum Gegenstand seiner Abschlussarbeit machte.

Tyranowski hatte ihm auch den „Traktat über die wahre Verehrung der seligen Jungfrau Maria“ von Louis-Marie Grignion de Montfort zu lesen gegeben. Später sagte der Papst über dieses Werk, „sein etwas schwülstiger, barocker Stil [mag] stören, aber das Wesentliche der darin enthaltenen theologischen Wahrheit ist unanfechtbar.“[34] Dieses Wesentliche bestand in der Einsicht, dass Maria zu Christus und Christus zur Marienverehrung führe. Auf diese Weise, so erinnerte sich Johannes Paul II., habe sich seine Marienfrömmigkeit in einem christologischen Sinne ausgeformt.

Diese Frömmigkeit habe sein ganzes Leben begleitet, bekennt Johannes Paul II., der seit seiner Jugend das ‚Skapulier Unserer Lieben Frau vom Berge Karmel‘ trug. Im Jahr 2002, im fünfundzwanzigsten Jahr seines Pontifikats also, setzte er sich daher für eine Wiederbelebung des Rosenkranzgebets ein, das er, wie es in einem apostolischen Brief heißt, als „Schatz“ bezeichnete, den es „wiederzuentdecken gelte“. Das marianische Element prägte Leben und Pontifikat des Papstes. „Totus tuus“, das Motto zunächst des Erzbischofs von Krakau und dann des Papstes (vereint mit dem Wappen und einem M unter dem Kreuz löste es unter den Heraldikern im Vatikan einen Skandal aus), stammt von der „Kurzformel für die vollkommene Form der Hingabe an die Muttergottes“ des Heiligen Louis-Marie Gruignon, das mit eben diesen Worten beginnt: „Totus tuus ego sum et omnia mea tua sunt …“.[35]

Eine für Johannes Paul II. ebenso wichtige Leitfigur war Adam Chmielowski, bekannt als Bruder Albert. Auch sein Porträt hing im päpstlichen Schlafzimmer. Bruder Albert übte

---

34 Johannes Paul II., Geschenk und Geheimnis, S. 37.

35 Ebenda, S. 38. Siehe auch Johannes Paul II., Apostolisches Schreiben Rosarium Virginis Mariae, 16. Oktober 2002, Nr. 43.

besonders in jener Zeit großen Einfluss auf Wojtyła aus, als dieser seine Leidenschaft für das Theater auslebte. Er zeigte ihm gleichsam einen Weg von der Kunst hin zu einer größeren religiösen Tiefe. Dabei sei daran erinnert, wie stark Loleks Begeisterung für Theater und Literatur bereits in Wadowice gewesen war, wo er, auch unter dem Einfluss des Vaters, die Klassiker der polnischen Romantik gelesen hatte. Dann begann er, unter der Leitung Mieczysław Kotlarczyks Theater zu spielen, einem „wahren Pionier“ des Laientheaters, wie der Papst einmal gesagt hat, mit anspruchsvollem Repertoire. Die Freundschaft mit dem älteren Kotlarczyk verstärkte Karols Leidenschaft für das Theater noch. 1939 notierte er für ihn seine Vorstellungen von der szenischen Handlung: Das Theater müsse man wie eine Kirche betrachten, in der der Nationalgeist aufkeimen werde. Tatsächlich war der junge Mann nicht nur Schauspieler, sondern auch Schriftsteller. Wojtyła hat in fünfundzwanzig Jahren, also zwischen 1939 und 1964, sechs Dramen verfasst (drei davon nach seiner Priesterweihe). Ihm schwebte ein modernes Theater vor, das religiös, aber nicht frömmlerisch war, wie es Bolesław Taborski in seiner Einleitung zu Wojtyłas literarischen Werken formuliert hat.[36]

Später veröffentlichte Wojtyła – unter eigenem Namen oder Pseudonym – einige Aufsätze zum rhapsodischen Theater, in denen er Überlegungen zu einem Theater des reinen Wortes sowie zum Verhältnis zwischen Geste und Wort anstellte, das er neu deutete und im Leben verwurzelt sah. Die Geste trage ihren Wert nicht in sich selbst, sondern erst in Verbindung mit dem Wort. Das Wort aber führe den Zuschauer zum Nachdenken, ja, es verpflichte zum Nachdenken. Der junge, theaterspielende Wojtyła suchte den Wert der Geste zu ergründen. In der Tradition des rhapsodischen Theaters will die

[36] Siehe: Tutte le opere letterarie, Mailand 2001. Siehe auch den Brief Wojtyłas an Kotlarczyk, Una riflessione sulla Divina Commedia, ebenda, S. 991f.

Geste weder das Wort dominieren noch in einen redundanten Exhibitionismus verfallen; sie will vielmehr etwas zum Ausdruck bringen, zum Nachdenken anregen und auf essentielle Weise mitteilen. Die Erfahrungen auf der Theaterbühne verbanden sich so mit religiösen Gedanken. 1946 schrieb Wojtyła an Kotlarczyk über das vermittelte Wort: „Siehst du, jeden Tag lese ich das Evangelium auf polnisch. Oft lese ich es laut. Und manchmal, vor allem beim Johannes-Evangelium, fange ich an, auf neue Weise zu lesen, wie in einem Gesang der Franziskaner – ich beginne, etwas zu finden, etwas zu sehen und zu fühlen."

Bruder Albert war für den theaterbegeisterten Wojtyła von großer Bedeutung, widmete er ihm doch sogar ein Theaterstück mit dem Titel „Der Bruder unseres Gottes".[37] Das Stück entstand 1948, als Wojtyła Vikar in der südlich von Krakau gelegenen Pfarrei von Niegowić war. Die Figur Bruder Alberts, eines begabten Malers, der während des Januaraufstands gegen die Russen im Jahr 1863 ein Bein verloren hatte, übte eine große Anziehungskraft auf ihn aus. An einem bestimmten Punkt seines Lebens wandte er sich von der Kunst ab, da ihm klar wurde, Gott rufe ihn für wichtigere Aufgaben. Er entdeckte die Armen und lebte als Armer unter ihnen. Daraufhin gründete er zwei Kongregationen, die dem Dienst an den Armen gewidmet waren. 1916, drei Jahre vor der Unabhängigkeit Polens, starb er. In seinem autobiografischen Buch „Geschenk und Geheimnis" schrieb der Papst über Bruder Albert: „Für mich war seine Gestalt entscheidend, weil ich bei ihm einen besonderen geistlichen Halt und ein Vorbild fand, als ich mich wegen der radikalen Entscheidung zum Priesterberuf von der Kunst, von der Literatur und vom Theater abwandte."[38]

In Bruder Albert sah Johannes Paul II. die Verkörperung der

[37] Karol Wojtyła, Der Bruder unseres Gottes. Strahlung des Vaters. Zwei Dramen, Freiburg, Basel, Wien 1981.

[38] Johannes Paul II., Geschenk und Geheimnis, S. 41.

„polnischen Tradition eines im Evangelium begründeten Radikalismus [...], der sich in den Fußstapfen des hl. Franz von Assisi und des hl. Johannes vom Kreuz bewegt".[39] Dieser Radikalismus war es auch, der Karol fort von der Kunst und hin zum Priestertum führte. Das Stück „Der Bruder unseres Gottes" lässt er durch Bruder Albert mit den folgenden Worten beenden: „Eines jedoch weiß ich sicher: Ich wählte die größere Freiheit."[40] Bruder Albert hatte sich entschlossen, sein Leben als Künstler aufzugeben und sich stattdessen den Armen von Krakau zu widmen. Seine Seligsprechung unterstützte Kardinal Wojtyła 1969 dann auch nicht in erster Linie als „polnische Bestrebung", sondern damit, dass er eine „lebendige Verkörperung der Kirche der Armen" sei.[41] Zwanzig Jahre später, im Jahr 1989, ist Bruder Albert schließlich von Johannes Paul II. heiliggesprochen worden.

Der Gedenkort Wawel und sein Hüter

Eine andere Figur, die direkten Einfluss auf die Entwicklung Wojtyłas genommen hat, war Pater Kazimierz Figlewicz, sein Religionslehrer und zugleich Vikar in der Pfarrei von Wadowice, in der der künftige Papst Messdiener war. Als dieser später nach Krakau an die Wawelkathedrale versetzt wurde, verlor Karol dennoch nicht den Kontakt zu ihm, sondern besuchte ihn in Krakau und intensivierte die Begegnungen noch, als er zum Studium in die Stadt kam. Während des Krieges wurde Figlewicz zum geistlichen Vater Wojtyłas, dessen Entscheidung, ins Priesterseminar einzutreten, er begleitete.

---

[39] Ebenda.
[40] Karol Wojtyła, Der Bruder unseres Gottes, S. 127. Siehe auch die Schriften über das Theater, die K. Wojtyła unter dem Pseudonym veröffentlichte: A. Jawień, Il dramma della parola e del gesto, in: K. Wojtyła, Tutte le opere letterarie, S. 974–979 sowie I Rapsodi del millennio, ebenda, S. 981– 985.
[41] A. Boniecki, The Making of the Pope of the Millennium, S. 378.

Er war es auch, der die Trauerfeier für Wojtyłas am 18. Februar 1941 verstorbenen Vater zelebrierte. Als Vaterfigur war Figlewicz auch anwesend, als Karol am 2. November 1946 in der Wawelkathedrale seine erste Messe feierte. Und auch bei Wojtyłas Bischofsweihe im Jahr 1958, die ebenfalls auf dem Wawel stattfand, war Figlewicz an seiner Seite.
Der Papst erinnert sich, dass er am 1. September 1939, am Tag des deutschen Überfalls auf Polen, in die Kathedrale gegangen war, um die Beichte abzulegen, da es der erste Freitag im Monat war. In ebendiesen Stunden wurde Krakau von den Deutschen bombardiert. Es war das vorerst letzte Mal, dass er den monumentalen Bau betrat, um dort einem Gottesdienst beizuwohnen, da er schon bald von den Nationalsozialisten geschlossen wurde. Diese letzte Messe sollte ihm daher besonders im Gedächtnis bleiben. Während der deutschen Besatzung wählte der Generalgouverneur Polens, Hans Frank, den Wawel zu seiner Residenz. Nur zweimal wöchentlich konnte Figlewicz eine Messe in der Kathedrale lesen, und selbst Erzbischof Sapieha hatte keinen Zugang mehr. Figlewicz war der letzte Hüter dieses Monuments, in dem die fast tausendjährige Geschichte Polens bewahrt wurde:

> In jener schweren Zeit zeigte sich noch deutlicher, was ihm die Kathedrale, die Königsgräber, der Altar des heiligen Bischofs und Märtyrers Stanislaus bedeuteten. P. Figlewicz war bis zu seinem Tod ein getreuer Hüter jenes besonderen Heiligtums der Kirche und der Nation, indem er mir eine große Liebe zur Kathedrale auf dem Wawel einprägte, die eines Tages meine Bischofskirche werden sollte.[42]

Der Wawel, jener Hügel am linken Ufer der Weichsel mit dem Königsschloss und der Kathedrale, hat eine starke sym-

[42] Ebenda, S. 35.

bolische Bedeutung, repräsentiert er doch gewissermaßen die polnische Souveränität. Das Schloss, ein Renaissance-Bau aus dem 16. Jahrhundert, das Sigismund I., der vorletzte König der Jagiellonen-Dynastie, in Auftrag gegeben hatte, wurde später zweckentfremdet und während der polnischen Teilungen als Kaserne genutzt. Auf dem Wawel wurden die polnischen Könige gekrönt, und hier ruhen auch ihre Gebeine – neben denen anderer großer Persönlichkeiten des Landes wie etwa Adam Mickiewiczs und Juliusz Słowackis. Bezeichnenderweise befindet sich auch das Grab von Marschall Piłsudski, dem Begründer des modernen Polens, in der Kathedrale, der Kardinal Sapieha hierum gebeten hatte. Vor allem fand der heilige Stanislaus, Erzbischof von Krakau, hier in einem großen silbernen Reliquienschrein seine letzte Ruhe. Der Heilige war unter Boleslaus II. dem Kühnen den Märtyrertod gestorben, da er den Herrscher für dessen Verhalten gerügt hatte. Der 1079 getötete Bischof wurde im Jahr 1253 von Innozenz IV. in Assisi heiliggesprochen und zum Schutzheiligen Polens erhoben. Daher repräsentiert der Wawel ein Geflecht aus Religions- und Nationalgeschichte, in dem sich, auch nach Ansicht Wojtyłas, die Identität Polens ausdrückt. Diese „polishness", das „Polentum" also, um einmal mehr den Ausdruck von Tad Szulc zu verwenden, wird von einer starken katholischen Identität bestimmt, steht aber anderen religiösen und ethnischen Komponenten offen gegenüber. Auf dem Wawel ist ein im Christentum wurzelndes Polen gegenwärtig, das zum Martyrium bereit ist. Karol war bereits seit seiner Jugend – und umso mehr dann als Papst – bewusst, dass der Wawel die ganze Geschichte Polens beherbergt.

Auch das Polentum Johannes Pauls II. wurzelt in der Geschichte des Landes, wobei zwei Epochen eine besondere Rolle gespielt haben: das Polen der Jagiellonen-Zeit sowie die Wiedergeburt des polnischen Staates im frühen 20. Jahrhundert und die Kriegszeit. Beide Epochen haben zum multiethnischen Charakter des Landes in besonderem Maße beige-

tragen. Als junger Mann hegte Wojtyła Sympathien für Marschall Piłsudski, der ihm als Symbol für die zurückgewonnene Unabhängigkeit und einen nicht homogen-nationalistischen Charakter des Landes erschien – ein Eindruck, den er über die Jahre bewahrt hat.[43] Als Bischof erinnerte er 1968 anlässlich des fünfzigsten Jahrestages der Unabhängigkeit Polens daran, was die wahre Seele des Landes ausmache: „eine tiefe religiöse Frömmigkeit und eine patriotische Liebe für die Nation".[44]
Eine andere Epoche der polnischen Geschichte, die der Jagiellonen-Dynastie, schien ihm exemplarisch für den internationalen Charakter des Landes zu sein. Als Papst sprach Wojtyła von „einer Zeit des polnischen Universalismus, in der die Universität Krakau hervorstach; danach folgten weitere Entwicklungen: der Beginn der jagiellonischen Dynastie, das hellsichtige Wirken der seligen Königin Hedwig, die polnisch-litauische Einigung, die bedeutende Entwicklung der christlich-humanistischen Kultur".[45] Johannes Paul II. zitierte gern einen Satz von König Sigismund August: „Ich werde nicht der Herr über euer Gewissen sein" und erinnerte so an den in Polen traditionell verankerten Respekt vor der Religions- und Gewissensfreiheit.[46] Diese ganze Geschichte war gewissermaßen im Wawel eingefasst, und Wojtyła hatte dies schon früh verstanden. Die Besetzung des Burgbergs durch Generalgouverneur Frank empfand er daher folgerichtig als Demütigung, so wie viele andere Polen auch.
Der Papst erinnert sich: „Ich habe eine tragische Zeit erlebt, als die Nazis den Sitz ihres Gouverneurs Frank in das Schloss des Wawel legten und über ihm die Hakenkreuz-Fahne hissten. Das war für mich eine besonders schmerzliche Erfah-

[43] Vgl. die Erklärung von Kardinal Stanisław Nagy zum „Processo di beatificazione e canonizzazione del Servo di Dio Giovanni Paolo II", Bd. 3, S. 209.
[44] Gelegentlich feierte er den Gottesdienst im Gedenken an den Marschall. Siehe dazu: A. Boniecki, The Making of the Pope of the Millennium, S. 309 und 339.
[45] Gespräch des Autors mit Johannes Paul II.
[46] Gespräch des Autors mit Johannes Paul II.

rung."[47] Die Besetzung des symbolischen Herzens des Landes ging einher mit der Schließung der Jagiellonen-Universität, an der Karol sein Studium der polnischen Philologie begonnen hatte. Die Verhaftung von Universitätsprofessoren durch die Deutschen (die meisten von ihnen sollten nicht aus den Lagern zurückkehren) verdeutlichte einmal mehr, dass es den Nationalsozialisten darauf ankam, die polnische Kultur, hier in Gestalt der prestigeträchtigen Jagiellonen-Lehranstalt, zu zerstören. Die Besetzung des Wawel und die Schließung der Universität waren jedoch nur der Beginn einer langen Leidenszeit. Stanislaus, die Könige und die großen Persönlichkeiten der polnischen Geschichte waren, abgeschottet vom Volk, in ihren Gräbern verschlossen, als Karol in der alten Königsstadt über seine Zukunft entschied.

Der heilige Stanislaus und das Martyrium

Der Wawel und die Erinnerung an den heiligen Stanislaus begleiteten Karol Wojtyła ein Leben lang, denn Stanislaus war eine weitere Figur der Inspiration für den späteren Papst. In den siebziger Jahren machte sich Wojtyła als Erzbischof von Krakau an die Vorbereitung der Feierlichkeiten für den neunhundertsten Jahrestag seines Martyriums. Er war überzeugt, dass diese Figur den Polen viel zu sagen hatte. 1979 konnte er die Feierlichkeiten als Papst bei seiner ersten Reise nach Polen beschließen.

Das Leben des heiligen Stanislaus bot das Modell eines Bischofs, der seine Stimme laut und dezidiert gegen die Macht erhob. Damit wurde er zum Vorbild für die polnische Kirche als der einzigen unabhängigen Kraft während der Zeit des Nationalsozialismus und des kommunistischen Regimes. Noch immer war das Martyrium des Bischofs aussagekräftig, wie

[47] Johannes Paul II., Auf, lasst uns gehen! Erinnerungen und Gedanken, Augsburg 2004, S. 29.

Wojtyła in einem Gedicht festhielt, das er dem Heiligen widmete:

> Ich möchte meine Kirche besingen in dem Namen,
> in dem das Volk
> eine zweite Taufe erhielt,
> eine Bluttaufe; um dann, und nicht nur einmal,
> ausgesetzt zu sein
> der Taufe unterschiedlicher Prüfungen –
> (...)

Und weiter heißt es:

> Vielleicht dachte Stanislaus: mein Wort wird dich
> verwunden und dich bekehren,
> an die Pforten der Kathedrale wirst du
> kommen als Büßer,
> (...)
> Das Wort hat nicht bekehrt, das Blut
> wird bekehren –
> Vielleicht fehlte dem Bischof die Zeit, zu denken:
> nimm diesen Kelch von mir.[48]

Wojtyła fühlte eine spirituelle Nähe zu diesem Heiligen. Dabei ging es nicht um rhetorische Phrasen über längst Vergangenes, sondern um tatsächlich erlebte Geschichte. Das Thema des Martyriums stand Johannes Paul II. seit seiner Jugend fest vor Augen, und gerade der Wawel bezeugte das Martyrium des heiligen Stanislaus. Märtyrer waren jedoch keineswegs eine ferne Wirklichkeit: „Wir leben", sagte Wojtyła 1976 vor der Römischen Kurie, „in einer Zeit, in der die ganze Welt die Gewissensfreiheit fordert und in einer Zeit, in der der Kampf gegen die Religion, die als ‚Opium fürs

---

[48] Auszug aus dem Gedicht „Sankt Stanislaus", zit. n.: ebenda, S. 205–207.

Volk' bezeichnet wird, so geführt wird, dass neue Martyrien verhindert werden". Dabei hatte Wojtyła den kommunistischen und speziell den sowjetischen Kampf gegen die Religion im Sinn. Bei dieser neuen Form der Repression achtete man darauf, keine Märtyrer hervorzubringen, indem man die Regimegegner kurzerhand als Kriminelle diffamierte. 1980 hat der Papst dazu gesagt: „Sehr oft versucht man, die Märtyrer als politische Straftäter zu überführen."

Karol Wojtyła war davon überzeugt, dass die Geschichte der Kirche des 20. Jahrhunderts in einer Kontinuitätslinie zur alten Kirche stehe und dass beide durch ihre Märtyrer miteinander verbunden seien. Der polnische Franziskaner Maximilian Kolbe, der sein Leben für einen Mitgefangenen im nationalsozialistischen Konzentrationslager opferte, repräsentierte den Typus des neuen Märtyrers. Noch am Abgrund des Bösen, verkörpert durch das Konzentrationslager, war es der Liebe möglich sich zu behaupten, wenngleich zum Preis des Martyriums. „Es starb ein Mensch, aber die Menschlichkeit wurde gerettet!", bemerkte Wojtyła dazu. Als Papst wollte er, dass Kolbe als Märtyrer der Liebe heiliggesprochen werde und die Märtyrerkategorie der „in odium fidei" Getöteten um jene erweitert werde, die ihr Leben für den Glauben und die Liebe geopfert hatten.[49] Inmitten von so viel Leid, wie es in Auschwitz sichtbar wurde, gemahnte Kardinal Wojtyła 1971 im Radio Vatikan, es habe sich so „ein anderes Bild des Konzentrationslagers" gezeigt, in dem „nicht nur Hass, sondern auch Liebe, nicht nur Grausamkeit, sondern auch das Opfer Platz fanden. Und dieses Opfer zeigte auch seine Schöpfungskraft."[50] Nicht einmal das Lager, so Wojtyła, verhindere die Liebe, und sei es in Gestalt des Martyriums.

---

[49] Vgl.: Karol Wojtyła, Zeichen des Widerspruchs. Besinnung auf Christus, Zürich, Köln, Freiburg, Basel, Wien 1979.

[50] Ebenda, S. 65 und 227 sowie K. Wojtyła – Johannes Paul II, Massimiliano Kolbe, patrono del nostro difficile secolo, Città del Vaticano 1982.

Das Gedenken an die Martyrien des heiligen Adalbert, des heiligen Stanislaus und Maximilian Kolbes veranlassten Wojtyła dazu, über das Martyrium als solches nachzusinnen. Dabei spielt eine wichtige Rolle, dass die polnische Geschichte oft als Geschichte einer Märtyrernation beschrieben worden ist, etwa von Adam Michiewicz. „Mehr noch als ein Dichter, ist er ein großer Prophet", schrieb Mazzini über ihn, und der italienische Dichter fühlte sich der Idee von der Nation als einer spirituellen und kulturellen Einheit, wie sie von den polnischen Romantikern vertreten wurde, durchaus verpflichtet.[51] Für Zygmunt Krasiński, einen Dichter des 19. Jahrhunderts, war Polen mit seinem Leidensschicksal wie mit seiner Auferstehungshoffnung gleichsam der „Christus unter den Nationen". Das polnische Martyrium, so war nicht selten zu hören, sei darüber hinaus in der Treue zu Rom begründet. In der ersten Predigt seines Pontifikats erinnerte Wojtyła denn auch an die alte Tradition, die durch Henryk Sienkiewicz ihren literarischen Ausdruck gefunden hat. Sie bezieht sich auf Petrus, der während der Christenverfolgungen unter Nero im Begriff war, Rom zu verlassen. Christus, so will es die Tradition, sei Petrus entgegengegangen, und dieser habe ihn gefragt: „Wohin gehst du, Herr?" Der Papst fuhr fort: „Und der Herr antwortete ihm: ‚Ich gehe nach Rom, um ein zweites Mal gekreuzigt zu werden.' Petrus kehrte nach Rom zurück und ist hier bis zu seiner Kreuzigung geblieben." War dies die Perspektive, aus der Wojtyła das Pontifikat betrachtete? Die vom Wawel inspirierten Themen wie das des Martyriums waren für ihn jedenfalls nicht nur ein Gegenstand kirchlicher Gelehrsamkeit. Wojtyła interpretierte sie vielmehr auf religiöse, persönliche und durchaus aktuelle Weise – und dies seit seinem zwanzigsten Lebensjahr, also der schweren Zeit der deutschen Besatzungsherrschaft. Viele junge Polen empfanden dies ebenso.

[51] J. Plumyène, Le nazioni romantiche. Storia del nazionalismo nel XIX secolo, Florenz 1982, S. 169–187.

In Polen befanden sich die Menschen in einer schwierigen, durch und durch erniedrigenden Situation, auch wenn sie nicht wie die Juden sämtlich zur Vernichtung verdammt schienen. Doch auch für sie ging es ums Überleben. Als es Generalgouverneur Frank durch hartnäckiges Insistieren gelang, eine Einladung zum Essen bei Erzbischof Sapieha zu erlangen, fand er auf dem feierlichen Bischofstisch nur Schwarzbrot, Rübensirup und Kaffeeersatz. Der Kirchenmann erklärte ihm, diese Nahrung erhalte man nun einmal als Pole mit den Lebensmittelkarten, und er habe nicht riskieren wollen, Einkäufe auf dem Schwarzmarkt zu tätigen.[52] Karol gehörte zu den vielen jungen Menschen, die Hunger litten und gleichzeitig versuchen mussten, der Zwangsarbeit zu entrinnen (wer zwischen 14 und 60 Jahre alt war und keine Arbeit hatte, musste mit der Deportation rechnen). Daher nahm er eine Arbeit in einem Steinbruch an, in dem Kalk für das Chemiewerk Solvay gewonnen wurde. Auf spiritueller Ebene überlebte Lolek durch Religion und Theater, auf materieller, indem er sich als Arbeiter verdingte.

Man hat viel über Wojtyłas frühe Jahre spekuliert. Eine jüngere, allerdings fragwürdige Publikation hat ihn zum Widerstandskämpfer stilisiert, der mit Gewalt gegen die Deutschen vorgegangen sei.[53] Demnach sei er als junger Mann der SS bekannt gewesen, die auch von seinen Verbindungen zu Juden gewusst haben soll, unter anderem deshalb, weil er selbst Sohn einer Jüdin, Emilia Katz, gewesen sei. Diese habe ihren Familiennamen in das polnische Kaczorowska umgeändert. Das sind freilich nicht belegbare Behauptungen. In Wirklich-

[52] Einen Überblick über das kirchliche Leben im Krieg bietet J. Kłoczowski/L. Müllerova, La guerre et l'occupation (1939–45), in: Histoire religieuse de la Pologne, S. 462–496.

[53] Vgl. M. Dolcetta, Gli spettri del Quarto Reich. Le trame occulte del nazismo dal 1945 a oggi, Mailand 2007, S. 154–158.

keit erlebte Karol die Kriegsjahre als junger Pole, der Widerstand ausschließlich auf spiritueller Ebene leistete. Die Kultur, das Theater und die Freundschaften zu pflegen, das war seine Art, einer fremden Macht die Stirn zu bieten, deren Ziel es war, das polnische Volk zu verunglimpfen und zu demütigen. 1940 schrieb Karol zwei Dramen mit biblischem Hintergrund: „Hiob“ und „Jeremias“. Hinter beiden Gestalten lässt sich das polnische Drama erahnen. Während „Hiob“ dabei mehr der biblischen Tradition verhaftet ist, kann „Jeremias“ als Verflechtung der polnischen Geschichte mit dem Geschick des Propheten gedeutet werden. Der Akt des Schreibens und die Kultur insgesamt ermöglichten es, die Seele des Volkes zu bewahren. Mit diesem Thema sollte sich Johannes Paul II. mit Blick auf das Verhältnis von Nation und Kultur noch einmal beschäftigen: Die Kultur schien ihm ein Überleben der nationalen Identität zu ermöglichen, auch wenn die politische Unabhängigkeit fehlte. Dies war eine unmittelbare Lektion aus der polnischen Geschichte, für den Papst besaß sie darüber hinaus aber auch eine gewisse Allgemeingültigkeit. Als junger Mann hatte er dies selbst erfahren.
Im Übrigen fügte sich das Theaterspielen, insbesondere Wojtyłas rhapsodisches Theater, in den geistigen und organisatorischen Rahmen der Untergrundorganisation *Unia*, in der viele junge Katholiken zusammenkamen, um die christlichen Werte im öffentlichen Leben zu bewahren. Die Unia wollte zum Widerstand gegen die drohende Verrohung durch die Deutschen anregen und zugleich eine politische Zukunft im Zeichen des einzelnen Menschen und der Gemeinschaft vorbereiten. Grundsätzlich handelte es sich also um eine kulturelle Bewegung mit gesellschaftspolitischem Programm. Allerdings gab es auch einen militärischen Flügel, wie der Warschauer Aufstand von 1944 zeigt. Einzelne Mitglieder der Unia (deren Codename Żegota war) stellten Juden falsche Dokumente aus, unterstützten sie und halfen ihnen dabei, ein Versteck zu finden. Karol konnte sich nicht

rühmen, den Juden geholfen oder in anderer Weise aktiv Widerstand geleistet zu haben. „Ich verdiene den prestigeträchtigen Titel des ‚Gerechten' nicht", hat er offen zugegeben. Sein Widerstand fand auf religiöser, kultureller und patriotischer Ebene statt und schloss die Anwendung von Gewalt aus.[54]

Als Pole lebte man zu dieser Zeit in einer bedrückenden Atmosphäre, die von Terror und Zwang beherrscht war und allenthalben Pessimismus, ja, Resignation auslöste. Lange Jahre hindurch konnte man in Krakau, von jedem Informationsfluss abgeschnitten, nicht nur keine Zukunft erkennen, sondern war Tag für Tag einem harten Überlebenskampf ausgesetzt. Kardinal Macharski, damals noch Student, erzählte Bernard Lecomte, dem Autor einer fundierten Biografie Johannes Pauls II., davon: „Wir waren alle an unseren Grenzen. Der Tod lauerte überall. Alle hatten wir Angst, in den deutschen Lagern zu enden, in den Osten deportiert oder ins Krakauer Montelupich-Gefängnis gesteckt zu werden, aus dem grauenvolle Schreie nach außen drangen."[55] Wojtyła, ein ernster und fleißiger junger Mann, der seinen Altersgenossen ein wenig anders erschien, vertiefte in diesem Klima seine Leidenschaft für das Religiöse. Eine besondere Anziehungskraft übte auf ihn dabei die Botschaft von der Barmherzigkeit Gottes aus, wie sie die einfache Nonne Faustyna Kowalska verkündet hatte, die 1938 noch jung in einem Krakauer Kloster starb, kurz bevor Wojtyła in die Stadt zog. Anlässlich der Weihe des Heiligtums der Göttlichen Barmherzigkeit in Krakau sprach der Papst 2002 über seine Verehrung für diese Nonne:

[54] Einige Zeugenaussagen über Hilfsmaßnahmen für verfolgte Juden finden sich in: G. Blazynski, Jean-Paul II, S. 87.

[55] Vgl. B. Lecomte, Giovanni Paolo II, Rom 2006, S. 66ff. Es handelt sich um eine seriöse und sehr ausführliche Biografie.

> Viele persönliche Erinnerungen verbinden mich mit diesem Ort. Oft kam ich hierher, besonders während der deutschen Besatzung, als ich im Steinbruch des Solvay-Werks arbeitete, das sich in der Nähe befindet. Noch heute erinnere ich mich an die Straße [...]. Jeden Tag kam ich hier entlang, um meine Schicht anzutreten, mit Holzschuhen an den Füßen, wie sie damals üblich waren. Wie hätte man sich vorstellen können, dass dieser Mann mit den Holzpantinen eines Tages die Basilika der Göttlichen Barmherzigkeit im Krakauer Łagiewiniki weihen würde?[56]

Die Botschaft von der göttlichen Barmherzigkeit, die man im Gebet erfleht und der der erste Sonntag nach Ostern gewidmet ist, erschien dem Papst als ein Geschenk in schweren Zeiten: „Diejenigen, die sich daran erinnern, weil sie Zeugen der Ereignisse jener Jahre waren und das schreckliche Leid von Millionen von Menschen miterlebten, wissen nur zu gut, wie notwendig die Botschaft von der Barmherzigkeit war."[57] In seinem Buch „Erinnerung und Identität" erklärt Johannes Paul II., Faustynas Visionen seien eine Antwort auf die „Ideologien des Bösen" gewesen, wie sie der Nationalsozialismus und der Kommunismus verkörperten. Er betonte auch, „dass einzig und allein diese Wahrheit, dass Gott Barmherzigkeit ist, das Übel jener Ideologien aufzuwiegen vermag".[58] In ihrem Tagebuch hielt Faustyna ihre mystischen Erfahrungen fest: „Ich bete oft für Polen, doch ich sehe, dass Gott ihm sehr zürnet [...]. Ich erkannte und erfuhr, dass Seelen, die in Liebe leben, sich durch große Erleuchtung im Erkennen der Dinge Gottes auszeichnen, sowohl in der eigenen Seele als auch in

[56] Grußwort des Heiligen Vaters Johannes Paul II. bei der Weihe des neuen Heiligtums der Göttlichen Barmherzigkeit am 17. August 2002 in Krakau-Łagiewniki am Ende der Eucharistiefeier.
[57] Johannes Paul II., Predigt zur Feier der Heiligsprechung von Maria Faustyna Kowalska am 30. April 2000.
[58] Johannes Paul II., Erinnerung und Identität, S. 19.

Seelen anderer."[59] Die Mystikerin war davon überzeugt, das Gebet einiger weniger könne die ganze Welt retten – eine Überzeugung, die auch von den Orthodoxen der Zeit geteilt wurde, wie ein Mystiker vom Berg Athos, der Mönch Silvanus, der ebenfalls 1938 starb, bekräftigte: „Allein ihrer Existenz wegen schicken die Heiligen, auch wenn sie der Welt unbekannt sind, einen großen Segen auf die Erde, ja auf die gesamte Menschheit."[60]

Man könnte meinen, diese Aussagen hätten nichts mit der Geschichte zu tun; Karol Wojtyła jedoch war trotz seines ausgeprägten Sinns für die Realitäten des Lebens davon überzeugt, dass das Geschick der Menschheit und der Völker von einer spirituellen Kraft gelenkt werde. Das Gebet und die spirituellen Menschen, so war er sicher, bewegten die Geschichte, auch wenn ihre Kraft weder sichtbar noch messbar war. Dies ist eine spirituelle Interpretation der Geschichte, die sich auch in der Enzyklika über die Göttliche Barmherzigkeit, „Dives in misericordia", widerspiegelt, die Ende 1980 veröffentlicht wurde – nach einem schwierigen Jahr, in dem in Italien terroristische Gewaltakte verübt worden waren, die UdSSR in Afghanistan einmarschiert war und der Erzbischof von San Salvador, Oscar Romero, am Altar getötet worden war. Die Enzyklika war als ein Appell an die Christen zu verstehen, in dieser dramatischen Zeit Gott nach Kräften darum zu bitten, der Welt seine Barmherzigkeit zu schenken. Allerdings gelang es nicht, die Mehrzahl der Katholiken mit dieser Enzyklika zu erreichen, deren tiefe Wurzeln und deren dramatischer Ton vielfach unverstanden blieben:

---

[59] Tagebuch der Schwester Maria Faustyna Kowalska aus der Kongregation der Muttergottes der Barmherzigkeit, Hauteville ²1991, Nr. 1188–1191, S. 359f. Siehe auch J. Kupka, Santa Faustina Kowalska, Cascine Vica (TO) 2009 und M. Winowska, Anrecht auf Barmherzigkeit, Schwester Faustinas Ikone, Freiburg 1972.

[60] Archimandrita Sofronio, Silvano del monte Athos, Turin 1978, S. 216.

> Selbst wenn der Widerstand der menschlichen Geschichte noch so nachhaltig, die Uneinheitlichkeit der zeitgenössischen Zivilisation noch so ausgeprägt, die Verneinung Gottes in der Welt der Menschen noch so verbreitet ist, muss die Nähe zu jenem Geheimnis, das von Ewigkeit her in Gott verborgen war und an dem der Mensch durch Christus wirklichen Anteil in der Zeit erhielt, um so größer sein.[61]

Die Grundlage der Enzyklika, die den meisten wie eine fromme Meditation erschien, reichte bis ins Kloster der Nonne Faustyna in Łagiewiniki bei Krakau. Der Papst hatte sich entschieden, den Namen der Schwester nicht im Text zu erwähnen, auch wenn er ihrem Anliegen folgte. Erst später machte er seinen Bezug auf die Botschaft Faustynas öffentlich, sprach er sie doch 1993 selig und 2000 dann heilig. 1959, ein Jahr nach Wojtyłas Ernennung zum Weihbischof von Krakau, hatte das Heilige Offizium die von Schwester Faustyna beförderte Verehrung verboten. Tatsächlich scheint diese Initiative auf Kardinal Wyszyński und andere polnische Bischöfe zurückgegangen zu sein, die dieser Form der Verehrung kritisch gegenüberstanden. Anlass zu Missverständnissen boten darüber hinaus einige Fehler in der Übersetzung aus dem Polnischen, was zur Folge hatte, dass Faustynas Denken verzerrt dargestellt wurde. Die Farben der vom Antlitz Jesu ausgehenden Strahlen, wie Faustyna sie beschrieben hatte, schienen den polnischen Nationalfarben zu entsprechen. Als Erzbischof von Krakau setzte sich Wojtyła dann für eine Revision der römischen Entscheidung ein, zu der man 1978 gelangte, kurz bevor Paul VI. starb.

---

[61] Johannes Paul II., Enzyklika Dives in misericordia, Bonn 1980 (Verlautbarungen des Apostolischen Stuhls 26), S. 50.

Der junge Karol Wojtyła war zutiefst getroffen von den schmerzlichen Verlusten in seiner Familie und den Ereignissen des Krieges. Dies war wohl auch der Grund, weshalb er sich so sehr von Faustynas Botschaft der Liebe angezogen fühlte, die dramatisch und trostreich zugleich war. Schritt für Schritt verlagerte sich das Zentrum seines Lebens von Theater und Literatur hin zu religiösen Themen, bis er im Herbst 1942 an die Pforten des Krakauer Bischofpalastes klopfte. Von hier aus wirkte die größte moralische Instanz des besetzten Polens, Fürstbischof Adam Stefan Sapieha (Wojtyła sollte ihn stets mit seinem Fürstentitel ansprechen). Als Abkömmling einer Familie des polnischen Hochadels war er eine Symbolfigur für den unbezwingbaren Nationalgeist, hatte doch bereits sein Großvater 1830 am Aufstand gegen die Russen und sein Vater an der Revolte von 1863 teilgenommen (später verteidigte er auch die Autonomie Galiziens, das zum Habsburgerreich gehörte). Der Erzbischof war der oberste Hirte der polnischen Kirche, nachdem der Primas, Kardinal Hlond, der polnischen Regierung folgend das Land verlassen hatte, da er sich als Interrex betrachtete und den Deutschen nicht in die Hände fallen wollte. Die Entscheidung des Primas fand bei Pius XII. kaum Beifall. Der Papst versuchte daher, den Kontakt zum Erzbischof von Krakau aufrechtzuerhalten, indem er trotz der Isolation Polens Boten zu ihm schickte.[62]

Im Allgemeinen mussten die polnischen Katholiken damals den Eindruck gewinnen, der Pacelli-Papst nehme nur wenig Anteil am Drama der polnischen Nation. Der Historiker und Jesuit Robert Graham, der die Geschichte des Zweiten Weltkriegs eingehend studiert hat, konnte allerdings nachweisen, wie es den Nationalsozialisten mit Hilfe der Propaganda ge-

[62] Vgl. W. Zahorski, La Chiesa polacca durante la seconda guerra mondiale attraverso il caso del primate di Polonia, Cardinale August Hlond, in: »pl.it, rassegna italiana di argomenti polacchi« (2008), S. 774–787.

lang, Fehlinformationen zu verbreiten, die den Papst als einen Mann präsentierten, der kein Interesse für die Leiden des polnischen Volkes zeigte.[63]

Auch der sich im Exil befindende Primas Hlond und die polnische Regierung signalsierten gegenüber dem Heiligen Stuhl, dass man in Polen so empfinde. Luciana Frassati, die Frau des polnischen Diplomaten Jan Gawroński, die aus humanitären Gründen durch das besetzte Polen reiste, bemerkte freilich die Vertrauenskrise gegenüber Rom. Auf ihrer Rückreise wurde sie von Pius XII. und Montini empfangen. Es habe den Papst schmerzlich getroffen, so Frassati, dass man ihm und seiner Anteilnahme mit totalem Schweigen oder, schlimmer noch, mit offener Feindseligkeit begegnete. Frassati schlug dem Papst daher vor, Sapieha zum Kardinal zu erheben, um damit den Polen den Rücken zu stärken.[64] Pius XII. war aufgrund der Kriegsereignisse und der Tatsache, dass der Vatikan nach dem Ersten Weltkrieg die polnischen Grenzen nicht anerkannt hatte, nicht sonderlich beliebt bei den polnischen Katholiken, auch wenn sie den Papst im Allgemeinen respektierten. Auch Wojtyła selbst, den Pius XII. 1958 zum Bischof ernannte, widmete Pacelli kaum Aufmerksamkeit. Darüber hinaus war in Polen die Erinnerung an die Gleichgültigkeit Roms gegenüber den nationalen Interessen und Leiden noch immer präsent. Man erinnerte sich daran, dass Gregor XVI. die russische Unterdrückung legitimiert hatte und Pius IX. (der im Übrigen im Jahr 2000 von Wojtyła seliggesprochen wurde) sich 1848 auf die Seite der europäischen Machthaber geschlagen hatte, nachdem die Hoffnung der Unabhängigkeitskämpfer zuvor von ihm genährt worden war.[65]

Tatsächlich verfolgte der Heilige Stuhl die polnischen Ange-

---

[63] Wichtige Hinweise finden sich in: R. Graham, R. A. Graham, Vatican Diplomacy. A Study of Church and State on the international Plane, Princeton 1959.

[64] Vgl. L. Frassati, Il destino passa per Varsavia, Mailand 1985, S. 203.

[65] Ch. Alix, Le Saint-Siège et les nationalismes en Europe, Paris 1962.

legenheiten während des Krieges mit Sorge und versuchte immer wieder, Botschaften der Anteilnahme auszusenden. Substitut Montini kannte Polen, da er seinen einzigen Dienst im Ausland (von Juni bis Oktober 1923) in Warschau absolviert hatte. Sapieha war in Rom gut bekannt, hatte er doch hier die *Accademia dei nobili ecclesiastici*, die päpstliche Diplomatenschule, besucht. Danach war er in den Dienst Pius' X. eingetreten, der ihn 1911 zum Bischof von Krakau ernannte. Sapieha erwies sich als Mann von Charakter, als er sich nach dem Ersten Weltkrieg bei Nuntius Achille Ratti über das Verhalten des Heiligen Stuhls beschwerte, für die Autonomie des polnischen Episkopats in nationalen Fragen eintrat und die Anwesenheit des Nuntius bei den Bischofskonferenzen zurückwies. Als Ratti als Pius XI. den Stuhl Petri bestiegen hatte, erhob er Sapieha nicht zum Kardinal, wie es seine Vorgänger stets gewesen waren, da er ihn für einen polnischen Nationalisten hielt.
Sapieha leistete dem nationalsozialistischen Regime mutig Widerstand, war sich allerdings auch bewusst, wie gering der Spielraum war, den die Kirche unter der deutschen Herrschaft hatte. Jede öffentliche Erklärung Pius' XII. zur Lage in Polen, wie sie durch Emissäre aus Rom skizziert wurde, lehnte er daher ab. In einem Vermerk Domenico Tardinis, der in der Kurie mit den internationalen Fragen befasst war, heißt es 1942:

> Bis jetzt war der Erzbischof von Krakau eine Stütze des Episkopats und der Katholiken. Sein mutiges, entschlossenes Auftreten hat ihm die Sympathie und die Wertschätzung aller eingebracht. Wie es jedoch zu erwarten gewesen ist, hat er damit auch Gegenmaßnahmen der Deutschen heraufbeschworen. Diese haben ihn mit Gestapomännern umgeben, sie spionieren ihn aus, stellen ihm Fallen, beseitigen seine Mitarbeiter und sperren sie ein.

> Mit einem Wort, sie schaffen eine bedrückende Atmosphäre um ihn herum.[66]

Eine Begebenheit vom Februar 1942 zeigt, in welcher Verfassung sich Sapieha befand. Der Erzbischof übergab Don Pirro Scavizzi, einem römischen Priester, der ihm einen Besuch abstattete, einen Brief an den Papst, in dem er die polnische Situation schonungslos schilderte:

> Unsere Situation ist äußerst dramatisch. Wir wurden fast aller Menschenrechte beraubt; wir sind der Grausamkeit von Leuten ausgesetzt, die allem Anschein nach keinerlei menschliche Gefühle besitzen; wir leben in der ständigen und schrecklichen Angst, alles auf der Flucht, bei der Deportation oder in Gefangenschaft in den sogenannten Konzentrationslagern zu verlieren, aus denen kaum einer lebend zurückkehrt. In diesen Lagern werden Tausende und Abertausende unserer besten Menschen ohne Prozess und ohne jeden Grund festgehalten. Unter ihnen sind viele Priester, sowohl Weltpriester als auch Ordensleute. Wir wurden von Gesetzes wegen nahezu all dessen beraubt, was man zum Leben braucht, zumal die erlaubten Rationen nicht ausreichen [...]. Außerdem ist jetzt auch noch der Typhus ausgebrochen und breitet sich immer mehr aus, da weder Medikamente noch andere Hilfsmittel verteilt werden. Die Behörden begnügen sich mit leeren Versprechungen und stellen all jene, die sich angesteckt haben, unter Quarantäne.[67]

Nachdem Sapieha diesen dramatischen Text an Scavizzi ausgehändigt hatte, erfasste ihn die Angst, er könnte von den Deutschen abgefangen werden. Daher bat er den römischen

[66] Actes et Documents du Saint-Siège relatifs à la seconde guerre mondiale, Bd. 3, T. 2, Città del Vaticano 1967, S. 569.
[67] Ebenda, S. 539.

Priester, den Brief zu verbrennen, was dieser auch tat, aber erst, nachdem er eine Kopie für Pius XII. angefertigt hatte. Der Text und die Bedingungen, unter denen er übermittelt wurde, zeigen, in welcher Not sich Sapieha befand. Im Übrigen machte der Erzbischof von Krakau die Botschaften, die er von Pius XII. erhielt, nicht öffentlich bekannt, da er befürchtete, die Solidaritätsbezeugungen des Papstes könnten weitere Verfolgungen durch die Deutschen nach sich ziehen. Gleichwohl bot das gegenüber der Franziskanerkirche gelegene erzbischöfliche Palais noch immer einen gewissen Freiraum in der besetzten und erniedrigten Stadt. Hier und andernorts scharte der Fürst und Metropolit heimlich eine Gruppe von Seminaristen um sich, hatten die Deutschen doch die Priesterausbildung und die Zulassung neuer Kandidaten zum Priesteramt verboten. Auch der polnische Klerus sollte, wie die Professoren der Jagiellonen-Universität, aus dem öffentlichen Leben entfernt werden, um dem Volk die Würde und die Seele zu nehmen. Es ist bemerkenswert, dass Karol Wojtyła auf diese Weise bereits seit 1942 die Kirche als Raum der Freiheit erlebte.
Auch der 1922 geborene Kazimierz Antoni Suder, der zwei Jahre jünger war als Wojtyła, gehörte zum geheimen Priesterseminar. Vorsichtsmaßnahmen verhinderten jedoch, dass sich die Seminaristen untereinander kennenlernten. Suder hat Karol nur einmal Anfang September 1944 getroffen, als Sapieha alle Seminaristen im erzbischöflichen Palais versammelte, da sich die Situation durch den Warschauer Aufstand weiter zugespitzt hatte. Suder beschrieb diese Begegnung später so:

> Ich erinnere mich an seine Erscheinung: weißes Hemd, Baumwollhosen, Holzpantinen an den Füßen. Am Kopf hatte er eine Narbe, die er sich zugezogen hatte, als er von einem Auto angefahren wurde [...]. Was beeindruckte mich damals an diesem Diener Gottes [Wojtyła]? Vor allem

> seine Güte, sein Wohlwollen und seine Kameradschaftlichkeit. Er ließ sich problemlos auf seinen Gesprächspartner ein, versuchte ihn zu verstehen und sprach Themen an, die uns allen am Herzen lagen. Er war wortkarg und hörte mehr zu, als dass er sprach; zuweilen, sehr zurückhaltend, machte er seine Beobachtungen. Jedenfalls drängte er seine Meinung nie anderen auf, und nie verletzte er andere mit offensiven Bemerkungen. Er hatte einen heiteren Blick, war geistreich, hörte gern lustige Geschichten, die ihn zum Lachen brachten, so wie sie auch uns erheiterten. Treu hielt er sich an die Seminarregeln.[68]

Er liebte die Gemeinschaft und hörte zu, ohne sich aufzudrängen. So erscheint Wojtyła in diesem Porträt, das keinen Heiligen zeichnet. Faszinierend sei, fuhr Suder fort, auch sein Sinn für das Gebet gewesen: „Er trennte das Studium der Theologie nicht vom Gebet. Oft trug er nach dem abendlichen Gemeinschaftsgebet in der Kapelle sein Theologiehandbuch und das Notizheft mit sich herum.“ Als die Seminaristen nach dem Krieg vom erzbischöflichen Palais in das Seminargebäude zurückkehrten, „war er verantwortlich für das Parlatorium, in das sich all jene begaben, die Hilfe suchten, und Wojtyła bot seine Hilfe an. Das tat er aber auch außerhalb des Seminars, wenn er beispielsweise zur Universität ging. Dabei wurde weniger über Geld gesprochen, sondern über ganz verschiedene Dinge wie etwa Kleidung.“

In einem Rückblick auf sein priesterliches Amt hat Johannes Paul II. 1996 von einem „Prozess der Abkehr von meinen früheren Plänen“ gesprochen.[69] Sein Priestertum habe sich demnach von Anfang an in das Opfer vieler Männer und Frauen seiner Generation gefügt. Dieser immer wieder geäußerte Ge-

[68] Dies und die folgenden Zitate in: Erklärung von Kazimierz Antoni Suder beim Prozess der Selig- und Heiligsprechung des Dieners Gottes Johannes Paul II., Bd. 3, S. 79f.

[69] Johannes Paul II., Geschenk und Geheimnis, S. 42.

danke, der in Wojtyłas persönlicher Lebenserfahrung wurzelte, entsprach der Vorstellung, alle Dinge von einer gewissen Größe und Tiefe seien in der Regel immer mit Opfern verbunden.

> Von dem großen und schrecklichen Theater des Zweiten Weltkrieges war mir viel erspart geblieben. Ich hätte jeden Tag von zu Hause, vom Steinbruch, von der Fabrik weg verhaftet und in ein Konzentrationslager gebracht werden können. Manchmal fragte ich mich: So viele meiner Altersgenossen verlieren ihr Leben, warum ich nicht? Heute weiß ich, dass das kein Zufall war. Angesichts des großen Übels des Krieges wandte sich in meinem persönlichen Leben alles zum Guten, das in der Berufung bestand.[70]

„Jener wird vor dem Schwerte nicht flüchten, wie dieser Italiener ...“

Johannes Paul II. hat sich, wie bereits erwähnt, als Papst weder von seiner persönlichen Geschichte noch von der seines Landes distanziert, und dies durchaus im Unterschied zu seinen Vorgängern. Im Gegenteil, er kam immer wieder darauf zurück. Seine Berufung als Priester hatte ihren Ursprung im Schmelztiegel des Krieges, er wird „dem Schwert die Stirn bieten“, wie es bei Słowacki heißt. Hier lag der Keim für das, was er später als seine Mission bezeichnet hat. Wojtyła kannte Schwester Faustynas Text über eine ihrer Visionen, in der Jesus sagt: „Polen liebe ich besonders, und wenn es mir Gehorsam leisten wird, werde ich es zu Macht und Heiligkeit erheben. Von ihm wird der Funke ausgehen, der die Welt auf mein letztes Kommen vorbereiten wird.“ Schwer zu sagen ist,

[70] Ebenda, S. 43f.

inwiefern diese Akzente mit zum Teil messianischem Ton (der Funke, der das Kommen Christi vorbereitet) in der Seele Johannes Pauls II. auf fruchtbaren Boden fielen. Bei Juliusz Słowacki findet sich eine ähnliche Prophezeiung über die Wiedergeburt Polens durch einen slawischen Papst. Der Text stammt aus der Zeit nach den Enttäuschungen von 1848. Eine dieser Enttäuschungen bezog sich auf das bereits erwähnte Verhalten von Papst Pius IX., „diese[s] Italiener[s]", der nach Ansicht des Dichters im entscheidenden Augenblick geflüchtet war. Der Papst hatte die polnischen Katholiken zwar ermuntert, ihren Glauben zu verteidigen, ihnen jedoch nahegelegt, auf die nationale Unabhängigkeit zu verzichten und die russische Herrschaft hinzunehmen.[71] Słowackis Text wurde von Karols Theatergruppe während des Krieges wieder aufgegriffen:

> Inmitten der Zwietracht, lässt Gott die mächtige Glocke ertönen,
> es ist ein slawischer Papst, dem Er Zutritt zum Thron der Throne gewährt,
> jener wird vor dem Schwerte nicht flüchten, wie dieser Italiener,
> jener, beherzt wie Gott, wird dem Schwert die Stirn bieten!
> Es ist die Welt, die Staub ist!
> Sein Antlitz, das strahlt durch das Wort,
> ist den Dienern eine Leuchte,
> hinter ihm gehen in ihrer Blüte die Völker
> hin zum Licht – wo Gott ist.[72]

[71] Über das Verhalten Pius' IX. gegenüber den Polen siehe G. Martina, Pio IX (1846–1850), Rom 1974, S. 497ff.

[72] J. Slowacki, Dzieła wybrane, pod redakcją Juliana Krzyżanowskiego, Tom 1, Liryki i powieści poetyckie, Wrocław 1983, S. 118f.

Karols „Berufung“ zeigt sich während des „großen Übels“ der deutschen Besatzung, während der er von der Hoffnung des Glaubens, aber auch von der polnischen Literatur zehrte. Diese Berufung wurde freilich von den Schwertern angefochten, vom Krieg und der Gewalt jener Jahre. Unmittelbar nach Kriegsende musste sich der junge Mann dann mit dem sowjetischen Kommunismus auseinandersetzen. Und wieder sah er sich, um es mit Słowackis Worten zu sagen, Schwertern gegenüber. Der Krieg war zwar vorbei, die Zukunft Polens aber schien düster und von einer fremden Macht vorherbestimmt. Das Massaker an polnischen Offizieren in Katyn (das die UdSSR den Nationalsozialisten anzulasten versuchte) war Ausdruck und Symbol des sowjetischen Willens, Polen zu unterwerfen und seine Traditionen zu zerstören.[73] In gewisser Weise klopfte die Sowjetunion mit dem Einmarsch der Roten Armee auch an die Pforten des Priesterseminars. Kardinal Wojtyła, der damals den Dienst an der Pforte versah, erzählte 1976 von der seltsamen Begegnung mit einem sowjetischen Soldaten:

> Ich werde nie vergessen, welchen Eindruck ein russischer Soldat im Jahr 1945 bei mir hinterließ. Der Krieg war zu Ende. An die Tür des Seminars in Krakau klopfte ein Soldat. Auf meine Frage, was er wolle, antwortete er, dass er in das Seminar einzutreten wünsche. Unser Gespräch dauerte lange. Auch wenn er dann nicht in das Seminar eintrat [...], erfuhr ich aus unserer Begegnung eine große Wahrheit: dass Gott auch unter den ungünstigsten Bedingungen – nämlich seiner systematischen Leugnung – in den menschlichen Geist einzudringen vermochte. Mein Gesprächspartner hatte in seinem ganzen Leben nie eine Kirche betreten. In der Schule, und später am Arbeitsplatz,

[73] Siehe dazu V. Zaslavsky, Il massacro di Katyń. Il crimine e la menzogna, Rom 1998.

> hatte er [der Soldat] immer wieder sagen hören: „Gott existiert nicht!“ Trotz allem wiederholte er nun fortwährend: „Aber ich wusste immer, dass es Gott gibt [...], und jetzt möchte ich etwas von ihm lernen [...].“

Diese Begegnung im Jahr 1945 nahm ein Szenarium der Zukunft vorweg: die Konfrontation mit dem Atheismus. Kardinal Wojtyła bekundete vor den Vertretern der Römischen Kurie, die 1976 mit den kommunistischen Regierungen verhandelten, seine Überzeugung, die religiöse Erfahrung sei etwas Einschneidendes im Leben eines Menschen, das aller Säkularisierung und Verfolgung widerstehe. Karol, der Mann mit den Holzpantinen, das Waisenkind, war im Krieg zu der Überzeugung gelangt, dass die Kirche ein Raum der Freiheit für den Menschen sei und die spirituelle Erfahrung durch nichts unterdrückt werden könne. Unter dem kommunistischen Regime hat sich diese Überzeugung nur mehr verfestigt, konnte die Suche nach Gott doch sogar in einem Soldaten überleben, der aus den drei Jahrzehnten des sowjetischen Atheismus hervorgegangen war. Die Geschichte Karol Wojtyłas war freilich zu spezifisch und zu komplex, als dass sie in den späten siebziger Jahren von einem Menschen des Westens (und sei er Katholik) leicht hätte verstanden werden können. Denn mit den Kategorien, anhand derer man damals Welt und Kirche betrachtete, war er kaum zu fassen.

III

Ein polnischer Priester

Der Europäer

Nach seiner Wahl zum Papst wurde Johannes Paul II. im Westen vielfach als ein Mann gesehen, der stark durch seine polnische Herkunft und einen fast schon abgeschotteten, nationalistisch orientierten Katholizismus geprägt war. Tatsächlich hatte Wojtyła jedoch seit seiner Jugend europäische Erfahrungen gesammelt. Während seiner ersten Polenreise als Papst im Jahr 1979 betonte er in seinen Ansprachen denn auch die Einheit Europas und gab dabei durchaus zu verstehen, dass er es als seine Mission betrachte, von der spirituellen Einheit eines Kontinents zu sprechen, der in zwei Hälften geteilt war. Ohne Zweifel verstand sich Karol Wojtyła als Europäer, und Krakau war eine mitteleuropäische Stadt. Aufgrund der habsburgischen Vergangenheit dieser alten „Königsstadt" wurde Wien nicht als fern wahrgenommen, ja, es gab viele Anknüpfungspunkte an die österreichische und deutsche Kultur. Um so traumatischer empfand man speziell in Krakau die harte Teilung der westlichen Welt seit dem Ende des Zweiten Weltkriegs bis zum Jahr 1989. 1978 schrieb Kardinal Wojtyła in der Zeitschrift „Vita e Pensiero": „Die seit über dreißig Jahren existierende Teilung zwischen Westeuropa und Osteuropa hat in gewisser Weise den besonderen Charakter Mitteleuropas aus dem allgemeinen Denken und der Sprache verbannt."[1]

---

[1] K. Wojtyła, Una frontiera per l'Europa, dove?, in: Vita e Pensiero 4–5–6 (1978), S. 160–169.

Doch auch Rom spielte aus Sicht Wojtyłas eine wichtige Rolle für die Einigung Europas. Während seiner bereits erwähnten Polenreise im Jahr 1979 betonte er denn auch die spirituelle Verbindung zwischen dem Vatikan, dem Gnesener Dom und dem Wawel in Krakau. In Rom laufen etliche Segmente der Europäischen Geschichte zusammen. Die Stadt des Papstes ist außerdem auch ein großes Tor zur Welt bis über die Grenzen Europas hinaus. Bei seinen vielen Reisen präsentierte sich Johannes Paul II. meist als „Bischof von Rom", legte er doch besonderen Wert auf den römischen Charakter seines kirchlichen Amts. Bereits in der ersten Predigt seines Pontifikats zog er 1978 eine Linie vom „Polentum" seiner Herkunft zur *romanità* seiner Wahlheimat:

> Die Kathedra des Petrus hier in Rom besteigt heute ein Bischof, der kein Römer ist, ein Bischof, der aus Polen stammt. Aber von jetzt an wird er auch zum Römer. Ja, Römer! Auch schon deshalb, weil er Sohn eines Volkes ist, dessen Geschichte von Anfang an und in tausendjähriger Tradition geprägt ist von einer lebendigen, starken, ununterbrochenen, bewussten und gewünschten Bindung an den Sitz des hl. Petrus, eines Volkes, das dieser römischen Kathedra immer treu geblieben ist.

Die polnische Bindung an Rom verschmolz mit der *romanità*, die durch die Wahl zum Papst hinzukam. Der polnische Papst verstand sich als ein Europäer, dessen Wurzeln in der Tradition des römischen Christentums lagen. Die Orientierung an Rom aber war stets ein spezifischer Zug des polnischen Katholizismus gewesen. Ernesto Buonaiuti, ein modernistischer Theologe und Weggefährte Angelo Roncallis, des späteren Johannes' XXIII., erinnerte sich an die Begegnung mit einer polnischen Pilgergruppe im Petersdom während des Jubiläumsjahres 1900, als er selbst noch Seminarist war. Die Pilger fragten die Seminaristen, woher sie stammten. „Aus Rom und vom römischen Seminar", lautete die Antwort. Die polnischen Gäste aber entgegneten: „Auch wir sind Römer." „Lebhaft und tief", so Buonaiuti später, habe er diese „charismatische Universalität" empfunden, „deren Symbol und Zentrum Rom war".[2] Auch Karol Wojtyła fühlte sich Rom zutiefst verbunden. Als fast Achtzigjähriger begab er sich – einem Herzensanliegen folgend – auf das Kapitol, das Zentrum der römischen Stadtverwaltung. Nachdem der Papst im Sitzungssaal des Stadtrats seine Auffassung bekräftigt hatte, die Mission Roms sei AMOR (die Liebe), erläuterte er auf der Piazza del Campidoglio seine Vorstellung von der *romanità* und sagte dabei über sich selbst: „Der Herr, der ihn an der Spitze der katholischen Kirche wollte, hat ihn deshalb auch zum ‚Römer', zum ‚civis romanus', gemacht, der an den Freuden und Leiden, an den Erwartungen und den Entwürfen dieser großartigen Stadt Anteil nimmt."

Schon die erste Reise außerhalb Polens hatte den jungen Karol nach verschiedenen Stationen in Prag, Nürnberg, Straßburg und Paris schließlich nach Rom geführt. Am 1. November 1946 war er – nach der kurz zuvor erfolgten Weihe zum Subdiakon und Diakon – in der Privatkapelle des erzbischöflichen Palais von Kardinal Sapieha zum Priester geweiht worden. Offensichtlich ging es Sapieha darum, Karols priesterliche Ausbildung möglichst schnell zum Abschluss zu bringen, um ihn – mit Reisepässen ausgestattet – nach Rom schicken zu können, bevor die polnischen Grenzen geschlossen wurden. Dem Kardinal waren die Intelligenz und Spiritualität des jungen Mannes nicht verborgen geblieben, und dies war auch der Grund, weshalb er ihm einen Aufenthalt in der Stadt des Papstes ermöglichen wollte, in der die begabtesten Kleriker studierten. Im Übrigen war ihm Karols Persönlichkeit bereits bei seinem Besuch im Gymnasium von Wadowice aufgefallen. Und er hatte ihn auch zurückgehalten, als Karol, inspi-

---

[2] E. Buonaiuti, La Chiesa romana, Mailand 1933, S. 117.

riert durch Johannes vom Kreuz, seinen Willen bekundete, Karmelit zu werden. Sapieha, inzwischen alt geworden, genoss im Polen der Nachkriegszeit hohes Ansehen. Als er im Anschluss an das große Konsistorium vom 18. Februar 1946, bei dem er von Pius XII. zum Kardinal erhoben worden war, in die Heimat zurückkehrte, wurde Sapieha mit stürmischer Begeisterung empfangen, galt er doch als Held des moralischen Widerstands gegen die Deutschen.

Rom und Europa erlernen

Von 1946 bis 1948 lebte Karol in Rom, um hier seine Doktorarbeit fertigzustellen. Er war zusammen mit einem jüngeren Seminaristen, Stanisław Starowieyski, in die Stadt gekommen, der seine Dissertation allerdings erst 1954 abschloss und nicht nach Polen zurückkehrte. Rom erlebte damals die ebenso harte wie bewegte Zeit unmittelbar nach dem Krieg. Zwei heikle Abstimmungen waren dabei von besonderer Bedeutung: das Referendum mit den Wahlen für die verfassunggebende Versammlung im Juni 1946 und die ersten Parlamentswahlen am 18. April 1948, denen eine erbitterte Auseinandersetzung zwischen der *Democrazia Cristiana* (DC) und der Linken vorausging. Der junge Priester Wojtyła sah, wie hart der Wahlkampf geführt wurde, wie stark der Rückhalt war, den die italienischen Kommunisten in der Öffentlichkeit besaßen. Auch die Demonstrationen und Kundgebungen in Rom konnten ihm nicht entgehen. Die Gestalt Pacellis, des „defensor civitatis" aus der düsteren Besatzungszeit, ragte gleichsam über die Stadt hinaus und verkündete in dieser Krise der Nachkriegszeit entschlossen die Botschaft der Kirche. Wojtyła sah ihn von Weitem auf dem Tragsessel, der *Sedia gestatoria*, in der Vatikansbasilika, kurz nachdem er in Rom angekommen war. In den autobiografischen Aufzeichnungen Johannes Pauls II. finden sich bezeichnenderweise keine weiteren Bemerkungen über Pius XII., was wohl darauf hindeutet, dass dieser keine besondere Anziehungskraft auf den jungen Priester ausübte – im Unterschied zu vielen jungen deutschen Klerikern der damaligen Zeit, die in Pacelli einen bedeutenden Papst sahen, dem sie sich innerlich verbunden fühlten.

Karol näherte sich Rom mit dem Wunsch, Stadt und Kirche kennenzulernen. Er war sechsundzwanzig Jahre alt, neugierig, er liebte es zu reisen und die Welt zu entdecken – eine Leidenschaft, die ihn nicht mehr loslassen sollte. Der Regens des Priesterseminars in Krakau, Pater Karol Kozłowski, hatte ihn darauf hingewiesen, wie wichtig die römischen Studien seien, ihn aber vor allem dazu ermuntert, „Rom selber (zu) erlerne(n)".[3] Rom präsentierte sich nicht als heilige Stadt, sondern als komplexe Wirklichkeit, in der sich verschiedene Lebensentwürfe überschnitten. Der junge Pole war zunächst verwirrt: „Viele Tage lang lief ich durch die Stadt [...], aber es gelang mir nicht, das Bild jenes Roms ganz wiederzufinden, das ich seit langem im Geiste mit mir trug. Nach und nach fand ich es dann wieder. Dies geschah vor allem dann, wenn ich die ältesten Basiliken besuchte, und noch mehr, wenn ich in den Katakomben war." Rom war kein Wallfahrtsort, sondern ein vielschichtiger Kosmos, dessen religiöse Dimension erst entdeckt werden wollte.

Wojtyła erinnert sich: „Mein Priestertum und meine theologische und pastorale Ausbildung fügten sich von Anfang an in die römische Erfahrung."[4] Rom vermittelte ihm dabei vor allem die Lektion der Universalität: „Im Herzen der Christenheit und im Licht der Heiligen begegneten sich auch die Nationalitäten, was – nach der Tragödie des Krieges, die uns so sehr gezeichnet hatte – der symbolischen Vorwegnahme einer nicht mehr gespaltenen Welt gleichkam." Auf eben die-

[3] Johannes Paul II., Geschenk und Geheimnis. Zum 50. Jahr meiner Priesterweihe, Graz, Wien, Köln 1997, S. 58.

[4] Siehe ebenda, S. 59.

sen Aspekt hin war auch die Botschaft von Pius XII. ausgerichtet, die er im großen Konsistorium von 1946, bei dem er Kardinäle aus aller Herren Länder kreierte, verkündete: Die Universalität des Katholizismus, so Pacelli, bilde keine Form des Imperialismus, wie man ihn nicht zuletzt durch den Zweiten Weltkrieg kennengelernt hatte und der sich nun auch in der Nachkriegszeit fortsetzte, sondern wolle als Ausdruck der Brüderlichkeit zwischen unterschiedlichen Menschen verstanden werden.[5] Nach einem kurzen Aufenthalt im Haus der Pallottiner in der Via dei Pettinari beim Ponte Sisto, zog der junge Wojtyła ins Belgische Kolleg unweit des Quirinal. Einmal traf er dort Kardinal Hlond, dem Wojtyła von Kardinal Sapieha empfohlen worden war, um ihm die Aufnahme ins Belgische Kolleg zu erleichtern.[6] Hier begegneten sich junge Leute ganz unterschiedlicher Herkunft. Man sprach französisch und pflegte Kontakte zur frankofonen Welt, auch wenn einige Flamen unter den Kollegiaten waren. Als Rektor des Kollegs amtierte Maximilien de Fürstenberg, ein Mann aus altem Adel, dem Wojtyła später, als Kardinal, im Konklave wiederbegegnen sollte. Einige haben den jungen polnischen Priester als einen zurückhaltenden Mann in Erinnerung, der sich weder über die traurige Geschichte seiner Familie noch über die politischen Geschehnisse in seinem Heimatland beklagte. Unter den jungen Priestern befand sich auch Marcel Uylenbroeck, der der Arbeiterpastoral der Christlichen Arbeiterjugend (JOC) Pater Jozeph Cardijns nahestand, einer im Katholizismus damals vielbeachteten Persönlichkeit, die Wojtyła während eines Besuchs im Kolleg kennenlernte. Die Verbindung zu Uylenbroeck war von erheblicher Bedeutung für den polnischen Priester, ermöglichte sie ihm doch, sich in

---

[5] Vgl. A. Riccardi, Il potere del papa. Da Pio 12. a Paolo 6. Rom 1988, S. 32–79. Siehe auch: Ders., Roma: „città sacra“? Dalla Conciliazione all'operazione Sturzo, Mailand 1979.

[6] A. Boniecki, The Making of the Pope of the Millenium. Kalendarium of the Life of Karol Wojtyła, Stockbridge/Mass. 2000, S. 113.

die Problematik einer neuen Pastoral in Europa zu vertiefen, die sich bereits in der Zwischenkriegszeit entwickelt hatte.[7] Über solcherlei Fragen wurde im Kolleg lebhaft diskutiert.

Priesteramt und neue Pastoral

Tatsächlich war das Echo der neuen Pastoral auch im Belgischen Kolleg zu vernehmen. Die Kontakte mit Cardijn und die Freundschaft zu Uylenbroeck führten Wojtyła in Rom an die Themen des sozial orientierten belgischen und französischen Katholizismus heran. In den Diskussionen mit den Seminaristen sprach Cardijn ausführlich über die Probleme der Arbeit und jener Arbeiterwelt, die dem Glauben sehr fern zu sein schien. Vermutlich mit der für ihn üblichen Begeisterung erläuterte er die Pastoral der JOC, bei der junge christliche Arbeiter eine wesentliche Rolle spielten. Johannes Paul II. erinnerte sich später: „In Rom hatte ich [...] die Möglichkeit, gründlicher zu begreifen, wie sehr das Priesteramt mit der Seelsorge und dem Apostolat der Laien verbunden ist. Zwischen dem priesterlichen Dienst und dem Laienapostolat besteht ein enger Zusammenhang, ja eine gegenseitige Zuordnung."[8] Wojtyła, der aus einer Kirche kam, in der die Priester eine Schlüsselstellung besaßen, interessierte sich für diese neue Rolle der Laien. Im Sommer 1947 reiste er daher nach Frankreich, Belgien und Holland. Manche Weggefährten erinnern sich daran, dass es Kardinal Sapieha war, der ihn zusammen mit dem bereits erwähnten Stanisław Starowieyski im Sommer 1947 auf diese Reisen schickte.
In Frankreich lernte Karol auch die Arbeiterpriester kennen, eine damals sehr umstrittene Initiative, die in Paris von Erzbischof Suhard ausging. Dabei handelte es sich um Priester,

[7] Einige Beobachtungen gehen auf Gespräche des Autors mit Marcel Uylenbroeck zurück.
[8] Johannes Paul II., Geschenk und Geheimnis, S. 60.

die sich am Leben und an der Arbeit des Proletariats direkt beteiligten, um auf missionarische Weise zu bezeugen, dass es selbst in einer so schwierigen und säkularisierten Umgebung möglich war, den Glauben zu leben.[9] Wojtyła setzte sich intensiv mit der Frage auseinander, wie man im säkularisierten Arbeitermilieu den Glauben vermitteln könne. Er wusste etwas über die seelsorgerische Arbeit, die der Dominikanerpater Loew unter den Arbeitern leistete und nahm Kontakt zur „missionarischen Pfarrei" von Pater Michonneau in Paris auf, in der es um eine entschiedenere Glaubensvermittlung ging. Michonneau hatte 1946 sein Buch „Paroisse, communauté missionaire. Conclusions de cinq ans d'expérience en milieu populaire" in derselben Reihe veröffentlicht, in der auch „La France, pays de mission" von Abbé Henri Godin erschienen war, dem eigentlichen Initiator der Arbeiterpriester. Beide Bände, die gewissermaßen die theologische Grundlage der Arbeiterpastoral bildeten, hatte der junge Karol in den Händen.[10]

Im belgischen Charleroi wirkte Wojtyła zeitweise als Seelsorger für die polnischen Einwanderer, die dort in den Bergwerken arbeiteten. Zwar bewunderte er den französischen und belgischen Katholizismus, nahm aber auch eine wachsende Distanz zwischen Hierarchie und Kirchenvolk wahr. In Holland wiederum beeindruckte ihn die „gefestigte [...] Organisation der Kirche und der Seelsorge".[11] Einen interessanten Bericht über seine Erfahrungen als Seelsorger in der französischsprachigen Welt veröffentlichte Wojtyła in der Zeit-

[9] Siehe u.a. J. Vinatier, Le Cardinal Suhard. L'évêque du renouveau missionnaire en France 1874–1949, Paris 1983; É. Poulat, I preti operai, Brescia 1967; Ders., Les Prêtres-ouvriers. Naissance et fin, Paris 1999.

[10] Paroisse, communauté missionnaire. Conclusions de cinq ans d'expérience en milieu populaire, hg. v. G. Michonneau u.a., Paris 1946; H. Godin/Y. Daniel, La France, pays de mission?, Lyon 1943; É. Poulat, Une Eglise ébranlée. Changement, conflit et continuité de Pie XII à Jean-Paul II, Tournai 1980, S. 207ff.

[11] Johannes Paul II., Geschenk und Geheimnis, S. 62.

schrift „Tygodnik Powszechny“ (Allgemeine Wochenzeitung), die Kardinal Sapieha 1945 mit einigen jungen katholischen Autoren in Krakau ins Leben gerufen hatte, denen besonders am Austausch mit den westeuropäischen, speziell den französischen Strömungen des Katholizismus gelegen war.[12] Chefredakteur dieser Zeitschrift war Jerzy Turowicz, der den mehr europäisch als nationalistisch ausgerichteten Flügel des polnischen Katholizismus in der Zeit vor dem Konzil repräsentierte und ein spezielles Interesse für Frankreich hegte – wie auch Kardinal Wyszyński.[13]

Zurück in Rom half Wojtyła zunächst in einer Pfarrei in Garbatella aus, einem typischen Arbeitervorort, in den er später bei seinem ersten Pastoralbesuch als Papst zurückkehrte.[14] Insgesamt hatte Karol das westliche Europa auf seinen ersten Reisen 1947 immer besser kennengelernt. Dabei waren ihm insbesondere die Probleme deutlich geworden, die durch den Prozess der Säkularisierung und die Distanz zwischen Kirche und Arbeiterschaft entstanden waren. Durch den Aufenthalt in Frankreich und dank der Freundschaften, die er im Belgischen Kolleg geschlossen hatte, verschaffte er sich einen tiefen Einblick in die Fragen und Probleme des französischen Katholizismus, der damals als Avantgarde der Pastoral galt. Nach Polen kehrte er daher mit einem Schatz an Erfahrungen zurück, der unter den polnischen Priestern seiner Generation äußerst selten war, handelte es sich doch um besondere Formen einer Glaubensverkündigung, die in Rom teilweise große Besorgnis hervorriefen. Im Jahr 1954 dann wurden die Arbeiterpriester auf Anordnung Pius XII. aus den Fabriken zurückgerufen, um – wie es hieß – eine Krise der priesterli-

---

[12] K. Wojtyla, Mission de France, in : Tygodnik Powszechny 9 (1949), S. 1f.

[13] Wichtige Beobachtungen zu diesem Umfeld finden sich in: B. Lecomte, Jean-Paul II, Nouvelle édition, Paris 2006, S. 159–172.

[14] Gespräch des Autors mit Johannes Paul II. Weitere Informationen in G. Weigel, Zeugnis der Hoffnung. Johannes Paul II. Eine Biographie, Paderborn, München, Wien, Zürich 2002, sowie M. Maliński, Johannes Paul II. Sein Leben, von einem Freund erzählt, Freiburg, Basel, Wien 1977.

chen Identität zu verhindern. Karol besaß seinerseits eine ausgeprägte priesterliche Spiritualität, wie dies etwa seine Wallfahrt nach Ars bezeugt, die ihn in die Pfarrei des heiligen Johannes Maria Vianney führte, der im 19. Jahrhundert als vorbildlicher Seelsorger galt:

> Auf dem Hintergrund der Säkularisierung und des Antiklerikalismus des 19. Jahrhunderts stellte sein Zeugnis ein wahrhaft revolutionäres Ereignis dar. Aus der Begegnung mit seiner Gestalt gewann ich die Überzeugung, dass der Priester einen wesentlichen Teil seines Sendungsauftrages durch den Beichtstuhl erfüllt (...).[15]

Wojtyłas Interesse an neuartigen Formen der Seelsorge war also gekoppelt an ein Verständnis des priesterlichen Amtes, in dem der Beichtstuhl von zentraler Bedeutung war. Anlässlich seines fünfzigsten Priesterjubiläums 1996 bekannte sich Johannes Paul II. daher mit Nachdruck zu einem Priestertum, das durch das Konzil keinerlei Bruch erlitten hatte. Der Papst war sich der Diskussionen wohl bewusst, die mit dem Zweiten Vatikanum über den Priester und sein Verhältnis zur Lebenswirklichkeit ausgelöst worden waren. Infolgedessen gelangte er zu der Überzeugung, dass „keine Gefahr" bestehe, als Priester zu „Gestrigen, zu Rückständigen" zu werden.[16] Diese feste Überzeugung, die Wojtyła täglich aufs neue umsetzte und praktizierte, muss man sich stets vor Augen halten. „Als Verwalter von göttlichen Geheimnissen", so führte er aus, sei „der Priester ein besonderer Zeuge des Unsichtbaren in der Welt."[17] Insbesondere nach den Umwälzungen des Konzils machte die Neuorientierung in der Pastoral den Priester als einen Zeugen erforderlich, der den Menschen nahe

[15] Johannes Paul II., Geschenk und Geheimnis, S. 63f.
[16] Ebenda, S. 90.
[17] Ebenda, S. 91.

war. Im Zusammenhang mit den Arbeiterpriestern hatte Karol Wojtyła den Wunsch verspürt, sich mitten unter die Arbeiter zu begeben, „mitten in der Welt" zu sein, um den Titel eines berühmten Buches von Pater Voillaume zu zitieren.[18] Schon als junger Priester war Wojtyła offen für die seelsorgerische Avantgarde gewesen. Nie jedoch zog er die eigentliche Grundlage seines priesterlichen Amtes in Zweifel, über die er im Rückblick auf 50 Jahre sagte: „[...] nur aus dem Boden der priesterlichen Heiligkeit [kann] eine wirksame Pastoral, eine echte cura animarum wachsen [...]."[19] Das „Geheimnis" der Wirkkraft des Priesters, so Johannes Paul II., „bleibt jedoch immer die Heiligkeit des priesterlichen Lebens, die im Gebet und in der Betrachtung, im Opfergeist und im missionarischen Eifer ihren Ausdruck findet."[20] Diese Überzeugungen prägten die Identität des jungen Priesters maßgeblich und sind nun Anhaltspunkte dafür, nicht nur das Leben dieses Mannes zu verstehen, sondern auch zu erhellen, wie er der Krise der Kirche, die zu einem großen Teil auch eine Krise des Klerus war, in den Jahren nach dem Konzil begegnete.

Der junge Wojtyła schloss seine theologischen Studien am römischen Angelicum, einer von Dominikanern geleiteten Universität, mit einer Doktorarbeit über die Glaubenslehre des heiligen Johannes vom Kreuz ab. Hans Küng hat behauptet, Wojtyłas Arbeit sei an der renommierten Gregoriana abgelehnt worden, woraufhin er sich an das weniger bekannte Angelicum gewandt habe.[21] Es deutet allerdings alles darauf hin, dass Kardinal Sapieha seinen Schüler durchaus bewusst zu den Dominikanern schickte. Das Angelicum wurde damals von dem angesehenen Réginald Garrigou-Lagrange geleitet,

---

[18] R. Voillaume, Mitten in der Welt: Charles de Foucauld und seine Kleinen Brüder, Freiburg, Basel, Wien 1960 (frz. Originalausgabe: Au cœur des masses, Paris 1950).
[19] Johannes Paul II., Geschenk und Geheimnis, S. 95.
[20] Ebenda, S. 96.
[21] H. Küng, Umstrittene Wahrheit. Erinnerungen, München, Zürich 2007, S. 528.

der hier von 1909 bis 1960 lehrte, eine dezidiert neothomistische Position vertrat und die französische „nouvelle théologie“ ablehnte. Der vielleicht innovativste Aspekt seiner Theologie bestand im Studium der mystischen Theologie, das ihn zu der Überzeugung führte, mit dem kontemplativen Leben öffne sich ein Weg für alle Christen.
Diese Themen weckten das Interesse des jungen Polen, das freilich mehr dem Glaubenszeugnis des heiligen Johannes vom Kreuz galt als den philologischen Studien, zu denen ihn Garrigou-Lagrange drängte. Für Wojtyła, der sich dem Studium der Mystik widmete, war Gott als Person erfahrbar, was es allen Menschen ermöglichte, ihn in einer persönlichen und lebendigen Begegnung kennenzulernen. Der Kontakt zu dem hochgebildeten und methodisch geschulten Theologen bereicherte Wojtyła und trieb ihn zur weiteren wissenschaftlichen Forschung an. Trotz der guten Benotung seiner Dissertation konnte er das Promotionsverfahren jedoch nicht zum Abschluss bringen, da er nicht über die Mittel für eine Veröffentlichung der Doktorarbeit verfügte (dies erfolgte später in Krakau, an der Jagiellonen-Universität). In dieser Zeit beschäftigte sich Karol, dem Register des Belgischen Kollegs zufolge, mit der „Summa Theologiae“ des heiligen Thomas, mit dem heiligen Alfonso Maria de Liguori, einigen Texten des Origenes und Gregor von Nyssas sowie mit verschiedenen Büchern von Louis-Marie Grignion de Montfort. Zugleich rezipierte er eifrig „La Vie Spirituelle“, die Zeitschrift der französischen Dominikaner. Sein besonderes Interesse galt dabei der Spiritualität, was sich auch in seiner Doktorarbeit niederschlug. Zugleich machte er sich aber auch mit dem Thomismus vertraut.[22]

[22] A. Boniecki, The Making of the Pope, S. 115f.

Sinn für Universalität

Seine erste größere Reise öffnete Wojtyła den kulturellen Horizont Italiens und Europas. Besondere Beachtung verdient sein Besuch in Assisi. Als Reisebegleiter diente ihm dabei das Buch Johannes Jørgensens, eines dänischen Lutheraners, der infolge seiner Begegnung mit der franziskanischen Spiritualität zum Katholizismus konvertiert war. Der 1907 veröffentliche Text war die erste moderne katholische Biografie des Heiligen, ebenso wichtig wie das Werk von Paul Sabatier, einem liberalen Protestanten, das Dimensionen des heiligen Franziskus aufdeckte, die in der Erbauungsliteratur bislang eher verschleiert geblieben waren.[23] Die Begegnung mit Assisi blieb Wojtyła stets in so lebhafter Erinnerung, dass er als Papst später aus diesem Ort ein „zweites Rom" machte, ein Zentrum des katholischen Glaubens, das nicht die besondere Bürde der Ewigen Stadt zu tragen hatte. Assisi war gleichsam sein Tor zum Universalen, ein Fenster zur Welt. Hier lud er zweimal – 1986 und 2002 – zu interreligiösen Treffen und zu einem Gebet für den Balkan ein – in einer Zeit, die von Kriegen und religiösen Konflikten erschüttert war.

Im April 1948 reiste der junge Karol in das weiter entfernte San Giovanni Rotondo nach Apulien, um einer Messe beizuwohnen, die Pater Pio aus Pietrelcina feierte, ein stigmatisierter Mönch, der nicht nur in Süditalien als barmherzige Vaterfigur verehrt wurde. Dieser Begegnung ist im nachhinein viel Bedeutung beigemessen worden, da Padre Pio dem jungen polnischen Priester während der Beichte seine Wahl zum Papst vorausgesagt haben soll. Allerdings scheint diese Prophezeiung für Karols Bindung an den populären Pater nicht entscheidend gewesen zu sein. Wichtiger war wohl das Inte-

[23] Zu diesem Kontext vgl. A. Vauchez, Francesco d'Assisi, Turin 2010. Vgl. auch J. Jørgensen, Der heilige Franz von Assisi. Eine Lebensbeschreibung. 7. Aufl., Kempten 1922, sowie P. Sabatier, Das Leben des Heiligen Franz von Assisi, Zürich 1919.

resse, das er ganz grundsätzlich allem Spirituellen und Mystischen entgegenbrachte. Der charismatische Kapuzinermönch beeindruckte Karol jedenfalls so tief, dass er ihn später darum bat, für die Heilung seiner an Krebs erkrankten Freundin Wanda Półtawska zu beten. 1974, sechs Jahre nach dem Tod Pater Pios, besuchte er nochmals San Giovanni Rotondo.[24] Sein Leben lang betete Wojtyła für bestimmte Anliegen und bat auch andere um ein solches Fürbittgebet. Als junger Mann habe er, so gestand er später einmal, durchaus Zweifel am Bittgebet gehabt, da es parteiisch und materiell ausgerichtet sei. Später, als er diese Haltung überwunden hatte, praktizierte er es regelmäßig, und die Kniebank in der Kapelle seiner Privatgemächer war stets voll von Zetteln mit Gebetsanliegen aus aller Welt.[25]

Im Jahr 1948 kehrte der junge Wojtyła in seine Heimat zurück – mit dem Bewusstsein, Rom tatsächlich intensiv „erlernt" zu haben: „das Rom der Katakomben, das Rom der Märtyrer, das Rom des Petrus und Paulus [...].[26] Und in seinen Erinnerungen heißt es weiter: „[...] mein junges Priestertum [war] durch Rom um eine europäische und universale Dimension bereichert worden [...]. Ich kehrte von Rom nach Krakau zurück mit jenem Sinn für den universalen Charakter der priesterlichen Sendung [...]."[27] Zugleich hatte er einen neuen Sinn für das Ganze der Kirche entwickelt, war er doch einer Welt begegnet, in der die Präsenz der Kirche durch die Moderne radikal

---

[24] Erklärung von Kardinal Andrzej Maria Deskur beim Prozess der Selig- und Heiligsprechung des Dieners Gottes Johannes Paul II., Bd. 2, S. 113. Siehe G. Galeazzi/F. Grignetti, Karol e Wanda, Roma 2010, S. 42–56. Vgl. auch R. Allegri, I miracoli di Padre Pio, Mailand 1995; S. Campanella, Il Papa e il frate, San Giovanni Rotondo (FG) 2006. Der Brief an Padre Pio wegen eines Gebets für Wanda Półtawska ist zu finden in: W. Półtawska, Diario di un'amicizia, S. 85f.

[25] Zu diesem Aspekt des Gebets siehe das Zeugnis eines päpstlichen Sekretärs, in: M. Mokrzycki/B. Grysiak, I martedì di Karol, Cinisello Balsamo (MI) 2009, S. 61–80.

[26] Johannes Paul II., Geschenk und Geheimnis, S. 66.

[27] Ebenda.

in Frage gestellt wurde. Eine Freundin jener Jahre, die polnische Philologin Danuta Rybicka, berichtet folgendes: „Er war überzeugt davon, ‚die Augen geöffnet' zu haben, als er nach Frankreich ging, wo er die sogenannten Arbeiterpriester traf und feststellte, dass es ein großes Bedürfnis nach Priestern gab, die unter die Leute gingen."[28] In der Tat hatte Wojtyła eine kirchliche, pastorale und spirituelle Welt kennen- und schätzengelernt, die weit über Polen hinausreichte. Die Identität als Christ und Priester, aber auch die Öffnung für die säkulare Welt und ihre Erfordernisse, prägten Karol Wojtyła entscheidend. Polen und Rom wurden dabei zu geografisch-spirituellen Angelpunkten seiner Weltsicht, während er speziell Frankreich als Ort der Begegnung zwischen Christentum und Moderne betrachtete. Die spezifische römische Prägung, die *romanità*, aber legte Wojtyła weder als Priester noch als Bischof je ab.

Priester im kommunistischen Polen

Karol kehrte 1948 in seine Heimat zurück, um sie dreißig Jahre später für immer zu verlassen. Hier durchlebte er die schweren Jahre des Kalten Kriegs und die nicht einfache Zeit der Entspannungspolitik. Zehn Jahre war er als Priester mit Seelsorge und Studium beschäftigt, zwanzig Jahre diente er als Bischof. Der Beginn seiner Tätigkeit in der heimischen Diözese war durchweg bescheiden. Kardinal Sapieha schickte ihn zunächst in die Landpfarrei Niegowić, fünfzig Kilometer von Krakau entfernt, wo – auf mehr als zehn Dörfer verteilt – fünftausend Menschen lebten. Und es schien beinahe, als handle es sich bei dieser Aufgabe um eine Strafmaßnahme des Kardinals wegen der zu ausgeprägten Autonomie des jun-

[28] Erklärung von Danuta Wiktoria Rybicka beim Prozess der Selig- und Heiligsprechung des Dieners Gottes Johannes Paul II., Bd. 3, S. 318f.

gen Priesters, der ohne seine Erlaubnis verfrüht in die Heimat zurückgekehrt war, um an einem Klassentreffen anlässlich des zehnjährigen Abiturs teilzunehmen. So wurde aus dem jungen Intellektuellen ein Gemeindepfarrer in der tiefsten Provinz, unter Bauern, die eine durch und durch traditionelle Lebensweise pflegten. Für Wojtyła, der durch das Leben in Krakau und Rom an ganz andere Kontakte gewöhnt war, kam das einer Prüfung gleich. Hier wurde er nicht nur für die Kinder- und Jugendarbeit und den Katechismusunterricht in den Schulen eingesetzt, der von der Regierung noch nicht verboten war. Vielmehr bildeten die Besuche in den Familien sowie das Hören der Beichte sein Hauptbetätigungsfeld. Das Leben auf dem Dorf war hart, nicht zuletzt aus ganz handfesten klimatischen Gründen, und Wojtyła hat denn auch Mieczyław Maliński gegenüber einmal geschildert, wie mühselig es war, die Bauernfamilien aufzusuchen:

> [...] man geht in Soutane, Chorrock und Birett auf schmalen, im Schnee ausgetretenen Wegen. Der Schnee bleibt unten an der Soutane hängen, schmilzt im Zimmer, um dann draußen im Frost wieder zu frieren. Mittlerweile hast du um deine Füße herum eine starre Glocke, die immer schwerer wird und das Gehen stark behindert. Aber man muss weitergehen, denn du weißt, dass auf dich Leute warten, dass sie sich auf diesen Besuch das ganze Jahr über freuen.[29]

Die Seelsorge des künftigen Papstes begann also ganz unten, auch wenn ihn der Fürstbischof schon bald, im Jahr 1949, nach Krakau berief. Bei den Bauern hinterließ Karol den Eindruck eines intelligenten, offenen Priesters, dem das Gebet wichtig war und der als guter Redner galt. Daher wurde er später in der Studentenseelsorge eingesetzt und als Priester an die Innen-

---

[29] M. Maliński, Johannes Paul II., S. 109.

stadtpfarrei St. Florian in Krakau versetzt, die den Mittelpunkt dieser pastoralen Aktivitäten bildete. Bereits im September 1947 hatten die polnischen Bischöfe bekräftigt, wie wichtig ihnen die Beteiligung der Kirche bei der Erziehung der Jugend war. Zugleich hatten sie sich über die strenge Zensur und die Behinderungen bei Veröffentlichungen und kulturellen Aktivitäten beklagt. Im April 1948 wandten sie sich dann unmittelbar an die Jugend und prangerten Sittenverfall, Atheismus und Materialismus an, die den jungen Menschen in den Augen der Bischöfe aufgezwungen wurden. Auch Wojtyła engagierte sich für eine Kirche, die den Kontakt zur Jugend nicht abreißen lassen wollte. Er erteilte Katechismusunterricht an einer Oberschule, veranstaltete wöchentliche Gespräche über den Glauben und versammelte Studenten und Studentinnen um sich. So entstand um Pfarrer Karol, der im vertrauten Umgang „Wujek" (polnisch: der Onkel) genannt wurde, ein Kreis von Studierenden. Seine Pastoral war nicht verknöchert, sondern offen und familiär: Er unternahm mit den jungen Leuten Ausflüge in die Berge, hielt Ehevorbereitungskurse ab, führte weitere Gottesdienstformen neben der Eucharistiefeier ein und pflegte den gregorianischen Gesang. Dem Kontakt mit jungen Menschen, in dem sich Seelsorge und Freundschaft verbanden, stand der junge Priester unvoreingenommen gegenüber. Insgesamt entstand so eine gemeinschaftliche Atmosphäre, da Karol sich weder von den Menschen, insbesondere von der Jugend, distanzierte, noch im traditionellen Rahmen des Priesteramts verschlossen blieb. In dieser Zeit geriet er freilich auch ins Visier des Geheimdienstes.[30]

---

[30] Vgl. G. Blazynski, Jean-Paul II; M. Lasota, Dziatania operacyjne UB-SB przeciwko Kard. Karolowi Wojtyle, in Ku prawdzie i wolności. Komunistyczna bezpieka wobec Kard. Wojtyły, hg. v. J. Marecki e F. Musial, Kraków 2009, S. 17–27, S. 18–19. Der Name Wojtyła erscheint auch in einer vom Geheimdienst erstellten undatierten Seminarliste, die vermutlich aus dem Jahr 1946 stammt. 1956 vermerkte der Geheimdienst eine Fastenpredigt Wojtyłas an die Jugend, in der er ausführte, nur das Christentum könne die wahren Bedürfnisse des Menschen erfüllen, nicht aber der Materialismus (ebenda, S. 64–65).

Der Verweis auf die Beziehungen, die Wojtyła zeit seines Lebens zu den Studenten und auch zu seinen Klassenkameraden aus Wadowice pflegte, ist im Übrigen nicht nur deshalb wichtig, um die Rekonstruktion seiner Biografie zu vervollständigen, sondern auch um zu zeigen, wie treu der spätere Papst noch im fortgeschrittenen Alter an seinen Freunden festhielt, die Teil seiner eigenen Geschichte waren. Für Karol Wojtyła, der sich vollkommen in den Dienst der Kirche stellte, war die Freundschaft von großer Bedeutung, was zugleich die Verpflichtung einschloss, den Freunden treu zu bleiben. Daher war so manche Begegnung mit alten Freunden langjährigen Beziehungen geschuldet. Die vielen Freunde in Polen, Italien und überall auf der Welt bildeten gleichsam ein Netz, durch das Johannes Paul II., der im Vatikanischen Palast vom Alltag der meisten Menschen weitgehend abgeschirmt war, die Lebenswirklichkeit, die Probleme, Gefühle und Einstellungen unterschiedlicher Menschen persönlich kennenlernen konnte. Für Johannes Paul II. war die Begegnung mit den Menschen ein Herzensanliegen, für das er alte Beziehungen pflegte und neue knüpfte. Im Übrigen war er ein Mann, der Gesichter und Namen gut im Gedächtnis behielt.

Wojtyłas Art zu leben, die auf die tragischen Kriegsereignisse zurückging, reifte in einer menschlich schwierigen Welt weiter. Sie war geprägt von einem kommunistischen Regime, das die Freiheit des gesellschaftlichen Lebens durch eine scharfe Kontrolle zu unterdrücken suchte. In diesem Klima der eingeschränkten Freiheit stach der junge Priester mit seiner spontanen menschlichen Wärme hervor. Pater Józef Tischner, ein Freund Wojtyłas und ein bedeutender Philosoph, bemerkte einmal: „Die erste Reaktion der Menschen auf den Totalitarismus ist die Angst, Beziehungen untereinander zu knüpfen, die Flucht in den Individualismus." Wojtyła trotzte diesem stickigen Klima, indem er sehr bewusst Beziehungen knüpfte – in einer Zeit, in der die Menschen durch den Kommunismus isoliert wurden und durch die Verbreitung von Angst und Argwohn misstrauisch waren.

In seinem Buch „Erinnerung und Identität“ hat Johannes Paul II. von der ersten Berührung mit den Kommunisten berichtet: „Mir wurde damals sofort klar, dass ihre Herrschaft wesentlich länger andauern würde als die des Nazismus. Wie lange? Das war schwer vorauszusehen.“[31] Angesichts der unverhohlenen Absicht, Pluralismus und Freiheit abzuschaffen und den christlichen Glauben auszurotten, wurde Karol bewusst, dass die Kirche zu einem Ort der Zuflucht bestimmt war: „Denjenigen, die der planmäßigen Aktion des Bösen unterworfen werden, bleiben als Quelle geistiger Selbstverteidigung und als Siegesverheißung nichts anderes als Christus und sein Kreuz.“[32] Ein Gespräch über den Kommunismus, das Wojtyła mit dem bereits erwähnten Marcel Uylenbroeck im Belgischen Kolleg geführt hatte, ist ihm nie aus dem Gedächtnis gegangen.

Uylenbroeck war ein intelligenter, lebenstüchtiger Mann, der über die neuen Entwicklungen im Europa der Nachkriegszeit nachdachte und sowohl die Probleme als auch die Chancen der Kirche sah. Mehrere Jahrzehnte später traf ihn Johannes Paul II. als Untersekretär des Päpstlichen Rats für die Laien in Rom wieder, eines Dikasteriums, dem er als Kardinal angehörte. Uylenbroeck, der Kurie jener Zeit gegenüber kritisch eingestellt – hier verliere man den Glauben, hat er einmal gesagt –, entdeckte in den neu entstehenden Gemeinschaften nach dem Konzil spirituellen Aufwind. Keinesfalls zählte er zu den Konservativen und Konzilsgegnern. Allerdings hatte er eine kritische Haltung zur Situation der Kirche entwickelt, was ihn durchaus mit Wojtyła verband; er hielt ein tieferes spirituelles Leben und eine entschlossenere Evangelisierung

---

[31] Johannes Paul II., Erinnerung und Identität. Gespräche an der Schwelle zwischen den Jahrtausenden, Augsburg 2005, S. 30.
[32] Ebenda, S. 35.

für notwendig und sorgte sich um das soziale und politische Engagement jener Katholiken, die nicht mehr spirituell verwurzelt waren.
Als Papst wollte Johannes Paul II. seinen Freund Uylenbroeck daher zum Erzbischof von Brüssel ernennen – und damit zum Nachfolger Kardinal Suenens', einem der führenden Köpfe des Zweiten Vatikanums. Doch Uylenbroeck eröffnete dem Papst, als er 1979 in der Torre di San Giovanni im Vatikan mit ihm zusammentraf, dass er an Krebs erkrankt sei. Bis zu seinem Tod begleitete Johannes Paul II. teilnahmsvoll den Fortgang der Krankheit, denn er fühlte sich Uylenbroeck tief verbunden und auch deshalb zu großem Dank verpflichtet, da er ihm als jungem Mann geholfen hatte, die Situation im Ostblock besser zu verstehen.[33] Noch sechzig Jahre später erinnerte er sich an das Gespräch:

> Thema unserer Unterhaltung war die Situation, die in Europa am Ende des Zweiten Weltkriegs entstanden war. Mein Kollege drückte sich etwa so aus: „Der Herr hat zugelassen, dass ein Übel wie der Kommunismus gerade euch befiel ... Und warum hat er es zugelassen?" Auf die Frage gab er selbst eine Antwort, die ich für bedeutsam halte: „Uns im Westen ist das vielleicht deshalb erspart geblieben, weil wir nicht imstande gewesen wären, eine solche Prüfung durchzustehen. Ihr aber werdet es schaffen." Dieser Satz des jungen Flamen ist mir im Gedächtnis haften geblieben. Bis zu einem gewissen Grade besaß er prophetischen Wert.[34]

Uylenbroeck hatte dem jungen polnischen Priester mit dieser Bemerkung eine Botschaft der Hoffnung verkündet, die er nicht vergessen sollte: „Ihr aber werdet es schaffen." Gleich-

---

[33] Gespräch des Autors mit Marcel Uylenbroeck.
[34] Johannes Paul II., Erinnerung und Identität, S. 65.

wohl erwies sich die Lage in Polen als sehr schwierig. Bei den Wahlen von 1947, die unter der Kontrolle der sowjetischen Besatzungstruppen stattfanden, gewann die von der kommunistischen Partei geführte Nationale Front die überwältigende Mehrheit der Sitze im Parlament. Während Bolesław Bierut zum Präsidenten der Republik ausgerufen wurde, übte zunächst Władysław Gomułka, der an der Spitze der kommunistischen Partei stand, die eigentliche Macht aus. Im September 1948 jedoch gelangte Bierut ins Parteisekretariat, während der vergleichsweise „tolerante" Gomułka, der sich unter anderem der Gründung des Cominform widersetzt hatte, aus der Partei ausgeschlossen wurde. Die polnische Gesellschaft wurde nun so weit sowjetisiert, dass die Armee, inzwischen von allen antistalinistischen Elementen gesäubert, dem Kommando des sowjetischen Marschalls Rokossovskij unterstellt wurde. Die Entfernung Gomułkas war der Beginn einer noch rücksichtsloseren Klassenpolitik, die mit der Kollektivierung der Landwirtschaft und der Großindustrie einherging.

1947 analysierte das Zentralkomitee der Kommunistischen Partei Polens (KPP) ein Dokument – „Beobachtungen über die katholische Kirche in Polen" –, in dem unter anderem behauptet wurde, die Kirche stelle „das große materielle Hindernis" dar, „da sich in ihr die philosophischen Grundlagen der ideologischen Reaktion konzentrieren, die sie unaufhörlich den Massen suggeriert".[35] Damit wurde die Kirche eindeutig als politisch-ideologischer Feind identifiziert. Zahlreiche Maßnahmen sollten in der Folge den Freiraum der Kirche zunehmend einschränken, und die Machthaber setzten alles daran, den Klerus zu spalten, indem sie, nach einem im Ostblock verbreiteten Modell, eine regimetreue Bewegung „patriotischer Priester" gründeten. Unter Führung von Bolesław Piasecki, einem Anhänger der kommunistischen Regierung,

---

[35] A. Dudek/R. Gryz, Komuniści i Kościół w Polsce (1945–1989), Kraków 2006, S. 28.

der vor dem Krieg als rechtsextremer, katholischer Faschist von sich reden gemacht hatte, von den Sowjets jedoch auf ihre Seite gezogen worden war, nahm 1952 auch die „Pax"-Bewegung ihren Anfang, die den polnischen Bischöfen kritisch gegenüber stand.[36]

In der Kirche von Kardinal Wyszyński

Nach 1945 trat die Generation von Bischöfen ab, die den polnischen Katholizismus vor und während des Krieges geführt hatte: Hlond starb 1948, Sapieha 1951. Papst Pius XII. nominierte 1948 Stefan Wyszyński, der 1946 mit gerade einmal fünfundvierzig Jahren Erzbischof von Lublin geworden war, zum Erzbischof von Warschau und Gnesen und damit zum polnischen Primas. Über drei Jahrzehnte sollte der Episkopat unter seiner entschlossenen Führung bleiben. Der neue Primas hatte zuvor Soziologie gelehrt und war als Mitbegründer der christlich-sozialen Bewegung hervorgetreten. Er hatte die Kirche in Westeuropa kennengelernt, das Institut Catholique in Paris besucht und sich dabei für die Ideen von Maritain und Mouniers Personalismus interessiert. Er war also durchaus kein Traditionalist. Während des Krieges war er als Kaplan in der Blindenanstalt von Laski tätig gewesen, einer Schule mit einem soliden, im Evangelium verankerten Glauben, die mehr als eine soziale Einrichtung war. Daher galt

[36] Zum Verhältnis von Staat und Kirche siehe G. Barberini, Stato socialista e Chiesa cattolica in Polonia, Bologna 1983; S. Markiewicz, Stato e Chiesa in Polonia, Padua 1967; F. Bertone, L'anomalia polacca, Rom 1981. Vgl. auch A. Jerkov, Questo è il movimento Pax. Una pagina della storia politica dei cattolici polacchi, Rom 1967. Interessante Hinweise finden sich im Interview mit Jakub Berman, in: T. Torańska, Oni, Warszawa 1997, S. 423–424. Vgl. außerdem L. Vaccaro (Hg.), Storia religiosa della Polonia, Mailand 1985, S. 205–269. Eine beachtenswerte Rekonstruktion findet sich in J. Kłoczowski/L. Müllerova, Le christianisme polonais après 1945, in: Jerzy Kłoczowski (Hg.), Histoire religieuse de la Pologne, Paris 1987, S. 497–553.

Wyszyński als sozialer Bischof, und nicht wenige nannten ihn den „roten Bischof".

Als sozial engagierter Christ war sich der intellektuelle Wyszyński durchaus der Tatsache bewusst, dass die Kraft des polnischen Katholizismus in seiner tiefen Verwurzelung im Volk lag. Auch Wojtyła hatte diese Kraft gespürt, als er in der traditionsverbundenen Landpfarrei von Niegowić seinen Dienst versah. Die Kirche, so hat Adam Boniecki es formuliert, war nach Ansicht Wyszyńskis „eine Festung, die dort bestürmt wurde, wo es weder Raum für den Disput noch für eine Spaltung gab". Mit Blick auf diesen Zusammenhalt zwischen Episkopat, Klerus und Laien bestand die Strategie des Primas darin, „die Gemüter der Polen auf den Glauben und die Idee der Nation einzuschwören". Wyszyński wollte den Gemeinschaftssinn der Nation stärken und ihn auf Jasna Góra ausrichten, den traditionellen Marienwallfahrtsort von Tschenstochau.

Zunächst musste sich der Primas jedoch mit dem aggressiven Vorgehen der Regierung auseinandersetzen, die 1950 den Besitz der Diözesen verstaatlichte und auch die Einrichtungen der Caritas unter ihre Kontrolle brachte. Dabei waren die Aufgaben für die Kirche ohnehin groß genug: Nach den verheerenden Zerstörungen durch den Krieg musste ein Großteil der kirchlichen Gebäude wiederaufgebaut und die Führungsschicht neu formiert werden. Während des Krieges war ein Viertel des Klerus, darunter sechs Bischöfe, getötet worden, ein Fünftel der Kirchen musste wiederaufgebaut oder restauriert werden. Die Diözese Krakau hatte 4,3% ihres Klerus verloren, andere Diözesen hatte es weit schwerer getroffen, etwa die Diözesen Chełm (46,5%), Włocławek (50,2%) oder Łódź (38%). Das Bistum Warschau hatte 11,5% seiner Priester verloren.[37] Darüber hinaus gab es durch die Verschiebung der

[37] Informationen dazu finden sich in J. Kłoczowski/L. Müllerova, La guerre et l'occupation (1939–1945), in: ebenda, S. 462–496, S. 478.

Grenzen nach Westen (sowie dem Gebietsverlust im Osten) für die Kirche vieles neu zu ordnen. Zunächst aber, darin bestand Wyszyńskis Strategie, musste Zeit gewonnen werden, um die Auseinandersetzungen mit dem kommunistischen Staat aus einer stärkeren Position heraus führen zu können. Im Jahr 1950 unterzeichnete der Primas daher ein Abkommen mit der polnischen Regierung, obwohl das Heilige Offizium wenige Monate zuvor die Exkommunizierung der Kommunisten verfügt hatte. Mit diesem Abkommen schien sich die Kirche in Polen mit der nationalen Sache zu identifizieren, erkannte sie doch die Oder-Neiße-Grenze ausdrücklich an – ein Schritt, zu dem sie auch Rom zu drängen suchte.[38] Im Gegenzug billigte das Regime der Kirche einen eigenen Ort innerhalb der Gesellschaft zu. Obwohl Polen vollständig in das Sowjetreich integriert war, herrschte innerhalb der kommunistischen Führung zunächst kein Zweifel daran, dass sie nicht in der Lage war, eine Kirche zu zerstören, die so stark im Volk verankert war. Ebenso wenig hielt man es letztlich für möglich, sie mithilfe der Bewegung der patriotischen Priester zu spalten.[39]

In Rom war man nicht erfreut über die Entscheidung des Primas, das Abkommen mit den Kommunisten zu unterzeichnen. Der römische Kurienkardinal Tardini, der Außenminister des Heiligen Stuhls, erklärte diesen Schritt gegenüber Diplomaten „mit der Notwendigkeit das zu retten, was zu retten ist und einen Massenabfall des Klerus zu verhindern". Das Beispiel Kardinal Mindszentys, der wenige Monate zuvor in Ungarn festgenommen worden war und sich einem erniedrigenden Prozess unterziehen musste, stand der Kurie durchaus vor Augen. Insgesamt ließen sich die Regierungen im

[38] Siehe J. Offredo (Hg.), Stefan Wyszyński: Le cardinal de fer, Chartres 2003, mit wichtigen Beiträgen über verschiedene Aspekte im Werk des Primas. Vgl. außerdem B. Piasecki, Il primate del millennio, Rom 1984.

[39] Vgl. das Interview mit Jakub Berman, in: T. Torańska, Oni, Des Staliniens polonais s'expliquent, Paris 1986, S. 508–510.

Ostblock von der sowjetischen Zielsetzung leiten, die Verbindung zwischen der katholischen Kirche in den einzelnen Ländern und Rom endgültig zu kappen, um den Katholizismus zu unterwerfen und ihn schrittweise zu eliminieren. War die Politik des Primas also einer gefährlichen Naivität geschuldet? Das Abkommen jedenfalls schien das Bild der schweigenden Kirche zu widerlegen, zeigte es doch, dass es innerhalb der kommunistischen Systeme durchaus noch Freiräume gab, die durch Verhandlungen verteidigt werden konnten. „La Civiltà Cattolica", die Zeitschrift der Jesuiten, in der nicht selten die Ansichten des Heiligen Stuhls gleichsam inoffiziell wiedergegeben wurden, merkte jedenfalls an, das Abkommen könne als Geste der Unterwerfung gegenüber den Machthabern verstanden werden: „Die Bischöfe sprechen die Sprache desjenigen, der angegriffen wurde und nun mit allen Mitteln seine Rechte zu verteidigen sucht."

Gleichwohl sprach Wyszyńskis Kirche nicht die Sprache jener Priester, die mit dem System kollaborierten. So weigerte er sich etwa, die Stockholmer Friedensdeklaration zu unterschreiben, zu der sich die regimetreuen Priester bekannten. Das Urteil der polnischen Priester über den Kommunismus war insgesamt eindeutig negativ. Dennoch musste man aus Sicht Wyszyńskis dafür kämpfen, die kirchlichen Freiräume in einer Gesellschaft zu stärken, die sich durch den Krieg und die neue politische Ideologie verändert hatte. Johannes Paul II. verteidigte in einem Gespräch im Jahr 1984 Wyszyńskis Entscheidung wie folgt: „Dieses Abkommen musste geschlossen werden: Es war der Anfang." Und auch wenn etliche polnische Bischöfe 1950 mit dem Primas nicht übereinstimmten – am Ende hatte er das Sagen.[40]

Letztlich wollte der Kardinal die Seelsorge im Land stärken und die Aktivitäten der Kirche schützen. Das kommunistische Regime aber war fest etabliert. Ein italienischer Diplo-

[40] Gespräch des Autors mit Johannes Paul II.

mat etwa notierte sich anlässlich einer Begegnung mit Sapieha in Krakau Ende 1947, der Kardinal halte „die aktuelle Regierung in Polen für zu stabil, als dass man von irgendeiner Änderung der politischen Richtung des Landes träumen könne, und [...] auch aus diesem Grunde scheinen ihm die aktuellen Gespräche im Land angebracht." Sapieha war ein entschlossener Kritiker des kommunistischen Systems, dennoch war ihm die geopolitische Lage seines Landes durchaus bewusst. Im Vatikan, so äußerte er, teile man diese Auffassung nicht: „Das Staatssekretariat hat nicht die Absicht, mit einem Regime Verbindungen einzugehen, von dem es meint, es sei provisorisch und habe keine realen Grundlagen im Land."[41]
Pius XII. unterstützte Wyszyński trotz seiner Vorbehalte gegen das Abkommen von 1950 weiterhin und erhob ihn 1953 zum Kardinal (in Polen gab es seit Sapiehas Tod im Jahr 1951 keinen Purpurträger mehr). Gleichwohl wurde das Abkommen durch die Politik der Regierung schon bald in Frage gestellt, ging es ihr doch vor allem um eine Kontrolle der Kirche, die die Zustimmung der Regierung bei der Besetzung kirchlicher Ämter einschließen sollte. Trotz seines Zugehens auf die Regierung und seiner Identifizierung mit der nationalen Sache hätte der Primas eine solche staatliche Kontrolle der Kirche niemals hingenommen. Die in Krakau unter Leitung Wyszyńskis versammelten Bischöfe lehnten die Regierungspolitik daher ab und erklärten mit Nachdruck: „Es ist uns nicht erlaubt, die Angelegenheiten Gottes auf dem Altar des Kaisers darzubringen. Non possumus!" In einer Novembernacht des Jahres 1953 wurde der Primas schließlich aus seinem Warschauer Palais vertrieben und unter Hausarrest gestellt. Das Episkopat wurde so seines Oberhauptes beraubt, während das Regime weiterhin starken Druck auf die Bischöfe ausübte. Wyszyński selbst teilte mit seiner Festsetzung eine Zeitlang das Schicksal anderer katholischer Wür-

---

[41] Siehe dazu: A. Riccardi, Il Vaticano e Mosca, Rom, Bari 1992.

denträger im Ostblock, angefangen bei Slipyi im ukrainischen Lemberg, über den Ungarn Mindszenty und den Tschechoslowaken Beran bis hin zum Kroaten Stepinac und anderen. Im gesamten Ostblock war der Katholizismus einer repressiven, destruktiven Politik ausgesetzt und wurde in die Isolation gezwungen. Die Situation war äußerst prekär. Ein Großteil des polnischen Klerus arbeitete im Rahmen des Möglichen weiter, um den Kontakt zu Volk und Jugend nicht zu verlieren. Dies hatte auch Sapieha getan, wie bei der Versetzung des jungen Wojtyła nach Krakau, wo dieser in der Pfarrei St. Florian als Jugend- und Studentenseelsorger tätig war. Die junge Generation und die Bildung sah er als Herausforderung, wobei gerade hier der Einfluss des Regimes zu spüren war.

Das schwierige Erbe Kardinal Sapiehas

Insbesondere seit der Verhaftung Mindszentys, so Johannes Paul II. später, sei Sapieha überzeugt gewesen, man werde früher oder später Maßnahmen gegen ihn in die Wege leiten – doch fehlte dem kommunistischen Regime am Ende wohl der Mut zu einem solchen Schritt. Bis zu seinem Tod schützte sein hohes Ansehen sowohl den Kardinal selbst als auch die Krakauer Kirche. Ein langer Trauerzug zog sich am 26. Juli 1951 durch die Straßen Krakaus, vom Bischofssitz bis zum Wawel, um Kardinal Sapieha das letzte Geleit zu geben. Nicht zuletzt bei dieser Gelegenheit wurde den Behörden klar, wie beliebt der Verstorbene gewesen und wie tief die Kirche im Volk verankert war. Trotz des Drucks durch das Regime beteiligten sich die Menschen in großer Zahl an den Trauerfeierlichkeiten. Und noch im Nachhinein war sich Johannes Paul II. bewusst: Die kommunistischen Behörden hatten es nicht gewagt, den Trauerzug zu behindern, weil sie bei diesem Ereignis ihre eigene Ohnmacht zu spüren bekamen. Am 27. Juli

1951 wurde unter Leitung von Primas Wyszyński eine große Trauerfeier für den verstorbenen Kardinal abgehalten. Nach Sapiehas Tod aber, so hat Wojtyła später bemerkt, fühlten sich die Machthaber freier, gegen die Kirche vorzugehen. Dies begann damit, dass die polnische Regierung die Wahl eines Nachfolgers von Sapieha verbot, sodass der Krakauer Bischofsstuhl rund sechs Jahre lang vakant blieb. Zum apostolischen Administrator wurde daher Eugeniusz Baziak bestellt, der lateinische Erzbischof von Lemberg, ein strenger, väterlicher Mann, der nicht nur gegen den äußeren Druck ankämpfte, sondern auch gegen die Unterwanderung der kirchlichen Einrichtungen durch das kommunistische Regime. 1952 wurde auch er verhaftet und von der Polizei isoliert. Die Erstürmung des erzbischöflichen Palais war im Übrigen wohl auch dadurch motiviert, dass sich hier eine Tasche mit persönlichen Dokumenten der Opfer von Katýn befand, die bewiesen, dass das Massaker vor dem Eintreffen der Deutschen erfolgt und somit von den Sowjets verübt worden war.[42] Auch nach Krakau gelangte die brutale Verfolgungswelle gegen die Kirche, der die Länder im Ostblock ausgesetzt waren. Im Januar 1953 verurteilte das Militärgericht in Krakau sechs Priester und eine Laienkatholikin wegen Spionage für die USA und Devisenhandels: Gegen drei von ihnen wurde die Todesstrafe verhängt, allerdings nicht vollstreckt. Auch Baziak war betroffen. Der Prozess, der vor den Augen der polnischen Öffentlichkeit stattfand, sollte eine Spaltung des Klerus herbeiführen, vor allem aber sollte er das Ansehen des kurz zuvor verstorbenen Kardinal Sapieha beschädigen. Gleichwohl waren sich die Behörden sehr wohl bewusst, dass die Kampagne kaum Widerhall in der Bevölkerung finden würde.[43]

---

[42] J. Kwitny, The Man of the Century. The Life and Times of Pope John Paul II, New York 1997, S. 133, untermauert diese These mit Hilfe einiger Zeugnisse, die besagen, ein Unbekannter habe die Tasche schließlich Sapieha übergeben.

[43] J. Żaryn, Dzieje Kościola katolickiego w Polsce (1944–1989), Warschau 2003, S. 128.

Nicht zu Unrecht hat Johannes Paul II. 1991 über Baziak gesagt, der Bischof sei Teil eines „großen historischen Dramas" gewesen. Diese Persönlichkeit ist der näheren Betrachtung wert. Baziak war aus Lemberg in Ostgalizien vertrieben worden, das seit dem Ende des Krieges zur UdSSR gehörte. Er hatte seine Stadt verlassen müssen, in der die Katholiken des lateinischen Ritus mehr schlecht als recht weiterzuleben versuchten, nachdem die meisten Polen aus Lemberg vertrieben worden waren. Baziak wurde zunächst von den Sowjets festgesetzt und schließlich nach Polen abgeschoben. Er hielt sich fortan in einem kleinen Teil seiner Diözese auf, die sich innerhalb der polnischen Grenzen befand, bis Kardinal Sapieha ihn 1950 zu seinem Mitarbeiter in Krakau machte.
Mithilfe von Baziak vertiefte Wojtyła später die Beziehungen zu Lemberg.[44] Bei seinem Besuch in Polen 1991 sagte Johannes Paul II. über ihn: „War es kein Drama, was infolge der Entscheidungen von Jalta geschah? War es kein Drama für diesen Hirten, dazu gezwungen zu werden, den alten Sitz der lateinischen Metropoliten zu verlassen [...]?" Die Erinnerung an die Vertreibung der Polen aus Galizien und die Sowjetherrschaft blieb für Wojtyła nicht zuletzt durch das Zeugnis Baziaks lebendig. Lemberg war bis 1945 Sitz eines lateinischen Erzbischofs, eines griechisch-katholischen Erzbischofs (dem Oberhaupt der größten katholischen Ostkirche) und eines armenisch-katholischen Erzbischofs; unter der Sowjetherrschaft jedoch schrumpfte das religiöse Leben fast ausschließlich auf die russisch-orthodoxe Kirche zusammen, die die Kirchen der Ostkatholiken in Besitz nahm und sie, auf Anordnung der Sowjets, der Orthodoxie einverleibte. Der griechisch-katholische Episkopat wurde vollständig interniert, und der griechisch-katholische Metropolit Slipyj konnte erst

[44] Wojtyła wurde über die politisch-religiösen Vorgänge in Lemberg durch einen Priester dieser Diözese, Zdzislaw Skrynski, informiert, der nach Krakau geflohen war und den er 1949 in seinem Haus aufgenommen hatte. Vgl. A. Boniecki, The Making of the Pope, S. 123.

nach etlichen Jahren im Gulag ins römische Exil gehen, nachdem sich Papst Johannes XXIII. bei Chruschtschow für ihn verwendet hatte. Auch das dramatische Schicksal der ukrainischen Katholiken des östlichen Ritus verfolgte Wojtyła mit großer Anteilnahme, mussten sie doch die unerbittliche Polonisierungspolitik erdulden. Ihre Beziehungen zu den polnischen Katholiken waren nicht immer einfach gewesen.

Nach dem Tod Sapiehas durchlebte die Kirche in Krakau unter der Leitung Baziaks eine schwere Zeit. Die Regierung widersetzte sich der Ernennung eines Nachfolgers von Sapieha. Baziak wollte im Übrigen auch deshalb nicht auf sein Amt als Erzbischof von Lemberg verzichten, um seine inzwischen unter sowjetischer Herrschaft stehenden Gläubigen nicht im Stich zu lassen. So wurde erst nach seinem Tod bekannt, dass ihm der Heilige Stuhl sogar zugestanden hatte, den Titel eines Erzbischofs von Lemberg beizubehalten und zugleich Erzbischof von Krakau zu werden. Wie aber sah nun die Zukunft aus? Das fragten sich die Krakauer in den fünfziger Jahren. Sollte Lemberg, in dem mittlerweile jede Freiheit unterbunden war, möglicherweise das Modell für Polen sein? Der sowjetische Einfluss war jedenfalls auch nach Stalins Tod im Jahr 1953 in Polen zu spüren. Doch der pastorale Kurs Sapiehas und Baziaks (und auch Wyszyńskis) bestand darin zu widerstehen, indem die Kirche weiterhin für die Menschen da war und sich der Einschränkung der eigenen Bewegungsfreiheit entgegenstellte oder sogar versuchte, sie zu vergrößern. Die polnische Kirche wollte sich nicht auf die Spendung der Sakramente beschränken lassen. Ebendies aber war das kirchenpolitische Ziel der Länder im Ostblock: die Reduzierung der Kirche auf den Kult, die Ausschaltung ihrer kulturellen Tätigkeit, ihrer Mitwirkung bei der Erziehung der Jugend, ihrer sozialen Dienste und ihres Vereinsnetzes – all dies nach dem Modell, das der russisch-orthodoxen Kirche aufgezwungen worden war. Das so auf den Kult und die Vergangenheit beschränkte Christentum sollte einem Sozialismus ge-

genüberstehen, der für sich in Anspruch nahm, die Moderne, die Zukunft, die Kultur und die neue Gesellschaft zu repräsentieren.[45] Und in der Tat: Schon bald wurden der Religionsunterricht an den Schulen abgeschafft und die theologische Fakultät der Jagiellonen-Universität geschlossen.
Die Kirche versuchte dennoch Widerstand zu leisten und sich für die Zukunft zu rüsten. Eine der letzten Entscheidungen, die Kardinal Sapieha 1951 traf, war die, den mit der Jugendpastoral bei St. Florian beschäftigten Karol Wojtyła zu weiteren Studien zu veranlassen. Der alte Fürstbischof blickte gewissermaßen in die Zukunft, und für sie galt es, Priester zu formen, die in der Lage waren, sich mit der marxistischen Kultur auseinanderzusetzen – während der Katholizismus an den Universitäten nicht mehr präsent sein konnte.

Ein christlicher Humanist

Soweit bekannt ist, nahm Karol den Vorschlag, sich weiter dem Studium zu widmen, nicht sonderlich erfreut auf, auch wenn ihm ein Dozent, Pater Różycki, das Angebot machte, eine weitere Promotion in Philosophie und christlicher Ethik zu erwerben. 1951 musste Wojtyła St. Florian und den Kreis von Jugendlichen, den er um sich geschaffen hatte, verlassen. Zwar wollte er die Pastoralarbeit fortführen, doch Baziak machte ihm zur Auflage, künftig eine persönliche Erlaubnis einzuholen, wenn er außerhalb seines Studiums seelsorgerliche Aktivitäten pflegen wollte.[46] Und Wojtyła war kein Priester, der sich dem Willen seines Bischofs widersetzte. So führte Baziak – trotz einiger Hindernisse – Sapiehas Pläne für Wojtyła weiter: Er sollte studieren, um schließlich Professor für Sozialethik zu werden. In den fünfziger Jahren setzte er

---

[45] Siehe nochmals B. Lecomte, Giovanni Paolo II, S. 130ff., und die wichtigen Beobachtungen von G. Blazynski, Jean-Paul II, S. 89ff.
[46] Gespräch des Autors mit Kardinal S. Dziwisz.

sein Studium fort; seine Perspektive war allerdings nicht rein akademisch. Im Übrigen besaß Wojtyła bereits eine breite, weitgefächerte Bildung und war durchaus in der Lage, verschiedene Fachdiskussionen zu verfolgen. Seine nicht-akademischen Bücher geben denn auch Auskunft über Wojtyłas eigentliche Interessen. Die vielseitige Bildung und die pastoralen Erfahrungen, über die er verfügte, machten ihn inmitten des kommunistischen Polens zu einem christlichen Humanisten.[47]

Karol Wojtyła besaß eine große intellektuelle Neugier für die Welt, die Literatur und die Begegnungen mit Menschen. Gewiss, der tiefe Kern seiner Weltanschauung lag im Gebet, der Liturgie und der Vertrautheit mit der Bibel, die zusammengenommen seine Spiritualität formten und als wesentliche Bezugspunkte wirkten. Doch auch die Schulung an den großen Klassikern der polnischen romantischen Literatur, die bei seinem Vater begonnen, in Wadowice weitergeführt und schließlich in seiner Leidenschaft für die polnische Philologie und das Theater zum Ausdruck gekommen war, trat immer wieder zutage. Die Romantiker des 19. Jahrhunderts wie etwa Mickiewicz, Krasiński, Słowacki oder Norwid waren ihm von frühauf vertraut, und er wusste ganze Passagen aus ihren Werken auswendig. Von ihnen, insbesondere von Norwid, der ihm möglicherweise am nächsten war, bezog er seine Idee einer Verknüpfung von Kultur und Vaterland, deren Schicksal und Identität zutiefst miteinander verbunden sind. Norwid hatte einen realistischen (und zugleich katholisch geprägten) Sinn für die Nation, während Mickiewicz mit all seinem Zauber von Andrzej Towiański und, in gewisser Weise, auch vom Erbe Jakob Franks beeinflusst war.[48] Von Norwid übernahm der

[47] Wichtige Hinweise zu diesem Thema finden sich bei R. Buttiglione, Il pensiero di Karol Wojtyła, Mailand 1982, der die intellektuelle Biografie Johannes Pauls II. nach dessen Wahl zum Papst rekonstruiert.

[48] Über die kritischen Beobachtungen Norwids zum nationalen Messianismus Mickiewicz‘ sowohl aus der Perspektive Polens als auch derjenigen der

Papst übrigens eine Maxime, die er immer wieder gern zitierte und die einmal mehr seine Spiritualität deutlich macht: „Nicht hinter sich selbst mit dem Kreuz des Heilands, sondern hinter dem Heiland mit dem eigenen Kreuz."

Es war schließlich seine Rede vor der UNESCO im Jahr 1979, in der Johannes Paul II. in aller Deutlichkeit hervorhob, wie zentral die Kultur für eine Nation sei: „Es gibt eine grundlegende Eigenständigkeit der Gesellschaft, die sich in der Kultur der Nation offenbart. Es handelt sich um die Eigenständigkeit, durch die zugleich der Mensch in höchstem Maße eigenständig ist."[49] Insgesamt reifte Wojtyła zu einem überaus gebildeten Mann heran, der nicht nur mit der Geschichte seiner Nation vertraut war, sondern auch mit ihren literarischen Klassikern. Dies befähigte ihn dazu, als Papst später auch der Geschichte anderer Völker mit großer Neugier und Offenheit zu begegnen: „Die Völker halten ihre Geschichte in Erzählungen fest, die in vielerlei Dokumenten zu finden sind und durch die sich die nationale Kultur konstituiert." Neben der Geschichte sei es vor allem die Sprache, die eine Nation formt. Vermutlich war Johannes Paul II. der einzige Papst, der eine Theorie über den Zusammenhang von Nation und Kultur vorgelegt hat. Sie ist in seinem Buch „Erinnerung und Identität" aus dem Jahr 2005 festgehalten und geht auf die mit den beiden polnischen Philosophen Józef Tischner und

---

Kirche vgl. A. Walicki, Philosophy and Romantic Nationalism. The case of Poland, Oxford 1982, bes. S. 323. Speziell zur Bedeutung Jakob Franks siehe A. Mandel, Il Messia militante ovvero la fuga dal ghetto. La storia di Jakob Frank e del Movimento frankista, Mailand 1984. Vgl. auch P. Michel, Messianisme polonais et histoire contemporaine, in: Le rêve de Compostelle. Vers la restauration d'une Europe chrétienne?, hg. v. R. Luneau/P. Ladrière, Paris 1989, S. 52–67.

[49] Zit. nach Johannes Paul II., Erinnerung und Identität, S. 112. Zu diesem Thema siehe auch die von Kardinal Wojtyła vor den Dozenten der Katholischen Universität Mailand am 18. März 1977 gehaltene Rede „Il problema del costituirsi della cultura attraverso la ‚praxis' umana", teilweise abgedr. in: Rivista di Filosofia neo-scolastica, (1977), S. 8: „Die Kultur entsteht durch die Praxis, durch das Wirken des Menschen (...)."

Krzystof Michalski im Jahr 1993 geführten Gespräche über Nationalsozialismus und Kommunismus zurück.
Bereits als Kardinal hatte Wojtyła 1974 ein Gedicht mit dem Titel „Wenn ich Vaterland denke" verfasst, in dem er über das Schicksal eines Landes meditiert, das seiner Freiheit beraubt worden war. Wie würde seine Zukunft aussehen? Und: Gab es im polnischen Bewusstsein möglicherweise Kräfte, die dem Gang der Geschichte widerstehen würden?

> Über Gewissenskämpfe legt die Geschichte Schuppen von Fakten. In diesen Schuppen vibrieren Siege und Niederlagen. Die Geschichte deckt sie nicht zu, sie macht sie deutlich ...
> Kann die Geschichte gegen den Strom der Gewissen schwimmen?[50]

Die Kultur zu pflegen hieß daher nichts anderes, als das Gewissen der Menschen zu stärken, um aus der Schwäche herauszufinden, in der Polen seit den fünfziger Jahren gefangen war. Aus dieser Perspektive waren gerade der Glaube und die Kultur für eine unfreie Nation ein Raum der Freiheit und der Unabhängigkeit. Auch wenn sie besiegt schienen, konnten die spirituellen Kräfte wieder erwachen. Dies war die große Lektion, die Wojtyła aus der Lektüre der polnischen Klassiker wie Mickiewicz gelernt hatte, bei dem es an einer Stelle hieß: „Die polnische Nation wurde geteilt, von der Landkarte Europas gestrichen, umherirrend auf den Globus zerstreut [...] Auf der Suche nach dem Geheimnis seiner eigenen Existenz marschiert diese Nation in das Herz aller Geheimnisse."[51] Es existierte folglich eine tiefe spirituelle Kraft, und so heißt es weiter im Gedicht von Kardinal Wojtyła:

---

[50] Karol Wojtyła, Der Gedanke ist eine seltsame Weite. Betrachtungen. Gedichte, Freiburg, Basel, Wien, S. 160.
[51] Vgl. E. Krakowski, Mickiewicz et l'histoire pathétique de la Pologne, Paris 1955, S. 104ff.

Wir können uns mit der Schwäche nicht einverstanden erklären.
Schwach ist das Volk, das seine Niederlage hinnimmt, das vergisst, dass es gesandt worden ist, zu wachen, bis seine Stunde kommt. Die Stunden kommen immer wieder auf dem großen Zifferblatt der Geschichte.
Das ist die Liturgie der Geschichte. [...][52]

Karol Wojtyła fühlte sich zutiefst hingezogen zur Poesie, mit deren Hilfe er seine historisch-religiösen Gedanken ausdrückte und in der er Motive für einen moralischen Widerstand fand. Will man seine „poetische Meditation" angemessen bewerten, stößt man allerdings auf das Problem, dass Wojtyła – im Unterschied zu den meisten Dichtern – seine eigene Persönlichkeit nicht ins Zentrum des Schreibens rückte. Auch dies ist ein Grund, weshalb seine Gedichte, die zum Teil unter dem Pseudonym Andrzej Jawień (auch noch nach seiner Wahl zum Papst) erschienen, bislang nicht mit der ihnen gebührenden Aufmerksamkeit betrachtet worden sind.
Die Poesie ist jedoch keineswegs eine zweitrangige Angelegenheit in der Biografie dieses polnischen Humanisten, ging es dabei doch nicht um das Freizeitvergnügen eines beschäftigten Kirchenmannes oder gar eines romantischen Intellektuellen, sondern vielmehr darum, über Geschichte an sich nachzudenken, über Polen, über den Glauben und das Menschliche überhaupt. Giovanni Reale, Philosoph und Kenner des Werks Woyjtyłas, schreibt denn auch in seiner Einführung zu den Gedichten: „Wojtyła hat als Dichter und Dramatiker begonnen, dann ist er seinen Weg als Philosoph und Theologe weitergegangen. Wojtyła vereint daher in sich die drei großen Elemente des Denkens und wurde so zu einer em-

[52] K. Wojtyła, Der Gedanke ist eine seltsame Weite, S. 161f.

blematischen Figur, die auf unterschiedliche Weise diese drei Wege verfolgt, um zur Wahrheit zu gelangen."[53]
Die Poesie und das Drama waren, neben dem Glauben, das „Incipit" des intellektuellen Werdegangs Karol Wojtyłas. Als Theologe und Philosoph schuf er weder ein geschlossenes Ideensystem noch identifizierte er sich mit einer bestimmten wissenschaftlichen Methode oder Richtung. Man hat in der Vergangenheit viel über die Person des Papstes geforscht, wenig Beachtung hingegen ist ihm bislang als Dichter und Dramatiker zuteil geworden. Eine zu große Wertschätzung für die Gedichte, die er während des Pontifikats geschrieben hat, hätte womöglich als byzantinische Schmeichelei gegenüber dem Papst gedeutet oder als unzulässige Reduktion beziehungsweise unangemessene Sentimentalisierung seines Gedankenguts betrachtet werden können. Wojtyłas intellektuelles Profil jedoch war vielschichtig: Er war ein Literat, ein Poet und Dramatiker, der sich in den fünfziger Jahren zudem eine umfangreiche philosophische Bildung aneignete, deren Grundlagen er bereits während seines Studiums in Krakau und Rom gelegt hatte. Fasziniert von der Mystik, war er jedoch kein Spezialist, der über eine einzelne Disziplin zu einer weiter gefassten Einsicht gelangt wäre. So sind denn auch die Unterschiede zwischen dem Bildungsweg Joseph Ratzingers und dem Karol Wojtyłas immer wieder hervorgehoben worden. Giuseppe Alberigo etwa hat das Verhältnis zwischen den beiden in ironischer Absicht als die Beziehung zwischen einem deutschen und einem polnischen Professor gedeutet, wobei die Solidität des ersten hervorgehoben werden sollte.[54] Wojtyłas Theologie, die fern war von jeder rein akademi-

[53] Wichtige Beobachtungen zum Verhältnis von Poesie, Theater und theologisch-philosophischem Denken bei G. Reale, Karol Wojtyła, un pellegrino dell'assoluto, Mailand 2005, sowie Ders., Presentazione a K. Wojtyła, Tutte le opere letterarie, Mailand 2001, S. IX–XXXIII. Siehe auch B. Taborski, Introduzione, ebenda, S. 3–35.
[54] Gespräch des Autors mit G. Alberigo.

schen Dimension und durchaus als unsystematisch bezeichnet werden kann, war die eines Bischofs, der denkt und betet, aber auch die eines Mannes, der sich in jedem Aspekt seiner Existenz die Frage nach Gott stellt. An einer Stelle seines Bruder Albert gewidmeten Dramas, mit dem sich Wojtyła, wie bereits erwähnt, stark identifizierte, heißt es:

> Bleibe auf der Suche. Aber wonach? Gesucht habe ich wohl genug. Gesucht unter vielen Wahrheiten. Schließlich können diese Dinge nur so und nicht anders reifen. Philosophie ... Kunst ... Wahrheit ist das, was zu guter Letzt an die Oberfläche kommt – ein Öl im Wasser. So enthüllt sie uns das Leben – langsam, Stück für Stück, doch ständig. Dazu ist sie in uns, in jedem Menschen. Gerade dort ist sie dem Leben nahe. Wir tragen sie in uns, und sie ist stärker als unsere Schwachheit [...] So ist es im einen, im anderen, im hundertsten Menschen. Was ist Wahrheit, wo findet sie sich? In dem breit dahinfließenden Strom der Menschheit gibt es einzelne, die dort, wo der Strom mündet, ein neues Licht finden, das aus ihnen herausleuchtet.[55]

Dass er zugleich Dichter, Dramatiker, Philosoph und Theologe, ein Freund der Geschichte und unersättlicher Leser war, könnte letztlich auf einen enzyklopädischen Dilettantismus hindeuten. In Wahrheit war Wojtyła jedoch beständig „auf der Suche", wie es im Drama heißt: beim Studium, bei der Lektüre, bei der Begegnung mit Menschen. In alldem erwies er sich als ein christlicher Humanist.

---

[55] Karol Wojtyła, Der Bruder unseres Gottes. Strahlung des Vaters. Zwei Dramen, Freiburg, Basel, Wien, 1981 S. 117.

Auf Anregung von Pater Różycki beschäftigte sich Wojtyła zunächst mit der Philosophie Max Schelers, um zu überprüfen, ob dessen phänomenologischer Ansatz als Grundlage der Ethik dienen könne. Anknüpfend an die Phänomenologie Edmund Husserls, galt Scheler nach dem Ersten Weltkrieg als der bedeutendste deutsche Philosoph, vor allem mit Blick auf seine Analyse der Person und ihrer Gefühlswelt. Nach 1918 war er zu einem wichtigen Bezugspunkt insbesondere für den krisengeschüttelten deutschen Katholizismus geworden. Auch nach seiner Distanzierung von der Kirche hatte er sich weiter mit Gott und der Säkularisierung der Lebenswelt beschäftigt. Scheler zufolge war das moderne Denken von Descartes' Irrtum geprägt, der eine Trennung zwischen Seele und Körper vorgenommen und die menschlichen Triebe geleugnet habe. Wojtyła schrieb seine philosophische Doktorarbeit zum Thema: „Die Möglichkeit, auf Max Scheler eine christliche Ethik zu begründen."
War es jedoch überhaupt möglich, anhand des Schelerschen Werks die Ethik neu zu begründen? Während der Beschäftigung mit dieser Frage vollzog sich im Denken des etwas über dreißigjährigen Wojtyła eine kritische Wende. Bei der Analyse des deutschen Philosophen kam Wojtyła, so heißt es bei George Weigel, die „Intuition eines natürlichen Phänomenologen" zu Hilfe, der sich vom Personalismus angezogen fühlte.[56] Der Objektivismus, der ihm aus der thomistischen Schule im Angelicum vertraut war, trat zunehmend hinter seinem Gespür für die menschliche Subjektivität zurück, das sowohl in seiner dichterischen Sensibiltät als auch in der seelsorgerischen und freundschaftlichen Zuwendung zu den Menschen herangereift war. Als Papst erinnerte sich Wojtyła wie folgt an seine Auseinandersetzung mit Max Scheler:

[56] Vgl. G. Weigel, Zeuge der Hoffnung, S. 141f.

> Dieser Forschungsarbeit habe ich wirklich viel zu verdanken. In meine vorausgegangene aristotelisch-thomistische Ausbildung fügte sich so die phänomenologische Methode ein, was mir ermöglichte, zahlreiche schöpferische Untersuchungen auf diesem Weg vorzunehmen. Ich denke vor allem an das Buch „Person und Akt". Auf diese Weise reihte ich mich in die moderne Denkströmung des philosophischen Personalismus ein, eine Forschung, die nicht ohne pastorale Früchte blieb. [...] Diese Bildung vor dem kulturellen Horizont des Personalismus hat mir eine tiefere Erkenntnis darüber vermittelt, dass jede Person einmalig und unwiederholbar ist [...].[57]

In seiner Doktorarbeit erklärte Wojtyła das Denken des Philosophen zwar letztlich nicht zum Fundament der christlichen Ethik, sie befähigte ihn jedoch zu einem neuen methodischen Umgang mit diesem Thema. Wojtyła hat seine Arbeit 1953 schließlich an der theologischen Fakultät der Jagiellonen-Universität bei zwei Professoren dieser Institution sowie einem Professor der Katholischen Universität Lublin, Stefan Swieżawski, eingereicht, der einen großen Einfluss auf die weitere Karriere des Doktoranden ausüben sollte. Swieżawski war ein Schüler des polnischen Philosophen Roman Ingarden, der wiederum, wie Scheeler selbst, ein Jünger Husserls war. Ingarden, der in Krakau lebte, war es zwischen 1949 und 1957 verboten, an der Jagiellonen-Universität zu lehren. Im Übrigen wurde die theologische Fakultät 1954, kurz nach Wojtyłas Disputation, von den Behörden geschlossen. So fand er auch keine Anstellung an der Krakauer Universität, sondern unterrichtete zunächst Sozialethik am Priesterseminar. Swieżawski, inzwischen Freund des Priester-Philosophen, empfahl ihm daher 1954, sich an der Katholischen Universität Lublin zu bewerben.

---

[57] Johannes Paul II., Geschenk und Geheimnis, S. 98.

Und tatsächlich erhielt Wojtyła einen Ruf an die Katholische Universität, wo er seit 1954 lehrte. Auch nach seiner Nominierung zum Erzbischof von Krakau setzte er diese Tätigkeit fort und machte durch einen direkten, wenig professoralen Stil im Umgang mit den jungen Leuten auf sich aufmerksam. Seine Vorlesungen waren gut besucht. Dabei ist zu beachten, dass die Katholische Universität Lublin die einzige „freie“ Hochschule im gesamten Ostblock war. Die mit der Unabhängigkeit Polens 1918 gegründete Universität war nach dem Krieg wiedereröffnet worden und hatte es in der Folge geschafft, trotz der Restriktionen durch das Regime und der Schließung einzelner Fakultäten zu überleben. So wurde sie zu einem einzigartigen Raum, in dem christlicher Glaube, Kultur, Erziehung und Humanismus nebeneinander bestehen konnten. Es bleibt freilich die Frage nach dem Motiv für diese Konzession durch die kommunistischen Machthaber. Möglicherweise spielte dabei die Absicht eine Rolle, der Bevölkerung vor Augen zu führen, dass nicht alle Freiräume beseitigt worden seien und Polen eine Sonderstellung innerhalb des Ostblocks einnehme.
Als Professor lebte Wojtyła weiterhin in einem Zimmer der Wohnung Różyckis in der alten Kanonikergasse im Zentrum Krakaus. Wann immer er konnte, widmete er sich als Priester der Seelsorge für die Jugendlichen und die Menschen, die ihm seit langem verbunden waren. Woche für Woche fuhr er nach Lublin, um zu lehren, in eine Stadt, in der der Krieg deutliche Spuren hinterlassen hatte, besonders im alten jüdischen Viertel. In der Nähe hatte sich zwischen 1941 und 1944 das Konzentrations- und Vernichtungslager Majdanek befunden. Das Lager war zwar weniger bekannt als Auschwitz, die Lebensbedingungen aber waren hier besonders hart gewesen. Systematisch arbeitete man hier an der Vernichtung der Deportierten: 60.000 Juden und 20.000 andere Häftlinge fanden in Majdanek den Tod, die Mehrheit von ihnen polnische Staatsbürger. Insgesamt durchliefen

150.000 Menschen das Lager (allein im Mai 1943 waren es 25.000).[58]
Lublin war eine Universitätsstadt, in der die Regierung die Studieneinrichtungen förderte. Die Katholische Universität war ein Zentrum der kulturellen Erneuerung. Różycki erinnert sich, mit welchem Eifer sich Wojtyła an den intellektuellen Debatten beteiligte. Er freundete sich mit dem Philosophiehistoriker Jerzy Kalinowski und mit Pater Mieczysław Krąpiec an, der Metaphysik lehrte. So reihte er sich in den Gründerkreis der neuen Philosophie der Katholischen Universität Lublin ein.[59] „Don Karol ist sich bewusst, dass er noch jung ist und noch viel lernen muss, er legt viel Wert auf die Gespräche und Diskussionen, auf die Begegnungen des Kollegiums." In den Diskussionen selbst verhielt er sich „zurückhaltend". Nicht zuletzt infolge der Debatten mit den anderen Dozenten, insbesondere durch die Beteiligung Swieżawskis, trat er schließlich für die durch Gilson und Maritain begründete Weiterentwicklung des Thomismus und für die Diskussion über die Demokratie nach dem Vorbild Maritains ein. Trotz der marxistischen Durchdringung der Kultur waren in Lublin also lebhafte Gespräche zwischen katholischen Intellektuellen möglich. Johannes Paul II. hat dazu später bemerkt:

> [...] meine Achtung für das Individuum und sein Handeln [ist] keineswegs aus dem Meinungsstreit oder aber als Argumentationshilfe im Streit mit dem Marxismus entstanden [...]. Der Mensch als Persönlichkeit beschäftigte mich schon seit längerem. Vielleicht ist das einer der Gründe dafür, dass ich nie eine besondere Vorliebe für die Naturwissenschaften hatte. Der Mensch hat mir immer mehr bedeutet [...].[60]

---

[58] Vgl. T. Kranz, Extermination of Jews at the Majdanek Concentration Camp, Lublin 2007.
[59] Vgl. G. Weigel, Zeuge der Hoffnung, S. 136–145.
[60] Dies und die folgenden Zitate in: Johannes Paul II. Die Schwelle der Hoffnung überschreiten, hg. v. Vittorio Messori, Hamburg 1994, S. 224f.

Zugleich waren es freilich die Jahre, so erinnerte sich der Papst später, in denen „der Meinungsstreit mit dem Marxismus in vollem Gange" war. Für Wojtyła waren damals „die Jugendlichen zu meinem wichtigsten Anliegen geworden. Sie stellten mir Fragen nicht so sehr über die Existenz Gottes als vielmehr ganz präzise darüber, wie sie leben sollten, d.h. über die Art und Weise, wie sie an Probleme in der Liebe und Ehe sowie an all die Probleme der Arbeitswelt herangehen sollten." Daher folgerte er: „Meine auf den Menschen, auf die menschliche Persönlichkeit ausgerichteten Studien orientierten sich somit vor allem an der Seelsorge." Auch wenn Wojtyła ordentlicher Universitätsprofessor und Direktor des Instituts für Ethik war, so war er doch nie nur Akademiker. Priesterliches Wirken, Lehre und Forschung wechselten sich vielmehr ab. Die Isolation der katholischen Kultur in Polen hinderte ihn allerdings lange Zeit an der Teilnahme an Kongressen und an internationalen Kontakten. Am begrenzten Umfang der Fußnoten in seinen Büchern lässt sich im Übrigen auch erkennen, dass er mit seinen Veröffentlichungen nicht vorrangig akademische Zwecke verfolgte.

Das 1960 erschienene Buch „Liebe und Verantwortung" (1960 ins Deutsche, 1965 ins Französische und 1969 ins Italienische übersetzt) entstand vor allem durch den Kontakt mit der Jugend und Wojtyłas seelsorgerische Arbeit. Mit dem Kommunismus wurden moralische Vorstellungen von Sexualität und Familienleben eingeführt, die sich von den traditionellen, katholisch inspirierten Modellen erheblich unterschieden. Wojtyła schrieb sein Buch noch vor der sexuellen Revolution in der westlichen Welt, die mit der 68er-Bewegung auf breiter Front einsetzte. Bei dieser Studie zeigte sich, dass Wojtyła ein Verständnis für die psychologischen und sexuellen Probleme aufbrachte, das bei einem Priester selten anzutreffen war. Dabei stand ihm die Psychiaterin Wanda Półtawska zur Seite, mit deren Familie ihn eine enge Freundschaft verband, ja, die fast zu seiner eigenen wurde.[61]

In „Liebe und Verantwortung“ schrieb Wojtyła über die Liebe als Mittelpunkt der Beziehung zwischen Mann und Frau: „Die Liebe wird dann nämlich die Haltung, die die Person des anderen nur zu benutzen, auszunutzen sucht, nach und nach zum Verschwinden bringen.“[62] Lieben, nicht benutzen, wurde so auch zum Imperativ in der Botschaft des künftigen Johannes Pauls II. In einer Ergänzung des Bandes geht es überdies um Sexualwissenschaft und Moral, wobei die ehelichen Beziehungen, die Geburtenregelung und die Psychotherapie diskutiert werden. Wojtyła schreibt:

> Die Liebe muss als ein Anstreben des wahren Wohls einer anderen Person, somit als das Gegenteil von Egoismus bestimmt werden. Weil sich in der Ehe Mann und Frau auch im Bereich des Geschlechtsverkehrs vereinen, ist es notwendig, dass sie dieses Wohl auch auf diesem Gebiet anstreben. Die Liebe zur Person und die altruistische Einstellung verlangen, dass im Sexualakt der Mann den Höhepunkt der sexuellen Erregung nicht allein erreicht, sondern unter Beteiligung der Frau und nicht auf deren Kosten.[63]

Oft, so heißt es weiter, seien Frigidität und Nichtbefriedigung der Frau Folgen des männlichen Stolzes. Von diesem Stolz gehe auch eine utilitaristische Sicht der Empfängnis aus, was zu einer bewussten Geburtenkontrolle führe. Diese Praxis wird von Wojtyła nicht ausgeschlossen (handelt es sich doch um die von der Kirche zugelassene, sogenannte natürliche Methode). Er verweist auf die Verantwortlichkeit – und nicht auf die Zufälligkeit – des Vater- und Mutterseins, in der

---

[61] Siehe G. Galeazzi/F. Grignetti, Karol e Wanda, passim. Vgl. außerdem Półtawska, Diario di un'amicizia.
[62] Karol Wojtyła, Liebe und Verantwortung. Eine ethische Studie, München 1979, S. 27.
[63] Ebenda, S. 235.

Überzeugung, Liebe und Fortpflanzung seien unauflöslich miteinander verbunden: „Die Eheleute [...] müssen wissen, wann und wie sie ein Kind bekommen können. Sie sind sich selbst und der Familie, die sie schaffen oder vermehren, für jede Empfängnis Rechenschaft schuldig."[64] Einige dieser Ideen nahm Paul VI. einige Jahre später, in der Enzyklika „Humanae vitae" von 1968, wieder auf, deren Thesen Wojtyła – trotz heftiger Polemik seitens vieler Bischöfe und Gläubiger – entschieden vertrat.

„Wojtyła macht einen gewaltigen Eindruck"

Noch während der Lubliner Professor 1958 seine Sommerferien mit Freunden verbrachte, wurde er von Primas Wyszyński eilig nach Warschau zurückgerufen, um ihm seine Ernennung zum Weihbischof von Krakau mitzuteilen. Wojtyła war kaum achtunddreißig Jahre alt und galt nicht eben als Kandidat für ein Bischofsamt. Erzbischof Baziak, der im Klerus von Krakau durchaus von angesehenen älteren Persönlichkeiten umgeben war, hatte sich dennoch dazu entschlossen, diesen jungen Priester und vielversprechenden Gelehrten zum Weihbischof zu ernennen. Er war es auch, der den Namen Wojtyła in Rom überzeugend einbrachte. Im Februar 1956 hatte Baziak mit Wyszyński ein langes Gespräch über die Ernennung eines Weihbischofs geführt, doch, so schrieb der Primas, „es ist eine sehr schwere Entscheidung, da die Diözese über nur wenige Personen verfügt. Die große Autorität von Kardinal Sapieha war nicht eben förderlich für die Entwicklung junger Talente".[65]

---

[64] Ebenda, S. 242. Vgl. dazu R. Buttiglione, Il pensiero di Karol Wojtyla. Siehe auch K. Wojtyła, Erziehung zur Liebe. Mit einer ethischen Fibel, hg. v. J. Stroynowski, Stuttgart–Degerloch 1979.

[65] Karol Wojtyła w zapiskach Prymasa Tysiąclecia, in: Znaki Nowych Czasów, 17. Oktober 2006, S. 94–115, hier S. 94.

Im Übrigen stieß die Nominierung des jungen Wojtyła beim Krakauer Klerus eben wegen seines Alters auf Kritik. Dies jedenfalls berichtete mit einiger Genugtuung ein Informant des polnischen Geheimdienstes. Demnach hätten die Kleriker Baziak vorgeworfen, ein „Kind" zum Weihbischof gemacht zu haben. Der Erzbischof habe seinerseits die Entscheidung mit der Notwendigkeit zu rechtfertigen gesucht, einen aktiven und versierten Mitarbeiter zu gewinnen, der auch in Nowa Huta, einer Arbeiterstadt im Osten Krakaus, arbeiten könne. Bei dieser Gelegenheit habe er sich darüber hinaus auch über die kritische Einstellung beschwert, die ihm einige Kleriker entgegenbrächten.[66]
Ein Informant aus dem Klerus berichtete dem Geheimdienst hingegen, die Mehrheit der Kleriker sei zufrieden mit der Nominierung des jungen Weihbischofs, mit Ausnahme einiger älterer Priester. Der Informant zeichnete übrigens ein realistisches Porträt Wojtyłas, den er als Mann beschrieb, der einen abgetragenen Talar benutze, sich bescheiden kleide und löchrige Schuhe anhabe. Mit Wojtyłas Ernennung zum Bischof wurde jedenfalls auch der Geheimdienst endgültig auf ihn aufmerksam, was nicht zuletzt dazu führte, dass seine Wohnung mit einer Abhöranlage versehen wurde.[67]
Auch wenn der junge Karol nicht zu den angesehensten Priestern Krakaus gehörte, gelang es ihm doch, bei Baziak, einem Bischof mit langjähriger und einschneidender Erfahrung, einen bleibenden Eindruck zu hinterlassen. Dabei bestach Wojtyła in der Umgebung, in der er wirkte, nicht durch Geltungsdrang (er war im Gegenteil zurückhaltend und konnte zuhören), sondern vielmehr durch seine einnehmende

[66] M. Lasota, Donos na Wojtyłę. Karol Wojtyła w teczkach bezpieki, Krakau 2006, S. 68f. Die Probleme zwischen dem Krakauer Klerus und Erzbischof Baziak hat auch der Primas bestätigt.
[67] Die Information stammt von einem gewissen „Doktor" (der als Priester identifiziert wurde), vom 6. November 1958, in: Ku prawdzie i wolności, S. 75ff. Siehe auch ebenda, S. 19 und 21.

Menschlichkeit. Dies wurde auch dem großen französischen Theologen Henri de Lubac während des Konzils sogleich klar: „Ohne lange Beobachtungen konnte man in ihm eine Persönlichkeit höchsten Ranges entdecken.“[68]

Derartige Beobachtungen scheinen aus heutiger Perspektive selbstverständlich, handelte es sich doch um einen Papst, der als Person großen Erfolg hatte. Viele Zeugnisse belegen jedoch, welch hohe Wertschätzung Wojtyła bereits lange vor seinem Pontifikat entgegengebracht wurde. Dies erklärt zumindest teilweise seinen Aufstieg, zunächst im Krakauer Klerus, dann unter den Bischöfen im Konzil und schließlich bei seiner Wahl zum Papst.

Auch wenn es an dieser Stelle noch nicht um den Wojtyła des Zweiten Vatikanischen Konzils geht, scheint es angebracht, hier das Urteil von Pater Yves Congar vorwegzunehmen, eines bedeutenden französischen Theologen (Johannes Paul II. ernannte ihn zum Kardinal), der ihn während der Konzilsarbeit kennenlernte. In seinem Konzilstagebuch kritisierte Congar einen Entwurf, den ihm Wojtyła vorgelegt hatte: „Er zeigte mir einige von ihm verfasste Texte, die ziemlich konfus waren, voller Ungenauigkeiten, ja voller Fehler und Mängel.“ Die Texte des jungen Wojtyła – man schrieb das Jahr 1963 – waren tatsächlich inkohärent, ungenau und in den Augen des reifen Theologen zuweilen sogar falsch. Wojtyłas Schreibweise war in diesen Jahren oft kompliziert, wenn nicht sogar gestelzt. Seine Gedanken drehten sich oft im Kreis.

Congar machte keinem Kirchenmann gegenüber aus Ehrfurcht Zugeständnisse, auch wenn er Sympathie für die leidgeprüfte polnische Kirche empfand. Er teilte das Urteil eines Journalisten der „Znak“ über den polnischen Episkopat: „Die polnischen Bischöfe blieben im Rahmen des Konzils abseits der anderen. Darin steckt viel Wahres. Die Polen sind immer

---

[68] H. de Lubac, Meine Schriften im Rückblick. Mit einem Vorwort von Erzbischof Christoph Schönborn, Freiburg 1996, S. 538.

ein Volk, das abseits bleibt, mit dem man sich nur schwer einigen kann: Sie haben ihre eigenen Ideen und versuchen nicht, sich mit irgendjemandem zu einigen. Mit Ausnahme Einzelner." Dies schrieb Congar im November 1965. Gehörte Wojtyła zu diesen Ausnahmen?

Im persönlichen Kontakt erschien Wojtyła Congar überaus interessant. So erinnerte er sich daran, der Krakauer Erzbischof habe in einem Beitrag „äußerst denkwürdige Beobachtungen" vorgetragen. Die moderne Welt, so Wojtyła, biete einige Antworten auf die Fragen des Menschen, „und wir müssen auf diese Antworten reagieren, da sie unsere eigene Antwort in Frage stellen". Die Konzilsväter und die Periti, unter ihnen Wojtyła und Congar, diskutierten in der entsprechenden Unterkommission über die Zeichen der Zeit. Wojtyła monierte die Lücken im Text, der Gegenstand der Diskussion war, und sprach von der „marxistischen Antwort, die [...] nicht wirklich zur Debatte steht, während sie aber von zwei Dritteln der Menschheit geteilt" werde: „sie durchdringt und strukturiert das ganze Leben, in dem der Mensch aufgefordert ist zu arbeiten und zu leben." Congar war offensichtlich verblüfft über Wojtyłas Gedankengänge, heißt es doch in seinem Konzilstagebuch: „Wojtyła macht einen gewaltigen Eindruck. Seine Persönlichkeit setzt sich durch. Von ihr geht ein Fluidum aus, eine Anziehungskraft, ja in gewisser Weise eine sehr ruhige, prophetische Kraft, der man sich nicht entziehen kann."[69]

Dabei halte man sich vor Augen, dass Congar ein Dominikaner war, der in den Jahren des Pontifikats Pius' XII. durchaus zu leiden hatte, ein großer Arbeiter, dem jede kirchliche Zweckdienlichkeit fremd war, streng und unverblümt im persönlichen Umgang, zuweilen sogar schroff. Wenige Zeilen

---

[69] Y. Congar, Diario del Concilio. Bd. 2, Cinisello Balsamo (MI) 2005, S. 259. Trotz seiner Kritik an Wojtyłas Text war der Theologe erfreut darüber, ein Mitglied des polnischen Episkopats persönlich kennengelernt zu haben.

nach der zitierten Charakterisierung Wojtyłas bezeichnete er den bekannten französischen Theologen Jean Daniélou als „hastig und oberflächlich". Congars Urteil jedenfalls wirkt wie eine Momentaufnahme des Eindrucks, den der spätere Johannes Paul II. während des Konzils und zuvor in Krakau vermittelte. So erinnere ich mich daran, Congar nach der Wahl Johannes Pauls II. im Pariser Dominikanerkloster von Le Saulchoir besucht zu haben. Congar zitierte, nicht ohne ironischen Unterton, aus seinem Konzilstagebuch: „Ihr werdet noch sehen, wer Wojtyła ist." Zwar teilte der Dominikaner keineswegs alle Entscheidungen, die während Wojtyłas Pontifikat getroffen wurden, von der Größe seiner Persönlichkeit aber war er von Anfang an überzeugt.[70] Im Übrigen gewannen andere einen ähnlichen Eindruck, wie etwa der Jesuit de Lubac, der während des Zweiten Vatikanischen Konzils notierte: „Ich gehe hinaus und unterhalte mich mit Mons. Wojtyła; er ist durchdrungen von einem tiefen christlichen Geist, ohne jede Verkalkung." Im Moment des Abschieds notierte de Lubac: „Am Ende der letzten Session umarmte mich Mons. Wojtyła. Er spürte, dass wir tief im Glauben verbunden sind. Ich erinnere mich lebhaft an viele seiner Beiträge (man hörte ihm zu wenig zu) und unsere zu eiligen Gespräche."[71]
Diese Beobachtungen haben einige Bedeutung für die Rekonstruktion der Geschichte Karol Wojtyłas. Es waren jedoch nicht die einzigen Erklärungen für seinen raschen Aufstieg in Krakau. In den fünfziger Jahren war er ein junger, intellektueller Priester, der über viel Energie und große Entschlossenheit verfügte. Er übte eine konstruktive seelsorgerische Tätigkeit aus, hatte die europäische Dimension im Blick und war stets herzlich im Umgang mit seinen Kollegen und den Menschen im Allgemeinen. In schwieriger Zeit war er eine wichtige Ergänzung für den fast siebzigjährigen, von einem ent-

---

[70] Gespräch des Autors mit Kardinal Congar.

[71] H. de Lubac, Carnets du Concile II, Annoté par Loic Figoureux, Paris 2007, S. 394.

behrungsreichen Leben gezeichneten Baziak, der die Diözese als Administrator leitete. Die Ernennung zum Weihbischof war gleichwohl eine Überraschung, hätte es doch auch andere Kandidaten gegeben. Doch Wojtyła, so schrieb Congar, machte „einen gewaltigen Eindruck. Seine Persönlichkeit setzt sich durch." Als Congar diese Zeilen schrieb, konnte man freilich noch nicht ahnen, in welchem Maße er sich tatsächlich durchsetzen würde.

IV

Der polnische Bischof

Ein neuer Horizont

Karol Wojtyła gehörte zu den letzten Bischöfen, die Pius XII. ernannte. So begann er, Verantwortung in einer für die Kirche neuen Zeit zu übernehmen, die durch die Gestalt Johannes' XXIII. und das Konzil charakterisiert war. Die Bischofsweihe fand unter Leitung Baziaks in der Kathedrale auf dem Wawel statt. Zu den assistierenden Bischöfen gehörte auch der Breslauer Bischof Bolesław Kominek, der 1954 heimlich geweiht wurde, erst seit 1956 offiziell als Bischof amtierte und 1973 von Paul VI. zum Kardinal erhoben wurde. Zur Zeit von Wojtyłas Weihe lebte er in Krakau, da er keinen Zugang zu seiner eigenen Diözese hatte. Darüber hinaus wirkte Frantiszek Jop, der Bischof von Oppeln, bei der Weihe mit, der in den schlimmen Jahren, in denen Baziak isoliert und ihm die Leitung der Diözese verwehrt wurde, zum Kapitularvikar von Krakau ernannt worden war. Als Papst hat Wojtyła später daran erinnert, dass man diese mutige spirituelle ‚Abstammung' nicht außer acht lassen dürfe. Und tatsächlich „stammte" Karol Wojtyła, der neue Weihbischof von Krakau, von drei Bischöfen „ab", die allesamt unter dem kommunistischen Regime zu leiden hatten. Zugleich sah er bereits die Morgenröte des Zweiten Vatikanischen Konzils heraufziehen.

Insgesamt verbesserte sich die Situation der Kirche in Polen nach 1956 spürbar, auch wenn sie weiterhin kompliziert blieb. 1956 wurde Kardinal Wyszyński aus seiner Residenz entlassen, wo man ihn drei Jahre zuvor unter Arrest gesetzt hatte. Durch das stalinistische Bierut-Regime war die Partei erheb-

lich geschwächt worden, auch wenn es hier nicht zu jenen gewalttätigen Auseinandersetzungen kam, wie sie in anderen Ländern des Ostblocks fast schon an der Tagesordnung waren. Nach dem Tod Bieruts und Chruschtschows Abrechnung mit Stalin auf dem XX. Parteitag der KPdSU im Jahr 1956 gingen die Arbeiter von Poznań auf die Straße, um für ihre wirtschaftlichen und gewerkschaftlichen Rechte zu protestieren und die Befreiung aller politischen Gefangenen zu fordern. Die Sitzung des Zentralkomitees der Kommunistischen Partei, in der über diese Themen gesprochen werden sollte, wurde schließlich durch das Eintreffen einer sowjetischen Delegation unter Leitung Chruschtschows unterbrochen. Gomułka kehrte an die Spitze der Partei zurück und hielt eine flammende Rede gegen den Stalinismus, die erstaunlicherweise sogar im Radio übertragen wurde.
Wenige Tage später wurde Kardinal Wyszyński, wie bereits erwähnt, zusammen mit sieben weiteren Bischöfen in die Freiheit entlassen. Der Primas wirkte in diesen Tagen, mit den Worten Bonieckis, wie „ein König ohne Krone". Er war der wahre Sieger, der sich der eingeschränkten Freiräume gegenüber den Sowjets zwar bewusst war, aber stark genug blieb, dem Regime einzelne Bedingungen zu stellen. Boniecki berichtet von der „faszinierenden Begegnung" mit dem Primas, der auf seinen Stuhl zurückgekehrt war: „Ich war damals kaum älter als zwanzig Jahre und weinte vor Rührung, da ich überzeugt war, dem Triumph des Guten über das Böse beizuwohnen."[1] Ähnliche Gefühle empfanden nicht nur große Teile des Klerus, sondern viele gläubige Katholiken – und erst recht Karol Wojtyła. Der siegreiche Kardinal freilich gemahnte seine Landsleute zur Ruhe: „Gewiss, die Polen wissen, als Helden zu sterben. Aber, meine Lieben, die Polen müssen auch heldenhaft arbeiten können."

[1] A. Boniecki, Un roi sans couronne, in: Stefan Wyszyński, Le cardinal de fer, hg. v. Jean Offredo, Paris 2003, S. 34.

In Budapest unterstützte Kardinal Mindszenty 1956 den Widerstand gegen die Sowjets. Wyszyński hingegen verfolgte auf dem Hintergrund des stärkeren polnischen Katholizismus eine andere Strategie, wenn er die polnische Regierung beim Neuaufbau der Gesellschaft ausdrücklich zu unterstützen versprach, dabei aber zugleich einen beachtlichen Spielraum für die katholische Kirche einforderte. Schon aus seelsorgerischen Gründen teilte der polnische Primas nicht die Entscheidung seines ungarischen Kollegen, der sich in die amerikanische Botschaft geflüchtet hatte, um der Verfolgung durch die Kommunisten zu entgehen. Wyszyński, alles andere als ein Kollaborateur, war sich über die geopolitische Lage Polens innerhalb des Sowjetimperiums nur zu bewusst. Vor diesem Hintergrund erschien es geboten, die Freiräume für die Kirche zu erweitern, ohne das Regime selbst zu Fall zu bringen, da dies eine militärische Intervention der UdSSR provoziert hätte. Die Katholiken, die mit dem Regime kollaborierten – vor allem die Anhänger der „Pax“-Bewegung unter der Führung Piaseckis, die sich weitgehend dem Kurs Bieruts anschlossen –, waren nun diskreditiert. In der Zwischenzeit gründeten die dem Episkopat nahestehenden Katholiken, vor allem aus dem Umfeld der Laienorganisation „Znak“ (die sich zum Teil am Modell des französischen „Esprit“ orientierte) und der Krakauer Zeitschrift „Tygodnik Powszechny“, einen Zusammenschluss katholischer Intellektueller, um ein breiteres gesellschaftliches Wirken zu ermöglichen. An diesem Unternehmen beteiligten sich auch die Professoren der Katholischen Universität Lublin.
So ergriff die Kirche als großer nationaler Akteur gewissermaßen die gesellschaftliche Initiative in Polen. Während der Zeit seines Hausarrests hatte der Primas ein ehrgeiziges Programm konzipiert: die Vorbereitung der Tausendjahrfeier der Christianisierung Polens (1966). Sie sollte ganz auf Tschenstochau ausgerichtet sein, und die Marienikone dieses Wallfahrtsorts sollte durch alle polnischen Pfarreien getragen

werden. Es handelte sich also um ein volksnahes, marianisches Programm, das die christliche *und* die patriotische Tradition hervorhob und zugleich zu einer Rückkehr zu Gott einlud. Die kommunistischen Behörden stellten sich diesem Plan denn auch in den Weg. Für die große Novene zwischen 1957 und 1966 waren ein katechetischer Zyklus sowie verschiedene weitere Veranstaltungen geplant, unter anderem einige Konferenzen zur religiösen Bildung.[2] 1956 fanden sich anderthalb Millionen Polen in Jasna Góra ein, um der Proklamation Marias als Königin Polens beizuwohnen.[3] Der Zweck bestand darin zu zeigen, dass der Ursprung der nationalen Identität allein in der Christianisierung Polens lag. Polnische und katholische Identität waren also auf das engste miteinander verbunden – und dies schien den Menschen durchaus bewusst zu sein. Im Übrigen sah die *Polnische Vereinigte Arbeiterpartei* (PVAP) hierin schon seit 1947 die eigentliche Stärke der Kirche: Sie galt als „eine Bastion der polnischen Tradition und Kultur [...], der vollkommene Repräsentant der ‚polskość' (polishness)", heißt es in einem internen Dokument vielsagend über den Katholizismus.[4]

Bischof Wojtyła begab sich 1955, kurz nach seiner Weihe auf dem Wawel und zwei Jahre vor Beginn der Novene, als Pilger nach Tschenstochau, so wie er dies bereits oft getan hatte. Hier trafen sich die polnischen Bischöfe jedes Jahr zu ihren geistlichen Exerzitien. Noch als Papst erinnerte sich Wojtyła mit Bitterkeit an das von der Hitlerarmee umstellte Jasna Góra. Die eigentliche Bedeutung Tschenstochaus erklärte Johannes Paul II. so: „Seit dieser Zeit ist das Heiligtum von Jasna Góra in gewissem Sinne zu einem Bollwerk des Glau-

---

[2] Vgl. B. Cywiński, La forteresse assiégée, in: Stefan Wyszynski, Le cardinal de fer, S. 41–49.

[3] Zu Jasna Góra siehe u.a. Storia religiosa della Polonia, hg. v. L. Vaccaro, Mailand 1985.

[4] A. Dudek/R. Gryz, Komuniści i Kościół w Polsce (1945–1989), Krakau 2003, S. 29.

bens, des Geistes, der Kultur und all dessen geworden, was die nationale Identität ausmacht. Das galt in besonderer Weise für die lange Zeit der Teilungen und des Verlustes der staatlichen Souveränität."[5] Während der schwedischen Invasion, so bemerkte der Papst, verlieh „das Vertrauen auf den Schutz Marias [...] den Polen die Kraft, den Invasor zu schlagen." Und über die Probleme mit den Kommunisten heißt es weiter: „Als das Gnadenbild von der Polizei ‚festgenommen' wurde, setzte die Wallfahrt ihren Weg mit dem leeren Rahmen fort, und ihre Botschaft wurde so noch beredter. In diesem Rahmen ohne Bild konnte man ein stummes Zeichen der fehlenden Religionsfreiheit sehen."

Von 1957 an sammelte sich der polnische Katholizismus erneut im Zeichen des Marienheiligtums von Tschenstochau. Und die sechstausend Pfarreien, durch die das Gnadenbild zog, wurden zum Ausdruck einer erneuerten, vitalen Gesellschaft, die sich gleichsam unter der Souveränität Marias als Königin Polens formierte. Trotz der Einschränkungen fühlten sich die Katholiken daher als Teil einer Welt, die in spiritueller Hinsicht frei war oder zumindest nach Freiheit strebte. Der Dichter Czesław Miłosz erinnert sich: „In jener Zeit waren die Kirchenschiffe der einzige Ort, der von der bürokratischen Lüge verschont blieb, während man durch das Latein in der Kirche das Vertrauen in den Wert der menschlichen Persönlichkeit, die draußen gedemütigt wurde, bewahren konnte."[6] So entstand aus der Kirche eine große Einheitsbewegung. Wojtyła entging dies umso weniger, als er seit 1958 regelmäßig an den Tagungen der Bischofskonferenz teilnahm. Er zog daraus eine Lehre, die er als Papst gegenüber Bischöfen, die in Bedrängnis waren, ein ums andere Mal wiederholte: Niemals durften sich die Bischöfe im Angesicht der

---

[5] Dies und die folgenden Zitate in: Johannes Paul II., Auf, lasst uns gehen! Erinnerungen und Gedanken, Augsburg 2004, S. 60f.

[6] Vgl. V. Ochetto, Chiesa Stato dissenso. Sul „modello polacco", in: Il Ponte 37/3–4 (1981), S. 244–256, hier S. 250.

Macht spalten, auch wenn sie die Situation jeweils unterschiedlich einschätzten.

Die Freiheit, die sich die Kirche schuf, basierte auf ihrem Zusammenhalt, den die Machthaber zu unterminieren suchten, zum Teil erfolgreich. Das kommunistische Regime startete in den Jahren nach der Liberalisierung 1956 eine Säkularisierungskampagne, die sich gezielt gegen zentrale Bezugspunkte der katholischen Identität richtete. So wurde beispielsweise zu Weihnachten anstelle des heiligen Nikolaus, der den Kindern Geschenke bringt, ein laizistisches Pendant, „Väterchen Frost“, eingeführt, was die Bischöfe entschieden verurteilten. Bezeichnend ist in diesem Zusammenhang eine Erklärung, die die Bischöfe im September 1960 abgaben, als der Religionsunterricht an den Schulen abgeschafft wurde, nachdem er 1956, nach der Freilassung des Primas, wieder eingeführt worden war. An die Priester aller Diözesen schrieben sie:

> Die gegen uns gerichtete antiklerikale Offensive greift in mehreren Richtungen: Sie soll das Vertrauen der Gläubigen in ihre Priester erschüttern, die Priester in zwei Lager spalten – in das der loyaleren und in das der weniger loyalen – und die materiellen Probleme ihrer Existenz ausreizen. Die Priester müssen sich nach folgenden Grundsätzen verhalten: Einheit, Vertrauen, Liebe. Wir dürfen es nicht zulassen, dass man uns in Patrioten und Nichtpatrioten einteilt, in Fortschrittliche und Rückständige.

Ein pastoraler und beliebter Bischof

Wojtyła wusste mit dieser komplizierten Situation angemessen umzugehen. Als Generalvikar, dem die Aufgabe zufiel, die Verwaltung des Bistums zu koordinieren, begleitete er den apostolischen Administrator Baziak in den vier letzten Jahren seiner Amtszeit, bevor dieser im Juni 1962 in Warschau starb. Wojtyła erfüllte seine Pflichten umsichtig und diszipliniert, jedoch mit einem unverkennbar persönlichen Ansatz. Gerade der Intellektuelle, der Freund von Studenten und Professoren, eignete sich offenkundig für eine volksnahe, auf die Arbeiter bezogene Seelsorge, ja, er ging förmlich darin auf. Unter seinen Gedichten findet sich eines aus dem Jahr 1961 – „Die Geburt der Bekenner" –, in dem er nicht nur die Gedanken des Bischofs formuliert, der in einem Bergdorf das Sakrament der Firmung spendet, sondern auch die des jungen Menschen, der gefirmt wird. Der Besuch des Bischofs, insbesondere auf dem Land oder in abgeschiedenen Bergregionen, wurde oft von einem Volksfest und vielen traditionellen Ritualen begleitet, die in eine Welt führten, in der die Säkularisierung noch nicht Raum gegriffen hatte. So heißt es in Wojtyłas Gedicht:

> Die Welt ist prall von verborgenen Energien,
> die ich beim Namen nenne.[7]

Bei seinen Visitationen spürte der Bischof diese „verborgenen" Energien unter den Gläubigen, insbesondere dann, wenn er sie im Gebet und bei den Begegnungen „beim Namen" nannte: So entstand um ihn herum eine kleine alternative Gesellschaft. Er betrachtete die Gesichter der Gläubigen:

> [...] Berührst du's mit offener Hand,
> empfindest du möglicherweise Vertrauen.

Wojtyła ahnte, was die Menschen dachten, die das Sakrament der Firmung empfingen und sich fragten: „Wie soll ich geboren werden?":

[7] Dies und die folgenden Zitate in: Karol Woytyła, Der Gedanke ist eine seltsame Weite. Betrachtungen und Gedichte, Freiburg, Basel, Wien 1979, S. 93f.

Muss ich in allem Gedanke sein und immerzu bis ans
Ende?
Darf ich nicht denken für mich, für den eigenen
Gebrauch?

In diesen Fragen wird deutlich, mit welcher Hingabe sich der etwas über vierzigjährige Wojtyła den Gläubigen zuwandte. Der Pastoralbesuch war für ihn denn auch stets ein wichtiges Ereignis, von den späten fünfziger Jahren bis zu seinem Tod. Bei den Besuchen schenkte der Bischof den Gläubigen wichtige Botschaften (nannte sie „beim Namen"), um die unausgesprochenen, tief verwurzelten Empfindungen des Volkes ans Licht zu bringen. Aus diesen Empfindungen wurden Energien, die in die Gemeinschaft zurückflossen. Wojtyła war vom Wert dieser Pastoralbesuche zutiefst überzeugt und reformierte sie, indem er ihnen noch mehr Raum gab: „Ich hatte für die Abwicklung dieser pastoralen Aufgabe ein eigenes Modell entwickelt. Tatsächlich gab es schon ein überkommenes Modell [...]. Der eher juridische Ansatz, den der Besuch vorher hatte, befriedigte mich nicht; ich wollte ihm mehr pastoralen Gehalt geben."[8] Nach dem Willkommensgruß begab sich der Bischof meist in die Kirche und trat mit einer Ansprache in Kontakt zu den Menschen. Am Tag darauf hörte er die Beichte; anschließend wurde der Gottesdienst gefeiert.
Daraufhin besuchte er die Häuser und Wohnungen der Pfarrangehörigen, insbesondere der Kranken. Da die kommunistischen Behörden dem Bischof nicht gestatteten, die Krankenhäuser zu betreten, brachte man die Patienten oftmals in die Pfarrkirche. Im März 1969 etwa fragte der Kardinal während eines Besuchs bei der Pfarrgemeinde Corpus Domini in Krakau an, ob er die Kranken des Viertels in ihren Häusern besuchen dürfe. Er beschloss, sich zwei Tage lang ausschließlich dieser Aufgabe zu widmen und ging von Haus zu Haus, auch

[8] Johannes Paul II., Auf, lasst uns gehen!, S. 82.

zu den Ärmsten der Armen. Die Schwester, die ihn bei diesen Besuchen begleitete, erinnerte sich: „Der Kardinal wollte sich in die Nähe des Bettes eines jeden Kranken setzen und sprach mit ihnen in väterlich-freundlichem Ton."[9] Und sie fügte hinzu: „Im Hause einer alten kranken Frau waren viele andere Familienmitglieder [...] Jeder trug seine eigenen Probleme vor. Nach einem langen Gespräch mit der alten Frau und anderen leidenden Menschen, die dazugekommen waren, bat man den Kardinal zu Tisch. Er wies dies nicht ab. Es herrschte eine aufrichtige Atmosphäre der Liebe." Bei diesem Besuch bemerkte die Schwester einen charakteristischen Zug in Wojtyłas Umgang mit den Menschen: „Jeder Mensch war wichtig für ihn, für jeden hatte er ein freundliches Wort und eine mitfühlende Geste."

Johannes Paul II. schrieb später über die Begegnung mit den Kranken während der Pastoralbesuche: „Ich erinnere mich, dass die Kranken mich während der ersten Kontakte irgendwie einschüchterten. Es brauchte einigen Mut, vor dem zu erscheinen, der litt, und sich, ohne in Verlegenheit zu geraten, in gewissem Sinne in seinen körperlichen oder seelischen Schmerz einzufühlen und es fertig zu bringen, wenigstens ein klein bisschen liebevolles Mitleid zu zeigen."[10] Als Erzbischof von Krakau richtete Wojtyła einen eigenen „Tag des Kranken" ein, und als Papst widmete er 1984 ein Apostolisches Rundschreiben – „Salvifici doloris" – dem Thema der Krankheit und des Leidens. An die Leidenden gewandt, schrieb er: „Gerade euch, die ihr schwach seid, bitten wir, zu einer Kraftquelle für die Kirche und für die Menschheit zu werden."[11] An anderer Stelle heißt es: „In der Schwäche der Kranken trat für mich immer deutlicher sichtbar die Kraft hervor, die Kraft der

[9] Dies und die folgenden Zitate in: A. Boniecki, The Making of the Pope of the Millenium. Kalendarium of the Life of Karol Wojtyła, Stockbridge/ Mass. 2000, S. 355.
[10] Johannes Paul II., Auf, lasst uns gehen!, S. 83.
[11] Johannes Paul II., Apostolisches Schreiben Salvifici Doloris (1984) Nr. 31.

Barmherzigkeit. [...] Durch ihr Gebet und ihr Opfer erflehen sie nicht nur Barmherzigkeit, sondern bilden den ‚Raum der Barmherzigkeit'".[12] Auf geheimnisvolle und doch zugleich sehr reale Weise, so Johannes Paul II., seien gerade die Leidenden eine Kraft der Kirche.

Abgesehen von den Kranken begegnete Bischof Wojtyła bei seinen Pastoralbesuchen verschiedenen Gruppen von Gläubigen: Jugendlichen, Lehrern, Pfarreimitarbeitern sowie Ehepaaren, für die er häufig einen Gottesdienst feierte, um ihnen seine „besondere Wertschätzung für die Mutterschaft und die Vaterschaft auszudrücken".[13] Gesondert traf er sich mit Priestern und diskutierte mit ihnen. Dabei ging es ihm darum, enge Beziehungen zwischen den Menschen und ihrem Bischof aufzubauen. Oft wurden durch die Predigt auch bestimmte Informationen verbreitet, die aufgrund der Zensur nicht publiziert werden konnten. Kardinal Etchegaray, der Wojtyła zu dieser Zeit besuchte, erinnerte sich gut an eine seiner Predigten, in der er die Gläubigen mit entsprechenden Neuigkeiten versah.[14] Inmitten des kommunistischen Polen gab es ein „katholisches Volk", das für sich in Anspruch nahm, die wahre Seele des Landes zu verkörpern. Diese gemeinschaftlichen Bande galt es zu stärken und zu vergrößern. Bischof Wojtyła stürzte sich daher voller Leidenschaft und jugendlicher Energie in die Begegnungen mit den Menschen. Schrittweise lernte der eigentlich reserviert, ja, fast schüchtern wirkende Mann, sich unters Volk zu mischen. Der herzliche Umgang, den er zuerst mit seinen Studenten gepflegt hatte, weitete sich nun auf alle Menschen aus und wurde gewissermaßen zur pastoralen Kunstfertigkeit entwickelt. Den Gläubigen entging so auch nicht, dass sich der Bischof unter ihnen wohl fühlte. Sein Fahrer, Józef Mucha, der ihn seit 1958

[12] Johannes Paul II., Auf, lasst uns gehen!, S. 83f.
[13] Ebenda, S. 84.
[14] Gespräch des Autors mit Kardinal Etchegaray.

begleitete, hat einmal bemerkt, dass Wojtyła es durchaus nicht schätzte, wenn man ihm bei seinen Pastoralbesuchen die Hand küsste, wie dies die Gläubigen gewöhnlich bei ihrem Bischof taten (eine Einstellung, die sich noch während des Pontifikats zeigte):

> Als ich [Wojtyła] [...] in die Pfarreien begleitete, bemerkte man sogleich, dass er ein großer Mann war, lächelnd, heiter. Ich empfand eine besondere Sympathie für ihn, für seine Art sich zu geben: Nie ließ er sich die Hand küssen, stattdessen drückte er sie, er war sehr schlicht.[15]

Neben der Pastoralarbeit hatte sich Wojtyła – als Baziaks Generalvikar – um die Leitung des Bistums zu kümmern, und dies, obwohl er zuvor nicht einmal eine Pfarrstelle innegehabt hatte. Nach Baziaks Tod wählte ihn das Domkapitel von Krakau zum Kapitularvikar, dem vorübergehenden Leiter der Diözese – ein Vorgehen, das den kirchenrechtlichen Vorschriften entsprach. Im Ostblock erwies sich diese Praxis allerdings als äußerst heikel. Bei Tod oder Verhinderung eines Bischofs (etwa durch seine Inhaftierung) traten in der Regel unverzüglich die Domkapitulare zusammen, um einen Kapitularvikar zu wählen. Die Staatsorgane, die von der Schwäche der Domkapitel oder einzelner Mitglieder profitierten, drängten jedoch auf die Wahl von Priestern, die bereit waren, mit dem Regime zusammenzuarbeiten. Die Erfahrung lehrte freilich, dass dieses Vorgehen für die Kirche kaum hilfreich war, sodass die Figur des Kapitularvikars in der Neufassung des kirchlichen Gesetzbuchs von 1983 nicht mehr auftauchte und stattdessen ein vom Bischof eingesetztes Kolleg den Diözesanadministrator wählte.[16]

---

[15] Erklärung von Józef Mucha beim Prozess der Selig- und Heiligsprechung des Dieners Gottes Johannes Paul II., Bd. 3, S. 125f.
[16] Vgl. A. Riccardi, Il Vaticano e Mosca, Rom, Bari 1992.

Nach der Verhaftung Mindszentys im Jahr 1950 wählte das Domkapitel von Esztergom Zoltán Lajos Meszlényi zu dessen Nachfolger – gegen den Willen der Regierung, die über einen eigenen Kandidaten verfügte. Sie ließ daher Meszlényi verhaften und setzte ganz auf Kirchenmänner, die bereit waren, sich mit dem Kommunismus zu arrangieren.[17] Das Domkapitel von Krakau wiederum war sich in der Wahl Wojtyłas einig. Das zeigte die Geschlossenheit des Klerus in der Erzdiözese wie auch im gesamten polnischen Klerus – im Vergleich zu anderen Ländern des Ostblocks war dies keineswegs selbstverständlich. Wojtyła schlug seinerseits Julian Groblicki, einen älteren Weihbischof von Krakau, als Kapitularvikar vor. Doch Kanzler Kuczkowski erhob sich, kniete vor Wojtyła nieder und bat ihn, selbst diese Verantwortung zu übernehmen. So kam es schließlich zur Wahl.
In der Tat leitete Wojtyła – wenn auch in unterschiedlichen Positionen – von 1962 bis 1978 das Erzbistum Krakau, also sechzehn Jahre lang. Mehr als ein Jahr hindurch, von Juni 1962 bis Dezember 1963, blieb der Sitz allerdings formal vakant, da der Primas sich mit dem Regime nicht über die Ernennung eines Erzbischofs einigen konnte. In dieser Situation stand der junge Kapitularvikar Wojtyła 1962 plötzlich vor einem großen Problem: Das Regionalkomitee der Kommunistischen Partei hatte die Absicht, das Priesterseminar in der Via Wolska als Pädagogische Hochschule zu nutzen. Doch der Bischof wehrte sich, besetzte das Gebäude und drohte damit, Widerstand zu leisten. Dann begab er sich persönlich in das Büro des Sekretärs der PVAP, Lucjan Motyka, um auf die Einhaltung der kirchlichen Rechte zu pochen. Der Gang in die Parteizentrale war ungewöhnlich für einen Prälaten. Doch dem Kapitularvikar ging es darum, mit allen Mitteln das Priesterseminar zu retten. Im Gespräch mit Zenon Kliszko,

[17] Vgl. O. Farkas, Biografia del Servo di Dio Vescovo Zoltán Lajos Meszlényi, Budapest 2009; siehe auch Alazatos szolgalat Dr. Meszlényi Zoltán Lajos szentbeszedei, hg. v. T. Bizottsag, Budapest 2007.

einem hohen Parteifunktionär und Mitglied des Zentralkomitees, gelangte er schließlich zu einem Kompromiss, demzufolge nur die dritte Etage des Seminargebäudes für die Pädagogische Hochschule geräumt werden musste. Spätestens bei dieser Gelegenheit begründete Wojtyła seinen Ruf als Mann des Dialogs. Im Übrigen sprach er selbst oft über den Dialog (durchaus an Paul VI. orientiert) und praktizierte ihn auch im persönlichen Gespräch mit den Kommunisten. Da er sich seinen Gegnern zuwandte, mochte er zunächst weich wirken. Das freilich war er keineswegs, und gerade deshalb ging er keinem Gespräch aus dem Weg.[18]

War Wojtyła, der neue Kapitularvikar, nun ein Mann für die Leitung einer Diözese? In seiner Autobiografie hat der Papst freundliche Worte für die Krakauer Kurie gefunden, zu der er in guten Beziehungen gestanden habe. George Blazynski freilich behauptet, die Kurie habe sich – nicht zuletzt aufgrund der vielen hochangesehenen Priester, die in ihr versammelt waren – stets als prestigeträchtige Institution mit eigenen Ambitionen verstanden. Und als Erzbischof hat Wojtyła seinen Freunden gegenüber einmal geäußert: „Ja nun, was soll ich machen? Wenn Kardinal Adam Sapieha, ein geborener Fürst, aus seiner stattlichen Höhe auf sie herabblickte, hatten sie Angst vor ihm. Ich aber kann sie einfach nicht so beeindrucken – als einstiger Arbeiter."[19] Wojtyła zog es daher wohl vor, eine Richtung zu weisen, anstatt anzuordnen, und vermied es, hart und unnachgiebig aufzutreten. Seit seiner Zeit in Krakau leitete Wojtyła die Kirche mit dem Mittel der Begegnung, während er einzelne Gegenstände, etwa ökonomische Fragen, an andere delegierte. Als Papst schrieb er selbstkritisch über seine Zeit in Krakau: „Ich denke, unter diesem Aspekt habe ich vielleicht zu wenig getan. [...] Vielleicht muss ich mir vorwerfen, dass ich mich nicht genügend

[18] Vgl. B. Lecomte, Jean-Paul II. Nouvelle édition, Paris 2006, S. 275ff.
[19] Z. J. Blazynski, Der Papst aus Polen, Hamburg 1979, S. 105.

bemüht habe, zu befehlen. Bis zu einem gewissen Grad hängt das von meinem Temperament ab."[20] Wojtyła erinnerte sich, stets versucht zu haben, „auf kollegiale Weise zu solchen Entscheidungen zu gelangen, das heißt, indem ich mich mit den Weihbischöfen und den anderen Mitarbeitern beriet."

Dies entsprach gewiss seinem Charakter: Er war ein Mann, der im Allgemeinen keine Befehle gab, sondern mit den Menschen sprach und sich gerade deshalb mit seiner Persönlichkeit und seinen Einsichten am Ende durchsetzte. Kardinal Alfonso López Trujillo, der ihm das erste Mal 1974 begegnete und während seines Pontifikats oft mit ihm Umgang hatte, beschrieb das Verhältnis des Papstes zu seinen Mitarbeitern so: „Er war ein Mann des Dialogs, der seine Meinung nicht durchsetzte und stets alles daran setzte, dass die Menschen sich wohlfühlten und er sie nicht verletzte."[21] Auch Maliński, ein enger Freund des Papstes, erinnert sich, dass Wojtyła kein Mann der Entscheidung gewesen sei und zuweilen aufgeschoben habe, was er im Augenblick nicht habe entscheiden können.[22]

Das erzbischöfliche Palais in der Franciskańskastraße, die Residenz des Metropoliten und Sitz der Krakauer Kurie, war nicht nur das Zentrum der Diözesanleitung, sondern auch ein Ort der Begegnung, von dem wichtige Ideen in die Gesellschaft ausstrahlten. Hier war einst das geheime Priesterseminar untergebracht, in dem der junge Karol unter der Obhut des Fürstbischofs seine Ausbildung absolviert hatte. Begegnungen aller Art lagen dem Bischof sehr am Herzen: „Die Menschen hatten immer direkten Zugang zu mir, allen war der Eintritt gewährt. [...] Dieses Haus [...] pulsierte vor Le-

---

[20] Dies und das folgende Zitat in: Johannes Paul II., Auf, lasst uns gehen!, S. 57f.

[21] Erklärung von Kardinal Alfonso López Trujillo beim Prozess der Selig- und Heiligsprechung des Dieners Gottes Johannes Paul II., Bd. 2, S. 456.

[22] Vgl. M. Maliński, Johannes Paul II., Sein Leben, von einem Freund erzählt, Freiburg, Basel, Wien 1980.

ben."[23] So saßen an der bischöflichen Tafel häufig Freunde und andere Persönlichkeiten. Priester konnten Wojtyła, wenn nötig, auch ohne Termin sprechen. Des Weiteren wurde hier eine Familienberatungsstelle eingerichtet sowie das „Studienzentrum für die Familie", das seit 1965 auch Priestern zugänglich war. Auch Konferenzen des Klerus fanden statt, und nicht zuletzt veranstaltete der Bischof hinter den Mauern des Palais zahlreiche Treffen mit Gelehrten aus unterschiedlichen Disziplinen.

Wojtyła lag viel daran, beim Zuhören zu lernen: „Er sprach wenig, aber hörte viel zu", berichtet etwa die Philologin Danuta Rybicka, die ihn seit den fünfziger Jahren gut kannte.[24] Pater Boniecki erinnert sich seinerseits, wie der Erzbischof, auf seine Einladung hin, an den Treffen der Krakauer Universitätsangehörigen teilnahm: „Er kam immer, ohne sich aufzudrängen, und hörte zu. Er sprach nur wenige Worte."[25] Jacek Kuroń, zunächst Marxist und später einer der wichtigsten Anführer der Solidarność, berichtet von einer Begegnung mit Wojtyła im erzbischöflichen Palais und betont, wie sehr sich dessen Stil von dem des Primas unterschied:

> Es war wirklich ein Gespräch. Er hörte zu, fragte, sprach. Das, was der Kardinal sagte, betraf nicht konkrete Dinge, sondern war vielmehr eine umfassende und vielschichtige Reflexion über verschiedene Themen. Er sagte, die Kirche unterrichte nicht nur, sie selbst werde unterrichtet, und er sprach von einer großen personalistischen Revolution der polnischen Kirche, die den Arbeitern zu verdanken sei, welche den Kampf für soziale Gerechtigkeit in die Kirche hineintrügen. Es war auch ein Kampf der Arbeiter für eine ihnen eigene Kirche, und das war sehr wichtig für ihn. Er

---

[23] Johannes Paul II., Auf, lasst uns gehen!, S. 138f.
[24] Erklärung von Danuta Wiktoria Rybicka beim Prozess der Selig- und Heiligsprechung des Dieners Gottes Johannes Paul II., Bd. 3, S. 320.
[25] Gespräch des Autors mit Pater A. Boniecki.

sprach von den Intellektuellen, die der Kirche neue Inhalte vermittelten. Und er sagte, dass sich in der Kirche jeden Tag eine personalistische Revolution vollziehe.[26]

Im Allgemeinen pflegte Wojtyła ungezwungene Beziehungen. Speziell in der Universitätspastoral mit den jungen Menschen sowie in seinem Freundes- und Bekanntenkreis schuf er sich so ein eigenes Umfeld. Vor Stalins Tod im Jahr 1953, doch auch noch danach, konnte ein solches Verhalten das Interesse der Polizei wecken, wollte das Regime doch die Kirche von der Jugend fernhalten und hatte stets die Sorge, es könnten geheime Organisationen entstehen. In Wojtyłas Umfeld stimmen viele Zeugen darin überein, wie persönlich und ungezwungen die Atmosphäre hier gewesen sei (man denke an die zahlreichen Ausflüge mit jungen Leuten und Freunden in die Berge oder ins Zeltlager). Über Politik sprach man dabei allerdings nie.[27]

Die Pastoral des Erzbischofs von Krakau

Das erzbischöfliche Palais bildete einen wichtigen Freiraum im stark reglementierten Leben unter dem kommunistischen Regime. Johannes Paul II. erinnerte sich später: „Es waren damals die Zeiten, wo jede Ansammlung von Laien eines gewissen Ansehens von den Behörden als Aktivität gegen den Staat behandelt wurde. So wurde das Haus des Bischofs ein

---

[26] J. Kuroń, La mia Polonia. Il comunismo, la colpa, la fede, Florenz 1999, S. 264f.

[27] Der Informant „Doktor“ (ein katholischer Geistlicher) berichtete 1956: „Don Wojtyła ist nicht sehr über die Politik informiert, zumal er, wie er selbst sagt, nicht viel Zeitung liest, und auch in privaten Gesprächen äußert er sich nicht zu diesem Thema.“ Zit. n. Ku prawdzie i wolności. Komunistyczna bezpieka wobec Kard. Wojtyły, hg. v. J. Marecki und F. Musial, Krakau 2009, S. 66f.

Zufluchtsort."[28] Wojtyła schätzte die Rolle der Laien und empfing sie im erzbischöflichen Palais zu diversen Anlässen. 1970 etwa kam hier eine Gruppe von Professoren verschiedener Krakauer Universitäten zusammen, die sich besorgt darüber zeigten, wie schleppend die Konzilsbeschlüsse umgesetzt wurden. Dabei lagen die Schwierigkeiten ihrer Ansicht nach im „Paternalismus" des Klerus gegenüber den Laien begründet, im Stil der Pfarreiarbeit, im Niveau der Predigt und dem Religionsunterricht. Ein Zeuge berichtet: „Der Kardinal hörte aufmerksam zu, erklärte, sprach über die Probleme, oft erklärte er sich einverstanden und bat um Geduld." Ein Jahr später kam der Kardinal auf die gleichen Probleme zurück und sprach in einer Versammlung mehrerer Dekanate von „einer gewissen Haltung, die sich unter den Priestern herausgebildet" habe und die die Tätigkeit der Laien erschwere.[29]

Vom erzbischöflichen Palais aus knüpfte er so ein Netz von Kontakten, durch das eine kulturelle Sensibilität gefördert wurde, mit deren Hilfe man der vom kommunistischen Regime herbeigeführten Säkularisierung mehr entgegensetzen konnte. Katechese, Kulturarbeit und die Unterstützung der Familien – das waren die Betätigungsfelder, die Bischof Wojtyła besonders am Herzen lagen. Der Widerspruch zum Regime zeigte sich etwa gegenüber der Säkularisierung im Bereich der Lebensgewohnheiten und der Familie infolge der neuen gesetzlichen Regelungen bezüglich der Ehescheidung und des Schwangerschaftsabbruchs. Mithilfe von Pfarreien und Ordensleuten setzte sich der Bischof für die Verteidigung des Lebens und die Unterstützung von ledigen Müttern ein. Seine Beziehungen zu den Familien waren dabei meist sehr direkt. Hin und wieder nahm er an Familienfesten junger Menschen teil, die er kennengelernt hatte, feierte Taufen

[28] Johannes Paul II., Auf, lasst uns gehen!, S. 138.
[29] A. Boniecki, The Making of the Pope, S. 387 und 425.

oder Hochzeiten oder ging einfach zum Abendessen in die Häuser. Einmal mehr zeigte sich hier sein ausgeprägter Sinn für Freundschaft, von dem bereits die Rede war. Es ging ihm aber auch darum zu zeigen, dass die Kirche eine lebendige Gemeinschaft war, mit einer ihr eigenen gesellschaftlichen Tragweite, einem dichten Netz von Beziehungen, Bindungen und Gefühlen.

Die Kirche musste in seinen Augen einen Gemeinschaftssinn entwickeln und zugleich das religiöse Bewusstsein des einzelnen stärken. Daher bestand er in seiner Zeit als Weihbischof darauf, dass die Priester in den Pfarreien Katechismuszentren einrichteten, die den staatlicherseits verbotenen Religionsunterricht ersetzen sollten. Er setzte sich sehr für die Umsetzung dieses Ziels ein und wollte, dass die Unterweisung in Pfarreiräumen oder anderswo, auch in Privathäusern, stattfand. Das Regime seinerseits beanspruchte die Aufsicht über diesen außerschulischen Unterricht, was eine Meldepflicht gegenüber den Behörden bedeutete und die Zahlung von Bußgeldern nach sich zog, wenn die Vorgaben nicht beachtet wurden. Der Bischof jedoch war der Ansicht, der Katechismus unterliege ausschließlich der Verantwortung der Kirche. Daher half er den Priestern dabei, die Bußgelder zu zahlen, wenn sie die Behörden nicht über ihren Unterricht informiert hatten. Wer eine Meldung machte, wurde von den Kollegen im Übrigen spöttisch „patriotischer Priester“ genannt. In Krakau gelang es so, fast die gesamte Jugend in die Katechese einzubeziehen.

Wojtyła oblag auch die Leitung des wissenschaftlichen Rats der Bischofskonferenz, und in dieser Funktion regte er zahlreiche Aktivitäten an. Darüber hinaus setzte er sich dafür ein, den Bildungsstand des Klerus zu erhöhen. Dies war nicht eben leicht, da die kommunistische Regierung die theologische Fakultät der Staatlichen Universität geschlossen hatte; doch der junge Bischof mühte sich, eine Fakultät innerhalb des Seminars (die spätere Akademie für Theologie, die er

1983 als Papst förmlich anerkannte) einzurichten. Seiner Vorstellung nach, die im Übrigen nicht alle Bischöfe teilten, sollte der Unterricht an den Seminaren das Niveau der universitären Ausbildung erreichen und in Beziehung zur akademischen Welt stehen. Daher bestand er darauf, dass die geistlichen Dozenten die gleichen akademischen Grade erhielten wie die staatlichen Professoren. An der Integration der theologischen Studiengänge in die Universitäten hielt er auch als Papst fest. Die Tradition der theologischen Fakultät der Jagiellonen-Universität fortführend, fürchtete Wojtyła den Kontakt zwischen Theologie und Universität nicht, sondern hielt ihn vielmehr für fruchtbar.

Wyszyński und Wojtyła

Auf Grundlage der Sonderbefugnisse, die ihm Pius XII. einräumte und die von seinen Nachfolgern bestätigt wurden, entschied Primas Wyszyński maßgeblich über die Kandidaten für den polnischen Episkopat. Und seine Interpretation dieser Befugnisse war eher weitgefasst. Die Geschichte von Wojtyłas Wahl ist bereits mehrfach erzählt worden, es existieren daher zahlreiche Zeugnisse. Über die Namen der Diözesanbischöfe musste der Primas mit den polnischen Machthabern verhandeln. Die Diözese Krakau war seit mehr als zehn Jahren ohne Bischof, genaugenommen seit dem Tod von Kardinal Sapieha im Jahr 1951. Wyszyński hatte der Regierung eine Reihe von Namen vorgeschlagen, die jedoch allesamt abgelehnt wurden. Aus den kirchlichen und intellektuellen Kreisen Krakaus war dem Primas schließlich der Name des Kapitularvikars Wojtyła empfohlen worden, dessen Persönlichkeit zudem mehrere polnische Bischöfe während des Konzils beeindruckte. Doch Wojtyła gehörte sicher nicht zu den bevorzugten Kandidaten des Kardinals, wenngleich er ihn – an letzter Stelle freilich – auf die Liste setzte, die der Regierung vorgelegt wurde. Wojtyła selbst hatte gleichwohl den Eindruck gewonnen, der Primas wolle ihn auf dem Krakauer Stuhl sehen, hatte er doch darauf bestanden, dass er während des Konzils in der polnischen Botschaft in Rom vorstellig wurde, um ihn so bei der politischen Führung bekannt zu machen.

Im November 1963 lehnte die Verwaltungskommission des Zentralkomitees der PVAP die von Wyszyński vorgelegte Dreierliste, auf der auch Wojtyła stand, ab und wies zugleich darauf hin, bei letzterem handle es sich um einen „sehr gefährlichen ideologischen Feind“. Diese Ansicht teilte auch die Parteiführung in Krakau. Wie aber kam es angesichts dieser schlechten Voraussetzungen schließlich doch zur regierungsamtlichen Zustimmung für Wojtyła? Aufschlussreich sind in diesem Zusammenhang die Recherchen Tad Szulcs, der mit Stanisław Stomma, einem Parlamentsabgeordneten aus den Reihen der „Znak“ sprach, der eine gewisse Rolle in dieser Angelegenheit gespielt hat. Tatsächlich hatte sich Zenon Kliszko an Stomma gewandt (der uns bereits im Zusammenhang mit Wojtyłas Kampf für das Krakauer Priesterseminar begegnet ist). Kliszko war im Politbüro für ideologische und religiöse Fragen zuständig und hatte den Primas bereits vor dessen Freilassung getroffen. Stomma war es, der für den Krakauer Bischofsstuhl den Namen Wojtyła vorschlug, der in den intellektuellen wie in den katholischen Kreisen der Stadt einen guten Klang hatte. Kliszko erinnerte sich wegen der Seminarangelegenheit an ihn, hatte ihn Wojtyła doch damals persönlich aufgesucht. Am 19. Dezember 1963 teilte Ministerpräsident Cyrankiewicz dem Primas schließlich mit, dass er einer Nominierung Wojtyłas für die Erzdiözese Krakau nicht im Wege stehen werde. Vermutlich stand dahinter Kliszkos Idee, Wojtyła mit seiner ganz anders gearteten Persönlichkeit als Alternative zu Wyszyński aufbauen zu können. So stand – neben Baziak, der ihn zum Weihbischof gemacht hatte – ein kommunistischer Kader, wie Kliszko es war, am

Beginn von Karol Wojtyłas Karriere, die ihn bekanntlich bis auf den Papstthron führen sollte.[30]

Es trifft nicht zu, dass Wojtyła Wyszyński aufgezwungen wurde; wahr ist hingegen, dass er nicht dessen bevorzugter Kandidat für das Amt des Erzbischofs von Krakau war. Die beiden Männer waren so verschieden wie die Erfahrungen, die sie gesammelt hatten. Der fast zwanzig Jahre ältere Primas wurde in einem geteilten Polen geboren, während Wojtyła in einem unabhängigen Polen großgeworden war. Auch wenn er intellektuell nicht unbeschlagen war, wurde Wyszyński daher zum Führer eines katholischen, volksnahen Polens, der auf die traditionellen Bezüge, die Welt der Bauern und das geschlossene Auftreten gegenüber dem Kommunismus achtete. Der Kardinal war die Leitfigur der Katholiken und de facto „Interrex" des Königreichs, in scharfer Abgrenzung zum kommunistischen Staat. Sein Volk waren die katholischen Massen. So fürchtete er denn auch, die spontane Rezeption des Zweiten Vatikanischen Konzils könne zu einer Spaltung der polnischen Katholiken führen und dort Verwirrung stiften. Er wollte vielmehr den Volksglauben, der voll und ganz durch die Auseinandersetzung mit den kommunistischen Machthabern und der durch sie initiierten Säkularisierung in Beschlag genommen war, vor Erschütterungen schützen. Der Primas hatte ein hoheitliches, mitunter introvertiertes Auftreten. Jacek Kuroń berichtet von einer Begegnung mit Wyszyński im erzbischöflichen Palais in Warschau:

> Der große Primas war so. Er saß im Sessel, aufrecht, mit einem versteinerten Gesicht. Er hörte in einer Weise zu, dass ich nicht wusste, ob und wie er das wahrnahm, was ich gerade sagte. Ich brauche einen Kontakt zu meinem

[30] Vgl. T. Szulc, Papst Johannes Paul II., S. 182–186; G. Weigel, Zeuge der Hoffnung. Johannes Paul II. Eine Biographie, Paderborn, München, Wien, Zürich 2002; vgl. B. Lecomte. Nouvelle édition, Jean-Paul II, S. 275–283.

> Gesprächspartner, und mir war in dieser Situation sehr unwohl zumute. Dennoch sprach ich. Der große Primas hörte zu, und dann stellte er Fragen. Die Fragen waren durchdringend, und man sah, dass er sehr wohl verstand, was sein Gegenüber sagte. Dann gewährte er Antworten.[31]

Der jüngere Wojtyła war ganz anders: Er war ein Intellektueller und ein treuer, aber wenig konformistischer Priester. Seine Vorstellung vom katholischen „Volk“ hatte sich bei seiner Arbeit mit der Jugend herausgebildet, im dichten Gewebe zwischenmenschlicher Beziehungen, durch die Belebung sozialer und kultureller Netzwerke sowie nicht zuletzt bei den oben erwähnten Pastoralbesuchen. Sein Charakter machte ihn in den Augen des Primas nicht eben geeignet für den Krakauer Bischofsstuhl und das damit verbundene Amt des stellvertretenden Vorsitzenden der Bischofskonferenz. Als Wojtyła jedoch schließlich für Krakau nominiert war, akzeptierte der Primas den jüngeren Kollegen ohne Vorbehalte. Und dieser machte das Einvernehmen mit dem Primas fortan zum Dreh- und Angelpunkt seines Handelns, bemühte er sich doch stets, sich in dessen Position einzufühlen. Viele Fotografien zeigen ihn bei offiziellen Anlässen respektvoll einen Schritt hinter Wyszyński.

Trotz der Unterschiede in Alter und Charakter waren sich Wojtyła und Wyszyński jedoch durchaus gewogen, wie aus einigen freundlichen Bemerkungen des Primas hervorgeht. Dieser sah ihn 1966, also mit sechsundvierzig Jahren, bereits „sehr gealtert [...], vom Gewicht der Würde gebeugt [...], gekrümmt“. Er berichtet von einem Besuch Wojtyłas ein Jahr später und einem langen Abendessen mit ihm in sommerlicher Ferienstimmung. In diesem freundschaftlichen Rahmen sprach der Erzbischof von Krakau mit großer Sympathie über ihn. Und Wyszyński antwortete: „Wir ziehen gemeinsam die-

---

[31] J. Kuroń, La mia Polonia, S. 267.

sen Karren unserer Kirche und unserer Heimat voran." Weiter heißt es: „Es war eine wunderbare Atmosphäre entstanden, die keiner stören wollte."[32] Es scheint so, als habe der Primas mit den Jahren in Wojtyła seinen möglichen Nachfolger gesehen.

1966, nach den Feierlichkeiten zur Tausendjahrfeier der Christianisierung Polens war Wyszyński zu der Überzeugung gelangt, das Bündnis zwischen Kirche und polnischem Volk erneuert zu haben. Er schrieb: „Vielleicht kann man an keinem anderen Ort ein so enges Bündnis zwischen Kirche und Nation wahrnehmen wie in Polen; es ist allerdings in vollem Umfang bedroht."[33] Wyszyński selbst war das Symbol dieses Bündnisses, mit seinem „an Maria orientierten, individuellen Charisma", wie Kardinal Wojtyła es 1974 in seiner Festrede zum fünfundzwanzigsten Jahrestag von Wyszyńskis Ernennung zum Primas ausdrückte. In seinen Augen hatte Wyszyński „die Erbschaft der Prüfungen und Leiden der Nation gelebt und nicht die der Triumphe und der Macht". Dabei erinnerte er an die schmerzlichen Erfahrungen unter dem totalitären Regime und seinen Einsatz in einem Polen, das seiner östlichen Territorien (der Städte Vilnius und Lemberg vor allem) beraubt war, sowie seine Auseinandersetzung mit dem Marxismus, der „die Religion und die Kirche für Phänomene deklarierte, die mit der neuen wirtschaftlich-sozialen Ordnung untergehen und verschwinden müssten". Weiter heißt es in Wojtyłas Rede:

> Die historische Genialität Kardinal Stefan Wyszyńskis zeigt sich genau hier: Er hat nie, auch nicht einen einzigen Augenblick lang, dieses marxistische „a priori" akzeptiert. Er blieb immer auf dem Fundament der Tatsachen, die tie-

[32] Karol Wojtyła w zapiskach Prymasa Tysiąclecia, in: Znaki Nowych Czasów, 17. 10.2006, S. 94–115, hier S. 98f.

[33] Vgl. A. Micewski, Kardinal Wyszyński. Prymas i Mąż Stanu, Paris 1982, Bd. 2, S. 31.

> fer lagen als die marxistische Dialektik der Geschichte. Im Laufe dieser ganzen fünfundzwanzig Jahre hat er sich als exzellenter Empiriker der menschlichen Seele erwiesen [...] und war daher der Vermittler der gesamten Nationalgeschichte. Oft wurde er als Interpret der ganzen Wahrheit über den Menschen betrachtet [...]. Er war zugleich Sprachrohr und Verteidiger aller Bürgerrechte, insbesondere [...] der Gewissens- und der Religionsfreiheit.[34]

Wyszyński galt während der fünfziger Jahre im Westen als mutiger Führer einer Kirche des Schweigens. Nach dem Zweiten Vatikanum allerdings wurde er zunehmend als Vertreter eines konservativen, traditionellen und nationalistischen Katholizismus wahrgenommen. Doch war Wyszyński tatsächlich ein Traditionalist? Auch wenn er eine andere Vorstellung vom katholischen „Volk" hatte als Wojtyła, legte auch er großen Wert auf die Würde der Person, die von den totalitären Systemen verletzt wurde. So trug der erste Hirtenbrief Wyszyńskis als Bischof von Lublin den Titel „Über die christliche Befreiung des Menschen". Eine Beschäftigung mit diesem Text fördert durchaus Interessantes zutage. So heißt es hier etwa: „Wir fordern die Würde, die jedem Menschen zusteht, jedem unserer Brüder, unabhängig von seiner Konfession, seiner Sprache, seiner Uniform und seiner Partei." Und der Schluss lautet: „Um die Welt zu verändern, muss man ihm [dem Menschen] zunächst seine Würde zurückgeben. Dies ist unsere Pflicht allen gegenüber."[35]

Nichtsdestotrotz hat mich die Einschätzung eines bedeutenden polnischen Intellektuellen, der in Wyszyński und Wojtyła zwei Männer der Linken zu erkennen meinte, ein

---

[34] K. Wojtyła, Testis Jesu Christi, 21. März 1974. Eine Kopie des Textes befindet sich im Besitz des Autors.

[35] S. Wilkanowicz, Stefan Wyszyński et Karol Wojtyła, in: Stefan Wyszyński, Le cardinal de fer, S. 121–126.

ums andere Mal erstaunt.[36] War es möglich, dass die Wahrnehmung in Ost und West so sehr voneinander abwich? Im Westen galt der Katholik in der Regel dann als progressiv, wenn er nicht nur fortschrittliche gesellschaftliche Positionen vertrat, sondern in der sozialistischen oder kommunistischen Linken aktiv mitarbeitete. Dies entsprach jedoch keineswegs den politischen Neigungen Wyszyńskis oder Wojtyłas, die weit entfernt davon waren, den Kommunismus zu unterstützen, der in ihren Augen auf einem grundlegenden Denkfehler basierte. 1963 ließ der Primas den französischen Bischöfen ein von ihm im Namen des Staatssekretariats verfasstes Schreiben zukommen, in dem er sie darum bat, die katholische Presse an einer Unterstützung für die regimetreue Bewegung „Pax" zu hindern. Tatsächlich versuchten die Anhänger dieser Bewegung, einen Keil zwischen Episkopat und Kirchenvolk, zwischen konservative Katholiken und die von Johannes XXIII. eingeleiteten Reformprozesse zu treiben. Ein polnischer Bischof sagte dazu: „Nicht die Kommunisten machen uns Angst. Diejenigen, die uns Angst einflößen, sind die falschen Brüder."[37]

So waren Wyszyński und Wojtyła zwar überzeugt davon, dass es notwendig sei, sich verstärkt sozial zu engagieren, und beide waren dem Kapitalismus keineswegs freundlich gesinnt – dem Marxismus aber brachten sie keinerlei Interesse entgegen. Grundlage dieser Haltung war die Ansicht, das Christentum sei eine Kraft der Befreiung für die Gesellschaft und den Menschen. Sie waren daher auch nicht der Ansicht, Polen müsse zum wirtschaftlichen System der Vorkriegszeit zurückkehren. 1945 fragte man sich in der „Znak" (in einem Artikel von Stanisław Stomma), warum die bedeutende katholische Kultur im zeitgenössischen Frankreich kaum mehr

---

[36] Gespräch des Autors mit K. Zanussi.

[37] Vgl. J.-M. Mayeur, „L'affaire Pax" en France, in: Stefan Wyszyński, Le cardinal de fer, S. 127–135.

eine gesellschaftliche Rolle spiele, während der polnische Katholizismus nach wie vor tief im Volk verankert war. So verschieden Wyszyński und Wojtyła auch waren, vertraten sie doch eine Vision des Katholizismus, die sich von westlichen Vorstellungen erheblich unterschied: Ihr Katholizismus war tief in allen Schichten der Bevölkerung verwurzelt und erwies sich als Volksreligion im wahrsten Sinne des Wortes.

Leben in einem totalitären Regime

Karol Wojtyła übernahm die Leitung der Diözese Krakau am 8. März 1964 mit einer feierlichen Liturgie in der Kathedrale auf dem Wawel. Er war der erste nichtaristokratische Erzbischof seit der Gründung der Diözese, wie er oft betont hat. An diesem Tag veröffentlichte er einen Brief an die Kranken im ganzen Bistum, in dem er ihnen mitteilte, gerade ihr Leiden berge eine große Kraft für sein Amt. Wanda Półtawska, eine Freundin Karols, notierte einige Sätze in ihrem Tagebuch, als wende sie sich an ihn persönlich: „Dort, im Wawel, ist mir klar geworden, was diese ‚neue Welt' ist, die Welt, die vom Geist her kommt. Deine Rede rief eine Vorstellung dieser Welt hervor – und die Szenerie, der Wawel, die Kathedrale, in der die Tradition lebt und die Vergangenheit eingeschlossen ist und auch die Aktualität dieser Vergangenheit!"[38] Wojtyła, der nun zum Hüter dieser Tradition berufen war, stellte in der Folge das Programm für die Zukunft „seiner" Krakauer Gläubigen vor: „Aus der Perspektive meiner Pastoraltätigkeit sehe ich, wie notwendig es ist, sie gemeinsam aufzubauen." Dies war kein bloßer Tribut an die Semantik des Konzils, sondern Ausdruck eines Gemeinschaftssinns, wie er für Wojtyła von jeher prägend gewesen war. Ausgestattet mit den Insignien der Tra-

[38] W. Półtawska, Diario di un'amicizia. La famiglia Półtawski e Karol Wojtyła, Cinisello Balsamo (MI) 2010, S. 152–154.

dition, mit den Paramenten und der Mitra seiner fernen Vorgänger, mit dem Ring des vierten Nachfolgers des hl. Stanislaus, gestorben 1118, mit dem „Rationale“ (einem besonderen Würdezeichen der Bischöfe der Stadt), sprach der vierundvierzigjährige Erzbischof vor seinem Volk von einer „neuen Welt“, die auf dem Glauben basiere.

Jedoch: Die Zeiten waren schwer, der Horizont schien düster. 1965 attackierte die Regierung scharf Primas und Bischöfe wegen ihrer Versöhnungsbotschaft an den deutschen Episkopat – zwanzig Jahre nach dem Ende des Zweiten Weltkriegs und am Vorabend der Tausendjahrfeier der Christianisierung Polens. Der Text, von Bolesław Kominek, dem Erzbischof von Breslau, ausgearbeitet, stellte eine große Geste eines Volkes dar, das schwer unter den Deutschen gelitten hatte. Mit nationalistischen Parolen versuchte die Regierungsmacht daraufhin, die öffentliche Meinung für sich zu gewinnen und die Kirche in Misskredit zu bringen, indem sie ihr jeden patriotischen Sinn absprach. Tatsächlich war die dezidiert antideutsche Haltung einer der wenigen Faktoren, die dem kommunistischen Regime eine gewisse Legitimation zuzusprechen geeignet war. Die Regierung zögerte denn auch nicht, Wyszyńskis Reisepass einzuziehen. Wojtyła seinerseits verzichtete aus Solidarität auf die Möglichkeit, von seinem eigenen Pass Gebrauch zu machen, um nach Italien zu reisen. Darüber hinaus führten die Versöhnungsbemühungen des polnischen Episkopats zu lebhaften Protesten, die zum Teil in der Presse veröffentlicht wurden, unter anderem das an Wojtyła gerichtete Schreiben der Solvay-Arbeiter.[39] Bei Parteikundgebungen meinte die Menge Wyszyński, wenn sie schrie: „Rom soll sich seinen Kardinal zurückholen!“[40]

---

[39] A. Boniecki, The Making of the Pope, S. 258.

[40] Zu diesem Aspekt siehe M. Maliński, Johannes Paul II. Sein Leben, von einem Freund erzählt, Freiburg, Basel, Wien 1979, S. 248–254; G. Weigel, Zeuge der Hoffnung; B. Lecomte, Jean-Paul II.

Doch die polnische Gesellschaft war ohnedies in Unruhe. 1967 kündigten die Universitätsstudenten an, gegen die kommunistische Regierung zu demonstrieren. So kam es zur polnischen 68er-Bewegung, die im Verbot, Adam Mickiewicz' als antirussisch deklarierten Dramenzyklus „Die Totenfeier" aufzuführen, ihren Anfang nahm. Die Bewegung entwickelte sich parallel zum „Prager Frühling", der schließlich durch die Militärintervention des Warschauer Paktes niedergeschlagen wurde, um den Kommunismus in der Tschechoslowakei zu stabilisieren.
In Polen bekundete der Episkopat von Anfang an Sympathie und Anteilnahme für die jungen Aktivisten und verurteilte die antisemitische Kampagne der Regierung. Die regimetreuen Katholiken der „Pax"-Bewegung hingegen standen hinter der Partei. Die Mitglieder der „Znak", die wie Stomma im Parlament vertreten waren, oder der „Tygodnyk Powszechny", verbündeten sich in der Folge mit den regimekritischen Kräften auf der laizistischen Linken: „Das war nur durch die Haltung des Episkopats und des Primas möglich [...]", schrieb Adam Michnik, der den Widerstand von Intellektuellen und Arbeitern beflügelt hatte.[41]
Tadeusz Mazowiecki, erster Ministerpräsident Polens nach dem Zusammenbruch des Kommunismus, berichtet, dass er Wojtyła 1968 kennenlernen wollte, um mit ihm über die antisemitische und intellektuellenfeindliche Regierungspolitik zu sprechen. Er nahm ihn als aufmerksam und als jemanden wahr, der eine ähnliche Meinung vertrat. Die Regierungskampagne richtete sich zu diesem Zeitpunkt besonders gegen den Primas, den Mann also, der die Linie des Episkopats vorgab. Wojtyła bekam daher die Maßnahmen, die den Primas betrafen, nie selbst zu spüren, auch wenn ihm einige Male an der Grenze der Diplomatenpass entzogen und sein Gepäck durchsucht wurde. Gelegentlich observierte ihn auch die Ge-

[41] Siehe A. Michnik, La Chiesa e la sinistra in Polonia, Brescia 1980.

heimpolizei, wie etwa während der Tausendjahrfeier 1966. Als er eines Tages, aus dem erzbischöflichen Ordinariat heraustretend, bemerkte, dass man ihn verfolgte, drehte er sich kurzerhand um und segnete die Agenten. Doch auch die Polizisten brachten ihm Respekt entgegen, was soweit ging, dass ihm einer der Beamten einmal entgegenrief: „Oh, unser Kardinal. Gelobt sei Jesus Christus!"

Wojtyła kämpfte in Krakau nicht nur mit den Behörden, sondern auch gegen die vom Regime praktizierte Säkularisierung. Stets versuchte er, seine Ziele durch Dialog und Bestimmtheit zu erreichen. Diese Strategie verfolgte er jahrelang, seit seinem erfolgreichen Protest gegen die Nutzung des Priesterseminars als öffentliche Schule. Dabei ging es nicht nur darum, die alten Räume der Kirche zu verteidigen wie etwa das Seminar oder bedeutende Kirchen. Vielmehr mussten neue Räume inmitten der kommunistischen Gesellschaft erschlossen werden.

Mit dem Prozess der Urbanisierung sah sich die Kirche in ganz Europa gezwungen, neue Kirchengebäude in neueren Stadtvierteln zu errichten, was einen erheblichen finanziellen und organisatorischen Aufwand bedeutete. Im Osten erforderten die Neubauten darüber hinaus das Einverständnis der Regierung. Für die polnische Kirche war es nicht sonderlich schwierig, neue Gotteshäuser auf dem Land zu errichten, wo die Menschen noch einheitlich dem Glauben anhingen und die Polizeikontrolle weniger ausgeprägt war. Anders sah es in den großen Städten aus. Symptomatisch ist hier der Fall Nowa Húta, eines großen, neuerbauten Arbeiterviertels am Stadtrand von Krakau, wo im Unterschied zur historischen Altstadt keine Kirche stehen durfte, da Nowa Húta als Modell der neuen sozialistischen Stadt galt, die unbelastet vom Erbe der Vergangenheit sein sollte. Hier feierte Wojtyła jedes Jahr die Weihnachtsmesse unter freiem Himmel. Die Geschichte des Kampfes für den Bau einer Kirche in diesem Viertel fand ein Ende, als 1977, in Anwesenheit von fünfzigtausend Men-

schen, das Gotteshaus endlich geweiht wurde. Bei dieser Gelegenheit sagte der Kardinal: „Nowa Húta wurde als Stadt ohne Gott konzipiert [...], doch der Wille Gottes und derjenigen, die hier gearbeitet haben, waren stärker." Und er schloss mit den Worten: „Dies soll eine Lektion sein!"
Der Fall Nowa Húta (sowie andere, weniger bekannte Fälle wie das Pastoralzentrum von Mistrzejowice) fand nach langem Ringen ein Ende. Für den Bau der Hedwigskirche in einem neuen Krakauer Stadtviertel, wo der Gottesdienst zunächst unter freiem Himmel gefeiert wurde, waren allein fünfzehn Jahre vergangen, bis die Regierung ihre Genehmigung erteilte. Der Kardinal kam nicht zuletzt deshalb oft hierher, weil er zwei Mitglieder der Pfarrgemeinde zu seinen Freunden zählte – Ludmila und Stanisław Grygiel (dessen Abschlussarbeit er in Lublin betreut hatte und den er 1981 als Professor nach Rom holte). Insgesamt richtete Wojtyła in seiner Krakauer Zeit elf Pfarrgemeinden und zehn neue Pastoralzentren ein (bei etwa hundert eingereichten Anträgen).[42] 1972 erklärte er öffentlich: „Ich möchte euch sagen, dass die Behörden seit 1957 praktisch keine Genehmigung für einen Kirchenbau in unserer Erzdiözese erteilt haben. Die einzigen Zugeständnisse, die gemacht wurden, betrafen den Wiederaufbau durch Feuer beschädigter Kirchen oder die Erweiterung kleiner Kappellen-Kirchen."[43] Doch wie war es dann möglich, sich in Nowa Húta und an anderen Orten durchzusetzen? Die Kraft der Kirche lag in ihrer Verbindung zu den Menschen, auch und gerade zu den Arbeitern: „[...] diese Leute, die auf der Suche nach Arbeit dorthin gelangt waren, [...] beabsichtigten [nicht], auf ihre katholische Verwurzelung

---

[42] Der päpstliche Sekretär berichtet von dieser Angelegenheit in: S. Dziwisz, Mein Leben mit dem Papst. Johannes Paul II., wie er wirklich war, Leipzig 2007, S. 38–43. Zu Nowa Húta und ähnlichen Fällen siehe außerdem G. Weigel, Zeuge der Hoffnung, S. 197–201; G. Blazynski, Jean-Paul II, S. 217ff.
[43] A. Boniecki, The Making of the Pope, S. 474f.

zu verzichten“, schrieb Johannes Paul II. später.[44] So bat der Gemeindepfarrer jeden einzelnen Gläubigen, einen Stein zum Bau der Kirche herbeizutragen. Bei Demonstrationen kam es im Übrigen auch zu Auseinandersetzungen mit der Polizei, während die Kirche weiter mit den Behörden über die Umsetzung des Projekts verhandelte:

> Am Ende wurde die Schlacht gewonnen, jedoch zum Preis eines aufreibenden „Nervenkriegs“. Ich führte die Verhandlungen mit den Behörden, hauptsächlich mit dem Leiter des Provinzialbüros für die Angelegenheiten der Religionen. Dieser Mann hatte in den Gesprächen ein liebenswürdiges Auftreten, war jedoch besonders hart und unnachgiebig in den nachfolgenden Entscheidungen, die einen übel gesinnten und voreingenommenen Geist verrieten.[45]

Diese Verhandlungen mit den Behörden waren oft alles andere als einfach. Der Gemeindepfarrer von Mistrzejowice etwa, Józef Kurzeja, der für den Bau eines Pastoralzentrums kämpfte, starb nach endlosen Verhören schließlich an einem Herzinfarkt. In einem anderen Fall wurde ein Priester zu einer hohen Ordnungsstrafe verurteilt, die er nicht aufbringen konnte. Der Kardinal riet ihm, ins Gefängnis zu gehen, während er selbst seine Pfarrstelle vertrat und den Gläubigen erklärte, warum ihr Priester nicht mehr in der Pfarrei war. Nach kurzer Zeit wurde er freigelassen. Des Weiteren gab es eine Debatte über Seminaristen, die unter dem starken Druck der Behörden zum Militärdienst eingezogen wurden. Auch die traditionelle Fronleichnamsprozession bot Anlass zu Auseinandersetzungen mit den Behörden, die ihre Durchführung zunächst nur im Umkreis des Wawel genehmigten, einem

---

[44] Johannes Paul II., Auf, lasst uns gehen!, S. 86.
[45] Ebenda, S. 87.

monumentalen Bezirk, der vom täglichen Leben der Stadt weitgehend abgeschnitten war. Hätte die Fronleichnamsprozession ihren Weg durch die Krakauer Straßen genommen, wäre sie wie eine öffentliche Manifestation des Christentums erschienen; das Regime aber wollte den Katholizismus auf den Ritus innerhalb der Kirche reduzieren. Für den Erzbischof bedeutete die Durchführung der Prozession daher jedes Jahr neue Kämpfe.

In der Predigt, die Wojtyła 1976 während einer solchen Prozession hielt, erklärte er: „[...] wenn unsere Prozession heute nicht über den Ringplatz ziehen darf, so werde ich nicht aufhören, alle Anstrengungen zu unternehmen zusammen mit den Pfarrern von Krakau, daß ein solcher Ausdruck der Diskriminierung der Gläubigen in unserer Stadt [...] sobald wie möglich verschwindet.“[46] Und nicht ohne ironischen Unterton fügte er mit Blick auf die Ostpolitik des Vatikans hinzu: „Und das umso mehr, als dem Heiligen Stuhl gegenüber die Versicherung abgegeben wurde, der Fronleichnamsprozession werde keinerlei Hindernis in den Weg gelegt.“ Es ist verständlich, wenn er später als Papst verwundert war, dass es an Fronleichnam keine eucharistische Prozession durch die Straßen Roms gab. Und so führte er, unter den erstaunten Blicken des römischen Klerus, die Prozession wieder ein: auf der traditionellen Route von San Giovanni in Laterano bis zu Santa Maria Maggiore – und er selbst war dabei.[47]

Während seiner letzten Fronleichnamsprozession als Kardinal in Polen, die im Mai 1978 unter seiner Leitung durch die Straßen Krakaus führte, hielt Kardinal Wojtyła eine entschlossene Predigt, in der er alle Versuche (insbesondere die der „Fliegenden Universität“), eine nicht vom kommunistischen Regime beherrschte Nationalkultur zu fördern, unter-

---

[46] Dies und das folgende Zitat in: Mut zum Glauben. Beiträge von Kardinal Karol Wojtyła, St. Augustin 1979, S. 87.

[47] Gespräch des Autors mit Kardinal Poletti.

stützte – ohne sie genauer zu erwähnen. So erklärte er: „Wir wollen, dass das Erbe der polnischen Kultur an die neuen Generationen von Polen unversehrt weitergegeben wird.“ Ein Jahr zuvor, 1977, hatte er persönlich an der Begräbnisfeier für den Studentenführer der Jagiellonen-Universität beigewohnt, der unweit des erzbischöflichen Palais von der Geheimpolizei zu Tode geprügelt worden war: Er sei „Opfer derer“ gewesen, sagte er während der Trauerfeier, „die die demokratische Bewegung der Studenten verachteten“. In den letzten Jahren, die Kardinal Wojtyła in Polen verbrachte, wurde er so zur moralischen Instanz jener Zivilgesellschaft, die sich nicht vor dem Regime beugte.[48] Auch die Behörden wussten längst, dass Wojtyła mehr und mehr zu einem „Sprachrohr gesellschaftlicher Interessen“ wurde.[49]

Das Urteil der Kommunisten

Wer war Wojtyła für die Kommunisten? Immerhin wurden sie sich schnell darüber klar, dass es ein Fehler gewesen war, auf Wojtyła als Gegengewicht zu Primas Wyszyński zu setzen. Das Einvernehmen zwischen den beiden stand nie in Frage. Der Ton, den Wojtyła im Umgang mit den staatlichen Autoritäten anschlug, war hingegen eindeutig. 1974 lehnte der stellvertretende Bürgermeister von Oświęcim (Auschwitz) den Antrag des Kardinals ab, anlässlich des Jahrestags der Ermordung Maximilian Kolbes eine Messe auf dem Platz vor dessen Zelle zu feiern. Daraufhin schrieb er einen deutlichen Brief an Kazimierz Kąkol, den Leiter des Büros für religiöse Angelegenheiten:

---

[48] Vgl. J. Kwitny, Man of the Century. The Life and Times of Pope John Paul II, New York 1997, S. 269–288.

[49] Bericht des Geheimdienstes vom April 1976, in: Ku prawdzie i wolności, S. 553–558.

> Es ist ein ungewöhnliches und schmerzliches Ereignis für das gesamte katholische Polen, das dem seligen Maximilian aus religiösen und patriotischen Gründen seine Ehre erweisen möchte [...]. Dies entspricht der christlichen Tradition der ersten Jahrhunderte: An den Orten, die aufgrund der Märtyrergeschichten geheiligt waren, versammelten sich die Christen, um zu beten. Abgesehen davon hat diese Angelegenheit aber auch eine universelle Bedeutung. Die Ehrung des seligen Maximilian am Tag seines Todes ist nicht nur eine Demonstration des religiösen Glaubens, sie trägt indirekt auch dazu bei, aller Opfer des Konzentrationslagers Auschwitz zu gedenken, unabhängig von ihrer nationalen Identität. Ich bitte Sie, Herr Minister, dass sich die traurige und schmerzvolle Situation dieses Jahres in den kommenden Jahren nicht wiederholen möge.[50]

Die Episode zeigt, wie angespannt das Verhältnis zwischen Kirche und Staat zehn Jahre nach Wojtyłas Nominierung in Krakau war. Interessant ist, dass der Kardinal in seinem Brief verschiedene Argumente benutzt, um die Ehrung Kolbes zu begründen. Neben dem national-religiösen Motiv verwies Wojtyła darauf, das Gedenken schließe zugleich alle Opfer des Konzentrationslagers ein und erlange somit universale Bedeutung. Der nachdrückliche Ton des Briefs sollte jedoch nicht auf eine falsche Fährte führen: Wojtyła und die polnische Kirche suchten keineswegs die Auseinandersetzung mit dem Regime, wie dies etwa der ungarische Kardinal Mindszenty tat; vielmehr ging es darum, die Freiräume der Kirche zu verteidigen und den steten Kontakt zur Bevölkerung zu pflegen. Trotz dieser Entschlossenheit blieb so Raum für fle-

---

[50] Brief von Kardinal Wojtyła an Minister Kazimierz Kąkol, den Leiter des Büros für religiöse Angelegenheiten in Warschau, 2.11.1974, in: Archiwum Akt Nowych, Urząd do spraw Wyznań, 125/269, S. 42.

xible Lösungen, und Wojtyła war sich sehr bewusst, dass die politische Situation nicht auf den Kopf gestellt werden konnte. Gleichwohl war die Unterordnung der Kirche unter den Staat für ihn nicht hinnehmbar. Etliche Zeugen stimmen darin überein, dass Wojtyła im Umgang mit den politischen Führungskräften einen Unterschied zwischen Mensch und System machte und die direkte Begegnung suchte. Blazynski beschrieb sein Auftreten wie folgt:

> Wenn alle üblichen Wege scheitern, gelingt es Wojtyła immer, einen Umweg zu finden, der ihn letztlich zu seinem Ziel führt [...]. In seiner Rolle als Verhandlungsführer lässt sich Wojtyła nie eine Entscheidung aufzwingen oder manipulieren. Er hört aufmerksam zu, nur wenige Details entgehen ihm; wenngleich nicht unumstößlich, verteidigt er doch entschieden seinen Standpunkt.

Wojtyła war den Sicherheitsorganen seit Langem ein Begriff. So wurde er beispielsweise während seiner Pastoralarbeit bei den Messdienern in St. Florian überwacht, da man die Länge der dort stattfindenden Treffen argwöhnisch registrierte. In einer polizeilichen Notiz aus dem Jahr 1956 wurde überdies vermerkt, Wojtyła habe nie, weder öffentlich noch privat, seine Loyalität gegenüber der Volksrepublik bekundet, und auch der „Pax"-Bewegung stehe er kritisch gegenüber: „Hinsichtlich der Arbeit und seines Verhältnisses zur sozialen Bewegung der fortschrittlichen Katholiken sagt er, in diese Dinge wolle er sich nicht einmischen, und zieht es stattdessen vor, außen vor zu bleiben." Sein Schweigen über politische Angelegenheiten war freilich vielsagend. Er sprach nur über religiöse oder persönliche Dinge. Ab 1958 dann wurden die staatlichen Organe aufmerksamer und erstellten ein Profil über die Beziehungen, die der junge Bischof zu intellektuellen Kreisen unterhielt, wobei er vor allem als Organisator von Zusammenkünften ins Fadenkreuz des Geheimdienstes geriet. Später wurde registriert, dass sein Ansehen durch die Beteiligung am Konzil weiter stieg. Wojtyła war unter ständiger Beobachtung, so dass etwa systematisch festgehalten wurde, wer seine Wohnung betrat. Für die Sicherheitsorgane stand daher schon vor seiner Nominierung zum Erzbischof fest, dass es sich um eine „gefährliche" Persönlichkeit handelte, die fähig erschien, junge und gebildete Leute an sich zu ziehen – Kurienpriester, Gemeindepfarrer und Ordensleute –, da er jemand sei, der „im Bereich Organisation außergewöhnlich talentiert und begabt ist". Schließlich heißt es: „Trotz des kompromisswilligen und flexiblen Verhaltens gegenüber den staatlichen Behörden ist er ein äußerst gefährlicher Gegner." Folgerichtig bezogen die Sicherheitsorgane auch gegen seine Nominierung zum Erzbischof Stellung. Ein Vertreter des Staatsapparats, der für religiöse Angelegenheiten zuständig war, beschrieb eine Begegnung mit Wojtyła folgendermaßen:

> Seit dem Beginn des Gesprächs versuchte er, es sich auf dem Sessel bequem zu machen, wobei er das Kinn auf den Daumen stützte; er wollte, dass seine Bewegungen ruhig erschienen, völlig natürlich [...]. Zugleich war er sehr direkt. Die ganze Zeit lächelte er wohlwollend. Und dann diese Freiheit in der Formulierung der Gedanken. Er beeilte sich nicht bei seinen Antworten, die klar und nüchtern waren.

Der Funktionär, der mit verschiedenen Bischöfen zusammengekommen war, bemerkte, wie sehr sich Wojtyła, der gelöst wirkte und sogar lächelte, von anderen Geistlichen unterschied: Weder stellte er sich ihm entgegen, noch kämpfte er frontal. Er überlegte, diskutierte und suchte beharrlich, die Grenzen des Möglichen auszuschöpfen.[51] Wojtyłas Fahrer,

---

[51] Ein Großteil dieser Informationen finden sich in: S. Oder/S. Gaeta, Perché è santo. Il vero Giovanni Paolo II raccontato dal postulatore della causa di

Józef Mucha, hat einmal erzählt, dass sich der Erzbischof normalerweise nicht mit dem Auto fahren ließ, wenn er Vertreter der Staatsmacht aufsuchte. Bei derartigen Gelegenheiten habe Wojtyła zudem über dem Talar nicht wie sonst einen Bischofsumhang, sondern einen schlichten Mantel getragen. Mucha sprach auch davon, dass wegen der Polizeibehörden ein Klima allgemeiner Sorge herrschte. Er selbst versuchte, nicht allzu viel über die Aktivitäten seines Bischofs zu erfahren, da er fürchtete, sich im Falle eines Verhörs durch den Geheimdienst zu verraten.
In seiner Predigt bei der Fronleichnamsprozession im Jahr 1976 erläuterte der Erzbischof öffentlich seine Umgangsweise mit der Regierung: „Immer tun wir alles, was möglich ist [...], um dem Gottesdienst, der Katechese und der Kirche einen Raum zu verschaffen. Glaubt uns, dass wir es auf rechtmäßige Weise tun. Doch sehr häufig bleiben unsere Versuche ergebnislos."[52] Zum ersten Mal – dies entging auch dem Geheimdienst nicht – machte Wojtyłas Kirche hier die Bürgerrechte zum Gegenstand einer Predigt. Das Regime sah sich damit einem Bischof gegenüber, der nicht nur die Rolle der Kirche verteidigte, sondern auch auf der Geltung der Menschenrechte beharrte. Zu diesen Rechten gehörten auch die Religionsfreiheit und das Recht der Eltern, über die Erziehung ihrer Kinder zu entscheiden. Wojtyła antwortete dem Regime also mit einer modernen, auf den Menschenrechten beruhenden Argumentation. Die Schlussakte von Helsinki, die auch von den Staaten des Ostblocks unterzeichnet wurde, lieferte Wojtyła eine weitere Grundlage, und er zögerte nicht, die Regierung zu ihrer sofortigen Umsetzung auf-

---

beatificazione, Mailand 2010, S. 60–69. Grundlegend ist der Bericht von Marek Lasota über die im Archiv des Instituts für Nationales Gedenken aufbewahrten Dokumente.

[52] Die Predigten bei der Fronleichnamsprozession in Krakau von 1976 finden sich in: K. Wojtyła, Il buon pastore. Scritti, discorsi e lettere pastorali, Rom 1978, S. 155.

zufordern.[53] Wojtyła stellte sich dem Regime durch den Dialog und die Kraft seiner Argumente entgegen, er verteidigte hartnäckig die Religionsfreiheit und erweiterte die Beziehungen der Kirche zu Jugendlichen und Intellektuellen. Die polnischen Sicherheitsorgane überwachten unterdessen alle von Wojtyła geknüpften Beziehungen – insbesondere zu Frauen, mit denen er sich regelmäßig traf –, mussten aber bald feststellen, dass sein moralisches Verhalten unanfechtbar war. Besorgt nahmen sie die starke Persönlichkeit des Erzbischofs wahr: „Ein energischer Diözesanverwalter voller Einfallsreichtum, fügsam und offen zugleich.“ Auch dass er seit Mitte der siebziger Jahre bei Papst Paul VI. hoch im Kurs stand, entging ihnen nicht. 1976 wurden deshalb Versuche unternommen, Wojtyła zu „entmythisieren“, indem man in Krakau und ganz Polen und schließlich sogar in Rom an seinem Image kratzte.[54]

Der Bischof und die Phänomenologie

Im Jahr 1952 veröffentlichte der junge Wojtyła, der zu dieser Zeit noch nicht in Lublin lehrte, ein Gedicht, das Besorgnis und Leiden zugleich verriet. Es waren düstere Jahre ohne Hoffnung:

> Mir scheint aber, dass der Mensch aus Mangel
> an „Sehen“ leide.
> Wer aus Mangel an Sehen leidet –
> muss durch die Zeichen hindurch
> zu dem, was ihn tief bedrückt,
> was im Wort heranreift als Frucht.[55]

---

[53] Gespräch des Autors mit Kardinal Silvestrini.
[54] Ku prawdzie i wolności, S. 265 und 553–558.
[55] K. Wojtyła, Der Gedanke ist eine seltsame Weite, S. 73.

Es war wichtig, so war dies zu verstehen, sich das „Sehen“ zu bewahren. Das Studium, die Forschung und das Interesse für die Kultur waren für Karol Wojtyła eine persönliche Notwendigkeit, um, wie es im Gedicht heißt, „durch die Zeichen hindurch“ einen Weg zu finden. So studierte er weiter und las viel, auch als Erzbischof. Wanda Półtawska bezeugt Wojtyłas Leidenschaft für das Lesen, bemerkte sie doch einmal, dass er immer eine große Anzahl Bücher mit in die Ferien nahm. Wanda erzählte im Übrigen auch von seiner besonderen Art und Weise zu lesen: „Ich las ihm die bevorzugten Werke der Literatur laut vor, während der Heilige Vater still für sich einen anderen Text las, meist philosophischer oder theologischer Natur. Er konnte seine Aufmerksamkeit teilen und hatte ein vollkommenes Gedächtnis, denn er merkte sich beide Texte.“[56]
Die Liebe zur Kultur, die sich in Forschung und intensiver Lektüre äußerte, war Wojtyłas persönliche Reaktion auf die für ein totalitäres Regime typische Abriegelung in den fünfziger bis siebziger Jahren. In „Person und Tat“, seinem vielleicht kreativsten philosophischen Werk, das 1969 erschien, sprach Wojtyła vom „Totalismus“ als einem System, das „das Individuum und dessen Gutes restlos der Gemeinschaft und der Gesellschaft unter[ordnet]“.[57] Dem Individualismus stand der Kardinal gleichfalls kritisch gegenüber, da hier das Wohl des Individuums zum alleinigen Prinzip erklärt wurde. Doch wenn er den (westlichen) Individualismus kritisierte, hielt Wojtyła zugleich Abstand zum kommunistischen Regime, um die menschliche Person als Teil einer Gemeinschaft in den Mittelpunkt seiner Überlegungen zu stellen. Speziell in „Person und Tat“ ist Wojtyłas geistige Nähe zu dem französischen Philosophen Jacques Maritain zu erkennen, vor allem mit

---

[56] W. Półtawska, Diario di un'amicizia, S. 631.
[57] Dies und die folgenden Zitate in: Karol Wojtyła, Person und Tat. Freiburg, Basel, Wien 1981, S. 316f.

Blick auf sein personalistisch geprägtes Denken.[58] Wojtyła sah im „Totalismus“ einen „umgekehrten Individualismus“, in dem das Individuum Gemeinschaft und Gesellschaft „grundsätzlich in feindlicher Absicht“ gegenüberstehe. Schlussfolgernd heißt es: „Deshalb darf die Realisierung des Gemeinwohls nicht auf Zwang beruhen.“ 1976 erklärte er dann während der Fronleichnamsprozession öffentlich: „Der Materialismus selbst ist nicht in der Lage, einen starken Menschen, eine starke Gesellschaft zu formen.“[59]

Wie aber war es überhaupt möglich, einen starken Menschen und eine zusammenhängende Gesellschaft zu formen? Der Erzbischof glaubte nicht an den neuen Menschen, wie ihn eine totalitäre Zwangsgesellschaft, die das Individuum erstickte, versprach. In „Person und Tat“ sprach er über die Gemeinschaft und appellierte an den Wert der „Solidarität“: „Der solidarische Mensch vollbringt nicht nur das, was er aufgrund der Mitgliedschaft in der Gemeinschaft tun muß, sondern er tut das für das ‚Wohl der Gesamtheit‘, das heißt für das gemeinsame Gute.“[60] Der Wert der Person (hier erkennt man den für Wojtyła spezifischen, auf die ontologische Struktur der Person bedachten Personalismus) steht in direktem Zusammenhang mit der Gemeinschaft und der Praxis der Solidarität, die die Gesellschaft erst erschafft und formt. Der Autor entwirft eine Theorie der Interaktion, in der sich die Person, die sich des Werts des anderen bewusst ist, dem Nächsten in Solidarität verbindet.[61] Für Wojtyła, so hat Giovanni Reale bemerkt, ist die Einsamkeit das schlimmste aller

---

[58] G. de Thieulloy, Jacques Maritain et le personnalisme politique de Jean-Paul II, in: Jean-Paul II pape personnaliste, hg. v. R. Guellec et al. Toulouse 2008, S. 91–102. Zwar gibt es Parallelen zwischen Wojtyłas Personalismus und dem Mouniers, allerdings sind diese nicht überzubewerten. Vgl. J. F. Petit, Le concept de personne selon Karol Wojtyła et Emmanuel Mounier, in : ebenda, S. 71–90.

[59] Siehe La fede della Chiesa. Interventi del cardinale Karol Wojtyła, S. 92.

[60] K. Wojtyła, Person und Tat, S. 329.

[61] Ebenda.

Übel: Die Einsamkeit führe zur Verstärkung des Individualismus, wie dies sowohl in der westlichen Welt geschehen sei als auch in den totalitären Systemen, die Männer und Frauen durch Vermassung und Zwang zu isolierten Individuen reduziert hätten.[62] Echte Solidarität äußere sich hingegen in der „Bereitschaft [...], durch die Tat, die ich vollbringe, etwas ‚aufzufüllen', zu ‚ergänzen', was andere in der Gemeinschaft als ihre Pflicht erfüllen".[63]

Wojtyłas Personalismus ist jedoch keineswegs eine nur philosophische Position, sondern vielmehr die tägliche Praxis eines Bischofs, dem der einzelne Mensch wichtig war, da er wusste, dass es in jedem Gespräch etwas zu lernen gab. Sein Personalismus begründete eine Vision der sozialen Natur des menschlichen Handelns. In der Welt des Kommunismus, in der sich Gesellschaft, Partei und Staat zwangsläufig überschnitten, praktizierte und belebte der Bischof so gewissermaßen eine alternative Gesellschaft innerhalb der sozialistischen. In Wojtyłas Gesellschaft zählten die einzelnen Personen, sie dachten nach, banden sich und ergänzten sich auf der Suche nach dem Gemeinwohl. Diese Gesellschaft identifizierte sich zunächst mit der Kirche, die über den Wert der Freiheit, der Person und der Solidarität wachte. In dieser Gesellschaftsvision bildete die Kirche die Seele der polnischen Zivilgesellschaft, auch wenn sie vom kommunistischen „Totalismus" nicht selten bedroht und bedrängt wurde. Tatsächlich hatte sich die Kirche auch in den langen Jahren der Drangsalierung ihre nationale Identität bewahrt. Die Geschichte der Solidarność (der die Kirche als moralische Stütze zur Seite stand und der Bewegung zugleich Freiräume eröffnete) sollte Wojtyłas Vorahnung schließlich bestätigen. Bereits in „Person und Tat" konzentrierte sich Karol Wojtyła auf

---

62 G. Reale, Karol Wojtyła, un pellegrino dell'assoluto, Mailand 2005, bes. S. 118.

63 K. Wojtyła, Person und Tat, S. 330.

die Analyse der Erfahrung, die deutlich macht, „dass die Tat ein besonderes Moment der Einsicht in die Person ist".[64] So heißt es weiter: „Es wird uns nämlich um die Erforschung der Tat gehen, die die Person erschließt; um das Studium der Person durch die Tat."[65] Seine phänomenologische Betrachtungsweise führte ihn dazu, die Erfahrung der Taten, also der Begegnungen, aufzuwerten. Für Wojtyła, so schrieb Tadeusz Styczeń, zählte „am Anfang nur die Erfahrung, nur die Intuition, das heißt die Erfahrung der Welt und, zugleich, seiner selbst". Und er fügte hinzu: „Der Mensch offenbart sich selbst im erkennenden Kontakt mit der Welt." Der Realismus der Erfahrung lässt ein Erkennen der Welt zu und hilft zugleich dem Subjekt, sich selbst zu erkennen.[66]

Felsenfeste Überzeugungen und Öffnung

Diese philosophischen Überlegungen bildeten die Grundlage eines menschlichen Verhaltens, das sich mit der Zeit, insbesondere durch das Pontifikat, immer mehr verfestigte. Trotz seiner großen Verantwortung als Papst erwies sich Wojtyła als ein Mann, dem es mehr darum ging zuzuhören, als den eigenen Standpunkt durchzusetzen. Die Gewohnheit, unablässig Besucher zu empfangen und seine Mahlzeiten immer mit Besuchern einzunehmen, wie er es in Krakau begonnen hatte und in Rom systematisch fortsetzte, verweist auf den tiefen Wunsch, von jedem Menschen etwas zu lernen. Dieser Kult der Begegnung spiegelte jedoch nicht nur eine persönliche Vorliebe, sondern wurzelte in einer theoretischen Reflexion. Wojtyła, ein höchst individueller, ganz unakademischer Den-

---

[64] Ebenda, S. 18.
[65] Ebenda, S. 19.
[66] Siehe die Einführung von T. Styczeń zu Karol Wojtyłas Metafisica della persona, hg. v. G. Reale und T. Styczeń, Mailand, Città del Vaticano 2003, S. 782–827.

ker, legte in seinen Büchern – davon ist bereits die Rede gewesen – keinen Wert auf einen ausgefeilten kritischen Apparat. Vielmehr suchte er nach der Tauglichkeit für das Leben. Von der philosophischen auf eine existenzielle Ebene gelangend, machte Johannes Paul II. aus der phänomenologischen und empirischen Methode schließlich ein System der Lebensführung und der Kirchenregierung. Anna-Teresa Tymieniecka, polnisch-amerikanische Philosophin und Freundin Wojtyłas, behauptet denn auch, bereits „in ‚Person und Tat' finden sich die meisten politischen Entscheidungen, die er als Johannes Paul II. umsetzen sollte".[67]

Von Bedeutung war das persönliche Verhältnis zu dem polnischen Philosophen Roman Ingarden, der 1970 in Krakau starb und, wie seine Freundin Edith Stein, ein Schüler Edmund Husserls war. Beide distanzierten sich allerdings von ihrem Lehrmeister, um nach einem neuen Zugang zu Wirklichkeit und Erfahrung zu suchen. Ingarden war, von den kommunistischen Behörden paradoxerweise des Idealismus bezichtigt, vom Unterricht suspendiert worden. Eine Schülerin Ingardens war auch die soeben erwähnte Anna-Teresa Tymieniecka, die in den USA lebte und dort ein internationales Institut für Phänomenologie gründete, an dessen Arbeit sich Persönlichkeiten wie Ricœur, Levinas oder Gadamer beteiligten. In der von ihr seit 1968 herausgegebenen Zeitschrift „Analecta Husserliana" erschienen auch Texte Karol Wojtyłas.[68] Tymie-

---

[67] Zu Anna-Teresa Tymieniecka siehe C. Bernstein/M. Politi, Seine Heiligkeit. Johannes Paul II. und die Geheimdiplomatie des Vatikans, München 1996, S. 155–175. Vgl. auch die Beobachtungen von Joaquín Navarro-Valls, ebenda, S. 141 sowie von R. Buttiglione, Il pensiero di Karol Wojtyła, Mailand 1982. Vgl. außerdem G. H. Williams, The Mind of John Paul II: Origins of His thought and Action, New York 1981.

[68] Die „Analecta Husserliana" war die offizielle Zeitschrift der „International Husserl and Phenomenological Society", die von Tymieniecka geleitet wurde und in der Wojtyła folgende Texte veröffentlichte: The Intentional Act and the Human Act that is Act and Experience, in: Analecta Husserliana 5 (1976), S. 269–280; Participation or Alienation?, in: ebenda 6 (1977), S. 61–73; Subjectivity and the Irreducible in Man, in: ebenda 7 (1978), S. 107–114.

niecka entging die originelle Philosophie Karol Wojtyłas nicht und sie half ihm bei der Strukturierung des Buchs „Person und Tat“ (auch wenn es zwischen ihr und dem Vatikan später zu einer polemischen Auseinandersetzung wegen einer durch sie verantworteten Revision des Werks kam, die als zu großer Eingriff erachtet wurde).
Tymieniecka, die Wojtyła auch während seines Pontifikats weiter besuchte, veranlasste ihn 1976 zu einem längeren Aufenthalt in den USA, bei dem sie ihm Kontakt zu den großen Gelehrten verschaffte, die an ihrem Institut verkehrten. Wojtyła war offen und interessiert an der Begegnung mit gebildeten Menschen. Im erzbischöflichen Palais hielt er Tagungen aller Art ab, organisierte Gespräche, Lesungen, aber auch Diskussionen mit Wissenschaftlern verschiedener Disziplinen, wobei er selbst für Fächer wie Biologie oder Physik lebhaftes Interesse zeigte. Darüber hinaus versuchte der Kardinal – so berichtet sein Privatsekretär –, diskret jenen „Universitätsdozenten, Studenten, berühmte[n] Persönlichkeiten der Kultur und des Theaters [zu helfen], die ihre Arbeit verloren hatten, weil sie sich der kommunistischen Ideologie nicht gebeugt hatten“.[69] Auch als Papst pflegte er sein großes Interesse für die Wissenschaft und ließ in der Päpstlichen Akademie der Wissenschaften auch Mitglieder zu, die nicht katholisch waren. Mit dem argentinischen Bischof und Philosophen Marcelo Sanchez Sorondo, den er an die Spitze der Akademie berief, sprach er über die großen Probleme der Gegenwartsphilosophie, die dann zum Teil Eingang in die Enzyklika „Fides et ratio“ fanden.[70] Grundsätzlich offenbarte sich in seiner Neigung zum Austausch mit den verschiedenen

---

Siehe auch Karol Wojtyła, The Personal Structure of Self-Determination, in: Tommaso d'Aquino nel suo VII centenario. Congresso Internazionale Roma–Napoli, Neapel 1975, S. 379–390.

[69] Stanisław Dziwisz, Mein Leben mit dem Papst. Johannes Paul II., wie er wirklich war, Leipzig 2007, S. 42f.

[70] Gespräch des Autors mit Mons. Sánchez Sorondo.

Sparten des Wissens eher Wojtyłas humanistische Einstellung als die Haltung eines Fachspezialisten. Ratzinger schrieb einige prägnante Seiten über Wojtyłas Bildung und erinnerte dabei auch an die Begegnung mit Max Scheler und seine Beschäftigung mit Johannes vom Kreuz:

> Das metaphysische, das mystische, das phänomenologische und das ästhetische Element öffnen, zusammengenommen, den Blick für die zahlreichen Dimensionen der Wirklichkeit und verschmelzen am Ende zu einer einzigen synthetischen Wahrnehmung, die fähig ist, sich mit allen Phänomenen zu messen und sie besser verstehen zu lernen, indem sie sie transzendiert.[71]

Mit anderen Worten: Wojtyła besaß die Fähigkeit, die verschiedenen Wirklichkeitsebenen zu erfassen und zugleich einen Blick auf das Ganze zu werfen. Seine Analyse war ebenso komplex wie facettenreich und zugleich fähig zur Synthese. Wojtyła war ein personalistisch und humanistisch denkender Bischof, der seine Diözese dazu inspirierte, als lebendige und freie Gesellschaft zu wirken und dem die enge Beziehung zwischen dem Glauben des Volkes und der akademischen Bildung am Herzen lag. Die Jahre in Krakau zeigen das Profil eines Mannes mit festen Überzeugungen, der eine bestimmte Arbeitsmethode verfolgte und in seiner Identität tief verwurzelt war. Er erwies sich aber auch als offene Persönlichkeit, stets bereit, dazuzulernen. Der (von Johannes Paul II. hochgeschätzte) Philosoph Paul Ricœur griff diesen Wesenszug in einem Vortrag auf, den er im Jahr 2000 vor dem Papst hielt:

[71] J. Ratzinger, Giovanni Paolo II. Vent'anni nella storia, Cinisello Balsamo (MI) 1998, S. 14.

> Sie haben einen friedlichen Dialog zwischen den Religionen dieser Welt in Gang gesetzt. Die Erinnerung an das Treffen in Assisi zwischen den autorisierten Vertretern der großen religiösen Konfessionen ist mir besonders lieb, so wie sie vielen Frauen und Männern im Herzen geblieben ist. Nun basiert dieser Geist der Öffnung auf den festen Überzeugungen des Kirchenmannes, der Sie sind. Diese Überzeugungen laden Ihre Gesprächspartner in Gebet und Meditation unaufhörlich dazu ein, auf der Höhe der Diskussion zu sein.[72]

Wojtyłas menschliche Haltung entspringt, wie Ricœur sagt, einem „Geist der Öffnung", der auf den „festen Überzeugungen" eines Christen basiert. Die Offenheit beschränkt sich dabei nicht auf eine tolerante Haltung, sondern ist vielmehr eine Dimension, in der der Mensch Wojtyła die Erfahrung anderer Menschen und neuer Wirklichkeiten macht. Identität und Öffnung bildeten so die Grundlagen seines Charakters und machten ihn zugleich zu einem Mann der Tradition wie der Gegenwart.
Dieser personalistisch und humanistisch denkende Bischof, dieser gelehrte Mann, war überzeugt davon, dass die Kirche tief in Volk und Gesellschaft verwurzelt sein musste. In Polen musste es eine wahre Gemeinschaft von Menschen geben, die innerhalb einer unfreien Gesellschaft aus freiem Willen heraus solidarisch miteinander umgingen. Dies war Wojtyłas Vision, die mit seinen Erfahrungen heranreifte und die er durch theologische und philosophische Überlegungen vertiefte. Henri de Lubac gab seinem 1938 erschienenen Buch „Catholicisme" den Untertitel „Les aspects sociaux du dogme", also „Die sozialen Aspekte des Dogmas". Lubac wollte darin „zugleich den sozialen, historischen und spiri-

[72] Der Vortrag Paul Ricœurs findet sich in: Notiziario, Istituto Paolo VI 45 (2003), S. 43–46.

tuellen Charakter des Christentums aufzeigen, denn dieses dreifache Kennzeichen verleiht ihm den universalen und ganzheitlichen Charakter, der im Wort ‚Katholizismus' am treffendsten zum Ausdruck kommt".[73] Dies war auch Wojtyłas Kirche: sozial, historisch, spirituell.

Die Universalität des Konzils

Im letzten Teil seines im Jahr 2000 aufgesetzten „Testaments" hat Johannes Paul II. geschrieben: „Als Bischof, der am Konzilsereignis vom ersten bis zum letzten Tag teilgenommen hat, will ich dieses große Erbe allen anvertrauen, die jetzt und in Zukunft dazu gerufen sein werden, es umzusetzen. Ich für meinen Teil danke dem ewigen Hirten, der mir erlaubt hat, dieser großen Sache in all diesen Jahren meines Pontifikats zu dienen." Und er fügte hinzu: „[...] dank dem Konzil [ist es mir] gegeben worden, die brüderliche Gemeinschaft im Bischofsamt zu erleben."[74] In der Tat war das Konzil ein entscheidender Schritt für sein Leben als Bischof, nicht nur ein Bezugspunkt für sein späteres Pontifikat.
Auf den Brief von Kardinalstaatssekretär Tardini, in dem die Bischöfe um ein Votum über die auf dem Konzil zu beratenden Themen gebeten wurden, antwortete Wojtyła, der erst seit kurzem Bischof war, mit einem ausgefeilten Text.[75] Darin

[73] Henri Cardinal de Lubac, Meine Schriften im Rückblick. Mit einem Vorwort von Erzbischof Christoph Schönborn, Einsiedeln, Freiburg 1996, S. 55. Siehe auch Ders., Catholicisme. Les aspects sociaux du dogme, Paris 1938.
[74] Johannes Paul II., Ich bin froh – seid ihr es auch! Das Testament, München 2005, S. 61.
[75] Zu diesem Votum vgl. Acta et Documenta Concilio oecumenico Vaticano II Apparando, Series I (Antepreparatoria), Bd. 2, Teil 2, Città del Vaticano 1960, S. 741–748. Vgl. auch G. Turbanti, La partecipazione di mons. Karol Wojtyła al Concilio Vaticano II, estratto presso l'Autore. Siehe auch J. Grootaers, De Vatican II à Jean-Paul II, le grand tournant de l'Église catholique, Paris 1981, S. 148–168, sowie Ders., Actes et acteurs du Vatican II, Leuven 1998, S. 96–130.

schlug er vor, das Konzil möge die Wahrheit über Gott und den Menschen in einer Welt verkündigen, die in seinen Augen zunehmend vom Materialismus beherrscht war. Die Ökumene sei im Rahmen der Lehre vom *corpus mysticum*, dem geheimnisvollen Leib der Kirche, zu verhandeln, an dem es durch Häresie (Sünde gegen den Glauben) oder Schisma (Mangel an Liebe) kranke Glieder gebe. Von Bedeutung waren hier auch Wojtyłas pastoraltheologische Sorgen, die deutlich machten, zu welcher Reife er bereits gelangt war. So betonte er etwa die Rolle der Laien, ohne die es nicht möglich sei, am Bau der Kirche zu arbeiten. Das ekklesiologische Fundament ihrer Teilnahme an der Sendung der Kirche müsse daher neu definiert werden. Auch das Priesteramt selbst müsse im Hinblick auf seine Beziehung zu den Laien überdacht werden. Was die Priester betraf, so forderte der spätere Papst, der zuvor den Wert des Zölibats (als den „Schatz unseres Offiziums") noch einmal bekräftigt hatte, eine Reform des Breviers, einen neuen Umgang mit den „gefallenen" Priestern sowie eine intellektuell höherwertige Ausbildung der Seminaristen. Er schlug vor, die Priester sollten mehr am gesellschaftlichen Leben – auch in Theater- und künstlerischen Kreisen – teilnehmen und Sport treiben. Dabei ging es ihm freilich nicht um eine Verweltlichung des Klerus, sondern um eine „indirekte und diskrete" Sakralisierung zentraler Aspekte der Lebenswelt.

Im Bereich der Liturgie sprach sich Wojtyła für den („vorsichtigen") Gebrauch der Nationalsprachen aus, allerdings nicht für den gesamten Ritus. Die Forderung etwa nach einer Vereinfachung der Pontifikalämter (die vom Bischof persönlich zelebriert wurden) und anderer Riten durfte in seinen Augen nicht zu einer Verminderung der „liturgischen Schönheit" führen. Was die Ordensleute anging, brachte der Bischof eine Reform der Regeln ins Spiel, mahnte aber auch die Überwindung von „Partikularismus" und „Egoismus" gegenüber dem diözesanen Leben an. Dieses Thema kehrte in vielen Voten der Konzilsväter wieder, die ihren Unwillen über die Freistellung der Ordensleute und ihre Distanz zum Bistum zum Ausdruck brachten. Wojtyłas Votum war insgesamt ein engagierter Text für einen jungen Weihbischof, stellte er doch, wenn nicht ein Reformprogramm, so doch zumindest ein wohldurchdachtes programmatisches Dokument für sein Bischofsamt dar.[76]

Wojtyła nahm am Konzil innerhalb der von Primas Wyszyński geleiteten Gruppe polnischer Bischöfe teil, die durch einen starken Zusammenhalt geprägt war.[77] In ihr wurde auch die praktische Konzilsarbeit diskutiert und abgestimmt.[78] Wojtyła wohnte im polnischen Kolleg auf dem Aventin. Vor seiner Nominierung zum Erzbischof hatte er seinen Platz im hinteren Bereich des Petersdoms, zusammen mit den jungen Bischöfen sowie den Weihbischöfen. Trotz seines noch nicht fortgeschrittenen Alters meldete sich Wojtyła zweimal in der Konzilsaula zu Wort und legte schriftliche Anmerkungen über das Schema „De Ecclesia" vor, mit einem eher kritischen Text, in dem er betonte, dass auch den einzelnen Gläubigen als Teil des mystischen Leibes (*corpus mysticum*) Verantwortung für die Kirche zukomme. In der zweiten Konzilsphase, im Jahr 1963, sprach Wojtyła über die Kirche. Pater Congar hielt seinen mündlichen Vortrag für strukturierter als den Text, den ihm der Bischof kurz zuvor ausgehändigt hatte.[79]

Nachdem er durch seine Nominierung zum Erzbischof von

---

[76] Über die Voten der Konzilsväter siehe À la veille du Concile Vatican II, hg. v. M. Lamberigts und Cl. Soetens, Leuven 1992.

[77] Über Wojtyłas Rolle während des Zweiten Vatikanums siehe J. Grootaers, I protagonisti del Vaticano II, Cinisello Balsamo (MI) 1993, S. 245–260 und Ders., Actes et acteurs, S. 326–339.

[78] Die Beiträge K. Wojtyłas zur Vorbereitung des Konzils finden sich in: G. Turbanti, La partecipazione di mons. Karol Wojtyła; Vgl. auch Acta et Documenta Concilio oecumenico Vaticano II Apparando.

[79] Vgl. Y. Congar, Diario del Concilio, Bd. 1, Cinisello Balsamo (MI) 2005, S. 423ff.

Krakau zur zweitwichtigsten Persönlichkeit innerhalb des polnischen Episkopats avanciert war, spielte Wojtyła im weiteren Verlauf des Konzils eine nicht unerhebliche Rolle. So arbeitete er etwa am „Schema XIII" mit, das schließlich zur Konstitution „Gaudium et spes" führte. Außerdem gehörte er zur Unterkommission, die sich mit den „Zeichen der Zeit" beschäftigte. Innerhalb dieser Arbeitsgruppe stellte er einen Bericht über den Kommunismus vor, zunächst als Entwurf, den er zusammen mit einigen polnischen Experten vorbereitet hatte. In der dritten Konzilssession im Jahr 1964 trat Wojtyła dreimal in der Aula auf, unter anderem mit einem Wortbeitrag zur Religionsfreiheit, die den polnischen Bischöfen umso mehr am Herzen lag, als es sich um ein gravierendes Problem in kommunistischen Regimes handelte. Wojtyła empfahl, die Religionsfreiheit nicht nur auf die Wahrheit und die traditionellen Rechte der Kirche zu gründen, sondern sie in der Idee der menschlichen Person zu verankern und ihr damit ein breiteres Fundament zu geben.

Der Bischof äußerte sich auch zu den Laien und der Kirche in der Gegenwart – eben im „Schema XIII". Er kritisierte dieses Schema, das sich in seinen Augen zu sehr auf Westeuropa konzentrierte, während andere Teile der Welt vernachlässigt wurden. Im Verhältnis zwischen Kirche und Welt wies er die Idee eines allzu einfachen Dialogs zwischen den beiden Wirklichkeiten zurück, ein Modell, mit dem manche westlichen Bischöfe und Theologen eine gelöste, wenig konfliktreiche Beziehung zur Welt aufbauen und die menschliche Geschichte als theologischen Ort deuten wollten. Wojtyła hingegen war der Ansicht, das Verhältnis zwischen Kirche und Welt sei weitaus komplexer und müsse aus „heuristischer" Perspektive betrachtet werden. Der christliche Glaube habe auch für die Welt eine befreiende Wirkung und mache den Menschen erst wirklich menschlich: Mit dieser Überzeugung öffne sich die Kirche der Welt und erschließe ihr zugleich die Perspektive der Transzendenz.

In den ersten Monaten des Jahres 1965 erhielt Wojtyła von der polnischen Regierung das Visum zur Teilnahme an der gemischten Kommission für das „Schema XIII“, die zwischen zwei Konzilssessionen tagte. Hier spielte Wojtyła – Pater Congar zufolge – eine zentrale Rolle.[80] Er schlug vor, den Atheismus als entscheidend für die weitere Entwicklung der Kirche zu definieren – allerdings nicht nur mit Blick auf die kommunistischen Länder, sondern auf die gesamte moderne Welt. Wojtyła betrachtete sich als Träger einer Erfahrung und einer Vision von Kirche, die neu war und ihren Vorteil gegenüber der westeuropäischen Sichtweise aus der Tatsache bezog, dass sie im Zeichen von Leid und Prüfung stand. Vor allem genügte es Wojtyła – wie es in der maßgeblichen „Geschichte des Zweiten Vatikanischen Konzils“ von Giuseppe Alberigo heißt – nicht, „optimistische Lösungen anzubieten, man müsse auch sichtbar machen, daß die wahren Antworten auf die Probleme des heutigen Menschen nicht die vom westlichen Konsumismus oder vom atheistischen Kommunismus propagierten seien, sondern die vom Christentum gebotenen“.[81]

Der Kontakt zu den großen Theologen des Zweiten Vatikanischen Konzils habe Wojtyła, so schrieb Mieczysław Maliński, mit der Kultur einer Debatte vertraut gemacht, in der nicht die Autorität zählte, sondern die Logik des besseren Arguments.[82] An der letzten Session nahm der Erzbischof aktiv teil. Um den Dialog zu erleichtern, so sagte er in einem Rede-

---

[80] Ebenda, S. 425ff.

[81] R. Burigana/G. Turbanti, Zwischen den Sitzungsperioden: Vorbereitung des Konzilsabschlusses, in: G. Alberigo/G. Wassilowsky (Hg.), Geschichte des Zweiten Vatikanischen Konzils (1959–1965), Bd. 4, Mainz 2006, S. 618; vgl. G. Alberigo, Großartige Ergebnisse – Schatten von Ungewissheit, in: ebd. S. 727–755. Vgl. außerdem G. Routhier, Portare a termine l'opera iniziata: la faticosa esperienza del quarto periodo, in: ebenda, S. 73–195, bes. S. 128, 139 und 165; sowie P. Hünermann, Le ultime settimane del Concilio, in: ebenda, S. 371–491, bes. S. 382, 403 und 406.

[82] M. Maliński, Johannes Paul II., S. 153–158 und 181–186.

beitrag in der Konzilsaula, dürfe man auf keinen Fall die von Jesus bezeugte Wahrheit der Geschichte leugnen; sie sei vielmehr in der Welt zu finden und dort zu verkünden. Wojtyła bekräftigte, man müsse in klaren Worten formulieren, wie der vom Staat verordnete Atheismus gegen das Naturrecht verstoße. In diesem Themenbereich war Wojtyła eine der großen Stimmen des Konzils. Kardinal König verwies einmal mehr auf die historischen Ursachen des Atheismus; der ukrainische Metropolit Slipyj, der viele Jahre in sowjetischen Gulags verbracht hatte, sprach von kommunistischer Gewalt. Kardinal Wyszyński hielt eine flammende Rede über die Religionsfreiheit und warf zugleich den westlichen Kommentatoren vor, nichts von der Situation der polnischen Kirche verstanden zu haben.

Das Konzil war, wie bereits gesagt, eine entscheidende Erfahrung für den Erzbischof von Krakau, der daran mit der „Schlüssigkeit einer Grundsatzüberzeugung" teilnahm.[83] Nach Abschluss des Zweiten Vatikanums stellte sich freilich auch in Polen das Problem der Umsetzung des Konzils. Der Primas wollte zum einen verhindern, dass sie in gleicher Weise erfolgte wie im Westen, zum anderen sollte sie keinen Anlass zu einer Spaltung der Kirche bieten. Im Übrigen war die Rezeption des Konzils in Polen schon allein deshalb eine andere als in der westlichen Welt, weil es hier keine Pressefreiheit gab. Um überhaupt eine Umsetzung des Konzils zu ermöglichen, wollte Wojtyła daher eine Diözesansynode nach Krakau einberufen, deren Arbeit von 1972 bis 1979 (Wojtyła war bereits Papst) dauerte.

Die traditionelle Struktur einer Diözesansynode war eher beschränkt, doch der Kardinal entschloss sich, die juristischen Vorgaben zu lockern, um eine weitgefasste Beteiligung der

[83] So die Formulierung bei G. Turbanti, La partecipazione di mons. Karol Wojtyła, S. 3ff. Wichtige Beobachtungen über Wojtyła während des Konzils finden sich in J. Grootaers, De Vatican II à Jean Paul II, S. 148–168.

Gläubigen zu ermöglichen, die in mehr als tausend Gruppen eingeteilt wurden. Damit wollte er die Katholiken in der kommunistischen Gesellschaft in eine neue Form der Mission einbeziehen, vor allem aber suchte er, ein Klima der Gemeinschaft zu schaffen – und dies in einer Gesellschaft, in der die Kontrolle durch das Regime mit seiner Strategie der Isolation und der Spaltung stark zu spüren war. 1973 erläuterte der Kardinal das wichtigste Ziel der Synode, das darin bestand, die Diözesangemeinschaft im Lichte des Zweiten Vatikanischen Konzils neu zu schmieden. Zur Begründung führte er aus: „Der pastorale Charakter der Synode der Erzdiözese Krakau, ihre Einzigartigkeit und Originalität, werden durch die Tatsache deutlich, dass sie nicht nur der Arbeit von Komitees und Expertenkomitees vertraut, sondern auch die Möglichkeit sucht, einen breiten Kontakt mit der gesamten Gemeinschaft des Volkes Gottes herzustellen [...]. Das Zweite Vatikanische Konzil hat uns gezeigt, dass wir alle die Kirche sind."[84]

Die Turbulenzen des nachkonziliaren Prozesses

Wojtyła spielte in der Zeit nach dem Zweiten Vatikanum eine wichtige Rolle, auch wenn er der breiten Öffentlichkeit noch immer kaum bekannt war. Mit siebenundvierzig Jahren wurde er von Paul VI. 1967 zum Kardinal erhoben. Er war Mitglied der vom Montini-Papst eingerichteten Kommission zum Bevölkerungsproblem und zur Geburtenkontrolle. Seine direkte Beteiligung an der Kommissionsarbeit blieb zwar aufgrund von fehlenden Visa eingeschränkt, gleichwohl übte er auf diesem Feld einen gewichtigen Einfluss aus. So bildete er in Krakau eine Gruppe, um einen Text auszuarbeiten, der

---

[84] Zur dieser Synode vgl. Il Sinodo pastorale dell'Archidiocesi di Cracovia, 1972–1979, hg. v. G. Danzi, F. Follo und T. Pieronek, Città del Vaticano 1985. Vgl. A. Boniecki, The Making of the Pope, S. 535.

dann dem Papst vorgelegt werden sollte. Wanda Półtawska war dabei seine „persönliche Expertin“ auf diesem Gebiet.[85] Die Mehrheit der römischen Kommission sprach sich für einen neuen Umgang mit Verhütungsmitteln aus, da sie der Auffassung war, die Kirche müsse angesichts der neuen demografischen Lage und der Erwartung vieler Gläubiger die von Pius XII. formulierte Lehre revidieren. Kardinal Döpfner, Vizepräsident der Kommission, bereitete ein Dokument vor, in dem die Position der Mehrheit zum Ausdruck kam. Die Krakauer Gruppe fand sich hier allerdings nicht wieder, konnte sich aber auch nicht mit dem vom Heiligen Offizium Ottavianis formulierten Alternativvorschlag identifizieren, der ihr blutleer erschien. Aus Krakau kam vielmehr ein weiterer Entwurf, der die bereits in „Liebe und Verantwortung“ formulierten Thesen aufgriff.[86] Dieser Vorschlag wurde Paul VI. vorgelegt und schließlich in der Enzyklika *Humanae vitae* berücksichtigt, auch wenn seine spezifisch personalistische Prägung nicht gänzlich in den endgültigen Text übernommen wurde.

Wojtyła stand während der Krise, die auf die Veröffentlichung von *Humanae vitae* folgte, uneingeschränkt zum Papst, der sich harten Angriffen ausgesetzt sah. Anfang 1969 äußerte sich der Kardinal im „Osservatore Romano“ und bezog sich im Zusammenhang mit dem Wert der sexuellen Selbstkontrolle auf die Lehre Gandhis.[87] Die Debatte über diesen Themenkomplex verfolgte Wojtyła auch weiterhin aus der Nähe. Interessant ist ein Memorandum, das 1971 unter seiner Leitung von der Krakauer Expertengruppe erarbeitet und an

---

[85] Brief von Johannes Paul II. an Wanda Półtawska v. 24.12.1978, in W. Półtawska, Diario di un'amicizia, S. 427–429.

[86] Les fondements de la doctrine de l'Église concernants les principes de la vie conjugale, in : Analecta Cracoviensia I (1969), S. 194–230. Vgl. C. Bernstein/M. Politi, Seine Heiligkeit, S. 133–135. Eine detaillierte Rekonstruktion liefert G. Weigel, Zeuge der Hoffnung, S. 216–220.

[87] K. Wojtyła, La verità dell'Humanae vitae, in: L'Osservatore Romano v. 5.1. 1969.

Paul VI. weitergeleitet wurde. Mit diesem Dokument erging an den Papst die Bitte, eine speziell an die Priester gerichtete Instruktion zu verfassen, die sich an der in „Humanae vitae“ vertretenen Lehre orientieren und ihre Umsetzung fördern sollte, womit nicht zuletzt auch eine neue Bewertung des Ehesakraments ermöglicht werde. Die Kirchenkrise, die auf die Enzyklika folgte, bot vielen Gläubigen in den Augen Wojtyłas und seines Krakauer Kreises die „Gelegenheit eines umfassenderen Prozesses der Anfechtung anderer Glaubensartikel und des christlichen Sittengesetzes“. Tatsächlich distanzierten sich nicht wenige katholische Theologen anlässlich der Diskussion über die Enzyklika vom kirchlichen Lehramt.
Das von Wojtyła vorgelegte Dokument ging nicht nur auf „Humanae vitae“ ein, sondern auch auf die Krise der Kirche an sich. Zwar wurde es in dem Text begrüßt, über Kritik zu diskutieren, der Wert des Lehramts jedoch wurde entschlossen verteidigt: Es müsse „mit Nachdruck“ gesagt werden, dass „das moralische Gesetz nicht auf der Anerkennung oder Nichtanerkennung von Menschen, Gruppen oder menschlicher Umfelder fußt, sondern auf der objektiven Natur von moralisch Gutem und Bösem“.[88] Auf Initiative Wojtyłas erging aus Krakau also eine klare Botschaft an den Papst: Die in „Humanae vitae“ angesprochenen Fragen waren entscheidend für die christliche Vorstellung vom Menschen und der Ehe, aber auch für eine Klärung der Verhältnisse innerhalb der Kirche, zwischen Papst und Bischöfen, zwischen Lehramt und Theologie, zwischen den Gläubigen und der Morallehre.
Die Komplexität dieser Verhältnisse wurde Kardinal Wojtyła bewusst, als er an der Bischofssynode teilnahm, jenem neuen Organ, das Paul VI. nach dem Zweiten Vatikanischen Konzil geschaffen hatte. Bis 1978 wurden fünf Synodensessionen abgehalten, an denen Wojtyła jeweils teilnahm. 1971, 1974 und

[88] Eine Kopie des Schreibens (in französischer Sprache), das im März 1971 an Paul VI. gesandt wurde, befindet sich im Besitz des Autors.

1977 wählten die Synodalväter Wojtyła in den Rat der Synode, zusammen mit dem Brasilianer Lorscheider, dem Senegalesen Thiandoum, dem Pakistaner Cordeiro und anderen.[89] Auch als Papst betrachtete Wojtyła die Synode als bedeutendes Instrument und versuchte stets, an den Sessionen teilzunehmen, um den Bischöfen zuzuhören.

Auch hier debattierten die Bischöfe über die Rezeption des Konzils und die Krise der Kirche. Joseph Ratzinger wies in seiner „Einführung in das Christentum" aus dem Jahr 1968 auf die tiefe Krise der Kirche hin: „Die Frage, was eigentlich Inhalt und Sinn christlichen Glaubens sei, ist heute von einem Nebel der Ungewißheit umgeben wie kaum irgendwann zuvor in der Geschichte."[90] Als Benedikt XVI. erinnerte er sich später daran, wie präsent Wojtyła dieses Buch war: Er „hatte meine ‚Einführung in das Christentum' gelesen und sich für die Ideen und Analysen interessiert, die ich dort dargelegt habe."[91]

Auch andere kirchliche Würdenträger nahmen Ermüdungserscheinungen im Christentum auf der nördlichen Halbkugel wahr. In der Synode machten sich daher vor allem die Stimmen der Bischöfe aus dem Süden bemerkbar – die Vertreter der „jungen Kirchen", wie man sagte, und sie gingen die Problematik des Glaubens aus der Perspektive der „Inkulturation" in ihrer eigenen Welt an. Der Kongoleser Kardinal Malula, Erzbischof von Kinshasa, war einer der angesehensten Vertreter dieser Position. Die Synode von 1974, die der „Evangelisierung in der Welt von heute" gewidmet war, reflektierte den unterschiedlichen Grad von Sensibilität und machte zugleich deutlich, wie schwierig es war, zu einer Synthese zu gelangen.[92] Das Ziel der Synode sollte ja darin beste-

---

[89] J. Grootaers, De Vatican II à Jean Paul II, S. 169–186.

[90] Joseph Ratzinger, Einführung in das Christentum. Vorlesungen über das Apostolische Glaubensbekenntnis, München 1968, S. 9.

[91] Gespräch des Autors mit Benedikt XVI.

[92] Als Bilanz der Debatte über dieses Thema während des Pontifikats Pauls VI. vgl. Il problema dell'inculturazione oggi, in: La Civiltà Cattolica 129, IV

hen, eine Rezeption des Konzils aus der Perspektive der Evangelisierung in Gang zu setzen.
Karol Wojtyła spielte dabei eine wichtige Rolle, wurde ihm doch die Aufgabe übertragen, über die theologischen Aspekte der Evangelisierung zu sprechen, und dies umschloss auch das Verhältnis zwischen Evangelisierung und politisch-gesellschaftlicher Befreiung. Die Befreiung auf der sozialen Ebene, so der Kardinal, sei selbstverständlicher Teil der Evangelisierungsarbeit. Wojtyła fasste die von den Synodalvätern formulierten Themen zusammen und sprach dabei unter anderem über Atheismus, westliche Säkularisierung, die Idee der Befreiung, die großen asiatischen Religionen sowie die Inkulturation[93], die großen Fragen der letzten Jahrzehnte des 20. Jahrhunderts also. Am Ende der Beratungen legte Wojtyła einen Textentwurf vor, der jedoch abgelehnt wurde. Hier offenbarte sich eine andere Sensibilität der „jungen Kirchen", die den zu allgemeinen Charakter des Textes kritisierten. Wojtyła seinerseits beharrte darauf, dass es schwierig sei, die verschiedenen Erfahrungen und Tendenzen, die während der Synodalarbeit zum Ausdruck gekommen seien, unter einen Hut zu bringen. In einem Artikel über die Arbeit der Synode fügte er hinzu, man dürfe nicht nur die Entwicklung einzelner Kirchen im Blick haben, sondern müsse vielmehr eine gemeinsame Theologie der Evangelisierung begründen.[94] Tatsächlich gelang es Kardinal Wojtyła nicht, den Konsens der Bischöfe herzustellen und seine Synthese der verschiedenen Tendenzen durchzusetzen. Stattdessen machte er die kräfte-

(1978), S. 313–322. Vgl. auch E. Innocenti, Il Sinodo dei Vescovi. Vaglio e conclusioni, in: Concretezza, 1.3.1975, S. 23–27.

[93] Siehe dazu K. Wojtyła, L'évangélisation du monde contemporain, in: Documentation catholique 969, 17.11.1974, sowie Ders., Synthèse de la deuxième partie: réflexion théologique, in: L'Église des cinq continents. Bilan et perspectives de l'évangélisation, Paris 1975, S. 147–163.

[94] K. Wojtyła, W służbie ewangelizacji [Im Dienste der Evangelisierung], in: Przewodnik Katolicki 20 (1975), S. 8–9.

zehrende Erfahrung des Pluralismus in einer nach dem Zweiten Vatikanum zunehmend polarisierten Kirche.

War der Kardinal also nun progressiv oder konservativ eingestellt? Bereits die genaue Klärung dieser beiden Kategorien mündet in Schwierigkeiten. Jan Grootaers, ein intimer Kenner des Konzils und der Synoden, verortete Wojtyła jedenfalls in der Mitte, in der Tradition Montinis zwischen Progressiven und Konservativen. Gewiss ist, dass er den Ideen Pauls VI. nahestand. Die Synthese der Synode von 1974 wurde schließlich vom Papst persönlich erarbeitet und führte zum Apostolischen Schreiben „Evangelii nuntiandi", einem Text über die Mission der Kirche in der Welt der Gegenwart, die auch Wojtyła wichtig war. In Wirklichkeit hatte Paul VI. freilich weniger eine Synthese der verschiedenen Positionen vorgelegt als vielmehr einen eigenständigen Vorschlag unterbreitet, wenngleich er aus den Diskussionen der Synode erwachsen war. Die Erfahrung der Synode von 1974 veranlasste Wojtyła daher, darüber nachzudenken, wie wichtig die Rolle des Papstes war, wenn es galt, die verschiedenen Befindlichkeiten der Kirche zusammenzuhalten.

Eines der größten Probleme nach dem Zweiten Vatikanischen Konzil war das der Kollegialität beziehungsweise die Frage, ob neue Formen der Zusammenarbeit zwischen Papst, Bischöfen und römischer Kurie geschaffen werden mussten. Im Jahr 1969 brachten etwa Vertreter der orientalischen Kirchen, unter ihnen die Patriarchen Méouchi und Hakim sowie der Ukrainer Hermaniuk, den Vorschlag ein, eine ständige Synode nach östlichem Modell einzurichten, unter Vorsitz des Papstes. Kardinal Suenens wiederum sprach sich für die Teilnahme des Sekretariats der Bischofssynode an der Papstwahl aus, unabhängig davon, ob die dort Vertretenen bereits Kardinäle waren. Im Sekretariat der Synode (zu dem auch Wojtyła gehörte) sah man eine mögliche Vorstufe zu einem Bischofsrat des Papstes. Kardinal Duval, Erzbischof von Algier, war gegen die Einführung des Synodalprinzips für die

Leitung der katholischen Kirche, weil er der Ansicht war, nur der Papst könne ein Gegengewicht zugunsten der armen Kirchen des Südens gegen die Übermacht der reichen Kirchen des Nordens bilden.
Kardinalstaatssekretär Villot fragte Wojtyła kurz nach dessen Wahl zum Papst, nachdem er ihm vom positiven Echo auf seine Erklärungen zur Kollegialität berichtet hatte: „Gedenken Eure Heiligkeit, dem Rat der Bischofssynode eine ständige Repräsentanz zu gewähren?" Der Papst aber antwortete: „Nein, es wird keine Synode nach dem Modell der östlichen Kirchen sein. Der Papst bleibt der oberste und einzige Gesetzgeber (mit dem Konzil). Unter dieser Voraussetzung ist es angebracht, die Befugnisse des Rats der Synode zu erweitern und ihn öfter konkreter Probleme wegen zu konsultieren. Aus dieser Konsultation werden wir aber kein Gesetz machen."[95] Johannes Paul II., der sich über die wichtige Funktion der Synode im Klaren war (die er während seines Pontifikats dann auch in vollem Umfang nutzte), hatte zugleich verstanden, dass die Macht des Papstes nicht beschränkt werden durfte. Ihm allein oblag es in seinen Augen, eine Synthese zu schaffen, die nicht nur einfach den Pluralismus der Positionen aufnahm. Bereits 1975 hatte Kardinal Wojtyła einen Vortrag beim dritten Symposium der europäischen Bischöfe über die theologischen Grundlagen des Bischofsamts gehalten: „Insbesondere was das direkte Amt des Bischofs angeht, ist der lebendigen Verkündigung des Evangeliums die absolute Priorität einzuräumen", führte er damals aus. Die Synthese zwischen den verschiedenen Positionen in der Kirche solle mit Blick auf den Vorrang der „lebendigen Verkündigung" erfolgen, das heißt im Sinne einer neuen, überzeugenden Evangelisierung.

[95] A. Wenger, Le cardinal Villot (1905–1979), Paris 1989, S. 261.

Karol Wojtyła lernte die römische Leitung der Kirche in den Jahren des Konzils immer besser kennen. Gleichwohl verfolgte er die Diskussionen über die „Kurienpolitik" nicht gerade leidenschaftlich. In einem Gespräch über diese Probleme, das er 1972 mit Andrzej Maria Deskur (der mit entsprechenden Neuigkeiten aus Rom kam) und dem Primas führte, habe Wojtyła „geschwiegen und ab und zu etwas gemurmelt. Er vermittelte den Eindruck, in einer anderen Welt zu sein. Erst, als es um Volleyball ging, konnte er sich erwärmen [...]." So berichtet Kardinal Wyszyński.[96]

Der junge Bischof Wojtyła wusste nahezu nichts von dem, was in der Kurie vor sich ging, war doch allein der Primas für den Kontakt mit Rom zuständig. Wie alle polnischen Bischöfe, empfand aber auch Wojtyła eine gewisse Sympathie für Johannes XXIII.: „Den Geist Johannes XXIII., wir hier in Polen nehmen ihn vollkommen wahr, und wir solidarisieren uns spontan mit ihm; er ist uns nah", hat er einmal formuliert.[97] Er war es denn auch, der Johannes XXIII. im Jahr 2000 selig sprach, zusammen mit Pius IX. Roncalli wiederum schätzte den Primas: Als Wyszyński 1957 nach Rom reiste (wo man noch immer irritiert war über sein Abkommen mit den Kommunisten von 1950), fand er am Bahnhof von Venedig keinen Geringeren als Patriarch Roncalli vor, der ihm die Ehre erweisen wollte. Am Tag, nachdem die polnischen Bischöfe zur ersten Session des Zweiten Vatikanischen Konzils in Rom angekommen waren, wollte Johannes XXIII. sie sogleich treffen, erinnerte er sich doch daran, wie er viele Jahre zuvor nach Polen gereist war, um Jasna Góra zu besuchen und in der

---

[96] Karol Wojtyła w zapiskach Prymasa Tysiąclecia, in: Znaki Nowych Czasów, 17.10.2006, S. 94–115, hier S. 106.

[97] Hirtenbrief von 1963, in K. Wojtyła, Il buon pastore. Scritti, discorsi e lettere pastorali, Rom 1978, S. 59.

Wawel-Kathedrale eine Messe zu zelebrieren. Unter den Bischöfen war auch der junge Wojtyła.

Bei dieser Gelegenheit erinnerte der Roncalli-Papst an einen Landsmann aus Bergamo, den Oberleutnant und Garibaldi-Anhänger Francesco Nullo: „Das wiedererstandene Polen hat diesem edlen Offizier ein Denkmal gesetzt, es hat auch in der Stadt Breslau eine Straße nach ihm benannt, in jenen Gebieten also, die nach Jahrhunderten wieder zurückgewonnen waren." Dies war keine Nebensächlichkeit, sondern Ausdruck einer gewissen Änderung in der vatikanischen Politik, die die Westgrenze Polens bis zur Oder-Neiße-Grenze nach wie vor nicht anerkannte. Vermutlich ging Roncallis Bemerkung auf eine Bitte des Primas zurück, der auf eine förmliche Anerkennung der polnischen Westgrenze drängte. Die Worte des Papstes riefen zwar eine scharfe Reaktion beim deutschen Bundeskanzler Konrad Adenauer hervor, zeigten aber, dass der Heilige Stuhl mit den nationalen Interessen Polens im Einklang stand. Dies war ganz im Sinne des Primas, auch wenn die offizielle Anerkennung der aus dem Warschauer Vertrag resultierenden Grenzen Polens zu Deutschland durch den Vatikan erst zehn Jahre später erfolgte. Durch das entschlossene Auftreten des Primas blieben die Forderungen des deutschen Episkopats, Paul VI. möge mit der Anerkennung noch warten, 1972 unerfüllt.[98]

Die neue Ostpolitik des Heiligen Stuhls hatte also bereits begonnen. Agostino Casaroli unternahm 1963 die ersten Reisen nach Ungarn und in die Tschechoslowakei. Zwischen Rom und den Ländern des Ostblocks schien etwas in Bewegung zu kommen. Die einzige Kirche in Osteuropa, die noch halbwegs lebendig wirkte, war die polnische, und Kardinal Wyszyński bestand denn auch weiterhin darauf, dass der polnische Epis-

---

[98] Vgl. G. Barberini, L'Ostpolitik della Santa Sede. Un dialogo lungo e faticoso, Bologna 2007, S. 53ff. und 136–148. Siehe auch F. Bertone, L'anomalia polacca, Rom 1981, S. 219–230, und A. Riccardi, Il Vaticano e Mosca, S. 217–264.

kopat den Dialog mit der Regierung pflegte. Paul VI. indes schickte 1966, auf Anregung polnischer Regierungsvertreter und auf Vermittlung des italienischen Botschafters in Warschau, seinen Freund Franco Costa zu vertraulichen Gesprächen nach Polen. Diese Mission trug Costa das deutliche Missfallen des Primas ein, während sich Wojtyła bei ihm bedankte. Costa seinerseits übermittelte Montini ein äußerst positives Bild des Erzbischofs von Krakau, der seiner Ansicht nach kaum „weniger bedeutsam ist als der Primas".[99] Paul VI. hoffte seinerseits, 1966 einen Besuch in Polen absolvieren zu können, was die Regierung allerdings zu verhindern wusste. Im Jahr 1967 reiste Casaroli nach Polen, um die dortigen Bischöfe zu treffen und sich einen Überblick über die Situation zu verschaffen. Dabei beriet er sich in Krakau auch mit Wojtyła, dessen „Ansehen nicht seinem Alter" entspreche. Casaroli vertraute dem Wojtyła-Biografen George Weigel an, er sei überrascht gewesen, dass der Erzbischof niemals mit Edward Gierek, dem Vorsitzenden der Kommunistischen Partei, zusammengetroffen war, der die eigentliche Macht in Polen innehatte (und er führte dies darauf zurück, dass sich vorrangig der Primas um politische Angelegenheiten kümmerte). Dabei entging ihm nicht, dass Wojtyła mehr an einer theoretischen als an einer politischen Auseinandersetzung mit dem Marxismus interessiert war.[100]

Wojtyła unterstützte auch weiterhin, so es in seiner Macht stand, die Kirchen des Ostens. Er, der während der Zeit der

---

[99] S. Oder/S. Gaeta, Perché è santo, S. 66. Vgl. C. Russo, La missione in Polonia di mons. Franco Costa, in: „Don Costa", una sapienza amica, hg. v. I. Bozzini, Rom 1983, S. 151–156. Zur polnischen Mission siehe auch den Beitrag von I. Bozzini in: Don Franco Costa. Per la storia di un sacerdote attivo nel laicato italiano. Studi e testimonianze, Rom 1992, S. 410.

[100] G. Weigel, Zeuge der Hoffnung, S. 238–245. Siehe auch L'Ostpolitik di Agostino Casaroli, hg. v. A. Silvestrini, Bologna 2009 und dort besonders A. Giovagnoli, Ostpolitik: un bilancio storiografico, S. 103–131. Ein aufschlussreiches Dokument findet sich in A. Casaroli, Il martirio della pazienza. La Santa Sede e i paesi comunisti, Turin 2000.

deutschen Besatzung selbst Erfahrungen im Untergrund gemacht hatte, war davon überzeugt, dass es notwendig war, eine Untergrundkirche zu organisieren, wenn andere Wege versperrt waren. Solchen Bestrebungen begegnete der Heilige Stuhl in den sechziger und siebziger Jahren allerdings eher misstrauisch. Wojtyła freilich weihte als Erzbischof von Krakau weiterhin heimlich Priester aus anderen Staaten des Ostblocks mit der Erlaubnis ihrer Vorgesetzten, vor allem Ordensleute, ohne es für notwendig zu erachten, den Vatikan darüber zu informieren, was kirchenrechtlich im Übrigen auch nicht erforderlich war. Dabei handelte es sich vor allem um Priester aus der Tschechoslowakei, wo die Verfolgung der Kirche härter verlief als in Polen. Für sie hielt der Kardinal seine Tür stets offen, und gleiches galt auch für Priester aus Weißrussland oder Litauen. Darüber hinaus sorgte er diskret dafür, dass religiöse Literatur über die polnische Grenze gelangte.[101]
1974 nahm Wojtyła an der Trauerfeier für den tschechoslowakischen Kardinal Trochta teil, der lange Jahre im Gefängnis gesessen hatte und schließlich an den Folgen eines Verhörs verstorben war. Auch wenn die Behörden ihm nicht erlaubten, als Konzelebrant an der Totenmesse mitzuwirken, ergriff Wojtyła am Ende des Begräbnisses das Wort.
Anfang 1974 kursierte das Gerücht, Casarolis Mission in Polen ziele letztlich auf den Rücktritt des Primas, nachdem der ungarische Kardinal Mindszenty abgesetzt worden war. Sowohl Wojtyła als auch Wyszyński standen der Ostpolitik des Vatikans kritisch gegenüber, allerdings aus verschiedenen Gründen. Nach Ansicht des Primas hatte der Heilige Stuhl durchaus das Recht, sich nach Osten hin zu öffnen; die Verantwortung für das Schicksal der eigenen Nation sah er allerdings ausschließlich bei den polnischen Bischöfen. Wojtyła ging die Sache anders an und überraschte den Primas mit der Tiefgründigkeit seiner Gedankengänge, als er ihm im August

[101] Vgl. J. Kwitny, Man of the Century, S. 198–208.

1974 in einem Gespräch erklärte: „Die Kirche gewinnt nichts, wenn sie sich nach ‚Osten' öffnet. Allerdings könnte sie so ihre einzige Basis dort, nämlich Polen, verlieren. Das wäre eine Dummheit. Der Heilige Stuhl berücksichtigt die westlichen Stimmen, die für den Kommunismus optieren."[102] Dies war die Ansicht Wojtyłas, der allerdings, im Unterschied zum Primas, keine direkte politische Verantwortung in dieser Angelegenheit trug. 1975 führte Wyszyński ein überaus harsches Gespräch mit Paul VI. über die neue Ostpolitik, in dem er den Papst bat, die Emissäre des Heiligen Stuhls mögen sich den kommunistischen Regierungen gegenüber „männlich" und wie „Nachfolger Christi" verhalten. „Noch nie", bemerkte Wyszyński im Nachhinein, habe er „so mit dem Oberhaupt der Kirche gesprochen".[103]

In den siebziger Jahren war Wojtyła zu einem wichtigen Gesprächspartner sowohl für den Primas als auch für den Papst geworden, wie sich in der Debatte um die Enzyklika „Humanae vitae" zeigte. Dabei kreisten die Themen, über die der Erzbischof mit dem Papst sprach, im Allgemeinen eher um pastorale als um politische Fragen. Wyszyński berichtet von dem Eindruck, den Wojtyła 1968 von einer Unterredung mit Paul VI. gewonnen hatte: „Der Papst ist dankbar für die Position des polnischen Episkopats. Er ist der Ansicht, dies habe sogar von einem dogmatischen Standpunkt aus geholfen, Entscheidungen zu treffen." Ein Zeichen für das Interesse, das Paul VI. dem Erzbischof von Krakau entgegenbrachte, war die Tatsache, dass er ihn häufig empfing: Zwischen 1973 und 1975 war Wojtyła elfmal beim Papst – was im Übrigen vielen entging.[104] 1976 bat ihn der Papst, wie bereits erwähnt, die geistlichen Exerzitien für die Kurie zu halten.

---

[102] Karol Wojtyła w zapiskach Prymasa Tysiąclecia, S. 106–107.

[103] P. Raina, Kardynał Wyszyński. Czasi Prymasowskie 1975, Warschau 2006, Bd. 14, S. 107 und 187. Vgl. auch E. K. Czaczkowska, Kardynał Wyszyński, Warschau 2009, S. 494–522.

[104] Vgl. C. Bernstein/M. Politi, Seine Heiligkeit, S. 135–137.

In einem Gespräch zwischen Paul VI. und Wojtyła zeigte sich, dass sie in der Analyse des Westens durchaus übereinstimmten: „Man darf den Ideen der westlichen Welt nicht nachgeben, denn diese kommerzialisierte Welt denkt nicht gesund. Besser ist das Echo der Stimmen aus der ‚Dritten Welt', so arm sie auch ist. Der reiche Westen ist korrupt."[105] Diese kritische Wahrnehmung des Westens fand Wojtyła bestätigt, als er seine ersten großen Auslandsreisen unternahm. 1969 fuhr er nach Kanada und in die Vereinigten Staaten, 1973 nach Australien und Neuseeland (mit Stationen auf den Philippinen und Neu Guinea), schließlich 1976 für sechs Wochen in die Vereinigten Staaten, um am Eucharistischen Weltkongress teilzunehmen und seine philosophische Arbeit voranzubringen. In den USA traf er auch Zbigniew Brzeziński, der beeindruckt war von Wojtyłas „Intelligenz und ruhiger Stärke".[106] Vor seiner Wahl zum Papst hatte Wojtyła allerdings weder Afrika noch Lateinamerika, und im Grunde genommen auch Asien nicht kennengelernt. Nach seiner letzten Reise in die Vereinigten Staaten äußerte sich der Kardinal besorgt über die „Schlaffheit" der amerikanischen Gesellschaft. George Weigel zufolge war der Kardinal überzeugt, die Amerikaner hätten den epochalen Übergang, in dem sich die Welt befinde, womöglich gar nicht verstanden: die „größte historische Konfrontation, die die Menschheit erlebt hat, [...] [die] letzte Konfrontation zwischen der Kirche und der Anti-Kirche, dem Evangelium und dem Anti-Evangelium".[107] Der Westen schien der historischen Herausforderung der Zeit nicht gewachsen zu sein. Durch seine Reisen in die Länder hinter dem eisernen Vorhang, durch seine Kontakte zum Vatikan und die Teilnahme an den Synoden wurde sich Karol Wojtyła

[105] Karol Wojtyła w zapiskach Prymasa Tysiąclecia, S. 103.
[106] G. Weigel, Zeuge der Hoffnung, S. 236.
[107] Zit. n. ebenda, S. 236. Vgl. auch R. N. Gardner, Mission: Italy. Gli anni di piombo raccontati dall'ambasciatore americano a Roma 1977–1981, Mailand 2004, S. 265–267.

der Krise der Kirche in all ihren Facetten mehr und mehr bewusst. Doch hatte er für sich eine Antwort gefunden?
Interessant sind in diesem Zusammenhang einige Zeilen aus der Antrittspredigt, die Wojtyła 1964 in der Wawel-Kathedrale hielt und in der er sein bischöfliches Programm vorstellte:

> [...] wenn jemand nach einem Programm sucht, dann müsste es in dieser Richtung sein. An diesem Programm ist nichts Originelles, eine einfache Aufgabe, die seit jeher besteht. Die ewigen Dinge, die Dinge Gottes sind die einfachsten und tiefsten, man braucht keine neuen Programme zu schaffen, man muss nur auf eine neue Weise, mit neuer Begeisterung und Bereitschaft sich auf das ewige Programm Gottes einlassen, auf das Programm Christi und es nach dem, was unsere Zeit erfordert, erfüllen.[108]

Diese Gedanken nahm Johannes Paul II. Ende 2000, während der Feierlichkeiten der von ihm sehnsüchtig erwarteten Zweitausendjahrfeier der Geburt Christi, wieder auf, indem er betonte, dass auch für das 21. Jahrhundert bereits ein Programm existiere: das Evangelium. Dies war keineswegs Ausdruck einer traditionalistischen oder defensiven Haltung, denn Wojtyła war zutiefst davon überzeugt, dass auch dieses Programm in der Gegenwart umgesetzt werden musste. Wojtyła erwies sich hier einmal mehr als ein Mann mit einem Glauben und einer Tradition, die von weither kamen. Die Dinge Gottes, so wusste er, waren stets einfach und tief. Vielleicht, so sagte er, war es an der Zeit, zu einer neuen Begeisterung und einer neuen Bereitschaft zu gelangen.

[108] M. Maliński, Johannes Paul II., S. 171.

V

Ein wirklich neuer Papst

Ein ausländischer, ein europäischer Papst

Beim ersten Konklave des 20. Jahrhunderts, im Jahr 1903, hatte Kardinal Puzyna, Erzbischof von Krakau, im Auftrag des Habsburgerkaisers Franz Joseph vorsorglich ein Veto gegen die Wahl von Kardinal Rampolla del Tindaro eingelegt, der bei den ersten beiden Abstimmungen die meisten Stimmen auf sich vereinigen konnte. Dieses Veto, das die meisten Purpurträger als unerlaubte Einmischung empfanden, ging, so scheint es, nicht nur auf die politischen Vorbehalte von Kaiser Franz Joseph zurück, sondern auch auf die Angst der Polen, als Papst könne Rampolla den polnischen Interessen entgegenstehen.[1] Ausgerechnet im letzten Konklave desselben Jahrhunderts bestieg schließlich ein Pole den Stuhl Petri, bei dem es sich um einen Nachfolger Puzynas handelte, der seinerseits wiederum der unmittelbare Vorgänger Sapiehas gewesen war.

Karol Wojtyła war eine Persönlichkeit, die man zum Zeitpunkt der Wahl nur schwer einschätzen konnte. Er war nicht nur kein Italiener, sondern er war Slawe – und im Jahr 1978 schien die Welt des Ostblocks weit von Europa entfernt. Indes: Auch wenn Wojtyła kein italienischer Papst war, so stammte er dennoch aus einem europäischen Land, und seine Wahl war keineswegs jener Schritt ins Ungewisse, als der sie damals erschien. Tatsächlich war Johannes Paul II. der Verkünder einer starken europäischen Botschaft. Mehr noch:

---

[1] Vgl. L. Trincia, Conclave e potere politico. Il veto a Rampolla nel sistema delle potenze europee 1887–1904, Rom 2004.

Unter den Päpsten des 20. Jahrhunderts sollte er den größten Einfluss auf Europa überhaupt ausüben, und dies nicht nur wegen des langen Pontifikats, sondern auch wegen seines spezifischen Anliegens. Von Anfang an sprach er – der Konferenz von Jalta zum Trotz – von einem großen Europa, wie dies seinerzeit nur General de Gaulle gewagt hatte. Wojtyła träumte von einem großen Europa (zunächst gegen die Beschlüsse von Jalta, dann als Idee einer gegenüber dem Osten offenen Gemeinschaft), und er wurde dabei nicht müde, auf die christlichen Wurzeln des Kontinents hinzuweisen, in denen er das Fundament seiner Einheit sah. So dachte er an ein größeres Europa, das über die Westeuropäische Union, jene gewissermaßen an Karl dem Großen orientierte Gemeinschaft, wie sie Pius XII. mit Interesse begrüßt hatte, deutlich hinausging. Nach 1989 war er dann folgerichtig ein entschiedener Fürsprecher einer Osterweiterung der Europäischen Union.[2]

Von seinem Wiener Beobachtungsposten aus wusste Kardinal König, dass Krakau im Grunde nicht allzu weit vom Herzen Europas entfernt lag. Der Ausschluss der alten „Königsstadt“ aus allen europäischen Angelegenheiten war vielmehr eine Folge des Kalten Krieges, der die kulturellen Bande zwischen Prag, Wien, Krakau und Budapest, die einst einen gemeinsamen Horizont besaßen, zerschnitten hatte. Wojtyła nahm diesen Bruch als unnatürlich wahr, und in Krakau, das unter dem Einfluss der Habsburgermonarchie und im Kontakt zur deutsch-österreichischen Kultur ein Fluchtpunkt für die polnische Nation geworden war, litt man insgesamt erheblich darunter, Mitteleuropa den Rücken kehren zu müssen. Ein Papst aus Krakau stand Europa also keineswegs fern. Doch kam Johannes Paul II. ja nicht aufgrund der geografischen oder kulturellen Distanz von weither, sondern weil er

[2] Siehe Giovanni Paolo II, Europa, un magistero tra storia e profezia, hg. v. M. Spezzibottiani, Casale Monferrato (AL) 1991, sowie Ders., Dall'Atlantico agli Urali nel segno di Cristo. L'Europa vista da Giovanni Paolo II, hg. v. T. Scenico und M. Piacenza, Genua 1991.

aus dem Machtbereich des Kommunismus stammte. Dies hätte durchaus zu einem Hindernis für seine Wahl werden können. In der Tat war die Kandidatur des römischen Kurienkardinals Agagianian, der aus Georgien stammte, beim Konklave von 1958 auf energischen Widerstand gestoßen, da eine seiner Schwestern in der UdSSR lebte und eine kommunistische Unterwanderung des Vatikans daher zumindest im Bereich des Möglichen lag.[3] Wojtyła jedoch ist trotz seiner Verbindungen zum Ostblock nicht als erpressbar betrachtet worden, und Anhaltspunkte, die in diesem Sinn gegen ihn sprechen würden, haben sich nie gezeigt. Die europäische Utopie Johannes Pauls II. wurzelte in seiner Kultur, die auf Europa aus jener besonderen Perspektive blickte, wie sie sich in Polen als Scharnier zwischen West und Ost herausgebildet hatte. In der Enzyklika „Slavorum Apostoli" bezeichnete sich Johannes Paul II. als den ersten Papst, „der aus Polen und damit aus der Mitte der slawischen Völker auf den Stuhl des hl. Petrus berufen worden ist".[4] Oft sprach er von einem Europa, das mit „zwei Lungen" atme, wobei er auf die westliche und die östliche Tradition anspielte (eine Formulierung, die er, so sagte er gegenüber Pater Duprey, von einem seiner Professoren am Seminar übernommen hatte). Tatsächlich stammt das Bild von den „zwei Lungen" von dem Vladimir Solovjev nahestehenden Russen Vjačeslav Ivanov, der im römischen Exil lebte und als Professor für russische Literatur am Päpstlichen Orientalischen Institut lehrte. Ivanov, der sich dem Katholizismus angenähert hatte, ohne sich von der Orthodoxie ganz abzuwenden, starb 1949 in Rom.[5] Es ist bezeich-

---

[3] Siehe die Dokumente im Archivio Storico dell'Istituto Luigi Sturzo (ASILS), fondo Giulio Andreotti, Vaticano, Collegio Cardinalizio, fascicoli nominativi, b. 128, f. 1, Agagianian. Vgl. auch G. Andreotti, Meine sieben Päpste. Begegnungen in bewegten Zeiten, Freiburg, Basel, Wien 1980.

[4] Johannes Paul II., Rundschreiben Slavorum Apostoli, Bonn 1985 (Verlautbarungen des Heiligen Stuhls 65), S. 4.

[5] Zu Ivanov vgl. M. Roncalli, Ivanov il poeta dei due mondi, in: Luoghi dell'infinito 1 (2004), S. 21f.

nend, dass Johannes Paul II. im Mai 1983 die Teilnehmer einer Tagung über diesen russischen Intellektuellen persönlich begrüßt hat. Bei dieser Gelegenheit brachte er einen Brief Ivanovs aus dem Jahr 1930 in Erinnerung, in dem es heißt, er habe unter der Trennung „von der anderen Hälfte dieses lebendigen Schatzes der Heiligkeit und der Gnade" gelitten und „sozusagen wie ein Schwindsüchtiger nur noch mit einer Lunge geatmet". In den Augen Johannes Pauls II. aber musste ein Katholik „zwei Lungen haben, das heißt eine östliche und eine westliche".

Ein progressiver oder ein konservativer Papst?

In den siebziger Jahren war es üblich, die Katholiken in die Kategorien „progressiv" oder „konservativ" einzuteilen, um die verschiedenen Positionen, die sich in der Kirche manifestierten, voneinander abzugrenzen.[6] Auch das Zweite Vatikanische Konzil sah man in zwei Lager geteilt, wonach die Mehrheit der Teilnehmer eine progressive und nur die Minderheit eine konservative Haltung vertrat. Wo aber war hier Johannes Paul II. zu verorten, gehörte er zu den Progressiven oder eher zu den Konservativen? Unmittelbar nach der Wahl machte sich die Presse daran, den neuen Papst anhand dieser Kategorien zu bewerten. Schnell stellte sich jedoch heraus, dass sich Wojtyłas Persönlichkeit einem solchen Schubladendenken entzog. Der polnische Kardinal kam aus einer Kirche, die einen eigenen postkonziliaren Prozess durchlebt hatte und die Polarisierungen und Proteste, wie sie den westlichen Katholizismus erschütterten, nicht kannte. Er kam nicht aus einer Kirche, in der auf das Konzil eine tiefe Krise gefolgt war,

[6] Siehe dazu die umfangreiche Arbeit von Émile Poulat, vor allem zu den dynamischen Prozessen im Katholizismus während des 20. Jahrhunderts: É. Poulat, Une Église ébranlée. Changement, conflit et continuité de Pie XII à Jean-Paul II, Tournai, Paris 1980.

im Zuge derer ihr viele Priester den Rücken gekehrt hatten und die Zahl der Berufungen stark zurückgegangen war. Er entstammte auch einer anderen Konstellation als etwa der in Südamerika, einem katholisch geprägten, von großem religiösen Eifer getragenen Kontinent, wo sich eine theologisch-pastorale Strömung herausgebildet hatte, die die postkonziliare Erneuerung mit dem Kampf für die Befreiung der Unterdrückten verband. Von all diesen Problemen war in Polen nichts zu spüren. Hier befand sich eine Kirche des Volkes in den Klauen eines kommunistischen Regimes.

Die Jahre nach dem Konzil waren in Polen zwar ebenfalls schwierig, alles in allem aber durchaus konstruktiv verlaufen. Primas Wyszyński wachte über die behutsame und einheitliche Umsetzung der Konzilsbeschlüsse, sodass die Gemeinschaft von Bischöfen und Klerus sowie die Geschlossenheit der Kirche insgesamt nicht gefährdet waren. So hielt er es beispielsweise auch mit der Liturgiereform, wies er doch das Experimentieren mit einer Vielzahl neuer Formen in der Liturgie, wie sie im Westen erprobt wurden, entschieden zurück. Dies fiel ihm umso leichter, als er durch Sonderbefugnisse letztlich weitgehend eigenständig in Episkopat und Kirche walten konnte. Nicht zu Unrecht fürchtete Wyszyński eine Spaltung zwischen progressiven und konservativen Katholiken, da er überzeugt war, dass das Regime eine solche Entwicklung nur dazu benutzen würde, um die Bischöfe, in dessen Augen „große Herren“ und Integralisten, vom Volk und von den Intellektuellen zu trennen. Auf eine solche Spaltung arbeiteten auch die regimetreuen katholischen Bewegungen hin, selbstverständlich mit Unterstützung der kommunistischen Machthaber.

In Krakau pflegte Kardinal Wojtyła enge Kontakte zu intellektuellen Gruppierungen, die im Westen sicher als progressiv gegolten hätten – man denke etwa an „Tydodgnik Powszechny“ oder „Znak“ (für die er persönlich die geistlichen Exerzitien geleitet hatte). Und schon als junger Priester hatte

Wojtyła die Redakteure der „Tydodgnik Powszechny", die entlassen wurden, nachdem es die Zeitschrift 1953 abgelehnt hatte, einen Nachruf auf Stalin zu veröffentlichen, mit einem Teil seines Gehalts unterstützt.[7] Im Jahr 1977 organisierte Tadeusz Mazowiecki, der spätere polnische Ministerpräsident, beim Club der katholischen Intelligenzija und in Zusammenarbeit mit den laizistischen, von der PVAP ausgegrenzten Intellektuellen, ein Kolloquium über „Die Christen und die Menschenrechte". Die Ergebnisse der Tagung übermittelte er Wojtyła, der ihm daraufhin einen Antwortbrief schrieb, in dem deutlich wurde, dass sich Polen in einer besonderen Situation befand: „Die Rechte der Person fügen sich auf nahezu organische Weise in die Rechte der Nation und in die Rechte der Kirche. Die Person ist faktisch in der Nation verwurzelt und, auf andere Weise, ist sie auch in der Kirche verwurzelt."[8] Der spätere Papst schloss den Brief an Mazowiecki mit einer wichtigen Aussage: „Deshalb sind wir Zeugen eines wachsenden Bündnisses zwischen Nation, Kirche und Mensch – der Person." Die polnische Kirche, so hieß das, war mit dem Volk verbündet. In der südamerikanischen Befreiungstheologie erschien das Volk als unterdrückte Masse, während sie die kirchliche Hierarchie auf der Seite der Unterdrücker sah. Für die polnischen Bischöfe aber war das Volk der wichtigste Verbündete der Kirche überhaupt. Adam Michnik, ein nichtkatholischer Pole, sagte damals, die Kirche spreche im Namen des gesamten Volkes, nicht nur im Namen der gläubigen Katholiken.[9] Die polnische Kirche war jedenfalls nicht mit Hilfe jener Kategorien zu beschreiben, mit denen die Katholiken gemeinhin die Entwicklung nach dem Konzil interpretierten.

---

[7] Vgl. J. Kwitny, Man of the Century. The Life and Times of Pope John Paul II., New York 1997.
[8] Vgl. Erklärung von Tadeusz Mazowiecki beim Prozess der Selig- und Heiligsprechung des Dieners Gottes Johannes Paul II., Bd. 3, S. 248.
[9] Vgl. A. Michnik, Die Kirche und die polnische Linke. Von der Konfrontation zum Dialog, München 1980.

Sie war und blieb eine Kirche des Volkes, der es in der Auseinandersetzung mit dem Kommunismus immer auch um die Verteidigung der Menschenrechte ging. Und sie beruhte auf dem Konsens mit dem Volk, das kaum geneigt war, einem blinden Reformismus zu folgen. Zu den Kennzeichen progressiver Katholiken in Westeuropa, so heterogen sie im einzelnen auch sein mochten, gehörte nach dem Konzil nicht nur ihr unbedingter Reformwille, sondern auch eine neue Affinität zur Linken, vor allem zum Marxismus, womit sie den traditionellen katholischen Antikommunismus überwanden. Für die polnische Kirche war dies unvorstellbar.

Auch Wojtyła hatte mit der Position dieser progressiven Katholiken kaum etwas gemein. In einem Gespräch über die Unterschiede zwischen der Kommunistischen Partei Italiens und den Kommunistischen Parteien im Ostblock entgegnete mir Johannes Paul II. einmal recht unverblümt: „Ich weiß, dass man das in Italien so sagt, das heißt, dass sie [die KPI] anders ist. Aber ich weiß nicht recht, ob das auch stimmt" – was, höflich ausgedrückt, heißen sollte, dass es ihn nicht überzeugte.[10] Die kommunistische Frage spielte auch beim zweiten Konklave des Jahres 1978 eine gewisse Rolle. Die Strategie des historischen Kompromisses (*compromesso storico*), eines Bündnisses also zwischen Christdemokraten und Kommunisten, wie sie die Democrazia Cristiana (DC) aus einer politischen Notsituation heraus, allerdings mit Unterstützung von Paul VI., verfolgte, hatte bei etlichen Kardinälen für Irritation gesorgt. Handelte es sich nur um ein nebensächliches politisches Abkommen, oder kündigte sich hier möglicherweise ein Bündnis von größerer politischer Tragweite an, wie dies die Linkskatholiken anstrebten?

Kardinal Ratzinger etwa bekräftigte in einem Interview, das er eine Woche vor dem Konklave der „Frankfurter Allgemeinen Zeitung" gab, dass gerade Johannes Paul I. dem histori-

[10] Gespräch des Autors mit Johannes Paul II.

schen Kompromiss gegenüber kritisch eingestellt gewesen sei. Der Luciani-Papst habe dem Mythos widersprochen, demzufolge die Zukunft allein in der Hand der Linken beziehungsweise des Marxismus liege, und damit, so Ratzinger, auch die Idee „ubi Lenin, ibi Jerusalem" verworfen. Offensichtlich fürchtete der Kardinal, das anstehende Konklave könne durch linke Kräfte unter Druck geraten.[11] In der Tat war die Beziehung zur marxistischen Linken und den Regimen des Ostens eine ernstzunehmende Angelegenheit, und Johannes Paul II. war sich darüber im Klaren. Auch die Zusammenarbeit zwischen der Democrazia Cristiana und dem Partito Comunista in Italien, die in Italien mit Billigung von Paul VI. zustande kam, stellte für ihn weder ein Modell dar, noch schien sie ihm wünschenswert. Wojtyłas „Progressivität", bestand in dem, was er bereits in Polen gefördert hatte: dem Einsatz für die Menschenrechte, für Freiheit und soziale Gerechtigkeit, nicht jedoch in der Zusammenarbeit oder der Identifikation mit marxistischen Kräften.

Daher insistierte Johannes Paul II. in den ersten Jahren seines Pontifikats gerade auf den Menschenrechten, wobei die Religionsfreiheit nicht von den anderen Rechten zu trennen war. Im Gegenteil: Ein ganzer Abschnitt seiner ersten Enzyklika, „Redemptor hominis", war programmatisch den Menschenrechten insgesamt gewidmet. Die allgemeine Akzeptanz der Erklärung der Menschenrechte entsprach – hier benutzte Johannes Paul II. eine Wendung des Apostels Paulus im zweiten Korintherbrief – nicht der konkreten Umsetzung ihres „Geistes", vielmehr stand der Geist des gesellschaftlichen Lebens in einigen Ländern im offenen Gegensatz zum „Buchstaben der Menschenrechte".[12] So zeichnete sich eine Herausforde-

[11] „Frankfurter Allgemeine Zeitung" vom 8.10.1978.

[12] Johannes Paul II., Enzyklika Redemptor hominis. Bonn 1979 (Verlautbarungen des Heiligen Stuhls 6), S. 37. Zu den Enzykliken Johannes Pauls II. siehe Giovanni Paolo teologo. Nel segno delle encicliche, hg. v. G. Borgonovo und A. Cattaneo, Mailand 2003.

rung für die kommunistischen Regime (und Diktaturen) ab: Eine Regierung, die die Menschrechte nicht respektierte, stellte ihre Legitimation in Frage.

Die Menschenrechte standen in diesen Jahren auch im Zentrum der Politik des Präsidenten der Vereinigten Staaten von Amerika, Jimmy Carter. Seit 1977 wurden die Beziehungen zwischen den USA und der Sowjetunion durch einen erheblichen Dissens hinsichtlich der Wahrung der Bürgerrechte im Machtbereich Moskaus erschüttert. Dass neben der US-Administration nun auch noch der neue Papst auf den Menschenrechten beharrte, war für die Sowjets (die im Übrigen die Wahl Wojtyłas auf den Einfluss von Zbigniew Brzezinski, dem Sicherheitsberater Jimmy Carters, einem Amerikaner polnischer Herkunft, zurückführten) mehr als lästig.[13]

Die Religionsfreiheit war auch Gegenstand der Schlussakte der „Konferenz über Sicherheit und Zusammenarbeit in Europa" in Helsinki. Kardinal Wojtyła (hier unterschied er sich vom skeptischeren Wyszyński) war überzeugt, dass man sich fortan auf das stützen müsse, was die Regierungen des Ostens in Helsinki akzeptiert hatten, im Gegenzug zur Anerkennung der Grenzen von 1945: „Die Kommunisten hatten diese Rechte anerkannt und mussten sie anwenden", fasste Kardinal Silvestrini die Position des Erzbischofs von Krakau zusammen.[14] Die Schlussakte von Helsinki zeigte, dass es durchaus einen gemeinsamen europäischen Rahmen gab, sei es unter dem Aspekt der Menschenrechte, sei es als geopolitisches und kulturelles Ganzes. Helsinki war, so Agostino Casaroli, „das erste große paneuropäische politische Ereignis". Paul VI. hatte, trotz der Irritationen, die dies bei Kardinalstaatssekretär Villot auslöste, darauf gedrängt, dass der Heilige Stuhl an der Konferenz in Helsinki ebenso teilnahm wie

[13] Vgl. F. Corley, Soviet Reaction to the Election of Pope John Paul II, in: Religion, State and Society 22 (1994), S. 37–64.

[14] Gespräch des Autors mit Kardinal Silvestrini.

die anderen Staaten des Kontinents.[15] Diese Beteiligung stärkte das Ansehen des Vatikans nicht zuletzt in den Ländern des Ostblocks und ermöglichte es ihm in der Folge, sich auf allgemeine Grundsätze zu berufen, die von allen europäischen Ländern anerkannt wurden.

Doch kehren wir zum Ausgangspunkt zurück. Welcher Aspekt in der Persönlichkeit Wojtyłas hatte die Aufmerksamkeit des progressiv eingestellten Kardinal König so sehr geweckt, dass er in ihm schließlich sogar einen Kandidaten für den Stuhl Petri sah? Der Wiener Erzbischof, Anführer der Konzilsmehrheit, ein ausgebildeter Orientalist und Förderer des Dialogs mit der Ostkirche und den Nichtgläubigen (den Laizisten, von den österreichischen Sozialdemokraten bis hin zu den kommunistischen Intellektuellen), war einer der ersten, der begriff, wie einzigartig Wojtyłas Persönlichkeit war und welche Geschichte er mit sich trug. In einem Gespräch gegen Ende seines Lebens sagte mir der im Jahr 2004 verstorbene Kardinal mit der ihm eigenen Höflichkeit und Feinheit, ohne die Dynamik des Konklave durchscheinen zu lassen, aber auch ohne seine eigene Rolle zu schmälern: „Ich weiß nicht, ob ich es noch einmal machen würde."[16] In der österreichischen Kirche, speziell in der Erzdiözese Wien, gab es nach dem Zweiten Vatikanum erhebliche Probleme und Streitigkeiten. Als intelligenter Mann, der sich darum sorgte, einen Mann zu finden, der die Kirche aus der Krise herausholen konnte, fühlte sich Kardinal König zutiefst angezogen von der Frische, der Originalität und dem Glauben Karol Wojtyłas. Und damit war er nicht der Einzige. Der „progressive" Brasilianer (und Sympathisant der Befreiungstheologie) Kardinal Arns etwa hatte bereits gehört, dass es sich bei Wojtyła um eine Persönlichkeit handelte, die „von einer außerge-

[15] Vgl. A. Riccardi, Governo carismatico. 25 anni di pontificato, Mailand 2003, S. 99ff. Siehe auch Ders., Il Vaticano e Mosca, Rom, Bari 1992.
[16] Gespräch des Autors mit Kardinal König.

wöhnlichen Kraft und Bestimmtheit war, wenn es um seine Ideen ging". Und als er dies selbst erlebte, wurde auch er zu seinem Förderer.[17]

Aber auch ein Mann aus einem gänzlich anderen Zusammenhang, der römische Kardinal Pietro Palazzini, unterstützte Wojtyła als Nachfolger Lucianis.[18] Palazzini war von Monsignore Roberto Ronca, dem Rektor des Seminario Romano, geprägt und der Denkweise des „partito romano", der „römischen Partei", verpflichtet, die Montini seit der Zeit vor dem Zweiten Weltkrieg feindlich gegenüberstand. Als Freund Kardinal Ottavianis sah Palazzini im Pontifikat Pauls VI., der ihn zwar zum Kardinal erhoben, ihm jedoch kein wichtiges Amt anvertraut hatte (was Johannes Paul II. später nachholte), die entscheidende Ursache für die Krise. Auch das Umfeld Ottavianis, der selbst, inzwischen über achtzigjährig, vom Konklave ausgeschlossen war, hegte gewisse Sympathien für Wojtyła. Im Übrigen hatte Kardinal Ottaviani, der den postkonziliaren Strömungen bekanntlich nicht wohlgesonnen war, bereits 1976, nachdem er an den geistlichen Exerzitien im Vatikan teilgenommen hatte, in seinem Tagebuch notiert: „Glänzende Predigt von Kardinal Wojtyła über die *Mater Ecclesiae.*"[19] Die Vertreter der „konservativen" Minderheit des Zweiten Vatikanums (und ihre Erben) hatten im Konklave von 1978 weitaus weniger Einfluss als noch 1963 (die Kandidatur Pauls VI. hatten sie damals zunächst blockiert). Nach der Krise, die auf Siris Kandidatur folgte, nahm man die Wahl Wojtyłas in diesen Kreisen gut auf. Tatsächlich

[17] Vgl. P. E. Arns, Da esperança à utopia, Rio de Janeiro 2001, S. 233f.

[18] In seinem Tagebuch (von dem sich eine Kopie im Besitz des Verfassers befindet), S. 296f., misst G. Zizola dem Kardinal eine gewichtige Rolle bei der Wahl Johannes Pauls II. bei. Gespräch des Autors mit Kardinal Palazzini. Siehe auch Zizola, L'altro Wojtyła, Mailand 2003. Vgl. außerdem A. Riccardi, Il „partito romano". Politica italiana, Chiesa cattolica e Curia romana da Pio XII a Paolo VI, Brescia 2007.

[19] E. Cavaterra, Il prefetto del Sant'Uffizio. Le opere e i giorni del Cardinale Ottaviani, Mailand 1990, S. 156.

sprach ein gewisser Teil der Presse, von Wojtyła als dem Kandidaten von Opus Dei – was in keiner Weise den Tatsachen entsprach –, wobei an dessen Besuche bei Einrichtungen dieser Laienorganisation sowie an Publikationen in Verlagen erinnert wurde, die Opus Dei nahestanden.[20] In Wirklichkeit hatte Andrzej Maria Deskur, ein Freund des Papstes in Rom, diesen Kontakt während Wojtyłas Rom-Aufenthalten vermittelt.

Konservativ oder progressiv? Diese Frage war typisch für die siebziger Jahre. Ein Mann wie Giuseppe Lazzati, der in der Nachkriegszeit Giuseppe Dossetti, vor allem aber Paul VI. nahestand, kannte Wojtyła gut, da er ihn in der Katholischen Universität in Mailand beherbergt hatte – und er war begeistert von der Wahl des polnischen Papstes. Sowohl Vertreter des „progressiven" als auch des „konservativen" Lagers, Persönlichkeiten unterschiedlicher Orientierung also, unterstützten den Krakauer Erzbischof gleichermaßen oder brachten ihm zumindest Sympathie entgegen. Es war etwas Tiefgründiges, Vertrauenerweckendes in Wojtyłas Persönlichkeit, wie es Benedikt XVI. einmal formuliert hat: „Das, was mich von Anfang an bei Karol Wojtyła beeindruckt hat, war die Tatsache, dass er ein Mann des Gebets war. Das hat mich sehr überzeugt."[21]

Ein Konzilspapst

Wojtyła ließ sich weder den Progressiven noch den Konservativen ohne Weiteres zuordnen. Dieser Umstand zeigt nicht nur, wie einzigartig seine Persönlichkeit war, sondern auch, wie untauglich diese Kategorien letztlich sind, um die Geschichte der Kirche zu erfassen. Auch der bedeutende franzö-

---

[20] Vgl. La fede della Chiesa. Interventi del card. Karol Wojtyła, Mailand 1978.
[21] Gespräch des Autors mit Benedikt XVI.

sische Historiker Émile Poulat vertrat diesen Standpunkt. Trotz der einschneidenden Erfahrungen in Krieg und Kommunismus war Wojtyła nicht durch jenen Pessimismus gegenüber der Moderne und der Geschichte geprägt, der für das katholische, auf einer Mentalität der Restauration fußende Denken dieser Zeit typisch war. Nicht, dass er nachgiebig gegenüber der modernen Welt gewesen wäre, was sich auch bei den Debatten während des Zweiten Vatikanischen Konzils über die Beziehung zwischen der Moderne und der Kirche gezeigt hatte. Doch ein Gefühl der Sympathie und des Optimismus behielten bei ihm die Oberhand. Wojtyła befürwortete die Demokratie, lehnte jede Art von autoritärer Herrschaft ab und beharrte vor allem auf dem Wert des Gewissens.[22] Karol Wojtyła war kein konservativer Papst, und noch weniger ein Traditionalist.

Sein Name gewann im Konklave als Antwort auf die Krise des Katholizismus insofern an Gewicht, als er zugleich für die Kontinuität des Katholizismus und die Aufbruchsstimmung des Konzils stand. Albino Luciani war vor allem wegen seiner langjährigen pastoralen Erfahrung als Bischof gewählt worden. Insgesamt herrschte jedoch der Eindruck, dass diese Qualifikation nicht mehr ausreichte in einer Zeit, die von einer tiefen Identitätskrise geprägt war: Was bedeutete es, nach dem Zweiten Vatikanischen Konzil als Katholik in einer säkularisierten Welt zu leben? Wojtyła beantwortete diese Frage, ohne die Beschlüsse des Konzils zurückzuweisen; vielmehr machte er sie zu seinem Ausgangspunkt.

Benedikt XVI., der bereits in den letzten Jahren des Pontifikats Pauls VI. eine wichtige Rolle im Leben der Kirche spielte und an beiden Konklaven des Jahres 1978 teilnahm, er-

---

[22] Siehe Ph. Portier, L'ossessione dell'illuminismo. Giovanni Paolo II e il mondo moderno, Mailand 2009 [frz. Originalausgabe Paris 2006], S. 227ff. Portier gibt aber auch zu bedenken, dass der Papst die Tradition der Aufklärung ablehnte und zwar eine „catholic modernity" akzeptierte, nicht jedoch einen „modern catholicism".

innert sich an die Situation zur Zeit der Wahl Johannes Pauls II. so:

> Zur Zeit seiner Wahl war das größte Problem, aus der Krise der Kirche in jenen Jahren herauszukommen. Dabei galt es, sich ganz und gar treu an das II. Vatikanische Konzil zu halten. Auch die Rezeption des Konzils musste geklärt werden. Es war nicht in erster Linie eine strukturelle Reform notwendig, sondern eine tiefgreifende spirituelle Reform.[23]

Wojtyła fühlte sich in seiner Mission als Bischof und Papst zutiefst dem Zweiten Vatikanum verpflichtet. Bezeichnenderweise schrieb Johannes Paul II. im Jahr 2000 im letzten Zusatz zu seinem Testament über das Konzil:

> Auf der Schwelle des dritten Jahrtausends „in medio Ecclesiae" (in der Mitte der Kirche) stehend, will ich noch einmal dem Heiligen Geist Dankbarkeit ausdrücken für das große Geschenk des Zweiten Vatikanischen Konzils, in dessen Schuld ich mich zusammen mit der ganzen Kirche – und vor allem dem ganzen Episkopat – fühle. Ich bin davon überzeugt, dass noch lange die neuen Generationen aus dem Reichtum schöpfen werden, den dieses Konzil des 20. Jahrhunderts uns angehäuft hat. Als Bischof, der am Konzilsereignis vom ersten bis zum letzten Tag teilgenommen hat, will ich dieses große Erbe allen anvertrauen, die jetzt und in Zukunft dazu gerufen sein werden, es umzusetzen. Ich für meinen Teil danke dem ewigen Hirten, der mir erlaubt hat, dieser großen Sache in all diesen Jahren meines Pontifikats zu dienen.[24]

---

[23] Gespräch des Autors mit Benedikt XVI.

[24] Johannes Paul II., Ich bin froh – seid ihr es auch! Das Testament, München 2005, S. 60f.

Für Wojtyła war das Konzil eine wichtige religiöse und menschliche Erfahrung, der er sich sein Leben lang verbunden fühlte, sprach er doch sogar von seiner „Initiation" durch das Konzil. Daher ist auch von einer gewissen „Schuld" gegenüber dem Zweiten Vatikanum die Rede – nicht nur im Testament, sondern auch in seinem Buch „Quellen der Erneuerung", das die Rezeption des Konzils in Krakau lenken sollte und mit den Worten beginnt: „Ein Bischof, der am Zweiten Vatikanischen Konzil teilgenommen hat, fühlt sich ihm gegenüber als Schuldner."[25] Abschließend heißt es hier ebenso ernsthaft: „Auf diese Weise", nämlich durch die Umsetzung der Konzilsbeschlüsse, „möchte er seine Schuld wenigstens zum Teil begleichen."[26] Karol Wojtyła blickte ohne Ernüchterung auf das Zweite Vatikanum, sah er sich doch weder als jemand, der am politischen Mechanismus des Ereignisses teilhatte, noch stellte dieses Ereignis für ihn den Beginn eines Prozesses dar, der über ihn hinausreichte. Und selbstverständlich hielt Wojtyła das Konzil auch nicht für die Ursache der Probleme, die die Kirche der Gegenwart zu bewältigen hatte. Das Konzil war für ihn eine „geschichtlich nun abgeschlossene, geistig aber stets aktuelle Erfahrung".[27] Wojtyła erscheint daher in erster Linie als ein Konzilsvater, der – auch als Papst – die Erinnerung an das Zweite Vatikanum mit großer spiritueller Frische bewahrt hat, hielt er es doch für einen entscheidenden Schritt in die Zukunft. Die Umsetzung des Konzils bedeutete in seinen Augen nicht weniger als die Selbstverwirklichung der Kirche – einer Kirche, die ihre Sendung in der Gegenwart lebte.

---

[25] Karol Wojtyła, Quellen der Erneuerung, Studie zur Verwirklichung des Zweiten Vatikanischen Konzils, Freiburg, Basel, Wien 1981, S. 14.
[26] Ebenda, S. 360.
[27] Ebenda, S. 14.

Was bedeutete es, nach dem Konzil als Katholik zu leben?

Giovanni Spadolini, ein laizistischer italienischer Politiker und Historiker, schrieb 1978: „In der großen Identitätskrise, die die moderne Welt erfasst hat, brauchte das Papsttum einen neuen Bezugspunkt." Ein typisch italienisches Papsttum „mit all seinem Skeptizismus und jener Tendenz zum Kompromiss, wie sie hierzulande üblich sind", genüge nicht mehr. Nach Ansicht Spadolinis war der polnische Papst daher „ein Wegweiser, eine Art ‚Halt-Zeichen'", indem er die Trennung zwischen Rechts und Links in der Kirche überwunden hat.[28]

Auf welche Weise aber sollte die Umsetzung des Konzils fortgesetzt werden? Um der großen Identitätskrise der Kirche zu begegnen, durfte das Zweite Vatikanum sicher nicht verleugnet werden. Gleichwohl stellte es keine „Revolution" innerhalb der Kirche dar. In seiner programmatischen Enzyklika „Redemptor hominis" gemahnte der Papst daher an die Pflicht, das Neue – im Sinne des „nova et vetera" des Matthäusevangeliums (Mt 13, 52) – mit der Tradition zu verbinden. Wojtyła dachte während der Synode von Krakau über die Umsetzung des Konzils nach. Seine aus dieser Zeit stammenden Reden erhellen die Entscheidungen der folgenden Jahre. So kritisierte der Kardinal all jene, die die Krise der Kirche auf das Zweite Vatikanum zurückführten. In seinen Augen hatte die Krise des Katholizismus, die nach dem Konzil einsetzte, ursächlich nichts mit dem Konzil zu tun. Ausschlaggebend hierfür war vielmehr, so seine Auffassung, eine missverständliche Interpretation der Lehre und des Geistes des Konzils. Für ihn unterschied sich das Zweite Vatikanum von sämtlichen Konzilen der Vergangenheit und musste daher auch in neuer Weise rezipiert werden. Dass er damit Recht hatte, zeigt allein schon die Rolle von Presse und öffentlicher

[28] A. Biscardi/L. Liguori, Il papa dal volto umano, Mailand 1979, S. 9.

Meinung, gelangte die Konzilsbotschaft doch nicht mehr, wie in der Vergangenheit, über Dekrete oder Bischöfe zu den Gläubigen, sondern über die Medien.[29]
Das zentrale Anliegen des Zweiten Vatikanums formulierte Kardinal Wojtyła während der Krakauer Synode mit der Frage: „Was bedeutet es, in einer der heutigen Zeit angemessenen Weise Christ zu sein?“ Diese Frage zielte auf die christliche Identität und zugleich auf die Welt der Gegenwart. Um sie angemessen zu beantworten, war es notwendig, die Zeit, in der man lebte, zu verstehen oder, wie es in der Sprache des Konzils hieß, „die Zeichen der Zeit zu erkennen“. Wojtyła fragte sich auch, was es bedeutete, „in der Kirche zu bleiben und der Kirche zugleich die Form einer authentischen Verkörperung des Volkes Gottes zu geben“. Und überhaupt: Was bedeutete es, „gläubig zu sein, das heißt ein Zeugnis von Christus in der Welt der Gegenwart abzulegen“? 1972 hatte der Kardinal den Mitgliedern des Sekretariats der Krakauer Synode erklärt, dass es im westlichen Katholizismus zwei Strömungen gebe: eine progressive und eine konservative. Den Progressiven erscheine das Konzil überholt: „Sie beziehen sich auf etwas, das noch in der Zukunft liegt, auf etwas Ungewisses, auf eine mögliche andere Version des Konzils.“ Die Konservativen hingegen lehnten das Konzil ab, um zur Vergangenheit zurückzukehren.
Der Kardinal selbst verortete sich außerhalb dieser beiden Strömungen – oder besser noch: jenseits von ihnen. Eine Demokratisierung der Kirche etwa musste in seinen Augen verhindert werden. So durften die Strukturen der Hierarchie zwar einerseits nicht angetastet werden, andererseits galt es, ihre Abschottung vom Gottesvolk zu verhindern. Notwendig war hingegen, das Rückgrat des kirchlichen Lebens zu stär-

[29] Siehe dazu A. Riccardi, Il potere del papa da Pio XII a Giovanni Paolo II, Rom 1993; Ders., Intransigenza e modernità. La Chiesa cattolica verso il terzo millennio, Rom, Bari 1996.

ken, das er als ein „aktives und kreatives Lehren und Hören“ definierte. Was aber bedeutete das? Der spätere Papst zielte nicht auf eine passive Kirche, sondern auf eine im Volk verankerte, tatkräftige und schöpferische Gemeinschaft. Aus der Sicht eines italienischen Politikwissenschaftlers könnte man diese Position als Spielart des *centrismo*, also einer nach der politischen Mitte strebenden Haltung, bezeichnen. Wojtyła jedoch erkannte sich selbst eher in einem „kreativen pastoralen Dienst“ jenseits aller Polarisierung wieder, wie er es vor den Gläubigen in Krakau einmal formulierte.[30] Das Konzil bedeutete in seinen Augen keinen Bruch mit der Tradition, sondern vielmehr eine Einladung, durch die Umsetzung wichtiger Neuerungen zu einer noch größeren Fülle des kirchlichen Lebens zu gelangen. Im Jahr 2000, fünfunddreißig Jahre nach dem Ende des Zweiten Vatikanums, war Johannes Paul II., wie oben bereits zitiert, noch immer von dessen Bedeutung für die Zukunft durchdrungen: „Ich bin davon überzeugt, dass noch lange die neuen Generationen aus dem Reichtum schöpfen werden, den dieses Konzil des 20. Jahrhunderts uns angehäuft hat.“[31] Der Kardinal von Krakau und spätere Papst war ein erklärter Anhänger des Konzils, und dies in einer Zeit, in der es nicht eben leicht war zu sagen, was es bedeutete, Katholik zu sein.

Nach Ansicht der Traditionalisten hörte der wahre Katholizismus an der Schwelle des Konzils auf zu existieren. Das Schisma, das die Anhänger von Erzbischof Marcel Lefebvre herbeiführten, war ein Ausdruck dieser Meinung, die auch bei jenen Unterstützung fand, die der Römischen Kirche treu blieben. Nach der Auffassung anderer Katholiken wurde die Geschichte der Kirche seit dem Konzil von Trient hintange-

---

[30] Siehe: Il Sinodo pastorale dell'Archidiocesi di Cracovia, 1972–1979, hg. v. G. Danzi, F. Follo und T. Pieronek, Città del Vaticano 1985,S. 213f, 219, 236 sowie 368f.

[31] Johannes Paul II., Ich bin froh – seid ihr es auch!, S. 61.

stellt, um in der Botschaft des Neuen Testaments und der ersten Christen eine Identität wiederzufinden. Im Übrigen betrachtete man das Konzil im Westen meist im Lichte der 68er-Bewegung. Und war das Konzil denn nicht auch tatsächlich eine Revolution der Kirche? Wojtyła seinerseits stand für eine Rezeption des Konzils im Zeichen der Kontinuität *und* der Erneuerung, wie er es in seiner ersten Enzyklika forderte. Hinzu kommt, dass der Begriff der Revolution in der polnischen Kultur anders besetzt war als im Westen, wo die Französische Revolution von 1789 und die revolutionären Ereignisse des 20. Jahrhunderts als Vorbild dienten. Für Wojtyła hingegen bedeutete eine Revolution weder einen Bruch noch ein Zurücksetzen der Geschichte auf Null, sondern vielmehr eine Auferstehung dieser Geschichte. So jedenfalls waren die polnischen Revolutionen des 19. Jahrhunderts in das kulturelle Gedächtnis der Nation eingegangen.[32]

Johannes Paul II. kam aus einem Land, in dem es keine 68er-Bewegung wie im Westen gegeben hatte und wo die Rezeption des Konzils ganz im Zeichen der Kontinuität erfolgt war. Seine Identität als Katholik war insofern unangefochten. In ihm lebte die Tradition des Tridentinums ebenso wie die katholische Identität des 20. Jahrhunderts. Das Selbstverständnis als Priester und Seelsorger war für ihn ebenso wichtig wie die Erfahrung eines leidgeprüften Katholizismus. Sein Glaube sah sich daher der intellektuellen Herausforderung durch die Moderne, den Atheismus sowie die kommunistische Säkularisierung gegenüber. Um Antworten auf die anstehenden Fragen zu finden, suchte er nach neuen Perspektiven, die in Kontinuität zu Geschichte und Tradition standen. Gleichwohl dachte der Papst dabei nicht an einen Schritt zurück. Zu neu und zu erschütternd war, nach Schoah, Krieg

---

[32] Cenni in: J. Plumyène, Les nations romantiques. Histoire de nationalisme. Le 19e siècle, Paris 1979. Vgl. bes. R. Buttiglione, Il pensiero di Karol Wojtyła, Mailand 1982, S. 34f.

und Kommunismus, die Gegenwart, um an eine Vergangenheit anzuknüpfen, die es nicht mehr gab.
Karol Wojtyła hatte nichts Traditionalistisches an sich, auch nicht in seinem persönlichen Verhalten. Er mochte es nicht, wenn man ihm die Hand küsste, wie man dies gewöhnlich bei einem Papst oder Bischof tat. Auch zu üppige kirchliche Gewänder lehnte er ab, trug er doch nur selten die rote Mozzetta über dem weißen päpstlichen Gewand. Auch dem päpstlichen Hof und den Symbolen seiner Macht stand er skeptisch gegenüber. In den ersten Jahren in Rom wunderte man sich in der Kurie darüber, dass er über der Soutane eine weiße Wolljacke trug wie ein gewöhnlicher Priester. Von Wojtyłas Antikonformismus sollte man sich allerdings nicht täuschen lassen. Der Papst hatte nichts mit jener bilderstürmerischen Haltung gemein, die sich nach dem Konzil herausgebildet hatte, um jede vorkonziliare Kleidung und Form zu beseitigen. Die Abschaffung der Soutane nach dem Konzil empfanden viele Priester und Gläubige als eine Befreiung vom Alten – eine Ansicht, die in der Öffentlichkeit vielfach geteilt wurde. Gleichwohl hatte dies nichts mit Wojtyłas Verständnis von Reformen zu tun. Auch für die von Paul VI. eingeführten Veränderungen, die die Atmosphäre und die Etikette am päpstlichen Hof schlichter und moderner gestalten sollten, interessierte sich Johannes Paul II. kaum. Diese Reformen Montinis waren ihm unwichtig, so wie ihm auch die traditionelle Welt des päpstlichen Hofes wenig sagte.
Wojtyła war ein Priester, der die kirchlichen Gewänder liebte, die er sowohl im öffentlichen als auch im privaten Rahmen trug.[33] Er glaubte an das Priestertum. Seine feste Verankerung in der Tradition erregte nach der Wahl daher schon bald das Missfallen der progressiven Kreise, die in ihm eine Ver-

33 Vgl. dazu die Schilderungen von Benedikt XVI. in: Ders., Licht der Welt. Der Papst, die Kirche und die Zeichen der Zeit. Ein Gespräch mit Peter Seewald, Freiburg, Basel, Wien 2010.

körperung des klassischen polnischen Katholizismus sahen. Doch der Papst bekannte sich weder zu den Konservativen noch zu den Traditionalisten und zeigte, wie gesagt, zuweilen sogar einen Zug zum Antikonformismus. Reichte es nicht hin, wenn man von ihm sagen konnte, er war ein wahrer Katholik und ein wahrer Priester?

Das Ich betritt den Stuhl Petri

Seit dem Beginn seines Pontifikats machte die Persönlichkeit Karol Wojtyłas großen Eindruck auf die öffentliche Meinung. Zahlreiche Biografien über ihn wurden auf den Markt gebracht. Man wusste viel über den Menschen Wojtyła, allein schon durch seine Offenheit im Kontakt mit seiner Umgebung. Während die Öffentlichkeit von dem, was Pius XII. und Paul VI. vor ihrem Pontifikat getan hatten, erst durch die historische Forschung erfuhr, war über Wojtyła bereits viel bekannt. Das Problem, dem man sich als Wojtyła-Biograf gegenübersieht, besteht also weniger im Zusammentragen der Informationen als vielmehr darin, die Geschichte seines Lebens anhand der unüberschaubaren Masse an zum Teil widersprüchlichen Informationen überzeugend zu rekonstruieren. Von Beginn an tat sich die öffentliche Meinung im Westen schwer damit, Wojtyła richtig zu verstehen. Konservativ in Sachen Sexualmoral sowie bei einigen Personalentscheidungen in der Kurie und bei Bischofsernennungen, progressiv im interreligiösen Dialog, in dessen Rahmen eine unerwartete Offenheit möglich war, ein Mann des Konzils und ein Papst der Tradition, Freund der Armen und Gegner des Marxismus, sportlich, antikonformistisch und ein klassischer Bischof im liturgischen Gewand, verfeinerter Intellektueller und Papst der Volksfrömmigkeit, Umstürzler des Herrschaftsstils und strenger Papst, ein Hirte und unpolitischer Mensch, vielleicht aber politischer noch als ein Politiker, ja, ein „Politiker Got-

tes" und so weiter.[34] Wojtyła machte es den Kommentatoren nicht eben leicht. Domenico Del Rio, ein Vatikanbeobachter der linken Tageszeitung „La Repubblica", der von einer Papstreise im Jahr 1985 ausgeschlossen worden war, da er berichtet hatte, der Triumphalismus des Papstes gleiche dem eines „Pharaos", beschloss seine journalistische Karriere mit dem 2003 posthum erschienenen Buch „Karol il grande" (Karol der Große) – ein Titel, der für sich spricht.[35]
Zu Beginn hatte man also in der Tat große Mühe, den Papst richtig zu verstehen, insbesondere in manchen Teilen der öffentlichen Meinung wie etwa der nordamerikanischen und der angelsächsischen. Doch auch der Kontakt mit dem italienischen Katholizismus war alles andere als einfach für ihn. Wojtyła hatte eine starke Persönlichkeit, er war durchdrungen von priesterlicher Frömmigkeit und entsprach kaum den Vorstellungen des progressiven Lagers. Vereinfachend könnte man sagen, er war ein Katholik. Und es mag unzulässig verallgemeinernd klingen, wenn man hinzufügt: Wie sollte man als römischer Papst nicht katholisch (oder auch nur unbestimmt katholisch) sein? Tatsächlich befand sich die jahrhundertealte katholische Identität – nach dem Konzil und in Folge der 68er-Bewegung – in der westlichen Welt in einer schweren Krise. Etwas von dieser Identität war demontiert worden, anderes wurde bewahrt, und insgesamt dachte man, dass Etliches neu erfunden werden musste. Ausgehend vom Pontifikat Pauls VI. ergab sich somit die Notwendigkeit, die katholische Identität neu zu definieren.

---

[34] Um auf den Titel eines Buchs zu verweisen: D. Willey, God's politician. Pope John Paul, the Catholic Church, and the New World Order, New York 1992. J. Kwitny nannte ihn den „man of the century". Siehe J. Kwitny, Man of the Century. Eine kritische Auseinandersetzung mit dem päpstlichen Absolutismus, die auch die Grenzen des Papsttums aufzeigt, bietet J. Cornwell, The Pope in Winter. The dark face of John Paul II's Papacy, London 2004. Eine vielstimmige Debatte unmittelbar nach seinem Tod findet sich in: Wojtyła il Grande: santo o oscurantista?, in: MicroMega 2 (2005), S. 7–69.
[35] D. Del Rio, Karol il grande, Turin 2003.

Für das Selbstverständnis Johannes Pauls II. ist es daher durchaus von Gewicht, dass er von Anfang an auf den pluralis majestatis verzichtete, also das „wir", das seine Vorgänger in öffentlichen Reden und sogar im privaten Rahmen verwendet hatten (mit Ausnahme Johannes Pauls I.). Mit diesem Stil, den die Päpste seit jeher pflegten, verorteten sie sich gleichsam in der Sphäre der Herrscher des *Ancien Régime*. Pierre Duprey, ein Weißer Vater, der mit seinem beweglichen Intellekt eine bedeutende Rolle in der Ökumene spielte, berichtete davon, wie sich der neue Papst, als er sich nach dem offiziellen Antritt des Pontifikats an die Vertreter der anderen christlichen Gemeinschaften wandte, eine Ansprache vorzulesen begann, die das Staatssekretariat vorbereitet hatte – und dabei über das „wir" stolperte. Nach einem Moment der Befangenheit erklärte er den Anwesenden die Verwendung der ersten Person Plural wie folgt: „Ich und meine Mitarbeiter."[36]

Am 18. Oktober hielt der Papst seine erste Ansprache an die Kardinäle, die im Saal des Konsistoriums versammelt waren, und begann mit einem ergebenen und ungewöhnlichen „Gelobt sei Jesus Christus!" Und aus dem Stegreif, so als sei er ein Pfarrer, der sich am Ende der Messe mit Ankündigungen herumplagen müsse, schloss er die Ansprache: „Die erste Mitteilung für die sehr verehrten Leiter der römischen Dikasterien: Sie mögen mir etwas Zeit zum Nachdenken einräumen, um die verschiedenen Probleme in Augenschein zu nehmen. Nicht viel Zeit, eine Woche, zehn Tage [...] Wir werden sehen. Denn ich möchte damit beginnen, persönlich mit ihnen zu sprechen [...]. Die zweite Mitteilung betrifft die Amtseinführung, die am kommenden Sonntag um zehn Uhr auf dem Platz stattfinden soll, wie mir Mons. Martin gesagt hat."[37] Dieser

---

[36] Gespräch des Autors mit Pierre Duprey.

[37] Information des SISMI (Servizio di Informazione Militare), der beobachtete, wie das Staatssekretariat die Ansprache des Papstes einzog, die am 21. Oktober 1978 in der Originalfassung übertragen wurde, in: ASILS, Fondo Giulio Andreotti, Vaticano, Giovanni Paolo II, Attività, 1978–1979, b. 305.

Passus wurde auf Anordnung des Sekretariats aus dem offiziellen Text gestrichen, da er „eines Papstes nicht würdig" sei. Der italienische Geheimdienst, dem dies nicht entgangen war, registrierte, dass sich der neue Papst seine Agenda von Anfang an nicht von der Kurie diktieren ließ.
Wojtyła benutzte das Wort „ich" – und war er selbst. Ein Teil der vatikanischen Herrschaftstradition fiel in sich zusammen. Er sah auch kein Erfordernis darin, die Macht des Papstes immer wieder von Neuem unter Beweis zu stellen. Dies hatte nicht nur die königsgleichen Päpste der ferneren Vergangenheit beschäftigt, sondern auch ihre Nachfolger, angefangen bei Leo XIII. Wojtyła lag nichts an der herrschaftlichen Rolle des Papstes, und er stellte auch keine grundsätzlichen Überlegungen dazu an, wie es für die Päpste des 20. Jahrhunderts typisch gewesen war. Montini etwa, der Reformator, hatte sich den Vatikan eher als internationale Organisation vorgestellt denn als Staat und das „wir" zuweilen noch in persönlichen Gesprächen verwendet, also nicht nur in seinen offiziellen Ansprachen. Das päpstliche „wir" war hier feierlicher Ausdruck einer öffentlichen Stellungnahme und gemahnte zugleich an das Zusammengehörigkeitsgefühl der Gemeinschaft, in deren Namen der Papst sprach.
Mit Johannes Paul II. bestieg das päpstliche „Ich" den Stuhl Petri. Dieses „Ich" war weder eine Extravaganz noch ein unverhältnismäßiger Subjektivismus. Es war das slawische Ich, das von der schmerzvollen polnischen Geschichte gezeichnet war. Es war das Ich eines Katholiken aus der Zeit nach dem Konzil, als die katholische Identität in der westlichen Welt in der Krise steckte. Dieses Ich verlieh der persönlichen Geschichte des Papstes Gewicht und befreite sie zugleich von der Aura des Alten, trat so doch die Subjektivität der persönlichen Zeugenschaft in den Vordergrund. Paul VI. hatte bereits im Apostolischen Schreiben „Evangelii nuntiandi" – ein Dokument, mit dem eine neue Ära des Papsttums begann – den Wert des „Ichs" hervorgehoben: „‚Der heutige Mensch',

so sagten wir kürzlich zu einer Gruppe von Laien, hört lieber auf Zeugen als auf Gelehrte, und wenn er auf Gelehrte hört, dann deshalb, weil sie Zeugen sind."[38]

Johannes Paul II. ahnte, noch bevor dies die Regierungen in aller Welt taten (auch die der ersten italienischen Republik), dass eine große Organisation wie die Kirche nur durch ein charismatisches Ich regiert werden konnte. In der Politik gelangte man erst später zu dieser Erkenntnis. Möglicherweise hatte die Kirche ein deutlicheres Gespür für die Krise; vielleicht hatte sie das Zweite Vatikanische Konzil auf diesen Schritt vorbereitet; unter Umständen war ihr auch etwas zu eigen, das den zivilen Institutionen fehlte. Die gesellschaftliche Entwicklung in Politik und Medien nach 1989 hat die „Notwendigkeit" charismatischer Führung jedenfalls bestätigt.

Wojtyłas Ich gelangte ohne Bruch auf den Stuhl Petri, da es die komplexe Geschichte und die facettenreiche Tradition des Katholizismus in sich trug. In den siebziger Jahren lief die katholische Identität Gefahr, als veraltet, konservativ und zu wenig ökumenisch abgetan zu werden; oder sie kehrte im Gegenteil zum Wesen des Christlichen zurück (begann die Kirche durch das Konzil nicht gewissermaßen von vorn, mit der Apostelgeschichte?). Papst Wojtyła erinnerte daran, dass die lange Geschichte der katholischen Kirche nicht vereinfacht oder gar übergangen werden durfte; vielmehr lagen ihre Wurzeln im frühen Christentum, und erst im Laufe der Jahrhunderte hatte sie immer festere Strukturen gewonnen. Johannes Paul II. nahm sich der verschiedenen spirituellen Ausdrucksformen an, die die Kirche in ihrer langen Geschichte hervorgebracht hatte, und trat mit ihnen in Beziehung. Wojtyłas Katholizität entsprach jedoch nicht der traditionalistischen Simplifizierung eines Marcel Lefebvre, sondern

[38] Paul VI., Apostolisches Schreiben über die Evangelisierung in der Welt von heute, Bonn 1975 (Verlautbarungen des Heiligen Stuhls 2), S. 29.

war vielmehr aus dem Bewusstsein von der Komplexität und der historischen Dimension einer großen Kirche erwachsen. Congar schrieb:

> Größe besteht, Pascal zufolge, darin, die Extreme zu halten und den Raum zwischen ihnen zu füllen. Der Katholizismus ist hierarchisch und erneuert sich von der Basis her; er fließt in den Pluralismus und zeigt sich in seiner Fülle bei den Mystikern; er spricht von Leid und vom Kreuz und verkündet freudig die Entwicklung der höchsten menschlichen Güter; er weist die Forderungen der Vernunft in ihre Schranken und zieht alle ihre Möglichkeiten in Betracht.

Abschließend heißt es:

> Der Katholizismus wäre also diese *complexio oppositorum*, von der Friedrich Heiler spricht, auf die Karl Adam mit seinem Buch *Das Wesen des Katholizismus* antwortete. Der Katholizismus ist die Fülle und, wie man es im letzten Konzil ausgedrückt hat, die Synthese: kein Papst ohne Kollegium, kein Kollegium ohne Papst; keine Schrift ohne Tradition, keine Tradition ohne die Schrift [...].[39]

Mit der Wahl Karol Wojtyłas bestieg ein Katholik den Stuhl Petri, der zur Synthese dieser Komplexität fähig war – was für die meisten katholischen Führungspersönlichkeiten des Westens schwierig war. Die Kardinäle hatten erkannt, dass es dem Erzbischof von Krakau gelingen würde, dem in sich zerrissenen Katholizismus zu einer neuen Synthese zu verhelfen. Sein ganzes Leben hatte ihn gewissermaßen darauf vorbereitet, eine Aufgabe zu erfüllen, die die meisten Beob-

---

[39] Zit. n. A. Riccardi, Intransigenza e modernità. La Chiesa cattolica verso il terzo millenio, Rom 1996, S. 102.

achter als überaus schwierig einschätzten. Wojtyła verkörperte so eindrücklich diese Komplexität, dass man ihn durchaus auch als widersprüchlich hätte bezeichnen können. Achille Silvestrini etwa, der zu Beginn des Pontifikats den Charakter des neuen Papstes schilderte, beschrieb gegenüber Andreotti, was ihm als charakteristisch für die neue Richtung erschien: „Pluralismus: Der Papst schätzt spontane Gemeinschaften."[40] In der Komplexität des Katholizismus sah Wojtyła weder die Folge einer verratenen Tradition noch hartnäckige Verkrustungen, die es zu beseitigen galt. Er erblickte in ihr vielmehr das Ergebnis einer jahrtausendealten Geschichte, die der Mensch geschrieben hatte und die zugleich eine Geschichte des Heiligen Geistes war.

Wojtyła war der Papst der katholischen Komplexität. Wie aber sollte man diese universale Komplexität führen, ohne sich in Widersprüche zu verstricken? Hier kam eine persönliche Eigenschaft des Papstes ins Spiel: Johannes Paul II., ein phänomenologischer Betrachter des menschlichen Handelns und ein Mann der Begegnung, hatte keine Angst vor dem Widerspruch wie etwa der Logiker. Und da er es bei der Führung der Kirche mit einem komplexen Gebilde zu tun hatte, war ihm die Gefahr der Widersprüchlichkeit sehr wohl bewusst. Obwohl er mit der westlichen Philosophie eng vertraut war, war in ihm zugleich etwas von jenem slawischen Geist, den der große russische Theologe Pavel Florenskij, den die Sowjets 1937 erschossen, so umschrieb: „Das Leben ist unendlich viel reicher als alle rationalen Definitionen, und deshalb kann keine Formel die ganze Fülle des Lebens erfassen."[41] Johannes Paul II. bewegte sich auf seine eigene Weise zwischen den

[40] ASILS, Fondo Giulio Andreotti, Atti, Diario Andreotti, 6.8.1979.
[41] P. Florenskij, Die Säule und Grundfeste der Wahrheit. Christi Reich im Osten. Die geistige Bedeutung Wladimir Solowjews und die inneren Voraussetzungen zur Wiedervereinigung der russisch-orthodoxen und der römisch-katholischen Kirche, Mainz 1925. Eine andere Sicht bietet F. Gentiloni, Karol Wojtyła. Nel segno della contraddizione, Mailand 1996.

Widersprüchen der Geschichte und setzte dabei sein Ich auf eine Weise ein, dass eine charismatische Synthese entstand. So wurde er geradezu zum Antlitz der Komplexität seiner Kirche.
Die Predigten, die Kardinal Wojtyła 1976 bei den Exerzitien im Vatikan gehalten hatte, wurden auf Wunsch des Rektors der Katholischen Universität Sacro Cuore, Giuseppe Lazzati, schon bald im universitätseigenen Verlagshaus publiziert. Der Band trägt den Titel „Im Zeichen des Widerspruchs", eine Formulierung, die eindeutig dem Evangelium entnommen ist, an dieser Stelle aber für Wojtyła verwendet werden soll, da er ein Mann war, der den Widerspruch nicht fürchtete – und der ein Zeichen des Widerspruchs in einer komplexen Wirklichkeit war, die *per se* voller Widersprüche zu sein schien: die Wirklichkeit der Kirche am Ende des 20. Jahrhunderts.

Eine persönliche Geschichte

Die persönliche Geschichte Karol Wojtyłas trat nicht hinter seinem Pontifikat zurück. Der Papst versteckte seine Identität nicht, sondern unterstrich sie sogar. Er war Pole, ein Freund der Juden, ein Mann der friedlichen Koexistenz im Osten und schließlich Europäer. Man könnte noch viele andere Eigenschaften aufzählen. Das Wichtigste dabei aber war, dass Wojtyła den Stuhl Petri bestieg, ohne seine Persönlichkeit, seine Geschichte wie seinen Charakter, zu verleugnen. Geschichte und Charakter waren die Grundlage seines Charismas, das einen wesentlichen und zugleich höchst individuellen Bestandteil seiner Amtsführung bildete. Eine Woche nach der Wahl wandte sich der Papst in einem Brief an die Gläubigen in der Erzdiözese Krakau und erinnerte dabei an sein Leben in Polen: „All dies ist ein Teil meiner Seele, den ich nicht hinter mir lassen kann." Giovanni Spadolini bemerkte in diesem Zusammenhang: „Als Exponent eines armen Katholizismus hat der Kardinal von Krakau den apostolischen Palästen ein unverwechselbares Gepräge verliehen, eine raue, geradezu dramatische Strenge, die seinen Vorgängern fremd war.“

Der polnische Charakter war jedoch nicht die einzige persönliche Note. Es gab noch andere. Zu Beginn des Pontifikats warf sich die Presse etwa auf Wojtyłas Jugendlichkeit und Sportbegeisterung. Das regelmäßige Schwimmen in Castelgandolfo, die Wanderungen in den Bergen und das Skifahren an der Seite des italienischen Staatspräsidenten Sandro Pertini (einem nichtgläubigen Sozialisten, mit dem sich Johannes Paul II. bestens verstand) sorgten dafür, dass er bald als „Athlet Gottes“ bezeichnet wurde. Im Vatikan reagierte man nicht eben wohlwollend auf die Bedürfnisse des sportbegeisterten Papstes und brachte denn auch diverse Einwände vor. So etwa schob man mit Blick auf den möglichen Bau eines Schwimmbads finanzielle Engpässe vor (Amerikaner polnischer Herkunft kamen am Ende für die Kosten auf). Der Papst, der seine Gesundheit in den Vordergrund stellte, soll in diesem Zusammenhang lapidar bemerkt haben, es werde weniger kosten als ein neues Konklave. Die Zeitschrift „Paris Match“, die ein Bild des Papstes veröffentlicht hatte, das ihn vier Tage vor seiner Wahl in Badehose am Meer zeigte, machte auch die Geschichte mit dem Schwimmbad bekannt.[42]

Der Öffentlichkeit entging nicht, dass dem Papst die Grenzen der traditionellen vatikanischen Etikette zu eng waren. Den Dienstag etwa, an dem der Papst gewöhnlich niemanden empfing (da er der Vorbereitung der Generalaudienz am Mittwoch sowie dem Studium vorbehalten war), begann Wojtyła dafür zu nutzen, die Tore des Vatikans hinter sich zu lassen

---

[42] Jean-Paul II, son bain dans la Méditerranée, in: Paris Match Nr. 1636 (1980). Siehe auch M. Franco, Andreotti. La vita di un uomo politico, la storia di un'epoca, Mailand 2008, S. 295–297.

und Ausflüge in die Berge in der Umgebung von Rom zu unternehmen.[43]

Die Mahlzeiten des Papstes, seine Freunde, die langen Gespräche (die nicht unbedingt einen konkreten Zweck verfolgten), seine Verbindungen nach Polen, die seelsorgerischen Aktivitäten als Bischof von Rom, die Lektüre, die Lust, das Protokoll zu umgehen – all dies zeigte, wie stark der Wunsch dieses rüstigen Mannes von achtundfünfzig Jahren nach Begegnung mit der Welt war. Auch als Papst bewahrte sich Karol Wojtyła, wo immer es ihm möglich war, seine Persönlichkeit, seine Gewohnheiten und seine Freundschaften. Diese verbanden ihn nicht nur mit Polen, sondern mit immer mehr Menschen unterschiedlichster Herkunft. Sie alle fanden sich an seiner gastlichen Tafel im apostolischen Palast oder in Castelgandolfo ein.

Dem Papst gefiel es, seinen Gesprächspartnern Fragen zu stellen. Er hatte ein ausgesprochen gutes Gedächtnis, auch für Details. Wenn man ihm begegnete, hatte man den Eindruck, dass er die gewaltige Menge an Informationen, die bei den Gesprächen auf ihn einströmte, gleichsam geistig in sich aufnahm. Wenn er mit seinem Gegenüber sprach, ließ er allerdings nur wenig von dem erkennen, was er vom jeweiligen Thema wusste. Er hörte zunächst zu und stellte dann Fragen. Bei aller ihm eigenen Zurückhaltung wirkte er dabei stets offen. Er mochte es, immer auch die humoristische Seite der Dinge zu sehen und oft gelang es ihm, Probleme im Scherz zu entschärfen. Der Chefredakteur der Jesuitenzeitschrift „La Civiltà Cattolica“, Pater Bartolomeo Sorge, erklärte ihm einmal: „Sie kennen die Liebe und den Gehorsam, die die Jesuiten dem Papst entgegenbringen [...] Wenn Sie mir sagen, ich soll mich ändern, bin ich bereit, mich um 360 Grad zu dre-

[43] Vgl. M. Mokrzycki/B. Grysiak, I martedì di Karol, Cinisello Balsamo (MI) 2009. Dabei handelt es sich um die Erinnerungen des zweiten päpstlichen Sekretärs.

hen!“ Johannes Paul II., so berichtet Sorge weiter, „sah mich mit listigen Augen an: ‚Das scheint mir ein wenig viel zu sein [...] denn wenn Sie sich um 360 Grad drehen, kommen Sie genau da an, wo sie vorher waren!‘“[44]
Die Freunde spielten eine wichtige Rolle in Wojtyłas „Politik“. Sie stellten gewissermaßen einen Informationskanal zur Wirklichkeit dar und waren zugleich Anlaufpunkt bei seiner unermüdlichen Suche nach dem Kontakt zu anderen. Kardinal Ratzinger erinnerte daran, dass Wojtyła in seinem Pontifikat mehr Menschen begegnet ist als jeder andere Staatsführer, von persönlichen Gesprächen oder Treffen in Gruppen und Versammlungen bis hin zu Massenveranstaltungen.[45] Nie war es so vielen Menschen bislang möglich gewesen, einen Papst persönlich kennenzulernen. Und Johannes Paul II. hatte unzweifelhaft Freude an der Begegnung mit Menschen. Der kühlen vatikanischen Etikette, die den Papst isolierte (der allein aß und in dessen Leben nahezu jede Geste symbolisch aufgeladen war), setzte Johannes Paul II. den Kult der Begegnung entgegen.
Seinem Privatsekretär, Stanisław Dziwisz, den er aus Polen mitgebracht hatte und der in Rom bald nur noch „Don Stanislao“ genannt wurde, oblag es, den Freunden Zugang zu den päpstlichen Privatgemächern zu verschaffen. Er war es auch, der die Begegnungen mit dem Papst, insbesondere für Messfeier und Essenseinladungen, jenseits des institutionell vorgeschriebenen Wegs über die Präfektur des päpstlichen Hauses regelte, bis ihn der Papst 1998 zum Bischof ernannte und ihn in die Präfektur integrierte. Stanislaus Dziwisz, seit 1963 Priester und seit 1966 in Wojtyłas Diensten, setzte den Wunsch des Papstes um, nicht isoliert leben zu müssen und mit unterschiedlichen Menschen und Welten in Kontakt treten zu können. Er war gewissermaßen die Schnittstelle für

44 B. Sorge, La traversata, Mailand 2010, S. 93.
45 Vgl. J. Ratzinger, Giovanni Paolo II. Vent’anni nella storia, Cinisello Balsamo (MI) 1998, S. 3.

seine Beziehungen nach Polen und zu den weitverstreuten Freunden. Als eine Figur außerhalb der vatikanischen Institutionen, deren Ansehen mit den Jahren immer größer wurde, repräsentierte Dziwisz in besonderer Weise die persönliche Politik des Papstes (auf die noch zurückzukommen sein wird).[46]

Auch Paul VI. hatte einen großen Freundeskreis gehabt, Laien und Geistliche, die vor allem aus dem katholischen Vereinswesen Italiens stammten und hohe Positionen in Politik und Kirche innehatten: die sogenannten „montiniani“, Montini-Anhänger also, politische Führungskräfte auf der einen, kirchliche Vertrauensmänner auf der anderen Seite. Paul VI. war in gewisser Weise ihr gemeinsamer Bezugspunkt. Johannes Paul II. hingegen verfügte keineswegs über ein Netz von Wojtyła-Anhängern; selbst die in Rom lebenden polnischen Priester bildeten nichts Vergleichbares, sondern lebten in einer heterogenen Welt, während zwischen den Montinianern durchweg ein kultureller, wenn nicht gar spiritueller Gleichklang geherrscht hatte. Gleichwohl fabulierte man in der Kurie während der ersten Jahre des Wojtyła-Pontifikats vom „Einfall“ der Polen in Rom. Genauer betrachtet verfügte der Papst jedoch zunächst überhaupt nicht über die eigenen Leute, die er auf Führungspositionen hätte setzen können, wie dies bei Montini der Fall gewesen war. Die Freunde Johannes Pauls II. bildeten einen weiten Kreis von Menschen aus verschiedenen Lebenswelten, der sich zum Teil erst während des Pontifikats herausbildete. Seinen Freunden aber blieb der Papst, wie bereits gesagt, in Treue verbunden, denkt man etwa an die tiefe Bindung zu Kardinal Deskur, der vor der Wahl seine wichtigste Bezugsperson in Rom gewesen war. Kaum zum Papst gewählt, besuchte er ihn im Gemelli-

---

[46] Zusammen mit G. F. Svidercoschi schrieb der Sekretär ein Erinnerungsbuch: S. Dziwisz, Mein Leben mit dem Papst. Johannes Paul II., wie er wirklich war, Leipzig 2007.

Krankenhaus. Das ungeplante Verlassen des Vatikans sorgte hier übrigens für Befremden.
Den Kontakt zu seinen polnischen Freunden hielt der Papst stets aufrecht, was nicht heißen soll, dass sie Einfluss auf seine Amtsführung genommen hätten. In einem Brief an Wanda Półtawska heißt es: „Ich kann nicht gänzlich aus Krakau ‚auswandern' und [...] ganz Krakau, vor allem all jene Menschen, die mir am Herzen liegen, werden immer hier in meinem Haus aufgenommen werden oder die Möglichkeit haben, mich zu treffen." So hatte Wanda Półtawska ungehindert Zugang zu Wojtyła, der sie, etwas zugespitzt formuliert, gewissermaßen als Inspirationsquelle für seine Entscheidungen betrachtete. Wanda Półtawska sprach offen zum Papst (einmal soll sie ihm gesagt haben: „Als Papst [...] darfst du nicht nur beten, du musst auch regieren"), und Wojtyła seinerseits brachte ihr Freundschaft und Respekt entgegen. Allerdings sollte ihre Rolle nicht überbewertet werden, war dem Papst doch bewusst, welche institutionelle Verantwortung er auf seinen Schultern trug.[47] Kardinal López Trujillo hat denn auch beobachtet, dass Johannes Paul II. trotz seiner großen, zwanglosen Herzlichkeit immer auch eine gewisse Distanz wahrte.[48]
Auch Stanisław Dziwisz, der päpstliche Privatsekretär, hat Półtawskas Rolle relativiert, als er darauf hinwies, sie sei gewiss nicht die einzige gewesen, mit der Karol Wojtyła eine lange Freundschaft verband. Wojtyłas engstes Umfeld bestritt eine solche Freundschaft zwischen Johannes Paul II. und Wanda Półtawska zwar nicht, betonte aber zugleich, die Psychiaterin aus Polen sei keine außergewöhnliche Persönlichkeit gewesen. Rosario Priore wiederum, der als Richter eine wichtige Rolle bei der Untersuchung des Attentats auf

---

[47] Brief Johannes Pauls II. an Wanda Półtawska v. 20.10.1978, in: W. Półtawska, Diario di un'amicizia. La famiglia Połtawski e Karol Wojtyła, Cinisello Balsamo (MI) 2010, S. 403ff.
[48] Vgl. Erklärung von Kardinal Alfonso López Trujillo beim Prozess der Selig- und Heiligsprechung des Dieners Gottes Johannes Paul II., Bd. 2, S. 456.

den Papst spielte, erinnerte sich an ihre „Angst um die Unversehrtheit des Pontifex, abgesehen von den Befürchtungen, die sie hinsichtlich medizinischer Behandlungen hegte, welche sie für unangemessen hielt".[49] Dass allerdings eine Frau regelmäßig mit dem Privatfahrstuhl zur Messe in die päpstlichen Privatgemächer hinauffuhr, wurde im Vatikan als gewaltiger Eingriff in die Etikette betrachtet. Abgesehen davon waren jeden Tag ausgewählte Besuchergruppen anwesend, wenn der Papst die Messe feierte.

Als Johannes Paul II. die Familie Pauls VI. an seiner Tafel empfing, sagte ihm ein Verwandter des Montini-Papstes scherzhaft: „Danke, denn Paul VI. hat uns noch nicht einmal ein Glas Wasser angeboten."[50] Auch die vatikanische Symbolik der Isolation des Papstes veränderte Johannes Paul II. so, dass der Kontakt zu ihm eine spezifische Bedeutung erlangte: Wojtyłas Freundschaft beziehungsweise der Zugang zu ihm waren nicht als eine Auszeichnung für den Gesprächspartner zu verstehen, sondern vielmehr Ausdruck einer persönlichen Bindung. Die Vielzahl der Begegnungen Johannes Pauls II. war daher weniger symbolischer als vielmehr menschlicher Natur. Die institutionellen Kanäle im Vatikan nahmen die Freundschaften des Papstes bisweilen als alternative Möglichkeit zur Gewinnung von Informationen oder auch zur Entscheidungsfindung wahr. Neben den traditionellen Audienzen empfing der Papst viele Menschen zur Morgenmesse, zum Frühstück sowie zum Mittag- und Abendessen. Das „appartamento", wie es in der Sprache des Vatikans heißt, das päpstliche Haus also mit all seinen Mitarbeitern, war auf einen größtmöglichen Zugang zum Papst ausgerichtet. Stanisław Dziwisz spielte dabei insofern eine Schlüsselrolle, als es ihm gelang, die institutionellen Wege zu umgehen.

---

[49] Die Beobachtung von Rosario Priore findet sich in: G. Galeazzi/F. Grignetti, Karol e Wanda. Storia di un'amicizia durata tutta una vita, Mailand 2010, S. 147.

[50] Gespräch mit Kardinal Dziwisz.

Bei den Begegnungen selbst sprach der Papst, wie bereits erwähnt, meist nur wenig; er stellte vor allem Fragen und hörte zu. Viele waren verblüfft von der Tatsache, dass es einem Mann mit einer solchen Verantwortung in erster Linie darauf ankam, seinen Gesprächspartnern zuzuhören. Stanisław Grygiel hat den Stil, den Wojtyła schon in Krakau selbst in schwierigen Gesprächen pflegte, so zusammengefasst: „Schwatzhaftigkeit vermeiden und zuhören". Nur selten ergriff er das Wort, und erst am Schluss bedankte er sich für das Gespräch und die Einsichten, die er daraus gewonnen habe. Natürlich war dies keine protokollarische Vorschrift, und die Intensität seiner Beteiligung am Gespräch konnte durchaus variieren.

Der kontinuierliche Kontakt zu anderen Menschen entsprach einem tiefen pastoralen und menschlichen Bedürfnis des Papstes, der von Anfang an nicht nur der oberste Verwalter des Vatikans sein wollte. Er hielt es nicht für seine Aufgabe, allein die Amtsgeschäfte zu führen und auf diesem Gebiet seinen größten persönlichen Beitrag zu leisten. Es gab ein weiteres Betätigungsfeld, dem er sich mit großer Energie widmete und das man mit dem Begriff „Pastoral" umreißen könnte.

In den ersten Jahren seines Pontifikats sprach Johannes Paul II. oft aus dem Stegreif. Diese Reden gaben ihm etwas Persönliches, zeigten sie Wojtyła doch als einen Mann, der sich an Menschen und Gesprächssituationen gut erinnerte. Diese Texte wurden zu Referenzpunkten in der Geschichte des Pontifikats. Dass sie improvisiert waren, störte allerdings das Protokoll und die Mitarbeiter im Vatikan, die an eine minutiöse Ausgestaltung der päpstlichen Reden gewöhnt waren. In diesen Kontext gehören auch die Bemerkungen Johannes Pauls II. zur überwachten „Freiheit" und zur ablehnenden Haltung des Vatikans gegenüber seinen Reiseplänen. Kardinalstaatssekretär Villot etwa erklärte zu Beginn von Wojtyłas Regierung: „Ohne Zweifel werden wir ein großes Pontifikat haben. Der neue Papst ist ein Mann, der es wagt, sich den Problemen und den Menschen zu stellen. Man wird zuweilen den Rauch der Bomben riechen können. Er empfängt, wen er will, und bislang jeden. So hat er auch Mons. Lefebvre empfangen.“ Und Luigi Poggi, der beim Heiligen Stuhl für die Kontakte mit der polnischen Regierung zuständig war, beklagte sich einen Monat nach Wojtyłas Wahl – so hielten es seine Gesprächspartner fest – über den „ungeschickten Brief“, mit dem er den Staatssekretär bestätigt habe und spricht weiter von der „täglichen Missachtung des päpstlichen, der Tradition verpflichteten Protokolls“.[51]

Wojtyła versuchte der zu bleiben, der er auch in Krakau gewesen war: mit all seinen Interessen, seinen Begegnungen, seiner Lektüre, seinem Wunsch, die Welt zu sehen und zu bereisen. Päpstliche Askese bestand für ihn nicht darin, seine Persönlichkeit abzulegen, wie dies etwa Pius XII. getan hatte. Der französische Botschafter Charles-Roux, der den Kardinalstaatssekretär Pacelli gut gekannt hatte, sprach damals von einer wahren Persönlichkeitsänderung, die mit dem Konklave einhergegangen sei: Pacelli habe sich entpersonalisiert und verwandelt.[52] Doch schon der Stil Johannes' XXIII., der, gemessen an Johannes Paul II., wahrlich als gemäßigt bezeichnet werden muss, erschien der Kurie wie ein Bruch. Paul VI. wiederum fühlte den Wert und die Last seiner Isolierung im Vatikan, wenngleich es auch seinem Pontifikat nicht an innovativen und symbolischen Gesten mangelte. Mit Wojtyła war es jedoch etwas Anderes. Seine Askese bestand gerade darin, möglichst viele Menschen zu erreichen. In einer seiner autobiografischen Schriften hat er dazu bemerkt: „Was mich betrifft, ist es bezeichnend, dass ich nie den Eindruck hatte, übertrieben viele Kontakte zu haben.“[53]

---

[51] Chiffriertes Telegramm aus Rom, 21.11.1978, über ein Gespräch zwischen dem polnischen Diplomaten Szablewski und Luigi Poggi, in: Archiwum Akt Nowych, KC PZPR (Zentralkomitee der PVAP) XIA–1279, kk 31–32.

[52] Vgl. H. Charles-Roux, Huit ans au Vatican 1932–1940, Paris 1947.

[53] Johannes Paul II., Auf, lasst uns gehen! Erinnerungen und Gedanken, Augsburg 2004, S. 76.

Leo XIII. hatte Gefallen daran, Gedichte in lateinischer Sprache zu verfassen. Wojtyła jedoch offenbarte all seine Gefühle gegenüber dem Leben, indem er verschiedene lyrische und dramatische Werke veröffentlichte, und zwar nicht nur solche, die er vor dem Pontifikat verfasst hatte, sondern auch Texte, die er als Papst schrieb. Im Übrigen hielt er sich nicht für einen großen Dichter und machte sich über jene lustig, die ihn als solchen feierten. Darüber hinaus erschien ein Buch mit Gesprächen, die er mit André Frossard geführt hatte, 1994 dann das Interview-Buch von Vittorio Messori, „Die Schwelle der Hoffnung überschreiten", das ein verlegerischer Großerfolg wurde, später folgten andere autobiografische Titel und weitere Gesprächsbücher. Welche Bedeutung hatten die privaten Texte dieses Papstes, der sich dazu entschlossen hatte, öffentlich zu machen, was er dachte, wie er lebte und aus welcher Perspektive er das Leben betrachtete? Der eigentliche Kern in Wojtyłas asketischer Haltung bestand jedoch nicht in der Selbstbeschränkung und Entäußerung seiner Persönlichkeit, sondern, wie er schrieb, in der Hingabe seiner selbst: „Der Mensch bestätigt sich selbst auf vollkommenste Weise in der Hingabe seiner selbst."[54] In dieser Perspektive waren seine Persönlichkeit, seine Geschichte, sein Charakter bedeutend.

Eine Leidensgeschichte

Die Geschichte Johannes Pauls II. ist allzu oft eine Geschichte des Leidens. Wenn man die Predigtsammlung „Zeichen des Widerspruchs" liest, findet man bereits viel vom Denken des späteren Papstes. Der Kardinal von Krakau erinnerte 1976 vor

---

[54] Johannes Paul II., Die Schwelle der Hoffnung überschreiten, hg. v. V. Messori, Hamburg 1994, S. 227. Siehe auch A. Frossard, Conversando con Giovanni Paolo II, Mailand 1989. Vgl. außerdem J. Guitton, Dialoghi con Paolo VI, Mailand 1967.

der Kurie, die zu geistlichen Exerzitien zusammengekommen war, daran, wie lebendig der polnische Katholizismus zum damaligen Zeitpunkt und wie groß gerade das Interesse der jungen Menschen sei: „Und diese jungen Leute, von denen ich spreche, kommen meist aus der ‚großen Finsternis', die sie umgibt, einer Finsternis, die das ganze verweltlichende und antireligiöse System der offiziellen Erziehung hervorbringt." Die Lebenskraft des polnischen Katholizismus erkläre sich, so Wojtyła, nicht zuletzt durch die vielen Prüfungen, die er zu bestehen hatte. Angesichts einer römischen Kurie, die selbst in großen Schwierigkeiten steckte und von Widerspruch nicht verschont geblieben war, zeugten Wojtyłas Worte von einer großen Hoffnung. Dies war Wojtyłas Art und Weise, sich in der Krise nach dem Konzil zu verhalten. An Henri de Lubac schrieb er 1969: „Auch ich gebe die Hoffnung nicht auf, dass die große Krise, die uns schmerzlich erschüttert, die Menschheit auf den Königsweg führen wird. Vielleicht wird dieser uns noch nicht offenstehen, aber wir haben fest darauf gehofft, und wir werden immer hoffen und sind und werden immer froh sein."[55] Diese Hoffnung war freilich in einer Geschichte des Leidens herangereift:

> Der Mensch scheint im Leiden den grundlegenden Sinn für die Proportionen am besten zu begreifen, was im Allgemeinen seiner Aufmerksamkeit entgeht; er scheint die Zerbrechlichkeit seiner Existenz und damit auch das Geheimnis seiner Schöpfung und die Verantwortung für das Leben und den Sinn für das Gute und das Böse tiefer zu empfinden.

Das Leiden hatte Karols Kindheit und Jugend geprägt. Und auch in seiner Tätigkeit als Priester und Bischof wurde er

[55] Vgl. H. Cardinal de Lubac, Meine Schriften im Rückblick. Mit einem Vorwort von Erzbischof Christoph Schönborn, Einsiedeln, Freiburg 1996.

immer wieder mit Schwierigkeiten konfrontiert. Überdies gehörte zu seinem Bistum auch Auschwitz, und er kam als Kardinal oft hierher, bisweilen auch um andere Geistliche an diesen Ort zu begleiten, unter ihnen Agostino Casaroli. Die Erfahrung der Schoah hatte ihm, wie bereits erwähnt, das Judentum nähergebracht – trotz einzelner Probleme während seines Pontifikats, die vom Besuch des österreichischen Bundespräsidenten Waldheim (der sich durch sein Verhalten während der Zeit des Nationalsozialismus kompromittiert hatte) bis zur Frage des „Karmels von Auschwitz" reichten. Während Wojtyłas Besuch im Heiligen Land zeigte sich dann allerdings, wie nah er dem Judentum tatsächlich stand. Diese Nähe war sowohl auf dessen Verbindung zum Christentum als auch auf die Leiden der jüngsten Geschichte zurückzuführen. In der eindrucksvollen Dokumentation von Yad Vashem, der Schoah-Gedenkstätte in Jerusalem, wurde Johannes Paul II. erneut mit dem Leiden der Juden konfrontiert. In der Halle der Erinnerung, deren Dunkel von einem Ewigen Licht erleuchtet ist, sagte der Papst: „Es ist ein halbes Jahrhundert vergangen, aber die Erinnerungen bleiben [...]. Niemand kann vergessen oder leugnen, was geschehen ist [...]." Und er begrüßte eine in Tränen aufgelöste polnische Jüdin: Sie war noch ein Kind, als das Lager 1945 befreit wurde – der junge Wojtyła hatte ihr in der Folge geholfen. Der Papst, eingedenk all des Schmerzes, begriff bei dieser Gelegenheit zugleich das Sicherheitsbedürfnis der Juden im Staat Israel.[56]
Wie eindringlich er das Schicksal des jüdischen Volkes und seinen Glauben nachempfand, zeigte sich bei einer symbolischen Geste an der Tempelmauer, wo er, ganz allein, ein Papier in die Spalten der alten Mauer steckte, auf dem zu lesen stand: „Wir sind zutiefst betrübt über das Verhalten all jener, die im Laufe der Geschichte deine Söhne und Töchter leiden

[56] Vgl. American Society for Yad Vashem, Visit of Pope John Paul II to Yad Vashem, Jerusalem, Jerusalem 2000.

ließen. Wir bitten um Verzeihung und wollen uns dafür einsetzen, dass echte Brüderlichkeit herrsche mit dem Volk des Bundes." Juden (und Polen) waren Zeugen und Opfer des großen Leidens während des Zweiten Weltkriegs. Und auch Johannes Paul II. konnte den Krieg nicht vergessen, den er ja selbst miterlebt hatte. Seit seiner Jugend war Wojtyła sehr sensibel, ja, verletzlich, wenn es um das Leiden ging, insbesondere das des Kriegs und der Schoah.[57] Vier Tage nach seiner Wahl zum Papst schrieb Johannes Paul II. einen Brief an Wanda Półtawska, der zeigt, wie nah ihm noch immer ging, was im Krieg und in den Lagern geschehen war:

> Verstehst du, dass ich bei alldem an dich denke. Seit über zwanzig Jahren, seit mir Andrzej das erste Mal gesagt hat: „Duska [Wanda Półtawska] war in Ravensbrück", hat sich in meinem Bewusstsein die Überzeugung festgesetzt, dass Gott mir dich gegeben und anvertraut hat, damit ich in gewisser Weise ‚kompensieren' könne, was du hast leiden müssen. Und ich habe gedacht: Sie hat an meiner Stelle gelitten. Mir hat Gott diese Prüfung erspart, weil sie dort gewesen ist. Diese Überzeugung mag man ‚irrational' nennen, dennoch war sie immer in mir – und da bleibt sie auch.[58]

Wanda, die in Ravensbrück interniert gewesen war, wohin auch Geneviève de Gaulle und Germaine Tillion (die eine beachtenswerte Schilderung des Lagerlebens schrieb) verschleppt worden waren, verkörperte für Johannes Paul II. jenen großen Schmerz.[59] Die schmerzvolle Erfahrung im Lager war ein Aspekt, der Wojtyła seit der Zeit nach dem

---

[57] Gespräch des Autors mit Pater A. Boniecki.
[58] W. Półtawska, Diario di un'amicizia, S. 403f. Am 17. Oktober 1978 rief Wojtyła Wanda und ihren Mann an und sagte zu ihnen: „Kommt!"
[59] Vgl. G. Tillion, Ravensbrück, Paris 1988 ; G. de Gaulle Anthonioz, La traversée de la nuit, Paris 1998.

Krieg eng an die Freundin Wanda band. 1970 sprach er als Kardinal in Krakau vor einer Gruppe von etwa zweihundert Frauen, die als Gefangene in Ravensbrück gewesen waren. Dabei gemahnte er an die Pflicht, an dieses Leiden zu erinnern, denn „das Lager ist die Gehenna, der tiefste Abgrund". Und einige Monate später bezeichnete er während einer Messe in Auschwitz das Lager als einen „extremen Kalvarienberg".[60] Ähnliche Gedanken über den Krieg und das Schicksal der Juden beschäftigten den Erzbischof immer wieder. Wojtyła war sich stets bewusst, dass er von der Tragödie verschont geblieben war. In seinem Buch „Geschenk und Geheimnis" heißt es: „[...] mein Priestertum [war] bereits bei seinem Entstehen einbezogen in das große Opfer so vieler Männer und Frauen meiner Generation. Mir hat die Vorsehung die schwersten Erfahrungen erspart; um so größer ist daher mein Gefühl des Respekts [...]."[61] Der Papst erinnerte sich auch an einen Kameraden im geheimen Priesterseminar, Jerzy Zachuta, der zusammen mit ihm die Priesterweihe empfangen sollte. Kurz davor jedoch wurde er von der Gestapo verhaftet und erschossen. Johannes Paul II. schrieb rückblickend über sein Leben:

> Ich hätte jeden Tag von zu Hause, vom Steinbruch, von der Fabrik weg verhaftet und in ein Konzentrationslager gebracht werden können. Manchmal fragte ich mich: So viele meiner Altersgenossen verlieren ihr Leben, warum ich nicht? Heute weiß ich, daß das kein Zufall war.[62]

Eben dies ist der Grund, warum Benedikt XVI. schrieb, dass gerade aus Karol Wojtyłas Leidensgeschichte jene Kraft der

---

[60] A. Boniecki, The Making of the Pope of the Millenium. Kalendarium of the Life of Karol Wojtyła, Stockbridge/Mass. 2000, S. 401 und 409.

[61] Johannes Paul II., Geschenk und Geheimnis. Zum 50. Jahr meiner Priesterweihe, Graz, Wien, Köln 1997, S. 45.

[62] Ebenda, S. 43.

Hoffnung erwachsen sei, die sich auch in seinem Pontifikat gezeigt habe:

> Er stammte aus einem leidgeprüften Volk, dem polnischen, das in seiner Geschichte harten Proben ausgesetzt war. Und gerade von diesem leidenden Volk ging, nach all den Verfolgungen, die Kraft der Hoffnung aus. Johannes Paul II. war das Leiden vertraut, nicht nur in seinem persönlichen Leben, sondern auch hinsichtlich seines Volkes und vieler anderer Menschen und Völker. Ich habe ihn leidend gesehen, aber nie traurig. Vom Beginn seines Pontifikats an sprach er von einem neuen Advent. Er hoffte, dass sich im Laufe der Geschichte für das Christentum eine Zeit der Freude behaupten werde.[63]

[63] Gespräch des Autors mit Benedikt XVI.

VI

Das Attentat und das Martyrium

Der 13. Mai 1981

Karol Wojtyła, als junger Mann der nationalsozialistischen Gewalt entkommen, wurde am 13. Mai 1981 bei einer Generalaudienz auf dem Petersplatz Opfer eines schweren Attentats. Es war ein dramatisches Ereignis, einzigartig in der Geschichte des römischen Pontifikats im zwanzigsten Jahrhundert, zumal die Tat nicht von einem einzelnen Geistesgestörten verübt wurde, sondern von einem Mann, hinter dem düstere Machenschaften zu erahnen waren. Das Attentat wurde zum Wendepunkt im Pontifikat Karol Wojtyłas. Auch die öffentliche Meinung veränderte sich in der Folge, erfreute sich Johannes Paul II. doch zu Beginn der achtziger Jahre keineswegs jener großen Popularität, wie sie ihm nun zuteil wurde. Noch zehn Tage vor dem Anschlag hatte etwa Gianni Baget Bozzo, ein unabhängiger katholischer Intellektueller, Wojtyłas Appell gegen die italienische Abtreibungsgesetzgebung kritisiert, den der Papst in Sotto il Monte, dem Heimatdorf Johannes' XXIII., formuliert hatte.[1] Beim Referendum zur Abschaffung des Gesetzes, das die Abtreibung legalisierte, lehnten die Italiener die Position der Kirche schon bald ab: Gut 68% sprachen sich für das Gesetz aus, nur 32% stimmten für dessen Abschaffung. Auch beim Gesetz zur Ehescheidung zeichnete sich Anfang der achtziger Jahre ein deutlicher Unterschied zum Referendum von 1974 ab. Der Verlust

[1] G. Baget Bozzo, Ma che direbbe papa Roncalli?, in: „La Repubblica" vom 3. Mai 1981. Eine der ersten Interpretationen des Pontifikats von Wojtyła lieferte Ders., Ortodossia e liberazione, Mailand 1981.

war hier aber weniger drastisch: 40,7% der Wahlberechtigten stimmten für die Abschaffung und 59,3% dagegen.

Wojtyłas Kirche erschien zwar „stark und kämpferisch", zugleich aber besiegt und zunehmend uneins. So jedenfalls hieß es in einem Dossier über das „Reich Karol Wojtyłas", das am 9. Mai 1981 in der linksorientierten Tageszeitung „La Repubblica" erschien. Der Papst hatte das Feld betreten, um der Kirche neuen Aufwind zu geben; doch mit seiner Kraft, so schrieb Baget Bozzo, „bietet er den im Rückzug befindlichen Katholiken das Bild einer vorwärtsmarschierenden Armee". Und polemisch spitzte er zu: „Der neue Enthusiasmus hat keine Wurzeln." Auch der britische Vatikankenner Peter Nichols schrieb mit Blick auf die wenig schmeichelhafte öffentliche Meinung zum Papst im angelsächsischen Raum, Wojtyła gebe sich zwar international, verstehe aber nichts von der Welt (vor allem hinsichtlich Geburtenkontrolle und Abtreibung); er vermeide es, die Beschlüsse des Zweiten Vatikanums umzusetzen, das die Rolle des Papsttums „zurückgedrängt" habe, auf die er hingegen baue. Luigi Accattoli schloss das Dossier in „La Repubblica" mit den Worten: „Heute spricht man wieder von der Macht des Papstes."[2]

Der Pontifex, der sich trotz mancherlei Anfechtung grundsätzlich kämpferisch zeigte, ahnte bereits, dass sein Leben in Gefahr war. Im März 1980 notierte er in seinem Testament einige erhellende Beobachtungen, die zeigen, wie verstört er vom Klima der Gewalt am Ausgang des 20. Jahrhunderts war:

> Die Zeiten, in denen wir leben, sind unsagbar schwierig und beunruhigend. Schwierig und angespannt ist auch der Weg der Kirche geworden, eine charakteristische Prüfung dieser Zeit – für die Gläubigen wie für die Hirten. In einigen Ländern (wie z. B. in denen, über die ich während der

[2] L'impero di Karol Wojtyła, in: „La Repubblica-dossier", 9.5.1981, mit Beiträgen von L. Accattoli, G. Baget Bozzo, P. Nichols, D. Del Rio.

geistlichen Exerzitien gelesen habe) erlebt die Kirche eine derartige Epoche der Verfolgung, dass sie gegenüber jener der ersten Jahrhunderte in nichts zurücksteht, ja sie im Grad der Erbarmungslosigkeit und des Hasses sogar noch in den Schatten stellt. Sanguis martyrum – semen christianorum (Das Blut der Märtyrer ist der Same neuer Christen). Und dann – wie viele unschuldige Personen verschwinden, auch in diesem Land, in dem wir leben [...].[3]

Und in Anspielung auf sein mögliches eigenes Schicksal, fügte Johannes Paul II. hinzu: „Ich akzeptiere schon jetzt diesen Tod [...]“. Dachte der Papst bei diesem Satz an ein Attentat? Auch wenn diese Frage nicht ohne Weiteres zu bejahen ist, so spielte hier ohne Zweifel das Klima von Gewalt und Terrorismus, das Italien seit den siebziger Jahren beherrschte, eine entscheidende Rolle: Erschüttert hatte Wojtyła auch der Mordanschlag auf Vittorio Bachelet, einen angesehenen Katholiken, der im Februar 1980 in den Räumlichkeiten der römischen Universität La Sapienza von den Roten Brigaden getötet worden war. Der Papst fühlte, dass die Kirche insgesamt eine schwere, wenn nicht dramatische Zeit durchlebte. Ein Jahr, nachdem er diese Zeilen in sein Testament geschrieben hatte, wurde Johannes Paul II. auf dem Petersplatz schwer verletzt: „Das Attentat auf mein Leben [...] hat in gewisser Weise bestätigt, dass die während der geistlichen Exerzitien von 1980 geschriebenen Worte zutreffend waren“, notierte er 1982 in seinem Testament.
Tatsächlich sorgte man sich bereits vor dem Attentat um die Unversehrtheit des Papstes, und etwas von diesen Befürchtungen war auch nach außen gedrungen. Seit November 1978 gemahnte Ugo Poletti, der Kardinalvikar von Rom, dass die fortdauernden Ausgänge des Papstes erhebliche Sicherheits-

[3] Dies und die folgenden Zitate in: Johannes Paul II., Ich bin froh – seid ihr es auch! Das Testament, München 2005, S. 55ff.

risiken nach sich zögen und man schon von Attentaten spreche.[4] Giulio Andreotti wiederum hatte dem Vatikan verschiedene Fotografien zukommen lassen, die den Papst in seinem Swimmingpool in Castelgandolfo zeigten, und damit auch deutlich gemacht, welch leichtes Ziel er bot. Andreotti selbst übergab dem Assessor des Staatssekretariats, Giovanni Battista Re, am 1. September 1980 einen Vermerk, in dem es um das Sicherheitsproblem des Papstes ging. Obwohl er sich bewusst war, dass es „unvorstellbar sei, den Papst wirksam abzuschotten", hielt Andreotti eine „spezialisierte Überwachung" für notwendig, die „zum Zugriff bereit" sei. Besonders in heiklen Momenten müsse man wachsam sein: „Der Heilige Vater ist etliche Minuten lang ein fixes Objekt an seinem Fenster; dasselbe – und dann noch für einen weitaus längeren Zeitraum – gilt für seine Audienzen auf dem Petersplatz." Worin lagen die Gründe für Andreottis Besorgnis? Er selbst hat dazu bemerkt:

> Mit den Gerüchten über die Absichten der Armenier, mit der eventuellen Reaktion auf die Haltung des Heiligen Stuhls zu Jerusalem und, allgemeiner, über die wachsenden Verbindungen und die weltweite Popularität Johannes Pauls II. müssen viele internationale Kreise, die die Autorität des Pontifex aus verschiedenen Gründen ablehnen, verärgert sein.[5]

Die „wachsenden Verbindungen und die weltweite Popularität Johannes Pauls II." mochten in gewissen Kreisen tatsächlich den Entschluss reifen lassen, den Papst zu beseitigen. Um welche Kreise aber handelte es sich? Ein Artikel der rechtskonservativen Zeitung „Il Borghese" vom 23. November 1980,

---

[4] Gespräch des Autors mit Kardinal Poletti.
[5] ASILS, Fondo Giulio Andreotti, Vaticano, Giovanni Paolo II, Attività, 1980–1984, b. 306; Questione foto piscina Castelgandolfo, b. 312.

also wenige Monate nach Andreottis Hinweis, gab diesen Kreisen einen Namen, indem aus einem Text des Pariser „Centre Européen d'Information" zitiert wurde. Hier las man von dem Alarm, der in Moskau bei allen Satrapenstaaten weltweit geschlagen wurde, um sie zur Diskreditierung des Papstes aufzurufen. Er wurde als „großer Destabilisierer" des Ostens und darüber hinaus als rückschrittlich deklariert (als Gegenmittel gaben die Sowjets unter anderem die Devise aus, man möge die Polenreise Johannes Pauls II. als Beispiel einer neuen Ko-Existenz von Katholizismus und Kommunismus darstellen). Abschließend heißt es in dem Papier: „Der KGB würde ein Attentat gegen Johannes Paul II., begangen von einem überschwänglichen jungen Mann, der davon überzeugt wäre, Wojtyła sei letzten Endes nichts anderes als ein Geheimagent des KGB, begrüßen."[6]

Wie aus einem Bericht des Cesis, der Koordinationsstelle der italienischen Geheimdienste von 1990 hervorgeht, stand auch für den italienischen Geheimdienst fest, dass der KGB einen Plan ausgearbeitet hatte, um den Papst durch Spionageaktionen im Vatikan, gezielte Falschinformationen und andere Mittel in Misskredit zu bringen und, wenn nötig, auch zum Ziel eines Attentats zu machen.[7] Im Rahmen dieses Plans organisierten östliche Geheimdienste verschiedene Spionageoperationen im Umfeld des Vatikans, unter anderem die Installation von Mikrowanzen in einer Marienstatue im Büro von Kardinal Casaroli, die erst während einer Durchsuchung durch den italienischen Geheimdienst entdeckt wurden.[8] Auch der französische Geheimdienst wies auf die Gefahr eines Attentats hin. So warnte sein Leiter, Alexandre de Marenches, im Januar 1980 den Vatikan vor möglichen Anschlä-

---

[6] ASILS, Fondo Giulio Andreotti, Vaticano, f. 112, b. 10.

[7] Vgl. ebenda.

[8] Gespräch des Autors mit Francesco Cossiga. Vgl. auch J. O. Koehler, Spies in the Vatican. The Soviet Union's cold war against the Catholic Church, New York 2009.

gen gegen den Pontifex, wobei er davon ausging, dass diese Botschaft bis zum Papst vordringen werde. Doch Casaroli, Silvestrini und Martinez Somalo, die damals an der Spitze des Staatssekretariats standen, behaupteten nachträglich, von dieser Warnung nichts erfahren zu haben. Nahezu sicher ist, dass die Botschaft, die von Vertrauensleuten des französischen Geheimdienstes überbracht wurde, nicht in den richtigen Kanal gelangte, die Führungsriege nicht erreichte und stattdessen bei einem französischen Prälaten hängenblieb.[9]
Johannes Paul II. selbst sprach im November 1980, also sechs Monate vor dem Attentat, in Fulda ahnungsvoll klingende Worte, die nach dem 13. Mai des darauffolgenden Jahres besonderes Gewicht erlangten: „Wir müssen uns bald auf große Prüfungen einstellen, die auch das Opfer unseres Lebens mit sich bringen können [...]. Diese Prüfungen können durch euer und unser Gebet abgemildert werden, sie können aber nicht vermieden werden, da eine wirkliche Erneuerung nur auf diese Weise vonstattengehen kann. Lasst uns stark sein und uns vorbereiten, indem wir auf Christus und die Gottesmutter vertrauen."
Den Verlauf des Attentats hat Stanisław Dziwisz beschrieben, der sich in den entscheidenden Minuten an der Seite des Papstes befand:

> An jenem Tag fuhr der Jeep seine zweite Runde über den Petersplatz in Richtung der Kolonnaden auf der rechten Seite, die am Bronzetor enden. Der heilige Vater lehnte sich aus dem Auto, weil man ihm ein blondes Kind entgegenhielt: Es hieß Sara, war gerade erst zwei Jahre alt [...]. Er nahm sie in den Arm und hob sie in die Luft, um sie allen zu zeigen, dann küsste er sie und gab sie mit einem

---

9 Tribunale di Roma/giudice Rosario Priore, L'attentato al Papa. Piazza San Pietro, 13 maggio 1981: l'inchiesta, Mailand 2002, S. 152–157 (zur Übermittlung des französischen Informationsschreibens nach Rom). Vgl. C. Palermo, Il papa nel mirino, Rom 1998.

Lächeln den Eltern wieder. Es war, wie man später rekonstruierte, 17.19 Uhr. Die Mittwochsaudienzen fanden bei schönem Wetter nachmittags draußen statt. [...] Ich hörte den ersten Schuss. Im gleichen Augenblick sah ich Hunderte Tauben, die plötzlich aufgeschreckt davonflogen. Dann fiel gleich darauf der zweite Schuss. In dem Moment, als ich ihn hörte, sackte der Heilige Vater mir entgegen auf einer Seite in sich zusammen.[10]

Die erste Kugel, so berichtet der Privatsekretär weiter, hatte „den Dickdarm durchbohrt und den Dünndarm an mehreren Stellen verletzt". Die zweite Kugel streifte zunächst den Ellbogen, dann durchbrach sie den Zeigefinger der linken Hand und verletzte schließlich zwei amerikanische Touristinnen. Schnell fuhr der Jeep des Papstes in den Vatikanischen Palast zurück. Dort traf man die Entscheidung, Johannes Paul II. umgehend in die Gemelli-Klinik zu bringen, die zwar nicht in unmittelbarer Nähe des Petersplatzes liegt, aber gut zu erreichen war. Überdies waren hier bereits vor längerem Vorkehrungen getroffen worden, um den Papst im Notfall medizinisch zu versorgen. Was nun jedoch begann, war ein verzweifelter Wettlauf mit der Zeit, nicht nur im Krankenwagen, dessen Sirene unglücklicherweise nicht funktionierte, sondern auch im weiteren Behandlungsverlauf, denn der Blutdruck des Patienten fiel stark ab, seine Herztöne wurden immer schwächer. Die Operation dauerte fünfeinhalb Stunden. Als er aus der lang anhaltenden Narkose erwachte, begann der Papst wenige Worte zu sprechen: „Schmerz, Durst ..." Und dann: „Wie bei Bachelet ..."[11]
Aller Augen richteten sich nun auf die Gemelli-Klinik. Der italienische Staatspräsident, Sandro Pertini, begab sich umge-

[10] Dies und das folgende Zitat in: S. Dziwisz, Mein Leben mit dem Papst. Johannes Paul II., wie er wirklich war, Leipzig 2007, S. 132f.
[11] Ebenda, S. 136.

hend in das Krankenhaus und verbrachte hier auch die Nacht. Ich erinnere mich noch gut an das Klima der Bestürzung und der Trauer, das in den Straßen Roms herrschte, war doch etwas Undenkbares geschehen. Denselben Eindruck hatte ich übrigens am 11. September 2001 (auch wenn dies eine subjektive Wahrnehmung sein mag). In den Tagen nach dem Attentat fragte man sich wiederholt, ob der Papst überleben werde. Während der schwierigen Genesungszeit nach der Operation führte Wojtyła ein kurzes Telefongespräch mit Kardinal Wyszyński, der im Sterben lag.

Der Papst überlebte, aber das Attentat brachte ihm gesundheitliche Probleme, die ihn während des gesamten Pontifikats begleiten sollten.

Das dunkle „Verbrechen des Jahrhunderts"

Bald drängte sich der Gedanke auf, dass bei dem Attentat die undurchsichtigen terroristischen Netzwerke, denen der türkische Attentäter entstammte, und die kommunistischen Machthaber, denen die Tatkraft des polnischen Papstes missfiel, miteinander in Verbindung standen. Ging man der Frage nach wer am meisten vom Tod des Papstes profitierte, gelangte man unweigerlich zu den Sowjets und ihren Verbündeten. Wer war der Papst für sie? Mittlerweile sind verschiedene sowjetische Dokumente an die Öffentlichkeit gelangt, die zeigen, wie besorgt man im Regierungsapparat der UdSSR über die Entwicklung an der Spitze der katholischen Kirche war. Aus Sicht des Kreml war die Wahl Wojtyłas ein amerikanisches Manöver, das mit einem beunruhigenden religiösen Aufschwung zusammentraf (auch mit Blick auf den Islam) und schließlich Anschluss an die nationalistischen Bewegungen im Ostblock fand. Im August 1979 hatte Breschnew erklärt: „Der Katholizismus strebt offensichtlich eine Stärkung seiner Position an: Ein Beweis dafür ist der Versuch des Vatikans, die Kirche in den sozialistischen Ländern zu einer seiner offiziellen politischen Kräfte zu machen. [...] Das Wichtigste ist, eine weitere Stärkung der Position der Kirche zu verhindern."[12]

Aufschlussreich ist in diesem Zusammenhang ein polnisches Dokument über ein Gespräch zwischen Edward Gierek, dem ersten Sekretär der PVAP, und dem sowjetischen Außenminister Andrej Gromyko. Dieser war im Januar 1979 von Johannes Paul II. im Vatikan empfangen worden und berichtete Gierek nun, es habe ihn durchaus beeindruckt, wie wohl sich Wojtyła in seiner neuen Rolle fühlte. Der Papst verfüge über „eine große Kenntnis der internationalen Probleme", ja, sie reiche sogar weiter als bei Paul VI., der stets von Casaroli begleitet gewesen sei. In dem polnischen Bericht heißt es:

> Der General [Gromyko] hat behauptet, auf dem Papstthron sitze ein Experte, ein wirklich schlauer Mann, ein bedrohlicher ideologischer und politischer Gegner. Er kann auch viele Unannehmlichkeiten in Polen verursachen. Er vermittelt den Eindruck eines zufriedenen Mannes, dem es behagt, dieses hohe Amt innezuhaben. Er ist gesund und agil, so als ob er sein ganzes Leben lang auf seine Gesundheit geachtet hätte.[13]

Dies war also der Eindruck, den der Papst auf die Sowjets machte: ein heiterer Mann, kräftig, jugendlich, gesund, über die internationalen Angelegenheiten bestens informiert, furchtlos und darüber hinaus ein „wirklich schlauer Mann". Interessant ist dabei, dass man gerade der Gesundheit des Papstes immer wieder Beachtung schenkte. Offensichtlich stellte Johannes Paul II. eine Bedrohung für die Sowjetmacht

---

[12] Breschnews Pläne vom August 1979 nach Giereks Bericht vom 21.8.1979, in: AAN, KC PZPR XIA-594, k. 1–17.

[13] Vermerk zum Gespräch zwischen Gierek und Gromyko vom 14.3.1979, in: AAN, KC PZPR XIA-598, kk. 20–21.

dar. Und auch die Ereignisse nach dem Gespräch zwischen Gromyko und Johannes Paul II. scheinen zu belegen, dass man ihn tatsächlich für einen „bedrohlichen ideologischen und politischen Gegner“ hielt. Daraus ergab sich nicht zwingend die Intention, den Papst zu töten, mit Sicherheit aber – dies ist bezeugt – die Entscheidung, eine Kampagne gegen ihn in die Wege zu leiten.[14]

Zunächst jedoch verschlechterte sich zwischen 1979 und 1981 die Situation in den Augen der Sowjets sogar noch. Der Papst hatte bereits seine erste Reise nach Polen absolviert und dabei deutlich gemacht, wie groß die mobilisierende Kraft war, die von ihm ausging. Im Januar 1981 kam Lech Wałęsa mit einer Delegation der Solidarność nach Rom und wurde sehr herzlich vom Papst empfangen. In einer Sitzung des Moskauer Politbüros am 8. April 1981 beklagte sich Breschnew darüber, dass die polnische Staatsführung nichts Konkretes gegen die „Konterrevolution“ unternehme, obwohl sie sich doch der Gefahr bewusst sei, die vom Papst ausgehe.[15] Gorbatschow, der in diesen Jahren an den Sitzungen des Sekretariats des Zentralkomitees der KPdSU teilnahm, bekräftigte später, die Sowjets hätten sich damals ausschließlich auf „politische und propagandistische Aktionen“ konzentriert, während der politische Mord inzwischen zu den verbotenen Praktiken des KGB gehört habe.[16] Allerdings wies ein Bericht des KGB über die Aktivitäten des Heiligen Stuhls in den Staaten des Ostblocks, der den Geheimdiensten der „Bruderländer“ übermittelt wurde, explizit auf die Bedrohung hin, die das Wirken der Kirche für die Stabilität des Kommunismus

[14] Vgl. J. O. Koehler, Spies in the Vatican. Hier wird aus der Tagesordnung des Sekretariats des Zentralkomitees der KPdSU vom 13.11.1979 zitiert, in der der KGB aufgefordert wurde, wenn nötig „neue Maßnahmen jenseits von Desinformation und Diskreditierung“ zu ergreifen. Dieses Dokument hat der Autor in Augenschein genommen.
[15] Aus dem zitierten Dokument, ebenda, S. 78.
[16] Interview in „Il Tempo“ vom 20. Januar 2000.

bedeute: „Die Hauptaufgabe der vatikanischen Außenpolitik besteht gegenwärtig darin, die Rolle der katholischen Kirche im politischen und gesellschaftlichen Leben der sozialistischen Länder zu stärken und sie zu einer realen Macht werden zu lassen, die die Innen- und Außenpolitik dieser Staaten beeinflussen kann."[17] Der Alarm, den das Vorgehen des Vatikans auslöste, war gewaltig.

Eine bulgarische Spur, die sich ein Jahr nach dem versuchten Mord abzeichnete, schien tatsächlich auf eine Verbindung zwischen dem türkischen Attentäter und den Sowjets hinzudeuten. Demnach sei der Geheimdienst in Sofia die Kontaktstelle gewesen, über die Ali Ağca angeheuert worden sei. Und es war nicht unüblich, dass die Sowjets in solchen Angelegenheiten mit einem sozialistischen „Bruderland" kooperierten. Letztlich ist diese sogenannte bulgarische Spur nie lückenlos rekonstruiert worden, auch wenn die italienische Justiz alles daran gesetzt hat, sie vollständig aufzudecken. Giulio Andreotti, wohl der dem Vatikan am nächsten stehende italienische Politiker (Johannes Paul II. verteidigte ihn vehement, als ihm später der Prozess wegen dubioser Verbindungen zur Mafia gemacht wurde), war stets davon überzeugt, dass die Bulgaren nichts mit dem Attentat zu tun hatten.[18]

Noam Chomsky und Edward Herman, ausgewiesene Kritiker der in US-amerikanischen Medien vorherrschenden Hypothesen zum Fall Ali Ağca, bekräftigten ihrerseits die Auffassung, die bulgarische Spur sei Teil einer amerikanischen Desinformationskampagne. Claire Sterling, eine amerikanische Schriftstellerin, die ein spezielles Interesse an der dunklen Seite der Geschichte hatte, war eine der ersten, die den Blick

[17] J. O. Koehler fand das Dokument in den Archiven der Staatssicherheit.

[18] Memoria sull'attentato al papa preparata da Giulio Andreotti, in: ASILS, Fondo Giulio Andreotti, Vaticano, Giovanni Paolo II, b. 316, f. 1. Vermerk in gleicher Angelegenheit anlässlich der Anhörung des CIA-Direktors Gates im amerikanischen Senat, November 1990, in: ASILS, Fondo Giulio Andreotti, Vaticano, Giovanni Paolo II, b. 110.

auf die bulgarische Spur lenkten.[19] Die Hypothesen und Interpretationen sind derart komplex und widersprüchlich, dass sie ein verworrenes Gewebe bilden, in dem man sich nicht leicht orientieren kann und das keine eindeutige Rekonstruktion ermöglicht. Bezeichnenderweise hat die US-Administration, trotz Reagans dezidiert antisowjetischer Politik, nie allzu stark auf der sowjetischen Verantwortlichkeit insistiert – im Unterschied zu gewissen Kreisen der amerikanischen Rechten.

Tatsächlich blieb der Ausgangspunkt des Attentats weiterhin im Dunkeln. Die Situation wurde dabei durch den Umstand erschwert, dass sich viele Nachrichtendienste nach dem Attentat des Themas annahmen und das ohnehin unscharfe Bild auf diese Weise weiter verschwamm. Bulgarien jedenfalls trat den Anschuldigungen – bekanntlich unter eifriger Unterstützung der Stasi – entschieden entgegen. Zugleich beklagte der römische Untersuchungsrichter Priore jedoch das geringfügige Engagement von Seiten der Institutionen, die Angelegenheit wirklich aufzuklären: „Die Mitarbeit der Staaten bei einem so schweren Verbrechen, das einzigartig ist seit Jahrhunderten und als das Verbrechen des Jahrhunderts schlechthin bezeichnet wird [...], war minimal, bei einigen Staaten sogar gleich null. Genannt seien hier Frankreich und der Vatikanstaat.“[20]

Es stellt sich die Frage, wie Johannes Paul II. selbst die Angelegenheit interpretierte. Sicher ist, dass sich der Papst der Feindseligkeit sehr bewusst war, die ihm die kommunistischen Regime des Ostblocks entgegenbrachten: „Sie hassen mich, weil ich sie kenne“, sagte er einmal im privaten Rah-

---

[19] Vgl. N. Chomsky/E. S. Herman, La fabrique de l'opinion publique, Paris 2003, S. 117–135, sowie C. Sterling, Wer schoß auf den Papst? Das Attentat auf Johannes Paul II., München 1985. Siehe auch P. Henze, The plot to kill the Pope, London 1985. Vgl. außerdem Tribunale di Roma/giudice Rosario Priore, L'attentato al papa, passim.

[20] Tribunale di Roma/giudice Rosario Priore, L'attentato al papa, S. 385. Vgl. Ch. Roulette, La pista. Giovanni Paolo II, Antonov, Ağca!, Rom 1985.

men. Und Alexandre de Marenches, Chef des französischen Geheimdienstes, äußerte sich ganz ähnlich: „Nichts verabscheuen die Kommunisten mehr als jemanden, der ihre Methoden kennt.“ Der Papst jedoch zeigte kein Interesse daran, die Hintergründe des Attentats aufzuklären, und auch die gerichtliche Klärung der Wahrheit ließ ihn unberührt. Kardinal Deskur, ein enger Freund des Papstes, erklärte dazu: „Ich fragte ihn: ‚Warum verfolgen Sie nicht die Gerichtsverfahren [...]?‘, und der Papst antwortete: ‚Das interessiert mich nicht, denn es ist der Teufel gewesen, der das getan hat. Und der Teufel kann auf tausend verschiedene Arten Verschwörungen anzetteln, und ich habe für keine dieser Methoden das geringste Interesse.‘“[21] Hier offenbarte sich die mystische, ja, gleichsam martyrologische Sichtweise Johannes Pauls II. Kardinalstaatssekretär Casaroli, Substitut Martinez Somalo und Achille Silvestrini, der mit den internationalen Angelegenheiten betraut war, fragten sich jedoch durchaus, wer für das Attentat verantwortlich war. Die Untersuchung führte die italienische Polizei, der laut völkerrechtlichen Vereinbarungen die Kontrolle über den Petersplatz oblag, allerdings unter Wahrung der Souveränität des Heiligen Stuhls. Auch wenn sie keine eigenen Ermittlungsmöglichkeiten besaßen, war das Interesse der Verantwortlichen im Vatikan groß, und sie waren überzeugt davon, dass die Sowjets ein objektives Interesse an der Beseitigung des Papstes haben mussten, weil er ein wichtiger Bezugspunkt für die Widerstandsbewegung in Polen war. Silvestrini, der nicht zuletzt aufgrund der Schnelligkeit, mit der die bulgarische Spur angeblich rekonstruiert worden war, erhebliche Zweifel an dieser Hypothese hegte, erklärte dazu, das Attentat wäre zum Grabstein Polens geworden, wenn es Erfolg gehabt hätte.[22] Im Jahr 1980, nur

---

[21] Zit. n. C. Bernstein/M. Politi, Seine Heiligkeit. Johannes Paul II. und die Geheimdiplomatie des Vatikans, München 1996, S. 353.

[22] Vgl. G. Weigel, Zeuge der Hoffnung. Johannes Paul II. Eine Biographie, Paderborn, München, Wien, Zürich 2002.

wenige Monate vor dem Attentat, hatten die Arbeiter in der Danziger Leninwerft gestreikt – ein unerhörter Vorgang, der das eisige Klima des Ostblocks zu erschüttern drohte. Silvestrini hat darauf hingewiesen, dass sich das Attentat in dem Moment ereignete, als Primas Wyszyński dem Tode nahe war. Mit der Ermordung des Papstes wären daher sowohl der Katholizismus als auch die Widerstandsbewegung in Polen ihrer beiden letzten Führer beraubt worden. Wessen Interesse stand also hinter dem Mordkomplott, wenn nicht das der Sowjetunion?
In den ersten Jahren nach dem Attentat wahrte man im Vatikan gleichwohl Stillschweigen. In einem 2005 von Stanisław Dziwisz veröffentlichten Buch heißt es: „In seiner menschlichen Dimension ist das Attentat ein Geheimnis geblieben. Weder der Prozess noch die lange Haft des Attentäters haben es aufklären können."[23] Im selben Buch gelangte Johannes Paul II. zu einer wichtigen, wenn auch unscharfen Schlussfolgerung:

> Um auf das Attentat zurückzukommen: Ich denke, dass es eine der letzten Zuckungen der Ideologien der Gewalt war, die sich im 20. Jahrhundert entfesselt haben. Die Gewalttätigkeit wurde vom Faschismus und vom Nationalsozialismus ebenso praktiziert wie vom Kommunismus. Die mit ähnlichen Argumenten begründete Gewalttätigkeit hat sich auch hier in Italien entwickelt: Die „Roten Brigaden" töteten unschuldige und ehrenwerte Menschen.[24]

Johannes Paul II. schien nicht daran interessiert, den Hergang der Tat selbst zu rekonstruieren, ordnete das Attentat allerdings einem Kontext zu, wenn er es im Jahr 2005 als eine der

---

[23] Johannes Paul II., Erinnerung und Identität. Gespräche an der Schwelle zwischen den Jahrtausenden, Augsburg 2005, S. 203.
[24] Ebenda, S. 206.

letzten „Zuckungen“ der Totalitarismen des 20. Jahrhunderts bezeichnete. Dabei bezog sich Johannes Paul II. auf den Kommunismus, wenngleich er eine Parallele zur Gewalt aller Totalitarismen des 20. Jahrhunderts zog. So wie seine Jugendfreunde oder Wanda Półtawska in den nationalsozialistischen Konzentrationslagern gelitten hatten oder ermordet worden waren, so wie polnische Priester in die sowjetischen Gulags verschleppt worden waren, so betrachtete sich Wojtyła nun ebenfalls als ein Opfer der Gewalt der totalitären Ideologien.

Stanisław Dziwisz merkte 2007 an, der Papst sei letztlich durch eigene „Schlussfolgerungen“ zu der Ansicht gelangt, jemand müsse Ali Ağca mit Waffen ausgerüstet haben: „Es scheint objektiv unmöglich, dass Ali Ağca ein Einzeltäter war, dass er alles allein gemacht hat.“[25] Und Stanisław Dziwisz fuhr fort:

> Man muss alle Elemente der Gesamtsituation vor Augen haben: die Wahl eines dem Kreml verhassten Papstes, seine erste Rückkehr in sein Heimatland, die explosionsartige Ausbreitung der Solidarność. Darüber hinaus verlor die polnische Kirche zu jener Zeit ihren berühmten Primas Kardinal Wyszyński. Nun: Führt nicht alles in diese Richtung? Führen die Wege, so verschiedenartig sie auch sein mögen, nicht zum KGB? Tatsächlich glaubte man nicht an die „bulgarische Spur“ und auch nicht an viele andere Rekonstruktionen, die in Umlauf gebracht wurden [...].

Dem engsten Mitarbeiter des Papstes war klar, dass das Attentat von jenen angezettelt worden war, „die Angst hatten vor ihm, vor Johannes Paul II., von denen, die bei der Ankün-

[25] Dies und die folgenden Zitate in Stanisław Dziwisz, Mein Leben mit dem Papst, S. 141ff.

digung, dass ein polnischer Papst gewählt worden war, entsetzt, zutiefst entsetzt waren." Und weiter heißt es: „Wie sollte man nicht zu dem Schluss kommen, wenn man über diejenigen nachdachte, die das Attentat beschlossen hatten, wie sollte man nicht zu dem Schluss kommen, zumindest hypothetisch, dass dahinter der KGB steckte?" Mochte eine solche Rekonstruktion der Auftraggeber Ali Ağcas auch möglicherweise in die Irre führen, die Menschen, die dem Papst nahestanden, und auch er selbst (wenngleich er kein großes Interesse an der Aufklärung zeigte) waren überzeugt, dass der Anstoß für den Mordversuch aus der Welt des Kommunismus gekommen war. Doch erst nach über zwanzig Jahren, als der Kommunismus in Europa längst zusammengebrochen war, wollten sie sich zu dieser Überzeugung bekennen.

Der türkische Attentäter

Es ist nicht leicht, die Spuren zu verfolgen, die von Ali Ağcas Tat zu seinen Auftraggebern führen. Die westlichen Geheimdienste (insbesondere die CIA) waren zwar generell davon überzeugt, dass die Drahtzieher des Attentats in Moskau saßen, die Dienste und Behörden gingen aber eher vorsichtig bei ihren Ermittlungen vor, vermutlich, weil sie fürchteten, die Sowjets in die Enge zu treiben. Einige Beobachter fühlten sich an ein Wort Heinrichs II. erinnert, der seine Barone mit Blick auf Thomas Becket, den Erzbischof von Canterbury, gefragt hatte: „Wird denn niemand mich von diesem lästigen Priester befreien?"[26] Wäre eine solche Aufforderung seitens der Sowjets nicht von irgendeinem Geheimdienst des Ostens oder einzelnen Agenten aufgegriffen worden? Dabei ist auch an das zu erinnern, was die Akten des Mitrokhin-Archivs ans Licht brachten: Dieser Quelle – den Niederschriften eines

[26] C. Bernstein/M. Politi, Seine Heiligkeit, S. 357.

hochrangigen KGB-Offiziers – zufolge sollen das Attentat beziehungsweise die fehlgeschlagene Sabotage während einer Ansprache Johannes Pauls II. im Stadion von Karachi in Pakistan im Februar 1981 von einer insgeheim vom KGB gesteuerten Operationszentrale aus verübt worden sein.[27] Was in Karachi noch scheiterte, war dem, was wenige Monate später auf dem Petersplatz fast gelang, nicht unähnlich.

Wer aber war Mehmet Ali Ağca, der Attentäter vom 13. Mai 1981? Zum Zeitpunkt des Anschlags war er dreiundzwanzig Jahre alt und hatte bereits den Mord an Abdi İpekçi, dem Chefredakteur der liberalen türkischen Zeitung „Milliyet", verübt: Kurz nach seiner Verhaftung war er jedoch geflohen (oder man hatte ihn entkommen lassen). Als Anhänger der weitverzweigten nationalistischen Organisation „Die Grauen Wölfe" war er eine Persönlichkeit mit unscharfen Konturen und widersprüchlichen Einstellungen – einmal bezeichnete er sich sogar als Jesus Christus. Geisteskrank war er jedoch keineswegs, sein Einsichtsvermögen war hinreichend. Zu Weihnachten 1983 besuchte ihn Johannes Paul II. in dem römischen Gefängnis „wie einen Bruder, dem ich verziehen habe und der mein Vertrauen genießt". Die Begegnung brachte indes keine neuen Informationen. Ağca war verwundert über die Tatsache, dass zwei so sichere Schüsse ihr Ziel verfehlt hatten. Johannes Paul II. berichtete dem italienischen Publizisten Indro Montanelli:

> Ich sprach zehn Minuten mit diesem Mann, nicht länger. Zu kurz, um etwas von seinen Aktivitäten und Zielsetzungen zu verstehen, die sicher Teil eines sehr großen Chaos sind [...]. Eines aber ist mir klar geworden: dass Ali Ağca traumatisiert war – nicht von der Tatsache, dass er auf mich geschossen hatte, sondern von der Tatsache, dass es

[27] Vgl. C. Andrew/V. Mitrochin, Das Schwarzbuch des KGB. Moskaus Kampf gegen den Westen, Berlin 1999.

ihm, als einem Killer, der sich für unfehlbar hielt, nicht gelungen war, mich zu töten. Das war es, glauben Sie mir, was ihn erschütterte: zuzugeben, dass jemand oder etwas seinen Schuss abgelenkt hatte.[28]

Im Jahr 2000 hat der italienische Staatspräsident Carlo Azeglio Ciampi den türkischen Attentäter begnadigt, nachdem ihn Johannes Paul II. um seine Freilassung gebeten hatte. Der Papst selbst hatte mehrfach die Mutter und Familienangehörige des Attentäters empfangen. Dem Untersuchungsrichter Priore zufolge, der die Ermittlungen nach dem Attentat leitete, war von Seiten des Vatikans und des Papstes „die Sache mit der Vergebung Ağcas abgeschlossen“, zumal die kirchlichen Stellen davon überzeugt waren, dass „nichts Eindeutiges, Genaues und historisch Nützliches ans Licht gekommen war“.[29]
Dem Attentat vom 13. Mai 1981 waren seltsame Verhaltensweisen des Attentäters vorausgegangen. Johannes Paul II. hatte bereits während seines Besuchs beim orthodoxen Patriarchen Dimitrios in Istanbul Ende November 1979 eine Drohung von Ağca erhalten. Giancarlo Zizola zufolge hieß es in einem Schreiben Ali Ağcas: „Der westliche Imperialismus schickt jetzt den Kopf der Kreuzritter, Papst Johannes Paul II. Wenn der Papst seine Reise nicht rechtzeitig absagt, werde ich ihn mit Sicherheit töten. Das ist der Grund für meine Flucht aus dem Gefängnis.“[30] Zizola empfing die Botschaft im Hotel Sheraton in Istanbul, während ein gleichlautendes Schreiben an die Zeitung „Millyiet“ gerichtet war, deren

[28] M. Cervi/G. G. Biazzi Vergani, I vent'anni del „Giornale“ di Montanelli, Mailand 1994, S. 142–147. Vgl. auch Johannes Paul II., Erinnerung und Identität, S. 197ff.
[29] Tribunale di Roma/giudice Rosario Priore, L'attentato al papa, S. 190.
[30] G. Zizola, Il papa nell'islam che brucia, in: „Il Giorno“, 28.11.1979. Brief von G. Zizola an Richter R. Priore vom 5.6.1991, in: Carte Zizola. Vgl. G. Zizola, Santità e potere, Rom 2009, S. 328–331.

Chefredakteur Ağca ermordet hatte. Zizola veröffentlichte die Botschaft am 28. November 1979 in der Zeitung „Il Giorno", in dem Moment also, in dem der Papst in der Türkei eintraf.

Verwiesen die Flucht Ali Ağcas aus dem türkischen Gefängnis und der Drohbrief gegen den Papst auf einen islamistischen Hintergrund des späteren Attentats? Oder dachte der junge Fanatiker ursprünglich daran, den Anschlag bereits in der Türkei zu verüben, konnte ihn dann aber erst auf dem Petersplatz verwirklichen? Oder bediente sich schließlich irgendein Geheimdienst der erklärten Bereitschaft des Killers? Diese Fragen werden wohl vorerst unbeantwortet bleiben. Bestenfalls lässt sich das mafiöse, nationalistische Netzwerk rekonstruieren, dem Ağca angehörte und durch das er nach Bulgarien gelangte, wo sich dunkle Machenschaften kreuzten, die das kommunistische Regime zuließ.

Dem Papst war durchaus bewusst, dass sein Leben in Gefahr war, eben weil er sich stets dem Kontakt mit der Masse aussetzte. Sicherheitsmaßnahmen gab es fast keine. Vermutlich wurde er über die Risiken seiner Reise nach Istanbul informiert, dennoch trat er sie an. Im Übrigen veränderte Johannes Paul II. seine Gewohnheiten auch nach dem schweren Attentat nicht. So gab es ungefähr ein Dutzend versuchter Anschläge auf das Leben des Papstes, darunter: den Angriff eines traditionalistischen Priesters in Fatima mit einem Bajonett ein Jahr nach Ağcas Attentat; den versuchten Mordanschlag mit islamistischem Hintergrund in Manila im Jahr 1985; einen weiteren in Sarajevo 1997, bei dem ein großer Sprengsatz detonieren sollte (der dann von Bosniern gefunden wurde).[31] Johannes Paul II. erklärte 1982, also nach dem Attentat auf dem Petersplatz: „Meine Sicherheit wird von Gott garantiert."

Der große orthodoxe französische Theologe Olivier Clément (den der Papst sehr schätzte und der 1998 den Text einer Me-

[31] Tribunale di Roma/giudice Rosario Priore, L'attentato al papa, S. 359f.

ditation für den Kreuzweg im Kolosseum für ihn verfasste), kommentierte die Istanbul-Reise des Papstes so:

> Er kannte das Risiko genau, das er einging: Er hatte einige sehr konkrete Drohungen aus gewissen extremistischen Kreisen erhalten, in denen man aus Nation und Islam auf fanatische Weise ein einziges Gemisch machte, Kreise, in denen man bereits den späteren Mordanschlag vorbereitete, was die kommunistischen Regimeführer im geeigneten Moment zu nutzen bereit waren.[32]

Das Attentat, so dachte Clément, war der Preis für den Besuch beim Patriarchen, den der Papst zu Beginn seines Pontifikats unbedingt absolvieren wollte: „das Opfer, das diesem Besuch eine mystische Dimension verliehen hat [...].“ Stanisław Dziwisz zufolge war der verzweifelte Kampf um das Leben des Papstes auch ein Anlass, den Kampf für das Leben an sich zu fördern. Es entstanden das „Institut für Studien über Ehe und Familie“ an der Lateran-Universität und die Päpstliche Akademie für das Leben: „Das Engagement des Heiligen Vaters und der Kirche für die Familie und das gezeugte Leben erhielt an jenem Tag [dem Tag des Attentats] einen neuen Impuls und eine existentielle Motivation“, betonte Stanisław Dziwisz. In der Tat gab der Papst dem Attentat eine mystische Bedeutung, war es doch für ihn weder nur eine Episode aus einem Polizeibericht noch ein internationales Komplott: „All das war ein Zeichen der göttlichen Gnade. Ich sehe darin eine gewisse Ähnlichkeit mit der Prüfung, die Kardinal Wyszyński während seiner Haft auferlegt wurde. Die Erfahrung des Primas von Polen dauerte jedoch drei Jahre [...].“[33]

---

[32] Vgl. O. Clément, Rome autrement. Une réflexion orthodoxe sur la papauté, Paris 1997.
[33] Johannes Paul II., Erinnerung und Identität, S. 197.

In der Gemelli-Klinik begann Johannes Paul II. darüber nachzudenken, dass sich das Attentat just am 13. Mai, dem Tag der ersten Erscheinung der Jungfrau von Fatima im Jahr 1917, ereignet hatte. Er gelangte zu der Überzeugung, dass die Hand des Attentäters geschossen, eine andere, die der Jungfrau, den Schuss jedoch abgelenkt und ihn damit vor dem sicheren Tod bewahrt habe. Er ließ sich den Text des dritten Geheimnisses von Fatima bringen, der im Archiv der Kongregation für die Glaubenslehre aufbewahrt wurde und den er noch nie eingesehen hatte. Auch wenn er eine stark marianisch geprägte Andacht pflegte, hatte er sich für die Botschaft von Fatima bislang nicht sonderlich interessiert. Den dritten Teil der Offenbarung an Lucia Dos Santos hatte Pius XII., der am Tag der Marienerscheinung 1917 die Bischofsweihe empfangen hatte, als geheim eingestuft. Diese Entscheidung wurde sowohl von Johannes XXIII. als auch von Paul VI. bestätigt – wegen „seines eindrucksvollen Inhalts und um die Weltmacht des Kommunismus nicht zu reizen". Im Text von Schwester Lucia heißt es:

> Bevor er dort ankam, ging der Heilige Vater durch eine große Stadt, die halb zerstört war und halb zitternd mit wankendem Schritt, von Schmerz und Sorge gedrückt, betete er für die Seelen der Leichen, denen er auf seinem Weg begegnete. Am Berg angekommen, kniete er zu Füßen des großen Kreuzes nieder. Da wurde er von einer Gruppe von Soldaten getötet, die mit Feuerwaffen und Pfeilen auf ihn schossen.

Schwester Lucia bat den Papst im Namen der Jungfrau darum, die Welt und Russland dem Unbefleckten Herzen Marias zu weihen, um einen neuerlichen Weltkrieg zu verhindern. Und Pius XII. hat dies in den Jahren 1942 und 1952 getan. Doch die

Schwester behauptete, die Weihe sei nicht in der erforderlichen Weise geschehen, da der Episkopat auf der ganzen Welt hätte miteinbezogen werden müssen. Unmittelbar nachdem Johannes Paul II. zu Pfingsten 1981 aus der Gemelli-Klinik entlassen worden war, sprach er von seinen Privatgemächern mit Blick auf den Petersplatz (auf dem er einen Monat zuvor schwer verletzt worden war) aus ein Gebet an die Gottesmutter, in dem es hieß: „Nimm unter deinen mütterlichen Schutz die ganze menschliche Familie, die wir dir, oh Mutter, in herzlicher Hinwendung anvertrauen.“ Am 13. Mai 1982, ein Jahr nach dem Attentat, begab sich Johannes Paul II. nach Fatima, um Maria seinen Dank abzustatten und die Welt der Jungfrau zu weihen. In den darauffolgenden Jahren führte der Papst mehrere Weihehandlungen und Andachtsübungen für die Muttergottes von Fatima durch und ließ schließlich sogar eine Kopie der Marienstatue im Vatikan aufstellen. Die von Ağca abgefeuerte Kugel, die ihn hätte töten sollen, schenkte er dem portugiesischen Wallfahrtsort, damit sie in die Krone der Marienstatue eingesetzt werde.

Die Botschaft von Fatima forderte im ersten und zweiten Teil die Weihe Russlands an die Gottesmutter. Lucia Dos Santos übermittelte die Botschaft der Jungfrau mit folgenden Worten: „Wenn man auf meine Wünsche hört, wird Rußland sich bekehren, und es wird Friede sein; wenn nicht, dann wird es seine Irrlehren über die Welt verbreiten, wird Kriege und Verfolgungen der Kirche heraufbeschwören, die Guten werden gemartert werden und der Heilige Vater wird viel zu leiden haben.“ Und weiter heißt es: „Der Heilige Vater wird mir Rußland weihen, das sich bekehren wird, und der Welt wird eine Zeit des Friedens geschenkt werden.“ Nach dem Attentat von 1981 und dem Zusammenbruch des Kommunismus in der UdSSR und im gesamten Ostblock war Johannes Paul II. vom Wert dieser marianischen Botschaft zutiefst überzeugt: „Es ist mir gewährt worden, die Botschaft der Muttergottes von Fatima in besonderer Weise zu verstehen: das erste Mal am

13. Mai 1981 [...] und noch einmal gegen Ende der achtziger Jahre, als der Kommunismus zusammenbrach."

Im Jahr 2000 kehrte Johannes Paul II. noch einmal nach Fatima zurück, um die Welt des dritten Jahrtausends der Gottesmutter zu weihen und das dritte Geheimnis zu verkünden, in dem auch von der Tötung des Papstes die Rede ist.[34] Im Übrigen hatte Ali Ağca selbst, neben anderen unklaren Äußerungen, bereits einige Jahre zuvor seine Überzeugung bekundet, zwischen Fatima und dem Attentat auf den Papst bestehe eine Verbindung. An Kardinal Casaroli schrieb er 1996 mit der Bitte, man möge ihm helfen, aus dem Gefängnis entlassen zu werden: „Ich habe die spirituelle Gewissheit, dass es eine historische Verflechtung zwischen dem 13. Mai 1917 und dem 13. Mai 1981 gibt und dass die Verletzung des Papstes als geheimnisvolles, einzigartiges und unwiederholbares Ereignis der auslösende Funke für des Feuer war, das den Wald des Kommunismus niederbrannte."[35]

Unmittelbar nach seiner Einlieferung in die Gemelli-Klinik am 13. Mai 1981 teilte der Papst den Gläubigen seine Gefühle mit den Worten des Apostels Petrus nach seiner Befreiung aus dem Gefängnis mit, wie sie die Apostelgeschichte wiedergibt: „Nun weiß ich wahrhaftig, dass der Herr seinen Engel gesandt und mich der Hand des Herodes entrissen hat [...]." Er zeigte sich dankbar für das gemeinschaftliche Gebet von Katholiken und Nichtkatholiken, von Juden und Muslimen. Abschließend heißt es: „Und so bin ich noch mehr zum Schuldner aller geworden." Wojtyłas Pontifikat war umgeben vom Glanz des Martyriums. War er bereits als junger Mann während des Krie-

---

[34] Vgl. Congregazione per la dottrina della fede, Il messaggio di Fatima, Città del Vaticano 2000. Siehe zu diesem Thema auch T. Bertone/G. De Carli, L'ultima veggente di Fatima, Mailand 2007; A. Socci, I segreti di Karol Wojtyła, Mailand 2008, insbesondere S. 69ff.; R. Allegri, Il papa di Fatima, Mailand 2006, insbesondere S. 269ff.

[35] Brief von Ağca an Casaroli vom 18.1.1996, in: Archivio di Stato di Parma, Archivio Agostino Casaroli, b. 164, f. 16.

ges dem Tode entkommen, so fühlte der Papst nun umso stärker, dass er eine Mission zu erfüllen hatte. Die Rettung verlieh dem slawischen Papst ein gewisses Charisma, erlegte ihm aber auch eine neue Verantwortung auf. Wojtyłas „Martyrium" stärkte das charismatische Ich eines Papstes, dessen Amt als so wichtig galt, dass er zum Ziel von Attentaten werden konnte. Johannes Paul II. gewann den Eindruck, dass das Attentat zu einer größeren Einheit unter den Katholiken führte, da diese Tat eine starke Welle der Sympathie in der Öffentlichkeit auslöste. Um es mit Stanisław Dziwisz zu sagen, hatte es die Kirche und die Welt um die Person des Papstes herum geeint. Der Körper des Papstes war verletzt. Der Papst, der stark, jugendlich und sicher erschienen war, erfuhr nun, in seiner Schwäche als Verwundeter, Zuspruch und Solidarität. Bereits die Bilder aus dem Krankenhaus zeigten dies.

Das Attentat war ein einzigartiges Geschehnis in der Geschichte des Pontifikats. Man musste schon in die Zeit Napoleons zurückkehren, um Päpste zu finden, die ins Gefängnis gesteckt oder aus Rom herausgeschafft worden waren. Nie jedoch hatte man Hand an sie gelegt. Pius IX. etwa war während der Revolution von 1848 nach Gaeta gegangen und hatte sich nach der Einnahme Roms im Jahr 1870 zum Gefangenen im Vatikan erklärt. Im angespannten Klima der römischen Nachkriegszeit war von Drohungen gegenüber der Person Pius' XII. die Rede gewesen – konkretisiert hatten sie sich allerdings nicht. Paul VI. war Zielscheibe eines Attentats auf den Philippinen, das ein Geisteskranker verüben wollte, jedoch schon im Vorfeld vereitelt wurde. Nun aber war das Leben eines Papstes infolge eines schweren Attentats in Gefahr, hinter dem dunkle Machenschaften und mysteriöse Auftraggeber vermutet wurden.

Das Ereignis hatte auch deshalb eine so große Wirkung auf die öffentliche Meinung, weil das Gewaltsame daran neu war: Nicht einmal der Papst schien mehr unantastbar zu sein. Und selbst im katholischen Italien konnte sich die Kirche nicht mehr sicher fühlen. Dies zeigte sich etwa bei einem Anschlag, den die Mafia im Juli 1993 zwar nicht auf die Person des Papstes, wohl aber auf seine Bischofskirche, die Lateran-Basilika in Rom, verübte. Der Anschlag war durchaus als Drohgebärde gegen einen Papst zu verstehen, der im sizilianischen Agrigent die Mafia zuvor scharf verurteilt hatte. Viele Kirchenangehörige wurden in den letzten Jahrzehnten des 20. Jahrhunderts allerorten zur Zielscheibe der Gewalt: so etwa Erzbischof Óscar Romero, der 1980, also ein Jahr vor dem Attentat auf den Papst, in San Salvador am Altar getötet wurde, während er die Messe zelebrierte; oder Kardinal Posadas Ocampo, der 1993 in Mexiko von Drogenhändlern ermordet wurde. Ihre „Autorität" diente den Kirchenmännern offensichtlich nicht mehr länger als Schutz, sondern wurde vielmehr zum Grund für Angriffe auf ihr Leben.[36]

Während des gesamten Pontifikats Johannes Pauls II., insbesondere vor den vielen Reisen, die der Papst unternahm, kursierten im Vatikan mehr oder minder fundierte Gerüchte über mögliche Attentatsversuche. Der Papst selbst sprach sich im Allgemeinen dennoch gegen Änderungen seiner Reiseprogramme aus. Einer polnischen Freundin, die darauf beharrte, weitere Sicherheitsmaßnahmen (wie etwa die Benutzung des gepanzerten Papamobils) zu ergreifen, entgegnete Johannes Paul II. ganz unumwunden: „All diese Vorsichtsmaßnahmen sind nutzlos [...]. Von dem Moment an, da ich weiß gekleidet hinaustrete, werde ich zu einer Zielscheibe, die gar nicht zu verfehlen ist." Und jenen, die nach dem Attentat zur Vorsicht gemahnten, antwortete er: „Der Papst kann sich nicht in einer Festung einschließen oder sich in die Wüste zurückziehen [...]. Es kommt, was kommt. Im Übrigen hat uns der Herr ein Bei-

[36] Siehe A. Riccardi, Il secolo del martirio. I cristiani nel Novecento, Mailand 2009. Zu Romero siehe R. Morozzo della Rocca, Primero Dios. Vita di Oscar Romero, Mailand 2005. Auf den Anschlag auf die Lateran-Basilika folgte am 9.5.1993 eine Ansprache Johannes Pauls II., in der er die Mafia scharf verurteilte.

spiel gegeben, als er nach Golgatha ging."[37] Als eine Reise in das sandinistische Nicaragua anstand, wurde in Anbetracht der angespannten Situation dort empfohlen, dass zumindest seine Begleiter eine kugelsichere Weste trugen. John Magee, ein Privatsekretär des Papstes, erinnert sich an die entschlossene Reaktion des Pontifex: „Wenn jemand aus der Delegation eine solche Weste tragen will, soll er nicht mit auf diese Reise gehen. Wir sind in Gottes Hand." Nach dem Attentat auf dem Petersplatz und seiner Genesung sagte der Papst allen, die ihn fragten, welche Maßnahmen künftig bei der Generalaudienz zu ergreifen seien: „Wir fangen wieder an, wie immer."[38]

Zeit für neue Märtyrer und Zeit für Vergebung

Abgesehen von der schmerzvollen Überraschung, die das Ereignis vom 13. Mai 1981 für Karol Wojtyła bedeutete, hatte er sich schon in Polen mit dem Gedanken an die Bedrohung des eigenen Lebens vertraut gemacht, als er über das Martyrium nachdachte. Die Geschichte Polens war gezeichnet vom Kampf für die nationale Unabhängigkeit, die dem Land lange verwehrt worden war, sowohl durch die Schrecken des Zweiten Weltkriegs als auch die kommunistische Herrschaft. Diese Erinnerungen waren Wojtyła stets präsent. Nur wenigen ist bewusst, dass einer der ersten Orte, die er nach seiner Wahl zum Papst besuchte, der Wallfahrtsort Mentorella in der Nähe Roms war, den er aus seiner Zeit als Kardinal kannte. Es handelt sich um ein Marienheiligtum, das jedoch zugleich an die polnische Geschichte gemahnt, da es von den Resurrektionisten betreut wird, einer katholischen Kongregation, die im romantischen Klima von Schmerz und Hoff-

[37] Vgl. A. Frossard, Portrait de Jean-Paul II, Paris 1988 sowie G. Pezzali, Polonia ultimo ciak, Padua 1997, S. 140f.
[38] Gespräch des Autors mit Kardinal S. Dziwisz.

nung nach der Aufteilung Polens im 19. Jahrhundert gegründet worden war. Am 29. Oktober 1978 wurde der Papst hier von zwanzigtausend Menschen empfangen, die eilig zusammengekommen waren, nachdem sich die Nachricht vom Besuch des neu gewählten Papstes wie ein Lauffeuer verbreitet hatte. Wie sehr Mentorella mit der polnischen Geschichte verbunden war, wusste allerdings kaum jemand.[39] Dabei ist die polnische Epik bekanntlich vom Thema des Martyriums geradezu durchzogen, wobei Polen neben der Jungfrau Maria zwei Märtyrer als Schutzheilige besitzt: Stanislaus und Adalbert, der aus Prag verjagt und getötet worden war, während er die Heiden missionierte.

In der westlichen Kirche kultivierte man im Allgemeinen eine gewissermaßen „archäologische" Sicht auf das Martyrium; es galt als etwas, das auf die ersten Jahrhunderte der Geschichte des Christentums verwies. Für Johannes Paul II. hingegen war das Martyrium mit Blick auf das „große Übel" der Gegenwart etwas durchaus Aktuelles. Noch als Kardinal hatte er 1976 geäußert:

> Doch die heutige Verfolgung, die für die letzten Jahre des 20. Jahrhunderts typisch ist, hat einen Rahmen, der von dem des Altertums völlig verschieden ist, und auch einen ganz anderen Sinn. [...] Somit steht in dieser Epoche die Verfolgung auf dem Programm, wobei jedoch der Schein gewahrt wird, es bestehe keine Verfolgung und herrsche volle Religionsfreiheit. Zudem hat dieses Programm in vielen den Eindruck zu erwecken verstanden, man stehe dabei auf [S]eiten des Lazarus gegen den Reichen und somit auf der gleichen Seite, auf die sich Christus selbst gestellt hat, obwohl man vor allem gegen Christus ist.[40]

[39] Vgl. La Mentorella, Il più antico santuario d'Italia, Palestrina (RM) 2001.
[40] Karol Wojtyła, Zeichen des Widerspruchs. Besinnung auf Christus, Zürich, Freiburg 1979, S. 227.

Bei dieser Gelegenheit sprach Wojtyła auch über die Schreckensherrschaft der totalitären Regime. Die Konzentrationslager blieben auf ewig die reale Verkörperung der Hölle auf Erden. In ihnen habe sich das Maximum des Bösen offenbart, das ein Mensch einem anderen Menschen antun könne. Dabei gemahnte er an Maximilian Kolbe (den „Heiligen des Jahrhunderts“), der sein Leben hingegeben hatte, um einen anderen Menschen zu retten: ein Mensch sei gestorben, die Menschlichkeit aber sei gerettet worden. So eng sei die Verbindung zwischen Liebe und Heil. Den Märtyrern wohne noch in ihrer „Niederlage“ eine tiefe „Kraft“ inne. Das Martyrium aber repräsentiere diese Kraft der Kirche in der Gegenwart. Wenn man als Christ sein Leben hingab, konnte die Welt „gerettet“ werden.
Diese Gedanken nahm Wojtyła als Papst zum Jubiläumsjahr 2000 wieder auf, als er kundtat, das 20. Jahrhundert sei wieder eine Zeit der Märtyrer gewesen. In Vorbereitung auf das Jubiläum verfasste er einen Text, der – mehr als andere – von persönlichen Erfahrungen geprägt war: das apostolische Schreiben „Tertio millennio adveniente“. Darin heißt es: „Am Ende des zweiten Jahrtausends ist die Kirche erneut zur Märtyrerkirche geworden.“[41] Mit dem Martyrium wird dabei die Gewährung von Vergebung und die Bitte um Vergebung in Verbindung gebracht. Deshalb standen im Heiligen Jahr 2000 die Gedenkfeier für die neuen Märtyrer und die feierliche Vergebungsbitte der Kirche in Zusammenhang. Das eine vom anderen zu trennen wäre aus der Sicht Wojtyłas ein Fehler gewesen. Und schon bei der Aussöhnung zwischen den polnischen und den deutschen Bischöfen im Jahr 1965 war auch der Ausdruck „verzeihen und um Verzeihung bitten“ verwendet worden.

[41] Papst Johannes Paul II., Apostolisches Schreiben Tertio Millennio Adveniente, Bonn 1994 (Verlautbarungen des Apostolischen Stuhls 119), S. 33.

Warum aber sollten die polnischen Bischöfe die deutschen Invasoren um Verzeihung bitten? So hatte die regierungsnahe Presse in Polen polemisch gefragt. Für Johannes Paul II. aber war das Verzeihen etwas, das man gewährte und um das man zugleich selbst bitten musste. „Verzeiht und bittet um Verzeihung", so lautete die Botschaft, die Johannes Paul II. auf seinen Reisen nach Kroatien und Bosnien-Herzegowina 1994 und nach Sarajewo 1997 verkündete – im Übrigen „nicht ohne Völker in Erstaunen zu versetzen, die sich grundsätzlich als Opfer fühlten", wie Roberto Morozzo della Rocca bemerkt hat.[42] Auf persönlicher Ebene verzieh der Papst Ali Ağca – und bat ihn zugleich um Verzeihung. Doch weshalb? In einer Notiz, aus der wohl ein offener Brief an seinen Attentäter hätte werden sollen, schrieb Johannes Paul II., es sei entscheidend, dass „nicht einmal eine Episode wie die vom 13. Mai einen Abgrund zwischen zwei Menschen aufreißen kann".[43] Darin, dass sich Menschen gegenseitig verzeihen, zeige sich die Kraft des Christentums. Im Gottesdienst, in dem er die Vergebungsbitte aussprach, sagte der Papst während der Predigt:

> Für den Anteil, den jeder von uns mit seinen Verhaltensweisen an diesen Übeln hatte und mit dem er dazu beitrug, das Antlitz der Kirche zu verunstalten, bitten wir demütig um Vergebung. Im gleichen Atemzug, in dem wir unsere Schuld bekennen, vergeben wir den anderen die Schuld, die sie uns gegenüber auf sich geladen haben. Im Laufe der Geschichte haben die Christen unzählige Schikanen, Gewalttaten und Verfolgungen wegen ihres Glaubens über sich ergehen lassen müssen. Wie die Opfer dieser Gewalttaten verziehen haben, so verzeihen auch wir

---

[42] Vgl. R. Morozzo della Rocca, Dialogo e convivenza interetnica nei Balcani: lo spazio delle religioni, in: Storia religiosa dell'Islam nei Balcani, hg. v. L. Vaccaro, Mailand 2008, S. 517–536, hier S. 533.
[43] S. Oder/S. Gaeta, Perché è santo, S. 100.

> [...]. Das Jubiläum wird so für alle eine günstige Gelegenheit sein, sich zutiefst zum Evangelium zu bekehren.

Für Wojtyła drückte sich genau darin die Haltung einer Kirche der Märtyrer aus, wie sie sich im 20. Jahrhundert erneut behauptet hatte. Es war eine Kirche, die keine Angst davor hatte, den Weg der Veränderung und der Umkehr zu gehen: Bereits vor dem Jubiläumsjahr 2000 hatte der Papst vierundneunzig Mal um Vergebung gebeten.[44] Dabei verhielt er sich jedoch keineswegs nur defensiv. Nie hatte es in einem Pontifikat so viele Bitten um Vergebung gegeben. Johannes Paul II. bat um Vergebung für den Geist, in dem die Kreuzzüge des Mittelalters stattgefunden hatten, für die Fehler bei der Evangelisierung Amerikas im 16. Jahrhundert, für die Inquisition und für vieles andere mehr. Er fuhr nach Griechenland und entschuldigte sich für die Gräueltaten der Kreuzritter in Konstantinopel. Er ging nach Banja Luka und bat um Vergebung für die Verbrechen im Zweiten Weltkrieg. Die Liste ist so lang, dass sich manch einer über diesen scheinbaren Exzess des Um-Vergebung-Bittens mokierte. Während des Jubiläumsjahres 2000 erinnerte der Papst in seiner Vergebungsbitte im Petersdom an die unchristlichen Methoden bei der Verteidigung der göttlichen Wahrheit, an die Schuld angesichts der Teilung der Christenheit, an die Leiden, die den Juden zugefügt worden waren, ebenso wie den Angehörigen anderer Religionen, den Schwachen und Armen, den Zigeunern und Einwanderern, den minderjährigen Missbrauchsopfern und den Ungeborenen, die bereits im mütterlichen Schoß zu Opfern geworden waren.

---

[44] Vgl. L. Accattoli, Wenn der Papst um Vergebung bittet: Alle „mea culpa" Johannes Pauls II. an der Wende zum dritten Jahrtausend, Innsbruck, Wien 1999. Vom selben Autor siehe auch Karol Wojtyła, Turin 1998. Vgl. Il papa chiede perdono. Purificare la memoria. Testo integrale del discorso del papa, precedenti interventi, testo integrale del documento, sussidi storici, Casale Monferrato (AL) 2000.

Das Schlüsselwort war dabei stets: „Vergeben wir und bitten um Vergebung". Niemandem entging, dass die Kirche als die älteste Institution der westlichen Welt, die sich seit fast zweitausend Jahren behauptete, unwillkürlich der verschiedensten Vergehen bezichtigt werden konnte, allein schon aufgrund der Länge ihrer Geschichte (und anlässlich von Ereignissen, die einem anderen kulturellen Kontext angehören als dem heutigen): „Wer ließe sich träumen, den Präsidenten der Region Lombardei oder dem Bürgermeister von Mailand Vorkommnisse anzulasten, die auf die Politik Ludovico Sforzas zurückzuführen waren?", fragte etwa ironisch Kardinal Biffi, der den Vergebungsbitten des Jahres 2000 kritisch gegenüberstand.[45] Kardinal Ratzinger indes deutete gegenüber der Presse das Um-Vergebung-Bitten als eine Geste, die sich nicht nur in die Vergangenheit richte: „Die Kirche von heute sagt mit diesem Akt der Reue nicht, dass die Sünde in der Vergangenheit liegt und wir rein sind, um dann darauf zu warten, dass erst morgen unsere Sünden aufgedeckt werden." Ratzinger äußerte abschließend: Sie „hat immer gegen die Vorstellung einer Kirche angekämpft, die nur aus Heiligen besteht. Wir kennen die großen Kämpfe gegen Donatisten, Katharer und so weiter." Die Kirche der Märtyrer sei keine Gemeinschaft der Reinen, stolz und arrogant, sondern auch eine Welt der Sünder.

Johannes Paul II. war spirituell, realistisch und modern zugleich. Die Kirche sollte keine Verteidigungshaltung einnehmen. Und sie wollte den unsicheren Boden des Konflikts mit den Feinden verlassen (auch wenn dem Papst bewusst war, dass die Kirche nach wie vor Feinde besaß – hatten sie doch versucht, ihn umzubringen, und viele andere Christen bereits getötet). Seine Aufgabe, so sah es Johannes Paul II., bestand darin, in Athen mit den Vertretern der Orthodoxie zusam-

[45] G. Biffi, Christus hodie, Bologna 1995, S. 26. Vgl. auch Ders., Memorie e digressioni di un italiano cardinale, Siena 2007, S. 535.

menzutreffen und nicht darin, die Kreuzritter zu verteidigen; es galt, ein neues Verhältnis zu den Juden aufzubauen und nicht, seine fernen Vorgänger, die Päpste des Ghettos, zu verteidigen, deren Verhalten er nicht billigte. In seiner ersten Enzyklika äußerte Wojtyła die Sorge, die Kirche könne sich durch den „kritischen Geist" (die Vorstellung, die Kirche habe Chancen in der Geschichte versäumt und die Welt nicht verstanden) am Ende selbst beschädigen.[46] Im Jahr 2000 war Johannes Paul II. zwar nicht gänzlich anderer Meinung, aber er wollte die Kirche ins dritte Jahrtausend führen, ohne irgendjemanden als Feind zu deklarieren oder sich in der Defensive zu verschanzen.

Der aus Genf stammende Kardinal Cottier, päpstlicher Haustheologe und Präsident der historisch-theologischen Kommission zur Vorbereitung des großen Jubiläums 2000, erinnerte daran, dass der Papst die Geste Pauls VI. nicht vergessen hatte, der zu Beginn der zweiten Konzilssession Gott und die von der katholischen Kirche getrennten Glaubensbrüder um Vergebung bat und anschließend dem Metropoliten Meliton, einem Vertreter des ökumenischen Patriarchats, die Füße küsste. Es war ein Akt der Wiedergutmachung angesichts der Demütigung, die dem Patriarchen von Konstantinopel 1437 während des Konzils von Ferrara zugefügt worden war. Bereits Johannes XXIII. hatte einmal zu Frère Roger Schutz gesagt: „Wir suchen nicht nach dem, der Recht hatte und nach dem, der Unrecht hatte, sondern wir versöhnen uns." Hinzukam für Johannes Paul II. die Erfahrung der polnischen Bischöfe bei der Versöhnung mit den deutschen Bischöfen.[47]

Grundsätzlich hoffte der Papst, die Haltung der Kirche während des Jubeljahrs 2000 könne zum Ausgangspunkt eines Versöhnungsprozesses zwischen allen Völkern werden, die in

[46] Quelle: Redemptor hominis
[47] Vgl. P. Favre, Georges Cottier. Itinéraire d'un croyant, Tours 2007.

dramatische Konflikte verwickelt seien, welche durch Hass, aber auch durch die Erinnerung meist weit zurückliegender Verletzungen geschürt worden seien, indem Gegensätze ausgeglichen und lang gehegte und atavistische Hassgefühle überwunden werden: Die Völker sollten sich, so wünschte der Papst, vom Geist der Vergebung und Aussöhnung leiten lassen, wie es die Kirche bezeuge, und sich bemühen, die Probleme durch einen „geduldige[n], beharrliche[n] und achtungsvolle[n] Dialog zu lösen".[48] Johannes Paul II. strebte also nichts Geringeres an, als das spirituelle Klima einer „erstarrten Gesellschaft" durch die „Vergebung als einem politischen Instrument" zu verändern, wie es Giancarlo Zizola treffend formuliert hat.[49] Der Tag der Vergebung, der während der Fastenzeit, am 12. März 2000, begangen wurde, war nach Auffassung des Papstes eng gekoppelt an die Gedenkfeier für die neuen Märtyrer des 20. Jahrhunderts, die am 7. Mai 2000 im Kolosseum gehalten wurde. Die Kirche der Märtyrer hat die Kraft zu verzeihen: Sie vermag um Vergebung zu bitten und selbst zu vergeben. Vor allem aber versteht sie es, den Geist der Vergebung in der menschlichen Geschichte wirken zu lassen.

Die Kraft der Märtyrer und die Angst der Christen

Johannes Paul II. erweiterte den Begriff des Martyriums entscheidend: Märtyrer waren nicht mehr nur diejenigen, die infolge von Hass gegen den Glauben getötet wurden. Vielmehr sprach man bald schon von den „neuen Märtyrern". Zu ihnen gehörten keineswegs nur Katholiken, sondern auch Vertreter anderer christlicher Konfessionen; insofern war es nur

[48] Zit. n. Luigi Accatoli, Wenn der Papst um Vergebung bittet, S. 83.

[49] G. Zizola, L'etica della solidarietà globale nell'insegnamento di Giovanni Paolo II, in: Andate in tutto il mondo, I vaticanisti italiani raccontano Giovanni Paolo II, Bologna 2004, S. 13–59.

konsequent, wenn der Papst davon sprach, dass die Christen gerade durch das Martyrium bereits zu einer neuen Einheit gefunden hatten. Am Karfreitag 1994, ganz am Ende des Kreuzwegs im Kolosseum, dessen einzelne Stationen von Texten begleitet wurden, die der orthodoxe Patriarch Bartholomäus I. verfasst hatte, sagte der Papst aus dem Stegreif: „Im Grunde sind wir durch die Märtyrer bereits vereint: Wir können nicht anders als vereint sein."[50] Ökumene und Martyrium waren für Johannes Paul II. zutiefst miteinander verbunden. In seinem Denken fand sich, wenn es um die Einheit der Christen und das Martyrium ging, immer ein Zug ins Mystische, der über die Unterschiede in Geschichte und Glaubenslehre, die zu Spaltungen zwischen den Konfessionen geführt haben, hinausging. In den Worten des Papstes: „Es handelt sich um ein Erbe, das mit lauterer Stimme zu uns spricht als die Gründe für eine Spaltung der Kirche. Das ökumenische Zeugnis der Märtyrer und der Glaubenszeugen ist dabei am überzeugendsten; es weist uns den Weg zur Einheit der Christen im 21. Jahrhundert."

Im Martyrium lagen für Johannes Paul II. eine Weite und Tiefe, die nicht leicht zu ermessen waren; es handelte sich um eine Kraft, die die Geschichte gerade in der Erniedrigung prägte und sie zugleich veränderte. Auf diese Kraft galt es sich zu besinnen. Und nichts anderes tat der Papst beim großen Jubiläum. Die Feier am 7. Mai 2000 im Kolosseum führte das Gedenken an die neuen Märtyrer ein. Sie war eine große ökumenische Zeremonie, bei der der Papst auch über sich selbst sprach: „Die Generation, der ich angehöre, hat die

---

[50] Bedeutsam sind die Texte zu den Kreuzwegstationen von Patriarch Bartholomäus I. und O. Clément, die die Struktur des theologischen Denkens des letzteren offenbaren. Vgl. Via Crucis. Meditazioni e preghiere del Patriarca ecumenico di Costantinopoli S.S. Bartolomeo I per la Via Crucis al Colosseo presieduta dal Santo Padre Giovanni Paolo II. Venerdì Santo 1994, Città del Vaticano 1994; O. Clément, Meditazioni e preghiere per la Via Crucis al Colosseo presieduta dal Santo Padre Giovanni Paolo II. Venerdì Santo 1998, Città del Vaticano 1998.

Grauen des Krieges erlebt, die Konzentrationslager, die Verfolgung. In meiner Heimat wurden während des Zweiten Weltkriegs Priester und Christen in die Vernichtungslager deportiert." Er erinnerte daran, dass in Dachau etwa dreitausend Geistliche aus allen Teilen Europas interniert waren. Während der Liturgie im Kolosseum, gewissermaßen im Angesicht der Märtyrer der ersten Jahrhunderte und in Anwesenheit von Vertretern der orthodoxen und protestantischen Kirchen, stellte Johannes Paul II. das Martyrium als den eigentlichen Schlüssel zum Verständnis der Kirche im 20. Jahrhundert heraus: „Diese unsere Brüder und Schwestern im Glauben [...] bilden ein großes Fresko der christlichen Menschheit des 20. Jahrhunderts. Ein Fresko des Evangeliums der Seligpreisungen, das bis zum Blutvergießen reicht." Der Papst sprach als Zeuge, der den Krieg erlebt hatte, und als ein Mensch, der selbst zur Zielscheibe eines Attentats geworden war: „Ich selbst war in den Jahren meiner Jugend Zeuge so großen Schmerzes, so vieler Prüfungen." Die Botschaft, die er verkündete, war jedoch keineswegs finster oder pessimistisch, sondern vielmehr Ausdruck einer neuen Kraft des Christentums: „In ihrer Zerbrechlichkeit erstrahlte die Kraft des Glaubens und der Gnade des Herrn." Und darin lag zugleich auch ein Fingerzeig für die Kirche des 21. Jahrhunderts: „Dort, wo der Hass das ganze Leben zu durchtränken schien, ohne dass es möglich gewesen wäre, seiner Logik zu entkommen, haben sie gezeigt, dass ‚die Liebe stärker ist als der Tod'." Dies war eine Lektion für die Kirche.
Das Thema der neuen Märtyrer des 20. Jahrhunderts stand dabei für Wojtyła in Verbindung mit dem Frieden selbst. Das Martyrium und die Suche nach Frieden (beziehungsweise die Ablehnung des Krieges) waren stets wiederkehrende Begriffe. Bereits 1989 etwa hatte der Papst im Zusammenhang mit der Ermordung zweier Missionare in Mosambik gesagt: „Ihr Gedenken möge alle, die dazu in der Lage sind, dazu führen, den Weg des Friedens mit Beharrlichkeit und Ausdauer

zu suchen." Er selbst fühlte sich dafür verantwortlich, über den Frieden zu sprechen, so auch während der Irak-Krise. Der Zweite Weltkrieg war das „große Übel", doch auch hier, wie im Falle Maximilian Kolbes in Auschwitz, konnte durch das Opfer und das Martyrium einzelner die Botschaft des Guten verkündet werden. Aus dem Zweiten Weltkrieg entsprang so eine Botschaft des Friedens. Immer wieder kam der Papst darauf zurück.[51] Im apostolischen Schreiben zum fünfzigsten Jahrestag des Kriegsendes betonte er, die „Kultur des Krieges" entspringe dem Hass, der Gewalt und der unterdrückten Freiheit. Doch mit dem Krieg ließen sich weder Frieden noch Gerechtigkeit erreichen. Nachdem er die Worte Benedikts XV. über das „unnütze Blutvergießen" während des Ersten Weltkriegs zitiert hatte, schloss der Papst mit der Aufforderung: „Nie wieder Krieg! Ja zum Frieden!":

> Die sechs schrecklichen Jahre des Krieges waren für alle eine Gelegenheit, in der Schule des Leidens zu reifen: Auch die Christen konnten sich wieder einander annähern und sich über die Folgen ihrer Spaltung Rechenschaft ablegen. Sie haben auch die Solidarität eines Schicksals wiederentdeckt, das sie mit allen Menschen vereint, welcher Nation auch immer sie angehören.

Karol Wojtyłas Interesse am Thema des Martyriums durchzieht sein Leben wie ein roter Faden, und es zeigt auch, wie sensibel er gegenüber dem Leid, wie groß seine Abscheu vor dem Krieg war. Im Martyrium manifestierte sich in seinen Augen die Kraft der Kirche. Aus dieser Perspektive glaubte der Papst an eine starke Kirche. Stark, das klang in der Sprache des nachkonziliaren Katholizismus nicht selten wie tri-

---

[51] Siehe Giovanni Paolo II, Nel cinquantesimo anniversario della seconda guerra mondiale. Lettera apostolica, Mailand 1989; Ders., Messaggio di Sua Santità Giovanni Paolo II in occasione del 50mo anniversario della fine in Europa della seconda guerra mondiale, Città del Vaticano 1995.

umphal oder mächtig – Attribute, wie man sie für das Erscheinungsbild oder die Realität der Kirche *vor* dem Konzil benutzt hatte und die inzwischen als anachronistisch galten. Johannes Paul II. wurde insbesondere in den ersten Jahren seines Pontifikats vorgeworfen, eine Restauration der Kirche der Vergangenheit anzustreben, die siegesgewiss, ja, sogar theokratisch ihre Wirkung entfalte. Dies entsprach allerdings ganz und gar nicht seiner Vorstellung, wenngleich die Kirche, die ihm vorschwebte, weder minimalistisch noch unsichtbar oder gar schweigsam sein sollte. Daher lehnte er es auch entschieden ab, die Christen im Osten als „Kirche des Schweigens" zu bezeichnen. In seiner Sicht war sich die Kirche vielmehr bewusst, dass sie eine Mission in der Gegenwart hatte, die darin bestand, das Evangelium zu verkünden sowie die Menschen und den Frieden unter den Menschen und Völkern zu verteidigen.[52]

Diese Mission konnte sich als schwierig erweisen; doch Wojtyła war überzeugt, dass sie um jeden Preis fortgesetzt werden musste. Bereits alt und krank, erklärte er im Jahr 2002 während einer anstrengenden Reise nach Aserbeidschan mit letzter Kraft: „Solange ich sprechen kann, werde ich ausrufen: Frieden in Gottes Namen!" Das Schwierige dieser Mission war vor allem in der Angst begründet. Karol Wojtyła kannte die hemmende Macht der Angst in totalitären Regimen aus eigener Anschauung. Doch auch die Angst des Westens, die nicht von Verfolgung herrührte, war ihm nicht entgangen. Daher kam es ihm darauf an, Mut und Hoffnung zurückzugewinnen. Er spürte, dass ihn bei der Bewältigung der Angst gerade das Beispiel der Märtyrer und der verfolg-

---

[52] G. Miccoli, In difesa della fede, Mailand 2007, S. 10 sowie passim. Miccoli beobachtet, wie die Kirche Johannes Pauls II. immer wieder ihre „alte Rolle als Lenkerin und Lehrmeisterin der Menschheit" verteidigt habe, auch wenn sie zugleich den Pluralismus der Gegenwart akzeptierte. Eine ähnliche Darstellung findet sich bei D. Menozzi, Giovanni Paolo II, Una transizione incompiuta, Brescia 2006.

ten Kirchen ermutigt hatte. Vor diesem Hintergrund muss auch die berühmte Predigt Johannes Pauls II. interpretiert werden, die er zu Beginn seines Pontifikats hielt:

> Habt keine Angst, Christus aufzunehmen und seine Herrschergewalt anzuerkennen! Helft dem Papst und allen, die Christus und mit der Herrschaft Christi dem Menschen und der ganzen Menschheit dienen wollen! Habt keine Angst! Öffnet, ja reißt die Tore weit auf für Christus! Öffnet die Grenzen der Staaten, die wirtschaftlichen und politischen Systeme, die weiten Bereiche der Kultur, der Zivilisation und des Fortschritts seiner rettenden Macht! Habt keine Angst![53]

Während sein Bild über die Bildschirme der ganzen Welt flimmerte, forderte der neue Papst, das Wort des Evangeliums möge die Wirtschaftssysteme, die Kultur und Gesellschaft aller Länder durchdringen – auch solcher, wo es bislang nicht zu hören gewesen war. Er hatte ein anspruchsvolles und ehrgeiziges Programm, sowohl für die kommunistischen Länder als auch für die westliche Welt, und der Ausgangspunkt sollte das Wort Gottes selbst sein. So forderte er vor allem die Katholiken auf, keine Angst zu haben und in der Überzeugung zu leben, dass sie über die starke Quelle des Glaubens verfügten. Doch vielleicht richtete sich die Aufforderung, keine Angst zu haben, auch an die nicht katholische Welt und an diejenigen, die ihre Türen vor dem Glauben verschlossen. Diese Aufforderung konnte ehrgeizig wirken. Für den Papst jedoch bildete sie den Kern seiner Botschaft, die – wie gesagt – auf dem Erbe und der Aktualität des Martyriums basierte. Möglicherweise klangen in der Erinnerung Johannes Pauls II. dabei auch jene Verse von Juliusz Słowacki nach, die er als junger Mann so oft rezitiert hatte:

---

[53] Johannes Paul II., Der gute Hirte, Feldkirch 1982, S. 9f.

Schon nähert er sich, mit neuen,
weltumspannenden Kräften:
zurück fließt in die Venen, nach seinem Wort,
das Blut unserer Adern;

in den Herzen setzt sich, aus göttlichem Licht, in Gang
die strahlende Bewegung,
das, was der Gedanke denkt durch ihn, schafft er:
dass die Kraft – Geist ist.

Und Kraft braucht es, wenn wir diese Welt des Herrn
erheben wollen:
da ist er also, der slawische Papst,
Bruder des Volkes;

Und schon erfüllt er mit Trost über die Welt
unsere Herzen,
und eine Engelsschar reinigt
mit einer Blume seinen Thron.

Er teilt Liebe aus, so wie die Mächtigen der Zeit
Waffen verteilen.
Es ist eine heilige Kraft, die er offenbart,
seit er die Welt in seine Hand genommen.[54]

[54] J. Słowacki, Dzieła wybrane, pod redakcją J. Krzyżanowskiego, S. 118f.

VII
Der schwierige Westen

Bischof von Rom und Primas Italiens

In den ersten Jahren im Pontifikat Johannes Pauls II. folgten die Ereignisse, Ansprachen, Reisen, Begegnungen dicht gedrängt aufeinander – und dies praktisch bis zum Untergang des Kommunismus, in dessen Folge auch das politische System in Italien, die Erste Republik, in die Krise geriet. Wojtyła wurde schon bald bewusst, dass Italien geopolitisch von großer Bedeutung war. Dabei war das Verhältnis des Papstes zu den Italienern, wie bereits angedeutet, zunächst von einer gewissen Zurückhaltung geprägt. Wojtyła war ein Ausländer – noch dazu Nachfolger des Montini-Papstes, der kaum italienischer hätte sein können. Dieser „ausländische" Papst begegnete der italienischen Wirklichkeit, wie er selbst sagte, „mit besonderem Respekt und besonderer Aufmerksamkeit". Dies zeigte sich von Anfang an in seinem achtungsvollen, vorsichtigen Habitus, in dem das Zuhören eine große Rolle spielte. Bereits in seiner ersten Ansprache vor den Kardinälen im Konklave hatte er es als sehr mutig bezeichnet, „einen Nicht-Italiener zum Bischof von Rom" zu erheben. Sensibel für die nationalen Identitäten, verhielt sich der Papst daher besonnen und nahm gegenüber dem italienischen Katholizismus eine Haltung des Zuhörens ein. „Zuhören" war ein magisches Wort in der Welt nach dem Zweiten Vatikanischen Konzil, denn es bedeutete, dass sich die kirchliche Hierarchie künftig dem Volk Gottes, den Erfahrungen und der Geschichte stärker zuwenden wollte. Johannes Paul II. kam es vor allem darauf an, die spirituellen Traditionen Italiens in allen Einzelheiten kennenzulernen. Dies war auch der Grund

dafür, dass er immer wieder Wallfahrtsorte und Städte besuchte.
Johannes Paul II. präsentierte sich, wenn man das so sagen kann, zunächst in den Funktionen, die ihm anvertraut waren: als Bischof und als Primas. Das wurde deutlich, als er recht bald schon Kardinalvikar Ugo Poletti und die Weihbischöfe einberief, um über die Diözese Rom zu sprechen, da er um den pastoralen Zustand des Bistums besorgt war.[1] So begann er damit, Schritt für Schritt alle römischen Pfarrgemeinden zu besuchen, wofür er den gesamten Sonntagnachmittag verwendete. Bevor er sich in die Pfarrei begab, empfing er den Pfarrer und dessen Mitarbeiter gemeinsam mit dem Kardinalvikar (Poletti und später Ruini) sowie dem zuständigen Weihbischof zum Mittagessen, um sich ein Bild von der Situation zu machen. Später war er aus gesundheitlichen Gründen gezwungen, die Visitationen auf den Sonntagvormittag zu beschränken, und am Ende empfing er Abordnungen der einzelnen Pfarreien im Vatikan. Wie sehr ihm diese Begegnungen am Herzen lagen, zeigte sich unter anderem daran, dass er in seinem Schlafzimmer eine Karte Roms aufhängen ließ, auf der er alle Gemeinden, die er bereits besucht hatte, entsprechend kennzeichnete. Wojtyła war ein Bischof mit langjähriger Erfahrung in der Seelsorge, der den Kontakt zu den Menschen aus Leidenschaft suchte. Bei den ersten Begegnungen in Rom verglich er die Situation mit der in Krakau. Aus religiöser Sicht erschien ihm die Lage in Rom, ja, in Italien insgesamt, keineswegs gut, sondern eher etwas erschlafft. Besonders erstaunte ihn dabei die Tatsache, dass die Verantwortlichen in der Kirche davon nicht sonderlich alarmiert waren. Für Wojtyła stand fest, dass die Diözese Rom, wieder ganze italienische Katholizismus, einen neuen Impuls brauchte. Diese Haltung sorgte in einigen Bereichen der

[1] M. Impagliazzo, La diocesi del Papa. La Chiesa di Roma e gli anni di Paolo VI 1963–1978, Mailand 2006.

Kurie für erhebliche Irritation, war man hier doch der Ansicht, dass der Papst nicht unnötig „Zeit“ für ein einzelnes Bistum „vergeuden“ dürfe, sondern sich stattdessen um die Leitung der ganzen Kirche zu kümmern habe.[2]
Primas Italiens zu sein war für Johannes Paul II. nicht nur ein Ehrentitel. Seit der Einigung Italiens im 19. Jahrhundert ist der Pontifex der Führer der italienischen Bischöfe, und die Statuten der Bischofskonferenz sehen vor, dass er ihren Vorsitzenden ernennt.[3] Wojtyła kannte durch Wyszyński das Modell eines effizienten Primas, dessen Handeln einzigartig, dessen Amt als solches aber nur ein Ehrentitel war. Noch Ende 1978 absolvierte der Papst einige Stationen, an denen deutlich wurde, wie er seinen Dienst in Italien verstand. Am 5. November 1978 begab sich Johannes Paul II., bevor er die Lateran-Basilika offiziell in Besitz nahm, auf eine Pilgerreise nach Assisi – der hl. Franziskus, Schutzpatron Italiens, verkörperte für ihn den tiefen Charakter des Italienischen. Kurz darauf besuchte er in Rom das Grab der hl. Katharina, einer weiteren Schutzheiligen Italiens. Seine Pilgerreise erklärte der Papst so: „Da ich nicht auf diesem Boden geboren wurde, habe ich mehr denn je das Bedürfnis nach einer spirituellen Geburt eben hier.“ Es ging ihm darum, den Strom der Heiligkeit zu verspüren, der in Italien floss. Franziskus, der Mann des spirituellen Aufbruchs, hatte den Menschen das Evangelium nähergebracht. Der Papst wandte sich zu Beginn seines Pontifikats daher mit einer Bitte an ihn, die zugleich als sein „Programm“ zu verstehen war:

> Hilf uns! Diese Zeit erwartet Christus in großer Furcht, auch wenn sich viele Menschen unserer Epoche dessen

[2] Gespräch des Autors mit Mons. M. Maccarone.
[3] Zur CEI siehe A. Riccardi, La Conferenza Episcopale Italiana dalle origini al 1978, in: La Chiesa in Italia dall'unità ai nostri giorni, hg. v. E. Guerriero, Cinisello Balsamo (MI) 1996, S. 702–743; Ders., I cinquant'anni della Conferenza Episcopale Italiana. Alle origini di una storia, Città del Vaticano 2002.

nicht bewusst sind. Wir nähern uns dem Jahr Zweitausend nach Christus. Wird es keine Zeit geben, die auf eine neue Geburt Christi vorbereitet, auf einen neuen Advent?

Das Rom der Tradition und der Institutionen, die charismatische Gemeinschaft, deren Zentrum es ist, die Geschichte der Heiligkeit – all dies formt ein großes Ganzes, in das sich der neue Papst spirituell einfügen wollte. Am 12. November, nach seiner Reise nach Assisi, nahm er die Kathedrale San Giovanni in Laterano mit einer offiziellen, von der Tradition vorgeschriebenen Handlung in Besitz. Dann, am 5. Dezember, absolvierte er seinen ersten Pastoralbesuch in der Pfarrei San Francesco Saverio im römischen Arbeiterviertel Garbatella. Nicht ohne Bedeutung war es, dass der Papst noch vor diesem Besuch, am 28. November, die Vorsitzenden der unterschiedlichsten Organisationen des römischen Laienkatholizismus, die nur zum Teil offiziell von der Kirche anerkannt waren, in Begleitung von Kardinalvikar Poletti zu empfangen gedachte. Bischof Wojtyła legte offensichtlich Wert darauf, „seine" Laien unverzüglich kennenzulernen, denn er war von ihrer Bedeutung für die Kirche überzeugt, wie man sowohl während seiner Zeit in Krakau als auch bei den Konzilsdebatten gesehen hatte.
Der Papst stieß in Italien, das von Terroranschlägen der Roten Brigaden erschüttert wurde, auf viele Probleme. Die Partei der Katholiken, die *Democrazia Cristiana* (DC), litt unter internen Spaltungen und einer tiefen Zerrissenheit, während man ihr auf kirchlicher Seite den Vorwurf machte, die christlichen Wurzeln verloren und die Verbindung zur Gesellschaft eingebüßt zu haben und stattdessen in den Palast der Macht geflüchtet zu sein. Johannes Paul II. nahm in der italienischen Gesellschaft eine religiöse Krise wahr, die sich in einer nachlassenden Kirchenbindung, der sinkenden Zahl von Priesterberufungen, in verschiedenen Protesten sowie in einer Spaltung zwischen Bischöfen und Laienorganisationen mani-

festierte. Nicht nur im Vergleich zu Polen, sondern auch zum Italien der Nachkriegszeit, das er ja gut kannte, konstatierte er eine Schwächung der Kirche im Allgemeinen und der *Azione Cattolica*, der Katholischen Aktion, im Besonderen. Dem Papst war durchaus bewusst, wie schwierig es sein würde, von den Römern als nicht-italienischer Papst akzeptiert zu werden: „Im Konklave dachte ich nach der Wahl: Was werde ich den Römern sagen, wenn ich mich vorstelle ...?“ Am Ende war er überrascht, wie vorbehaltlos ihn die Römer annahmen. Er bemerkte dazu: „Vor fast zweitausend Jahren haben eure Vorfahren auch einen Neuankömmling aufgenommen; nun werdet ihr also einen weiteren aufnehmen: Ihr werdet Johannes Paul II. aufnehmen, so wie ihr einst Petrus aus Galiläa aufgenommen habt.“ Letztlich stieß er vor allem deshalb auf Sympathie bei den Italienern, weil er direkt, antikonformistisch und jung war, aber auch, weil er den Reisen in Italien und dem Besuch der römischen Pfarreien viel Zeit widmete. Im Übrigen haben die Italiener, mit gewissen Einschränkungen, stets ein besonderes Verhältnis zum Papst gehabt, ganz gleich, um wen es sich handelte. Dass dieses Verhältnis enger war und ist als in anderen europäischen Ländern, hat seinen Grund wohl darin, dass mit dem Papst ein religiöses Oberhaupt in Italien lebt, ein „moralischer Souverän“, dessen Wurzeln mit der älteren wie der neueren Geschichte des Landes unverkennbar verflochten sind.
Problematischer für Wojtyła war das Verhältnis zum italienischen Episkopat. Die Bischöfe waren größtenteils von Paul VI. ernannt worden, der den prestigeträchtigen Mailänder Bischofsstuhl innegehabt hatte und sich während seiner Zeit in der Kurie schon vor dem Zweiten Weltkrieg um Italien gekümmert hatte. Wojtyłas langjähriger Freund Marcel Uylenbroeck beurteilte die Reaktion der italienischen Kirchenkreise so: „Ihnen wurde bewusst, dass sie das Papsttum verloren hatten.“ Dabei ging es nicht so sehr um eine nationalistische Perspektive als vielmehr darum, dass der Einfluss

des neuen Papstes den Kurs des italienischen Katholizismus zu verändern drohte.[4]

Die von der italienischen Bischofskonferenz (*Conferenza episcopale italiana* [CEI]) gelenkte Kirche bewegte sich auf einer von Montini vorgegebenen Linie, und dies unter Führung von Kirchenleuten, die Paul VI. selbst ausgewählt hatte oder dessen Schule sie durchlaufen hatten. Die Gedankenwelt Montinis war in hohem Maße von der Lehre Maritains geprägt, die von einer grundsätzlichen Differenz zwischen dem kirchlichen und dem politischen Leben ausging. In dieser Haltung waren die führenden Christdemokraten der ersten Generation sowie die von Paul VI. geförderten Geistlichen ausgebildet worden. In dieser Perspektive hatte die *Azione Cattolica Italiana*, die große Massenbewegung der Nachkriegszeit, eine „Entscheidung für die Religion" getroffen. Auch nach dem Konzil bestand man weiter auf einer Trennung zwischen politischem Handeln und religiöser Praxis der Kirche.

Folgerichtig bemühte sich die italienische Kirche, angestoßen durch die CEI, um die Evangelisierung eines zum Teil säkularisierten Landes, das die Züge einer katholischen Nation bereits eingebüßt hatte. In ihrem Bemühen um eine neue Evangelisierung entfernte sich die italienische Kirche vom traditionellen Christentum der Massen und den verschiedenen Formen der Volksfrömmigkeit. Darüber hinaus stellte sich die Frage nach dem Sinn des Fortbestands der katholischen Kultur und der von ihr inspirierten Institutionen, befanden sie sich doch durch die Protestbewegung, durch die Abkehr vom Priester- und Ordensleben und einen Rückgang der Berufungen in der Krise. In der Öffentlichkeit war die Kirche immer weniger präsent, und die „Jahre der Omnipotenz", wie Mario Rossi, ein Führer der *Azione Cattolica*, die Ära Pacelli einmal genannt hat, schienen unwiderruflich vorüber.[5] Die Kampagne für das

[4] Gespräch des Autors mit Mons. Uylenbroeck.

[5] M.V. Rossi, I giorni dell'onnipotenza. Memorie di un'esperienza cattolica, Rom 1975.

Referendum gegen ein liberalisiertes Scheidungsrecht im Jahr 1974, von Paul VI. maßgeblich initiiert, wurde nicht von allen katholischen Organisationen und Gruppierungen getragen und endete mit einer Niederlage. Viele Verantwortliche in der Kirche fragten sich daher, ob es nicht angebracht sei, sich künftig stärker auf religiöse Themen zu konzentrieren. Die Führungsriege der CEI hatte eine Kirche mit religiösem Profil im Sinn, die sich deutlicher von der Politik abgrenzte und diskreter in der Öffentlichkeit auftrat, wenngleich sie sich um eine neue Evangelisierung bemühte.

Johannes Paul II. bezeichnete Italien von Anfang an als seine „zweite Heimat" und begann sogleich, das Land zu bereisen. Sein Amt als Bischof von Rom verstand der Papst nicht rein formal. Bei seinen Reisen um die Welt präsentierte er sich gern schlicht, aber bedeutungsvoll als „Johannes Paul II., Bischof von Rom". Seine Anteilnahme am römischen Leben wurde in einer Ansprache deutlich, die er 1979 aus dem Stegreif hielt:

> Der Bischof muss der Bräutigam seiner Ortskirche sein. Der Bräutigam muss sich in seinen Worten, seinen Gesten bekennen und seiner Braut die Liebe zeigen, die er ihr gegenüber empfindet, sowohl die sichtbare als auch die innere. Im 58. Jahr meines Lebens wurde ich, nachdem ich fünfzehn Jahre lang der Bräutigam einer Kirche gewesen bin, vom Herrn dazu berufen, der Bräutigam Roms zu werden. Ich habe versucht, mit Worten und Gesten zu zeigen, dass ich ein treuer Bräutigam sein möchte. Der erste Schritt, den ich in diese Richtung getan habe, war der, die Gemeinden zu besuchen. Doch um die Gemeinden so zu besuchen, wie es der Papst tut, sind vier oder fünf Stunden wenig, auch wenn man dabei vielen großartigen Menschen begegnet. Ich denke, dass die Pastoralbesuche fortgeführt werden müssen, bin aber ebenso überzeugt, dass noch andere Mittel gefunden werden sollten, um diese

meine neue Braut, die Kirche Roms, wirklich kennenzulernen.

Der päpstliche Vorschlag für Italien

Johannes Paul II. wollte die Kirche Roms und Italiens in allen Einzelheiten kennenlernen, war er doch zunehmend beunruhigt über das italienische Christentum, das sich trotz seiner langen Tradition fragiler zeigte als das seines Heimatlandes. Wie sollte er damit umgehen? Das Land wurde von einer Krise geschüttelt, deren traumatischste Erfahrung sicherlich der Terrorismus war. Im Jahr 1978, in den letzten Monaten des Pontifikats Pauls VI., hatten die Roten Brigaden den Vorsitzenden der DC, Aldo Moro, einen Freund und Jünger Montinis, entführt und ermordet.[6] In dieser Tat konkretisierte sich die „italienische Krise", und die Kirche fühlte sich verantwortlich angesichts der schwierigen Situation des Landes. Johannes Paul II. fragte: „Was kann unternommen werden, um die überbordende Welle dieses tödlichen Wahnsinns aufzuhalten? Der Christ kennt seine Antwort: beten und lieben."
Im Jahr 1980 begab sich der Papst nach Turin, wo man die terroristische Bedrohung und die angespannte Atmosphäre förmlich spüren konnte, hatte es doch in den ersten Monaten des Jahres dort bereits zwei Opfer gegeben. Der Erzbischof, Kardinal Ballestrero, riet dem Papst davon ab, die Eucharistiefeier auf dem Platz vor der Kathedrale abzuhalten, um Angriffe auf seine Person zu vermeiden. Johannes Paul II. aber wünschte, dass die Messe unter freiem Himmel stattfinde. Die Botschaft, die er mit nach Turin brachte, kreiste um die Angst, die ihm groß schien, auch unter den Katholiken: „Aber

[6] Vgl. A. Riccardi, Il cattolicesimo della Repubblica, in: Storia d'Italia 6. L'Italia contemporanea, hg. v. G. Sabbatucci/V. Vidotto, Rom, Bari 1999, S. 233–320. Vgl. auch A. Giovagnoli, Il caso Moro. Una tragedia repubblicana, Bologna 2005.

warum hat der Mensch Angst?", fragte er. „Vielleicht sogar deshalb, weil er letzten Endes allein bleibt: in einem metaphysischen Sinn allein [...], vielleicht eben deshalb, weil der Mensch, der Gott sterben lässt, nicht einmal eine sichere Schranke findet, um den Menschen nicht zu töten. Diese wirksame Schranke ist in Gott. Der letzte Grund, durch den der Mensch lebt und das Leben des Menschen achtet und schützt, ist in Gott." Johannes Paul II. spricht zu einer Stadt, in der der Marxismus, der Säkularisierungsprozess, aber auch der technische und wissenschaftliche Fortschritt den Glauben erneut auf den Prüfstand gestellt haben: „Der Glaube ist tot und überdeckt von einer Schicht des laizistischen Alltags, oder sogar von Leugnung und Verachtung." An dieser Stelle der Predigt lancierte Wojtyła eine Botschaft, in der deutlich wird, wie er dachte:

> Die gesamte Kirche verkündet heute allen Menschen die Osterfreude, in der der Sieg über die Angst des Menschen anklingt [...]. Über die Angst der ganzen Existenz, die mit dem „Tod Gottes" entstanden ist und mit dem sich die Perspektiven eines vielfachen „Todes des Menschen" öffneten.

Die Botschaft Johannes Pauls II., die schon in seinen ersten Ansprachen zu erkennen war, schien für einige italienische Bischöfe in erheblichem Maß durch die polnische Erfahrung geprägt zu sein. Nach dem ersten Treffen mit den Vorsitzenden der regionalen Bischofskonferenzen sagte Johannes Paul II.: „Es sind Bischöfe, die den Kommunismus nicht kennengelernt haben."[7] Seiner Ansicht nach war es erforderlich, den Glauben der Italiener neu zu beleben. Dafür musste man sich auf die historischen Wurzeln des italienischen Christentums besinnen und Sorge tragen, dass es zu neuer Bedeutung in der Gesellschaft gelangte. Die Kirche mit ihrer großen Tradition

---

[7] Gespräch des Autors mit Kardinal Martini.

musste sich mutig der schwierigen Situation im Land stellen. Im Übrigen beunruhigten der Kommunismus und die Kultur der Linken den Papst durchaus.

In den Jahren 1981/82 empfing der Papst die italienischen Bischöfe zu einem Ad-limina-Besuch, dem Besuch also, den alle Episkopate der Welt dem Pontifex und den kurialen Dikasterien regelmäßig abzustatten haben. In verschiedenen Ansprachen präsentierte er dabei sein Konzept für Italien, das inzwischen klar umrissen war. Angesichts der politischen und gesellschaftlichen Spannungen und der Desorientierung vieler Menschen war „die Kirche aufgefordert, aktiv an der Rekonstruktion des zivilen Netzes der Nation mitzuwirken, das auf den ethischen Grundsätzen des christlichen Humanismus basierte". In einer Ansprache an die lombardischen Bischöfe bekräftigte Johannes Paul II., dass man eine „cultura popolare", also eine im Volk selbst verankerte Kultur, neu beleben müsse: „Jenes Gefüge von Grundsätzen und Werten, die das Ethos eines Volkes bilden, die Kraft, die es in der Tiefe vereint und die in der historischen Erfahrung herangereift ist, zuweilen zum Preis großer kollektiver Leiden, und ein gemeinsames Fundament geschaffen hat [...]. Kein Volk entsteht außerhalb dieses Fundaments." Für Wojtyła durfte die Kirche, gerade wenn sie die Demokratie bejahte, nicht darauf verzichten, eine gesellschaftliche Kraft zu sein.[8]

Was bedeutete dies für einen Katholizismus, dessen Anhänger sich inzwischen als Minderheit im Land betrachten muss-

[8] Siehe Giovanni Paolo II, Parole alla Chiesa in Italia. Discorsi 1988–1992, hg. v. Conferenza Episcopale Italiana, Casale Monferrato (AL) 1992; Ders., Alla Chiesa in Italia. Discorsi 1992–2004, hg. v. Conferenza Episcopale Italiana, Città del Vaticano 2006, sowie u.a. A. Riccardi, La Chiesa di papa Wojtyła, in: I volti del potere, Rom, Bari 2010, S. 271–288; M. Impagliazzo, Giovanni Paolo II e l'Italia, in: Storia della Chiesa. XXVI. I cattolici e le Chiese cristiane durante il pontificato di Giovanni Paolo II, hg. v. E. Guerriero/M. Impagliazzo, Cinisello Balsamo (MI) 2006, S. 97–124. Siehe auch Giovanni Paolo II, Alla Chiesa che è in Italia. Discorsi di Giovanni Paolo II alle Conferenze episcopali regionali in visita „ad limina", Neapel 1982.

ten? Für viele lag der Schluss nahe, die viel kritisierten „Jahre der Omnipotenz“ aus der Zeit vor dem Konzil wiederzubeleben. Andere sahen im Entwurf Johannes Pauls II. hingegen eine Rückkehr zum Antikommunismus Pius’ XII. Wojtyła erschien ihnen ein Papst der Restauration, wie Zizola 1985 bemerkte und damit zugleich einen allgemeinen Eindruck wiedergab.[9] Giuseppe Lazzati, der die Wahl Wojtyłas begrüßt hatte, stand – in seiner Treue zur Linie der Entscheidung für die Religion – dessen Kurs kritisch gegenüber:

> Der Papst erfasst die italienische Situation nicht, so sehr ist er auf das Modell seiner polnischen Erfahrung fixiert, das wir – obgleich weit von unserer eigenen Geschichte entfernt – gewissermaßen nachahmen sollen. Nicht von ungefähr unterstützt er Bewegungen wie *Comunione e Liberazione* oder *Opus Dei*, die im Grunde diesem Weg folgen.[10]

Lazzatis Worte machen deutlich, was ein Großteil der Führungskräfte innerhalb des italienischen Katholizismus dachte. Johannes Paul II. hatte wenige Gesprächspartner in der italienischen Kirche. 1979 stand der Papst vor der Aufgabe, die Spitze der CEI neu zu besetzen, kannte aber nicht viele italienische Bischöfe persönlich. Aus Respekt vor dem Episkopat bat er um das Votum der Vorsitzenden der Regionalkonferenzen, um so den Vorsitzenden der CEI zu bestimmen, obgleich dessen Ernennung eigentlich der päpstlichen Prärogative unterlag. Die Wahl fiel auf Anastasio Alberto Ballestrero, den Erzbischof von Turin. Der Karmelit war eine spirituelle Figur, die nicht immer im Einklang mit dem neuen Pontifikat stand – freilich nicht aus einem Geist des Wider-

---

[9] G. Zizola, La restaurazione di papa Wojtyła, Bari 1985.
[10] A colloquio con Dossetti e Lazzati. Intervista di Leopoldo Elia e Pietro Scoppola, Bologna 2003, S. 99.

spruchs heraus, sondern aus Treue zum Kurs der CEI. Der Kardinal sprach offen mit dem Papst und verhehlte nicht, dass er mit einigen Entscheidungen durchaus Probleme hatte, etwa mit der Revision des Konkordats von 1929. Im Jahr 1984, als Ballestrero den Vorsitz der CEI führte, wurde der Vertrag über die Revision des Konkordats unterzeichnet, der die italienische Kirche in der Folge zu einer beachtlichen Umstrukturierung verpflichtete.

Der gesamte Revisionsprozess erfolgte unter Leitung des Staatssekretariats, insbesondere durch Kardinal Casaroli und Achille Silvestrini, die schließlich zu einer Einigung mit der italienischen Regierung unter dem Sozialisten Bettino Craxi gelangten. Wojtyła verfolgte die Angelegenheit des italienischen Konkordats nicht mit der Ängstlichkeit seiner Vorgänger; vielmehr ließ er das Staatssekretariat seine Arbeit tun und unterstützte es sogar, was bei einigen Bischöfen für Irritation sorgte. Die italienische Kirche durchlief mit der Revision des Konkordats einen spürbaren Wandel auf der Organisationsebene, endete mit ihr doch das *sistema beneficiale*, das System der direkten finanziellen Zuwendungen des italienischen Staates gegenüber der katholischen Kirche. Das neue Finanzierungssystem ermöglichte es der CEI, auf beträchtliche Mittel zurückzugreifen, die durch freiwillige Steuerleistungen zusammenkamen (in Wirklichkeit war die Kirche trotz aller zeitgenössischen Polemik keineswegs reich). Der Erzbischof von Bari Magrassi, ein Benediktiner, kommentierte diesen Wandel so: „Craxi hat das *sistema dei benefici* zu Fall gebracht; allein hätten wir das nicht geschafft.“[11] Tatsächlich erhielt die italienische Kirche durch die Revision des

[11] Gespräch des Autors mit Mons. M. Magrassi, Erzbischof von Bari. Zur Revision des Konkordats siehe Concordato e società italiana, hg. v. R. Coppola, Padua 1984; S. Ferrari, Concordato e Costituzione, Bologna 1985; siehe auch La nazione cattolica. Chiesa e società in Italia dal 1958 a oggi, hg. v. M. Impagliazzo, Mailand 2004. Vgl. außerdem La grande riforma del Concordato, hg. v. G. Acquaviva, Venedig 2006.

Konkordats Zugang zu neuen Mitteln, die es ihr ermöglichten, bedeutende Initiativen im In- und Ausland zu ergreifen und, neben Deutschen und Nordamerikanern, zu den größten Geldgebern des Katholizismus auf dem internationalen Parkett zu werden. Die Verwaltung der Mittel, die durch die freiwilligen Steuerleistungen der Italiener zusammenkamen, vergrößerte auch den Einfluss der CEI und ihrer Vorsitzenden.

Nach Ballestrero waren die direkt vom Papst ernannten Vorsitzenden der CEI stets die Kardinalvikare von Rom: Poletti von 1985 bis 1991, später dann Ruini. Dass der Vikar zum Vorsitzenden ernannt wurde, war eine innovative Entscheidung, wurde damit doch die Leitung der CEI in Gestalt des Kardinalvikars, der für die Leitung der Diözese Rom zuständig war, an das Papsttum gebunden. Kardinal Poletti sagte in einem Gespräch mit dem spanischen Botschafter, dass sich „in letzter Zeit ein gewisser Rückgang ergeben" habe und es daher notwendig sei, „die aktive Präsenz der Katholiken in politischen und gesellschaftlichen Funktionen" neu zu beleben.[12] Auch wenn er weiterhin vom Zustand des religiösen Lebens in Rom irritiert war, schätzte der Papst durchaus Polettis Loyalität und profitierte entscheidend von dessen intimer Kenntnis der Stadt. Johannes Paul II. bemühte sich so sehr um die römischen Belange, dass er ein Treffen zwischen Kardinal Poletti (der der DC in Rom und den politischen Methoden Andreottis kritisch gegenüberstand) und Andreotti selbst einfädelte, der dem Kardinal wiederum vorwarf, der katholischen Partei gegenüber zu gleichgültig zu sein.[13] In jedem Fall war Wojtyła noch etliche Jahre nach seiner Wahl erstaunt über die mangelnde Vitalität des italienischen Katholizismus. Auf der Suche nach Möglichkeiten, diese Situa-

[12] G. Puente Ojea, Mi embajada ante la Santa Sede. Textos y Documentos 1985–1987, Madrid 2002, S. 207–210.
[13] Gespräch des Autors mit Giulio Andreotti.

tion zu verbessern, wandte sich der Papst an die in Italien verbreiteten katholischen Bewegungen, und er ging dabei bis an die Grenzen jener kirchlichen Welt, die die *Azione Cattolica* damals als Verkörperung des Laienkatholizismus betrachtete. In Anbetracht einer gewissen Reserviertheit, die ihm aus dem Episkopat entgegenschlug, suchte Johannes Paul II. zu Beginn des Pontifikats weitere Gesprächspartner, um einen Plan für einen neuen Aufbruch der Kirche in Italien zu entwickeln.

Ein Modell für Italien, vielleicht auch für Europa

Das Programm Johannes Pauls II. für Italien wurde insbesondere in einer Ansprache deutlich, die er 1985 beim Kongress der italienischen Kirche in Loreto hielt. In einem Land, das vom Terrorismus erschüttert wurde, war er ganz dem Gedanken der „Versöhnung" gewidmet. Loreto, so die Vision des Papstes, sollte das nationale Heiligtum Italiens werden, ein italienisches Tschenstochau gewissermaßen (ein Projekt, das während seines Pontifikats allerdings nicht umgesetzt werden konnte).[14] Das Vorbereitungskomitee des Kongresses unter Vorsitz des Mailänder Erzbischofs Kardinal Martini bestand größtenteils aus Männern, die der CEI nahestanden und nicht in allem Wojtyłas Sicht teilten.[15] Das Staatssekretariat hatte den von der CEI vorbereiteten Entwurf für die päpstliche Ansprache abgelehnt und in Camillo Ruini, dem Weihbischof von Reggio Emilia, schließlich einen Ansprechpartner gefunden, um an dem Manuskript zu arbeiten. Insbesondere der Assessor des Sekretariats, Giovanni Battista Re, verfolgte die Unstimmigkeiten zwischen Johannes Paul II. und dem Episkopat mit Sorge, trotz des großen Respekts, den

---

[14] Gespräch des Autors mit Kardinal Ryłko.
[15] Gespräch des Autors mit Kardinal Ruini.

er dem Papst in den ersten sechs Jahren seines Pontifikats entgegenbrachte.
In Loreto präsentierte Johannes Paul II. den Katholizismus als eine eigenständige gesellschaftliche Kraft: Es ging ihm um ein Christentum, das entscheidend auf das Leben der Nation einwirkte, waren in seinen Augen doch deren „ganze Geschichte und Kultur vom Christentum geprägt". Er sprach anerkennend von der „großen Vielfalt und Lebendigkeit der Organisationen und Bewegungen, insbesondere der Laien", forderte aber zugleich, dass „jeder Geist des Gegensatzes und Wettstreits" abgelegt werden möge und man „besser in der gegenseitigen Wertschätzung miteinander wetteifern" solle. Diese Worte werden verständlich, hält man sich die Spannungen innerhalb des italienischen Katholizismus' vor Augen, etwa die Auseinandersetzungen zwischen *Azione Cattolica* und *Comunione e Liberazione*.
Ein starker Katholizismus musste in der Lage sein, sich mit den anderen politischen und kulturellen Kräften zu messen. Eine wichtige Aufgabe bestand darin, den „richtigen" Umgang mit dem italienischen Kommunismus zu finden. Wie bereits festgestellt, teilte der Papst nicht die Analyse, derzufolge sich der italienische Kommunismus von dem des Ostblocks maßgeblich unterscheide. Im Jahr 1977 hatte Kardinal Wojtyła auf die Frage von Kardinal Suenens, weshalb er sich während der Synode nicht in den französischen Arbeitskreis eingeschrieben habe, geantwortet: „Ich habe mich für die italienische Gruppe entschieden: die Erfahrung des Kommunismus in Polen konnte ihr nützlich sein." Wojtyła war von einer dem Kommunismus innewohnenden Negativität überzeugt. Daher erschien ihm jede Kooperation der Regierung mit den Kommunisten nicht opportun. Das gefährliche Abgleiten in Richtung Marxismus oder Kommunismus, wie es in Italien und anderen westlichen Ländern auf politischer und kultureller Ebene zu beobachten war, galt es daher abzubremsen. Bei einer Arbeitssitzung der Kurie entgegnete Jo-

hannes Paul II. einem Gesprächspartner, der daran erinnerte, wie Jacques Maritain vom Kommunismus als von einer „verrückten Wahrheit“ sprach, nicht ohne Ironie, er sehe das Verrückte am Kommunismus, nicht aber die Wahrheit.
Wojtyła prangerte in Loreto die Entchristlichung des Landes an und sprach von der Kraft des praktischen Materialismus, aber auch vom „kulturellen und politischen Gewicht der atheistischen Ideologien“. Diese Worte klangen in den Ohren der italienischen Katholiken nach dem Konzil veraltet, schien es ihnen sowie weiten Teilen des Episkopats doch ein Anliegen zu sein, die Frontstellung gegenüber den Kommunisten (die auch Stimmen von Katholiken erhielten und in deren Reihen sich einige Katholiken befanden) zu überwinden. Damit glaubten sie auch einen Schlusspunkt im andauernden Konflikt und in Bezug auf die Exkommunikation der Kommunisten im Jahr 1949 zu setzen. Italien, so sagte der Papst vor der CEI im Jahr 1980, sei ein „in seiner Tiefe“ essentiell katholisches Land, das jedoch „an seiner Oberfläche Angriffe von der Gegenseite, dem Materialismus und Laizismus, abzuwehren hatte, [...] die das spirituelle Leben der Nation schwer beschädigt haben.“ In den Kreisen der CEI glaubte man hingegen, die Veränderungen in der religiösen Kultur seien eher auf nicht ideologisch begründete Säkularisierungsphänomene zurückzuführen als auf Laizismus und Kommunismus.
In Loreto rief der Papst die Kirche dazu auf, sich geschlossener und sichtbarer zu zeigen: „Habt keine Angst vor Christus und fürchtet auch die öffentliche Rolle nicht, die das Christentum einnehmen kann, um den Menschen und das Wohl Italiens voranzubringen.“ Diese Botschaft war nicht nur an Italien, sondern auch an die anderen Länder des Westens gerichtet. So erinnerte der Papst an die „alte und bedeutungsvolle Tradition des sozialen und politischen Engagements der italienischen Katholiken“. In den achtziger Jahren und zu Beginn der neunziger Jahre war die Krise der *Democrazia Cristiana*, jener Partei, die Alcide De Gasperi im Italien der Nach-

kriegszeit mit Unterstützung Montinis und Pius' XII. gegründet hatte, voll im Gange. Johannes Paul II., der eine politische Präsenz der Katholiken befürwortete, lenkte die Kirchenpolitik allerdings nicht in Richtung auf eine bestimmte katholische Partei. Auch wenn ihm die gesellschaftliche Relevanz des Katholizismus durchaus bewusst war, ging der Papst nicht politisch an die Situation in Italien heran. Sein Ansatz war vielmehr religiös und sozial, wie Marco Impagliazzo schrieb.[16] Wojtyła wollte, dass Kirche, Episkopat und Katholiken jeder Prägung im Land sichtbar wurden und so eine neue Begeisterung für den Glauben entfachten.

Nach dem Zweiten Vatikanum erschien die Tatsache, dass der Papst in seinen Ansprachen immer wieder auf die religiöse Geschichte des Landes zu sprechen kam, im Hinblick auf die neue Pastoral nach dem Konzil fast als Ausdruck einer überkommenen Sicht auf das Christentum. Aus dieser Sicht hätte Italien seine historische Identität als katholische Nation vor äußeren Angriffen schützen müssen. Aus postkonziliarer Perspektive aber war eine neue Evangelisierung entscheidend dafür, dass die christlichen Gemeinden ein neues Fundament erhielten. Das Ziel bestand vor allem darin, selbstbewusste und gebildete Christen zu formen. Dem religiösen Erbe der italienischen Geschichte dagegen und auch der Welt von Andacht und Frömmigkeit, die auf dem Lande, besonders im Süden, noch halbwegs intakt war, wurde nur wenig Bedeutung beigemessen. Johannes Paul II. leugnete nicht, ja, er betonte sogar, dass die Evangelisierung an erster Stelle stehe, verzichtete jedoch zugleich nicht auf die Vorstellung, dass Italien eine Nation mit einer durch und durch katholischen Geschichte sei. Intensiv wandte er sich der Welt der verschiedenen Frömmigkeitsformen zu. Mit seiner eigenen, marianischen Frömmigkeit, mit seinen Besuchen bei einem Großteil der italienischen Wallfahrtsorte wies er immer wieder auf

---

[16] M. Impagliazzo, Giovanni Paolo II e l'Italia, S. 97–124.

den Wert eines volksnahen Katholizismus hin. Der Papst, ein Freund der Intellektuellen, der die christlichen Bewegungen aufmerksam verfolgte, war überzeugt davon, dass der Katholizismus nicht aufhören durfte, eine Religion des Volkes und damit auch volksverbunden zu sein (eine Sicht, die weit über die Situation Italiens hinausreichte). In diesem Sinn sind auch die oben zitierten Worte über eine *cultura popolare* (eine im Volk selbst verankerte Kultur) zu verstehen.

Bereits 1977 hatte Kardinal Wojtyła in Krakau dargelegt, was ein Christentum des Volkes für ihn sei, indem er den Konzilsbegriff des „Volkes Gottes" wiederaufgriff, ihn aber zugleich mit dem spezifischen Volkscharakter verband, wie er für den polnischen Katholizismus, aber auch den anderer Länder, typisch war. Dabei sagte er: „Die gesamte Kirche ist nichts anderes als eine große Gemeinschaft des Volkes, die sich auf eine gewisse, geheimnisvolle Weise, zugleich aber ganz real und sichtbar, mit Christus vereint, auch wenn dies auf zutiefst spirituellem und innerem Weg erfolgt – mit dem Ziel, eine neue Welt zu erschaffen, eine wirklich großartige Welt [...], es gibt keine Zivilisation und auch keine technologische Errungenschaft, wie spektakulär sie auch immer sei, die eine solche Welt erschaffen könnte, wenn es dem Menschen an Heiligkeit mangelt."[17]

Johannes Paul II. unterstrich immer wieder die charismatische Präsenz der Heiligkeit im Leben der Kirche und der Völker, nahm er doch mehr Heiligsprechungen vor als alle seine Vorgänger seit 1588 zusammen.[18] Die Heiligkeit verband sich dabei häufig mit der Wirklichkeit einer volksnahen Religiosität, wie etwa im Falle Padre Pios aus Pietrelcina. Der stigmatisierte Kapuzinermönch manifestierte die nicht nur in

---

[17] A. Boniecki, The Making of the Pope of the Millenium. Kalendarium of the Life of Karol Wojtyła, Stockbridge/Mass. 2000, S. 743.

[18] Zu den Heiligsprechungen Johannes Pauls II. siehe F. Zavattaro, I santi e Karol. Il nuovo volto della santità, Mailand 2004.

Süditalien verbreitete Religiosität des Volkes, den Trost im Leiden und die charismatische Präsenz der Heiligkeit.
Für Italien, ein Land, in dem Kirche und Zivilgesellschaft eine Bindung zur Figur des Papstes aufweisen, aber auch für andere europäische Länder entwarf der Papst ein komplexes pastorales Konzept: Auf die alltägliche Seelsorge in den Pfarreien bedacht, drängte er auf die Evangelisierung, wobei er an die christlichen Wurzeln des Landes gemahnte, die kirchlichen Bewegungen befürwortete und auf die Orte der Volksfrömmigkeit verwies. Das Christentum des Volkes, wie es Johannes Paul II. in der westlichen Welt stärken wollte, war nicht nur eine Volksreligion, sondern ein gelebtes Christentum: komplex und vielgestaltig. Die Kirche folge, so Wojtyła, keiner „pastoralen Geometrie", sondern müsse als Ergebnis eines vielschichtigen und komplexen geschichtlichen Prozesses betrachtet werden. Dies war der Katholizismus des Volkes, wie er Wojtyła vorschwebte: eine Gesamtheit von Segmenten religiöser Erfahrung, die sich voneinander unterschieden. Keines dieser Segmente durfte außer Acht gelassen werden, da es einen kostbaren Weg zum Glauben selbst darstellte. In seinen Augen war der Katholizismus nicht etwas, das einfach rationalisiert werden konnte oder vorgeschriebenen Modellen entsprach. In der vielfältigen Wirklichkeit sah der Papst die Kirche zugleich als Produkt des Wirkens des Heiligen Geistes, als Ausdruck des Volksglaubens, als Ergebnis der Treue vieler, aber auch als Resultat der Initiativen einzelner charismatischer Persönlichkeiten.
Die Äußerungen des Papstes über die Bedeutung des einen oder anderen Aspektes für die Kirche mochten widersprüchlich erscheinen, zeigten aber auch, dass es ihm nicht darum ging, ein bestimmtes Kirchenmodell durchzusetzen. Für ihn war es von zentraler Bedeutung, ein Christentum des Volkes zu fördern, das mit dem Leben in Italien in all seiner Vielschichtigkeit verbunden war. Und auch wenn er den Pluralismus der Gegenwart akzeptierte, war der Papst doch über-

zeugt davon, dass das Christentum seine gesellschaftliche Relevanz nicht verlieren dürfe, indem es zur reinen Privatangelegenheit gemacht werde. Im Gegenteil, er glaubte, das Christentum festige auf einzigartige Weise die Gesellschaften in den einzelnen europäischen Ländern und bereite sie so darauf vor, die großen Herausforderungen der Geschichte zu meistern.[19]

In Johannes Paul II. lebte eine katholische Tradition, die im 19. und 20. Jahrhundert die Entfremdung der Religion vom gesellschaftlichen Leben und ihre Reduzierung auf eine Privatangelegenheit stets zurückgewiesen hatte (diesen Kampf hatte er in Polen selbst geführt). Gerade die Erinnerung an die christliche Geschichte Polens, die aktive Präsenz der Kirche sowie ein gelebtes Christentum des Volkes hatten hier einen wichtigen Freiraum geschaffen. In den ersten Jahren seines Pontifikats diskutierte man darüber, ob diese Erfahrung auch für Westeuropa von Bedeutung sein könnte oder ob es sich um einen Sonderfall handelte. Unter den italienischen Geistlichen witzelte man über Johannes Paul II., dieser wolle die Katholiken der Apenninhalbinsel „polonisieren", was ein gewisses Unbehagen zum Ausdruck brachte.

Gewiss, der Papst bewegte sich auf der bereits in Polen erprobten Bahn. Eine Restauration, die die Verhältnisse vor dem Konzil wiederherzustellen versuchte, strebte er nicht an. Darin unterschied er sich erheblich von Kardinal Siri, dem Erzbischof von Genua, dem das Zweite Vatikanische Konzil und vor allem der „Geist", in dem die Umsetzung seiner Beschlüsse erfolgte, Sorgen bereiteten. Zugleich maß der Papst der Reform der Strukturen und des innerkirchlichen Lebens nicht allzu viel Bedeutung bei. In dieser Hinsicht unterschied er sich wiederum von Montini, dessen Entscheidungen er aber zu einem großen Teil mittrug. Dazu gehörte unter anderem der Beschluss, der Evangelisierung künftig den Vorrang ein-

[19] Vgl. A. Riccardi, Governo carismatico. 25 anni di pontificato, Mailand 2003, S. 161f.

zuräumen, wie er 1975 mit dem Apostolischen Schreiben *Evangelii nuntiandi* dokumentiert hatte. Um die Konzilsbeschlüsse voll und ganz umzusetzen, so dachte Wojtyła, musste die Kirche einen Anstoß durch die Evangelisierung erhalten und große Bischöfe finden, die sie zu führen verstanden.

Der Vorschlag von Kardinal Martini und Ruinis CEI

In den ersten Jahren seines Pontifikats suchte der Papst nach großen Bischofspersönlichkeiten, um eine effiziente Umsetzung der Konzilsbeschlüsse zu gewährleisten; in diesen Rahmen gehören die Entscheidungen für Martini in Mailand 1979 und für Lustiger in Paris 1981. Ein wichtiges Vorbild fand der Papst dabei im Heiligen Karl Borromäus, dem Erzbischof von Mailand, der von ihm als „einer der großen Protagonisten der Kirchenreform des 16. Jahrhunderts im Zuge des Konzils von Trient" gepriesen wurde. Doch es war nicht leicht für Wojtyła, sich bei den Ernennungen zurechtzufinden, da er die italienische Kirchenwelt kaum kannte. Im Dezember 1979 traf er für die Nachfolge von Kardinal Colombo in Mailand eine ganz persönliche Entscheidung, indem er einen renommierten Theologen berief: den Jesuiten Carlo Maria Martini, Rektor der päpstlichen Universität Gregoriana in Rom. Zunächst jedoch wollte er ihn persönlich kennenlernen, um sich ein genaueres Bild zu machen. Martini erschien ihm als ein Mann des Evangeliums und der Evangelisierung, er wirkte originell und entsprach durchaus nicht dem Schema des italienischen Klerus.[20] In der Krise des Jesuitenordens etwa (die

[20] Gespräch des Autors mit Kardinal Dziwisz. Vgl. M. Garzonio, Carlo Maria Martini, Cinisello Balsamo (MI) 1993; sowie Ders., Il cardinale. Il valore per la Chiesa e per il mondo dell'episcopato di Carlo Maria Martini, Mailand 2002. Vgl. Carlo M. Martini da 15 anni sulla cattedra di Ambrogio. Testimonianze nel 15° anniversario della nomina ad arcivescovo di Milano 1980–1995, Cinisello Balsamo (MI) 1995. Siehe auch G. Valentini, Un certo Carlo Maria Martini. La rivoluzione del cardinale, Mailand 1984.

Montini, Luciani und Wojtyła gleichermaßen mit Sorge erfüllte) nahm Martini eine Position ein, die nicht in allem der des Ordensgenerals, Pater Arrupe, entsprach, wenngleich er auch nicht offen Kritik übte.[21]

In den langen Jahren seines Episkopats erwies sich Martini schließlich als ein Kirchenführer, der sich von Johannes Paul II. erheblich unterschied, weshalb er in der Presse sogar als „Anti-Wojtyła" betitelt wurde. Diese Bezeichnung entbehrte indes jeder Grundlage, da der Jesuit dem Papst stets Gehorsam leistete. In der öffentlichen europäischen Meinung jedoch blieb Martini ein Mann, der einen ganz anderen Kurs verfolgte als Wojtyła. Wie dieser allerdings nahm er sein „Ich" mit auf den Bischofsstuhl des Heiligen Ambrosius: Martini war ein Bischof, der einen Großteil seiner Amtsführung auf die Erklärung der Bibel gründete, auf den Respekt vor der Ebene der Pfarrei, auf seinen Einsatz als Prediger. Diese Sichtweise unterschied sich von der von *Comunione e Liberazione*, die in Mailand stark vertreten war. Für den Erzbischof ging es in erster Linie darum, mit Hilfe der Predigt reife Christen in einer Kirche zu formen, die sich inmitten der säkularisierten Gesellschaft in einer Minderheitsposition befand.

Trotz seines zurückhaltenden Tons, ohne die Leichtigkeit auch im Umgang mit den Menschen, wie sie für Wojtyła typisch war, wurde der Erzbischof von Mailand durch eine Reihe von wohlüberlegten und sorgfältig geplanten Auftritten zu einer führenden Gestalt der Kirche, die bei Bischöfen und Gläubigen gleichermaßen Gehör fand. In seinen Augen stand die Umsetzung der Konzilsbeschlüsse in direktem Zusammenhang mit der zentralen Bedeutung der Bibel (er sprach vom „Wort Gottes"). So trat Martini mehrfach für ein Nachdenken über die in der Kirche anstehenden Reformen ein, und das Erbe Pauls VI. bedeutete ihm viel. Dabei ging es

---

[21] So argumentiert G. Martina, Storia della Compagnia di Gesù in Italia (1814–1983), Brescia 2003.

aber um so weniger um eine polemische Opposition gegen den Papst, als Kardinal Martini keine Anhänger um sich scharte – im Gegenteil: Mehrfach bat er Johannes Paul II. um seine Entlassung aus dem bischöflichen Dienst. In Mailand blieb er nur auf Wunsch des Papstes. Vielmehr vertrat er eine abweichende Position innerhalb des italienischen und des europäischen Katholizismus.

Der Erzbischof war davon überzeugt, dass der Katholizismus in Europa eine spirituelle Erneuerung und Reformen benötigte. Seiner Ansicht nach mussten sich diese Reformen auf die Ortskirchen konzentrieren. Die universale und zugleich populäre Dimension, in der Johannes Paul II. dachte und handelte, barg in seinen Augen hingegen die Gefahr, die Bistümer und Pfarrgemeinden gewissermaßen zu erdrücken oder hintanzustellen.[22] Auch wenn er als Bischof in Kontakt zu den Menschen trat, entzog er sich doch allen Massenveranstaltungen. Die kirchenferne Presse in Italien und Europa, die ihn zuweilen als Gegengewicht zu Johannes Paul II. darstellte, brachte Martini vor allem deshalb Sympathie entgegen, weil sie ihn als einen Bischof wahrnahm, der sich der Modernität öffnete. Seinerseits bat der Kardinal den Papst und die Bischöfe um einen nachdenklicheren Umgang mit einigen Problemen des christlichen Lebens, der Familie, der Ethik, des Priesteramts und der Ausübung von Autorität.

Bedeutende Bischöfe in Europa teilten Martinis Auffassung, so etwa der spätere Vorsitzende der deutschen Bischofskonferenz, der Mainzer Bischof Lehmann (der sich mehr als Martini in die Politik einmischte, wie etwa sein Verhältnis zu Bundeskanzler Kohl zeigt) oder auch der belgische Kardinal Danneels, der jahrelang den Kurs des zunehmend krisenge-

[22] Vgl. Erklärung von Carlo Maria Martini beim Prozess der Selig- und Heiligsprechung des Dieners Gottes Johannes Paul II., Bd. 2, S. 764. Über den Kardinal siehe auch A. Tornielli, La scelta di Martini, Casale Monferrato (AL) 2002, und G. Ravasi, Martini. Le mie tre città. Un colloquio di amicizia, Cinisello Balsamo (MI) 2002.

schüttelten belgischen Katholizismus vorgab.[23] Sieben Jahre lang war Kardinal Martini zudem Präsident des Rats der europäischen Bischofskonferenzen, in dem die vorsitzenden Bischöfe des gesamten Kontinents zusammentrafen. Als solcher organisierte er Fortbildungskurse für die europäischen Bischöfe, die später von der römischen Kongregation für die Bischöfe geleitet wurden. Martini genoss in Europa und überhaupt in der öffentlichen Meinung hohes Ansehen.

In den Jahren 2000/01, am Ende seines Episkopats also, berichtete der Kardinal schließlich von einem „Traum", den er habe: ein neues Konzil solle einberufen werden, um so die großen ungelösten Probleme anzugehen. In einem Interview mit einer Mailänder Tageszeitung verteidigte er diese Idee mit den Worten Johannes Pauls II. über den spirituellen Wert der Kommunion. Die Vorstellung eines Konzils war vielleicht „hochgegriffen", doch, so meinte er, konnte man auch andere Formen der kollegialen Beratung zwischen den Bischöfen finden. Zur Idee eines neuen Konzils hatte sich Kardinal Ratzinger bereits ablehnend geäußert, sah er doch neben der technischen Schwierigkeit, drei- bis viertausend Bischöfe an einen Tisch zu bringen, noch andere Probleme: „Ich glaube also nicht, dass man in einem Konzil irgendein Wunderheilmittel sehen kann. Im Gegenteil, ein Konzil schafft gewöhnlich Krisen, die dann natürlich Krisen zum Heile sein sollen. Im Augenblick sind wir mit der Aufarbeitung des zweiten Vatikanums beschäftigt."[24]

Martini zufolge bot das Konzil eine Möglichkeit, dem römischen Zentralismus zu entkommen, mit dem die Probleme, die die Kirche seit Jahren hinter sich herschleppte, nicht zu lösen waren. Er fürchtete, dass die charismatische Gestalt Jo-

---

[23] Vgl. G. Danneels, Confidences d'un cardinal. Entretiens avec Christian Laporte et Jan Becaus, Namur 2009.

[24] J. Ratzinger Benedikt XVI., Salz der Erde. Christentum und katholische Kirche im 21. Jahrhundert. Ein Gespräch mit Peter Seewald, München 1996, S. 269f.

hannes Pauls II., dem er im Übrigen großen Respekt entgegenbrachte, die wirklichen Probleme der Kirche überdeckte anstatt sie zu lösen. Ein neues Konzil schien in Martinis Augen hingegen ein geeignetes Forum, um auch den Ortskirchen eine Stimme zu geben. Wenn es um Martini geht, sollte man freilich nicht nur seine persönliche Ausstrahlung erwähnen, sondern auch die Tatsache bedenken, dass er als Erzbischof von Mailand dem stärksten Bistum Europas vorstand. Das europäische Christentum, wie es Martini vertrat, zeigte sich spirituell und ökumenisch orientiert, es war an möglichen Veränderungen interessiert und auch empfänglich für Fragen des weltlichen Lebens, unterschied sich aber erheblich von Wojtyłas Christentum des Volkes. Letzten Endes lagen Martini und Johannes Paul II. nicht auf derselben Wellenlänge, auch wenn kein eigentlicher Gegensatz zwischen ihnen zutage trat. Zugleich war der Werdegang einer solchen Führungsgestalt des europäischen Katholizismus, wie sie der Erzbischof von Mailand repräsentierte, auch ein Ergebnis des Pontifikats Johannes Pauls II. (und dessen Absicht, starke Bischöfe in den großen Kirchen einzusetzen).

Johannes Paul II. übertrug den Vorsitz der CEI allerdings nicht Martini (den viele italienische Bischöfe bevorzugt hätten). Stattdessen ernannte er 1986 Poletti zum Vorsitzenden der CEI. De facto war es jedoch Ruini, der als Generalsekretär die italienische Bischofskonferenz mit neuem Leben erfüllte. Nachdem er 1991 die Nachfolge von Poletti als Kardinalvikar von Rom angetreten hatte, wurde er auch Vorsitzender der CEI. Bis zum Tod Johannes Pauls II. wurde er noch für drei weitere Amtszeiten bestätigt. Ruini oblag es, die CEI nach den Reformen im Zuge der Neuregelung des Konkordats 1984 neu aufzustellen. Die Konferenz wurde damit umfangreicher und verfügte auch über größere finanzielle Mittel als in der Vergangenheit. Es war vor allem Kardinal Ruini, der gleichsam als Interpret den Kurs des Papstes dem italienischen Episkopat darlegte: „Ruini hat die Einheit zwischen dem

Papst und den italienischen Bischöfen wiederhergestellt", erklärte Johannes Paul II. mehrfach, waren doch zuvor Spannungen zwischen ihm und dem italienischen Episkopat nicht zu übersehen gewesen.[25]

In politischer Hinsicht versuchte Ruini, ein Auseinanderbrechen der DC als Interessenvertretung der Katholiken abzuwenden. In den neunziger Jahren, als die politische Krise Italiens auch die DC erfasste, die ein wesentlicher Teil des alten Systems war, blieb die Kirche weitgehend unbeschädigt. Im Gegenteil, ihr gesellschaftliches Ansehen wuchs sogar. Dies hing nicht zuletzt damit zusammen, dass Kardinal Ruini den Kurs einer Kirche durchsetzte, die immer mehr zum gesellschaftlichen Akteur wurde und über ein Programm verfügte, das eine katholische Vision von Mensch und Leben beinhaltete. Seine Tätigkeit an der Spitze der italienischen Bischofskonferenz währte bis zum Tod von Papst Johannes Paul II., und wie dieser war auch er entschlossen, sich der Säkularisierung nicht einfach zu ergeben – eine Haltung, die sich auch darin zeigte, dass er zu einem wichtigen Gesprächspartner der italienischen Politik wurde, was für einen italienischen Kardinal nicht selbstverständlich war. Der rasche Zusammenbruch der DC, die fast vier Jahrzehnte lang für die Kirche als eine Art Bollwerk in der italienischen Politik fungiert hatte, bot nun in politischer Hinsicht Raum für eine katholische „Diaspora" zwischen der Linken und der rechten Partei Berlusconis (mit dem die CEI-Führung unter Ruini zu einem Einvernehmen kam, auch wenn sie nicht offen Partei ergriff). Insgesamt veranlasste das neuartige Szenario die Bischöfe unter anderem dazu, sich entschiedener als zuvor in das öffentliche Leben einzumischen.

---

[25] Gespräch des Autors mit Johannes Paul II. Siehe vor allem C. Ruini, L'impatto di Giovanni Paolo II sull'Italia e sulla Chiesa italiana, in: Shock Wojtyła. L'inizio del pontificato, hg. v. M. Impagliazzo, Cinisello Balsamo (MI) 2010, S. 448–458. Vgl. auch C. Ruini, La Chiesa in Italia da Loreto ai compiti del presente, in: Vita e Pensiero 6 (2004), S. 7–16; Ders., Per un progetto culturale orientato in senso cristiano, Casale Monferrato (AL) 1996.

Inmitten der Krise der neunziger Jahre, nämlich 1994, kündigte der Papst eine „Große Fürbitte“ für Italien an: „Wenn sich die italienische Gesellschaft grundlegend erneuern soll, indem sie sich von den wechselseitigen Verdächtigungen befreit und vertrauensvoll in ihre Zukunft blickt, dann müssen sich alle Gläubigen im gemeinsamen Gebet aufmachen.“[26] In dem Brief, in dem er die Italiener zum Gebet aufrief, erinnerte der Papst daran, dass das Erbe des Glaubens die Grundlage der italienischen Geschichte sei, mit ihren vielen Heiligen und großen Persönlichkeiten: Galilei, Kolumbus, De Gasperi, La Pira und so weiter. Der Papst zeigte sich gewillt, dem durch die Initiative „Mani pulite“ („Saubere Hände“) geprägten Klima, in dem seiner Meinung nach der politische Katholizismus der Nachkriegszeit, insbesondere die DC, zu pauschal beurteilt wurde, etwas Neues entgegenzusetzen. Johannes Paul II., der die Entwicklung dieser Jahre, wie Ruini berichtet, mit „Befremden und Leiden“ verfolgte, fürchtete nicht zuletzt, dass die italienische Justiz politisch benutzt werden könnte, auch weil er dies in Polen erlebt hatte. Der Papst, der sich des historischen Erbes bewusst war, wollte eine Kirche, die die Einheit des Landes wahrte (für die zunehmenden Drohungen der Lega Nord brachte Johannes Paul II. kein Verständnis auf): „Diese Einheit bemisst sich nicht in Jahren, sondern in langen Jahrhunderten der Geschichte“, betonte er. Im Übrigen beunruhigte den Papst speziell das Vorgehen der Lega erheblich, konnten dadurch doch zentrifugale Kräfte im Land freigesetzt werden. Folgerichtig beklagte er die nur zögerlichen Reaktionen der Politik auf diese Entwicklungen.[27]

Schon in den achtziger Jahren zeichnete sich ab, dass Johannes Paul II. eine Kirche anstrebte, die wieder zu den Menschen im Land sprach und die für das Leben in Italien nicht ir-

[26] Giovanni Paolo II, La grande preghiera per l'Italia e con l'Italia. 15 marzo 1994, Bologna 1994, S. 1.
[27] Gespräch des Autors mit Johannes Paul II.

relevant war. Auch die von Ruini geführte CEI bewegte sich auf dieser Linie. Kardinal Martini stellte in Italien – noch wichtiger war sein Beispiel möglicherweise für Europa insgesamt – eine Alternative zum Wojtyła'schen Verständnis des Konzils (und zur Politik Ruinis) dar, ohne sich als Opposition zum Papst zu verstehen. Die nicht unkomplizierten Beziehungen zwischen dem polnischen Papst und dem Erzbischof von Mailand, geprägt durch wechselseitige Befangenheit und eine gewisse Zurückhaltung auf beiden Seiten, verweisen auch auf die Dialektik zweier unterschiedlicher Zukunftsvisionen, die in jenen Jahren an Profil gewannen.

Die Krise in Frankreich

Die französische Kirche hatte mit ihren Erfahrungen in der Seelsorge und mit ihrer Theologie, der *nouvelle théologie*, einen entscheidenden Beitrag zum Konzil geleistet. Der Katholizismus in Frankreich galt daher als ein Modell für den postkonziliaren Prozess, geriet jedoch schon bald in eine Krise. Für Johannes Paul II. war Frankreich ein Land von entscheidender Bedeutung. Hier absolvierte er 1980 seinen ersten Staatsbesuch in der westlichen Welt (abgesehen von einer Zwischenstation in Irland 1979 auf dem Weg zur UNO und in die Vereinigten Staaten). Johannes Paul II. ermutigte die Franzosen, stolz auf ihre christliche Identität zu sein: „Erkennt eure Würde! Seid stolz auf euren Glauben, auf die Gabe des Geistes, die der Vater euch mitgegeben hat!" Die am Flughafen von Le Bourget am Stadtrand von Paris versammelten Katholiken erinnerte der Papst an ihre christlichen Wurzeln: „Frankreich, erstgeborene Tochter der Kirche, bist du den Versprechungen deiner Taufe treu?" Und er fügte hinzu: „Frankreich, Tochter der Kirche und Lehrmeisterin der Völker, hältst du dich, zum Wohle des Menschen, an das Bündnis mit der ewigen Weisheit?"

Seine Berufung auf die Taufe Chlodwigs I. – in einem Land, das vom Laizismus geprägt war – mutete wie eine nachträgliche Katholisierung der Nationalgeschichte an. Es sei daran erinnert, dass der postkonziliare Katholizismus Themen wie das der „erstgeborenen Tochter der Kirche“, das der „christlichen Geschichte“ oder des Loblieds auf die Missionierung nicht gerade schätzte, wurden sie doch als Ausdruck einer prädominanten „Kultur des Christentums“ verstanden. Daher quittierte die Presse die Botschaft Johannes Pauls II. mit der Bemerkung, sie sei nichts als katholische Restauration. Ausgerechnet jener Papst, den traditionalistische Kreise in der Kirche ablehnten, wurde in Frankreich von Seiten der Progressiven und wichtiger Teile des Katholizismus als Inbegriff der Restauration betrachtet. Im Übrigen konnte man im französischen Katholizismus seit den sechziger Jahren einen fortschreitenden Rückgang in der Praktizierung des Glaubens und eine deutliche Krise bei den Priesterberufungen beobachten, die nur zum Teil durch die Entstehung „neuer Gemeinschaften“ charismatischen Ursprungs kompensiert wurde. Im Jahr 1999 stellte die Wochenzeitung „Télérama“ fest, dass das Vertrauen der Franzosen in Ärzte bei 76% lag, in Wissenschaftler bei 68%, in die Kirche bei 40% und in den Papst bei 39%. Dem Staat vertrauten hingegen 29% der Bürger.

Um sein ehrgeiziges, zu den üblichen Modellen in Kontrast stehendes Programm umzusetzen, vertraute der Papst nicht nur auf sein Lehramt und die Möglichkeit, die öffentliche Meinung zu beeinflussen. Er hielt gezielt nach Bischöfen Ausschau, um die Umsetzung des Zweiten Vatikanischen Konzils in den Ortskirchen und eine neue Evangelisierung voranzutreiben. Dieser Zielsetzung entsprach auch die Ernennung von Kardinal Lustiger zum Erzbischof von Paris, einem unabhängigen Kopf mit bedeutungsvoller Vision für das künftige Leben der Kirche. Die Entscheidung für Lustiger als Oberhaupt der Diözese von Orléans im Jahr 1979 und von Paris

1981 ging (wenngleich hier auch die Nuntiatur eine wichtige Rolle spielte) auf eine Initiative des Papstes zurück, der von der Persönlichkeit dieses Mannes beeindruckt war. Lustiger, der ursprünglich Jude war (seine Mutter war in Auschwitz ums Leben gekommen) und 1940 die Taufe empfangen hatte, hatte die 68er-Bewegung in Paris aus nächster Nähe erlebt. Seiner Ansicht nach musste nun jedoch die Phase der postkonziliaren Anpassung der Kirche als abgeschlossen betrachtet werden. Stattdessen sollte der Katholizismus wieder erstarken, indem seine Wurzeln erneuert und die Identität des Priesters gestärkt wurden. Auch sollten Liturgie und Gebet wieder ins Zentrum rücken. Alles andere als ein Traditionalist, war Lustiger Schüler einer eigenwilligen Pariser Priesterfigur, Maxime Charles, der ein spiritueller Kopf und zugleich ein Mann der Tat war und für einen *christianisme de choc* stand.[28] Jedenfalls hatte der künftige Kardinal nichts übrig für einen allzu progressiven Kurs: Seine Identität – in der Bibel begründet, auf die Kirchenväter bezogen, im Judentum verwurzelt – brachte ihn in große Nähe zu Johannes Paul II. Die starke Persönlichkeit des Kardinals stieß bei den französischen Bischöfen auf beachtlichen Widerstand. Sie weigerten sich denn auch beharrlich, ihn zum Vorsitzenden der nationalen Bischofskonferenz zu wählen. Gleichwohl hatte Lustiger großen Einfluss auf die Ernennungen französischer Bischöfe, nicht zuletzt aufgrund der Hochachtung, die ihm der Papst entgegenbrachte. In seiner Pariser Diözese legte er den Grundstein für eine erneuerte Kirche, die ihre christlichen Wurzeln ernst nahm. Er begann bei der Ausbildung eines spirituell und pastoral geschulten Klerus. Das von Lustiger in Paris umgesetzte Diözesanmodell, die *École cathédrale* (eine neue Ausbildungsstätte für Priester, die trotz des

---

[28] Zu Charles vgl. S. Pruvot, Monseigneur Charles aumônier de la Sorbonne, 1944–1959, Paris 2002; Mgr Maxime Charles, La clef d'un renouveau, in: Résurrection 47/48 (1993).

bereits in Paris existierenden *Institut Catholique* gegründet wurde), die Heranbildung eines Klerus mit ausgeprägter Spiritualität und nicht zuletzt das prägnante Wirken des Kardinals in der Kultur- und Politikszene Frankreichs – all dies waren Elemente, die für Johannes Paul II. zu einer kreativen Umsetzung des Zweiten Vatikanischen Konzils gehörten. Vorderhand ging es darum, aus der Kirche, ausgehend von ihren religiösen Wurzeln, eine lebendige und mitreißende Kraft in der Gesellschaft zu formen. Aufmerksam verfolgte der Kardinal daher auch die Gründung sogenannter neuer Gemeinschaften, die in Frankreich im Zuge der katholischen Pfingstbewegung („Charismatische Erneuerung") entstanden, insbesondere die Gemeinschaft Emmanuel. Auch dies verband Lustiger mit dem Papst.

1981 führte der Kardinal einen Demonstrationszug gegen die von der Regierung geplanten Eingriffe in die katholische Bekenntnisschule an, mitten durch Paris. Trotz der Irritation, die dies bei einem Teil der französischen Öffentlichkeit auslöste, wurde der Kardinal zu einer landesweit geachteten Persönlichkeit. Er wurde in die *Académie Française* berufen und vertrat in öffentlichen Debatten meist einen originellen Standpunkt. Der Kardinal war überzeugt, dass sich die Kirche von ihrem Minderwertigkeitskomplex gegenüber dem französischen Laizismus, gewissermaßen der Ideologie der Nation, befreien müsse. Die Kirche, so Lustiger, solle den Laizismus akzeptieren, ohne deshalb zum Schweigen verurteilt zu sein. Seine Amtseinführung in Paris war von einer kleinen, aber höchst bedeutungsvollen Geste begleitet: Der Erzbischof bat die staatlichen Würdenträger zu einem Empfang in das erzbischöfliche Palais – und unter den Gästen befand sich überraschenderweise der Staatspräsident, François Mitterand. Für Lustiger war das Christentum ein „gesellschaftliches Faktum" – und die französische Identität infolgedessen geprägt von der „mystischen, spirituellen und religiösen Erfahrung des Katholizismus", aber auch von Judentum, Protestantismus sowie von der laizistischen Tradition. Gerade in der wechselseitigen Anerkennung der verschiedenen Lager zeigte sich in Lustigers Augen der wahre Laizismus.[29]

Denken und Handeln des Erzbischofs bewegten sich im kreativen Einklang mit Johannes Paul II. So wies der Kardinal etwa die Ansicht zurück, dass die Rolle der Bischofskonferenz höher anzusetzen sei als die der einzelnen Bischöfe: „Die Bischofskonferenz", erklärte er, „ist eher ein Instrument zur Sammlung, zum Austausch und zur Koordinierung auf kultureller Ebene". Hierin stimmte er mit Ratzinger überein. Lustiger war insbesondere davon überzeugt, dass der Papst ein wichtiges Gravitationszentrum für die Kirche der Gegenwart bildete. Angesichts der immer größeren Autonomie der einzelnen Bischofskonferenzen soll bereits Paul VI. ausgerufen haben: „Am Ende werden wir auch ‚Bananenkirchen' haben", womit er auf die sprichwörtlichen Bananenrepubliken anspielte.[30] Der Papst, so die Meinung Lustigers, trat mit der Leitung der Kirche nicht an die Stelle der Bischöfe, sondern stellte sich vielmehr in ihren und in den Dienst aller Gläubigen. Seine Macht entfalte sich zum Wohl der bischöflichen Autorität. Dabei wies der Kardinal darauf hin, dass sich das Papsttum in der Gegenwart insofern entscheidend verändert habe, als es nun ein persönliches Gesicht habe: „Die Notwendigkeit, die Ausübung seiner universalen Mission zu personalisieren, ist an die eigentliche Natur der Kirche gekoppelt, als Gemeinschaft von Menschen mit einem dreifaltigen Gott. Dies ist in unserem kulturellen Universum weitaus kostbarer."[31] Lustiger formulierte hier einen Gedanken, dem Johannes Paul II. nur zustimmen konnte.

---

[29] Jean-Marie Lustiger, Cardinal républicain, hg. v. M. Rougé, Paris 2010. Vgl. auch die 2008 von J.-R. Armogathe herausgebrachte Sonderausgabe der Zeitschrift Communio, die Lustiger gewidmet ist.

[30] C. Bernstein/M. Politi, Seine Heiligkeit. Johannes Paul II. und die Geheimdiplomatie des Vatikans, München 1996, S. 243.

[31] Vgl. La scelta di Dio. Jean-Marie Lustiger cardinale arcivescovo di Parigi, intervistato da D. Wolton/J.-L. Missika, Mailand 1987, S. 415, 435 und 439.

Ein Papsttum mit persönlichem Antlitz sei „in unserer Zeit der Globalisierung“ mehr als angebracht, so Lustiger. Im Jahre 1987 schrieb der Kardinal über die Aufgabe des Papstes: „Wir leben in einer globalisierten Gesellschaft, die mit der nach und nach erfolgenden Vereinheitlichung zugleich in entgegengesetzte Kulturen zerfällt. In der Vergangenheit wichen die Kulturen voneinander ab, weil sie sich nicht kannten und auch nicht kennenlernen wollten; heute riskieren sie eine Auseinandersetzung eben weil sie sich kennen und miteinander kommunizieren.“ Angesichts dessen sei das Amt des Papstes ein Faktor der Einheit, „der einzige, der alle Kulturen und alle Grenzen überschreitet, um an der Gemeinschaft aller Katholiken zu arbeiten“. Ohne Zweifel gehörte Lustiger zu den großen Persönlichkeiten, die Wojtyłas Pontifikat begleiteten.

Johannes Paul II. war sich sicher, dass gerade der französische Katholizismus eine wichtige Rolle bei der Sendung der Kirche in der Welt und ihrem Verhältnis zur Kultur spielte. Bezeichnenderweise berief er 1982 für die gesamte Dauer des Pontifikats den Rektor des Pariser *Institut Catholique*, Paul Poupard, an die Spitze des Päpstlichen Rats für die Kultur (gewissermaßen das vatikanische Kultusministerium).[32] Diese Entscheidung machte deutlich, wie sehr der Papst davon überzeugt war, dass Frankreich ein wichtiges Experimentierfeld für die Begegnung zwischen Kultur und Katholizismus darstellte. 1984 ernannte er zudem den Erzbischof von Marseille, Kardinal Etchegaray, zum Vorsitzenden des Päpstlichen Rats für Gerechtigkeit und Frieden, der mit den humanitären Missionen des Papstes betraut war. Ihm wurde auch die Umsetzung einer „humanitären“ Diplomatie des Heiligen Stuhls übertragen, die Kirche und Papst ganz nah an Konfliktherde, aber auch an Not und Hunger in der Welt brachte. Der Kardi-

---

[32] Siehe P. Poupard, Au cœur du Vatican, Entretiens avec Marie-Joëlle Guillaume, Paris 2003.

nal, den Wojtyła als Sekretär und Vorsitzenden der europäischen Bischofskonferenz kennengelernt hatte, war ein enger Vertrauter des Papstes. Er repräsentierte in seinen Augen die „universalistische Extrovertiertheit" des französischen Katholizismus, die ihm als eine wichtige Komponente der europäischen Kirche insgesamt erschien.[33]

Die Kritik der Traditionalisten

Einer mutigen französischen Kirche in der Zeit nach dem Konzil stand eine traditionalistische Minderheit gegenüber. Frankreich war eine Hochburg der Bewegung um Erzbischof Marcel Lefebvre, auch wenn ihr eigentliches Zentrum, das Seminar der Priesterbruderschaft St. Pius X., im schweizerischen Ecône lag. In Frankreich zeigte sie ihre (relative) Stärke und ihre Fähigkeit, die Unzufriedenheit einzelner Segmente des Katholizismus angesichts der Neuerungen des Konzils beziehungsweise extremer Standpunkte zu bündeln. Sie verbündete sich auch mit einigen der *Action Française* nahestehenden Kreisen, deren Gedankenwelt Erzbischof Lefebvre persönlich geprägt hatte. Lefebvre, der 1976 von Paul VI. *a divinis* suspendiert wurde, hatte die Liturgiereform des Konzils vehement abgelehnt und gegen angebliche Fehlentwicklungen der Liturgie protestiert. Er behauptete, die Anerkennung der Religionsfreiheit, der Ökumene und des interreligiösen Dialogs durch das Konzil zerstörten die kirchliche Tradition und brächten stattdessen eine neue, gleichsam protestantisierte Kirche hervor. Paul VI. sagte gegenüber Jean Guitton, Lefebvre habe ihm vorgeschlagen, es jedem Priester freizustellen, die Messe nach vorkonziliarem Ritus zu feiern: „Das niemals! [...] Diese sogenannte Messe des Heiligen Pius V., wie

[33] R. Etchegaray, Ho sentito battere il cuore del mondo, conversazioni con Bernard Lecomte, Cinisello Balsamo (MI) 2008.

man sie in Ecône erleben kann, wird zum Symbol der Ablehnung des Konzils."[34]

Nach dem Tod Pauls VI., den Lefebvre grundsätzlich für einen „liberalen Papst" gehalten hatte, suchte Johannes Paul II., dem die Kirchenkrise im Westen fremd war, den Gesprächsfaden wieder aufzunehmen. Auf Initiative von Kardinal Siri traf er sich einen Monat nach seiner Wahl mit dem traditionalistischen Bischof. Das Grundproblem für Lefebvre bestand darin, die Entscheidungen des Zweiten Vatikanischen Konzils zu akzeptieren. Staatssekretär Villot zufolge verhielt sich Wojtyła geradezu naiv gegenüber dem rebellischen Bischof und zeigte sich nach dem Gespräch mit Lefebvre erschüttert über dessen widersprüchliche Äußerungen: „Der Papst hatte den Eindruck, vor einem Mann mit wirren Gedanken zu stehen, dem die entstandene Situation über den Kopf gewachsen war."[35] Man blieb jedoch in Kontakt. 1984 gewährte Johannes Paul II. den traditionalistischen Bischöfen sogar die Erlaubnis, die Tridentinische Messe zu feiern, wie dies vor dem Pontifikat Pauls VI. üblich gewesen war, sofern sie damit nicht Kritik an der „neuen" Messe übten – ein Zugeständnis, das vielen Bischöfen missfiel: Mariano Magrassi, der Erzbischof von Bari, erklärte, er hätte eine solche Erlaubnis nie erteilt. Trotz der harten Kritik an den ökumenischen und interreligiösen Initiativen Johannes Pauls II. – insbesondere das Weltgebetstreffen von Assisi im Jahr 1986 wurde als deutlicher Abfall von der Tradition betrachtet – gelangte man 1988, nicht zuletzt dank der Vermittlung Joseph Ratzingers, beinahe zu einer Einigung. Allerdings weihte Lefebvre, der nicht im-

[34] J. Guitton, Paolo VI segreto, Mailand 1981, S. 144. Siehe auch B. Tissier de Mallerais, Mons. Marcel Lefebvre. Una vita, Chieti 2005; L. Perrin, Il caso Lefebvre, Genua 1991; N. Buonasorte, Tra Roma e Lefebvre. Il tradizionalismo cattolico italiano e il Concilio Vaticano II, Rom 2003; É. Poulat, Une Église ébranlée?, Tournai 1969. Vgl. M. Impagliazzo, Duval d'Algeria. Una chiesa tra Europa e mondo arabo, 1946–1988, Rom 1994.

[35] A. Wenger, Le cardinal Villot. Secrétaire d'État de trois papes, Paris 1989, S. 257–259.

stande war, sich wieder in den Rahmen der Kirche einzugliedern, unmittelbar danach vier neue Bischöfe, weil er die Konzessionen Roms für unzureichend hielt. Für den Heiligen Stuhl war dies nichts Geringeres als ein „Akt der Kirchenspaltung“, der Lefevbres Exkommunikation zur Folge hatte.[36] Der Traditionalismus war zwar in Frankreich alles andere als mehrheitsfähig, dennoch repräsentierte er eine starke theologische Position, die sich der römischen Kirche und der „Welt“ entgegenstellte und eine gewisse Zahl von Gläubigen anzog. Dabei kamen verschiedene Elemente zusammen, etwa eine nicht zu unterschätzende antirömische Haltung sowie die Einflüsse der *Action Française*, auch wenn sich dies auf den ersten Blick kaum miteinander verbinden ließ. Die Anziehungskraft entsprechender Positionen zeigte sich auch in anderen Ländern wie beispielsweise in Brasilien. Die Traditionalisten lehnten einvernehmlich die theologischen und speziell die ekklesiologischen Vorstellungen Johannes Pauls II. ab, was soweit ging, dass sie eine Seligsprechung nach dessen Tod ablehnten. Tatsächlich war die Hauptachse des Pontifikats ihrer Ansicht nach nicht auf Gott konzentriert, sondern auf einen anthropologischen Immanenzgedanken und einen religiösen Humanismus. Wogegen sich die Traditionalisten richteten, wird deutlich, wenn man sich vor Augen führt, wie Johannes Paul II. etwa den Begriff der Sünde und die Idee des Heils verstand. Denn der Papst bestand darauf, dass Christus in gewisser Weise mit jedem Menschen verbunden sei, unabhängig davon, ob er sich zum katholischen Glauben bekenne oder nicht. Dies entsprach in den Augen der Traditionalisten freilich nicht der christlichen Vorstellung von

[36] Zur Rolle Ratzingers und zu verschiedenen Angelegenheiten um Lefebvre finden sich interessante Dokumente in: B. Tissier de Mallerais, Mons. Marcel Lefebvre. Siehe auch G. Caprile, Le ragioni di Monsignore Lefebvre, Rom 1977; Y. Congar, Crisi della Chiesa e Monsignore Lefebvre, Brescia 1976. Vgl. außerdem N. Senèze, La crise intégriste. Vingt ans après le schisme de Mgr Lefebvre, Paris 2008.

der Erlösung der Christen von der Sünde. Stattdessen erblickten sie darin eine Art sozialer und internationaler Erlösung, und dies – so die Piusbrüder – sei auch der Grund, weshalb Johannes Paul II. so sehr auf Dialog und Frieden beharre.

Für unvereinbar mit der rechten katholischen Lehre hielten die Lefebvre-Anhänger auch die Idee einer Zivilisation der Liebe, auf die der Papst immer wieder zurückkam. Der „Geist von Assisi", von dem Johannes Paul II. persönlich geprägt war, manifestierte in ihrer Sicht einen universalistischen und pazifistischen Humanismus, den „Traum von der Einheit der Menschheitsfamilie" also, der eine absolute Wahrheit nicht anerkenne und die Identität des Katholizismus dadurch letztlich unterminiere. Das Weltgebetstreffen in Assisi 1986 und seine Nachfolgeveranstaltungen, die der Papst beständig förderte, erschienen den Anhängern Lefebvres als Ausdruck des Wojtyła'schen Denkens, in dem die Errettung des Menschen durch Gott auf etwas Politisches und Irdisches reduziert wurde, auf eine Art gesellschaftlicher Erlösung. Die Religionen wurden in dieser Perspektive zu bloßen Zeugen einer universalen Hoffnung, während der Papst selbst eine gewisse Immanenz des Göttlichen in jeder Kultur anerkannte. So ließe sich auch erklären, dass Wojtyła Persönlichkeiten wie Gandhi und Martin Luther King oder auch Orte wie Auschwitz und Hiroshima sakralisierte.

In der Wahrnehmung der Lefebvre-Anhänger stand Wojtyłas Vision des Christentums vom Beginn seines Pontifikats an ganz im Zeichen einer anthropologischen Wende, die dazu führte, dass liberale Positionen zunehmend akzeptiert wurden und sich das Christentum zu einer Form des Humanismus mit den entsprechenden irdischen Utopien verwandelte. Der Papst, der radikal gegen den Kommunismus gekämpft hatte, konnte den Fehlern und Tendenzen des westlichen Liberalismus nicht widerstehen – jedenfalls dachten so Lefebvre und dessen Anhänger. Sie waren im Übrigen ebenfalls glühende Gegner des Kommunismus, in dem sie das größte

Übel der Gegenwart sahen, weshalb sie sogar bereit waren, die südamerikanischen Diktaturen und die Doktrin der nationalen Sicherheit zu verteidigen. Tatsächlich war Johannes Paul II. nach seiner Sicht des Katholizismus, die auf Leo XIII. und das Zweite Vatikanische Konzil zurückging, überzeugt, dass dem Christentum, ohne es auf einen ganz diesseitigen Humanismus zu reduzieren, historische Relevanz zukomme und es die Geschichte des Menschen verwandeln könne. In der Enzyklika „Sollicitudo rei socialis“ schrieb der Papst:

> Völker und Einzelpersonen trachten nach der eigenen Befreiung: Die Suche nach ihrer vollen Entwicklung ist Zeichen ihrer Sehnsucht, die vielfältigen Hindernisse zu überwinden, die sie daran hindern, ein „menschlicheres Leben“ zu führen. [...] Das Haupthindernis, das es für eine wahre Befreiung zu überwinden gilt, sind die Sünde und die Strukturen, die sie schrittweise hervorbringt, wenn sie sich vermehrt und ausbreitet. [...] Die Kirche weiß wohl, dass kein zeitliches Werk mit dem Reich Gottes gleichzusetzen ist, sondern alle Werke nur ein Spiegelbild und in einem gewissen Sinne eine Vorwegnahme der Herrlichkeit jenes Reiches darstellen, das wir am Ende der Geschichte erwarten, wenn der Herr wiederkommt. [...][37]

Durchaus der Tradition verpflichtet, entschloss sich Wojtyła dennoch, seine Kirche nicht aus der Welt der Gegenwart und den Kämpfen der Geschichte herauszuhalten, wobei er die Grenzen und die Möglichkeiten der vielen daran beteiligten nicht katholischen oder nicht christlichen Akteure erfasste. Im Gegensatz dazu hatten die Lefebvre-Anhänger de facto den Rückzug aus einer Welt akzeptiert, die sie für innerlich verkommen hielten, während sie die eingeschränkten Frei-

[37] Johannes Paul II., Enzyklika Sollicitudo rei socialis. Zwanzig Jahre nach der Enzyklika Populorum Progressio, 30. Dezember 1987, Bonn 1987 (Verlautbarungen des Apostolischen Stuhls 82), S. 57 und 60.

räume, die sich dem Katholizismus der Restauration hier und da noch eröffneten, weiter pflegten. Die Kirche Johannes Pauls II. wollte sich keineswegs der „Welt“ anpassen, ebenso wenig allerdings wollte sie vor ihr fliehen oder sie gar dämonisieren. Die Umsetzung dieses Kurses war jedoch nicht einfach, wenn man bedenkt, mit welch entgegengesetzten Positionen sie fertig werden musste: Einerseits waren die Traditionalisten davon überzeugt, die Kirche habe sich zu sehr von der Wahrheit entfernt, andererseits behaupteten die Progressiven, sie habe sich gerade durch ihren Konservatismus der Geschichte entfremdet.

Sich anpassen oder nicht?

In Frankreich, aber auch im übrigen Westeuropa und in Nordamerika, sah sich Johannes Paul II. mit einem wichtigen Teil der Krise des Katholizismus konfrontiert: mit dem Problem der priesterlichen Identität, einer der drängendsten Aufgaben, die es nach dem Konzil anzugehen galt. Gabriel-Joseph-Marie Matagrin, ein französischer Bischof und feinsinniger Intellektueller, war überzeugt, dass die Krise tief liegende Ursachen habe, die vor allem mit dem Krieg und dem Verschwinden der Arbeiterpriester zusammenhingen. Dabei warf er eine Frage erneut auf, die schon Paul VI. ablehnend beantwortet hatte: Könnte man der Krise des Klerus, die das Christentum des Westens erfasst hatte, nicht Einhalt gebieten, indem man in der lateinischen Kirche (die den Großteil des Katholizismus umfasst) verheiratete Männer zur Priesterweihe zuließe, wie dies auch in den katholischen Kirchen nach östlichem Ritus üblich war?[38] Immer wieder wurde die in dieser Frage enthaltene These aufgestellt.

---

[38] G. Matagrin, Le chêne et la futaie, Paris 2000.

Wojtyła freilich sah hier keine Lösung für die Krise des priesterlichen Amtes und den Rückgang der Berufungen. Seit seinem Rundschreiben „Redemptor hominis" aus dem Jahr 1979 bestand der Papst auf der unbedingten Treue zum Priesteramt und den damit verbundenen Verpflichtungen. In einer ersten Phase des Pontifikats hatte er die Möglichkeiten der Laisierung von Priestern (womit Paul VI. nach dem Konzil eine wohlwollende Lösung für die vielen Priester gefunden hatte, die ihr Amt aufgaben) drastisch eingeschränkt, indem er sie nur Männern erlaubte, die das vierzigste Lebensjahr bereits erreicht hatten. Auf diese Weise versuchte er, den Rückgang der Priesterzahlen im Vergleich zur Praxis unter Montini abzubremsen, was für einiges Befremden beim Klerus und unter den Bischöfen sorgte. Hier war man der Ansicht, es habe keinen Sinn, Priestern, die ihr Amt aufgeben wollten, weitere Steine in den Weg zu legen. Die Regelung wurde später dann auch teilweise abgemildert. Das 1996 zu Wojtyłas goldenem Priesterjubiläum veröffentlichte autobiografische Buch „Geschenk und Geheimnis" ist dennoch nichts anderes als eine Hymne an das katholische, der Tradition verpflichtete Priesteramt:

> Über die gebotene pastorale Erneuerung hinaus bin ich aber davon überzeugt, dass der Priester sich nicht scheuen darf, „außerhalb der Zeit" zu stehen, weil das menschliche „Heute" jedes Priesters eingefügt ist in das „Heute" Christi, des Erlösers. Die größte Aufgabe für jeden Priester und zu jeder Zeit ist es, Tag für Tag dieses sein priesterliches „Heute" in dem „Heute" Christi wiederzufinden [...].[39]

---

[39] Johannes Paul II., Geschenk und Geheimnis. Zum 50. Jahr meiner Priesterweihe, Graz, Wien, Köln 1997, S. 89f.

Man durfte sich, so war dies zu verstehen, um keinen Preis anpassen: Johannes Paul II. sah jedoch schon in der erneuten Diskussion über die priesterliche Identität einen deutlichen Schritt der Anpassung der Kirche an die „Welt". Tatsächlich lautete die von der öffentlichen Meinung fortlaufend an die Kirche gerichtete Forderung, in den Worten des laizistischen Historikers Alphonse Dupront: „Eine kirchliche Gesellschaft kann nur dann bestehen, wenn sie sich angleicht."[40] Dieser Botschaft hielt Johannes Paul II. die Andersartigkeit der katholischen Kirche (hinsichtlich Priesteramt, Ethik, Familie, Spiritualität, Theologie etc.) entgegen. Der Weg, den die Kirche in den Augen des Papstes zu gehen hatte, war nicht der der Anpassung an eine westliche Welt, die von ihr forderte, „moderner" zu werden. Dies bedeutete allerdings ebenso wenig, dass die Kirche traditionalistisch oder vergangenheitsfixiert sein sollte. Wojtyła war sich sicher, dass man dem Leben der Gegenwart zwar Sympathie entgegenbringen, dennoch aber nicht auf die eigene Identität verzichten durfte, die tiefe Wurzeln besaß. Der Historiker Émile Poulat hat den Begriff der „Intransigenz", also der Unnachgiebigkeit, vorgeschlagen, um das Verhältnis der Kirche zur modernen Welt des 19. und 20. Jahrhunderts zu beschreiben. Die Verwendung dieses Begriffs beinhaltet kein negatives Urteil; sie soll vielmehr ausdrücken, dass die Aussöhnung mit den Erfordernissen des modernen Lebens nicht das höchste Ziel des Katholizismus gewesen ist.[41] Andere mögen hier, in Anlehnung an Formulierungen der Bibel oder an die Sprache des Konzils, eher das Wort „Prophetie" verwenden. Kardinal Ratzinger hat seinerseits eine interessante Deutung der Intransigenz vorgelegt:

---

[40] Vgl. A. Dupront, Puissances et latences de la religion catholique, Paris 1993.

[41] Vgl. É. Poulat, Chiesa contro borghesia: introduzione al divenire del cattolicesimo contemporaneo, Casale Monferrato (AL) 1984; A. Riccardi, Intransigenza e modernità. La Chiesa cattolica verso il terzo millennio, Rom, Bari 1996.

> Die Unzeitgemäßheit der Kirche, die einerseits ihre Schwäche bedeutet – sie wird abgedrängt –, kann auch ihre Stärke sein. Vielleicht können die Menschen ja doch spüren, dass gegen die banale Ideologie, von der die Welt beherrscht wird, Opposition nötig ist und dass die Kirche gerade modern sein kann, indem sie anti-modern ist, indem sie sich dem, was alle sagen, widersetzt. Der Kirche fällt eine Rolle des prophetischen Widerspruchs zu, und sie muss auch den Mut dazu haben. Gerade der Mut der Wahrheit ist – auch wenn er zunächst eher zu schaden scheint, eher Beliebtheit wegnimmt und die Kirche gleichsam ins Ghetto zu drängen scheint – in Wirklichkeit ihre große Kraft.[42]

Die Gegenüberstellung von Kirche und moderner Welt zeigte auch, welche Unterschiede in dieser Hinsicht zwischen dem Katholizismus und der evangelischen beziehungsweise der anglikanischen Kirche bestanden. Dabei war die Frauenordination der wohl augenfälligste. Ein entscheidender Schritt wurde bei den Anglikanern bereits 1971 vollzogen, als in der Kirchenprovinz Hong Kong die ersten Frauen zu Priestern geweiht wurden, und es schon bald darauf zu Frauenordinationen in den USA und England kam. Dieser Schritt war möglich geworden, nachdem die Lambeth-Konferenz (die internationale Konferenz der anglikanischen Bischöfe) beschlossen hatte, dass die unterschiedlichen Positionen zur Priesterweihe die Einheit der anglikanischen Kirche nicht gefährdeten. Die Frage der Frauenordination gewann bei den Anglikanern allerdings weiter an Bedeutung, da in der Folge auch das Bischofsamt den Frauen offenstand. Diese Entscheidungen waren darüber hinaus mit einer neuen Haltung zu Familie, Abtreibung, gleichgeschlechtlichen Beziehungen und Bioethik verknüpft, durch die die anglikanische Kirche einen

[42] J. Ratzinger, Salz der Erde, S. 256f.

Großteil der üblichen gesellschaftlichen Verhaltensweisen akzeptierte.
Kardinal Ratzinger, seit 1981 Präfekt der Glaubenskongregation und einer der Grundpfeiler von Wojtyłas Pontifikat, hat dazu bemerkt: „Auf den ersten Blick scheinen die Forderungen des radikalen Feminismus im Sinne einer totalen Gleichberechtigung zwischen Mann und Frau absolut edelmütig und in jeder Hinsicht nachvollziehbar." Er erinnerte auch daran, dass es im Altertum bei vielen Religionen, mit Ausnahme des Judentums, Priesterinnen gegeben hatte. Auf den Unterschied zwischen Mann und Frau hinzuweisen hieß für Ratzinger jedoch, die menschliche Persönlichkeit in ihrer je verschiedenen, spezifischen Form zu verteidigen. Der biologische Unterschied wurzele in einer tiefen Anthropologie, entgegnete der Kardinal all jenen, die diesen „Unterschied banalisieren" und das Priestertum für Frauen zugänglich machen wollten.[43] Positionierungen dieser Art führten unweigerlich zu Zusammenstößen insbesondere mit der öffentlichen Meinung in Großbritannien und den Vereinigten Staaten mit ihren starken feministischen Strömungen. 1979 bat Schwester Teresa Kane den Papst, der sich auf einer Reise durch die USA befand, im Namen der amerikanischen Ordensschwestern öffentlich darum, den Frauen künftig den Zugang zum Priesteramt zu gewähren. Das Problem der Frauenordination verwies auf zwei verschiedene Möglichkeiten, die katholische Tradition zu deuten, vor allem aber auf zwei unterschiedliche Arten der Beziehung zur Geschichte insgesamt.
Die Priesterweihe für Frauen bedeutete für Rom, einen wesentlichen Aspekt der kirchlichen Identität anzutasten. Die anglikanische Kirche, eine Staatskirche, vor allem aber eine fest in der Gesellschaft verankerte Kirche, hingegen sah kei-

---

43 V. Messori, Rapporto sulla fede. Colloquio con il cardinale Joseph Ratzinger, Cinisello Balsamo (MI) 1985, S. 94ff.

nen ausreichenden Grund, sich dem sozialen Wandel, der den Frauen neue Betätigungsfelder eröffnete, nicht anzupassen. Durch diese Anpassung durch die anglikanische Kirche sah sich die Römische Kirche wiederum veranlasst, ihre eigene Identität zu verteidigen (dies übrigens in Übereinstimmung mit der orthodoxen Kirche, die es während der Konsultation auf Rhodos 1989 ablehnte, Frauen zur Weihe zuzulassen). Katholiken, Orthodoxe, Anglikaner und Protestanten verfolgten unterschiedliche Herangehensweisen an die moderne Welt. Der orthodoxe Theologe Olivier Clément etwa erklärte zum Thema Christentum und Modernität: „Die katholische Kirche hat sich in bestimmten Momenten zu autoritär verhalten, [...] und in Sachen Sexualmoral geht sie noch immer zu grob vor. Die Protestanten hingegen haben die Säkularisierung zu schnell akzeptiert, ohne zu versuchen, sie in religiöser Hinsicht zu verwandeln." Allgemeiner gesprochen, „gibt es das Problem der Auseinandersetzung mit der Moderne: Während sich die Protestanten in ihr auflösen, lehnen die Orthodoxen sie ab".[44]

Alles in allem war dies der Kurs, den Johannes Paul II. in den großen Fragen verfolgte, die die Kirche in der modernen westlichen Welt spalteten: nicht sich anpassen, aber eine neue Sprache und neue Formen finden, um das, was die Kirche glaubte, weiterhin zu leben und den Menschen anzubieten. Die Theologie des Leibes, die in der Gedankenwelt des Priesters Wojtyła wurzelte, war eine kreative, in einer neuen Sprache dargebotene Antwort auf die sexuelle Revolution, die 1968 ihren Anfang genommen hatte. Während einer Tagung zum fünfundzwanzigsten Jubiläum des Pontifikats Johannes Pauls II. hielt Kardinal Lustiger einen pointierten Vortrag über den Papst und das Priesteramt, wobei er an die Krise nach dem Konzil und die Synode von 1971 erinnerte, bei

---

[44] Vgl. O. Clément, Cattolicesimo e ortodossia, in: Dialoghi, 1.9.2001, S. 80–82.

der nicht wenige forderten, das Wort „Priesteramt“ ganz abzuschaffen, da man es für alttestamentarisch hielt, und die Weihe verheirateter Männer zu ermöglichen. Dem Kardinal zufolge habe die Kirche dabei „unter dem symmetrischen Einfluss des Marxismus und eines gewissen Liberalismus“ gestanden: „Ersterer drängte darauf, alles im Lichte der Machtverhältnisse zu betrachten, letzterer, alles aus der Perspektive der Leitung zu beurteilen und die individuelle Freiheit zum höchsten Gut zu erheben.“

Soziologie, Anthropologie und Psychologie nehmen bekanntlich den ersten Platz ein, wenn es darum geht, über den Menschen nachzudenken, und aus ihrer Sicht scheint die Vorstellung der Kirche von Priestertum und Ethik unhaltbar zu sein. Lustigers Befund lautete freilich, dass Johannes Paul II. diese große Krise anging, indem er „das Problem resolut verschob“: „Der Papst wusste alles wieder in Christus zu bündeln, ohne dass er fürchtete, nicht als ‚Mann seiner Zeit‘ betrachtet zu werden.“[45] Aus dieser Haltung heraus suchte er dann nach einer neuen Sprache, um das auszudrücken und zu leben, was er glaubte.

In Sachen Sexualmoral und Familie strebte Karol Wojtyła nach einer Vertiefung und Aktualisierung auf der Grundlage der traditionellen Lehre der Kirche. Johannes Paul II., der die Enzyklika „Humanae vitae“ Pauls VI. nachdrücklich verteidigte, war sich des großen Kontrastes bewusst, der zwischen der hier festgeschriebenen Lehre und der öffentlichen Meinung nach 1968 herrschte, und wurde zu einem vehementen Fürsprecher der Familie. So war bereits die erste, von Johannes Paul II. einberufene Bischofssynode ganz der Familie gewidmet.

Im Jahr der Familie 1994 bekräftigte Johannes Paul II. in seinem „Brief an die Familien“, was er schon mehrfach gesagt

---

[45] J. M. Lustiger, I sacerdoti, la vita consacrata e le vocazioni sotto il pontificato di Giovanni Paolo II, in: Il Collegio cardinalizio per il 25° anniversario di pontificato di Sua Santità Giovanni Paolo II, Città del Vaticano 2003.

hatte: „Die Familie ist das Zentrum und das Herz der Zivilisation der Liebe." Über die „Souveränität" der Liebe fand der Papst entschiedene Worte: Die Familie ist „eine tief verwurzelte soziale Realität und in ganz besonderer Weise eine, wenn auch in verschiedener Hinsicht bedingte, souveräne Gesellschaft." Nur, wenn Familie und Ehe ihren „Glanz" wiedererlangten, so Johannes Paul II., war es möglich, jene Zivilisation der Liebe zu errichten, von der das katholische Lehramt sprach und die darauf ausgerichtet war, eine Zeit des Friedens zu schaffen. Eine nicht auf die Familie ausgerichtete Gesellschaft hingegen, die sich hinsichtlich des eigenen und des Lebens anderer (insbesondere des ungeborenen Kindes) allein an den Rechten des Individuums orientierte, konnte nicht stabil sein. Johannes Paul II. sah sich in diesen Fragen als Vertreter der christlichen Botschaft, da er sich verpflichtet fühlte, eine Welt zu schützen, die im Begriff stand, inhuman zu werden. Dies gilt analog für den Schutz des ungeborenen Lebens, dem der Papst viel Energie widmete und das seine Enzyklika „Evangelium vitae" aus dem Jahr 1995 beherrschte. Schon in Polen hatte er sich gegen die Praxis des Schwangerschaftsabbruchs eingesetzt. Als Papst war er nicht nur dagegen, sich in Fragen des Lebens und der Familie den Modellen und Erfordernissen der „modernen Welt" anzupassen, sondern er wollte auf ganzer Linie dagegen kämpfen.[46]

Dieses Thema reichte über Europa hinaus und betraf den Westen ebenso wie die übrige Welt, zumal im Zuge der Globalisierung westliche Verhaltensmodelle immer weitere Verbreitung fanden. Die Kirche Johannes Pauls II. war entschlossen, sich weder in Bezug auf ihre Identität noch auf Priesteramt, Sexualmoral, Familie, Lebensschutz oder Unter-

---

[46] Pontificio Consiglio per la Famiglia, Famiglia e diritti umani, Città del Vaticano 1999; Ders., Famiglia e procreazione umana, Città del Vaticano 2007; Ders., I figli: famiglia e società nel nuovo millennio, Città del Vaticano 2001; Ders., Lexicon. Termini ambigui e discussi su famiglia, vita e questioni etiche, Bologna 2003.

schiede zwischen Mann und Frau anzupassen, auch wenn sich die Gepflogenheiten der Gesellschaft, in der sie sich befand, deutlich verändert hatten. Doch es gab noch andere Aspekte, deretwegen man eine Veränderung der Kirche verlangte. Trotz des öffentlichen Drucks, eine Demokratisierung herbeizuführen und die Rolle der Hierarchie zu verringern, dachte der Papst nicht daran, die Grundstruktur der Kirche zu verändern. Dabei sah sich Johannes Paul II. in den ersten Jahren des Pontifikats mit einem Widerstand aus der Kirche selbst konfrontiert, der in Italien, Frankreich, Deutschland, den Niederlanden und den USA besonders lebhaft war. Hier verlangte man eine Umsetzung der Konzilsbeschlüsse im Sinne einer Demokratisierung der Kirche.

Allein, die Kirche war keine westliche Demokratie. Dies hatte Wojtyła bereits während der Synode von Krakau geäußert, was freilich nicht hieß, dass er an der Vorstellung einer Kirche festgehalten hätte, bei der sich alle Macht an der Spitze konzentrierte. Und die Synode hatte ja auch gezeigt, mit welcher Methode Wojtyła zu regieren bevorzugte: durch viele Begegnungen mit den verschiedensten Menschen, durch Arbeitsgruppen und Gespräche, bei denen er zuhörte und mitdiskutierte. In diesem Sinn wiederholte er immer wieder, die Kirche bedeute Gemeinschaft, und bezog sich dabei auf das Zweite Vatikanum. Als Johannes Paul II. 1998 zum österreichischen Episkopat sprach und der Vorsitzende der Bischofskonferenz, der Wiener Kardinal König, bekräftigte, die Gläubigen erwarteten eine demokratischere Kirche, entgegnete der Papst unmissverständlich: „Die Kirche zu demokratisieren entspricht weder den biblischen Vorgaben noch der Tradition der Kirche seit der Zeit der Apostel." Im Jahr 1989 fand im Vatikan ein Treffen zwischen der Führung der US-amerikanischen Bischöfe, dem Papst und der Spitze der Kurie statt, bei dem auch das Thema der kirchlichen Autorität zur Sprache kam. Der Vorsitzende der Bischofskonferenz, Kardinal May, gab zu bedenken, dass in den USA derzeit „Autoritarismus in allen Bereichen der Bildung und der Kultur suspekt" sei. „Die Behauptung, es gebe eine Kirche, die mit der Vollmacht, für die Ewigkeit zu binden und zu lösen lehre", sei daher „für viele Amerikaner, die das göttliche Recht der Bischöfe als genauso überholt ansehen wie das göttliche Recht von Königen, wirklich ein Zeichen, dem man widerspreche."[47] Ratzinger, so erinnert sich George Weigel, habe dem entgegengehalten, dass es sich dabei nicht nur um ein aktuelles Problem in den Vereinigten Staaten handele, sondern um einen schon immer bestehenden Konflikt zwischen dem modernen Westen und der Kirche.[48]

Ein maßgebendes Lehramt war nicht mit Autoritarismus gleichzusetzen – dies jedenfalls war die Position Johannes Pauls II. Der Bischof, so hieß das, müsse zuhören, sei aber kein „Moderator" unterschiedlicher Meinungen, sondern vielmehr Zeuge und Meister: „Der Verkünder des Evangeliums muss auch ein Märtyrer sein." Die Mehrheit aber sei nicht der höchste Maßstab für das Leben der Kirche. Hier wird einmal mehr die Ermutigung deutlich, die Johannes Paul II. bereits zu Beginn seines Pontifikats wichtig war: Die Kirche sollte keine Angst haben, auch nicht vor dem Druck der Medien, der vermeintlichen Rückständigkeit gegenüber der eigenen Zeit, der Macht der Mehrheitsmeinung.

Hier darf nicht vergessen werden, dass Wojtyła von Anfang an gegen die Abhängigkeit der Kirche von der öffentlichen Meinung kämpfte. Speziell durch den Prozess der Globalisierung vollzog sich in der öffentlichen Meinung ein grundlegender Wandel, da die Medien, vor allem das Fernsehen, mit der Zeit immer mehr Menschen erreichten. Trotz der großen Vielfalt der Stimmen und der zum Teil hitzigen Debatten bildete sich eine Art kultureller *Koine* heraus, eine Kommunika-

---

[47] G. Weigel, Zeuge der Hoffnung. Johannes Paul II. Eine Biographie, Paderborn, München, Wien, Zürich 2002, S. 617.

[48] Siehe ebenda.

tionsebene, die ihre Bezugspunkte und Modelle in der Konsumgesellschaft hatte und sich von der Kirche insofern erheblich unterschied. Lustiger, einer der Hauptakteure während des Wojtyła-Pontifikats, sagte dazu: „Die Kirche war sensibel gegenüber dem Prozess, den ihr die öffentliche Meinung gemacht hat. Und zuweilen gab es eine Verwechslung zwischen dem, was man *sensus fidelium* nennt [...] und der öffentlichen Meinung."[49] Johannes Paul II. stimmte dem zu. In der Enzyklika „Redemptor hominis" bekräftigte er, es habe „Übertreibungen der Selbstkritik" und „unbesonnene [...] Kritiken" gegeben, weshalb er forderte, der kritische Geist müsse seine gerechten Grenzen haben.[50] Der Papst wollte sich weder von außen eine Agenda für sein Pontifikat aufzwingen lassen noch Revisionen durchführen, um die Kirche an die Mode der Zeit anzugleichen. Auch das „Aggiornamento" (die „Verheutigung") des Konzils kam in seiner Wahrnehmung aus der Tiefe der Kirche und war nicht als Anpassung an die Erwartungen der Gesellschaft zu verstehen. Gleichwohl dämonisierte Johannes Paul II. die Welt der Medien nicht – im Gegenteil. Er betrat sie mit allem, was er zu geben hatte: mit seinen Worten, seinem Gesicht, seinen Gesten, seiner Botschaft.

Die „Sympathie"

Die „Intransigenz" Johannes Pauls II. (die im Westen immer wieder auf Befremden stieß, insbesondere im Vergleich zu Paul VI., der skrupulöser schien) machte den Papst nicht zu einem nostalgischen Bewunderer einer untergegangenen Welt, der die Verhaltensweisen der Gegenwart anprangerte. Wenn es aus Sicht des Historikers angemessener erscheint,

[49] La scelta di Dio, Mailand 1987, S. 406.
[50] Johannes Paul II., Enzyklika Redemptor hominis, Würzburg 1979, S. 12.

von „Intransigenz" zu sprechen, so war es für viele Gläubige doch eher eine „Prophetie", die sich durch Johannes Paul II. auszudrücken schien. Für andere wiederum verkörperte der Papst eine monolithische Kirche, die sich um seine Person herum formierte. Der französische Historiker Jean Delumeau warf die Frage auf, ob eine zentralistische Kirche am Ende nicht zur Implosion verurteilt sei. „Die Geschichte zeigt, dass starke Mächte sehr häufig zunächst einen Status der Gnade in der öffentlichen Meinung genossen. In der Folge erodierten sie [...]. Ist die katholische Kirche jetzt dieser Gefahr ausgesetzt?" Darauf fand er folgende Antwort:

> Die Vergangenheit zeigt, dass dem nicht so ist. Und noch eine weitere Hypothese: Sie zeigt auch, dass sich die Kirche aufgrund der Folgen, die eine hartnäckige Führung nach sich zieht, und auch aufgrund der schwindenden Basis in der Bevölkerung zumindest im Westen, soziologisch und psychologisch betrachtet, auf den Status einer „Sekte" reduzieren ließe. Faktisch riskiert eine Kirche, die nur mehr eine kleine Minderheit abbildet, zu einer Sekte zu werden. Dieser Prozess der Marginalisierung führt – ob gewollt oder erlitten – immer zu Positionen der Ablehnung, die rasch aggressive Züge annehmen können [...].[51]

Nichts anderes geschah im Zusammenhang mit dem Schisma durch die Traditionalisten um Lefebvre. Der „intransigente" Katholizismus Wojtyłas hingegen wollte sich nicht auf eine Minderheit reduzieren lassen, die sich zwar im Besitz der Wahrheit wusste, ihrer Zeit aber entfremdet war. Johannes Paul II. wollte vielmehr eine Kirche, die den Menschen freundlich begegnete. Das Verhältnis Johannes Pauls II. zur modernen Welt war getragen von einer „Sympathie" für die

[51] Vgl. J. Delumeau, Un chemin d'histoire: chrétienté et christianisation, Paris 1981.

Frauen und Männer der Gegenwart. Und dies war durchaus kein Hilfskonstrukt, um die Härte der ewigen Wahrheit ein wenig abzumildern. Das wird bereits deutlich, wenn man die dicht beschriebenen Seiten der programmatischen Enzyklika „Redemptor hominis" zur Hand nimmt, in der Wojtyła 1979 nicht nur seinen theologisch-philosophischen Standpunkt darlegte. Der phänomenologisch geschulte Papst knüpfte seine Reflexionen vielmehr durchweg an die existentiellen Fragen der Praxis. So schrieb er: „Dieser Mensch ist der Weg der Kirche, der in gewisser Weise an der Basis all jener Wege verläuft, auf denen die Kirche wandert [...]. Da also der Mensch der Weg der Kirche ist, der Weg ihres täglichen Lebens und Erlebens, ihrer Aufgaben und Mühen, muss sich die Kirche unserer Zeit immer wieder neu die ‚Situation' des Menschen bewusst machen."[52]

Den Weg des Menschen – und wie viele Männer und Frauen hat er in den fast achtundzwanzig Jahren seines Pontifikats getroffen! – begleitete der Papst, der weder Konflikte noch Verurteilungen anstrebte, sondern die Kunst der Begegnung pflegte, mit großer Sympathie. Nicht zuletzt seine Reisen dienten ihm als Mittel zur Begegnung mit Menschen, die, wie ihm bewusst war, in ganz verschiedenen Situationen lebten und mit denen er durch seine Reisen näher in Berührung kam. Der Papst warb für eine Kirche des Volkes, die mit der Gesellschaft kommunizierte, nicht für eine Gemeinschaft der Vollkommenen, welche in Gegensatz steht zu den vielen, die, zur Verdammnis verurteilt, wegen ihrer Irrtümer dämonisiert werden.

Der Papst verstand sich selbst als Akteur einer Kirche, die auf einer Ebene der „Sympathie" mit den Menschen kommunizierte. Dies war keine Frage der Technik, sondern Resultat einer in vielen Jahren ausgereiften Seelsorge. Wojtyła hatte es stets geliebt, unter Menschen zu sein, in Gesprächen „Zeit

[52] Johannes Paul II., Enzyklika Redemptor hominis, S. 49.

zu verlieren", seinem Gegenüber zuzuhören und es zu verstehen. Er war es nicht gewohnt, seine Autorität durch Isolierung oder Distanz zu schützen, und wusste sich Achtung zu verschaffen, auch oder gerade indem er sich unter die Menschen mischte. So kam nach Paul VI., dessen Auftritte stets maßvoll und symbolisch bedeutsam gewesen waren, der seine Worte abwog und auf die Ausrichtung der gesamten Kirchenleitung achtete, ein Papst, dem es vor allem um den seelsorgerischen Aspekt der Begegnung ging.

Als Gesprächspartner waren Johannes Paul II. die jungen Menschen am liebsten. Dabei könnte es wie ein Gemeinplatz der katholischen Pastoral erscheinen, dass man sich vor allem um die jungen Generationen bemühte. Doch Johannes Paul II. entwickelte während seines Pontifikats mit mehreren Generationen der Jugend insgesamt ein glückliches, gutes Verhältnis, das ebenso auf der Klarheit seiner Botschaft beruhte wie auf wechselseitiger Sympathie und Zuneigung. 1980 sprach er etwa zu den Insassen der römischen Jugendvollzugsanstalt Casal del Marmo, wo auch Kardinal Casaroli tätig war: „Wisset, dass ich zu euch gekommen bin, weil ich euch gern habe, und ich habe Vertrauen in euch." Es waren schlichte Worte, die einer grundsätzlich vorbehaltlosen und freundschaftlichen Haltung gegenüber der Jugend entsprachen.

Letzten Endes ging es dem Papst nicht darum, die jungen Menschen zu disziplinieren, und er dachte auch nicht in erster Linie an die kurzfristigen Folgen der Begegnung mit ihnen. Darin liegt auch das Geheimnis der Weltjugendtage, die die Beziehungen des Papstes zu den jungen Generationen in verschiedenen Teilen der Welt neu knüpften. Dem Papst lag viel an diesen Veranstaltungen: eine Neuerung seines Pontifikats, die vor allem auf seine in vielen Jahren gesammelten Erfahrungen im Umgang mit jungen Menschen zurückzuführen war. Wojtyła waren die jungen Leute wichtig, er liebte die Begegnungen mit ihnen. 1982 formulierte er seine Erwartungen an sie so:

> Heute brauchen wir Volontäre des Friedens, zähe junge Leute, die sich für den Frieden einsetzen. Ich wende mich auch an die Tausenden, die in diesem Grenzland leben: Fühlt euch als Diener des Friedens; setzt euch dafür ein, jene Logik, die eine immer kriegerischere Macht zu fordern scheint, zu überwinden und verteidigt den Frieden.[53]

Die jungen Menschen von heute verkörperten für den Papst das „messianische" Volk von morgen. Deshalb war er überzeugt, ihnen eine wichtige Botschaft überbringen zu müssen. Und er tat dies aufrichtig. Die jungen Menschen kamen, hörten ihm zu und fühlten sich, was bedeutsam ist angesichts eines so ehrwürdigen Lehrmeisters, durch und durch frei. Wojtyłas Verhältnis zu verschiedenen Generationen von Jugendlichen in der ganzen Welt zeigt, dass er sich ganz für die „Sympathie" entschieden hatte. Daher präsentierte sich Johannes Paul II. nicht nur als Lehrer, sondern auch als Zeuge einer anderen Generation, der sich in die Jugend hineinversetzte und sich ihr als Begleiter für das Leben von morgen empfahl. Kardinal Ratzinger hat über den Papst bemerkt, sein hohes Amt habe ihm zwar Distanz, seine persönliche Ausstrahlung hingegen Nähe verschafft.
Vor dem Hintergrund dieses offensichtlichen Widerspruchs entfaltete die Persönlichkeit Johannes Pauls II., der eine Botschaft verkündete, die „fern" wirken konnte, ihre ganze menschliche Wärme. Sie war auf die Begegnung mit den Menschen ausgerichtet und erzeugte Nähe. Ratzinger führt weiter aus: „Auch die einfachen, ungebildeten und armen Menschen haben von ihm nicht den Eindruck, dass er überheblich und unerreichbar ist, sie haben auch keine Furcht – Gefühle, die man häufig in den Vorzimmern der Mächtigen

---

53 R. Boccardo, Giovanni Paolo II e le giornate mondiali della gioventù, in: Il pontificato di Giovanni Paolo II, S. 103–126.

oder in Behörden antrifft." Abschließend heißt es: „Der Titel ‚Vater' scheint nicht mehr nur ein Titel zu sein, sondern Ausdruck des wirklichen Verhältnisses, das man ihm gegenüber empfindet."[54] Wer ihm persönlich begegnet ist, wer die Filme und Bilder aus fast dreißig Jahren Begegnungen an verschiedensten Orten gesehen hat, kann Ratzingers Worte nachempfinden. Hierin zeigten sich Wojtyłas seelsorgerische Fähigkeiten.

Diese pastorale Haltung offenbarte sich in erster Linie in Worten und Gesten, die an eine oder mehrere Personen gerichtet waren. Der Mann, der durch die Schule des rhapsodischen Theaters gegangen war, hatte schon früh einen Sinn für die dem Ausdruck und dem Wort verbundene Geste entwickelt. Dabei ging es nicht um symbolische Gesten, aufgeladen mit kulturellen oder religiösen Bedeutungen, wie es bei Paul VI. der Fall gewesen war. Der polnische Regisseur Krzystof Zanussi, der umfangreiches Material gesammelt hat, um einen Dokumentarfilm über den Papst zu drehen, bemerkte dazu: „In den Aufnahmen von seinen Reisen finden sich viele Details, die mehr erklären als die Worte, die er sagte. Manchmal ist es eine spontane Geste oder ein Moment des Nachdenkens [...]."[55] Der pastorale Charakter der Geste und des Wortes vermittelte eine persönliche Nähe zum Papst oder schuf zumindest einen direkten Kontakt zwischen ihm und der Masse. Diese Art zu kommunizieren wurde in den ersten Jahren des Pontifikats nicht in ihrer ganzen Intensität wahrgenommen. Erst das Attentat führte, wie erwähnt, zu einer gewissen Veränderung in der öffentlichen Meinung. Doch in den insgesamt fast achtundzwanzig Jahren festigte sich schließlich ein dichtes Netz an Beziehungen (von den persönlichen Gesprächen bei Tisch bis hin zu flüchtigeren Begegnungen oder Mas-

[54] J. Ratzinger, Giovanni Paolo II. Vent'anni nella storia. Cinisello Balsamo (MI) 1998, S. 3.

[55] K. Zanussi, Tempo di morire. Ricordi riflessioni aneddoti, Mailand 2009, S. 286.

senveranstaltungen) zwischen dem Papst und den Menschen. In ihnen war etwas, das tiefer reichte, als es die Medien wiederzugeben vermochten, auch wenn sich dieses Phänomen unter ihrer Mitwirkung zeigte. Ganz grundsätzlich vollzog sich eine wichtige Veränderung in der Geschichte des Papsttums und in dessen Wahrnehmung durch die öffentliche Meinung. Johannes Paul II., der Papst, den man vom Fernsehen her kannte, war ein Mann, den viele zumindest einmal in ihrem Leben direkt erlebt hatten, der etwas Persönliches gesagt und mit dem man gemeinsam gebetet hatte. Zu Beginn schien der neue Papst lediglich den Kontakt mit den Menschen an sich zu schätzen und dabei durchaus antikonformistisch zu agieren. Ab den neunziger Jahren wurde dann immer klarer, dass Wojtyła zu den Tausenden von Menschen, die er in den fast drei Jahrzehnten überall auf der Welt traf, in einen gleichsam „direkten“ Kontakt – wenn man dies so sagen kann – trat. In einem Fernsehinterview anlässlich der Trauerfeierlichkeiten für Johannes Paul II. sagte eine Frau, nach den Beweggründen für ihre Teilnahme befragt: „Der Papst ist nach Sizilien gekommen, er hat meine Tochter gesegnet, die ich ihm gezeigt habe. Sie hat sich gut entwickelt. Ich komme, um ihm dafür zu danken.“

Die andere Hälfte der Welt

Die neue Rolle der Frau war ein zentrales Thema in der westlichen Welt der zweiten Hälfte des 20. Jahrhunderts. Als erster Papst in der Geschichte widmete Johannes Paul II. im marianischen Jahr 1988 ein apostolisches Schreiben („Mulieris dignitatem“) ausschließlich der „Würde und Berufung“ der Frau. Darin setzte er sich nicht nur mit der im Westen beheimateten und dort stark vertretenen Frauenbewegung auseinander. Dem Papst war, wie bereits erwähnt, das Problem der Frau in der Kirche, insbesondere die Frage ihrer Zulassung

zum Priesteramt, durchaus bewusst. Schon unter Paul VI. hatte die Glaubenskongregation die traditionelle Position der katholischen Kirche hinsichtlich der Ordination von Frauen noch einmal bekräftigt. Und auch Johannes Paul II. tat dies. Gleichwohl stand für ihn außer Frage, dass den Frauen ein wichtiger Platz in der Kirche zukam. Mit einer bloß ablehnenden oder restriktiven Haltung wollte er sich nicht begnügen. In diesem Sinne stimmte er mit der Tradition überein, betonte jedoch ihre Originalität. Ähnlich verfuhr auch Pavel Evdokimov, der große Denker der russischen Emigration, der in den letzten Jahren seines Lebens (er starb 1970) die Ansicht vertrat, die weibliche Revolution bedeute zwar eine entscheidende Veränderung für die Welt der Gegenwart, berge aber viele Ambivalenzen. Er suchte nach einem individuellen Weg, den er schließlich in dem Buch „Die Frau und das Heil der Welt" beschrieb. Als Gegengewicht zum „kriegerischen und technikorientierten Mann" (der die Welt unmenschlich mache) richtete er einen Appell an die Frauen, die sich als „die klugen Jungfrauen des Gleichnisses, deren Lampen gefüllt sind mit den Gaben des Heiligen Geistes", eine starke und eigenständige Präsenz verschaffen sollten.[56] Ähnlich dachte auch Wojtyła, in dessen Augen die Frauen „Zeichen der Zärtlichkeit Gottes gegenüber der Welt" waren. Die Frau repräsentierte für ihn die „Wache des Unsichtbaren".[57]
Im apostolischen Schreiben „Familiaris consortio" aus dem Jahre 1981, das der Familie gewidmet war, verurteilte der Papst jede Form der Diskriminierung von Frauen und begrüßte den Zugang der Frauen zu allen gesellschaftlichen Funktionen, wobei er an die Hochachtung gemahnte, die Jesus den Frauen entgegengebracht hatte. Bereits Johannes XXIII. hatte den Zugang der Frau zu öffentlichen Positionen

---

[56] P. Evdokimov, Die Frau und das Heil der Welt, München 1960.
[57] C. Guellec, La femme, sentinelle de l'Invisible, in: Jean Paul II pape personnaliste, Toulouse 2008, S. 207–215.

in seiner Enzyklika „Pacem in terris" als „Zeichen der Zeit" gedeutet, und Paul VI. hatte eine Kommission zur Förderung von Frauen gegründet. Johannes Paul II. war der Ansicht, die wahre Förderung der Frau gebiete es auch, den Wert ihrer mütterlichen und familiären Aufgabe gegenüber allen anderen öffentlichen Aufgaben und allen anderen Berufen herauszustellen. Für den Papst bedeutete die Gleichberechtigung von Mann und Frau nicht die Gleichheit ihrer Funktionen oder die Aufhebung der biologischen Unterschiede. Johannes Paul II. glaubte vielmehr an die Kraft, die der Präsenz der Frau-Mutter innewohnte, deren Archetyp Maria darstellte. Schon vor Antritt seines Pontifikats hatte Wojtyła ausgiebig über das Verhältnis zwischen Mann und Frau und über die Unterschiede zwischen beiden nachgedacht. In seinem Buch „Liebe und Verantwortung", von dem bereits die Rede gewesen ist, schrieb der künftige Papst, dass die Liebe den instrumentellen Umgang mit dem anderen aufhebe: „Die Ehe ist der vorzügliche Bereich dieses Prinzips."[58] Der Papst hatte keine Furcht, offen über Liebe und Sexualität zu sprechen, weder in den Begriffen der kirchlichen Tradition noch aus einer existentiellen, näher am Leben orientierten Perspektive. Im ersten, von einem Papst verfassten Schreiben über die Frau wird zunächst die besondere Rolle hervorgehoben, die ihr im Christentum zukomme. Zugleich verwirft der Papst einen antimodernen Umgang mit der Rolle der Frau. Stattdessen wird das Prinzip der Gemeinschaft in der Unterschiedlichkeit aufgestellt: Auf der Grundlage des Prinzips des wechselseitigen Füreinanderdaseins in der interpersonellen Gemeinschaft entwickle sich hier die gottgewollte Integration der Menschheit selbst, also dessen, was maskulin und was feminin ist. In der bereits erwähnten Enzyklika „Mulieris dignitatem" aus dem Jahr 1988 ist dann ausführlicher die

[58] K. Wojtyła, Liebe und Verantwortung. Eine ethische Studie, München 1979, S. 27.

Rede davon, wie die Wahrheit über die Person ein vollständiges Verständnis der Mutterschaft der Frau eröffne. Die Würde der Frau manifestiere sich im Gebot der Liebe und sei eben daran auch zu messen.

Für den Papst bestand die besondere Mission der Frau im „Kampf um den Menschen, um sein wahres Wohl, um sein Heil".[59] „Die moralische Kraft der Frau und ihre geistige Kraft verbinden sich mit dem Bewusstsein, dass Gott ihr in einer besonderen Weise den Menschen anvertraut." Ein Aspekt lag ihm dabei besonders am Herzen: Der Mensch ist nur dann ganz er selbst, wenn er sich Anderen hingibt. Johannes Paul II. befürchtete eine „Entmenschlichung" der Gegenwart, die unfähig wäre, Familien hervorzubringen und nur mehr eine Ansammlung von Individuen wäre: „So kann dieser einseitige Fortschritt auch zu einem schrittweisen Verlust der Sensibilität für den Menschen, für das eigentlich Menschliche, führen." Der „Genius der Frau", ihre Hinwendung zum Menschen aufgrund seines Menschseins, seien starke zivilisatorische Kräfte. Daher komme der Frau eine wichtige Rolle im „königlichen Priestertum" aller Gläubigen zu (nicht jedoch im priesterlichen Amt). Einigen Frauen, deren Charisma von großer Bedeutung war, schrieb Johannes Paul II. darüber hinaus eine wichtige Funktion in der Kirche zu: Etwa Mutter Teresa von Kalkutta, die er zur Bischofssynode einlud und die er 2003, nach einem Prozess, der nur zwei Jahre nach ihrem Tod eröffnet worden war, seligsprach. Oder auch Chiara Lubich, die Gründerin der Fokolar-Bewegung, wie er 1920 geboren.[60] Der Papst selbst pflegte freundschaftliche Beziehungen mit ver-

---

[59] Vgl. Johannes Paul II., Apostolisches Schreiben Mulieris dignitatem, Bonn 1988.

[60] Gespräch des Autors mit C. Lubich. Zu Mutter Theresa siehe u.a. K. Spink, Madre Teresa. Una vita straordinaria, Casale Monferrato (AL) 1997; und G. Alpion, Madre Teresa, Rom 2007. Zu Chiara Lubich siehe u.a. J. Gallagher, A woman's work. Chiara Lubich, London 1997; E.M. Fondi/M. Zanzucchi, Un popolo nato dal Vangelo. Chiara Lubich e i Focolari, Cinisello Balsamo (MI) 2003.

schiedenen Frauen, unter ihnen Freundinnen noch aus der Zeit in Polen, aber auch neue Gesprächspartnerinnen, die er teilweise im apostolischen Palast und an seiner Tafel empfing.

Durch die Frau und ihren „Genius“, schrieb der Papst, „wird sich die Wahrheit, dass ‚am größten die Liebe ist‘ (vgl. 1 Kor 13, 13), endgültig erfüllen“.[61] Mehrfach kam er, unabhängig vom Thema der Mutterschaft, auf diesen weiblichen „Genius“ zurück. In seinen Augen hatte die Frau eine spezifische Beziehung zum Leben, sodass er sich sogar veranlasst sah, während des Balkankrieges in den neunziger Jahren einen leidenschaftlichen (für die westliche Welt freilich politisch nicht korrekten) Brief an jene Frauen in Bosnien-Herzegowina zu schreiben, die infolge Vergewaltigung schwanger waren, und sie dazu aufzurufen, nicht abzutreiben und ihre Kinder zur Welt zu bringen, auch wenn sie von feindlichen Soldaten gezeugt worden waren.

Wichtig war ihm auch eine Verbindung der Frau zum Thema Frieden. In seiner Botschaft zum Weltfriedenstag 1995 (er findet jedes Jahr am 1. Januar statt) baute Johannes Paul II. diesen Bezug systematisch aus. Es war das internationale Jahr der Frau, in dem die von der UNO geförderte 4. Weltfrauenkonferenz in Peking stattfand. Bei dieser Gelegenheit setzte sich der Heilige Stuhl mit seiner Delegation dafür ein, dass das Nachdenken über die Frau nicht von der Familienthematik isoliert werde. In diesem Zusammenhang sei daran erinnert, dass der Heilige Stuhl auch bei der Kairoer UN-Konferenz über Bevölkerung und Entwicklung im Jahr 1994 entschlossen gegen Abtreibung und „demografischen Kolonialismus“ in Aktion getreten war. Dass sich die römische Delegation bei dieser Gelegenheit mit den muslimischen Staaten verbündete, hatte ebenso wie die hier vertretenen Positionen zur Folge, dass man dem Papst vorwarf, keinen Gegenwarts-

[61] Johannes Paul II., Mulieris dignitatem.

bezug mehr zu haben und das Wohlergehen der Frau außer Acht zu lassen.[62]

Anfang 1995 verbreitete der Papst nun eine Friedensbotschaft, die sich speziell mit der Rolle der Frau beschäftigte. Das Jahr zuvor, 1994, war für den Frieden in der Welt tragisch verlaufen. In Ruanda, einem der Länder Afrikas mit den meisten Katholiken, hatte sich ein Genozid ereignet, bei dem auch drei Bischöfe getötet wurden und an dem auch Katholiken beteiligt waren. Im Herzen Europas dauerte der Krieg in Bosnien-Herzegowina an, ohne dass die Friedensbemühungen der internationalen Gemeinschaft Erfolge verzeichneten. Wie aber war es möglich, zum Frieden zu gelangen? Johannes Paul II. bat speziell die Frauen darum, zu „Frauen des Friedens" zu werden: „Erzieherinnen des Friedens mit all ihrem Sein und Wirken: Sie wollen Zeuginnen, Botschafterinnen und Lehrmeisterinnen des Friedens sein [...]. Sie sollen den Weg hin zum Frieden, den schon viele andere Mutige und Weitsichtige vor ihnen gegangen sind, weiter beschreiten!" In Anbetracht einer Zeit des radikalen Feminismus und einer tiefgreifenden Veränderung der Lebensführung in der westlichen Welt gelang es dem Papst, bei einem der Schlüsselthemen des 20. Jahrhunderts – dem der Frauen, die eine Hälfte der Menschheit ausmachten – eine eigenständige Position zu behaupten.

Wojtyła entscheidet sich für Europa

In der europäischen Öffentlichkeit begegnete man der Sprache Johannes Pauls II. weiterhin mit einer gewissen Unsicherheit. Zwar mangelte es dem päpstlichen Duktus nicht an

---

[62] Vgl. J. Navarro-Valls, A passo d'uomo. Ricordi, incontri e riflessioni tra storia e attualità, Mailand 2009, S. 77–88. Vgl. auch G. Weigel, Zeuge der Hoffnung, S. 807–813.

neuen Akzenten, doch entsprach dies keineswegs dem, was man von einem „offenen Christen" der Gegenwart erwartete. Die erste Reise, die ein der modernen Welt aufgeschlossener, zudem des Deutschen mächtiger Papst (im November 1980) nach Deutschland unternahm, war daher nicht einfach. Bundeskanzler Schmidt, der vom Papst bereits in Rom empfangen worden war, zeigte sich gleichwohl beeindruckt. „Eine sehr starke Persönlichkeit, weise, intelligent und zugleich herzlich und offen." Einige evangelische Bischöfe weigerten sich allerdings, mit dem Papst zusammenzutreffen, im Unterschied zum Vorsitzenden der Synode der evangelischen Kirche. Hans Küng und andere katholische Intellektuelle schrieben einen offenen Brief an den Papst, in dem sie ihn um eine klare Stellungnahme zum Einsatz für die Armen, zur Ökumene und zur Interkommunion, zur Anerkennung der Ordination evangelischer Geistlicher, zum Zölibat sowie zur Zulassung von Frauen zur Priesterweihe baten.

Es war eine Bitte um genau jene „Anpassung", die Wojtyła stets abgelehnt hatte. Doch trotz zahlreicher Polemiken und einer allgemein herrschenden Reserviertheit gelang es dem Papst mit seiner menschlichen Wärme bald, die Atmosphäre zu entspannen. Die evangelische Kirche war überrascht, wie groß das Interesse des Papstes an Luthers Denken und dessen Ausrichtung auf die Menschenrechte war. Es blieben freilich die Streitpunkte der Morallehre und der Interkommunion mit den Protestanten, auf deren Klärung viele deutsche Katholiken beharrten, die sich vom Papst distanzierten. Selbst Helmut Kohl stand dem Papst kritisch gegenüber, auch wenn er ihn später für seine politische Rolle beim Zusammenbruch des Kommunismus bewunderte (man denke an den Besuch des Papstes im wiedervereinigten Berlin und den symbolischen Gang Kohls und Johannes Pauls II. durch das Brandenburger Tor). In den privaten Gesprächen wies der Bundeskanzler den Papst allerdings darauf hin, dass er sich mit seiner Morallehre außerhalb der modernen

Welt platziere und dem Christentum daher Probleme bereite.[63] Angesichts der Erwartungen, die man ihm in Deutschland und in vielen anderen europäischen Ländern entgegenbrachte, wurde Johannes Paul II. daher unmissverständlich klar, dass er eine andere Position vertrat als die von ihm erwartete. Er selbst hielt sie – anders als seine Kritiker – nicht für die eines katholischen Traditionalismus, sondern für die des Konzils.

Johannes Paul II. interessierte sich sehr für ein Europa, in dem gerade die Umsetzung der Konzilsbeschlüsse eine Krise im Verhältnis zwischen Katholizismus und moderner Welt ausgelöst hatte. Gewiss, der Papst widmete sich in besonderer Weise der Südhalbkugel, wie seine zahlreichen Reisen belegen. Doch auch wenn sein Interesse für den außereuropäischen Kontext groß war, hatte der alte Kontinent in seinen Augen doch eine besondere Stellung. Wie er in einem Gespräch mit Pietro Rossano, einem intellektuellen Bischof, den er als Gesprächspartner schätzte, einmal äußerte, war er als Papst zutiefst davon überzeugt, dass das Christentum des Südens keine Zukunft haben werde, wenn die Kirche ihren Rückhalt in Europa verlor.[64]

Dieses Interesse des Papstes für Europa wurde bei seinen vielen Reisen überdeutlich. Bis zum Jahr 1989 besuchte er jedes Jahr mehrere europäische Länder, mit Ausnahme des Jahres, in dem er Opfer eines Attentats wurde. 1979 reiste er nach Irland und Polen; 1980 folgten Frankreich und die Bundesrepublik; 1982 Großbritannien, die Schweiz (Genf), Spanien und Portugal; 1983 Polen, Frankreich, Österreich und Portugal; 1984 die Schweiz und Spanien; 1985 die Niederlande, Belgien und Luxemburg; 1986 Frankreich; 1987 die Bundesrepublik und Polen; 1988 Österreich und Frankreich (wo er auch den Sitz der europäischen Institutionen in Straßburg besuchte);

[63] Gespräch des Autors mit Helmut Kohl.
[64] Gespräch des Autors mit Mons. Rossano.

1989 Norwegen, Dänemark, Schweden, Finnland und Island. Während des gesamten Pontifikats führten Wojtyła von seinen insgesamt 104 Reisen rund um die Welt (mit Ausnahme der Reisen innerhalb Italiens) 54 in europäische Länder. Bemerkenswert ist, dass er in manche von ihnen immer wieder zurückkehrte, so etwa nach Frankreich (siebenmal), in die Tschechische Republik (dreimal und dies erst nach 1989), nach Deutschland (dreimal), in die Schweiz (viermal) und nach Spanien (fünfmal). Nach Polen reiste der Papst insgesamt neunmal. Nie besucht hat er hingegen Russland, Weißrussland, Moldawien, Zypern, Serbien und Mazedonien. Alle diese Länder waren zunächst unter kommunistischer Herrschaft, später dann Kerngebiete der Orthodoxie. Zwei andere orthodoxe Länder, die Ukraine (die der Jurisdiktion des Patriarchats von Moskau untersteht) und Griechenland, besuchte er hingegen.

Europa und das Christentum hatten aus Wojtyłas Sicht eine wichtige Funktion in der Welt. In einem Artikel, erschienen 1978 in der von Giuseppe Lazzati herausgegebenen Zeitschrift der Katholischen Universität Mailand, „Vita e Pensiero", stellte der Krakauer Kardinal bereits Überlegungen zu den Grenzen Europas an: nicht zu den politischen Grenzen, sondern zu jenen, die die europäische Identität in ihrer weltweiten Bedeutung betrafen. Kardinal Wojtyła erinnerte daran, „wie die Kolonialzeit diese Grenzen erweitert hat [...], indem sie sie auf andere Kontinente übertrug". Nun, in der postkolonialen Ära, ging es darum, die Grenzen Westeuropas wieder „einzuengen" – ein Phänomen, das Grund zur Reue bot und zugleich eine Warnung beinhaltete. Jedenfalls schien mit der Rückführung der europäischen Grenzen auch die globale Mission des europäischen Kontinents zu enden.

In diesem Text, der für das Denken Wojtyłas am Vorabend seiner Wahl überaus aufschlussreich ist, machte der künftige Papst deutlich, dass die Grenzen Europas nicht nur geografisch-politisch zu fassen seien, sondern auch von der Geschichte der Evangelisierung geprägt waren. Im Osten war das offensichtlich: „Die Ostgrenze Europas ist in erster Linie die Grenze der Christianisierung und darüber hinaus die Grenze der aus dem Inneren Asiens kommenden Invasionen, die darauf zielen, die europäischen Völker zu versklaven." Eine sichere Zukunft für Europa sah der Kardinal nur „auf der Grundlage fester ethischer Prinzipien" gegeben und nur dann, wenn „der Sauerteig des Evangeliums durch die Versklavung von Menschen und Nationen nicht nutzlos wird".[65] Kardinal Wojtyła glaubte durchaus, Europa habe eine Mission auch außerhalb des Kontinents. Johannes Paul II. entwickelte die große Idee eines Europa als „Leuchtturm der Zivilisation für die Welt", wie er 1988 sagte, weiter. Die Analyse der Probleme und der Einsatz für Europa, wie sie sich schon vor seiner Wahl abzeichneten, wurden dann im Kontakt mit den verschiedenen Ländern des Kontinents weiter vertieft. In der Unterschiedlichkeit seiner Nationen war Europa in den Augen des Papstes gleichwohl ein vielfältiges Ganzes. Die Dimension der Einheit war hier allerdings vorrangig, und die unnatürliche Spaltung durch die Beschlüsse der Konferenz von Jalta hatten sie grob verletzt. Dieser Überzeugung wegen wurde Johannes Paul II. von den meisten westlichen Beobachtern als utopischer Visionär betrachtet – bis 1989.

Der Papst war überzeugt, dass das Christentum ein entscheidender Baustein für die Schaffung der Einheit Europas und dessen Mission in der Welt war. Die „spirituelle Genealogie" Europas war demnach die entscheidende Voraussetzung für eine Einheit des Kontinents. Dem polnischen Papst war darüber hinaus bewusst, dass gerade das 1989 befreite Polen eine wichtige Rolle bei der Befreiung des Ostens gespielt hatte und dies weiterhin so sein konnte, wenn es darum ging, die christlichen Wurzeln des Kontinents zu erneuern. In seinem

[65] Vgl. K. Wojtyła, Una frontiera per l'Europa. Dove?, in: Vita e Pensiero 4–5–6 (1978), S. 160–168.

Buch über Polen hat Adam Mickiewicz bemerkt: „Die Nation wird wieder auferstehen und alle Völker Europas aus der Sklaverei befreien."[66] Über diese Kraft der Befreiung sprach der Papst Ende 1979 in der Kathedrale von Gnesen, dem Sitz des polnischen Primas, Kardinal Wyszyński, wo die Gebeine des hl. Adalbert, des Apostels der Tschechen und Polen, ruhen. Feierlich und in Anspielung auf die Motive der polnischen Romantik verkündete er:

> Will es nicht vielleicht Christus, ordnet nicht der Heilige Geist an, dass dieser polnische Papst, der slawische Papst, genau in diesem Augenblick die spirituelle Einheit des christlichen Europa verkörpert? Wir wissen, dass diese christliche Einheit Europas von zwei großen Traditionen bestimmt wird: der des Westens und der des Ostens. Wir Polen aber, die wir uns während des gesamten Jahrtausends der westlichen Tradition angeschlossen haben [...], haben während unseres Jahrtausends gleichwohl die christliche Tradition des Ostens respektiert.

Der Papst war sich bewusst, dass er die spirituelle Einheit Europas bezeugen musste: vor 1989, indem er versuchte, die auf Jalta besiegelte Teilung des Kontinents zu überwinden und anschließend, indem er sich bemühte, den christlichen Humus Europas wieder zu stärken. In den Jahren 2002/03 setzte er sich dafür ein, dass die christlichen Wurzeln in der Gründungsurkunde der Europäischen Union festgehalten wurden. So hätte sich der Papst gewünscht, dass ein expliziter Gottesbezug in die europäische Verfassung Eingang gefunden hätte, was sich freilich nicht durchsetzen ließ, vor allem aufgrund des Widerstands aus dem laizistischen Frankreich und von Seiten des Präsidenten des Europäischen Konvents,

[66] A. Mickiewicz, Scritti politici, hg. v. M. Bersano Begey, Turin 1965, S. 63.

Valéry Giscard d'Estaing.[67] Bei dieser Gelegenheit zeigte sich – ungeachtet des persönlichen Ansehens, das der Papst als Sieger über den Kommunismus genoss –, wie gering der Einfluss der vatikanischen Diplomatie angesichts der großen Widerstände im laizistischen Europa, insbesondere in Frankreich, tatsächlich war. Auch wenn der Papst durchaus eine politische Wirkung erreicht hatte, wie die Auseinandersetzungen vor 1989 zeigten, gelang es dem Heiligen Stuhl nicht, starke Bündnisse zu schließen, um die Ziele, die der Papst definiert hatte, in die Tat umzusetzen. Tatsächlich brachten die europäischen Regierungen dem Ansinnen des Vatikans kaum Interesse entgegen. Im Kampf gegen den Kommunismus hingegen hatte es Wojtyła zuvor durchaus verstanden, eine feste Koalition nicht nur mit der Gesellschaft in Polen, sondern auch mit mächtigen Ländern der Welt wie etwa den USA zu schmieden.

Nach dem Ende des Kommunismus setzte Johannes Paul II. seine europapolitischen Initiativen fort. Unter anderem wollte er, dass die Völker des Ostens in die Europäische Union aufgenommen würden, waren sie doch seiner Auffassung nach bereits ein wesentlicher Teil Europas, so dass sie der Union eigentlich nicht „beitreten" mussten. Westliche Politiker erinnern sich noch heute daran, welchen Druck der Pontifex persönlich in dieser Angelegenheit entfaltete.[68] In der polnischen Kirche hingegen waren viele Katholiken, und sogar die Mehrheit der Bischöfe, gegen einen Beitritt des Landes zur Europäischen Union. Ein nicht geringerer Teil der polnischen Katholiken fragte sich, weshalb ihr Land auf einige Aspekte seiner erst kürzlich wiedererlangten Unabhängigkeit verzichten sollte, um Teil der westlichen Welt zu werden. Diese Haltung setzte sich nach und nach auch in anderen Episkopaten durch. Nicht zuletzt fürchtete man hier, dass die

---

[67] Gespräch des Autors mit V. Giscard d'Estaing.
[68] Gespräch des Autors mit G. Amato.

europäischen Standards und eine neue, vom europäischen Gedanken inspirierte Gesetzgebung negative Folgen für die Moral und eine traditionell verstandene Religiosität haben könnten.
Die Vorstellungen des Papstes, dieses großen Evangelisators, der keinerlei Nachsicht mit der säkularisierten Lebenswelt kannte, waren gleichwohl eindeutig: Polen und die anderen Länder des Ostens mussten der Europäischen Union beitreten, trotz der Gefahren, die am Wege lauerten. Es handelte sich, in seiner Wahrnehmung, um eine historische Chance, auf die man nicht verzichten durfte, und es bestand nur dann eine Aussicht, die christliche Identität zu bezeugen, wenn man diese Chance nutzte. Der europäische Einigungsprozess war in den Augen Johannes Pauls II. tatsächlich ein epochales Ereignis und nicht nur ein vorübergehender, von Zweckmäßigkeit diktierter Augenblick. In dieser Weise äußerte er sich 1997 ebenso entschlossen wie feierlich vor den Staatsoberhäuptern der sieben osteuropäischen Länder, die in Gnesen zusammengekommen waren, dem Ausgangspunkt der Evangelisierung in Polen. Keines dieser Länder, so der Papst, dürfe außerhalb der Europäischen Union bleiben. Den unwilligen polnischen Bischöfen hingegen erklärte er, dass eben für diese Gemeinschaft „die christliche polnische Kultur, das religiöse und nationale *Ethos* eine kostbare Energie sind, wie sie Europa heute benötigt".[69] Am Vorabend der Volksabstimmung über den Beitritt Polens zur Europäischen Union im Juni 2003 fürchtete man jedoch, dass die erforderliche Beteiligung von mindestens 50% der Wahlberechtigten aufgrund der Widerstände und des Desinteresses vieler Polen nicht erreicht werde. Daher intervenierte Johannes Paul II. schließlich persönlich, indem er während einer Heiligsprechung, in Anwesenheit der polnischen Bischöfe und des Staats-

[69] P. Samerek, La Chiesa cattolica in Polonia, Giovanni Paolo II e l'Europa, in: pl.it., rassegna italiana di argomenti polacchi (2009), S. 545f.

präsidenten, des ehemaligen Kommunisten Aleksander Kwaśniewski, sagte: „Europa braucht Polen, und Polen braucht Europa."

Den Beitritt Polens zur Europäischen Union bezeichnete Wojtyła als „einen Akt der historischen Gerechtigkeit". Doch trotz der Unterstützung durch den „Befreier-Papst" gingen nur 58,85% der Polen zur Abstimmung (77,45% von ihnen sprachen sich für einen Beitritt Polens zur Europäischen Union aus). Bis zum Ende seines Lebens blieb Johannes Paul II. trotz der Skepsis eines Teils der katholischen Welt gegenüber der Europäischen Union überzeugt, dass die Einheit des Kontinents ein epochales Ziel sei, das den christlichen Glauben auch mit Blick auf außereuropäische Kontexte stärkte und nicht etwa schwächte. Die Notwendigkeit dieses Prozesses ergab sich seiner Einschätzung nach weder allein aus den gemeinsamen Wurzeln Europas noch aus wirtschaftlichen Erwägungen, sondern auch aus der Globalisierung; gerade die mit ihr einhergehenden Herausforderungen machten den Zusammenhalt des alten Kontinents zum Gebot der Stunde.

Europa: Reform und Mission?

Während der Papst fest an Europa glaubte, befand sich das Christentum in Europa in der Krise. Die Zahl der Priester ging weiter zurück (2006 waren es 20% weniger als noch 1978), und weniger als die Hälfte der weltweit 407.000 katholischen Priester (Stand: 2006) waren Europäer. Johannes Paul II. glaubte, dass Europa nicht auf das Christentum als eine Volksreligion verzichten durfte, die fähig war, die Alltagskultur der Menschen und die kollektive Identität zu stärken. Um sein Ziel zu erreichen, die Krise zu meistern und zugleich ein neuerliches Erstarken Europas zu fördern, lenkte er nicht nur die Bischöfe auf dieses Ziel hin, sondern machte sich in seiner

Eigenschaft als Bischof von Rom die Wiedergeburt des europäischen Christentums auch persönlich zu eigen. In gewisser Weise verhielt sich Johannes Paul II. also wie der „Primas" Europas, ein Titel, den der Papst zwar offiziell nie geführt, de facto aber ausgefüllt hat, da er den Katholizismus auf dem Kontinent im Zeichen einer europäischen Vision leitete. Johannes Paul II. verkörperte das Modell eines europäischen Christen. Sein Glaube, sein Interesse für andere Welten, seine Sorge um die von Armut gebeutelten Länder, seine Anteilnahme an der Mission der Kirche – all dies machte deutlich, worin die Aufgaben eines europäischen Christen bestanden. Johannes Paul II. teilte dabei durchaus die Einschätzung über Europa, die Kardinal Lustiger einmal in bitterer Klarheit formulierte: „Ich frage mich, ob wir im Begriff sind zu sterben."[70] Doch setzte er alle Hebel in Bewegung, um diesen Untergang zu verhindern. Entschlossen verkündete der Papst beispielsweise bei einem Besuch in Ravenna, in dessen Kunstschätzen byzantinische Tradition und westliche Welt untrennbar verbunden sind: „Die ‚Neugründung' der europäischen Kultur ist das wichtigste und vordringlichste Anliegen unserer Zeit. Um die Gesellschaft zu erneuern, muss man die Kraft der Botschaft Christi in ihr neu beleben." Dies war sein „Traum von Compostela", wie er im großen spanischen Wallfahrtsort ausführte, dem traditionellen Ziel der Pilger, die während des Mittelalters ganz Europa durchquerten.[71] 1982 richtete er von Compostela aus einen Appell an Europa:

> Ich rufe dich mit Liebe an, altes Europa: Finde dich selbst wieder. Sei du selbst. Entdecke deine Ursprünge wieder. Belebe deine Wurzeln. Lebe wieder die authentischen

[70] La scelta di Dio, S. 457.

[71] Eine kritische Lesart dieses „Traums" findet sich in: Le rêve de Compostelle. Vers la restauration d'une Europe chrétienne?, hg. v. R. Luneau, Paris 1989.

> Werte, die deine Geschichte glorreich gemacht haben und fördere deine Präsenz auf den anderen Kontinenten. Stelle deine spirituelle Einheit wieder her, im vollen Respekt vor den anderen Religionen und den unveräußerlichen Freiheiten. [...] Bekümmere dich nicht um den quantitativen Verlust deiner Größe in der Welt oder um die sozialen und kulturellen Krisen, die dich erschüttern. Du kannst noch immer der Leuchtturm für die Zivilisation und eine Anregung für den Fortschritt in der Welt sein. Die anderen Kontinente blicken auf dich.

Dies war nichts anderes als eine Hymne an Europa. Wojtyła, der von der Vorrangstellung Europas unter den anderen Kontinenten überzeugt war, gab sich jedoch keiner Illusion hin, selbst wenn er „träumte". Auf dem Weg der neuerlichen Wendung Europas nach außen gab es viele Probleme. Der Papst selbst erwähnte einen wichtigen Aspekt: Die Missionstätigkeit der Kirche in der Welt, die ihren Ausgangspunkt vor allem in Europa hatte, ging kontinuierlich zurück. Die Mission war in seinen Augen freilich nicht nur eine wichtige Aktivität der Kirche, sondern auch Ausdruck eines europäischen Denkens. Gleichwohl ging die Zahl der europäischen Missionare zurück, und das katholische Europa insgesamt schien seinen Sinn für die Mission immer mehr zu verlieren. Zwar stand die katholische Kirche in den Niederlanden nach wie vor, proportional gesehen, an erster Stelle, was die Anzahl der Missionare betraf. Doch auch sie durchlebte eine große Krise, waren ihre Missionare doch alt und ihre Zahl stark rückläufig. Der niederländische Fall war daher nichts anderes als eine extreme Variante eines allgemeinen Phänomens. Speziell hier war die Umsetzung des Konzils in einer reformbegeisterten, demokratischen Weise vorangetrieben worden. Sowohl Paul VI. als auch Johannes Paul II. hatten zwar versucht, dieser Entwicklung mit bestimmten Bischofsernennungen Einhalt zu gebieten. Die katholischen Niederlande, das Land mit der

stärksten missionarischen Tradition in Europa und zugleich das reformfreudigste, befand sich in einer tiefen Krise, der Rückgang seiner Missionstätigkeit war drastisch.
Die niederländische Kirche, gespalten zwischen Konservativen und Progressiven, ist ein extremes Beispiel für die Krise des Katholizismus in Europa. Die außerordentliche Synode von 1980, die der Papst mit den niederländischen Bischöfen und den Spitzen der römischen Kurie abhielt, schuf keine Abhilfe. Kardinal Simonis, von Johannes Paul II. zum Erzbischof von Utrecht ernannt, erklärte: „Unsere Kirche ist derart demokratisiert, dass es erforderlich ist zu reden, Sitzungen zu organisieren, sich zu treffen, zu diskutieren [...]. Dabei wird die eigentliche Aufgabe der Kirche vergessen: die Mission."[72] Hatte die demokratisch-reformorientierte Kirche die Mission vergessen?
Das große Epos der katholischen europäischen Mission im 19. und 20. Jahrhundert hatte bohrende und kritische Fragen aufgeworfen, die seit den sechziger Jahren zunehmend laut wurden. Analog dazu, doch viel gewichtiger noch, waren die Fragen, die sich auf ein weiter zurückliegendes Ereignis bezogen: die Eroberung Amerikas, deren fünfhundertsten Jahrestag man 1992, also während Wojtyłas Pontifikat, beging. Die missionarischen Bestrebungen und die Entdeckung Amerikas waren gleichermaßen Ereignisse, in denen sich die Hinwendung Europas zu den Kontinenten jenseits seiner Grenzen ausdrückte. Oder war die Mission nicht doch eher Ausdruck der westlichen Expansion, der Unterdrückung und der Zerstörung einheimischer Kulturen? War die Entdeckung Amerikas letztlich weniger religiös als vielmehr politisch motiviert? Wojtyła war sich der Verantwortung bewusst, die aus den kolonialen Eroberungen resultierte, doch er verleugnete weder die missionarische Tätigkeit der Kirche noch die Mission Europas.

[72] Zit. n. H. Tincq, Défis au pape du IIIe millénaire, Paris 1997, S. 72. Vgl. J. Bots, Le catholicisme hollandais hier et aujourd'hui, Paris 1978.

Im apostolischen Schreiben „Ecclesia in Africa", in der die Ideen der Afrika-Synode wieder aufgegriffen wurden (einer der großen kontinentalen Synoden, die Johannes Paul II. in Vorbereitung auf das Jubiläumsjahr 2000 abhielt), fand sich eine glühende Hommage an die Missionare. Die Enzyklika „Redemptoris missio" wiederum, die die Mission wiederbeleben sollte, war bereits im Dezember 1990, also nach dem Ende der europäischen Teilung, veröffentlicht worden. Überraschenderweise schrieb Johannes Paul II. hier: „Die Sendung Christi, des Erlösers, die der Kirche anvertraut ist, ist noch weit davon entfernt, vollendet zu sein. Ein Blick auf die Menschheit insgesamt am Ende des zweiten Jahrtausends zeigt uns, dass diese Sendung noch in den Anfängen steckt und dass wir uns mit allen Kräften für den Dienst an dieser Sendung einsetzen müssen."[73] Warum befand sich diese Sendung noch in ihren Anfängen, wo doch zwei Jahrhunderte intensiver missionarischer Tätigkeit und beinahe zwanzig Jahrhunderte christlichen Lebens überhaupt zurücklagen? Zu behaupten, die Sendung befinde sich „in den Anfängen", hieß, daran zu erinnern, dass man vor der Herausforderung einer neuen Evangelisierung bereits christlicher Gebiete, wie etwa Europas, stand; es hieß aber vor allem, daran zu gemahnen, dass das Christentum in Asien bislang eine kleine Minderheit erreicht hatte und dass die Evangelisierung Afrikas noch immer eine große Herausforderung darstellte.
Der Papst äußerte sich über die Mission auch in seinem Interview-Buch mit Vittorio Messori, wobei es hier um das Problem der geringen Anzahl von Christen auf einigen Kontinenten ging. Einem gewissen „Defätismus" begegnend, sagte er: „Wenn die Welt auch nicht von ihrem Bekenntnis her katholisch ist, so ist sie doch tief vom Evangelium durchdrungen.

---

[73] Johannes Paul II., Enzyklika Redemptoris missio seiner Heiligkeit Johannes Pauls II. über die fortdauernde Gültigkeit des missionarischen Auftrags, Bonn 1990 (Verlautbarungen des Apostolischen Stuhls 100), S. 7.

Man kann sogar sagen, dass in ihr auf unsichtbare Weise das Geheimnis der Kirche, des Leibes Christi, präsent ist."[74]
Die Kirche durfte weder innerhalb noch außerhalb Europas in ihrem missionarischen Eifer nachlassen, was bedeutete, dass sie das Evangelium zu verkünden und zu vergegenwärtigen hatte. Die wichtigste und anhaltende Reform, die es für Wojtyła durchzuführen galt, bestand deshalb darin, die zentrale Bedeutung der Mission deutlich zu machen. Den jungen Menschen, die ihn 1987 in Buenos Aires fragten, worin seine größte Sorge um die Menschheit bestehe, antwortete der Papst: „An die Menschen zu denken, die Jesus Christus noch nicht kennen." Seiner Ansicht nach war die christliche Sendung das unsichtbare, aber reale Fundament der Welt, da sie diese vor einer Entmenschlichung schützte. Die Welt bedurfte des Evangeliums, um sich nicht selbst zu zerstören und zu einer „Menschheit ohne Vater und daher ohne Liebe zu werden, zu einem orientierungslosen Waisenkind, das fähig war, weiter andere Menschen zu töten, wenn sie nicht seine Brüder waren".
In der christlichen Sendung lag für Johannes Paul II. die „Erlösung" Europas, und sie war verbunden mit einer großzügigen Hinwendung zur Welt über die Grenzen des Kontinents hinaus. Tatsächlich wurde die Kirche durch eine „mächtige Gegenevangelisierung" herausgefordert, „die über entsprechende Mittel und Programme verfügt, um sich mit großer Kraft dem Evangelium und der Evangelisierung zu widersetzen."[75] Die große Aufgabe der Kirche bestand also in einem „Kampf um die Seele dieser Welt". In einer mobilen, schillernden Welt, die von tiefen Brüchen gezeichnet war, gab es keine sichere Rendite für die Kirche, wie dies in einem christlichen Gesellschaftssystem der Fall gewesen wäre, in dem die

[74] Johannes Paul II., Die Schwelle der Hoffnung überschreiten, hg. v. V. Messori, Hamburg 1994, S. 140.
[75] Ebenda.

Vermittlung des Glaubens über die zuverlässigen Kanäle von Institutionen und Familie erfolgte. Die hohe Hürde für das Christentum in Europa bestand darin, dass es sich in seiner eigenen Beschränktheit eingerichtet und sich, abgeschreckt von den großen Umwälzungen des letzten Jahrhunderts, in sich selbst zurückgezogen hatte.

Für Wojtyła war die Mission daher der Weg zu einer Neubelebung des Christentums insgesamt, wurde es doch durch sie wieder in den Stand versetzt, das Evangelium zu verkünden. Auf diesen Weg wollte er alle Katholiken führen. Und deshalb hatte die Neuausrichtung der christlichen Sendung auch Vorrang vor allen Reformvorhaben. Hans Urs von Balthasar, ein katholischer Theologe, der sich der Wertschätzung Johannes Pauls II. erfreute, hatte durchaus Recht, wenn er bemerkte: „Wojtyła ist kein Konservativer. Er ist vielmehr ein Papst, der mit apostolischer Klarheit für das Evangelium kämpft."[76]

Im Jahr 1982 wandte sich der Papst mit einer Ansprache an die europäischen Bischöfe, in der er sie dazu aufforderte, keine Angst zu haben, „weil wir vielleicht entmutigt und resigniert sind. [...] Auch wir müssen diesen Appell an die Hoffnung wiederfinden". Johannes Paul II. war sich über die Lage der Kirche in der Gegenwart, besonders in Europa, im Klaren, beschrieb er sie doch als „agonal" und damit als eine Situation des Kampfes. In diesem Sinne definierte er auch das Christentum neu. Es war das, was Miguel de Unamuno in seinem Buch „Die Agonie des Christentums" so formulierte: „Man muss das Christentum in seiner agonalen, polemischen Dimension, also im Zeichen des Kampfes, definieren."[77]

---

[76] Vgl. F. Gentiloni, Karol Wojtyła. Nel segno della contraddizione, Mailand 1996S. 29.

[77] Vgl. M. de Unamuno, Die Agonie des Christentums, München 1928.

VIII

Die weite Welt

Die Vereinigten Staaten von Amerika

Beim Heiligen Stuhl verfolgte man die wachsende Bedeutung der Vereinigten Staaten seit Beginn des 20. Jahrhunderts mit großer Aufmerksamkeit. Bereits 1893 war ein Apostolischer Delegat nach Washington geschickt worden, obwohl die amerikanische Regierung die diplomatischen Beziehungen mit Rom 1867 abgebrochen hatte. Die Probleme, die für die katholische Kirche in den laizistisch strukturierten Staaten Europas oder in Lateinamerika im 19. und 20. Jahrhundert typisch wurden, waren in den USA nicht bekannt. In einem betont pluralistischen Kontext hatte sich der Katholizismus hier als starke religiöse Gemeinschaft etabliert, die selbstverständlich mit und neben anderen existierte. Anders als in Europa wurde der Pluralismus von den amerikanischen Bischöfen nicht als Eingriff in die Rechte der katholischen Kirche betrachtet. In dieser einzigartigen Situation entstand mit dem Parlament der Weltreligionen im Jahr 1893 in Chicago ein erster interreligiöser Erfahrungsraum, an dem sich auch Katholiken beteiligten. Mit Beginn des 20. Jahrhunderts nahm dann schließlich der sogenannte Amerikanismus seinen Anfang, jene Idee eines spezifischen *american way* des Katholizismus, der von Rom entschieden abgelehnt wurde. Während des Zweiten Vatikanischen Konzils gehörten die amerikanischen Bischöfe, ganz gleich, welche Positionen sie zu einzelnen Themen vertraten, denn auch zu den vehementesten Verfechtern der „Erklärung über die Religionsfreiheit“ – folgten sie damit doch unverkennbar der amerikanischen Mentalität.

Pius XII. hatte die USA bereits als Staatssekretär besucht und dabei auch Präsident Roosevelt kennengelernt. Es war ein Ergebnis des Pacelli-Pontifikats, dass Nordamerika dann als einer der wichtigsten Gesprächspartner des Katholizismus weltweit zum festen Bestandteil der Politik des Heiligen Stuhls wurde. Ein persönlicher Gesandter des amerikanischen Präsidenten, Myron Taylor, pendelte während des Krieges und in der Nachkriegszeit zwischen den Ufern des Atlantiks hin und her.[1] Im Kalten Krieg pflegte der Vatikan dann immer intensivere, wenn auch nicht offizielle Beziehungen zu den USA, schließlich hatten sie im Kommunismus einen gemeinsamen Gegner. Unter Johannes XXIII. und Paul VI. nahm der Heilige Stuhl eine differenziertere Position zum Westen ein, was auf die neue Ostpolitik, vor allem aber auf die Herausbildung einer neuen politischen Wirklichkeit – der Dritten Welt – zurückzuführen war. Gleichwohl legte Paul VI. weiterhin großen Wert auf den persönlichen Kontakt mit den amerikanischen Präsidenten, insbesondere mit Lyndon B. Johnson, bei dem er eine Friedensinitiative für den Vietnamkrieg ventilierte. In den sechziger Jahren begann ein beträchtlicher Teil der Katholiken, den Antikommunismus und die Fokussierung auf den Westen während der beiden vorangegangenen Jahrzehnte hinter sich zu lassen, die USA mit wachsender Distanz oder sogar feindlich zu betrachten und kritisch Position zur Politik der Vereinigten Staaten zu beziehen, vor allem was den Vietnamkrieg betraf.[2]

Die USA verfolgten die politische Entwicklung bestimmter katholischer Kreise mit Sorge, da die antikommunistischen

[1] Vgl. E. Di Nolfo, Vaticano e Stati Uniti 1939–1952. Dalle carte di Myron C. Taylor, Mailand 1978. Eine umfassendere Darstellung findet sich bei M. Franco, Imperi paralleli. Vaticano e Stati Uniti: due secoli di alleanza e conflitto 1788–2005, Mailand 2005. Siehe auch D. Saresella, Cattolicesimo italiano e sfida americana, Brescia 2001 und O. Confessore, L'americanismo cattolico in Italia, Rom 1984.

[2] Vgl. A. Riccardi, Il potere del papa da Pio XII a Giovanni Paolo II, Rom 1993, passim.

Positionen hier in den sechziger und siebziger Jahren immer weniger Anhänger fanden. Während der Präsidentschaft Jimmy Carters, die bis 1981 dauerte, beschäftigte sich die US-Administration immer wieder mit der politischen Zukunft des Katholizismus, insbesondere mit Blick auf Lateinamerika. Hinsichtlich der Menschenrechte und anderer Themen herrschte dabei durchaus Einvernehmen zwischen Rom und Washington. 1980 etwa ließ Carter über seinen aus Polen stammenden Sicherheitsberater Zbigniew Brzeziński Johannes Paul II. mitteilen, es bestehe die Gefahr eines sowjetischen Einmarschs in Polen.[3] Dies ist nur ein Beispiel dafür, wie eng der Vatikan und die Vereinigten Staaten schon vor der Präsidentschaft Ronald Reagans miteinander kooperierten, was nicht zuletzt auf den Einfluss Brzezińskis zurückzuführen war. Während der Reagan-Administration (1981–1989) wurde der Papst so erneut zu einem wichtigen Gesprächspartner für Washington. Am 14. Dezember 1981 rief der amerikanische Präsident persönlich in Rom an, um dem Papst nach der Verkündung des Kriegsrechts in Polen seine Solidarität auszudrücken.[4] Das Interesse des Weißen Hauses für den Vatikan war nun ähnlich groß wie zuvor unter Pius XII., als Rom eine wichtige Informationsquelle und Orientierungshilfe für die Amerikaner gewesen war. Doch auch im Vatikan selbst fehlte es nicht an Interesse für die Vereinigten Staaten. Tatsächlich waren die USA für die katholische Kirche insgesamt von erheblicher Bedeutung – mit über sechzig Millionen Gläubigen, fast zweihundert Diözesen und 19.000 Pfarreien, ganz abgesehen von zahlreichen Hochschul-, Bildungs- und Sozialeinrichtungen.

Während der Reagan-Administration wurden die Beziehungen intensiver, zumal Papst und Präsident unverkennbar

[3] C. Bernstein/M. Politi, Seine Heiligkeit. Johannes Paul II. und die Geheimdiplomatie des Vatikans, München 1996, S. 307.

[4] Vgl. J. O. Koehler, Spies in the Vatican. The Soviet Union's cold war against the Catholic Church, New York 2009.

Sympathie füreinander empfanden. So trafen sich Johannes Paul II. und Reagan, die beide einem Attentat entkommen waren, 1982 in Rom. Staatssekretär Casaroli reiste häufig nach Washington, wo er auch vom Präsidenten empfangen wurde. Im Zentrum der Gespräche standen dabei der Nahe Osten, der Libanon (für den der Vatikan die Amerikaner zu interessieren suchte), Mittelamerika mit den dortigen Gewaltausbrüchen, Lateinamerika und vor allem Polen. Gerade Polen spielte eine wichtige Rolle in der Politik Reagans, der die Sowjetunion auf theologisch-moralischer Ebene als „Reich des Bösen" betrachtete: Ein Land wie Polen dem Einfluss Moskaus zu entziehen wäre ein großer Erfolg für die Politik des Präsidenten gewesen. Kann man hier also von einer „heiligen Allianz" zwischen USA und Papsttum sprechen, wie dies etwa Carl Bernstein und Marco Politi getan haben? Zweifellos gab es Anzeichen für ein tiefes Einvernehmen, die sich etwa bei der Wiederaufnahme diplomatischer Beziehungen zwischen Washington und Rom im Januar 1984 zeigten – ein Schritt, den Reagan ebenso vehement verfolgte wie Johannes Paul II.

Reagans Besuch in Rom 1982 machte deutlich, dass sich beide Seiten in der Polen-Politik weitgehend einig waren (auch wenn sich Wojtyła gegen die von den Amerikanern verhängten Sanktionen aussprach, da sie vor allem die Bevölkerung in Polen trafen). Von besonderem Interesse war dabei die Unterstützung der Solidarność. Der Vatikan informierte die amerikanischen Gesprächspartner laufend über die Entwicklungen in Polen, was soweit ging, dass Kardinal Casaroli 1982 im Auftrag des Papstes den amerikanischen Außenminister George Shultz aufforderte zu berücksichtigen, dass „Glemp einen weniger unversöhnlichen Kurs verfolge und flexibler sei als andere polnische Bischöfe". Im Laufe dieses Gesprächs bat der Vatikan die US-Administration einerseits darum, den wirtschaftlichen Druck auf Polen zu vermindern, um die Bevölkerung zu schonen, und andererseits alles dagegen zu tun, dass Polen vollständig unter sowjetische Herrschaft gerate.[5] Es ist hier nicht der Ort, das dichte Netz an Kontakten und Gesprächen zu rekonstruieren, die sich im Bezug auf Polen und den Ostblock insgesamt als nützlich erweisen sollten. Auch so wird jedoch deutlich, wie fest das Band zwischen Washington und Rom mittlerweile geknüpft war (was sicher auch mit der Bedeutung der Kirche in Lateinamerika zusammenhing). Nur während des Pontifikats Pius' XII. und im Kalten Krieg war der Heilige Stuhl ein so wichtiger Partner für die USA, und Reagan ahnte wohl zu Recht, dass der Katholizismus ein krisenauslösender Faktor im kommunistischen System sein könnte: „Insbesondere beim Besuch des Papstes in Polen hatte ich den Eindruck", so äußerte Reagan gesprächsweise, „dass sich die Religion bald als die Achillessehne der Sowjets erweisen könnte".[6]

Johannes Paul II. änderte die Politik zwischen den Blöcken, wie sie seine Vorgänger verfolgt hatten, nicht. Allerdings waren ihm die Probleme fremd, die ein Diplomat stets zu gewärtigen hat. Der Papst wusste sehr genau, welche strategische Funktion den USA zukam, um die Sowjetmacht im Zaum zu halten. So hatte er nicht nur Interesse an Informationen aus Washington, sondern auch an der materiellen Unterstützung, mit der die USA die Widerstandsbewegung in Polen versorgten. Die „heilige Allianz", so Massimo Franco, ein Experte für die Beziehungen zwischen dem Vatikan und den USA, sei Ausdruck eines zwischen beiden Parteien erlangten Konsenses gewesen – und nicht etwa ein Einschwenken auf eine gemeinsame Linie. Während der Präsidentschaft Reagans ging es dem Heiligen Stuhl nicht so sehr um die äußeren Formen der Diplomatie als vielmehr um ein inhaltliches Ziel, zu dessen Erreichung nur Washington einen entscheidenden Beitrag leisten konnte.

---

[5] Gespräch zwischen Kardinal Casaroli und George Shultz am 1. August 1982, in: Archivio di Stato di Parma, Archivio Agostino Casaroli, b. 37, f. 6.

[6] Vgl. J. O. Koehler, Spies in the Vatican.

Ein wichtiges Kapitel war dabei die Stationierung von amerikanischen Pershing II-Raketen und Cruise-Missiles in Europa, die große Friedensdemonstrationen zur Folge hatte, getragen von der Linken in ganz Europa. Die Episkopate in den einzelnen westlichen Ländern verhielten sich unterschiedlich. Während die nordamerikanischen Bischöfe, denen an der Abrüstung gelegen war, mit Sorge auf die Strategie der nuklearen Abschreckung blickten, erkannte der französische Episkopat einen gewissen Wert darin und betonte, dass die Kirche nicht für einen grenzenlosen Pazifismus stehe. Um eine gemeinsame Position zu erarbeiten, berief der Heilige Stuhl die Vertreter der Episkopate der USA, der Bundesrepublik Deutschland, Frankreichs, Italiens, der Niederlande, Belgiens und Großbritanniens nach Rom – ein Präzedenzfall in der Geschichte, und noch dazu bei einem Thema der internationalen Politik. Die Sitzung fand in Anwesenheit von Staatssekretär Casaroli und Kardinal Ratzinger statt.[7] Der Papst verortete die Kirche auf der Seite des Friedens, sprach sich aber nicht eindeutig gegen die nukleare Abschreckung aus – ein Erfolg für das Weiße Haus. Darüber hinaus erklärte der Papst 1982 vor der UN-Vollversammlung: „Unter den gegebenen Umständen kann die nukleare Abschreckung, die auf einem Gleichgewicht beruht, gewiss nicht als Lösung, wohl aber als Schritt auf dem Weg zu einer fortschreitenden Abrüstung als moralisch gerechtfertigt betrachtet werden."

Für die Beziehungen zwischen den USA und dem Vatikan spielte in diesen Jahren Pio Laghi eine nicht unbedeutende Rolle. Laghi, wie Silvestrini an der römischen Diplomatenakademie ausgebildet, war zunächst Apostolischer Delegat und später Nuntius in Washington. Er legte den Grund für freundschaftliche, offene Beziehungen zu Reagan und dessen Stellvertreter George Bush, der später selbst Präsident werden

---

[7] Vgl. Magistero di pace. Lettere pastorali delle conferenze episcopali, Rom 1984.

sollte. Als er von Reagan auf dessen Ranch gerufen wurde, der wissen wollte, ob es sich bei der Befreiungstheologie um eine subversive Gefahr handelte, sagte er: „Sie ist wie Spaghetti: An sich sind sie gut, aber es hängt viel von der Soße ab. Wenn in der Soße ein Gift ist, ist alles vergiftet. Das Gift ist der Marxismus. Aber man muss hier unterscheiden."[8] Der vom Papst hochgeschätzte Laghi war in den USA mit der sogenannten „provvista di chiese", den Bischofsernennungen, betraut. Dabei verfolgte er einen anderen Kurs als sein Vorgänger, Jean Jadot, dem man vorwarf, sich durchweg für allzu liberale Kandidaten entschieden zu haben. Für den Vatikan war Laghi von außerordentlicher Wichtigkeit, was sich unter anderem daran zeigte, dass er gut zehn Jahre, von 1980 bis 1990, die Nuntiatur in Washington leitete.

Die Beziehungen zwischen Johannes Paul II. und den USA entwickelten sich im ersten Jahrzehnt auf zwei Ebenen: Sie galten sowohl der politischen Zusammenarbeit mit der Administration als auch der Verantwortung für einen zwar vitalen, aber in sich gespaltenen Katholizismus. Die zweite Phase, ausgehend vom Ende der Regierungszeit Ronald Reagans, über die Regierung von George Bush bis hin zur Ära Clinton sowie George W. Bush zeichnete sich durch wachsende Distanz aus. Der Vatikan war etwa hinsichtlich der Themen Lebensschutz und Familie weit von der Politik Clintons entfernt, wie sich in den Kontroversen zwischen dem Heiligen Stuhl und den USA während der internationalen Konferenzen von Kairo und Peking zeigte; auch den beiden Irak-Kriegen der USA stellte sich Rom entgegen. Clinton berichtet gleichwohl, der Papst habe ihn bei einer Begegnung im Jahr 1995 aufgefordert, im amerikanischen Kongress (also gegen-

---

[8] So der Eintrag im Tagebuch Giancarlo Zizolas; der Verf. besitzt eine Kopie. Zu Kardinal Laghi in Argentinien siehe F. Elenberg/B. Passarelli, Il cardinale e i desaparecidos. L'opera del Nunzio apostolico Pio Laghi in Argentina, Rom 1999 und L. Bedeschi, Il cardinale Pio Laghi cittadino onorario di Betlemme, Rom 1992.

über den Republikanern) auf einer Reform der Sozialpolitik zu beharren. „Ohne die tiefen Meinungsverschiedenheiten zu leugnen", die zwischen der Kirche und der US-Administration bestanden, so Clinton, habe der Papst stets „nach Mitteln gesucht [...], um die Welt zu verändern". Ein Mitarbeiter des Präsidenten sagte dazu: „Der Papst leitete eine Kirche, die die Frauen systematisch von Machtpositionen ausschloss, sich jedoch dem von Hillary [Clinton] lancierten Appell zur weltweiten Verteidigung von Frauenrechten anschloss. Immer wieder stellte er sich Clinton in Fragen des Abtreibungsrechts und der Homosexualität entgegen, teilte aber dessen Zielsetzung, Frieden zu schaffen."[9]

In den neunziger Jahren stand der Papst – nach dem Sieg über den Kommunismus in Osteuropa – im Zenit seines Pontifikats. Auch den amerikanischen Politikern flößte Johannes Paul II. Respekt ein: „Ich möchte nicht mit ihm um einen Bürgermeisterposten konkurrieren", bekannte Clinton einmal mit Blick auf die Popularität des Papstes. Ein deutlich geringeres Ansehen genoss hingegen die katholische Kirche in Amerika, die zwar zur wichtigsten Konfession des Landes geworden war, aber von diversen Pädophilie-Skandalen erschüttert wurde und sich nicht imstande sah, die dem Katholizismus wichtigen Anliegen durch erfolgreiche Lobbyarbeit voranzutreiben. Schon immer hatte der Heilige Stuhl Unbehagen gegenüber einem Imperium empfunden – in diesem Fall den USA –, das nach 1989 die einzige Supermacht in der globalisierten Welt war. Wojtyła sagte in diesem Bewusstsein zu Clinton: „Bis jetzt ward ihr ein Zwilling [...]. Von nun an müsst ihr lernen, als Waise zu leben."

Wojtyła hatte die Ost-West-Teilung nie hingenommen; ebenso wenig akzeptierte er nun jedoch, dass die Weltpolitik von einer einzigen Macht gelenkt wurde. Vielmehr befürwor-

[9] Vgl. T. Branch, The Clinton Tapes. Wrestling History with the President, New York 2009.

tete der Heilige Stuhl internationale Beziehungen, die multilateral ausgerichtet waren und die UNO als gemeinsamen Bezugspunkt hatten. Die dramatischen Ereignisse vom 11. September 2001 und die damit verbundene terroristische Bedrohung gingen Johannes Paul II. überaus nah, wie ein von ihm selbst verfasstes Gedicht zeigt.[10] Die tragischen Geschehnisse ereigneten sich nicht einmal ein Jahr nach Ende des Jubiläumsjahres 2000, das dem Papst nicht nur für das Ziel einer Erneuerung der Kirche, sondern auch für den Frieden in der Welt äußerst wichtig gewesen war. Gleichwohl war der Heilige Stuhl mit einzelnen Aspekten der amerikanischen Politik im 21. Jahrhundert nicht einverstanden. Speziell während des zweiten Irak-Kriegs gerieten die vielschichtigen Beziehungen zwischen dem Vatikan und den USA in eine schwere Krise.[11]

Das Pontifikat Johannes Pauls II., das im Rahmen der Ost-West-Problematik mit einer engen Kooperation zwischen Washington und Rom begonnen hatte, mündete zuletzt in eine heftige Auseinandersetzung über die internationale Rolle der USA – und dies ungeachtet des Respekts, den man dem Papst in Amerika entgegenbrachte. Dennoch waren für die Beziehungen zwischen den USA und dem Heiligen Stuhl nicht nur Entwicklungen der internationalen Politik entscheidend.[12] Es gab auch andere Themen von globaler Bedeutung wie etwa den Kampf gegen den Hunger oder die Kontrolle der Gentechnik (wobei der Heilige Stuhl hier, im Unterschied zu einzelnen europäischen Staaten, keine Position einnahm, die der amerikanischen prinzipiell zuwiderlief), aber auch den Bereich von Lebensschutz und Familien-

---

[10] Vgl. Johannes Paul II., Römisches Triptychon. Meditationen. Mit einer Einführung von Joseph Kardinal Ratzinger, Freiburg, Basel, Wien 2003.

[11] S. Minerbi, Il Vaticano e la guerra contro l'Iraq, in: Nuova Storia Contemporanea 5 (2003), S. 137–148. Siehe auch La pace sprecata. Il papa, la Chiesa e la guerra nel Golfo, hg. v. D. Del Rio, Casale Monferrato (AL) 1991.

[12] Siehe dazu nochmals M. Franco, Imperi paralleli.

planung. Darüber hinaus ging es sehr grundsätzlich um die Frage, wie sich die Beziehungen zwischen der Kirche und der amerikanischen Gesellschaft weiter gestalten sollten.

Ein großer religiöser Führer in den USA

Bei den Beziehungen zwischen dem Papst und den USA ging es auch um eine weitere, keineswegs zweitrangige Frage, die bislang nicht näher beleuchtet worden ist: die vor allem in Nordamerika zu beobachtenden Auseinandersetzungen zwischen zwei unterschiedlichen Ausprägungen des Christentums: dem historisch gewachsenen Christentum der römischen Kirche und der anderen christlichen Kirchen sowie den neuen evangelikalen Bewegungen. Während des Pontifikats Johannes Pauls II. erlebten die USA eine Zeit des religiösen Aufschwungs, und Wojtyła zeigte sich durchaus interessiert an einer Figur wie etwa Billy Graham, dem bekanntesten Vertreter der amerikanischen Evangelikalen, der nicht nur ein großer Prediger war, sondern auch die Medien für seine missionarische Arbeit optimal zu nutzen verstand.[13] Ähnliches hatte seit Ende der vierziger Jahre für die katholische Kirche Pater Lombardi versucht, der in der Folge allerdings auf erhebliche Schwierigkeiten gestoßen war, insbesondere während des Pontifikats Johannes' XXIII. Graham hatte keine spezielle Konfession im Visier, sondern wandte sich gleichermaßen an die Gläubigen aller Kirchen, also auch an die Katholiken. Aus diesem Grund war der amerikanische Episkopat bereits 1964 an ihn herangetreten, namentlich Kardinal Cushing. Sébastien Fath hat in seinem Buch über Graham pointiert von einem „protestantischen Papst“ gesprochen,

[13] Vgl. S. Fath, Billy Graham pope protestant?, Paris 2002; M. Ben Barka, La droite chrétienne américaine. Les évangéliques à la Maison Blanche?, Toulouse 2006.

wobei er auch darauf hinweist, dass Grahams antirömische Haltung mit der Zeit nachließ, während sein Interesse am Katholizismus deutlich zunahm.
Schon als Kardinal hatte Wojtyła den evangelikalen Prediger nach Polen eingeladen. Daraufhin unternahm Graham eine wichtige Reise nach Krakau, wo er auf Initiative des Erzbischofs in der St. Anna-Kirche auftrat. Eine Begegnung mit Wojtyła fand jedoch nicht statt, da der Kardinal aufgrund des Todes Johannes Pauls I. bereits nach Rom aufgebrochen war. Auf seiner Reise durch Polen (kurze Zeit später flog er sogar in die UdSSR) besuchte Graham die ehemaligen nationalsozialistischen Vernichtungslager und pilgerte nach Tschenstochau, wo er im Übrigen keinerlei „protestantische" Beanstandung hinsichtlich der Marienverehrung vorbrachte. Johannes Paul II. und Graham begegneten sich schließlich zum ersten Mal 1981, dann noch einmal 1982 sowie 1990. Während einer Kanada-Reise sprach Graham vom Papst als einem „moralischen Führer". Der von allen amerikanischen Präsidenten hochgeschätzte Prediger, Stammvater des Evangelikalismus, stand für ein stark individualisiertes Christentum (*born again*), das sich in keiner spezifischen Konfession wiederfindet, jedoch auf alle einwirkt. Dieses Christentum konnte sich im Hinblick auf politische und gesellschaftliche Entscheidungen gut mit dem nationalen Horizont Amerikas identifizieren. Der amerikanische Soziologe Robert Wuthnow hat ermittelt, dass vier von zehn Amerikanern an kleinen Bibelgruppen mitwirken, in denen es um die Vertiefung des Glaubens und um das Gebet geht und die das Rückgrat der evangelikalen Bewegung darstellen. Einer solchen Gruppierung hat auch George W. Bush während seines persönlichen Wegs der Bekehrung angehört.
Die spirituellen Bewegungen und die kirchlichen Bindungen entwickelten sich immer stärker auseinander, was zu einem typisch amerikanischen Phänomen führte, jedenfalls hinsichtlich der Intensität dieses Prozesses: die Diskrepanz zwi-

schen den Positionen der christlichen Kirchen und der Haltung ihrer Gläubigen in öffentlichen Angelegenheiten. Zwar ist dieses Phänomen in der Religionsgeschichte insgesamt nicht unbekannt. Doch fallen die Unterschiede hier besonders deutlich aus. Man denke etwa an die ablehnende Haltung der methodistischen Kirche zur Todesstrafe einerseits und die dem entgegengesetzte Politik des Methodisten George W. Bush als Gouverneur von Texas andererseits. Auch die Frage des Irak-Krieges löste unterschiedliche Reaktionen in der protestantischen Welt aus (wenngleich es auch unter Katholiken einzelne Befürworter gab wie etwa George Weigel). So sprach sich die methodistische Kirche gegen eine Militärintervention aus, während Präsident und Vizepräsident für den Krieg warben (auch Hillary Clinton und John Edward, ebenfalls Methodisten, hatten für die Intervention gestimmt). Während die Oberen der traditionellen Kirchen im Allgemeinen gegen den Krieg waren, herrschte an der protestantischen Basis ein diffuses Gefühl, der Militäreinsatz sei berechtigt. Richard Ostiling erinnert an eine Gallup-Umfrage vom März 2003, der zufolge 63% der Protestanten, die regelmäßig in die Kirche gingen, für den Krieg waren.[14] Analog dazu waren die liberalen Kreise innerhalb des amerikanischen Katholizismus in Fragen des Lebensschutzes und der Bioethik nicht auf Seiten der Bischöfe.

Johannes Paul II. begriff mit der Zeit, welchen Stellenwert die diffuse „Religion“ in der amerikanischen Gesellschaft hatte. Und wenn er in den ersten Jahren seines Pontifikats noch kaum wahrgenommen wurde, avancierte er aus Sicht der USA doch schrittweise zu einer charismatischen religiösen Führungsgestalt. Dennoch war der erste Eindruck, den Wojtyła insbesondere in den liberalen Kreisen Amerikas hinterließ, der eines Mannes, der Ordnung schaffen wollte in heiklen Fragen – und das in einer Welt, die traditionell gro-

[14] Vgl. M. Rubboli, Dio sta marciando, Molfetta 2003, S. 12 u. 55ff.

ßen Wert auf Meinungsfreiheit legte. Tatsächlich durchlief der amerikanische Katholizismus eine schwierige Zeit, eine Zeit der Krise, der Kritik und der Abkehr von der Kirche, so wie überall in der westlichen Welt. 1978 besuchten 50 Prozent der Katholiken regelmäßig die Messe, 2005 waren es nur noch 33 Prozent, während die Anzahl der Geistlichen zwischen 1978 und 2006 um 25 Prozent zurückging. Dennoch schien der nordamerikanische Katholizismus bis zum Konzil beziehungsweise bis kurz danach in voller Blüte zu stehen. 1966 waren die USA das Land mit den meisten Ordensleuten weltweit. In den darauffolgenden Jahren verzeichneten die Gemeinden jedoch erhebliche Verluste und weniger Berufungen.

Papst Wojtyła investierte viel Zeit in die USA. Er bereiste das Land insgesamt siebenmal, zwei Aufenthalte in Alaska eingeschlossen. In der Rangliste der meistbesuchten Länder standen die USA an dritter Stelle; den ersten Platz belegte mit neun Aufenthalten Polen, gefolgt von Frankreich mit acht Reisen, einschließlich La Réunion, während Spanien und Mexiko jeweils fünfmal mit einer Papstreise beehrt wurden. Wojtyła war beeindruckt von der religiösen Sensibilität der Amerikaner, ganz unabhängig von ihrer konfessionellen Zugehörigkeit; so ergriff er alle Möglichkeiten, mit jenen Kreisen in Dialog zu treten und sie zu unterstützen, die sich für den Schutz des Lebens und soziale Belange einsetzten. Einem Beobachter wie George Weigel zufolge wurde der Papst so schrittweise zu einem „Propheten", der zu den Amerikanern aus dem Inneren ihrer eigenen Welt sprach.

Diese Entwicklung fand ihren Höhepunkt beim Besuch Johannes Pauls II. in New York, Newark und Baltimore im Jahr 1995. Hier präsentierte sich der Papst als ein Mann, der gut über die amerikanische Geschichte informiert war und die aktuellen Entwicklungen aufmerksam verfolgte. Die Botschaft, die er verkündete, schien aus der Tiefe der amerikanischen Erfahrungswelt zu kommen: „Das war kein Außenstehender,

der Amerikaner über ihre Schwächen belehrte und sich dabei auf fremde Maßstäbe berief. Das war ein religiöser und moralischer Führer, der große Themen aus der amerikanischen Geschichte heranzog, um die Amerikaner herauszufordern, nach Maßstäben zu leben, die sie für sich selbst festgelegt hatten."[15] Seine Botschaft war stets die gleiche, doch hatte Johannes Paul II. gelernt, so zu den Amerikanern zu sprechen, dass er nicht mehr als fremde Leitfigur betrachtet wurde. Trotz des handfesten Konflikts mit der Bush-Administration, der mit den Irakbeschlüssen und dem Verschwinden liberaler Positionen in Amerika zusammenhing, spürte Wojtyła gerade im extremen Pluralismus der USA die Präsenz religiöser und moralischer Ressourcen, die wichtig für seine Kirche und deren Anliegen waren. Die Jahre, in denen sich das politische Verhältnis zu den USA allenthalben abkühlte, waren paradoxerweise auch eine Zeit, in der die Bedeutung der USA erst recht hervortrat.

Die Popularität, die Johannes Paul II. in den USA genoss, offenbarte sich überdeutlich im Moment seines Todes. Präsident George W. Bush ordnete Nationaltrauer an und ließ die staatlichen Behörden bis zu den Trauerfeierlichkeiten schließen (länger noch als in Italien). Auf der Veranda des Weißen Hauses erschien er an der Seite seiner in schwarz gekleideten Frau, um die Trauer auszudrücken, die ganz Amerika angesichts des Todes jenes großen Mannes empfand. Zu den Begräbnisfeierlichkeiten reisten Präsident George W. Bush, seine Vorgänger Bill Clinton und George Bush sowie Außenministerin Rice nach Rom. Nie zuvor hatte ein amerikanischer Präsident am Begräbnis eines Papstes teilgenommen, und nie hatte es eine derartige Delegation gegeben. Dieses Schlussbild zeigt, dass Johannes Paul II. seinen Kampf in den USA gewonnen hatte. Er hatte sich als historisch bedeutende

[15] G. Weigel, Zeuge der Hoffnung. Johannes Paul II. Eine Biographie, Paderborn, München, Wien, Zürich 2002, S. 822.

Persönlichkeit des Westens durchgesetzt, auch wenn er nicht alle Amerikaner (vielleicht nicht einmal alle Katholiken) hatte überzeugen können.

Sturm auf dem katholischsten Kontinent der Welt

In den achtziger Jahren gab es zwischen Rom und Washington ein großes Problem: Lateinamerika. Denn bei der Bewegung, die in Nicaragua letztlich zum Sturz des Diktators Somoza und zum Sieg der Sandinisten geführt hatte, spielte auch das religiöse Moment eine gewisse Rolle. Der Wechsel der politischen Vorzeichen in Nicaragua, die zweite „kommunistische" Revolution, die in Südamerika – dem Beispiel Kubas folgend – gelungen war, zeigte, dass sich der Einfluss Fidel Castros auf dem lateinamerikanischen Kontinent weiter ausbreitete. Ende 1979, so Alain Rouquié, beauftragte Präsident Carter die CIA, die katholische Bewegung in Lateinamerika zu beobachten, um die USA vor bösen Überraschungen zu schützen, auch vor dem Hintergrund der Entwicklungen im Zusammenhang mit Khomeini im Februar des gleichen Jahres im Iran.[16] Kurz gesagt galt die katholische Kirche nicht mehr länger als Bollwerk gegen den Kommunismus. Vielmehr konnte man im Linksrutsch einiger katholischer Gruppierungen geradezu die Vorboten revolutionärer Prozesse mit Zustimmung religiöser Kreise sehen.

Seit dem Zweiten Vatikanischen Konzil verstärkte der Katholizismus in Lateinamerika sein Engagement für die Armen. Die Kirche nahm zunehmend eine kritische Position gegenüber den Diktaturen und den großen sozialen Ungleichheiten in den einzelnen Ländern ein. In einigen Staaten befürworteten größere und kleinere christliche Gruppierungen die aufkeimenden Protestbewegungen. Priester, Geistliche, Ordens-

[16] Vgl. A. Rouquié, Guerres et paix en Amérique centrale, Paris 1992.

schwestern und Katecheten, aber auch einfache katholische Gläubige verloren ihr Leben in den Militärdiktaturen oder durch konterrevolutionäre Gruppierungen. Im lateinamerikanischen Kontext waren die Befreiungstheologie sowie die Bewegung der Basisgemeinden weit verbreitet. Zudem besaß der Katholizismus hier, wie Meyer beobachtet, eine historisch gewachsene Affinität zur Idee des Kreuzzugs, also zum Einsatz von Waffengewalt für die gerechte Sache, wie dies etwa in der Revolte der *cristeros* in Mexiko deutlich wurde.[17] Die oligarchischen Eliten hingegen beschränkten sich nicht auf Repressionen, von denen auch katholische Kreise betroffen waren. Sie bedienten sich vielmehr einer gewissermaßen religiös aufgeladenen Konterrevolution, indem sie dem sozialen Engagement der Kirche und den sozialistischen Zielsetzungen katholischer Gruppen mit Hilfe evangelikaler Strömungen Einhalt zu gebieten suchten. Mit dem *Bible belt* verteidigte man sich gegen die sozialistische Expansion, und die Evangelikalen amerikanischen Ursprungs erlebten einen beachtlichen Zuwachs: Bald gehörten ihnen ein Viertel der Guatemalteken, 15 Prozent der Nicaraguaner und 12 bis 13 Prozent der Salvadorianer an. Die *born again*-Christen kämpften gegen den katholischen „Obskurantismus" und unterstützten die herrschenden Regime.[18] Ein Taxifahrer aus Guatemala beschrieb die allgemeine Stimmung im Volk so: „In Mittelamerika wollen die Katholiken, dass wir zu Russland gehören, und die Protestanten wollen zu den USA gehören."[19] Johannes Paul II. kam 1979 zum ersten Mal nach Lateinamerika, als er zur Konferenz der lateinamerikanischen Bischöfe von Puebla nach Mexico reiste. Die Einladung der mexikani-

---

[17] J. Meyer, Les chrétiens d'Amérique latine. XIX–XX siècle, Paris 1991. Vgl. A. Haller, Jean Paul II et l'Amérique Latine. La politique religieuse du Saint-Siège: mise au pas, restauration, dynamiques, Paris 2008.

[18] Eine allgemeine Darstellung findet sich in A. Rouquié, Amérique Latine, Paris 1987.

[19] A. Rouquié, Guerres et paix en Amérique centrale, S. 158.

schen Bischöfe akzeptierte der Papst, ohne sich über die laizistische Regierung des Landes Gedanken zu machen. Staatssekretär Villot, der dieser Reise skeptisch gegenüberstand, fürchtete eine feindliche Reaktion der mexikanischen Regierung, und entsprechende Ängste hatten schon Johannes Paul I. dazu bewogen, auf eine solche Reise zu verzichten. Wojtyła aber entschied sich anders, nicht zuletzt, um Kontakt mit einem Kontinent herzustellen, den er zwar nur schlecht kannte, der jedoch der katholischste überhaupt war. Im Übrigen ließ das mexikanische Außenministerium Anfang Januar 1979 den Heiligen Stuhl über Kanäle der italienischen Diplomatie wissen, die Regierung sei gewillt, den Papst „mit aller Achtung und Ehrerbietung" zu empfangen.[20] Für Wojtyła bot sich hier die einmalige Gelegenheit, die wichtigsten südamerikanischen Bischöfe zu treffen, die alle zehn Jahre eine Vollversammlung abhielten. Darüber hinaus verband der Papst mit dieser Reise den Hintergedanken, dass ihm die polnischen Behörden kaum einen Besuch würden abschlagen können, wenn ihn ein laizistischer Staat wie Mexiko bereits empfangen hatte. Im nachhinein erwies sich die Reise als ein „pastorales Instrument" mit ungeahnten Möglichkeiten.

Es ist daher wichtig, einen Blick auf Wojtyłas ersten Kontakt mit Lateinamerika zu werfen. Die Konferenz von Puebla (zuvor hatte sie in Medellín stattgefunden) im Jahr 1979 war ein komplexes Unternehmen. Sie bildete den Abschluss eines Jahrzehnts, das die lateinamerikanische Geschichtsschreibung als „década de sangre y esperanza", als Jahrzehnt des Blutes und der Hoffnung, bezeichnet hat, wie etwa Gianni La Bella betont. Die revolutionäre Sprache, die vorrangig, aber nicht nur von der Linken verwendet wurde, prägte die Atmosphäre. Die Kirche war radikal in konservative und progres-

---

[20] ASILS, Carte Andreotti, Vaticano, Giovanni Paolo II, attività 1978–1979, b. 305, f. 112/5.

sive Kreise gespalten und befand sich insgesamt in einem heftigen Konflikt mit den autoritären Regimen. In den Worten La Bellas: „Die Dynamik der Auseinandersetzung durchdrang alles; das, was am meisten zählte, war, ob das Gegenüber zu ‚los nuestros' oder ‚los otros' gehörte."[21]
Die progressiven Bischöfe fürchteten, Johannes Paul II. könne als erklärter Antikommunist und als ein Mann, der auf der traditionellen Lehre beharrte, die sogenannte „Kolumbianisierung" der CELAM, also der Bischofskonferenz des Kontinents, verstärken. Sie hatte ihren Anfang damit genommen, dass Alfonso López Trujillo, ein Kolumbianer, der der Befreiungstheologie ausgesprochen kritisch gegenüberstand, zum Generalsekretär der CELAM ernannt worden war. Brasilianische und peruanische Bischöfe, die mit dem für Puebla vorbereiteten Kommuniqué unzufrieden waren, wünschten sich hingegen eine stärkere Identifizierung der Kirche mit den Unterdrückten.
Was aber würde der slawische Papst zu alldem sagen? Karol Wojtyła hatte Lateinamerika nie zuvor besucht, und viele fragten sich daher, welche Lösungsvorschläge er für die spezifischen Probleme dieses Kontinents vorbringen würde. Dom Hélder Câmara soll ihm ausgerechnet in Puebla gesagt haben: „Eure Heiligkeit, seid Euch bewusst, dass die katholische Kirche kein großes Polen ist." Über Wojtyłas Vorstellungen zu den Problemen der Kirche in Lateinamerika gibt eine Ansprache Auskunft, die er 1975, also drei Jahre vor seiner Wahl zum Papst, vor einem Komitee des polnischen Episkopats gehalten hat. Hier behauptete er, es gebe Parallelen zwischen den Problemen in Polen und denen in Südamerika: „eine traditionell homogene katholische Gesellschaft, gekoppelt an einen gewissen ‚Volkscharakter' und das Problem der sozialen Gerechtigkeit sowie den Kampf für die Menschen-

[21] G. La Bella, Giovanni Paolo II e l'America Latina, in: Storia della Chiesa, Bd. XXVI, S. 216f.

rechte."[22] Doch dem Papst stand nicht nur das gravierende Problem der totalitären Regime vor Augen, sondern auch die Anziehungskraft, die der Marxismus auf bestimmte katholische Kreise ausübte.

Als Johannes Paul II. in Mexico-City eintraf, war das öffentliche Interesse immens – allein 3600 Journalisten waren anwesend (in Medellín war es kaum ein Dutzend gewesen). Kühl begrüßte der mexikanische Präsident den Papst am Flughafen von Mexico-City, während die Bischöfe – wegen der laizistischen Gesetzgebung – in Anzug und Krawatte erschienen waren. Das weiße Gewand Wojtyłas und die Priestergewänder seines Gefolges stellten indes einen deutlichen Bruch der geltenden Regeln dar. Die Ansprache, die Wojtyła vor den Bischöfen hielt und die ihren Ausgangspunkt beim Apostolischen Schreiben *Evangelii nuntiandi* nahm, war sehr persönlich gehalten. Als phänomenologisch geprägter Philosoph distanzierte er sich von der gängigen Praxis, wie sie sich in Lateinamerika eingebürgert hatte, und sprach zunächst ausführlich von der Wahrheit Gottes über den Menschen.

Unverkennbar war der Papst besorgt über die Politisierung von Sprache und Theologie. Mit großer Klarheit sagte er: „Sprecht mit der Sprache des Konzils, von Johannes XXIII. und Paul VI.: Es ist die Sprache der Erfahrung, des Schmerzes, der Hoffnung der Menschheit unserer Zeit." Und er betonte, um die Welt in der Tiefe zu ändern, müsse man „der Moral, dem Spirituellen den Vorrang geben, dem, was der ganzen Wahrheit über den Menschen entspringt". Und weiter: „Die Kirche hat es nicht nötig, sich auf Systeme und Ideologien zu berufen, um zu lieben, um die Befreiung des Menschen zu verteidigen und für sie zu kämpfen." Der Katholizismus, so hieß das, solle sich auf die Sprache seines Ursprungs besinnen

[22] A. Boniecki, The Making of the Pope of the Millenium. Kalendarium of the Life of Karol Wojtyła, Stockbridge/Mass. 2000, S. 629

und dürfe sich nicht des politischen Denkens (vor allem nicht des Marxismus) bedienen. Dabei ging es dem Papst darum, die Natur der Kirche herauszustellen: Es sei nicht so, dass eine vom Volk ausgehende Kirche einer institutionellen Kirche gegenüberstehe. Die Katholiken sollten vielmehr eins sein. Diese Einheit müsse Vorrang haben, auch in einem von tiefgreifenden Auseinandersetzungen über politische oder theologische Fragen gespaltenen Katholizismus wie dem lateinamerikanischen. Die Einheit des Episkopats war für Wojtyła ein unverzichtbarer Grundsatz, und er wurde nicht müde, sie immer wieder einzufordern.

Bei der Begegnung mit den *indios* und den *campesinos* „donnerte“ Wojtyła förmlich: „Es ist nicht gerecht, es ist nicht menschlich, es ist nicht christlich, bestimmte ungerechte Situationen fortzuführen.“ Die Kontakte mit den Armen, mit den Bischöfen und den applaudierenden Massen (die Regierung sah sich sogar veranlasst, ihre strenge Haltung ein wenig zu lockern) und der Besuch des Heiligtums Maria di Guadalupe waren glückliche Momente und eine „Schule“ für einen Mann wie ihn, der zu lernen verstand. Wojtyła erklärte: „Diese Pilgerreise hat in gewisser Weise alle späteren Jahre meines Pontifikats beeinflusst, ihnen eine Richtung gegeben.“ Er verstand nun besser, welches Potenzial den Begegnungen innewohnte, die außerhalb der gewöhnlichen Konstellationen stattfanden. Und auch die öffentliche Meinung interessierte sich jetzt mehr und mehr für diesen besonderen Papst.

Ähnlich einschneidend war für Johannes Paul II. die Reise nach Brasilien im Jahr 1980 (es war der erste von vier Besuchen in diesem Land), wie er seinem alten Freund Jerzy Turowicz anvertraute. Während zwischen der katholischen Kirche und der brasilianischen Regierung, der man Untätigkeit gegenüber den Armen vorwarf, ein Konflikt schwelte, machte der Papst eine ausführliche Reise durch dieses große Land: Er hielt vierzig Ansprachen, traf Arbeiter, Inhaftierte, arme Bewohner der *favelas*, Kirchenleute.[23] Den Armen der *favelas* schenkte er gar seinen Bischofsring. Vier Stunden lang sprach er hinter verschlossenen Türen mit den Bischöfen. Die in Rom vorbereiteten Reden schrieb er vor Ort neu. Erzbischof Hélder Câmara begrüßte er als „Bruder der Armen, und auch meinen Bruder". Der Papst, den die Armut und Ungerechtigkeit betroffen machte, beendete seine Reise in der Überzeugung, dass weder der Klassenkampf noch die Anwendung von Gewalt der Weg waren, den es zu beschreiten galt. Vielmehr musste vor allem die kirchliche Identität gestärkt werden, um den friedlichen Kampf für Gerechtigkeit effizient fortzuführen.

Eine spirituellere und eine sozialere Kirche

Die Verknüpfungen zwischen Christentum und Marxismus waren für Johannes Paul II. vom Beginn seines Pontifikats an ein wichtiges Thema. In der Enzyklika „Centesimus annus" aus dem Jahr 1991 (in der der Papst die kirchliche Soziallehre nach dem Ende des Kommunismus neu auszurichten versuchte) bekräftigte er einmal mehr, ein Bündnis zwischen Christentum und Marxismus sei ungeeignet für die Befreiung des Menschen. Zu diesem Zeitpunkt war die Berliner Mauer bereits gefallen:

> Das ehrliche Verlangen, auf der Seite der Unterdrückten zu stehen und nicht vom Lauf der Geschichte abgeschnitten zu werden, hat in jüngster Vergangenheit viele Gläubige dazu verleitet, auf verschiedene Weise einen gar nicht möglichen Kompromiss zwischen Marxismus und Christentum zu versuchen. Unsere Zeit ist dabei, all das

[23] Vgl. G. Weigel, Zeuge der Hoffnung, S. 394ff.

> zu überwinden, was an jenen Versuchen unzulässig war, und neigt dazu, wieder den positiven Wert einer authentischen Theologie der umfassenden menschlichen Befreiung geltend zu machen.[24]

Im Jahr 1974 hatte Erzbischof Hélder Câmara in einer Rede vor der Universität Chicago vorgeschlagen, den siebenhundertsten Todestag des hl. Thomas von Aquin zu feiern, indem man mit Karl Marx das tat, was der große Theologe einst mit Aristoteles getan hatte, das heißt, ihn aus christlicher Perspektive neu zu entdecken beziehungsweise ihn mit dem christlichen Glauben zu verbinden.[25] Der Papst, der den „Bischof der Armen", Dom Hélder, außerordentlich schätzte, konnte sich mit derartigen Visionen, die in Lateinamerika weit verbreitet waren, nicht anfreunden: „Sie haben keine Vorstellung davon, in welchem Maße die Menschen unter dem Kommunismus ihre Freiheit verlieren", vertraute er seinem Freund Deskur an.[26] Nach Ansicht der „progressiven" lateinamerikanischen Bischöfe verstand der Papst freilich nicht, dass die Situation in Südamerika ganz und gar anders war, weil er zu sehr das polnische Modell und seine negativen Erfahrungen mit dem Marxismus vor Augen hatte. Johannes Paul II. hatte indes keine Scheu, den Bischöfen offen seine Meinung zu sagen: War nicht gerade deshalb ein Papst aus dem Osten gewählt worden, damit er sein persönliches Zeugnis ablegte? Kurz nach der Wahl traf er auf den Bischof von Cuernavaca, Méndez Arceo, der für seine radikalen Positionen bekannt war. Kardinal Villot riet von einer Begegnung ab: „Heiliger Vater, er gehört zu den Christen, die für den Sozia-

---

[24] Johannes Paul II., Enzyklika Centesimus Annus, Bonn 1991 (Verlautbarungen des Apostolischen Stuhls 101), S. 31.

[25] N. Piletti/W. Praxedes, Dom Hélder Câmara, tra potere e profezia, Brescia 1999, S. 631.

[26] J. Kwitny, Man of the century. The Life and Times of Pope John Paul II., New York 1997, S. 196.

lismus sind." Johannes Paul II. entgegnete: „Der Sozialismus ist eine Sache, die ich gut kenne."[27]

Johannes Paul II. begrüßte das Engagement der südamerikanischen Kirche für die Armen, fürchtete aber zugleich, es könne zu einer Verschlechterung der Situation führen, wenn es im Rahmen einer marxistischen Vision oder einer Bewegung erfolgte, die von dieser Ideologie inspiriert war. Ganz offensichtlich fürchtete er, die Zusammenarbeit mit der Linken fördere von der Sowjetunion abhängige sozialistische Regime. Dies erklärte er auch Óscar Romero. Der Erzbischof gab wieder, was der Papst ihm gesagt hatte: „Wir sollten nicht nur die Verteidigung der sozialen Gerechtigkeit und die Liebe zu den Armen im Auge behalten, sondern auch das mögliche Ergebnis linksgerichteter Forderungen aus dem Volk, ein Ergebnis, das ebenfalls negative Folgen für die Kirche haben konnte." Die Kirche in El Savador hatte sich seit Romeros Vorgänger Chávez darum bemüht, den Armen in einer konfliktgeladenen Situation so gut wie möglich zu helfen.

In den Gesprächen des Papstes mit einer einzigartigen Persönlichkeit wie Óscar Romero, dessen Leben ein dramatisches Ende finden sollte, offenbarten sich, so Agostino Giovagnoli, zwei durchaus unterschiedliche, aber nicht gänzlich entgegengesetzte kulturelle Welten.[28] In ihrem ersten Gespräch zog Johannes Paul II. eine Parallele zur Situation in Polen (was an sich schon ein negatives Urteil über die politische Macht in El Salvador war), riet zur Einheit der Bischöfe und zum „Wachstum der Kirche, trotz aller Schwierigkeiten". In Polen bestand die Strategie darin, die Kirche zu stärken, anstatt die politische Macht direkt und unmittelbar herauszufordern. Im zweiten Gespräch, das herzlicher verlief, billigte

---

[27] A. Wenger, Le cardinal Villot. Secrétaire d'État de trois papes, Paris 1989, S. 261.

[28] Vgl. A. Giovagnoli, Romero e Roma, in: Óscar Romero. Un vescovo centroamericano tra guerra fredda e rivoluzione, hg. v. R. Morozzo della Rocca, Cinisello Balsamo (MI) 2003, S. 55–81.

der Papst die Arbeit Romeros, riet ihm aber zugleich, einen Linksrutsch zu vermeiden, der „ebenfalls schlecht für die Kirche“ sei.[29] Der Erzbischof stimmte zu.

Die USA hatten den Vatikan auf die Gefahr aufmerksam gemacht, die von der Politik Romeros auszugehen drohte. „Sie dachten“, so schrieb der Bischof in seinem Tagebuch, in dem er vertrauliche Mitteilungen Casarolis wiedergab, „ich verfolge einen revolutionären Kurs, während die USA die Regierung der Christdemokraten unterstützten.“[30] Doch für den Erzbischof spitzte sich die Lage immer weiter zu. Kardinal Moreira Neves, damals Sekretär der Bischofskongregation, erzählte mir, Romero habe ihm während seines letzten Rombesuchs gesagt, eine Rückkehr nach El Salvador bedeute vermutlich sein Ende: „Sie werden mich töten, entweder die Rechten oder die Linken.“[31] Er spürte, dass die Gewalt um ihn herum zunahm. Nach zahlreichen Drohungen wurde Romero am 24. März 1980 bei einem von Militärs angezettelten Attentat getötet – während er eine Messe zelebrierte. Romero, der kein Befreiungstheologe war, gleichwohl aber Anteil nahm am dramatischen Schicksal seines Volkes, das von einer Spirale der Gewalt heimgesucht wurde, zeigt, wie komplex die Situation des lateinamerikanischen Katholizismus tatsächlich war.

Der Papst hatte ein „moralisches“ (weniger ein reales) Verhältnis zur Figur Óscar Romeros, dessen Martyrium er höchste Wertschätzung entgegenbrachte. Auf Seiten der Linken avancierte Romero nach seiner Ermordung zur Symbolfigur. Nach Ansicht Kardinal López Trujillos, eines Mitarbeiters des Papstes, war der Erzbischof von San Salvador von den Jesuiten der UCA, der Jesuitenhochschule von El Salvador,

---

29 Ó. A. Romero, Diario, Bari 1990, S. 472. Eine Gesamtdarstellung bietet R. Morozzo della Rocca, Primero Dios. Vita di Óscar Romero, Mailand 2005.

30 Siehe dazu O. A. Romero, Diario, S. 474.

31 Gespräch des Autors mit Kardinal Moreira Neves.

und hier insbesondere dem Befreiungstheologen Sobrino manipuliert worden.[32]

Nach drei Jahren, in denen die Diözese von San Salvador vakant geblieben war (1980–1983), ernannte der Papst schließlich Rivera y Damas zum Erzbischof, einen Salesianer, der die gleiche Position vertrat wie der getötete Bischof. Während seiner schwierigen Reise nach Mittelamerika im Jahr 1983 wollte der Papst in San Salvador auch das Grab des getöteten Erzbischofs besuchen, wenngleich dies nicht im Programm vorgesehen war. Diverse mittelamerikanische Bischöfe lehnten einen solchen Besuch des Grabes ab, denn Romero war bei ihnen nicht unumstritten: „Es handelt sich um einen Bischof, der mitten in der Ausübung seines pastoralen Amtes, während er eine heilige Messe feierte, getötet wurde“, hielt der Papst dagegen. Doch die Regierung verweigerte jede Huldigung für den ermordeten Erzbischof und ließ den Platz vor der Kathedrale, in der Romero begraben liegt, räumen. Johannes Paul II. bestand jedoch darauf, das Grab zu besuchen und wartete etwa zwanzig Minuten vor der verschlossenen Kathedrale, bis man endlich die Schlüssel brachte.[33] Dann begab er sich in die Kathedrale, kniete an Romeros Grab nieder und sagte mit lauter Stimme und zum Grab hin ausgestreckten Händen: „Romero ist unser!“

Der Seligsprechungsprozess Romeros verlief nicht ohne Schwierigkeiten, was auf den „progressiven“ Ruf des Bischofs zurückzuführen war (auch wenn Morozzo della Rocca gezeigt hat, wie einzigartig diese Persönlichkeit war und wie fern er der Befreiungstheologie im Grunde genommen stand).[34] Noch im Jahr 2000 entbrannte eine heftige Diskussion darü-

---

[32] Sobrinos Sicht zu Romero findet sich in J. Sobrino, Monseñor Óscar A. Romero. Un obispo con su pueblo, Santander 1990. Gespräch mit Kardinal López Trujillo.

[33] Gespräch des Autors mit Pater J. Delgado, einem Mitarbeiter Romeros. Gespräch des Autors mit Kardinal Re.

[34] R. Morozzo della Rocca, Primero Dios.

ber, ob der Papst bei dem Festakt im Kolosseum auch Romero als einen der neuen Märtyrer des 20. Jahrhunderts erwähnen würde. Johannes Paul II. erklärte zunächst, das Staatssekretariat halte Romero für ein Aushängeschild der Linken. Diese Position vertraten auch Kardinal López Trujillo sowie der chilenische Kardinal Medina, in dessen Augen eine Seligsprechung Romeros nichts anderes war als eine Kanonisierung der Befreiungstheologie. Kardinal Cassidy (als junger Mann hatte er Romero näher kennengelernt) bestärkte den Papst jedoch darin, auch Romero als Märtyrer zu gedenken. Mir gegenüber hat Johannes Paul II. mit Blick auf seine Reise nach Mittelamerika 1983 später bemerkt, mit dem Ende des Kommunismus habe sich alles geändert.[35] Feierlich erinnerte der Papst im Kolosseum schließlich an den „unvergessenen Erzbischof Oscar Romero, der am Altar getötet wurde, während er das Abendmahl feierte". Kardinal Dziwisz berichtet: „Der Papst hat darum gekämpft, ihn in das Gebet für die Märtyrer mitaufzunehmen. Er sagte, wir dürften den Kommunisten nicht einen Bischof überlassen, der während der Messe getötet wurde, einen Mann, der die Armen verteidigte."[36]

Im Jahr 1983 setzte sich Johannes Paul II. bei seiner Reise durch Mittelamerika auch mit dem sandinistischen Regime in Nicaragua auseinander. Die Entscheidung, nach Nicaragua zu reisen, wo ein Teil des Klerus und der Ordensleute die Sandinisten unterstützte (zwei Ordensmänner wurden gegen den Willen Roms sogar zu Ministern ernannt), war typisch für Johannes Paul II. Einmal mehr ging es ihm darum, sich persönlich in eine für die Kirche schwierige Situation hineinzubegeben, um Katholiken und Bischöfe zu ermutigen. Schon am Flughafen von Managua sagte der Papst dem Kulturminister und bekannten Dichter, Pater Ernesto Cardenal, der vor

---

[35] Gespräch des Autors mit Johannes Paul II. Vgl. A. Riccardi, Salz der Erde, Licht der Welt. Glaubenszeugnis und Christenverfolgung im 20. Jahrhundert, Freiburg im Breisgau 2002.

[36] Gespräch des Autors mit Kardinal Dziwisz.

ihm niederkniete, in klaren Worten: „Sie müssen Ihre Haltung zur Kirche in Ordnung bringen." Während einer Messe wurde Johannes Paul II. von Sandinisten aufgefordert, die *contras* und die USA zu verurteilen, wobei sie immer wieder *Poder popular!* (Die Macht dem Volk!) schrien. Wojtyła erhob seine Stimme und das Kreuz Pauls VI., das er als Bischofsstab trug, um die Sandinisten zur Ruhe zu gemahnen, die mit ihren Sprechchören die Messe störten. In den Augen der Sandinisten bestand der Konflikt in Nicaragua vor allem zwischen der Volkskirche und der Hierarchie; tatsächlich handelte es sich jedoch um eine Auseinandersetzung zwischen Kirche und Staat (wobei einzelne Katholiken und Ordensleute für den Staat eintraten).

Der Papst befürwortete nicht ausdrücklich, dass sich die Christen mit der Linken identifizierten (unter anderem wegen der Gewaltanwendung, der marxistischen Ideologie und des sowjetischen Einflusses), war aber auch nicht bereit, die Kirche zu einer Stütze für konservative Regime zu machen. Vielmehr suchte er nach einem Raum für die Kirche, wie ihn etwa die die Konferenz der Bischöfe in Puebla seiner Ansicht nach vorgezeichnet hatte. Allein die Existenz der Kirche garantierte in seinen Augen einen Raum, der sich der Logik freiheitsverachtender Regime entzog und wo Prozesse in Gang gesetzt werden konnten, die größere Freiheit oder gar ein Ende der Regime ermöglichten. Eine Preisgabe des kirchlichen Raums (sei es in Form einer Identifizierung mit den sogenannten Kräften der Befreiung oder einer Anpassung an das für Oligarchien und Militärs typische Ordnungsdenken) schien ihm weder der christlichen Bestimmung zu entsprechen noch ein Beitrag zur Verteidigung der Menschenrechte zu sein.

Wojtyła hatte sich für einen schwierigen Weg entschieden. Alexander Schmemann, ein orthodoxer Theologe russischer Herkunft, der in den USA lehrte und die Entwicklung der katholischen Kirche von außen beobachtete, verfolgte die Mexiko-Reise des Papstes aufmerksam und fragte sich, wie es möglich sein solle, soziales Engagement und tiefe Spiritualität miteinander in Einklang zu bringen: „Wird ihm das gelingen, was mir wie das Paradox seines Programms erscheint: die Kirche zur Spiritualität zurückzuführen und seinen Dienst an den ‚Armen' fortzuführen? [...] Weil das vorliegende Problem (und hier liegt der entscheidende Punkt) [...] weitaus spiritueller als ökonomisch [ist]."[37] Schmemann hatte Recht: Wojtyłas Programm erschien geradezu paradox angesichts einer zunehmend polarisierten Kultur, die auch unter den Katholiken zu beobachten war. Allein, das Problem war und blieb für ihn vor allem spiritueller Natur.

Die Theologie der Befreiung

Der Papst suchte nach Mitstreitern, um die Polarisierung zwischen Progressiven und Konservativen in Lateinamerika zu überwinden. Ausgangspunkt sollten eine klare christliche Identität und eine starke Spiritualität sein, auf deren Grundlage das Engagement für die Armen motiviert und eine Evangelisierung des Kontinents in Angriff genommen werden konnten. Es war ein ehrgeiziges Programm, das über die Debatten der Zeit weit hinausreichte, wenngleich es vielen anachronistisch erschien. Ein Mann, der in Lateinamerika die Linie des Papstes vertrat, war Kardinal Moreira Neves. Er verfügte über eine langjährige Erfahrung in der Kurie, wo er den wichtigen Posten des Sekretärs der Bischofskongregation bekleidet hatte. 1987 wurde er zum Erzbischof von San Salvador de Bahia in Brasilien ernannt, und dies blieb er bis 1998. Als ein Mann, der der Volksfrömmigkeit (im christlichen Sinn) große Beachtung schenkte, der mit den Medien umzugehen wusste, kontaktfreudig war, sehr pastoral agierte und afrika-

[37] Vgl. A. Schmemann, Aufzeichnungen 1973–1983, Einsiedeln 2002.

nische Vorfahren aufwies, wurde er zum Vorsitzenden der brasilianischen Bischöfe gewählt, womit er den „Progressiven" die Leitung der Konferenz aus der Hand nahm. 1998 wurde er schließlich als Präfekt der Bischofskongregation nach Rom berufen.[38]

Der Kolumbianer Alfonso López Trujillo – von 1969 bis 1972 Koordinator der theologischen Grundlagenkommission der CELAM, von 1972 bis 1979 deren Sekretär (den Vorsitz führte in dieser Zeit der herausragende Kardinal Edoardo Francisco Pironio), sodann, von 1979 bis 1983, ihr Präsident und schließlich, von 1987 bis 1990, Vorsitzender der kolumbianischen Bischofskonferenz – stand im Mittelpunkt des vehement und theologisch gut geführten Kampfes gegen die Befreiungstheologie. Trujillo bemerkte in einem Interview-Buch aus dem Jahr 1997 über sich selbst: „Ich bin eher ein Kämpfer." In Puebla kämpfte er denn auch entschlossen gegen die Positionen der Befreiungstheologie – und zwar so, als gälte es, noch einmal die Arianer zu besiegen. So heißt es weiter: „Die Ideologie hatte keine Gemetzel zur Folge, wie sie der Arianismus der ersten Jahrhunderte hervorgebracht hat. Vielleicht ist es heute leichter, gewisse Radikalisierungen zu verhindern; damals herrschte viel Tumult." In Trujillos Wahrnehmung lagen die Ursprünge der Befreiungstheologie im Vorrang des soziologischen Denkens und der Verbreitung der politischen Bewegungen durch die Priester. Aus dieser Perspektive stellte er sich gegen eine Seligsprechung Romeros, hielt er ihn doch für eine Symbolfigur der Befreiungstheologie (und mit ähnlicher Sorge begleitete er auch eine eventuelle Seligsprechung des von der Mafia ermordeten Don Puglisi, der in den Augen Trujillos vor allem ein politischer Priester gewesen war). Wegen seines Kampfgeistes holte ihn Johannes Paul II. 1990 nach Rom, nachdem der Kommunismus gescheitert und sein Einfluss in Lateinamerika zurückgegangen war. Nun galt

---

[38] Vgl. Cardinal Moreira Neves. Entretiens avec François Vayne, Paris 2003.

es, einen anderen Kampf zu kämpfen: den Kampf für den Schutz des Lebens und gegen die Kultur des Todes. Das Feld des Lebens und der Familie schien dem Papst dasjenige zu sein, das entscheidend für die künftigen Generationen war. Gerade hier bedurfte es daher einer Persönlichkeit, die die Auseinandersetzung nicht scheute: „Einen siegreichen General tauscht man nicht aus", sagte er einmal über Trujillo während eines Mittagessens.[39]
Hinsichtlich der Befreiungstheologie spürte man – wie übrigens auch in anderen Bereichen des Pontifikats – den Einfluss Kardinal Ratzingers, der seit 1981 Präfekt der Kongregation für die Glaubenslehre war.[40] In seinem Buch „Auf, lasst uns gehen!" bezeichnete Johannes Paul II. den Kardinal als einen „zuverlässige[n] Freund".[41] Der Geheimdienst der DDR beobachtete Ratzinger verschärft, da er dessen antikommunistische Haltung in Wojtyłas Nähe fürchtete, sodass man sich 1981 dazu entschloss, in Ratzingers Vergangenheit zu graben, um Spuren des Nationalsozialismus zu finden – allerdings ohne Erfolg. In einer Besprechung mit dem Papst erklärte der Kardinal 1983: „Für einen Theologen, der seiner spirituellen Berufung nachgegangen ist, ist es nur schwer vorstellbar, dass man die globale Wirklichkeit des Christentums ernsthaft in das Raster einer sozio-politischen Befreiungspraxis stellen kann." Der Papst schloss die Sitzung mit den Worten: „Wenn man bedenkt, wie radikal die Interpretation des Christentums ist, die daraus hervorgeht, erscheint es umso dringlicher, die Frage zu klären, was man hier tun kann und muss."

---

[39] Gespräch des Autors mit Kardinal López Trujillo. Vgl. auch A. López Trujillo, Testimonianze. Conversazioni con José Luis Gutierrez García, Rom 2000, S. 86 und 181.

[40] Vgl. u.a. J. Ratzinger, Salz der Erde. Christentum und katholische Kirche im 21. Jahrhundert. Ein Gespräch mit Peter Seewald, München 1996 sowie Ders., Zur Lage des Glaubens. Ein Gespräch mit Vittorio Messori, Freiburg, Basel, Wien 2007.

[41] Johannes Paul II., Auf, lasst uns gehen! Erinnerungen und Gedanken, Augsburg 2004, S. 171.

Die Theologie der Befreiung ging davon aus, dass es verschiedene Arten des Marxismus gebe, die sich von dem in der Sowjetunion praktizierten erheblich unterschieden. 1984 machte Ratzinger die Beobachtung: „Heute soll es gereinigte Formen des Marxismus geben, die zur Synthese mit der Theologie bereit seien. In diesem Zusammenhang fällt immer wieder der Name Gramsci, der im Begriff zu sein scheint, ein Kirchenvater und -doktor zu werden. Aber auch Marx ist nach wie vor eine unantastbare Figur, Heiliger und Prophet." Einen Großteil des Gedankenguts der Befreiungstheologie fasste Ratzinger so zusammen: „Man muss den Menschen von den Ketten der politisch-ökonomischen Unterdrückung befreien; um ihn zu befreien, genügen die Reformen nicht, sie lenken vielmehr ab; das, was erforderlich ist, ist die Revolution; aber der einzige Weg, eine Revolution zu machen, ist der Aufruf zum Klassenkampf."[42] Diese Tendenz kommentierte der spätere Benedikt XVI. mit den Worten:

> Wenn man dagegen die Revolution sakralisiert – indem man Gott, Christus und Ideologien miteinander vermischt –, erzeugt man einen schwärmerischen Fanatismus, der zu noch schlimmeren Ungerechtigkeiten und Unterdrückungen führen kann [...]. Schmerzlich betrifft einen sodann auch diese – bei Priestern und Theologen – so unchristliche Illusion, dass man einen neuen Menschen und eine neue Welt schaffen könne, nicht indem man jeden einzelnen zur Bekehrung ruft, sondern indem man nur auf die sozialen und ökonomischen Strukturen einwirkt.

Ratzinger hat mehrfach betont, dass die Wurzeln der Befreiungstheologie in Europa liegen. „Die Befreiungstheologie, in ihren Formen, die auf den Marxismus zurückgreifen, ist kei-

---

[42] Dies und das folgende Zitat in: J. Ratzinger. Benedikt XVI., Zur Lage des Glaubens, S. 198.

neswegs ein bodenständiges, einheimisches Produkt von Lateinamerika oder von anderen unterentwickelten Gebieten, wo sie sozusagen spontan durch das Volk entstanden und gewachsen wäre."[43] Dennoch gebe es einen spezifisch lateinamerikanischen Stolz, in dem die Befreiungstheologie gedeihe: den Stolz, endlich über eine eigene Theologie zu verfügen, eine Art *american way* der Theologie, der auf dem Kontinent selbst entstanden sei. Um die Befreiungstheologie herum entwickelte sich in Lateinamerika ein Klima, das dem katholischen ‚Amerikanismus' in den USA zu Beginn des 20. Jahrhunderts nicht unähnlich war (wenngleich heute noch intensiver ausgeprägt): Man war stolz, Katholik *und* Amerikaner zu sein. In einem Bericht aus dem Jahr 1984 über verschiedene Reaktionen auf die Instruktion des Apostolischen Stuhls über einige Aspekte der Theologie der Befreiung schrieb Ratzinger:

> Ein peruanischer Bischof [...] hat mir gesagt: „Die Befreiungstheologie ist keine Denkweise, sondern eine Strategie des Handelns, um eine neue Kirche zu errichten, die von einem weltweiten Netz der gegenseitigen Hilfe getragen wird." Wenn ich mir die Reaktionen auf unser Dokument ansehe, stellt sich die Wahrheit dieser Diagnose heraus. In diesem Sinn war und ist unsere Arbeit wirklich zu theoretisch. Wir müssen das Netz, in dem die katholische Lehre Ausdruck findet und lebt, neu errichten und stärken.[44]

Johannes Paul II. war sich der Gefahren bewusst, die in der Befreiungstheologie lagen, und setzte alles daran, eine Vermischung mit dem Marxismus zu verhindern. Dabei stand

---

[43] Ebenda, S. 194.

[44] Bericht von Kardinal Ratzinger vom 13.12.1984 zu Reaktionen auf die „Istruzione sulla Teologia della Liberazione". Eine Kopie befindet sich im Besitz des Autors.

ihm mit Ratzinger ein Theologe zur Seite, den er seit vielen Jahren kannte und den er bereits während des Zweiten Vatikanischen Konzils schätzen gelernt hatte: „Er ist der letzte Konzilstheologe", gab er einmal zu bedenken.[45] So kam es zu den beiden Instruktionen der Glaubenskongregation (der marxismuskritischen Instruktion von 1984 und jener von 1986, in der es um das Thema der Befreiung geht). Die Instruktionen hatten eine doppelte Funktion: Zunächst war der Einfluss des Marxismus auf die christliche Theologie zu begrenzen, darüber hinaus sollte der Stellenwert der Befreiung für das Christentum insgesamt betont werden.[46] Dies entsprach zwei grundlegenden Sorgen Wojtyłas. Der zweite Aspekt ist dabei nicht zu unterschätzen, da die Kirche im Denken Johannes Pauls II. stets die Trägerin einer Botschaft der Befreiung war. Die Verbindung beider Instruktionen sollte daher zeigen, dass sich der Papst nicht in eine defensive Position begab, in der er die Probleme der Armut nicht berücksichtigte. Ebenso wenig war er jedoch bereit, einer theologischen Strömung nachzugeben, die sich dem Marxismus verschrieb oder die Anwendung von Gewalt duldete.

Die Sowjets verurteilten das erste Dokument über die Befreiungstheologie aufs schärfste, vermuteten sie dahinter doch ein Zusammenspiel zwischen Rom und Washington. Bereits im gemeinsamen Rundschreiben des Außenministeriums der UdSSR und des Rats für religiöse Angelegenheiten von 1980 war die Frage aufgeworfen worden, wie Wojtyłas Offensive beizukommen sei. Unter anderem verfolgten die Sowjets das Ziel, die Kluft zwischen der Kurie und dem radikalen Klerus in den Entwicklungsländern, insbesondere in Lateinamerika, weiter zu vergrößern. Mit dieser Strategie hatte sich Wojtyła schon in Osteuropa konfrontiert gesehen. Die Verbreitung

---

45 Gespräch des Autors mit Johannes Paul II.

46 Congregazione per la dottrina della fede, Libertatis nuntius. Istruzione su alcuni aspetti della „teologia della liberazione", Città del Vaticano 1984; Dies., Istruzione su libertà cristiana e liberazione, Città del Vaticano 1986.

des Marxismus im lateinamerikanischen Katholizismus war für Moskau daher höchst begrüßenswert, wuchs damit doch die Anziehungskraft des Sozialismus insgesamt.
Die Befreiungstheologie zu verteidigen hieß daher vielfach, einen Kampf gegen Rom zu führen. Für die Fürsprecher der Befreiungstheologie schienen die Entscheidungen des Papstes jedenfalls die Denkfreiheit und Originalität der Kirche in Lateinamerika zu unterdrücken. Als der Franziskanerpater Leonardo Boff, ein Protagonist der Befreiungstheologie, der in einem Text die Institution der Kirche stark angegriffen hatte, 1984 vor die Kongregation für die Glaubenslehre geladen wurde, zeichneten die Medien das Bild eines Konflikts zwischen einer Kirche des Volkes einerseits und einer Institution, die Macht und Kontrolle ausübt, andererseits. Noch vor Abschluss des Verfahrens erklärte der Theologe Gutiérrez, eine eventuelle Verurteilung Boffs „wäre nicht die Verurteilung eines Theologen, sondern einer Kirche, einer Kirchenbewegung und eines ganzen gläubigen Volkes". In Begleitung der brasilianischen Kardinäle Arns und Lorscheider präsentierte Boff Kardinal Ratzinger fünfzigtausend Unterschriften von brasilianischen Katholiken, die sich mit ihm solidarisch erklärten. Wie ein bescheidener Mönch trat Boff auf, als er den Palast des Heiligen Offiziums betrat. Im Übrigen fiel sein Auftritt mit dem Jahrestag der brasilianischen Unabhängigkeit zusammen, worin für Boff eine hohe symbolische Bedeutung lag. Kardinal Lorscheider verteidigte den Franziskaner sodann entschieden: „Die Befreiungstheologie ist keineswegs von marxistischen Grundsätzen durchdrungen, wie es die parteiische Kritik konservativer Kreise darstellt."[47]
So wurde Ratzinger während des Pontifikats Johannes Pauls II. für einen gewichtigen Teil der westlichen Presse zum Kon-

[47] Vgl. L. Ceci, La teologia della liberazione in America Latina. L'opera di Gustavo Gutierrez, Mailand 1999. Vgl. S. Scatena, La teologia della liberazione in America Latina, Rom 2008.

trolleur – und „Inquisitor". In einer, gemessen an seinen Vorgängern, ganz und gar ungewöhnlichen Geste legte Ratzinger 1984 in der Schrift „Zur Lage des Glaubens" seine Ansichten zur Situation der Kirche dar – eine überaus detaillierte Vision der Kirche und ihrer Aufgabe in der Welt. Der Papst konsultierte den Kardinal in allen wichtigen Fragen. Mit dem Gewicht seiner umfassenden theologischen Bildung war er die „Beraterfigur" für Wojtyła schlechthin, auch wenn er den Debatten in der Kurie im Grunde genommen fernstand: „Er wollte mich vom Beginn seines Pontifikats an als Mitarbeiter in Rom. Es entstand ein großes Vertrauen zwischen ihm und mir", erklärte Benedikt XVI. später.[48] Der Papst sah in ihm denn auch nicht nur einen wichtigen Mitarbeiter, sondern einen Freund, vertraute er ihm doch für den 2003 erschienenen Band mit seinen letzten Gedichten, „Römisches Triptychon", die Einleitung an.[49] Benedikt XVI. erzählt, Johannes Paul II. habe ihm kurz vor seinem 75. Geburtstag gesagt: „Sie brauchen den Brief [mit dem üblichen Rücktrittsgesuch] gar nicht zu schreiben, denn ich will Sie bis zum Ende haben."[50] Dass Ratzinger an der Seite des Papstes blieb, war für letzteren „sozusagen [...] die Gewähr dafür, dass wir im Glauben den richtigen Kurs fahren".[51]

Der Umgang mit der Befreiungstheologie war bis in die neunziger Jahre hinein eines der zentralen Probleme im Pontifikat Johannes Pauls II. Mit dem Zusammenbruch der kommunistischen Regime und der Diskreditierung des Marxismus endete aber auch die Krise in Lateinamerika schrittweise. Zeitgleich trat eine neue Generation von Bischöfen hervor, die sich jenseits der großen Konfliktlinien der siebziger und achtziger Jahre verorteten, so etwa der aus Honduras stammende

---

[48] Gespräch des Autors mit Benedikt XVI.
[49] Johannes Paul II., Römisches Triptychon, S. 9–13.
[50] Benedikt XVI., Licht der Welt. Der Papst, die Kirche und die Zeichen der Zeit. Ein Gespräch mit Peter Seewald, Freiburg, Basel, Wien 2010, S. 19.
[51] Ebenda.

Kardinal Rodríguez Maradiaga, der 1993 zum Bischof ernannt wurde, oder der argentinische Jesuit Jorge Mario Bergoglio, seit 1997 Koadjutor von Buenos Aires und später dort Erzbischof.[52] Während Wojtyłas Pontifikat stieg die Zahl der Priester in Südamerika um 35 Prozent, wohingegen sie in Europa und Nordamerika immer weiter zurückging. Was blieb, war die Herausforderung einer lateinamerikanischen Gesellschaft, die sich auf dem Weg der Säkularisierung befand und sich zugleich zu den evangelikalen Bewegungen hingezogen fühlte. Das etwas rüde, wenngleich treffende Verdikt Andrei Chesnuts, macht deutlich, wie dramatisch die Situation tatsächlich war: „Die katholische Kirche hat die Armen erwählt, die Armen aber haben sich für die Pfingstbewegung entschieden."[53]

Das andere Christentum

Während man noch über die Befreiungstheologie stritt, vollzog sich mit dem Siegeszug der neuen evangelikalen Bewegung in Lateinamerika eine religiöse Wende großer Tragweite – die größte seit der Evangelisierung des Kontinents überhaupt. Man geht davon aus, dass in der ersten Hälfte der neunziger Jahre etwa 45 Millionen Protestanten auf dem Kontinent lebten, während es zu Beginn des 20. Jahrhunderts nur einige Zehntausend gewesen waren. Zwei Drittel der Protestanten waren Anhänger der Pfingstbewegung.[54] Immer mehr Menschen in Lateinamerika schlossen sich ihr an. 1990 waren 20 Prozent der brasilianischen Bevölkerung protestantisch,

---

[52] Vgl. E. Romeo, L'Oscar color porpora. Il cardinale Rodriguez Maradiaga voce dell'America Latina, Mailand 2006.
[53] Vgl. R. Gritti, La politica del sacro. Laicità religione fondamentalismi nel mondo globalizzato, Mailand 2004, S. 153.
[54] Vgl. P. Freston, Pentecostalism in Latin America, in: Social Compass 45, 3 (1998), S. 337.

73 Prozent hingegen katholisch; sonntags aber nahmen zwanzig Millionen Protestanten am Gottesdienst teil und nur zwölf Millionen Katholiken. Zwischen 1960 und 1985 verdoppelte sich in Chile, Venezuela, Paraguay, Panama und Haiti die Zahl der Protestanten, während sie sich in Argentinien, Nicaragua und der Dominikanischen Republik verdreifachte. Um das Vierfache stieg die Zahl in Brasilien und Puerto Rico, um das Fünffache schließlich sogar in El Salvador, Costa Rica, Peru und Bolivien. Am stärksten allerdings wuchs ihre Zahl in Ecuador, Kolumbien und Honduras (um das Sechsfache) sowie, als Gipfelpunkt, in Guatemala, wo sie um das Siebenfache anstieg.[55]

Die protestantische Expansion „zeichnet sich durch einen stark antikatholischen, proselytenmacherischen Unterton aus; sie wurde von den USA unterstützt und durch den amerikanischen Glauben und die politisch-religiöse Ideologie einer offenkundigen Vorsehung beherrscht“, sagte Guzmán Carriquiry, ein prominenter katholischer Laie und zudem einer der besten Kenner des Kontinents in der Kurie.[56] Handelte es sich hier möglicherweise also um eine nordamerikanische Verschwörung gegen einen verdächtig gewordenen Katholizismus? Carriquiry jedenfalls schließt eine „Verschwörungstheorie“ aus.

Gianni La Bella hingegen ist der Überzeugung, die evangelikale Expansion sei genau in dem Moment erfolgt, in dem der Katholizismus und die traditionellen protestantischen Kirchen mit dem Kampf gegen die Ungerechtigkeit und die Militärdiktaturen beschäftigt waren. Dabei handelt es sich um ein Phänomen, das ganz Mittel- und Südamerika betrifft.[57] In Guatemala etwa, wo die missionarische Offensive aus Nordamerika die Mehrheit der Bevölkerung zu erreichen suchte,

---

[55] D. Stoll, Is Latin America Turning Protestant?, Los Angeles 1990, S. 8f.

[56] Vgl. G. Carriquiry Lecour, Una scommessa per l'America Latina. Memoria e destino storico di un continente, Florenz 2003.

[57] Vgl. G. La Bella, Giovanni Paolo II e l'America Latina, S. 236.

gab es einen schnellen Anstieg der Evangelikalen um 20 bis 30 Prozent und die Wahl eines protestantischen Präsidenten. Das evangelikale Christentum war medienwirksam – man denke etwa an die Fernsehprediger, an Billy Graham oder das „Campus Crusade for Christ" eines Chick Colson – und zugleich stark individualistisch. In Brasilien hinterließen die drei amerikanischen TV-Prediger Rex Humbard, Jimmy Swaggart und Pat Robertson „einen tiefen Eindruck", bediente sich der Evangelikalismus hier doch systematisch des Fernsehens und des Radios, um seine Botschaft medienwirksam zu vermitteln. Die Mittel zur Verbreitung und zum Gebrauch der „Heilsgüter" entwickelten sich im Rahmen einer gesteigerten Konkurrenz mit Hilfe bestimmter Markttechniken weiter und gehorchten der allgemeinen Wettbewerbsdynamik.[58]

In der Öffentlichkeit akzeptierte der Evangelikalismus im Allgemeinen die Werte und Normen der Gegenwartskultur, wie dies im Fall des Irakkriegs deutlich wurde; zugleich konnten aber auch strikte moralische Standpunkte vertreten werden. Meist manifestierte er sich in Gestalt einer privatisierten und individualisierten Religiosität. In Südamerika hat sich allerdings gezeigt, dass die Protagonisten der neuen evangelikalen Bewegung auch mit den Vertretern der Macht zu verhandeln bereit waren. Das mit individuellem Eifer gelebte Christentum wurde so zu einer Art ziviler Religion, wobei als gemeinschaftlicher Bezugspunkt, abgesehen von der kleinen Bibel- und Gebetsgruppe, oftmals die Nation diente. Diese Art des Christentums, wie ihn die amerikanische Gesellschaft hervorgebracht und weltweit verbreitet hat, unterscheidet sich erheblich vom Modell der Römischen Kirche, in der die christliche Gemeinde eine sehr starke autonome Stellung ein-

---

[58] Vgl. M. Russo, I protestanti brasiliani e la modernità, [Manuskript], S. 272–278. Zum religiösen Markt siehe A. Riccardi, Intransigenza e modernità. La Chiesa cattolica verso il terzo millennio, Rom, Bari 1996.

nimmt. Sie steht jedoch im Begriff, sich zur großen Konkurrenz für den Katholizismus zu entwickeln.
Aus den USA kam also ein neues religiöses Modell, das sich sowohl von der katholischen Kirche als auch von den historisch gewachsenen protestantischen Kirchen unterschied. Der Evangelikalismus ist keine global ausgerichtete, universal orientierte Gemeinschaft wie die römische Kirche. Vielmehr handelt es sich um mehr oder weniger erfolgreiche „religiöse" Initiativen, die Teil einer vielgestaltigen, bisweilen konfliktträchtigen Welt sind, die jedoch gemeinsame Charakteristiken aufweisen. Mit seiner zwar weniger gefestigten, dafür aber charismatisch aufgeladenen Präsenz forderte der neue Evangelikalismus insbesondere den Katholizismus heraus. In einer religiösen Welt der fließenden Übergänge präsentierte sich dieser als eine Religion, die auf ihrer gesellschaftlichen Andersartigkeit beharrte und über eine starke institutionelle Identität verfügte, wenngleich seine Grenzen durchaus offen waren für jene Katholiken, die auf ihre eigene Art katholisch sein wollten.[59]
Tatsächlich erwies sich die katholische Kirche als stark und kompakt; zuweilen mochten ihre Riten auf die Masse ausgerichtet sein, so dass der Einzelne in der Anonymität verloren zu gehen drohte – ganz im Unterschied zur inbrünstigen evangelikalen Gemeinde. Daher fragt der Historiker Pierre Chaunu, ob der Erfolg des Evangelikalismus nicht das Resultat eines „priesterlosen Massenkatholizismus" sei, wie er oftmals in lateinamerikanischen Kontexten anzutreffen war: Der Mangel an Priestern habe die Idee einer persönlichen Inspiration beziehungsweise einer direkten Verbindung zu Gott entscheidend begünstigt. Der Siegeszug der Evangelikalen in Südamerika wäre somit auch als eine Folge des dortigen

[59] Vgl. W. J. Hollenweger, Le pentecôtisme avenir planétaire du christianisme?, in: Géopolitique du christianisme, hg. v. B. Chélini-Pont, R. Liogier, Paris 2003, S. 149–157; The New International Dictionary of Pentecostal and Charismatic Movements, hg. v. S. M. Burgess, Grand Rapids (MI) 2002.

Priestermangels zu bewerten, denn in den Vorstadtgebieten Brasiliens fanden die meisten katholischen Gottesdienste am Sonntag ohne Priester statt.[60]
Mit der Zeit entstanden so Gemeinden von Gläubigen, die zwar katholisch genannt wurden, aber eine Art der Kirchlichkeit lebten, bei der die Spendung der Sakramente kaum mehr eine Rolle spielte. Der protestantische Historiker Jean-Pierre Bastian sieht den Evangelikalismus denn auch als Entwicklung eines volksnahen Katholizismus ohne Priester, als Nachfolger von Bruderschaften, die sich um den Heiligen herum gruppierten: „Der Anführer der Pfingstbewegung ersetzte den heiligen Patron in seiner Mittlerfunktion."[61]
Johannes Paul II. war sich bewusst, wie groß der Einfluss der evangelikalen Bewegung auf die Sendung der Kirche in Afrika und Asien war, ganz zu schweigen von den USA und Lateinamerika. Er neigt nicht, wie manche Bischöfe, zu Verurteilungen oder zum Pessimismus, auch wenn der brasilianische Kardinal Moreira Neves lamentierte: „Der Frühling der Sekten könnte dazu führen, dass für die katholische Kirche der Winter anbricht." Kardinal Ratzinger schrieb 1984 über die Sekten: „Ihre Ausbreitung [...] deutet auch auf Lücken und Mängel in unserer Verkündigung und Praxis hin."[62]
Und er fügte hinzu: „Bei diesen Sekten gibt es eine Sensibilität (die bei ihnen ins Extrem gesteigert, die aber in einem ausgewogenen Maß echt christlich ist) gegenüber den Gefahren unserer Zeit und somit gegenüber der Möglichkeit eines drohenden Endes der Geschichte." Seiner Ansicht nach brauchten die Menschen Hilfe, um ihre Zeit zu verstehen, da sie verwirrt waren von den vielen düsteren Signalen und dem weiten Horizont, der sich vor ihnen öffnete. Marianischen Botschaften wie etwa der von Fatima den richtigen Stellen-

[60] M. Russo, I protestanti brasiliani e la modernità, S. 285f.
[61] Vgl. P. Chaunu, Storia dell'America Latina, Mailand 1977, S. 121ff.
[62] Dies und das folgende Zitat in: J. Ratzinger, Zur Lage des Glaubens, S. 120.

wert zu geben, war daher dem Kardinal zufolge eine mögliche Antwort in dieser Umbruchsituation: Durch Maria machte die Kirche auf die Gefahren der Zeit aufmerksam und antwortete „mit einer entschiedenen Umkehr und Buße".[63]
Wojtyła reagierte auf die Krise mit einer erneuerten Seelsorge, einer umfassenderen missionarischen Tätigkeit, einer katechetischen Arbeit, die den Gläubigen zu mehr Bildung verhalf; durch die Volksfrömmigkeit und die Marienverehrung stärkte er aber auch die Gefühlswelt der Gläubigen. In Lateinamerika gab es fast fünfhundert Wallfahrtsorte, die von etwa 30 Prozent der Bevölkerung regelmäßig besucht wurden. Auch darum weihte Johannes Paul II. 1980 persönlich den brasilianischen Wallfahrtsort von Aparecida, den sechs Millionen Pilger jährlich aufsuchten. Dass der Papst mit so vielen Menschen in unmittelbaren Kontakt trat, war ein entscheidender Schritt, um der Krise zu begegnen. Fast alle lateinamerikanischen Länder hat Wojtyła besucht – einige sogar mehrmals. Bezeichnenderweise reiste er dreimal in das kleine Guatemala: in den Jahren 1983, 1996 und 2002. Auch El Salvador, das sich ebenfalls protestantisch entwickelte und unter anderem der „zionistischen Kirche" des *hermano Tobi* Raum bot, suchte der Papst dreimal auf. Wojtyła und Ratzinger waren sich einig, dass man „einen neuen Stolz" zurückgewinnen musste, „der nicht mit der unverzichtbaren Demut des Katholiken in Widerspruch stand".
1985 veröffentlichte der Heilige Stuhl ein wichtiges Dokument zu den Sekten, in dem die Kirchen aufgefordert wurden, ein warmes und persönliches Klima zu schaffen, um der Verwirrung vieler Gläubiger in einer Kirche zu begegnen, die allzu sehr eine Kirche der Masse geworden war.[64] Einige amerikanische Modelle des religiösen Lebens flossen so teilweise

[63] Ebenda.
[64] Il fenomeno delle sètte o nuovi fenomeni religiosi, in: Enchiridion Vaticanum. Documenti ufficiali della Santa Sede, Bologna 1989, S. 252–285.

in den Katholizismus ein, wie etwa die Pfingstbewegung, die ihren Ursprung in einem protestantischen Umfeld hatte, nach dem Zweiten Vatikanischen Konzil aber auch in der Römischen Kirche wirksam wurde. Im Katholizismus nahm die Pfingstbewegung neue Formen an, von den volksnahen Ausprägungen auf den Philippinen bis hin zu den verschiedenen Varianten in Frankreich oder Italien. Insgesamt wurde sie zur größten katholischen Bewegung der Gegenwart. Durch den Einfluss des Evangelikalismus lernte man auch in der katholischen Welt, aufmerksamer mit den Medien und mit emotionalen Aspekten umzugehen, wie dies neue katholische Netzwerke und charismatische Figuren in Brasilien zeigen.[65]

Die evangelikale Pfingstbewegung war eine epochale Alternative zur Römischen Kirche in Lateinamerika: ein „Ersatzkatholizismus", wie Bastian ihn genannt hat.[66] Die Entwicklung der Religion in Amerika stellte die alte Kirche Roms vor neue Herausforderungen, die sich von den säkularen und laizistischen Alternativen in Europa erheblich unterschieden. Die Auseinandersetzung zwischen den beiden Formen des Christentums nahm – trotz der Begegnung zwischen Johannes Paul II. und Billy Graham und der Einigung über ethische Streitpunkte in Nordamerika – nicht selten den Charakter eines Konfliktes an, wenn auch auf einer anderen Ebene als in den USA. Ein neues, fluides Christentum, das kein einheitliches Gesicht mehr in der Gesellschaft besaß, war eine Alternative zu einer Kirche, die sich stets universal und einheitlich verstanden hatte: eine Herausforderung, die in vielen Teilen der Welt große Wirkung entfaltete, in Westeuropa allerdings eher unbedeutend blieb.

[65] C. L. Mariz, A Rede Vida: o catolicismo na TV, in: Cadernos Antropologia e Imagem 7 (1998), S. 41–55; M. Russo, I protestanti brasiliani e la modernità, S. 285f.

[66] J.-P. Bastian, Le protestantisme en Amérique Latine. Un approche sociohistorique, Genf 1994.

Die *Assembleia de Deus* (Gottesversammlung) in Brasilien zählt mehr als acht Millionen Gläubige. Durch den Einfluss des TV-vermittelten Evangelikalismus wurde auch die *Igreja Universal di Reine de Deus* gestärkt, die im Jahr 2000 ungefähr zwei Millionen Gläubige in Brasilien und eine halbe Million in den anderen Teilen der Welt zählte (1998 wurden 17 Deputierte aus allen Ländern gewählt, in denen die Kirche aktiv ist). Dies sind nur zwei Beispiele für die fortdauernde Verbreitung evangelikaler Gruppen, die auch in Afrika auf dem Vormarsch sind. Auf diesem Kontinent, wo es nur wenige große katholische Wallfahrtsorte gibt, entwickeln sich regelrechte Wunderzentren wie das Miracle Center von Kampala in Uganda, das große Massenveranstaltungen im Zeichen von „desire, dream and destiny" organisiert.[67] Die Ausweitung der protestantischen Mission in China (mit eindeutigeren religiösen Inhalten) scheint die Anzahl der Gläubigen dort auf 60–70 Millionen angehoben zu haben, während es weniger als zehn Millionen Katholiken gibt.

Johannes Paul II. interpretierte dieses Phänomen als Ausdruck einer wachsenden Orientierungslosigkeit des Menschen in der Gegenwart. Seine Antwort darauf war die Evangelisierung. Vor diesem Hintergrund glaubte er fest an eine volksnahe Religion, die fähig war, die Neuerungen des Zweiten Vatikanums mit der traditionellen Bindung an die Gottesmutter und den Papst zu verknüpfen. Es entging ihm nicht, dass viele Menschen Träume und Hoffnungen brauchten. Und er wollte, dass sie diese im Rahmen des alten Glaubens an die Kirche fanden. So machte er sich, gleichsam als „Missionar" der Kirche, persönlich ans Werk. Tatsächlich wurde der Papst – der „souverain pontif", wie ihn die Franzosen noch heute nennen – zu einem großen Wanderprediger.

---

67 Vgl. R. Kayanja, Desire, dream and destiny, Kampala 2004; Ders., The seed, the soil and the season, Kampala 2005.

IX

Der Marxismus und sein Imperium

Eine wechselvolle Geschichte

Die Wahl eines polnischen Papstes war, wie die bislang erschlossenen Dokumente zeigen, eine böse Überraschung für den Kreml. Aus einem Bericht des KGB geht hervor, dass man den Verlauf des Konklave als abgesprochene Aktion von zwei einflussreichen polnischstämmigen US-Amerikanern interpretierte: Kardinal Krol und Brzezinski, dem Berater Jimmy Carters.[1] Die kommunistischen Regierungen, die das religiöse Leben in ihrem Herrschaftsbereich flächendeckend kontrollierten, hatten sich nicht vorstellen können, dass ein Mann aus dem Osten zum Papst gewählt würde. Diese Fehleinschätzung war darauf zurückzuführen, dass man zu sehr auf die Traditionen des italienischen Papsttums setzte und nicht damit rechnete, die katholische Kirche könne neue Wege beschreiten. Sie ging auch auf eine politische Kultur zurück, die der Religion grundsätzlich jede Fähigkeit zur Erneuerung absprach und von ihr allenfalls eine Wiederholung des Vergangenen beziehungsweise eine reaktionäre Haltung erwartete. Am Ende offenbarte die Wahl dann aber den weltumspannenden Charakter eines Katholizismus, der auch den sogenannten „eisernen Vorhang“ zu durchdringen vermochte. Dabei wurde deutlich, wie lebendig die Beziehungen zwischen Rom und den Christen des Ostens nach mehr als drei Jahrzehnten Kommunismus noch immer waren – und dies obwohl die kommunistische Kirchenpolitik alles unternommen hatte, um die ka-

---

[1] F. Corley, Soviet Reaction to the Election of Pope John Paul II, in: Religion, State and Society“ 22 (1994), S. 37–64.

tholischen Kirchen zu nationalisieren und ihre Kontakte nach Rom zu unterbinden. Tatsächlich beugten sich einzelne Kirchen diesen Maßnahmen durchaus. Ein Beispiel für eine gelungene Kontrolle war der patriotische Katholizismus im fernen China, wo sich allerdings zugleich eine Untergrundgemeinde von romtreuen Gläubigen bildete, die in Opposition stand zur mehr oder weniger regimetreuen, staatlich kontrollierten Kirche. Die kommunistische Politik, die auf eine Isolierung der Katholiken ausgerichtet war, sollte das kirchliche Leben ersticken oder sogar ganz abschaffen. Vollständig gelang dies allerdings nur in Albanien, dem einzigen atheistischen Staat der Welt, in dem jede Religionsausübung verboten war (Johannes Paul II. besuchte das Land 1993, nachdem er zuvor mehrfach versucht hatte, einen Kontakt zu den dortigen Katholiken herzustellen).[2] Die kommunistischen Diktaturen zielten darauf ab, Nationalkirchen zu schaffen, die ihrer Kontrolle unterlagen und auf den bloßen Kult beschränkt waren, wie es bei den orthodoxen Kirchen der Fall war.

Der neue Papst befand sich inmitten der Auseinandersetzungen zwischen Ost und West, die trotz der Entspannungspolitik weiterhin das wichtigste und dringlichste internationale Problem darstellten. Seit dem Ende des Zweiten Weltkriegs hatte sich hier gewissermaßen ein Kampf der Kulturen herausgebildet, in dem es nicht nur um politische Einflüsse ging. Unter Pius XII. hatte sich der Heilige Stuhl dem Kommunismus, der die Kirche allerorten verfolgte, entschieden entgegengestellt. Mit der Exkommunikation vom Juli 1949 wurde die Unvereinbarkeit von Katholizismus und Kommunismus unmissverständlich deklariert, und in der Folge hatten die Kirchen des Ostens harte Verfolgungen zu erdulden,

[2] Zu Albanien vgl. R. Morozzo della Rocca, Nazione e religione in Albania 1920–1944, Bologna 1990; Ders., Albania. Le radici della crisi, Mailand 1997. Zu China siehe E. Giunipero, Chiesa cattolica e Cina comunista. Dalla rivoluzione del 1949 al concilio Vaticano II, Brescia 2007.

wobei sich die Bischöfe vielfach als wehrlos erwiesen. Nur die katholische Kirche in Polen hatte sich eine starke Ausstrahlungskraft bewahrt. Dies hing sowohl mit der tiefen Verwurzelung des katholischen Glaubens im Volk zusammen als auch mit der umsichtigen Führung Wyszyńskis. Ihm hatte bereits Pius XII. umfassende Vollmachten erteilt, die Johannes Paul II. – trotz der Bedenken von Staatssekretär Villot – erneut bestätigte.

Anders als Pius XII. hatte Johannes XXIII. den polnischen Primas mit einer gewissen Sympathie begleitet und sein Vorgehen unterstützt. Der Roncalli-Papst war zutiefst besorgt über die Situation der Ostkirche, die sich zunehmend verschlechterte. Er versuchte daher, die Kommunikation mit den Bischöfen im Osten wieder herzustellen, die kaum Kontakt mit dem Heiligen Stuhl hatten, indem er sich für deren Präsenz beim II. Vatikanischen Konzil einsetzte. Gleichzeitig ermutigte er etwa Kardinal König, den ungarischen Primas Mindszenty zu besuchen, der in der amerikanischen Botschaft in Budapest Unterschlupf gefunden hatte. Mindszenty, der sich in seiner eigenen Heimat im Exil befand, galt als ein Symbol für das Verhalten der Katholiken gegenüber dem Kommunismus: Nichts anderes schien ihnen möglich zu sein, als bis zum Martyrium Widerstand zu leisten.[3] Für Papst Johannes allerdings war das – wenn man so will – umsichtigere Verhalten Wyszyńskis gegenüber den kommunistischen Regimen eher beispielgebend.

Kardinal Casaroli, der (wie schon unter Roncalli) nun auch unter Wojtyła eine zentrale Rolle in der vatikanischen Ostpolitik spielte, erinnert sich so an die Anfänge: „Man kennt die Einwände, die man gegen das Verhalten des Heiligen Stuhls vorgebracht hat, als die persönliche Wärme Johannes XXIII. – zur Überraschung vieler – eine gewaltige Barriere aus Eis

[3] Siehe J. Kardinal Mindszenty, Erinnerungen, Frankfurt a. M., Berlin, Wien 1974.

zum Schmelzen zu bringen schien."[4] Nach Ansicht des russischen Metropoliten Nikodim hatte Roncalli verstanden, dass „die sicherste gemeinsame Plattform für eine Schaffung des Friedens die Liebe" war.[5] Zwar machte sich Johannes XXIII. keine Illusionen über die Wandlungsfähigkeit der Regime; als guter Diplomat verstand er es jedoch, die vorhandenen Spielräume geschickt zu nutzen. Als Papst fühlte er sich geradezu verantwortlich dafür, sein Bestes für die Katholiken des Ostens zu tun. Seine Anweisungen für Casaroli lauteten daher: „Wir müssen uns nicht beeilen, noch dürfen wir uns Illusionen machen; aber wir müssen weitermachen, im Vertrauen auf Gott."[6]

Nach einer gewissen Denkpause nahm Paul VI. mit Hilfe von Casaroli die Ostpolitik schließlich wieder auf. Die Kritik ließ nicht lange auf sich warten, konnte man doch den Eindruck gewinnen, der Papst spreche den kommunistischen Regimen eine gewisse Legitimität zu, indem er den Unterdrückern die Hand reichte und die Kirche auf diese Weise die Aura des moralischen Widerstands einbüßte. Paul VI. bat die Kardinäle der Kongregation für Außerordentliche Kirchliche Angelegenheiten (sie war auch zuständig für die Beziehungen zu den einzelnen Staaten) um eine Stellungnahme, ob und wie die Verhandlungen fortzuführen seien. Die Einschätzung der Kardinäle fiel grundsätzlich positiv aus, auch wenn einige zur Vorsicht mahnten. So nahm Paul VI. die diplomatische Tradition des Heiligen Stuhls, überall zu verhandeln, wo dies auch nur annähernd möglich war (bis 1928 war man so auch gegenüber der Sowjetunion verfahren), wieder auf.[7] Für Montini

[4] Conferenza del cardinale Casaroli, 20.1.1972, in: Ders., Nella Chiesa e per il mondo, Mailand 1987, S. 264–287.
[5] Metropolita Nikodim, Uno scomodo ottimista, Rom 1983, S. 247f.
[6] Conferenza del cardinale Casaroli, 20.1.1972, S. 310.
[7] Vgl. die Einleitung von Kardinal Silvestrini in: A. Casaroli, Il martirio della pazienza. La Santa Sede e i paesi comunisti (1963–89), Turin 2000, S. XV–XVI. Dazu A. Riccardi, Uno sguardo dal Vaticano alla Russia, in: Singolaris-

war dies eine geradezu moralische Pflicht. Im Übrigen hatte er schon unter Pius XII. diese Ansicht vertreten, was für einen erheblichen Dissens zwischen ihm und Pacelli sowie dessen Entourage gesorgt hatte. Dabei war sich Paul VI. der Probleme, die mit den kommunistischen Regimen und dem katholischen Widerstand verbunden waren, nur allzu bewusst. Dennoch war er ganz erfüllt von dem Bewusstsein, eine schwierige Pflicht zu erfüllen, freilich ohne Sympathie für den Kommunismus zu hegen.

Das Zweite Vatikanische Konzil hatte den Kommunismus nicht verurteilt. Die Beobachter des orthodoxen Patriarchats von Moskau hatten an seinen Sitzungen teilgenommen. Sie saßen in der Konzilsaula neben dem katholischen Metropoliten Slipyj, einem Ukrainer, der im sowjetischen Gulag gewesen und nur durch die persönliche Intervention des Papstes bei Chruschtschow freigekommen war. Die griechisch-katholische Kirche der Ukraine, die von den Sowjets 1946 zwangsweise der russischen Kirche einverleibt worden war, blieb für Paul VI. wie für Johannes Paul II. eines der größten Probleme auf dem Weg nach Moskau, selbst nach dem Zusammenbruch der UdSSR. Der polnische Papst vergaß diese Märtyrerkirche nicht (auch wenn die ukrainischen Katholiken in der Zwischenkriegszeit unter den lateinischen Polen zu leiden hatten), die im Untergrund lebte und ihrer Hierarchie beraubt war. Kardinal Slipyj begegnete er mit Respekt und Aufmerksamkeit.

Die Ostpolitik des Montini-Papstes führte zwar in einzelnen Staaten des Warschauer Paktes durchaus zu gewissen Resultaten, nicht jedoch in der UdSSR. Die Sowjets weigerten sich, mit dem Vatikan über die religiösen Probleme im eigenen Land zu diskutieren und beschränkten sich darauf, internationale Angelegenheiten zu verhandeln. Dies warf Kardinal

---

simo giornale. 150 anni dell'„Osservatore Romano", hg. v. A. Zanardi Landi, G.M. Vian, Turin 2010, S. 110–137, S. 112–122.

Casaroli dem Vorsitzenden des Rats für religiöse Angelegenheiten beim Ministerrat der UdSSR, Konstantin Chartschew, 1988 in einem Gespräch auch unmissverständlich vor:

> Wenn ich ausnahmsweise religiöse Fragen ansprach, kam immer dieselbe höfliche Antwort: „Ich kenne mich da nicht so gut aus; ich werde es an das Ministerium weiterleiten." Wir haben darüber auch gesprochen, als Herr Podgorny und Herr Gromyko den Vatikan besuchten, denen auch ein „Memorandum" übergeben wurde, aber die Dinge blieben immer ohne Folgen. Wir hatten den Eindruck, dass es an den Grundlagen fehlte, um miteinander zu sprechen. Einige Male habe ich gedacht [...], es fehlt in der UdSSR eine vergleichbare Tradition. Die religiöse Wirklichkeit wurde hier allein durch die orthodoxe Kirche und das Patriarchat repräsentiert, und sie galt als eine innere Angelegenheit der Sowjetunion. Vielleicht passte die Vorstellung, mit einem Außenstehenden – wie dem Heiligen Stuhl – über die inneren Angelegenheiten zu sprechen, nicht zu dieser Tradition.[8]

Der Zugang zur UdSSR blieb dem Vatikan vorerst verschlossen. Bis 1988, als Casaroli nach Moskau reiste, war der sowjetische Botschafter am Quirinal mit den (geheimen) Beziehungen zum Vatikan betraut und hatte vom Zentralkomitee der KPdSU die Anweisung erhalten, ausschließlich über Fragen des Friedens und der internationalen Sicherheit zu verhandeln, nicht jedoch über religiöse Themen.

Viel Kritik erntete Casaroli im Übrigen beim polnischen Primas (er fürchtete, Rom könne den Episkopat und dessen Beziehungen zum Staat übergehen) sowie beim ukrainischen

---

[8] Gespräch zwischen Casaroli und Chartschew, Moskau, 12.6.1988, in: Archivio di Stato di Parma, Archivio Agostino Casaroli, URSS, 58, Viaggio 8–13 giugno 1988, b. 3, f. 7, 1.

Metropoliten Slipyj, der das Verbot seiner Kirche in der UdSSR anprangerte, während der Vatikan gute Beziehungen zum Kreml und zur Orthodoxie zu knüpfen suchte. Anlässlich der Synode von 1975 fasste Wyszyński seinen Dissens mit dem vatikanischen ‚Außenminister' in die Worte: „Vir casaroliensis non sum" („Ich bin kein Mann Casarolis".) Alles in allem erzielte der Vatikan in Sachen Ostpolitik nur bescheidene Resultate, auch wenn es einzelne Bischofsernennungen gab. Paul VI. verhehlte dies am Ende seines Pontifikats nicht. Allein, er war nach wie vor überzeugt davon, dass es kaum Alternativen gegeben hatte. Bei seiner letzten Ansprache vor dem Diplomatischen Corps fragte Montini, ob nicht endlich die Zeit gekommen sei, den Katholiken im Osten die Freiheit zu geben. Heute, lange nach dem Zusammenbruch des Kommunismus von 1989, scheint man leicht zu vergessen, dass sich die kommunistischen Regime für die meisten westlichen Beobachter damals in einem überaus vitalen Zustand befanden. Daher vermutete man, der Ostblock werde sich noch lange Zeit halten. Den meisten Fachleuten im Westen fehlte es hier wohl, wie im Übrigen auch den Politikern, am nötigen Weitblick. Und in gewisser Weise war die friedliche Koexistenz zwischen Ost und West ja tatsächlich an die Lebensdauer des kommunistischen Systems geknüpft. Auch deshalb wollte kaum jemand davon ausgehen, dass der UdSSR eine nur kurze Zukunft beschieden sein würde. Für den Heiligen Stuhl bestand das Problem denn auch vor allem darin, das Christentum unter der kommunistischen Herrschaft überlebensfähig zu machen.

Der Jesuitengeneral, Pater Arrupe, vertraute dabei ganz auf den Widerstand der Orthodoxen und sprach sich dafür aus, das Moskauer Patriarchat zu unterstützen.[9] Als er in der UdSSR von Metropolit Nikodim, der einen stabilen Kontakt zu den Jesuiten aufgebaut hatte, und dem jungen Diakon Ki-

[9] Gespräch des Autors mit Pater Arrupe.

rill (dem künftigen Patriarchen) empfangen wurde, war er überrascht vom christlichen Leben der Orthodoxie. In Osteuropa versuchte Paul VI. indes, die begrenzten, allein auf den Kult reduzierten Spielräume des Katholizismus zu festigen, sodass zumindest die Existenz von Bischöfen und Priestern vor Ort gewährleistet war.

Mit den Kommunisten zu verhandeln kam nicht selten einem „Martyrium der Geduld" gleich, wie es Casaroli im Titel seiner Erinnerungen formuliert hat.[10] Rasch hatte der Kardinal den Eindruck gewonnen, die sozialistischen Regime verfolgten mit ihren beruhigend-abwiegelnden Äußerungen nur den Zweck, die öffentliche Meinung im In- und Ausland im Zaum zu halten. Einem Bonmot Villots zufolge glich die Ostpolitik daher weitaus mehr einer *ars non moriendi* – einer Kunst zu überleben – als einem *modus vivendi*. Wie lange würden die Kirchen in der kommunistischen Welt noch bestehen können? Casaroli notierte 1967 eine Äußerung von Kardinal Wyszyński über den polnischen Katholizismus, die dieser in einem schwierigen Moment geäußert haben mochte: „Die Kirche in Polen [...] kann die Last der Unterdrückung durch die Regierung zumindest zehn Jahre lang einigermaßen unbeschadet durchhalten."[11] Und was würde danach geschehen? Die Skepsis, wie sie Wyszyński, der wohl angesehenste Vertreter der katholischen Kirche im Osten, mehr als einmal zum Ausdruck brachte, bereitete Paul VI. große Sorgen, und ein politischer Wandel war nicht in Sicht. Die Dissidenten standen einem Einvernehmen mit den Machthabern ebenso wie einige Bischöfe kritisch gegenüber. Doch welche Alternativen gab es? Diese Frage stellte Casaroli all jenen, die die Verhandlungsstrategie ablehnten. Auf ihm lastete die Hauptverantwortung für die Gespräche. Welche Rolle aber würde der Er-

[10] A. Casaroli, Il martirio della pazienza.
[11] Ebenda, S. 172 und 277. Zu diesem Thema siehe A. Riccardi, Il Vaticano e Mosca, Rom, Bari 1992, S. 133 sowie passim.

finder der Ostpolitik angesichts der Haltung des neuen Papstes und Wyszyńskis künftig spielen?

Kardinal Casaroli

Das polnische Modell schien eine Alternative zur vatikanischen Ostpolitik zu sein, was die Regierungsvertreter in Warschau auch so sahen. Im Dezember 1978 erinnerte Casaroli sie daran, als Kardinal sei Wojtyła von der Ostpolitik des Heiligen Stuhls nicht gerade begeistert gewesen; und er fügte hinzu, die erste Reise des neuen Papstes müsse nicht unbedingt nach Polen führen. Zur gleichen Zeit jedoch bekräftigte Stanisław Dziwisz, der Privatsekretär des Papstes, gegenüber polnischen Funktionären die Absicht Johannes Pauls II., möglichst bald Polen zu besuchen.[12] In Warschau neigte man dazu, das Verhalten des Sekretärs vorerst als „übertriebenen Fanatismus" zu bewerten. Doch auch wenn bereits bei dieser speziellen Frage ein grundsätzlicher Dissens zwischen Casaroli und der päpstlichen Entourage deutlich wurde, ernannte Johannes Paul II. nach dem Tod Villots 1979 ausgerechnet Casaroli zum Staatssekretär.

Vieles sprach dafür, einen Italiener an die Spitze der Kurie zu berufen, zumal der Papst selbst aus einem anderen Land stammte. Doch warum ausgerechnet Casaroli? Kurz gesagt, war seine Nominierung wohl vor allem ein Signal an die Staaten des Ostblocks. Darüber hinaus stand Casaroli weit mehr als andere italienische Kardinäle im Licht der Öffentlichkeit und verfügte darüber hinaus über eine umfassende Erfahrung auf dem internationalen Parkett. Mit der Entscheidung

---

[12] Szablewski berichtet von einem Gespräch zwischen Casaroli und Kania vom 5.12.1978 sowie einem weiteren mit Dziwisz vom 18.12.1978, in: Archiwum Akt Nowych, KC PZPR (Zentralkomitee der Kommunistischen Partei Polens) XIA–1279, kk 40–43 e 56. Siehe auch: Il filo sottile. L'Ostpolitik di Agostino Casaroli, hg. v. A. Melloni, Bologna 2006.

für Casaroli zollte Wojtyła daher auch den Mitarbeitern der Kurie seinen Respekt. Und selbst Wyszyński, ein erklärter Gegner Casarolis, schätzte dessen intellektuelle Redlichkeit: „Bleiben Sie in seiner Nähe, denn er kann es nicht!“, soll der Primas, so erinnert sich Kardinal Silvestrini, mit Blick auf Johannes Paul II. zu Casaroli gesagt haben.[13] Und dass Wyszyńskis Gedanken tatsächlich in diese Richtung gingen, belegen die Einträge in seinem Tagebuch. So notierte er etwa am 20. Oktober 1978, er sei mit Casaroli zusammengetroffen und habe ihm geraten: „Sollte Sie der Papst um ihre Mitarbeit bitten, ziehen Sie sich nicht zurück, denn Sie haben einen einfachen Mann vor sich [gemeint ist Wojtyła], ehrlich und freundlich, dem man helfen muss, zum Wohle der Kirche.“ Einige Tage später, am 28. Oktober, lud der Primas Casaroli zum Abendessen ins Polnische Institut in Rom ein. Wyszyński hielt anschließend fest: „Ich habe ihn gebeten: ‚Wenn der Heilige Vater Sie um eine engere Zusammenarbeit bittet – ich habe nicht spezifiziert, welche –, akzeptieren Sie dies, denn der Heilige Vater braucht sie.‘ Mons. Casaroli hat gesagt, er habe stets vollsten Gehorsam geleistet.“ Auffällig ist, wie besorgt der Primas darüber war, der neue Papst werde einer Unterstützung durch die vatikanische Diplomatie entbehren.
Die Ernennung Casarolis zeigt ebenso wie die Bitte Wyszyńskis, auf welche Weise die „Polen“ ihre eigenen Ziele mit denen der Kurie zu verbinden suchten, wussten sie doch, dass sie Mittel benötigten – wie etwa die der Diplomatie –, die ihnen selbst nicht zur Verfügung standen. Im Übrigen hatte Kardinal Wojtyła dem Primas bereits 1974 gesagt, seiner Einschätzung zufolge sei Casaroli nur ein „ausführendes Organ“, da inzwischen klar sei, „dass die Ostpolitik dem Willen des Heiligen Vaters [Pauls VI.] folgt“.[14] Nach der ersten Polenreise des Papstes vertraute Luigi Poggi seinen Gesprächspartnern

---

[13] Gespräch des Autors mit Kardinal Silvestrini.
[14] Karol Wojtyła w zapiskach Prymasa Tysiąclecia, in: Znaki Nowych Czasów, 17.10.2006, S. 94–115, S. 106f.

in der polnischen Regierung denn auch an, Johannes Paul II. schätze endlich die Ratschläge Casarolis, dessen Gewicht gestiegen sei.[15]

In Wahrheit begegnete die polnische Kirche der Ostpolitik Casarolis weiterhin misstrauisch. Am 2. Juni 1990 wurde der Kardinalstaatssekretär, dessen Amtszeit zu Ende ging, mit der Ehrendoktorwürde der Theologischen Akademie Krakau ausgezeichnet. Dass hinter dieser Entscheidung Johannes Paul II. persönlich stand – wie dies stets der Fall war, wenn es um derartige Auszeichnungen in seinem Heimatland ging, speziell für Italiener –, steht dabei außer Frage; ein anderes Beispiel ist die Verleihung der Ehrendoktorwürde an den Rabbiner Roms, Elio Toaff, durch die Katholische Universität Lublin. Zu diesem Anlass hielt Casaroli eine Dankesrede, in der er programmatische Erläuterungen zur Ostpolitik gab, um schließlich das „Wunder Wojtyła" zu preisen. Allerdings wurde die Rede mehrfach unterbrochen und durch Unmutsäußerungen aus dem Auditorium gestört, das zum größten Teil aus polnischen Kirchenleuten bestand, bis der Erzbischof von Krakau, Kardinal Macharski, schließlich die Ruhe wiederherstellte.[16] Diese Episode zeigt einmal mehr, wie unbeliebt Casaroli im katholischen Polen bis zuletzt war.

Dennoch machte ihn Johannes Paul II. zu seinem wichtigsten Mitarbeiter: „Er war ein loyaler Mann, auch wenn er eine andere Sichtweise hatte, aber er war loyal und spielte keine Spielchen", berichtet Dziwisz.[17] Der Papst hätte auch Kardinal Benelli, einen starken Mann aus der Regierung Pauls VI., nach Rom zurückberufen können, wie man dies in Montini-Kreisen durchaus erhoffte. Aber verschiedene Gründe sprachen dagegen: unter anderem sein allzu entschlossenes Auf-

---

[15] Archiwum Akt Nowych (AAN) Documenti del 1977–1979; KC PZPR; Behörde für religiöse Angelegenheiten (UdsW) KC PZPR XIA–576, k. 45–46. Chiffriertes Schreiben Nr. 4430/II, 28.6. 1979 aus Rom, geheim.

[16] So die Erinnerung des Autors.

[17] Gespräch des Autors mit Kardinal Dziwisz.

treten sowie die Tatsache, dass er beim Konklave der Gegenkandidat Siris gewesen war (Möglicherweise dachte der Papst daran, ihn für ein anderes Kurienamt einzusetzen und begegnete ihm daher mit freundlichen Gesten, etwa anlässlich eines Besuchs in Montinis Geburtsort). Im Unterschied zu Paul VI. verfügte Wojtyła, von wenigen Ausnahmen abgesehen, über keine eigenen Kandidaten für die Besetzung der Kurienämter. Montini hatte zu einer Vielzahl von Geistlichen Verbindungen (den sogenannten „montiniani“) gepflegt, die er nach seiner Wahl zum Papst gerne in wichtigen Funktionen einsetzte, um mit ihrer Hilfe sein Reformprojekt voranzubringen. Gewöhnlich akzeptierte Wojtyła, wenn auch nicht bedingungslos, die in der Kurie herangebildeten Mitarbeiter; die Ernennung Casarolis stand denn auch schon unmittelbar nach dem Konklave fest.

In Wyszyńskis Tagebuch ist zu lesen, dass der Primas, gemeinsam mit Mons. Dąbrowski, am 18. Oktober 1978 zum Mittagessen beim Papst empfangen wurde, um über die polnischen Angelegenheiten zu sprechen. Nach dem Essen, so heißt es hier, „haben wir über Mons. Casaroli gesprochen und darüber, ob er Kardinal Villot nachfolgen soll. Oder, ob der Nachfolger Kardinal Baggio sein soll. Mir scheint, Baggio ist zu belastet und zu wenig arbeitsam, wie sich in der Kongregation für die Bischöfe gezeigt hat. Mons. Casaroli hingegen ist loyal, arbeitsam, gewissenhaft, vorsichtig. Nur die Tatsache, dass sein Name gleichbedeutend ist mit der ‚Ostpolitik des Vatikans‘, könnte den neuen Papst in der Welt der Politik momentan noch brandmarken. Das muss verhindert werden [...]. Jedenfalls ist eines sicher: Kardinal Villot kann in seinem Amt nicht bestätigt werden.“[18]

Wie bereits erwähnt, war das Verhältnis zwischen Casaroli und Wyszyński alles andere als unproblematisch. Übertrieben ist es allerdings, daraus eine erbitterte Feindschaft abzu-

[18] P. Raina, Wybór Papieża Jana Pawla II, Warschau 1997, S. 141.

leiten. Wyszyński missfiel die Strategie der Ostpolitik im Allgemeinen, gegen die Person Casaroli hatte er hingegen nichts einzuwenden. Interessant ist, was Wyszyński in diesem Zusammenhang einmal über den ‚Architekten' der Ostpolitik gesagt hat: „Mons. Casaroli kann man damit beauftragen, denn er ist ein Mann des Gebets und des lebendigen Glaubens, der der Kirche ehrlich ergeben ist."[19] Ausgesprochen kritisch stand der Primas hingegen anderen Vertretern des Staatssekretariats gegenüber, etwa Villot und Poggi.

Es gab jedoch einen offenkundigen Zwiespalt zwischen dem Papst und seinem Staatssekretär. Wojtyła kam aus der Seelsorge in einem kommunistischen Land und war zudem intellektuell bewandert. Casaroli hingegen war ein Diplomat der alten Schule, nicht ohne Raffinement, bereits seit 1940 im Staatssekretariat tätig und unter Tardini herangebildet. Wojtyła wusste aus eigener Anschauung, dass das Gebäude des Kommunismus voller Risse war und der Kommunismus selbst, so Navarro-Valls, keine Revolution war, die sich in einem evolutionären Prozess befand, sondern vielmehr eine „geschlossene [...] Macht, die gar kein echtes Programm und auch gar keinen ernsthaften Willen zu Reformen und sozialen Verbesserungen mehr besaß".[20] Casaroli hingegen glaubte, das kommunistische System werde noch lange überdauern. Ein Zeuge berichtet von einem Mittagessen mit Johannes Paul II., bei dem auch über den Kommunismus diskutiert worden sei. Der Papst habe die Hoffnung ausgedrückt, das System werde eines Tages fallen. Casaroli hingegen habe beim Hinausgehen nur gesagt: „Aber das sind Utopien!"[21]

Mit Blick auf die kommunistischen Regime und die internationale Politik insgesamt vertrat der Staatssekretär also ganz unverkennbar eine andere Position als der Papst. In einem

[19] Ebenda, S. 146.

[20] J. Navarro-Valls, Begegnungen und Dankbarkeit. Erinnerungen und Gedanken des Pressesprechers von Papst Johannes Paul II., Aachen 2011, S. 19.

[21] Eine Kopie des Zeugnisses ist im Besitz des Autors.

Gespräch mit dem Chefredakteur des „Osservatore Romano", Mario Agnes, riet Casaroli kurze Zeit nach seiner Ernennung dem Blatt, das System von Jalta, also die Teilung der Welt zwischen Ost und West, nicht zu kritisieren: „Der Papst streckt ihm zwar die Faust entgegen, aber das System ist eine Garantie für den Frieden in der Welt." Eine ganz andere Interpretation wurde Agnes kurz darauf von Substitut Martinez Somalo vorgelegt, der eine kritische Position zur Ordnung von Jalta anregte, da nur sie dem Denken Johannes Pauls II. entspreche.[22] Kein Zweifel: Die Haltung Johannes Pauls II., die auf seiner Erfahrung im kommunistischen Polen beruhte, deckte sich nicht mit der Haltung der vatikanischen Diplomatie, wie sie sich unter Paul VI. herauskristallisiert hatte.

Zwei Dokumente machen die tiefe Divergenz zwischen Papst und Kurie noch einmal deutlich. In einer Sitzung des ständigen Rats der polnischen Bischofskonferenz im Jahr 1974 hatte Wyszyński folgende Einschätzung zum kommunistischen Regime abgegeben: „Ein Regime, das auf Gewalt basiert, ist alles andere als stabil. Warum also sollte der Heilige Stuhl das festigen, was aus Staub ist und früher oder später aus sich selbst, seiner inneren Fragilität heraus zusammenfällt?"[23] Im selben Jahr gelangte Paul VI. im Gespräch mit Mons. Dąbrowski hingegen nach den Aufzeichnungen des Prälaten zu folgender Einschätzung:

> Das System, in dem ihr lebt, ist stabil. Es ist nicht in Aussicht, dass sich etwas daran ändert. Solange diese, an die Kirche gebundene Generation lebt, werdet ihr stark sein, doch wenn sie nicht mehr da ist? Heute habt ihr einen Primas, der ein Symbol der Einheit und Stärke ist und den die Kommunisten zu brechen nicht im Stande waren; ihr habt

[22] Gespräch des Autors mit Prof. Mario Agnes.
[23] J. Żaryn, Kościół katolicki-hierarchia, kapłani i świeccy, in: K. Kowalczyk, M. Paziewski, M. Stefaniak, Między Warsawą a regionem. Opozycja przedsierpniowa na Pomorzu Zachodnim, Szczecin 2008, S. 19–26.

> Bischöfe und Priester, die noch treu an der Tradition festhalten, doch wenn eine neue Generation von Gläubigen und ein neuer Klerus kommen werden, wird es der Kirche dann noch gelingen zu widerstehen? Dessen eingedenk sucht der Heilige Stuhl, den Kontakt mit Polen zu festigen. [...] Wir glauben, dass wir mit der Hilfe Polens auch andere Kirchen kommunistischer Länder unterstützen können. Der Heilige Stuhl unternimmt seine Initiativen aus dieser langfristig angelegten Perspektive.[24]

Kardinal Casaroli hatte sich die Position Pauls VI. vollständig zu eigen gemacht. Nun jedoch wurde er zum Mitarbeiter eines polnischen Papstes, der eine völlig andere Ansicht vertrat. George Weigel zufolge soll der Kardinal erklärt haben: „Ich möchte diesem Papst mehr helfen, aber er kommt mir so anders vor."[25] Weigel hebt in seiner Biografie verschiedene Punkte hervor, in denen sich der Papst und sein Kardinal unterschieden. Während der zweiten Polenreise im Jahr 1983 etwa soll Casaroli, während der Papst am Fenster des erzbischöflichen Palais in Krakau zu den Jugendlichen sprach, in Anwesenheit mehrerer Kardinäle (unter anderem Lustiger, der davon erzählt hat) in Sorge um die Reaktion der Regierung gesagt haben: „Was will er denn? Will er Blutvergießen? Will er einen Krieg? Will er die Regierung stürzen? Ich muss den Machthabern jeden Tag erklären, dass das alles nichts zu bedeuten hat."[26]
Die schwierigste Herausforderung galt es zu Beginn des Pontifikats zu bewältigen. Ein hochrangiger Vertreter des Staatssekretariats, der irritiert darüber war, dass der Papst den ukrai-

---

[24] P. Raina, Arcybiskup Dąbrowski – rozmowy watykańskie, Warschau 2008, S. 118–121.
[25] G. Weigel, Zeuge der Hoffnung. Johannes Paul II. Eine Biographie, Paderborn, München, Wien, Zürich 2002, S. 314.
[26] Ebenda, S. 482. Vgl. auch J. Kwitny, Man of the Century. The Life and Times of Pope John Paul II., New York 1997, S. 316.

nischen Dissidenten Valentin Moroz empfangen hatte, sagte 1979 zu Andreotti: „Man hat den Eindruck, dass die gesamte Arbeit, die Johannes XXIII. und Paul VI. begonnen haben, zunichte gemacht wird. Casarolis Kurs ist nicht mehr wiederzuerkennen, und auch die Kontaktwege sind unterbrochen. Wir hatten hervorragende Resultate erzielt: Wer das Vorangegangene nicht gekannt hat, kann nicht verstehen, was es bedeutete, tausende religiöser Bücher nach Litauen schicken zu können."[27] Im Jahr 1985 ließ Kardinal Casaroli den französischen Botschafter, Bertrand Dufourcq, wissen, er habe intensiv mit dem Papst über die Probleme der kommunistischen Welt gesprochen, besonders in den ersten Jahren des Pontifikats. Diese Gespräche hätten freilich regelmäßig damit geendet, dass man eine „jeweils unterschiedliche Herangehensweise an die Länder des Ostblocks" festgestellt habe.[28] Was die Ostpolitik anging, war die Differenz zwischen beiden jedenfalls offenkundig. Casarolis Spiritualität jedoch war die eines Dieners der Kirche, der zwar anders dachte als der Papst, ihn aber geschickt ergänzte und ihm Gehorsam leistete. Laut dem Protokoll eines Gesprächs zwischen dem Kardinal und dem amerikanischen Außenminister Shultz im Jahr 1982, gab Casaroli getreulich die Ansichten des Papstes wieder, der schon zu diesem Zeitpunkt mit einer Krise des Ostblocks rechnete:

> Polen kann eine historisch bedeutsame Prüfung sein, um dem System der Sowjetherrschaft Risse zuzufügen. So könnte sich eine Bresche öffnen, nicht durch – oder nicht nur durch – „Solidarność", sondern durch andere Kräfte aus dem Volk oder der „Produktion".[29]

---

[27] Handschriftliche Notiz von Giulio Andreotti vom 6. August 1979, in: ASILS, Fondo Giulio Andreotti, Atti, Diario Andreotti.

[28] ASILS, Fondo Giulio Andreotti, Vaticano, Collegio Cardinalizio, Fascicoli nominativi, Casaroli, b. 9.

[29] Gespräch zwischen Kardinal Casaroli und G. Shultz am 1. August 1982, in: Archivio di Stato di Parma, Archivio Agostino Casaroli, b. 37, f 6.

Abgesehen von diversen sachlichen Gründen, empfand Johannes Paul II. auch rein subjektiv von jeher eine gewisse Distanz zur Kurie. Zuweilen sagte er „sie“, wenn er von der Kurie sprach. Es kam auch vor, dass er jene Redewendung gebrauchte, die man schon aus seiner Zeit in Krakau kannte: „Das Rad läuft, nicht sehr gut, aber es läuft.“[30] Diese Haltung legte er mit den Jahren keineswegs ab. Auch als Kardinal Sodano als Nachfolger Casarolis an die Spitze des Staatssekretariats gelangte, änderte sich daran nichts – trotz der Tatsache, dass der Papst ihn persönlich und nach langjähriger Erfahrung mit der Kurie ausgewählt hatte. Es waren letztlich nicht nur Fragen der inhaltlichen Übereinstimmung, sondern auch der Arbeits- und Herangehensweise.
Kardinal Casaroli hatte ein Gespür für den Umgang mit anderen Staaten und, in gewisser Weise, für ihr Denken, ebenso wie für die Erfordernisse der Kirche und die Freiheit der Religionsausübung. Für den Papst, dessen Blick auf die Völker gerichtet war, war die Mitarbeit des Staatssekretärs daher für ein längerfristiges Projekt von großer Bedeutung: den Glauben und die Seele des Volkes zu schützen und die Kirche zu verteidigen. Casaroli verfügte über eine diplomatische und internationale Expertise, die der Papst selbst nicht hatte, aber auch nicht entbehren wollte. Gleichwohl war der diplomatische Ansatz zur Problemlösung nur einer unter vielen, und für Johannes Paul II. nicht einmal der wichtigste. Wojtyła war zwar kein Diplomat, dennoch war sein Blick auf die Dinge alles andere als naiv. Auch fehlte es ihm nicht an Sinn für geschichtliche Zusammenhänge und politische Kräfteverhältnisse – er hatte gewissermaßen den Blick eines Staatsmannes *sui generis*.

---

[30] Gespräch des Autors mit Johannes Paul II. sowie mit Pater Boniecki.

Das Szenarium, in dem sich Johannes Paul II. bewegte und in dessen Rahmen er seine Entscheidungen traf, wurde also nicht in erster Linie durch diplomatische Erwägungen bestimmt.[31] Gleichwohl war Agostino Casaroli mehr als zehn Jahre lang einer der wichtigsten Berater in Wojtyłas Pontifikat. Der Kardinal leistete viel für das Funktionieren von Staatssekretariat und Kurie: Er las und studierte Berichte und Dokumente, überarbeitete sorgfältig die ihm vorgelegten Entwürfe, machte Vorschläge und Korrekturen für den Papst. Gemäß der Tradition sah er sich als Mitarbeiter des Papstes, der die Regierungsgeschäfte leitete und die Arbeit der Kurie koordinierte. Eine Synthese der Ideen Johannes Pauls II. wird man bei ihm allerdings vergebens suchen, stand der Kardinal doch für eine Zusammenarbeit im Zeichen der diplomatischen, kurialen und italienischen Traditionen, Johannes Paul II. hingegen für neue Horizonte und Methoden. An Casarolis Seite fanden sich Persönlichkeiten wie Silvestrini oder Laghi, die sich als Hüter einer Tradition verstanden, deren Wurzeln bei Tardini und Gasparri lagen.[32] In die Leitung des Staatssekretariats wurden Martínez Somalo (zu dem der Papst großes Vertrauen hatte) als Substitut und Achille Silvestrini für die internationalen Beziehungen berufen. Bezeichnenderweise wurde der Litauer Audrys Bačkis, der Sohn eines im Exil lebenden Diplomatenpaars, zum Assessor bei Silvestrini ernannt. Dieser, ein Schüler Tardinis, stand für die alte „Schule" der vatikanischen Diplomatie, die realistisch ausgerichtet war und ganz auf Verhandlungen setzte. Silvestrini arbeitete auch an der bereits erwähnten Revision des italienischen Konkordats von 1984 mit – einem wichtigen Projekt des ita-

[31] Einige Anhaltspunkte dazu finden sich in U. Colombo Sacco, Giovanni Paolo II e la nuova politica internazionale della Santa Sede, Mailand 1997.

[32] Vgl. A. Riccardi, L'evoluzione della Segreteria di Stato dopo il 1870, in: École Française de Rome, Les Secrétaires d'État du Saint-Siège, XIXe–XXe siècles, Rom 2004 (= Mélanges de l'École Française de Rome, 116, 1), S. 33–44.

lienischen Katholizismus, an dem der Papst nur insoweit mitwirkte, als er angesichts der Irritationen der italienischen Bischofskonferenz für dessen Notwendigkeit eintrat.[33] Im Unterschied zu Casaroli verfügte Silvestrini über ein dichtes Netz an Kontakten zur italienischen Politik – auch zur Linken, war er doch überzeugt, dass es auch deren Zustimmung bedurfte, um die Forderungen der Kirche durchsetzen zu können. Seiner Ansicht nach musste man sogar Einfluss auf den italienischen Kommunismus nehmen, um eine Opposition gegen die Kirche oder gar dessen Transformation in eine dezidiert laizistische Bewegung zu verhindern. Auch nachdem Silvestrini die Zuständigkeit für die „äußeren Angelegenheiten" des Vatikans abgegeben hatte, blieb er daher eine wichtige Bezugsperson für verschiedenste Kreise der italienischen Politik.[34]

Eine wichtige Rolle spielte auch der aus Rom stammende Christdemokrat Giulio Andreotti – man nannte ihn den „cardinale esterno" (den „externen Kardinal") – in der vatikanischen Diplomatie.[35] Viele waren verblüfft, als er 1999, am Ende der feierlichen Seligsprechung von Padre Pio auf dem Petersplatz, vor den Papst gerufen wurde, der sich mit ihm unterhielt und ihm vor aller Augen seinen Segen spendete. Nur achtundvierzig Stunden zuvor hatte die Anklagebehörde in Perugia im Verfahren wegen der Ermordung des Journalisten Mino Pecorelli eine lebenslange Freiheitsstrafe für Andreotti beantragt. Der Papst jedoch, so hat Massimo Franco bemerkt, neigte dazu, „im Prozess gegen die Führungsriege der italienischen Nachkriegszeit [...] die Verfolgung der Oppo-

---

[33] Vgl. R. Astorri, La Conferenza Episcopale Italiana, in: La nazione cattolica. Chiesa e società in Italia dal 1958 a oggi, hg. v. M. Impagliazzo, Mailand 2004, S. 117–146; La grande riforma del Concordato, hg. v. G. Acquaviva, Venedig 2006; Concordato e società italiana, hg. v. R. Coppola, Padua 1984.

[34] Gespräch des Autors mit Kardinal Silvestrini.

[35] Vgl. M. Franco, Andreotti. La vita di un uomo politico, la storia di un'epoca, Mailand 2008.

sition und der polnischen Priester durch kommunistische Richter wiederzuerkennen". Im Übrigen hatte der Papst bereits im Januar desselben Jahres Andreotti zu dessen achtzigstem Geburtstag mit den Worten gratuliert: „Ich wünsche Ihnen, dass sich die Prüfungen und Leiden, die in letzter Zeit über Sie gekommen sind, auf den unergründlichen Wegen der Vorsehung als Quelle des Guten für Ihre Person und die gesamte italienische Gesellschaft erweisen werden." Auch der Privatsekretär des Papstes, Stanisław Dziwisz, lobte noch 2003 die „Geisteskraft", mit der Andreotti „die große Prüfung außerordentlich vornehm überstanden" habe und teilte damit die Überzeugung des Papstes: „Ich hatte nie einen Zweifel daran, dass die Vorwürfe, die Ihnen entgegengebracht wurden, unbegründet sind, und freue mich zusammen mit vielen, vielen anderen Menschen, über den vollständigen Freispruch." Nebenbei bemerkt versäumte es Dziwisz während seiner Reisen mit dem Papst (etwa nach Paraguay) nicht, Ansichtskarten an Andreotti zu schicken, die auch der Papst mit seinen Initialen „GP II" unterzeichnete.[36]
Der „cardinale esterno" (Andreotti war von 1983 bis 1989 italienischer Außenminister) war also in die päpstliche Diplomatie einbezogen, galt er doch als wichtige Schnittstelle zwischen italienischen und ausländischen Persönlichkeiten, auch der Linken, und dem Vatikan. Man wandte sich gern an Andreotti, „um mit dem Vatikan zu sprechen". Der Heilige Stuhl war für ihn eine entscheidende Inspirationsquelle, wie Massimo Franco festgestellt hat. Mit der neuen Ausrichtung der vatikanischen Ostpolitik, so Francesco Cossiga, habe sich auch der Antikommunist Andreotti für den Dialog mit dem Osten und den Kommunisten geöffnet.[37] Im Jahr 1980 beispielsweise riet er dem Papst, bei den Olympischen Spielen in Moskau in irgendeiner Form Präsenz zu zeigen. 1982, kurz vor

---

[36] ASILS, Fondo Giulio Andreotti, Vaticano, Giovanni Paolo II, b. 298, f. 1.
[37] Gespräch des Autors mit Francesco Cossiga.

der Sizilien-Reise des Papstes, informierte er Martínez Somalo darüber, dass „eine Kampagne über Beziehungen zwischen der DC und der Mafia" im Gange sei, wobei er nicht ausschloss, dass sich „auch unter den Christdemokraten der ein oder andere Mafioso" befinde. Das Einvernehmen zwischen Andreotti und dem Heiligem Stuhl war so groß, dass der Senator 1985 Kardinal Casaroli vorschlug, die Päpstliche Kommission für sakrale Kunst zum Dikasterium aufzuwerten und ein autonomes Gremium für die Seelsorge speziell mit Blick auf gesundheitliche und bioethische Fragen zu schaffen.[38] Auch einige Vorschläge für die Ernennung von Bischöfen gingen auf Andreotti zurück. Während der Zeit, in der Silvestrini für die internationalen Beziehungen des Heiligen Stuhls verantwortlich war, standen beide fast täglich in Kontakt (Silvestrini schrieb 1993, wer Andreotti kenne, könne den Anschuldigungen gegen ihn „unmöglich Glauben schenken"). Zwischen dem „progressiven" Geistlichen und dem Christdemokraten herrschte Einklang im Zeichen von „romanità" und diplomatischem Gespür.

Tatsächlich war Andreotti für den Vatikan zu einer wichtigen Größe geworden. So informierte er Silvestrini beispielsweise über alle Fragen, die mit der „Apartheid" in Südafrika zusammenhingen, und übermittelte ihm Botschaften verschiedener Persönlichkeiten aus der ‚Dritten Welt', die sich um eine Verbesserung der Beziehungen zum Vatikan bemühten. Er wurde zum Ratgeber für einen differenzierten Kurs des Heiligen Stuhls, etwa beim Besuch des Papstes in Chile 1987, bei dem er sich eine Begegnung des Papstes mit Vertretern der Opposition und eine deutliche Verurteilung von Folter und Verbannung im Gespräch zwischen dem Papst und Pinochet wünschte. Darüber hinaus riet er dazu, die Befreiungstheologie bei dieser Gelegenheit nicht zu verdammen, da dies implizit als Legitimierung Pinochets hätte gedeutet werden kön-

---

[38] ASILS, Fondo Giulio Andreotti, Vaticano, Giovanni Paolo II, b. 9.

nen; statt dessen empfahl er, darauf zu achten, „dass keine Fotografien zugelassen werden, wenn Pinochet in Anwesenheit des Papstes öffentlich verehrt werden sollte".[39]
Die politisch-diplomatische Welt Italiens, wie sie Andreotti verkörperte, war von jeher mit dem Vatikan verschmolzen. Nach Silvestrinis Amtszeit im Jahr 1988 zeigte sich die Kurie allerdings weniger empfänglich für die Verbindung zu dieser Welt und zur italienischen Diplomatie. Was blieb, war der direkte Kontakt zum Päpstlichen Haus, zu Johannes Paul II. und seinen engsten Mitarbeitern, das Andreotti stets mit Aufmerksamkeit bedachte. Tatsächlich erwies sich der frühere Ministerpräsident als ein wichtiger informeller Kontakt für Johannes Paul II., war der pastorale Papst doch sehr an internationalen Zusammenhängen interessiert, wenngleich er nicht der typischen Logik der vatikanischen Diplomatie folgte. Der römische Politiker blieb ein fester Bestandteil der vatikanischen Zeremonien, bei denen man ihm mit großer Wertschätzung begegnete, während Andreotti selbst enge Kontakte zu den Mitgliedern der Kurie pflegte – in Italien und weltweit. Wenn er sich etwa über die politische Situation außerhalb Europas informieren wollte, wandte er sich meist an Bischöfe wie den melkitischen Patriarchen Maximos V. Hakim, mit dem er über den Nahen Osten und den Libanon sprach, Kardinal Duval in Fragen, die Nordafrika betrafen, an die amerikanischen Bischöfe oder den Episkopat auf der südlichen Halbkugel.[40]
Johannes Paul II. bereitete die anstehenden Auslandsreisen zwar mit seinen Mitarbeitern vor, hatte aber einen ganz persönlichen Ansatz. Sorgfältig ging er 1979 an seinen ersten internationalen Auftritt heran, bei dem er von der Rednertribüne des UN-Hauptquartiers in New York sein Wort an die

[39] ASILS, Fondo Giulio Andreotti, Vaticano, Giovanni Paolo II, Attività, b. 307, f. 27. Gespräch des Autors mit G. Andreotti.
[40] Gespräche des Autors mit dem Patriarchen Maximos V. Hakim und Kardinal Duval.

Welt richtete – ein wichtiges Ereignis nach der historischen Rede Pauls VI., der 1965 als erster Papst vor den Vereinten Nationen gesprochen hatte. Casaroli empfahl ihm, aus dem vorbereiteten Text einige Hinweise auf die Menschenrechte oder die Religionsfreiheit zu streichen, da dies als offene Kritik gegenüber den kommunistischen Staaten interpretiert werden könnte. Jan Schotte vom Staatssekretariat (später Sekretär der Bischofssynode) übergab dem Papst während des Fluges den Text mit Casarolis Korrekturen, wobei er hinzufügte, die Kritik müsse unbedingt beibehalten werden. Johannes Paul II. entschied sich gegen Casaroli.[41] Es war nicht das letzte Mal. Casarolis Konzept von der Funktion des Staatssekretärs war die des „Rats, des geborenen, natürlichen Beraters des Papstes". Er verstand sich ausdrücklich nicht als Repräsentant des Pontifex, mit Ausnahme jener Fälle, in denen er explizit dazu ermächtigt wurde (von 1984 an war er beispielsweise mit den Temporalien, den rein weltlichen Hoheitsaufgaben im Vatikanstaat, betraut). Da er weder Vikar noch Stellvertreter des Papstes war, blieb der Staatssekretär während der Reisen Johannes Pauls II. nicht in Rom, sondern begleitete ihn. Casaroli sagte selbst: „Der Staatssekretär ist eine Art Sonnenuhr, die die Uhrzeit nur dann anzeigen kann, wenn die Sonne scheint, andernfalls funktioniert sie nicht."[42] Die Sonne war der Papst.

Der Geistliche aus Piacenza, der in der Kurie ausgebildet worden war, hatte bereits gesehen, wie Kardinal Pacelli unter Pius XI. die Rolle des Staatssekretärs ausgefüllt hatte, wie dies Maglione, Montini und Tardini unter Pius XII. getan hatten sowie abermals Tardini und Cicognani unter Johannes XXIII. Vor diesem Hintergrund war der Staatssekretär in den Augen Casarolis eben nicht in erster Linie ein Premierminis-

[41] Vgl. G. Weigel, Zeuge der Hoffnung, S. 341.

[42] A. Santini, Agostino Casaroli uomo del dialogo, Cinisello Balsamo (MI) 1993, S. 137.

ter, sondern der große Ratgeber des Papstes. Die Substanz der Verbindung zwischen Staatssekretär und Pontifex umschrieb der Kardinal wie folgt: „Das Verhältnis des Papstes zu seinen Mitarbeitern kann nicht vereinfachend auf die Abfolge von Befehl und Gehorsam reduziert werden; dem letztlich schuldigen Gehorsam geht stets ein Austausch und, wenn erforderlich, eine ernsthafte Diskussion über Ideen voraus." Aus dieser Perspektive beriet Casaroli den Papst auch in Fragen der Ostpolitik, der lebensgeschichtlich im Osten verankert war und glaubte, man müsse den Status Quo der Regime aufbrechen, um sie für positive Entwicklungen hin zur Freiheit zu öffnen.

Nicht Antikommunismus, sondern über den Kommunismus hinaus

Rom knüpfte Beziehungen zu den orthodoxen Kirchen des Ostens, unter anderem zum Moskauer Patriarchat; die Beziehungen waren so gut, dass Metropolit Nikodim 1978 in einem vertraulichen Gespräch die Information erhielt, man könne bis zum Jahr 2000 zu einer Einheit gelangen. Dennoch war die Bilanz der Ostpolitik (im Unterschied zu den beachtlicheren Ergebnissen im Bereich der Ökumene) eher mager, da die kommunistischen Regime das betrieben, was Paul VI. treffend „negativen Konfessionalismus" genannt hat. Die kommunistischen Regierungen hatten in dieser Frage ein offizielles Programm: den Kampf gegen die Religion. Um die Kirchen zu kontrollieren und einzuschüchtern, bedienten sie sich sowohl erprobter Mittel der Strafverfolgung als auch neuerer polizeilicher Maßnahmen. In Ungarn konnte das Modell der Ostpolitik am ehesten verwirklicht werden, während umgekehrt die Wirklichkeit in der Tschechoslowakei am schlimmsten aussah. Die von Kardinal Lékai geführte ungarische Kirche verfügte über einen staatlicherseits garantierten

Freiraum, blieb allerdings gesellschaftlich ausgegrenzt und durch den kommunistischen Hoheitsanspruch kontrolliert. Die Situation in Polen hingegen war vollkommen anders. Die führenden polnischen Katholiken betrachteten deshalb den ungarischen Katholizismus als einen negativen Kompromiss.[43]

Nach der Wahl eines Papstes aus dem Ostblock ging in vatikanischen Kreisen das Gerücht um, in der Ostpolitik werde es zu einem deutlichen Wandel kommen, indem die schärferen Töne Pius' XII. wiederaufgenommen würden. In der italienischen Politik, in der zu dieser Zeit Christdemokraten und Kommunisten zusammenarbeiteten, war man entsprechend besorgt. Der slowakische Bischof Hnilica, der einst in der Tschechoslowakei im Untergrund gewesen war und nun im römischen Exil lebte, hatte die Haltung Pauls VI. mit den Worten kritisiert: „Er gewährte mehr, als dass er zu erhalten hoffen durfte." Hnilica schloss mit dem Verdikt: „Mehr Ostmission als Ostpolitik."[44] Die polnische Herkunft des Papstes ließ somit einen Kurswechsel erwarten.

Tatsächlich hatte Johannes Paul II. bereits zu Beginn seines Pontifikats eine Äußerung getan, die weitgehend unbemerkt geblieben ist. Als man ihn in Assisi daran erinnert hatte, die „Schweigende Kirche" nicht zu vergessen, hatte der Papst mit Nachdruck entgegnet: „Es ist keine schweigende Kirche mehr, denn sie spricht mit meiner Stimme!"[45] In Wojtyła zeigte sich

---

[43] Vgl. A. Riccardi, Il Vaticano e Mosca; L. Lombardi, La Santa Sede e i cattolici dell'Europa orientale agli albori della guerra fredda. I casi della Polonia e dell'Ungheria, Rom, Budapest 1997; I. Zombori, Le relazioni diplomatiche tra l'Ungheria e la Santa Sede 1920–2000, Budapest 2000. Siehe die Notiz zu den Inhalten des Arbeitstreffens mit der Behörde für religiöse Angelegenheiten der Volksrepublik Ungarn vom 26. bis 28. 2. 1979, in: Archiwum Akt Nowych, UdsW 136–25, kk 16–19.

[44] P. Hnilica, Più Ostmission che Ostpolitik, in: A. Biscardi/L. Liguori (Hg.), Il papa dal volto umano, Mailand 2009, S. 126–130.

[45] C. Bernstein/M. Politi, Seine Heiligkeit. Johannes Paul II. und die Geheimdiplomatie des Vatikans, München 1996, S. 218.

der Stolz einer Kirche, die nun wieder eine Stimme besaß. Zugleich kannte er die totalitäre Macht der kommunistischen Regime genau und machte sich keine Illusionen; eine Instrumentalisierung des östlichen Christentums für die Spiele der westlichen Politik lehnte er entschieden ab. Seine Kirche sollte keine Kirche des Schweigens sein, sondern eine Kirche des ausdauernden religiösen Widerstands. Vor allem aber vergaß er die Christen nicht, die im Osten lebten: Unmittelbar nach seiner Wahl zum Papst schickte er sein Kardinalsbirett zum polnisch-litauischen Wallfahrtsort Vilnius – eine bedeutungsvolle Geste.

Dem Papst ging es um das Wohl der Christen im Osten. Der erste Schritt in diese Richtung, den er als gottgewollt empfand, bestand allein darin, dass in Rom fortan ein Papst sprach, der selbst aus einem kommunistischen Land stammte. Das machte nicht nur in Polen großen Eindruck, sondern auch in der Sowjetunion und überhaupt in allen Staaten des Warschauer Paktes. Aus patriotischer Sicht war selbst die kommunistische Führung in Polen stolz darauf, dass man einen ihrer Landsleute zum Papst gemacht hatte, wenngleich ihr durchaus bewusst war, dass dies politische Probleme nach sich ziehen konnte.[46] Johannes Paul II. schlug das Erbe Pauls VI. gewiss nicht aus – auch nicht, was das schwierige Thema des Ostens betraf. Er empfand tiefen Respekt für seinen Vorgänger, auch und gerade mit Blick auf eine Welt, die er viel besser kannte als dieser. Doch er wusste zugleich um die tieferen Empfindungen der Völker. Im Jahr 1983 erinnerte er die Teilnehmer eines Kongresses über den russischen Intellektuellen Vjačeslav Ivanov daran: „In der reichen slawischen Tradition ist das ganze Volk theologisch; es ist Christusträger und so,

[46] Vgl. T. Szulc, Papst Johannes Paul II. Die Biographie, Stuttgart 1996, S. 244. Es gibt zahlreiche Zeugnisse darüber, wie begeistert die kommunistische Führung Polens darüber war, dass ihr Landsmann Papst geworden war, auch wenn sich bereits die Probleme abzeichneten, die sich daraus für das Regime ergaben.

wie es ist, dazu berufen, in Christus aufzuerstehen." Der Papst kannte die Kraft der Volksreligiosität in Polen und Russland. Und er hatte ein Gespür für das „Christus tragende" Volk, das einen Glauben besaß, der dem katholischen Westen fremd war.

Wojtyła glaubte an die Kraft der Völker, auch wenn sie erniedrigt und unterdrückt wurden. Und er war sich sicher, dass das System hinter dem eisernen Vorhang nicht auf ewig Bestand haben würde. Francis Fukuyama schrieb: „In jüngster Zeit drückte sich unser Pessimismus vor allem in dem beinahe universalen Glauben aus, der Kommunismus könne auf Dauer der Gegenspieler der liberalen westlichen Demokratie bleiben."[47] Diese Überzeugung war unter den Beobachtern und Kennern internationaler Beziehungen weit verbreitet. Außenminister Henry Kissinger hielt den Kommunismus noch in den siebziger Jahren für eine „Herausforderung, [die] nie enden wird. [...] Diese Bedingung wird nie verschwinden." Die Wahl Wojtyłas weckte nun jedoch Hoffnung bei den Polen. Brzezinski rief Richard Gardner, den amerikanischen Botschafter in Rom, an und sagte voller Freude: „Ich kenne ihn gut. Der Lauf der Geschichte in Osteuropa wird sich ändern."[48] Gewöhnlich glaubte man im Westen nicht an die Möglichkeit eines politischen Wandels in den Ländern des Ostblocks. Man muss nur daran erinnern, dass selbst Helmut Kohl noch im November 1989 gegenüber dem polnischen Historiker und Solidarność-Führer Bronisław Geremek bemerkte, sie wüssten wohl alle beide, dass sie nicht lang genug leben würden, um ein vereintes Deutschland zu erleben.[49] Bereits ein Jahr später sollte die Einheit Wirklichkeit sein.

---

[47] Dies und das folgende Zitat in: F. Fukuyama, Das Ende der Geschichte. Wo stehen wir?, München 1992, S. 35.

[48] R. N. Gardner, Mission: Italy. On the Front Lines of the Cold War, Lanham u.a. 2005, S. 264f.

[49] R. Dahrendorf/F. Furet/B. Geremek, Wohin steuert Europa? Ein Streitgespräch, hg. v. L. Caracciolo, Frankfurt a. M., New York, Paris 1993, S. 43.

Johannes Paul II. wollte den Völkern des Ostens beistehen, indem er ihnen half, die Erinnerung an ihre Geschichte wiederzugewinnen, die von der Propaganda und der offiziellen Kultur nicht selten in Beschlag genommen worden war. Ein typischer Fall war bereits die Tausendjahrfeier der Christianisierung Polens. 1981 lud der Papst dann die Ungarn dazu ein, des siebenhundertsten Todestags der hl. Elisabeth zu gedenken; 1984 erinnerte er an den fünfhundertsten Todestag des hl. Kasimir, eines Jagiellonen aus Krakau und Schutzpatrons Litauens wie Polens; 1985 feierte er den tausendeinhundertsten Todestag des hl. Method (auch wenn Kardinal Tomášek den Papst aufgrund des Verbots durch die Kommunisten vergeblich nach Prag einlud). Die Geschichte der Völker des Ostens, so lautete die Botschaft, war weitaus länger als das Kapitel des Kommunismus. In den kommunistisch beherrschten Gesellschaften des Ostens gab es jenseits des Kommunismus weitaus mehr an Geschichte, Lebenserfahrung und Vitalität zu entdecken. Und die Kirche musste ihren Blick auch auf diese verborgenen, keinesfalls unwichtigen Aspekte richten. In diesem Bewusstsein konnte auch die Antwort auf jene Frage anders ausfallen, die man sich damals in Bezug auf die Länder des Ostblocks immer wieder stellte: War der Kommunismus der Endpunkt ihrer Geschichte oder nur ein Zwischenspiel?

Eher große Politik als Diplomatie

Johannes Paul II. stimmte keineswegs antikommunistische Töne an, wie man dies zum Teil von ihm erwartet hatte. Er trat nicht als ein Mann der schweigenden Kirche auf, und er war auch klug genug, die Leitlinien der vatikanischen Ostpolitik nicht zu verleugnen. Statt dessen setzte er die Kontakte zu den kommunistischen Machthabern bruchlos fort, was sogar soweit ging, dass er nach seiner Wahl einen Brief an Breschnew schrieb, in dem er seinen Willen bekundete, gemeinsam für den Frieden in der Welt zu arbeiten. Im gleichen Schreiben ließ Johannes Paul II. freilich keinen Zweifel daran, dass sich die Aktivitäten der Kirche in der UdSSR – seiner Einschätzung nach – im Einklang mit dem international anerkannten Grundrecht der Gewissensfreiheit entwickeln könnten. 1979 empfing der Papst dann den sowjetischen Außenminister Gromyko im Vatikan. Abgesehen vom Grundsatzthema des Friedens – einem Gemeinplatz in den Gesprächen zwischen dem Heiligen Stuhl und Moskau – regte er bei dieser Gelegenheit, moderat im Ton, auch eine Debatte über die Problematik der Religionsfreiheit in der UdSSR an. Gromyko reagierte ausweichend. Einem sowjetischen Bericht zufolge soll der Papst gesagt haben, die Kirche brauche nun einmal „angemessene Bedingungen, um aktiv für den Frieden arbeiten zu können". Auf Gromykos Entgegnung, die westliche Presse nenne Religionsverfolgung, was doch nur ein Kampf gegen Kriminelle sei, antwortete der Papst, er verfüge über andere Informationen. Außerdem bemerkte er, dass es auf sowjetischem Boden zurzeit zu wenig Bischöfe und Priester gebe, um den Erfordernissen der Kirche gerecht werden zu können.

Im Anschluss an die Audienz übergab Kardinal Casaroli dem sowjetischen Außenminister eine diplomatische Notiz, in der der Wunsch Johannes Pauls II. zum Ausdruck gebracht wurde, die seit Paul VI. gepflegten Kontakte mit der UdSSR fortzuführen, auch wenn dieser Kurs in der Kirche nicht unumstritten war. In dem Dokument wurden einige Fragen, die bereits in Moskau zur Sprache gekommen waren, erneut aufgeworfen: die Ernennung von Bischöfen in den baltischen Republiken und die Führungslosigkeit der Kirche in Weißrussland und der Ukraine. Der Heilige Stuhl, so heißt es in der Notiz weiter, halte es für seine Pflicht, sich um die Katholiken sowohl des lateinischen als auch des östlichen Ritus, also speziell die Ukrainer, zu kümmern. Der Vatikan, so war dies zu verstehen, hatte nicht die Absicht, sich vom Ziel des (bislang verweigerten) Dialogs über die „inneren Angelegenheiten" der UdSSR, das heißt die Probleme der Katholiken im sowjetischen Machtbereich, zu verabschieden.[50] Bei einer zweiten Begegnung mit dem Papst im Jahr 1985 zeigte sich Gromyko aber nach wie vor unnachgiebig. Johannes Paul II. hatte zu diesem Zeitpunkt bereits zweimal Polen besucht. „Tatsächlich ist die praktische Aktivität des Vatikans immer insoweit einseitig, als er Misstrauen gegen die sozialistischen Länder sät [...]", so Gromyko.[51]

1979 betonte der Papst in einer Ansprache an die beim Heiligen Stuhl akkreditierten Botschafter unmissverständlich die Bedeutung der „Diplomatie", und dies trotz der „bescheidenen Mittel", die dem apostolischen Stuhl auf diesem Feld zur Verfügung stünden. Diese bescheidenen Mittel, daran erinnerte der Papst, träten zum Spirituellen hinzu, das für die Kirche jedoch stets an erster Stelle stehe. Darüber hinaus rief er wichtige Persönlichkeiten ins Gedächtnis, die das Schicksal der Völker spirituell beeinflusst hatten (unter anderem Mahatma Gandhi, Martin Luther King, Dag Hammarskjöld). Diese Ansprache war nichts anderes als der Entwurf einer spirituellen Diplomatie. Der direkte Kontakt zu Vertretern aus Politik und Diplomatie ermöglichte es dem Papst dabei, allen Staaten seinen Respekt zu bekunden, sah er den Staat an sich doch als „Ausdruck der souveränen Selbstbestimmung der Völker und der Nationen [...]". Johannes Paul II., der auch bei dieser Gelegenheit daran erinnerte, er stamme aus einem Volk, das lange seiner Unabhängigkeit beraubt gewesen sei, ließ keinen Zweifel daran, dass er der Souveränität buchstäb-

[50] Die russische Fassung des Dokuments vom 24.1.1979 findet sich in: Gosudarstvennyj Archiv Rossijskoj Federacii, f. 6991, op. 6, d. 1549, ll. 74–76. Der Bericht über die Audienz, die Johannes Paul II. am 24.1.1979 Gromyko gewährte, befindet sich in: Archiwum Akt Nowych, KC PZPR XIA–598, kk. 22–27.

[51] A. Gromyko, Erinnerungen, Düsseldorf, Wien , New York 1989, S. 303.

lich aller, also auch der kleinen Staaten, größten Respekt entgegenbrachte. In der Tat wahrte Johannes Paul II. in seinen öffentlichen Äußerungen und speziell auf den vielen Reisen, die er unternahm, stets Achtung gegenüber staatlichen Institutionen und Führungspersönlichkeiten, da der Staat seiner Ansicht nach Vertreter des Volkes war. Diese Auffassung schränkte ihn jedoch keineswegs in seiner Rede- und Handlungsfreiheit ein.
In seiner ersten Ansprache vor dem diplomatischen Korps drückte der Papst darüber hinaus den Wunsch aus, künftig auch Botschafter aus jenen Staaten das Agrément erteilen zu können, die früher bereits Beziehungen zum Heiligen Stuhl unterhalten hätten – eine deutliche Anspielung auf die Länder des Ostblocks. Auch die zahlreichen Schreiben, die er aus den osteuropäischen Ländern erhalten hatte, erwähnte er. So waren diese Worte nicht nur als eine diplomatische Öffnung hin zu den kommunistischen Regierungen zu verstehen, sondern geradezu als eine Einladung, diplomatische Beziehungen zum Heiligen Stuhl aufzunehmen. Während die Sowjets nach dem Tod Stalins tatsächlich den Versuch unternommen hatten, eine Vertretung beim Vatikan einzurichten (wo man damals allerdings sehr zurückhaltend reagierte), war das Interesse im Ostblock insgesamt spürbar erlahmt. Dies geht etwa aus dem Protokoll einer Konferenz sämtlicher Leiter der Religionsbehörden der kommunistischen Staaten in Sofia 1972 hervor. Und 1979 betonte Kuroedov, der damalige Vorsitzende des Rats für religiöse Angelegenheiten der UdSSR, dass die Aufnahme diplomatischer Beziehungen mit dem Vatikan nichts anderes sei als „eine Anerkennung des Heiligen Stuhls als Staat, dessen einzige und grundlegende Funktion darin bestehe, die freie Erfüllung des kirchlichen Auftrags zu fördern, was eine Stärkung der kirchlichen Position im Ganzen und insbesondere in den sozialistischen Ländern" zur Folge haben könne. Kuroedovs Ansicht zufolge hätten die Nuntien mithilfe ihres Diplomatenstatus' weitgehend unge-

hindert in das katholische Leben des Ostens eingreifen können. Von sozialistischer Seite erschienen diplomatische Beziehungen zum Vatikan daher durchaus als nachteilig.[52]
Kaum zum Papst gewählt, startete Johannes Paul II. also eine diplomatische Offensive in Richtung Osten. Sie vollzog sich keineswegs in der Stille, während die Menschenrechte hinter dem eisernen Vorhang weiterhin verletzt wurden. Vielmehr betonte der Papst, der Vatikan wolle ein „Zentrum der brüderlichen Verständigung" bilden. Doch die Kirche richtete sich nicht nur an die Regierungen, sondern auch an die Völker: die Nationen. Der Begriff der „Nation" taucht in der Sprache Johannes Pauls II. immer wieder auf, und speziell die italienische Öffentlichkeit hat dies stets mit einem gewissen Befremden zur Kenntnis genommen. Was war die Nation? Für Wojtyła umfasste sie die „große Gemeinschaft der Menschen, die durch verschiedene Bindungen vereint sind, vor allem aber durch die Kultur". Der Papst entwickelte sogar eine eigene Theologie der Nation, der zufolge jede Nation eine historische, von der Vorsehung gewollte Funktion habe, wobei die Nation noch vor dem Staat rangiere. Wojtyłas Respekt für die Nationen war auch der Grund für seine vielen Auslandsreisen, bei denen er den Kontakt zu den Völkern selbst suchte. So wollte er dazu beitragen, dass jede einzelne Nation mit ihrer spezifischen Identität einen Platz innerhalb der „Familie der Nationen" finden konnte. Neben seinen Reisen versuchte der Papst, die Völker der Welt über die Massenmedien zu erreichen. Dabei war Johannes Paul II. nur allzu bewusst, dass seine Stimme von Rom aus eine große Wirkung entfalten konnte.
Nach Auffassung des Papstes musste gerade in Osteuropa die Volksreligiosität gestärkt werden. Kardinalstaatssekretär Vil-

[52] Rede von V. Kuroedov bei der Sitzung der Leiter der Behörden für religiöse Angelegenheiten der sozialistischen Länder in Warschau vom 25. Oktober 1979, in: Gosudarstvennyj Archiv Rossijskoj Federacii, f. 6991, op. 6, d. 1734, ll. 15–16.

lot hielt die Situation der katholischen Kirche in Ungarn unter dem Primas Lékai für den größten Erfolg der vatikanischen Ostpolitik. Dies entsprach allerdings nicht dem Modell, das Johannes Paul II. vorschwebte, der die Lage der ungarischen Kirche entschieden negativ beurteilte. Eine Ansprache von Wyszyński bei einer der Versammlungen vor dem Konklave kommentierte Kardinal Wojtyła als eine „würdige Antwort auf den Kleinmut von Kardinal Lékai". Der polnische Primas hatte ausgeführt, der Kommunismus sei eben kein „Fatum", sondern befinde sich im Gegenteil in der Krise, wobei er auch an die Märtyrerkardinäle des Ostens erinnerte.[53] Auch Johannes Paul II. hatte nicht die Absicht, sich für eine Kirche einzusetzen, die sich unter dem Schutz des Staates nur in kontrollierten Räumen bewegen konnte, innerhalb einer kommunistischen Gesellschaft, deren Weg einzig in die Säkularisierung führte. Bereits kurz nach seiner Wahl schrieb er daher einen Brief an die ungarischen Bischöfe, in dem er sie dazu aufrief, künftig die Seelsorge mitten unter dem Volk zu intensivieren, um das christliche Leben zu stärken. Als es 1979 zu einer Begegnung mit dem ungarischen Episkopat kam, forderte er die Bischöfe auf, eine aktivere Haltung einzunehmen, und 1980 erinnerte er sie in einem Brief nochmals an die Bedeutung der Katechese. Die ungarische Kirche, so Johannes Paul II., müsse wieder sichtbar unter den Menschen werden.

Vor einer Kollaboration mit dem Staat hingegen musste man sich hüten. In der Tschechoslowakei war die Situation besonders schwierig. Ein Großteil des Klerus, vielleicht sogar die Hälfte, gehörte der patriotischen Organisation „Pacem in terris" an, wenn auch in unterschiedlichen Funktionen. Die römische Kongregation für den Klerus untersagte es Priestern daraufhin 1982 grundsätzlich, sich in derartigen Organisationen zu betätigen. Der Papst wollte Klarheit schaffen, denn er

[53] Vgl. P. Raina, Wybór Papieża Jana Pawla II, S. 30–33.

war überzeugt, dass solche Bewegungen die Priester und das Volk von der Hierarchie abspalten würden. Deshalb half er der tschechischen Kirche auch, die polizeiliche Schikane abzuwehren, die die Regierung gegen sie einsetzte. Persönlich unterstützte er Kardinal Tomášek, den Erzbischof von Prag, der erschöpft war vom langen Widerstand – er hatte den Prager Stuhl seit 1965 inne – und der strengen Kontrolle seiner Person. Der Druck, der auf ihm lastete, war so groß, dass er schließlich sogar die tschechoslowakische Widerstandsbewegung Charta 77 verurteilte. 1978 schrieb ihm Johannes Paul II. zu Weihnachten, und im Jahr darauf schickte er ihm einen Glückwunsch zum zweihundertfünfzigsten Jahrestag der Heiligsprechung von Johannes Nepomuk, der einst auf Befehl des böhmischen Königs getötet worden war.
Aus tschechoslowakischen Dokumenten geht hervor, dass die Staatsführung durchaus besorgt war über das persönliche Verhältnis zwischen Johannes Paul II. und Tomášek. Zudem befürchtete man, der hl. Nepomuk könne, ähnlich wie in Polen der hl. Stanislaus, zu einer Symbolfigur gegen die staatliche Macht erhoben werden. Bereits 1979 notierte die Behörde für religiöse Angelegenheiten: „Johannes Paul II. will den Katholizismus in der Tschechoslowakei neu beleben, er übt Druck auf Tomášek aus und fordert viel von ihm [...].“[54]
1987 riet der Papst Tomášek, eine zehnjährige Vorbereitungszeit für den tausendsten Todestag des hl. Adalbert auszurufen. Der alte Kardinal, der 1899 geboren worden war, schon im Ersten Weltkrieg mit den Polen im habsburgischen Heer gekämpft hatte und nun im erzbischöflichen Palais von der Regierung isoliert und kontrolliert wurde, schöpfte wieder Mut. Er war weder allein noch vergessen. So sagte er: „Ich gestehe, dass mich auch die Wahl Johannes Pauls II. und die kla-

[54] Anmerkung zu Verlauf und Ausgang des Besuchs der Delegation des Amts für religiöse Angelegenheiten der CSSR vom 26.–28. 3. 1979, in: Archiwum Akt Nowych, UDSW, kk 12–14.

ren Botschaften, die er mir zu schicken begann, zu energischerem Auftreten veranlasst haben."[55]

Das Christentum im Osten musste wieder stärker im Volk verankert werden, und es musste überhaupt an Lebenskraft gewinnen. Tatsächlich war bereits etwas in Bewegung gekommen, auch in der Tschechoslowakei mit der von Václav Havel unterstützten Bürgerrechtsbewegung „Charta 77" und ihrem „Versuch, in der Wahrheit zu leben", um den „demoralisierten Menschen zu befreien". Das kommunistische System basiere auf einer „Demoralisierung" des Menschen, schrieb der künftige tschechische Präsident in dem Band „Versuch, in der Wahrheit zu leben. Von der Macht der Ohnmächtigen", es vertiefe die Demoralisierung und sei deren gesellschaftliche Projektion.[56] Diese Untergrundbewegungen in den kommunistischen Gesellschaften, die man im Westen kaum wahrnahm, beobachtete Wojtyła mit besonderer Aufmerksamkeit. In seiner ersten Ansprache vor dem diplomatischen Korps, von der bereits die Rede war, zeigte sich Johannes Paul II. mit Blick auf die Verhältnisse hinter dem eisernen Vorhang ausgesprochen sensibel: „Es sind bewegende Hilfeschreie zu hören, die der apostolische Stuhl nicht überhören kann. Aus diesem Grund muss er sie in aller Klarheit den Staaten, den Regimen und der ganzen Menschheit zu Bewusstsein bringen." Unmittelbar nach der Konferenz von Helsinki prangerte die vatikanische Diplomatie die Verletzungen der Religionsfreiheit in allen öffentlichen Bereichen an und ließ durchblicken, dass ihr selbst die geringsten Vorkommnisse in den osteuropäischen Gesellschaften nicht entgingen. So verurteilte Johannes Paul II. etwa ausdrücklich die Entscheidung der sowjetischen Regierung, weder ihm selbst noch Kardinal Casaroli zu gestatten, die Feierlichkeiten zum sechshunderts-

[55] D. Del Rio/R. Giacomelli, San Pietro e il Cremlino. Memoria dell'Ostpolitik vaticana, Turin 1991, S. 104.

[56] V. Havel, Versuch, in der Wahrheit zu leben. Von der Macht der Ohnmächtigen, Hamburg 1980, S. 34.

ten Jahrestag der Christianisierung Litauens zu leiten. 1983 durften die litauischen Bischöfe erstmals nach fünfundvierzig Jahren wieder zu einem *ad limina*-Besuch nach Rom reisen. Ein im Westen beinahe vergessenes Land erlangte so eine gewisse Aufmerksamkeit in der öffentlichen Meinung. Bei verschiedenen Gelegenheiten, so auch 1987, beklagte der Papst, dass bei Sitzungen im Vatikan nie Bischöfe aus dem Osten anwesend waren. Zwar verhielt sich der Heilige Stuhl loyal gegenüber den kommunistischen Regierungen, forderte sie jedoch zur Einhaltung der KSZE-Schlussakte auf. Mit ihr verfügte der Papst nach der Konferenz von Helsinki über ein juristisches Instrument gegen Rechtsverstöße zu Lasten der Kirche.

Unterdessen reiste Casaroli nach Polen, Ungarn und in die Tschechoslowakei. Er sprach mit den kommunistischen Machthabern und setzte die vatikanische Ostpolitik mit ihren regulären diplomatischen Kontakten und Verhandlungen fort. 1979 beispielsweise schlug Casaroli (begleitet von „Außenminister" Silvestrini) der tschechoslowakischen Regierung vor, die festgefahrenen Verhandlungen wieder aufzunehmen. Die Staaten des Warschauer Paktes sollten jedoch wissen, dass die Verhandlungspolitik nicht alternativlos war, vor allem wenn sie ohne Ergebnis blieb. Ende 1979 erhielten die Sowjets über den litauischen Priester Pranas Račiūnas, der mit Kardinal Slipyj gemeinsam im Gulag gewesen war, daher eine deutliche Botschaft. Mons. Ivan Dias, ein Mitarbeiter des Staatssekretariats, sagte ihm bezüglich der Ostpolitik des Vatikans:

> Diese unter Paul VI. in Angriff genommene Politik wird fortgesetzt. Daran besteht durch die Ernennung ihres Urhebers, Mons. Casaroli, zum Staatssekretär kein Zweifel. Doch Johannes Paul II. hat die Absicht, diese Politik künftig sehr viel aktiver anzugehen. Wenn sie keine spürbaren Ergebnisse für die Beziehungen mit jedem einzelnen so-

zialistischen Staat zeitigen sollte, wird der aktuelle Papst nicht zögern, einen eigenen Kurs einzuschlagen.[57]

Die sowjetischen Behörden nahmen diese Botschaft sehr ernst, wie aus den entsprechenden Dokumenten hervorgeht. 1982 empfing der Papst die Interparlamentarische Union. Die Vertreter aus der UdSSR fürchteten bei dieser Gelegenheit antikommunistische Einlassungen Wojtyłas, wurden jedoch von Andreotti beruhigt, der ihnen versicherte, es werde keinerlei Angriff geben. Der Papst beschränkte sich schließlich auf die Formel: „Ohne Religionsfreiheit gibt es keine Freiheit."[58] Darauf konnte er nicht verzichten: die Menschenrechte und die Religionsfreiheit.

Im Osten: ein harter Kampf

Zehn Jahre dauerte der harte Kampf im Osten, und mehr als ein Mal schien ein Bruch bevorzustehen. Unbeirrbar verfolgte Johannes Paul II. das Ziel, die Freiräume der Kirche zu erweitern, indem er bei den kommunistischen Machthabern stärker darauf drängte. Der Vorsitzende der italienischen Sozialisten, Bettino Craxi, sagte nach einem Gespräch mit Wojtyła im Jahr 1983, über dessen Ergebnis er sehr zufrieden war: „Als ich Wojtyła zu verstehen gab, dass man die Situation in Polen in gewisser Weise forcieren könnte, murmelte der Papst eine Art Zustimmung" – es war für ihn typisch, so sein Einverständnis auszudrücken.[59] Die Strategie, die Volksreligiosität im Osten zu stärken, entsprach solch einem kalkulierten „Forcieren". Der Papst versuchte weiterhin mit beachtlicher Flexibilität, der Kirche in Polen Freiräume zu

---

[57] F. Corley, Soviet Reaction to the Election of Pope John Paul II, S. 47.
[58] G. Andreotti, L'URSS vista da vicino, Mailand 1988, S. 120f.
[59] M. Pini, Craxi. Una vita, un'era politica, Mailand 2006, S. 248f. Gespräch des Autors mit G. Acquaviva.

verschaffen und diese zu verteidigen, vermied es aber zugleich, eine existenzielle Krise heraufzubeschwören, die zu einer sowjetischen Intervention hätte führen können. Brzezinski etwa bemerkte, „ohne den Papst, seine Zähigkeit, jene Mischung aus Mäßigung und Eigenwilligkeit, die sein Stil ist, [hätten] sich viele Dinge, die vor unseren Augen geschehen sind, nie ereignet".[60] In der Tat agierte Johannes Paul II. in Polen ebenso ausdauernd wie hartnäckig, freilich ohne Utopien nachzujagen, das Gleichgewicht der Kräfte stets im Blick. Möglicherweise war Kardinal Wyszyński, der die polnische Kirche durch die dunkelsten Jahre des Kalten Krieges führte, noch vorsichtiger als Wojtyła. Kardinal Re jedenfalls bezeugt, Wyszyński sei stets in größerer Sorge über die Aktivitäten Lech Wałęsas gewesen als der Papst, da er eine sowjetische Invasion fürchtete.[61] Der neue Primas von Polen, Kardinal Glemp, der Wyszyński 1981 folgte, bekannte in einer Predigt im selben Jahr: „Es spielt keine Rolle, wenn man der Kirche vorwerfen kann, sich zögerlich zu verhalten und gesellschaftliche Verhaltensweisen zu bremsen [...]; es gibt nichts Kostbareres als das menschliche Leben."[62] Glemp wurde vor allem zum Primas ernannt, weil Wyszyński persönlich den Papst kurz vor seinem Tod darum gebeten hatte. Wojtyła konnte sich freilich nicht gänzlich mit der vorsichtigen Art des neuen Primas identifizieren. Der polnische Geheimdienst hielt Glemp für einen „Pragmatiker". Und Giovanni Spadolini beschrieb ihn als „gemäßigt, sogar nachlässig". Nichts habe er „von der mittelalterlichen Stattlichkeit seines Vorgängers".[63]

---

[60] F. Colombo, Senza Wojtyła, niente perestrojka, in: L'Europeo, 13, 31.3.1990, S. 146.
[61] Gespräch des Autors mit Kardinal Re.
[62] Zit. n. A. Riccardi, Il Vaticano e Mosca, S. 366f. Die Rolle Glemps in den neunziger Jahren beschränkte sich nicht nur auf die Neuorganisation der polnischen Diözesen, sondern steht auch in Zusammenhang mit der Entsendung eines Nuntius nach Warschau.
[63] G. Spadolini, A tu per tu. Incontri con i personaggi del nostro tempo, Mailand 1991, S. 217.

Der Kreml begrüßte das Engagement Johannes Pauls II. für den Frieden zwar offiziell, hatte jedoch in Wirklichkeit ein sehr negatives Urteil über ihn. Man meinte beim Papst eine fortdauernd antisozialistische Haltung festzustellen, die Gromyko zufolge nur durch seine Verbindungen zu westlichen Kreisen zu erklären war.[64] Tatsächlich hatten die Sowjets große Mühe, die tiefer liegende historische Kraft der spirituellen und religiösen Phänomene (also auch des polnischen Katholizismus und der Persönlichkeit des Papstes) richtig einzuschätzen. Wojtyłas Widerstand war nicht auf seine Kontakte zum Westen zurückzuführen; er hatte seinen Ursprung vielmehr in der kommunistischen Gesellschaft selbst. Aus den zugänglichen Dokumenten geht hervor, dass die Sowjets den Papst als eher „rechts" einordneten. Nur aus politischen Gründen verzichte er auf „frontale Angriffe gegen den Sozialismus" und nutze stattdessen „die vatikanische Expansionstaktik des Dialogs".[65] Die Beunruhigung im Kreml war daher noch weit größer als unter der Ägide Pauls VI. Daher entschloss sich die sowjetische Führung, Wojtyłas Friedensinitiativen zu unterstützen, alle weiteren Pläne jedoch zu boykottieren, sofern sie sich gegen den Sozialismus richteten. Die Ökumene wurde dabei als Mittel eingesetzt, um den Aktivismus des Papstes zu bremsen. Man sah es als notwendig an, die Rolle der russischen Kirche im Dialog mit dem Vatikan zu stärken, auch gegen die „Pläne Johannes Pauls II. zur Wiedererlangung der Einheit der Christenheit", die als Hegemonie Roms über die Christenheit verstanden wurde.

---

[64] Gesprächsnotiz anlässlich der Begegnung des ersten Sekretärs des Zentralkomitees der PVAP, Edward Gierek, und dem Mitglied des Politbüros der KPdSU und Außenminister der UdSSR, Andrej Gromyko, in Moskau, 14.3.1979, KC PZPR XIA-598, kk. 20–21.

[65] Dabei handelt es sich um zwei Dokumente, die von der russischen Zeitschrift „Rodina" und von „La Stampa" (23.4.1993) veröffentlicht wurden: eine Analyse von Oleg Bogomolov (4.11.1978) und eine Resolution von Suslov (13.11.1979), die vom Sekretariat des Zentralkomitees beschlossen wurde.

Den Verantwortlichen im Osten entging die destabilisierende Wirkung nicht, die Wojtyła mit der Zeit entfaltete. Bei einer Konferenz der Ressortleiter für ideologische und internationale Fragen in Ost-Berlin diskutierte man 1979 anlässlich der ersten Polenreise des Papstes vor allem über die Person Johannes Pauls II. Kuroedov gab zu Protokoll, in der vatikanischen Politik habe eine neue Phase begonnen, die darauf gerichtet sei, die Kirche in den sozialistischen Ländern zu einem politischen Akteur zu machen. Zu diesem Zweck unterstütze der Vatikan aktiv die nationalistischen Kräfte, die „klerikalbürgerliche" Emigration (Casaroli zufolge eine wahre Obsession der Kommunisten) und die Dissidenten, versuche aber auch, auf die Jugend und die Intellektuellen Einfluss zu nehmen. Gromyko erinnerte der Papstbesuch in Polen mit all seinen politischen, populären und nationalen Elementen sogar an die Rückkehr Ayatollah Khomeinis nach Teheran einige Monate zuvor.[66] Dass ausgerechnet diese Parallele gezogen wurde, ist bemerkenswert, wird hier doch deutlich, wie sehr die Sowjets die religiöse „Revolution" Johannes Pauls II. fürchteten.

In einem gemeinsamen Dokument des sowjetischen Außenministeriums und des Rats für religiöse Angelegenheiten, das 1980 vom Zentralkomitee der KPdSU abgesegnet wurde, zeigt sich, dass man die Kritik des Papstes am westlichen Lebensstil und am Kapitalismus sehr wohl befürwortete, ebenso wie seine 1979 vor der UN-Hauptversammlung gehaltene Rede zur Abrüstung. Auch dass sich Johannes Paul II. nicht am Boykott der Olympischen Spiele in Moskau beteiligt hatte, wusste man im Kreml zu schätzen. Gleichwohl kommt das Dokument zu dem Schluss, mit Wojtyła hätten die „reaktionären Kreise" der Kirche die Oberhand gewonnen, in Gestalt eines antisozialistischen Programms, das darauf ziele, die öffentliche Rolle der religiösen Gemeinschaften in Polen,

---

[66] Vgl. „Soviet Analyst", Bd. 8, Nr. 13, 28.6.1979, S. 7.

der westlichen Ukraine, in Weißrussland, Litauen und Lettland zu reaktivieren. Tatsächlich war dies das Hauptanliegen des Heiligen Stuhls – und zugleich die größte Sorge der Sowjets.

Die sowjetische Antwort ließ nicht lange auf sich warten. Bereits im Oktober 1979 legte Kuroedov den Leitern der kommunistischen Religionsbehörden anlässlich einer Konferenz in Warschau den Entwurf einer Strategie vor. Kuroedov rief seine Kollegen zunächst dazu auf, an einem Strang zu ziehen; nur so könne der Gefahr, dass sich die Kirche in Verbindung mit nationalistischen Kreisen zu einer politischen Opposition entwickle, wirksam begegnet werden. Dass diese Gefahr existierte, schien eine ganze Kette von Indizien zu belegen: die Polenreise Johannes Pauls II. im Jahr 1979; sein Brief an Kardinal Slipyj; die Audienz, die Wojtyła dem ukrainischen Dissidenten Moroz gewährte; die Unterstützung von Menschenrechtskampagnen durch den Vatikan; die indirekte Hilfe für das litauische katholische Komitee für Menschenrechte; eine entschiedenere Politik gegenüber den sozialistischen Regierungen; sowie intensive Beziehungen zu den Bischöfen und dem Klerus im Ostblock, deren Präsenz im gesellschaftlichen Leben der Papst fördern wollte.

Die sozialistische Antwort musste, so Kuroedov, darin bestehen, jede Einmischung des Vatikans in die „inneren Angelegenheiten" der kommunistischen Staaten strikt zurückzuweisen. An den Initiativen des Papstes für Frieden und Abrüstung hingegen wollte man sich durchaus beteiligen. Vor allem galt es jedoch, die reaktionäre Natur der vatikanischen Politik herauszustellen und den Katholizismus als gesellschaftlich-politische Größe im Osten endgültig auszuschalten. Wichtig erschien es daher vor allem, die Opposition gegen den Papst innerhalb der katholischen Kirche zu stärken, indem man die Kontakte zu den „realistischen" Kreisen im Vatikan intensivierte und die Befreiungstheologie in Lateinamerika unterstützte, die eine wichtige Rolle in der sowjetischen Strategie spielte. Außerdem war es notwendig, auf die Kirchen in den sozialistischen Ländern einzuwirken, um den Einfluss des Vatikans zu beschränken.[67] Wie aus den Überlegungen Kuroedovs hervorgeht, handelte es sich hier um eine umfassende Strategie gegen das neue Pontifikat, die bereits zu Beginn der achtziger Jahre in allen Nuancen entwickelt war.

Die Absichten des Papstes lagen offen zutage: Er wollte das religiöse Leben im Ostblock um jeden Preis stärken. Zu diesem Zweck hielt er nicht nur zahlreiche Ansprachen und Predigten, sondern nutzte auch die durch Casarolis Ostpolitik entstandenen Spielräume für programmatische Bischofsernennungen. Als Modell stand ihm dabei Polen vor Augen: eine Kirche des Volkes, die sich zugleich als religiöser und gesellschaftlicher Akteur betrachtete. Darüber hinaus lancierte Johannes Paul II. bei jeder Gelegenheit die Idee einer europäischen Einigung, um die Teilung des Kontinents in zwei Machtblöcke zu überwinden. Die europäischen Regierungen hielten die Politik des Papstes freilich für unrealistisch oder sahen in ihr allenfalls einen moralischen Appell ohne konkrete Folgen. Gleichwohl war die Einheit Europas eine der großen Hoffnungen Wojtyłas, ebenso wie die Durchsetzung der Religionsfreiheit im Osten. Die Zweiteilung des Kontinents wollte der Papst, der an die Existenz verborgener, einheitsstiftender Kräfte in den europäischen Gesellschaften, auch im Osten, glaubte, nicht akzeptieren. Wie lang aber würde der eiserne Vorhang noch existieren? Johannes Paul II. konnte diese Frage nicht beantworten, hoffte jedoch weiter auf Veränderungen, wobei er Realist blieb und sich bezüglich der politischen Situation im Ostblock stets auf dem Laufenden hielt, gleichzeitig aber eine tatkräftige Diplomatie der kleinen Schritte betrieb.

---

[67] Rede von V. Kuroedov bei der Sitzung der Leiter der Behörden für religiöse Angelegenheiten der sozialistischen Länder, Warschau, 25.10.1979, in: Gosudarstvennyj Archiv Rossijskoj Federacii, f. 6991, op. 6, d. 1734, ll. 5–16.

„Seid keine Sklaven!"

Zwischen dem Vatikan und Polen entstand ein dichtes Netz an Kontakten, das durch zahlreiche Reisen von Geistlichen verstärkt wurde, die den Papst über die Situation und die Veränderungen in ihrem Heimatland informierten. Viele Polen, die nach Rom kamen, empfing Johannes Paul II. auch persönlich. Seine drei Polenreisen, die (vor dem Zusammenbruch des Kommunismus) 1979, 1983 und 1987 stattfanden, waren ein Meisterwerk an Realismus, aber auch riskante Unternehmungen, getragen von der Hoffnung, die Freiräume seiner Landsleute verteidigen, ja, sie erweitern zu können. Zur Reise von 1987 hat Gorbatschows Außenminister Schewardnadse einmal gesagt, nur das Wort Johannes Pauls II. habe „einen Bürgerkrieg verhindern"[68] können. Offenbar kamen 1987 drei Millionen Polen in Warschau zusammen, um den Papst zu begrüßen. Entschlossen verkündete er seine Botschaft, ohne direkt auf die Situation in Polen einzugehen:

> Man kann Christus nicht aus der Geschichte des Menschen ausschließen, in keinem Teil der Welt, auf keinem geografischen Längen- oder Breitengrad. Das Ausschließen Christi aus der Geschichte des Menschen ist ein Akt gegen den Menschen. Ohne Ihn kann man die Geschichte Polens nicht verstehen.

Die erste Polenreise im Jahr 1979 war ein einmaliges Ereignis – auch und gerade für die Bevölkerung, konnte sie doch frei auf die Straße gehen, um einem Landsmann zuzujubeln, der Papst geworden war, und nicht, um an den offiziellen Kundgebungen des Regimes teilzunehmen. Es war ein Symbol der

---

[68] Vgl. E. Schewardnadse, Als der Eiserne Vorhang zerriss. Begegnungen und Erinnerungen. Mit einem Geleitwort von Hans-Dietrich Genscher, Duisburg 2007, S. 150.

Hoffnung. Die polnischen Behörden, insbesondere Gierek, erklärten sich mit der Reise einverstanden, auch wenn sich Breschnew persönlich bei der Warschauer Führung dagegen ausgesprochen hatte („Aber sorgen Sie dafür, dass Sie es später nicht bereuen müssen").[69] Alle Beobachter hatten den Eindruck, dass sich um die Person des Papstes herum ein Raum der Freiheit und der Hoffnung für Polen öffnete, der kommunistischen Macht zum Trotz. Im Herzen Warschaus, auf dem Siegesplatz, der sonst Schauplatz kommunistischer Aufmärsche war, wurde ein siebzehn Meter hohes Kreuz errichtet, daneben das Podest, von dem aus der Papst zu einer Million Landsleuten sprach (über die Medien erreichte er das gesamte polnische Volk). Die spontane Begeisterung der Menschen zeigte eindeutig, dass Polen auch nach mehr als fünfunddreißig Jahren Kommunismus noch immer eine katholische Nation war, ja, dass sie es in ganz neuer Weise war.

Die Reise von 1979 vermittelte Hoffnung: „Seid keine Sklaven", rief der Papst den Menschen zu.[70] Diese genuin religiöse Botschaft setzte in der polnischen Situation neue Energien frei. Die Kolonne des Papstes, die sich durch Polen bewegte, wurde zum wahren Herzen des Landes. Ohne sich gegen die Gesetze aufzulehnen, demonstrierte das polnische Volk seine Andersartigkeit und seine unerschütterliche moralische Kraft. Jede Polenreise des Papstes gab dem Volk so die Möglichkeit, sich frei in der Öffentlichkeit zu äußern, und dies unter einem Regime, das dies normalerweise nicht zuließ.

Es ist hier nicht der Ort, das komplexe Kapitel der Beziehungen zwischen Johannes Paul II. und Polen zu erörtern, von der Geschichte der Solidarność-Bewegung über die Sorge vor einem sowjetischen Einmarsch, die Verhängung des Kriegs-

---

69 C. Bernstein/M. Politi, Seine Heiligkeit, S. 226.

70 G. Mink, La force ou la raison. Histoire sociale et politique de la Pologne (1980–1989), Paris 1989, S. 144ff.

rechts bis hin zum friedlichen Übergang von 1989, fünfzig Jahre nach Ausbruch des Zweiten Weltkriegs. Diese Geschichte ist bereits mehrfach erzählt worden.[71] Der Papst kämpfte dabei vor allem gegen das Schreckgespenst einer sowjetischen Invasion. Bezeugt ist, dass er konkret Druck auf die UdSSR ausübte, etwa in einem Brief an Breschnew aus dem Jahr 1980, in dem er ihn dazu aufforderte, sich für eine Verbesserung der gespannten Situation in Polen einzusetzen und ihn indirekt vor falschen Schritten warnte.[72] Tad Szulc, ein Kenner Polens, schrieb, Johannes Paul II. habe keine verfrühten Hoffnungen nähren wollen, die in einem Blutbad hätten enden können. Zugleich aber habe er an der Erwartung festgehalten, dass im Inneren Polens eine neue politische und gesellschaftliche Situation erwachsen könne – und dies zu einer Zeit, als ein Zusammenbruch des Sowjetreichs noch lange nicht in Sicht schien.

Der zweite Polenbesuch Johannes Pauls II. im Jahr 1983 fiel in die dramatische Situation von Kriegsrecht und Repression. Der polnische Episkopat nahm eine kritische Position dazu ein. Kirche und Reformbewegung hatten sich zwischenzeitlich miteinander verbündet und beriefen sich gleichermaßen auf den Papst. Die Kirche, die bereits Ende 1981 eine Krise zwischen Regierung und Solidarność vorausgeahnt hatte, richtete ein Beratungsgremium ein: den Gesellschaftlichen Rat beim Primas. In ihm trafen sich Aktivisten, Intellektuelle und Journalisten, um die verschiedenen Flügel der Gewerkschaft miteinander zu vernetzen, nachdem ihre Arbeit verboten worden war.

Auch bei seiner Visite 1983 vermittelte Johannes Paul II. Sicherheit und Hoffnung, und dies in einer schweren Zeit, in der es unmöglich schien, das System zu erschüttern. In einem an-

---

[71] Interessante Beobachtungen finden sich bei J. Kuroń, La mia Polonia. Il comunismo, la colpa, la fede, Florenz 1999. Vgl. J. Kowalczyk, świadectwo i służba. Rozmowy o życiu i Kościele, Warschau 2008, S. 97f. und 135–138.

[72] G. Weigel, Zeuge der Hoffnung, S. 422.

gespannten Gespräch auf dem Wawel in Krakau sagte der Papst zu Jaruzelski: „General, seien Sie nicht verstimmt. Ich bin nicht gegen den Sozialismus, ich möchte nur, dass der Sozialismus ein menschliches Antlitz hat."[73] Dachte der Papst also, der Sozialismus könne mit der Zeit demokratische Formen entwickeln? Vermutlich hoffte er anfänglich, die polnische Gesellschaft könne sich auch innerhalb des Ostblocks weiterentwickeln. Seit der dritten Polenreise Johannes Pauls II. im Jahr 1987 wuchs der Mut der Oppositionellen wieder, die inzwischen entschlossen gegen eine politische Macht auftraten, die jede Legitimation verloren hatte. Bei einer Begegnung mit Jugendlichen in Gdynia (Gdingen) ging der Papst dem Begriff „Solidarität" auf den Grund; auf der Westerplatte rief er die jungen Leute zum Widerstand auf, und eine Million Menschen antworteten ihm: „Solidarność". Fast unmittelbar nach dem Besuch des Papstes kam auch Gorbatschow nach Polen, um Jaruzelski zu unterstützen. Dabei besuchte er auch die Kathedrale von Krakau, jenen symbolträchtigen Ort, von dem aus der Papst 1978 seine Reise angetreten hatte.

Die Finanzen und die Veränderungen im Osten

Karol Wojtyła, der Mystiker und Seelsorger, war auch ein Mann mit Sinn für das Konkrete. Dass er die Kräfte im Spiel richtig einzuschätzen wusste, zeigte sich bei der friedlichen Revolution in Polen, bei der er Umsicht und Wagemut zugleich an den Tag legte. Der Widerstand, den die Polen gegen das kommunistische Regime leisteten, vor allem seitens der Solidarność, wurde bekanntlich vom Westen unterstützt. Allerdings lassen sich die finanziellen Hilfen, die insbesondere von Seiten der USA an die Solidarność geflossen sind, nur

[73] Gespräch zwischen T. Szulc und Jaruzelski am 27.5.1993. Eine Kopie des Protokolls befindet sich im Besitz des Autors.

schwer rekonstruieren. Lech Wałęsa hat daran erinnert, dass seine Gewerkschaft vieler Ressourcen bedurfte, zugleich aber scharf kontrolliert wurde: „Wir Anführer mussten sehr vorsichtig sein, da wir abgehört wurden." Der Vorwurf, mit Devisen zu handeln, war eine typische Anschuldigung, mit der die Polizei im Kommunismus versuchte, Dissidenten oder Geistliche festzusetzen. Wałęsa hat dargelegt, warum die katholische Kirche die Rolle des Wohltäters ausfüllte: „Die Kirche übernahm die gesamte karitative Tätigkeit, da sie nicht kontrolliert wurde." Und weiter: „Die Kirche gab uns Geld, aber wir fragten nie, woher das Geld kam."[74]

Darüber hinaus hatte die Kirche nach der Ausrufung des Kriegsrechts ein zentrales Komitee gegründet, das die Familien der Inhaftierten unterstützte. Ähnliche Strukturen gab es bald in allen Diözesen. In Warschau war es vor allem Mons. Dembowski, der als Pfarrer in der zentralen St.-Martins-Kirche tausende Pakete für die Inhaftierten und ihre Familien verteilte. Die Verwaltung und Verteilung der Hilfsgüter aus dem Ausland wurde einer speziellen Kommission des Episkopats anvertraut. Zwischen 1981 und 1984 kamen etwa 700 Transporte pro Jahr aus dem Ausland nach Polen, deren Ladung in den Pfarreien verteilt wurde. Glaubhaften Einschätzungen zufolge arbeiteten in den Gemeindezentren etwa 55.000 Menschen, hinzu kamen ehrenamtliche Kräfte. Die Struktur war ebenso großflächig wie engmaschig angelegt.[75] Aus einem „besonders wichtige[n] Geheimbericht" an den Innenminister vom Januar 1984 geht hervor, dass die Kirche „beachtliche Geldsummen von ausländischen Finanzzentren erhält, die über kirchliche Kanäle ins Land gelangen" – und zwar durch die Vermittlung einiger Geistlicher im Vatikan, wie man hinzufügen darf.[76]

---

[74] G. Galeazzi/F. Grignetti, Karol e Wanda, Rom 2010, S. 73–76.

[75] Vgl. J. Żaryn, Dzieje Kościoła katolickiego w Polsce (1944–1989), Warschau 2003, S. 490–503.

[76] Bericht aus dem Januar 1984; eine Kopie befindet sich im Besitz des Autors.

In einem Gespräch mit dem Papst im Jahr 1987 spielte General Jaruzelski denn auch kritisch auf die in seinen Augen allzu große Liquidität der Kirche an, wenn er „eine ständige Bereicherung des Klerus" beklagte.[77] Den polnischen Behörden waren die diskreten Finanzhilfen im Rahmen ihrer sozialen und karitativen Aktivitäten, die die Kirche auch der Solidarność-Bewegung gewährte, bekannt. Verhindern konnten sie dies allerdings nicht.

Den Strom der materiellen und finanziellen Hilfen lenkte der Papst nicht persönlich, da ihm ökonomische Fragen gewöhnlich fernlagen – im Gegenteil: Seit seiner Zeit in Krakau war bekannt, dass ihm der Sinn für Geld fehlte. Dass er gewissermaßen mit seinem Namen für die Solidarność bürgte und sie damit moralisch unterstützte, war allerdings sowohl in katholischen Kreisen als auch insgesamt in der westlichen Welt von großem Gewicht. Die stattlichste finanzielle Hilfe kam derweil aus den USA, sowohl von Privatleuten (vor allem polnischen Emigranten) als auch von Gewerkschaften und Regierungsorganisationen. Viele Menschen, Katholiken und Nichtkatholiken, Kirchenleute und Laien, unterstützten in Italien, in den USA und andernorts die Solidarność. Einige polnische Bischöfe und Priester arbeiteten im Untergrund, um den Transfer finanzieller Mittel aus dem Westen an die Oppositionsbewegung zu ermöglichen. Der Papst ließ Hilfsgüter verschicken – vor allem Medikamente und medizinische Geräte –, während die *Caritas internationalis* die Caritasorganisationen auf der ganzen Welt in die Hilfe einbezog. Substanzielle Unterstützung erfuhr die Solidarność durch polnische Emigrantenkreise. In Frankreich entstanden etwa 400 Hilfskomitees, die in direktem Kontakt zum polnischen Episkopat standen; in London wurde der „Food for Poland Found" gegründet, der zwischen 1981 und 1984 Hilfsgüter im

[77] Zusammenfassung eines Tonbandmitschnitts der Äußerungen Johannes Pauls II. über das Gespräch mit Jaruzelski während der Polenreise von 1987, in: Archivio di Stato di Parma, Archivio Agostino Casaroli, b. 92, f. 17.

Wert von 2.250.000 Pfund nach Polen schickte. Francesco Cossiga zufolge ordnete die italienische Regierung an, dass der Geheimdienst dabei behilflich sein sollte, finanzielle Mittel über die Kirche in den Osten zu transferieren. Der Finanzstandort Luxemburg spielte hier eine gewisse Rolle.

Bettino Craxi, so hat Cossiga bemerkt, habe der Solidarność-Bewegung sehr viel Geld zukommen lassen, „und das hat der polnische Papst niemals vergessen" (zur Beisetzung des italienischen Sozialisten in Tunis soll ein Kondolenztelegramm des Papstes eingegangen sein, und auch vor Craxis Operation soll ihn ein Gruß aus dem Vatikan erreicht haben).[78] Craxi, der im November 1983 mit Reagan über Polen gesprochen hatte, wurde nur einen Monat später von Johannes Paul II. empfangen. Zu seinem Mitarbeiter Gennaro Acquaviva sagte der Sozialistenführer bei dieser Gelegenheit: „Mich tröstet die Tatsache, dass der Papst ein Antikommunist ist, und wenn ich kann, werde ich ihm konkret helfen."[79]

Ausgehend von der beachtlichen Unterstützung in den USA gelangten viele weitere Hilfen aus den westlichen Ländern nach Polen. Es waren oft stattliche Beträge, mit denen die Familien der Arbeiter unterstützt wurden, die sich im Streik befanden und unter dem Kriegsrecht zu leiden hatten. Auch die Oppositionsführer selbst profitierten davon, ganz zu schweigen von den Gewerkschaftsaktivitäten im engeren Sinne. Pater Adam Boniecki, der die polnische Ausgabe des „Osservatore Romano" besorgte, hat beachtliche Finanzhilfen aus amerikanischen Quellen erhalten – vermutlich aus Regierungskreisen –, die er den Familien von Intellektuellen in Krakau zugute kommen ließ, die Probleme mit dem Regime

[78] F. Cossiga/A. Cangini, Fotti il potere. Gli arcana della politica e dell'umana natura, Rom 2010, S. 205. Gespräch des Autors mit F. Cossiga. Don Luigi Verzén schreibt in Pelle per pelle, Mailand 2004, S. 141f., wie er dem sichtlich bewegten Craxi eine Botschaft aushändigte, die ihm Johannes Paul II. diktiert hatte.

[79] Gespräch des Autors mit G. Acquaviva.

hatten.[80] Wie in diesem Fall unterstützten vor allem polnische Geistliche, aber auch Geistliche anderer Herkunft die Widerstandsbewegung in Polen. Nicht selten waren Pilger dabei die Überbringer. Gleichwohl gab es gravierende Probleme bei den Finanztransfers. Inwieweit war der Vatikan nun in diese Angelegenheit involviert? Während Johannes Paul II. mit den finanziellen Fragen nicht vertraut war, unterstützten viele Katholiken in Rom und andernorts den polnischen Widerstand und, im weiteren Sinn, die ums Überleben kämpfende polnische Bevölkerung.

Am Finanztransfer war in gewisser Weise auch Erzbischof Paul Casimir Marcinkus beteiligt, ein Amerikaner litauischer Herkunft, den Paul VI. und Giovanni Benelli in die Führung des Istituto per le Opere di Religione (IOR) berufen hatten, besser bekannt als Vatikanbank. Johannes Paul II. fand ihn in dieser Position vor. Marcinkus war in der Vergangenheit verschiedentlich mit Transaktionen hervorgetreten, die schon vor der Wahl Wojtyłas einen Mangel an Besonnenheit deutlich werden ließen und in Verbindung mit dem umstrittenen Bankier Michele Sindona standen. Aufgrund seiner Geschäfte mit Roberto Calvi wurde der Prälat nach seiner Rolle im Zusammenhang mit dem Bankrott des „Banco Ambrosiano“ befragt, jenes Kreditinstituts, durch das Calvi – auch unter Beteiligung des IOR – ein umfangreiches Finanznetz geschaffen hatte. Calvi, der 1984 in London ermordet wurde, schrieb in einer Krisensituation an Johannes Paul II. persönlich und klagte seine Feinde im Vatikan an. Zugleich wies er auf die guten Dienste hin, die er dem Heiligen Stuhl erwiesen habe, hatte er doch sowohl die Solidarność als auch Finanzzentren in Lateinamerika unterstützt und noch dazu Waffen für den Kampf gegen den Kommunismus geliefert.[81] War es also

[80] Gespräch des Autors mit Pater Boniecki.

[81] Vgl. F. Pinotti, Poteri forti, Mailand 2005; L. Coen/L. Sisti, Il caso Marcinkus, Mailand 1991; und G. Flamini, Il libro che i servizi segreti italiani non ti farebbero mai leggere, Rom 2010, S. 230–270.

möglicherweise Calvis Netzwerk, das auch den Transfer von Finanzhilfen nach Polen unterstützte? Dies ist nicht auszuschließen, ändert aber nichts daran, dass der größte Finanzstrom für Polen aus den USA kam, und zwar über andere Kanäle.

Vermutlich lag es auch an den beschränkten finanziellen Spielräumen des IOR, dass Marcinkus' Geschäftspolitik zu Operationen führte, die sich am Ende gegen das Institut selbst richteten. Bereits 1979/80 wies ein Dokument des SISMI, eines italienischen Nachrichtendienstes, auf Verluste hin, die das IOR aufgrund von Finanzspekulationen im Zusammenhang mit dem sizilianischen Bankier Sindona erlitten hatte; dieser Quelle zufolge war eine beträchtliche Summe auch an die polnische Kirche geflossen.[82] Das Staatssekretariat unter Casaroli war entschieden gegen Marcinkus' Gebaren und versuchte, seinen Handlungsspielraum einzuschränken sowie Beweise für seine riskanten Geschäfte zu finden. Mit dem Zusammenbruch des Banco Ambrosiano 1984 war schließlich auch das IOR in die Angelegenheit involviert. Unter dem Druck der internationalen Finanzwelt musste nun auch der Heilige Stuhl, den man für Calvis Geschäfte mitverantwortlich machte, Farbe bekennen. Selbst der italienische Schatzminister, der Christdemokrat Beniamino Andreatta, forderte den Vatikan im Parlament unmissverständlich auf, sich seiner Verantwortung für den Banco Ambrosiano zu stellen.

Kardinal Casaroli war überzeugt, dass es notwendig war, für den entstandenen Schaden vollständig zu haften, auch wenn sich der Vatikan in seinen Augen mehr in moralischer als in juristischer Hinsicht schuldig gemacht hatte. Es ging ihm vor allem darum, keinen Konflikt mit der Finanzwelt einzugehen und möglichen Schaden von der Person des Papstes abzuwen-

---

[82] Vgl. Discepoli di verità, Bugie di sangue in Vaticano, Mailand 1999, S. 142–145; L. Coen/L. Sisti, Il caso Marcinkus, S. 216 und 262.

den. Für diese Auffassung gewann er im Vatikan allerdings keine deutliche Mehrheit. Viele waren dagegen, unter anderem Marcinkus selbst. Unterstützt von Silvestrini, behauptete Casaroli jedoch entschlossen seine Position. Johannes Paul II. konsultierte daraufhin einen unabhängigen Experten, der die Geschäfte der Vatikanbank genau kannte. Ihm gestand er seine Zweifel und bat ihn zugleich um Hilfe, um sich ein differenziertes Urteil bilden zu können, ob Marcinkus schuldig war oder nicht. Denn der Papst fürchtete ein Schnellverfahren: „Hier will man ihn wegschicken."

Am Ende schloss sich Johannes Paul II. der Position des Staatssekretärs an. Nach Verhandlungen zwischen einer vatikanischen und einer italienischen Delegation zahlte der Heilige Stuhl schließlich 242 Millionen Dollar an die Gläubiger des Banco Ambrosiano – wohlgemerkt als „freiwilligen Beitrag", so dass der Heilige Stuhl nur die moralische Verantwortung übernahm. Marcinkus blieb bis 1989 an der Spitze des IOR, in seinen Befugnissen freilich durch die Einführung eines festen Regelwerks und die Einrichtung weiterer Kontrollinstanzen, die den Kardinalstaatssekretär soweit wie möglich absicherten, erheblich eingeschränkt. Gleichwohl kümmerte sich Marcinkus weiterhin um die Organisation der Papstreisen ins Ausland. 1990 trat er, erst siebzigjährig, auch vom Amt des Pro-Präsidenten der Päpstlichen Kommission für den Staat der Vatikanstadt zurück, das ihm Wojtyła 1981 anvertraut hatte. Zum Kardinal wurde er nie erhoben. Viele Aspekte im Zusammenhang mit dem Konkurs des Banco Ambrosiano sind im Übrigen bis heute nicht geklärt.

Tatsächlich befand sich der Heilige Stuhl in den siebziger und achtziger Jahren in einer finanziell desolaten Lage, was auch mit den allgemein veränderten wirtschaftlichen Bedingungen zu tun hatte. Die Kosten für die immer weiter ausgebaute Bürokratie waren gestiegen, die Zahl der Nuntiaturen hatte sich vervielfacht. Auch durch die regelmäßigen Zuwendungen, die Paul VI. dem Bistum Rom, der katholischen Tageszeitung „L'Avvenire“ und anderen Empfängern zur Verfügung stellte, waren die Ausgaben gestiegen. Unter Johannes Paul II. wurden die Ausgaben für Rom und die italienische Tageszeitung schließlich um die Hälfte gekürzt. Wojtyła interessierte sich, wie bereits gesagt, kaum für wirtschaftliche Fragen und zeigte sich diesbezüglich stets distanziert. Schon in Krakau hatte er sich nur wenig mit der wirtschaftlichen Durchführbarkeit von Projekten befasst. Eine beachtliche Summe etwa, die er einmal erhalten hatte, blieb lange Zeit vergessen in seiner Tasche liegen. Und schon während einer USA-Reise, die er als Kardinal unternahm, warnte man seinen Gastgeber: „Geben Sie Wojtyła kein Geld, er weiß nicht, was er damit anfangen soll! [...] Geben Sie es dem Kaplan.“ Gemeint war Dziwisz.[83] Dessen ungeachtet musste sich Wojtyła als Papst sehr wohl mit der Finanzkrise des Heiligen Stuhls befassen.

1979, Wojtyła war seit einem Jahr auf dem päpstlichen Thron, sprach er vor der Vollversammlung der Kardinäle offen über die schwierige finanzielle Situation: das Defizit wachse und die Kapitalrendite reiche nur noch für die Hälfte der Ausgaben. Der sogenannte Obolus für Sankt Peter (in Deutschland als Peterspfennig bekannt) habe das Defizit zwar bislang decken können, man könne aber unmöglich so weitermachen. In der Tat lag das jährliche Defizit des Vatikans von 1981 bis 1988 zwischen 50 und 90 Millionen Dollar. 1989 entsprach der vatikanische Haushalt dann etwa dem der UNESCO.[84] Und in den neunziger Jahren gelang es schließlich, die Finanzen – vor allem mit Hilfe von Kardinal Szoka – vollständig neu zu ordnen, sodass der Haushalt des Vatikanstaats 1993 sogar ein kleines Plus verzeichnen konnte. Trotz der Finanzprobleme, die ganz verschiedene Ursachen hatten, unter anderem die steigenden Personalkosten, unterschied sich der Heilige

[83] J. Kwitny, The Man of the Century, S. 265.
[84] B. Lecomte, Giovanni Paolo II. Mailand 2005, S. 408ff.

Stuhl doch erheblich von internationalen Organisationen wie etwa der UNO, deren Entwicklung weitaus weniger kontrolliert verlief. Unbestreitbar aber ist die Tatsache, dass der Vatikan, neben der finanziellen Unterstützung der Solidarność, noch ganz andere Probleme zu bewältigen hatte.
Für den polnischen Widerstand gegen den Kommunismus war die Hilfe aus Rom unerhört wichtig. Gleichsam im Schatten des als nahezu mystisch und messianisch verehrten Papstes vollzog sich eine gewaltige Unternehmung, die auf politischem Realismus beruhte und nicht von ihm selbst geleitet wurde. Das Gros der finanziellen Hilfen kam dabei aus den USA, zum einen von der katholischen Basis, zum anderen von Gewerkschaften sowie von staatlichen und politischen Organisationen. Die Geschehnisse in Polen fanden im Westen große Beachtung. Wollte man die Solidarność unterstützen, ein Blutbad verhindern und zugleich einen langfristigen Widerstand ermöglichen, mussten die nötigen Mittel aufgebracht werden. Der Papst wusste, wie wichtig eine große Bewegung wie die Solidarność war, ließ sich jedoch nicht in Zusammenhänge verwickeln, die nichts mit seinem Amt zu tun hatten. Er selbst leistete seinen Landsleuten immer wieder moralische Unterstützung, damit sie nicht aufgaben. Viele andere fühlten sich dadurch ermuntert, der Solidarność und dem polnischen Volk insgesamt mit großzügigen finanziellen Zuwendungen zu helfen.

Im politisch-religiösen Wirrwarr des Ostens

Johannes Paul II. war für das Sowjetreich ein Störfaktor, auch aus geopolitischen Gründen. Polen war strategisch wichtig für die sowjetische Präsenz in Mitteleuropa und erst recht in der DDR, wo sich die bedeutendsten Militärstützpunkte der UdSSR im Einflussbereich des Warschauer Pakts befanden. Die Kontrolle über Polen war das ehrgeizige Ziel Stalins und der Schlussstein der sowjetischen Präsenz in Europa während des Kalten Krieges gewesen. So war es auch kein Zufall, dass der sowjetische Außenminister Gromyko nach der Polenreise Johannes Pauls II. im Jahr 1979 betonte, dass „Polen ein unveräußerlicher Teil der sozialistischen Gemeinschaft“[85] sei und bleibe. Die Position der UdSSR in Polen konnte indes durch einen Volksaufstand erschüttert werden, und eben darin, so die besorgte Moskauer Führung, bestehe das Ziel der USA. Ohne Zweifel hatte der Kreml eine reale Gefahr erkannt; und als offensichtlich erscheint es heute auch, dass der Papst ein entscheidendes Element für den Fall des kommunistischen Regimes in Polen gewesen ist, wie Samuel Huntington bemerkt hat.[86]

Dabei wäre es allerdings irreführend anzunehmen, Wojtyła sei ausschließlich auf das Land seiner Herkunft konzentriert gewesen. Auch ein anderer heikler Bereich, noch dazu innerhalb der sowjetischen Grenzen, lag ihm am Herzen: die Ukraine. Der Moskauer Führung war die Bedeutung religiöser Fragen für die Identität gerade dieser Teilrepublik, die aus historischer, wirtschaftlicher und strategischer Sicht für die UdSSR von hoher Bedeutung war, nur allzu bewusst. In der Ukraine sah sich die russische Orthodoxie, die ihren Ursprung in Kiew hatte, sowohl mit der griechisch-katholischen Kirche von Lemberg als auch mit der lebendigen Erinnerung an die ehemals autokephale ukrainisch-orthodoxe Kirche konfrontiert. Die griechisch-orthodoxe Kirche hatten die Sowjets nach dem Zweiten Weltkrieg unterdrückt, da sie in ihr die religiöse Grundlage des ukrainischen Nationalismus sahen – womit sie im Grunde nur die Politik der Zaren fortsetzten. Da auch nach Jahrzehnten atheistischer Herrschaft noch immer eine Verflechtung zwischen nationalen und religiösen Interessen bestand, fürchtete Moskau zu Recht das

[85] F. Corley, Soviet Reaction to the Election of Pope John Paul II, S. 43.

[86] S. P. Huntington, Kampf der Kulturen. Die Neugestaltung der Weltpolitik im 21. Jahrhundert, München, Wien 1996, S. 462.

Wiedererstarken eines Nationalismus in der Ukraine. Dies stellte ein schwieriges Kapitel innerhalb der nationalen Probleme der UdSSR dar. Die Tatsache, dass das ukrainische Christentum (vor allem in Galizien, also der Region um Lemberg) strikt vom Moskauer Patriarchat kontrolliert wurde, war daher nicht zuletzt dem Kalkül geschuldet, mit Hilfe der russischen Orthodoxie nationalistische Tendenzen in der Ukraine zu verhindern. Aus diesem Grund ließ die Sowjetmacht, im Unterschied zu anderen Teilrepubliken, viele Kirchen und Klöster in Galizien unangetastet, und von hier kamen auch viele Geistliche der russischen Orthodoxie.
Während der westlichen Öffentlichkeit weitgehend unbekannt blieb, in welcher Weise nationale und religiöse Interessen in den kommunistischen Staaten miteinander zusammenhingen, war dies der Führung des größten atheistischen Imperiums der Welt durchaus bewusst. Aber auch dem Papst aus Krakau: Sowohl Johannes Paul II. als auch den Sowjets stand diese Verflechtung von Politik und Religion stets vor Augen. Deutlich wurde dies nicht nur bei der Entwicklung in Polen, sondern eben auch in der westlichen Ukraine. Wojtyła konzentrierte sich dabei auf Lemberg. Eugeniusz Baziak, der von den Sowjets vertriebene Erzbischof von Lemberg, hatte ihn einst zum Bischof geweiht. Seit der sowjetischen Annektierung gab es dort offiziell keinen katholischen Bischof mehr (abgesehen von den heimlich geweihten griechisch-katholischen Priestern, die im Untergrund arbeiteten). Während seiner ersten Polenreise monierte Johannes Paul II. mit Bezug auf den Bischofssitz von Lemberg nachdrücklich das Fehlen eines Bischofs: „Lemberg, heute Witwe!" In einer Rede von 1980 sagte der Papst: „Es geht um eine Solidarität, die den Menschen und der Gemeinschaft zusteht, deren Grundrechte verletzt und zum Teil vollkommen unterdrückt werden." Der Papst wollte jenen Christen eine Stimme geben, die selbst keine mehr hatten. Für sie, davon war er überzeugt, musste etwas getan werden.

In diesen Zusammenhang gehört auch die Errichtung eines ukrainisch-katholischen Patriarchats, das die verfolgten griechisch-katholischen Gläubigen nachdrücklich forderten. Paul VI. hatte stets versucht, diese Erwartungen zu dämpfen. Allerdings wurde der im römischen Exil lebende Kardinal Slipyj, der griechisch-katholische Metropolit von Lemberg, von seinen Gläubigen bereits als Patriarch betrachtet.[87] Noch dazu hatte er in Rom heimlich zwei Bischöfe geweiht, ohne die Erlaubnis des Papstes einzuholen – ein Vorgang, der im Vatikan für erhebliche Verstimmung sorgte. Dem Heiligen Stuhl lag gewiss viel an den Ukrainern; man wusste hier aber auch, dass die Errichtung eines ukrainischen Patriarchats in Moskau sowohl bei den Kommunisten als auch bei den Orthodoxen nur Unmut hervorrufen konnte. Daher sprach der Papst in einer privaten Unterredung mit Andreotti im August 1979 nach dessen Aussage von „einem Patriarchat, das es nie gegeben hat". Und der Christdemokrat war um so verblüffter, als der Papst über die Zeit nach dem Ende des Kommunismus sagte: „Wir dürfen nicht versuchen, die lateinisch-westliche Kirche wiederaufzubauen, sondern müssen vielmehr die orthodoxe Kirche stärken." Dies begründete der Papst damit, dass es der „Tradition" entspreche.[88] Dass man sich nach 1989 beim Wiederaufbau der lateinischen Hierarchie auf dem Territorium der ehemaligen Sowjetunion schließlich doch in eine abweichende Richtung bewegte, steht auf einem anderen Blatt.
Die im Exil lebenden Ukrainer hatten dem Vatikan bereits unter Paul VI. vorgeworfen, ihre Sache auf dem Altar der Ökumene und der Ostpolitik zu opfern. Ihr Schicksal schien gar eine zweitrangige Angelegenheit zu sein, doch das war es nicht: weder für die Sowjets noch für die Orthodoxen und

[87] Zu Kardinal Slipyj siehe I. Choma, Josyf Slipyj, Padre e confessore della Chiesa Ucraina martire, Rom 1990; Ders., Josyf Slipyi, Mailand 2001; Ders., Josyf Slipyj Vinctus Christi et Defensor Unitatis, Rom 1997.
[88] ASILS, Fondo Giulio Andreotti, Vaticano, Sacro Collegio, Fascicoli nominativi, Silvestrini Achille, b. 155.

auch nicht für Wojtyła. Der polnische Papst kannte das Leid der Ukrainer. Dem Papst war bewusst, dass sich die polnische Regierung in der Zwischenkriegszeit gegen die nationalen Interessen der Ukraine und gegen die griechisch-katholische Kirche gestellt hatte. In Metropolit Szeptyckyj hatte sie einen stolzen Gegner gefunden, der aus einer großen Familie der ukrainischen Aristokratie, die einst polonisiert worden war, stammte und Vorgänger Slipyjs war. Dann waren die ukrainischen Katholiken von den Sowjets vernichtet worden, und nur eine Untergrundkirche hatte überlebt. Erste Signale richtete Wojtyła daher an die im Exil fortexistierende ukrainische Kirche. 1979 schrieb Johannes Paul II. an Slipyj und erinnerte an die Verbundenheit der ukrainischen Katholiken mit Rom im „Zeichen des Kreuzes“: „Dasselbe Kreuz war bereits dein Schicksal“, schrieb der Papst.[89] Das Moskauer Patriarchat forderte daraufhin von Rom umgehend, dass es sich selbstkritisch von diesem Brief distanzierte. 1983 veröffentlichten die orthodoxen Behörden erneut den Text der sogenannten Synode von Lemberg aus dem Jahr 1946, in dem die (erzwungene) „Rückkehr“ der griechisch-katholischen Kirche in die russische Orthodoxie besiegelt wurde.

Bis 1989 war die Moskauer Orthodoxie überzeugt davon, dass es für Christen in der Ukraine nur zwei Möglichkeiten gab: entweder waren sie russisch-orthodox oder lateinisch-katholisch, auf keinen Fall jedoch griechisch-katholisch. So unterbreiteten sie dem Heiligen Stuhl den Vorschlag, den griechisch-katholischen Gläubigen die Wahl zu lassen, sich entweder zur lateinischen oder zur russisch-orthodoxen Kirche zu bekennen.[90]

Eine kleine Episode zeigt, wie besorgt man angesichts der Entwicklungen in dieser Zeit in Rom war. Unter den Geheimdokumenten der Kommunistischen Partei Italiens (PCI)

[89] Vgl. „Il Regno-Attualità“, 15.7.1979.
[90] Gespräch des Autors mit J. Karlov.

unter Enrico Berlinguer findet sich eine Notiz, die vermutlich auf eine vatikanische Quelle zurückgeht (und wahrscheinlich für Kontaktpersonen in der Sowjetunion bestimmt war). In ihr wird versichert, dass die ukrainische Synode, die in Rom unter der Leitung des Papstes stattfinden sollte, „in keiner Weise eine antisowjetische Bedeutung" habe: „Im Gegenteil soll diese Synode ein präzises und definitives Dementi der Forderungen sein, die Kardinal Slipyj seit Langem vorbringt, nämlich der Kirche nach ukrainischem Ritus das Recht zuzuerkennen, sich in der autonomen Form des Patriarchats zu organisieren." Dabei ging es um die ukrainische Synode, die 1980 im Vatikan stattfand und bei der Mons. Lubačivskij zu Slipyjs Koadjutor ernannt wurde. In dem Schreiben, das die PCI erreichte, ist darüber hinaus die Rede davon, dass der Kirche „die politische Absicht der Anfrage von Kardinal Slipyj" nicht entgangen sei. Sie bestehe darin, dem künftigen Patriarchat die Vertretung der ukrainischen Nation anzuvertrauen, als „Bezugs- und Gerinnungspunkt einer revanchistischen nationalistischen Bewegung". Dies entsprach nicht den Zielen des Vatikans. Außerdem hieß es, der Heilige Stuhl fordere die volle Religionsfreiheit in der UdSSR, unterstütze aber nicht diejenigen, „die aus dieser Forderung ein Motiv nationalistischer und subversiver Agitation gegen den Sowjetstaat machen wollen".[91]

Offensichtlich wurden diese Informationen an die PCI weitergeleitet, damit diese die Machthaber in Moskau beschwichtige. Rom bildete zu dieser Zeit gewissermaßen einen Knotenpunkt zwischen vatikanischer Diplomatie, persönlichen Aktionen des Papstes, Initiativen der italienischen Politik und auch dem Kontaktnetz der PCI, wodurch die Stadt gleichsam zu einer Grenze zwischen West und Ost wurde.

Hatte sich jedoch in Bezug auf die Ukrainer unter Wojtyła

---

[91] Archivio Partito Comunista Italiano, Fondo Enrico Berlinguer, Politica interna, fascicolo 424.

eine Wende vollzogen? In jedem Fall verhielt sich der Papst aus Krakau ihnen gegenüber verständnisvoller und solidarischer. Die Entscheidung Montinis gegen ein ukrainisches Patriarchat hat er trotz erheblichen Drucks freilich nie revidiert. Auf Veranlassung Pauls VI. führte Metropolit Slipyi seit 1963 den Titel des Großerzbischofs und besaß damit Befugnisse eines Patriarchen. Der Vatikan forderte zwar unablässig die Gewährung der Religionsfreiheit, vermied aber jede Geste, die als Unterstützung nationaler Bestrebungen und damit als Anschlag auf die Integrität der UdSSR hätte interpretiert werden können. Dies ließ das Staatssekretariat, wie gesagt, den Kreml über die Kommunistische Partei Italiens auch wissen. Die Sowjetmacht verfügte ihrerseits nicht über die nötigen Mittel, um Wojtyłas komplexe Handlungsweise zu entschlüsseln: Der Papst unterstützte Katholiken, die Leid erduldet hatten; er verlangte ein Minimum an Religionsfreiheit in der UdSSR; er arbeitete in der Ökumene mit der russisch-orthodoxen Kirche zusammen; er wollte nicht zulassen, dass die Kirche durch nationalistische Bestrebungen manipuliert wurde; er verstand aber auch, dass die in der Diaspora lebenden Ukrainer an ihrer Identität festhielten.

Offenbarten sich hier Widersprüche? Wojtyła hätte wohl entgegnet, dass die verworrene Geschichte der Ukraine selbst voller Widersprüche war und nicht die katholische Kirche die Verantwortung für diese schwierige Situation trug.

Die Informationen, die der Kreml aus Kreisen der russischen Orthodoxie erhielt, deuteten das Handeln des Papstes gleichwohl als Anschlag auf die sowjetischen Interessen. Der Kiewer Metropolit Filaret – der beim Tod des Patriarchen Pimen 1990 mit dessen späteren Nachfolger Aleksej II. um das Amt des Patriarchen konkurrierte und sich dann zum Oberhaupt einer autokephalen, von Moskau abgespaltenen ukrainisch-orthodoxen Kirche machte – sandte 1981 ein alarmierendes Informationsschreiben an den Rat für religiöse Angelegenheiten der UdSSR. Was er über Johannes Paul II. und die

Ukraine schrieb, unterschied sich deutlich von der Auffassung, die Nikodim wenige Jahre zuvor demselben Rat mitgeteilt hatte. So heißt es bei Filaret: „Mit der Wahl Johannes Pauls II. hat sich das ukrainische Problem noch einmal verschärft. Der Papst hat von neuem die Union von Brest beschworen [...]. Unter dem Deckmantel der Religionsfreiheit fördert Johannes Paul II. eine Wiedergeburt der unierten Kirche in der Ukraine." Als Strategie empfahl der Metropolit: „In dieser Situation sollten wir vor allem unsere eigenen Interessen verteidigen."[92]

Die Nachricht von der Wahl eines slawischen Papstes drang – trotz der feinen Filter der kommunistischen Zensur – zu den Gläubigen im Osten wie ein Zeichen des Trosts, wenn nicht der Hoffnung. Für die litauischen Katholiken bedeutete es viel, dass der Papst aus einem Land ihres Umfelds kam, auch wenn sich dies nicht unmittelbar auf ihr tägliches Leben auswirkte. Dennoch fühlten sie nun eine stärkere Verbundenheit mit dem Heiligen Stuhl. Die im Untergrund agierenden Gläubigen erkannten, dass der Papst aus Krakau in ihrem Leid mit ihnen fühlte, auch wenn noch nichts darauf hindeutete, dass das festgefügte Sowjetsystem innerhalb eines Jahrzehnts ins Wanken geraten würde.

Der Papst von Rom, der General und der Herrscher des Ostens

Johannes Paul II. bewegte sich auf dünnem Eis, wenn er versuchte, die gewerkschaftliche und politische Freiheit in seiner Heimat zu fördern und gleichzeitig zu verhindern, dass die Sowjets diesen Prozess im Keim erstickten, wie dies in Budapest oder Prag geschehen war. Er war sich bewusst, dass

---

[92] Bericht des Kiewer Metropoliten Filaret vom 14.4.1981 an den Präsidenten des Rats für religiöse Angelegenheiten beim Ministerrat der UdSSR, in: Gosudarstvennyj Archiv Rossijskoj Federacii, f. 6991, op. 6, d. 2038.

der Fall Polen direkte Auswirkungen auf die Nachbarländer haben würde. Johannes Paul II. war in den achtziger Jahren ein wichtiger Ansprechpartner für all jene, die sich im Westen mit dem Thema Polen befassten. Nachdem der französische Staatspräsident François Mitterand im Dezember 1985 Jaruzelski getroffen hatte, bat er seinen Außenminister, umgehend Silvestrini zu informieren und sich für eventuelle Absprachen mit dem Papst zur Verfügung zu halten.[93] Johannes Paul II. wurde weltweit als ein „Staatsmann" betrachtet, mit dem man das Gespräch suchen musste – vor allem, wenn es um Polen ging.

Es ist bezeichnend, dass die ausgleichende Funktion Johannes Pauls II. sogar von seinem Gegner, General Jaruzelski, dem auch der Papst trotz der jahrelangen Auseinandersetzungen einen gewissen Respekt entgegenbrachte, ausdrücklich anerkannt wurde.[94] In den Gesprächen mit Tad Szulc im Jahr 1993 sagte der ehemalige polnische Präsident über Wojtyła:

> Die Schule und die Kreise, die er frequentierte, waren sehr pragmatisch, im Unterschied zu Warschau, wo ein – man könnte sagen – romantischer Kampfgeist herrschte. Mir scheint, dass er an der Grenze zwischen diesen beiden Schulen stand. Einerseits erkennt man bei ihm den Pragmatismus, andererseits wird dieser Pragmatismus von einem romantischen Geist getragen.[95]

Für den General war der Papst ein Mann von Format: „Er hat die Füße auf dem Boden und gleichzeitig den Kopf in den Wolken, aber im positiven Sinn." Zwischen diesen beiden Polen, die für entgegengesetzte Positionen kämpften, entspann sich ein Dialog. Józef Kowalczyk, dem Wojtyłas Gedan-

---

93 Vgl. J. Attali,Verbatim I. 1981–1983, 1983–1986, Paris 1993, S.1360.
94 J. Kowalczyk, świadectwo i służba, S. 138.
95 Gespräch vom 27. Mai 1993; eine Kopie befindet sich im Besitz des Autors.

ken vertraut waren, erinnert sich: „Er empfand eine gewisse Achtung für General Jaruzelski, weil er wusste, dass diesem Mann ein patriotischer Geist innewohnte, ein Sinn für das Gute und der Wunsch, in gewisser Weise Polen zu verteidigen."[96] In einem Gespräch mit dem General im Jahr 1987 kam der Papst auf das zurück, was er für das grundlegende Problem des kommunistischen Polen hielt: „Der Staat ist ein Instrument der Diktatur des Proletariats, die von der kommunistischen Partei ausgeübt wird, um die eigenen Ziele zu verfolgen. In dieser Situation hat die Gesellschaft keine eigene Subjektivität und keine Souveränität mehr."
Johannes Paul II. erklärte: „Diese Konzeption muss überdacht werden, wenn ihr zu einem Konsens mit der Gesellschaft gelangen wollt." Der General antwortete, indem er eine Liste der Initiativen zur Demokratisierung des Regimes aufführte. Doch der Papst blieb hartnäckig: „Man muss die Grundlagen des polnischen Wirtschaftssystems überdenken, um sich darüber klar zu werden, dass die Gesellschaft kein Vertrauen in die eigene Arbeit hat."[97]
Interessant ist auch das Bekenntnis Jaruzelskis, er könne sich „ohne die Kirche, ohne den Papst nur schwer vorstellen, dass all die Veränderungen in Polen möglich gewesen wären". Der polnische Präsident, der gegen die Position des Papstes ankämpfte, hat auch die Solidarność-Bewegung unterdrückt und eingeschränkt. Gerade deshalb entging ihm das Verantwortungsgefühl nicht, das Johannes Paul II. während seiner Reisen nach Polen an den Tag legte, um „die Stabilität des Staates nicht zu gefährden": „Es wäre leicht gewesen, die Millionen von Menschen zu eindeutigeren Handlungen zu bewegen, aber er hat es nicht getan." Ein friedlicher Übergang war in den Augen des Papstes der einzig mögliche Weg. „Der

[96] J. Kowalczyk, świadectwo i służba, S. 138.
[97] Zusammenfassung eines Tonbandmitschnitts der Äußerungen Johannes Pauls II. über das Gespräch mit Jaruzelski während seiner Polenreise im Jahr 1987, in: Archivio di Stato di Parma, Archivio Agostino Casaroli, b. 92, f. 17.

Runde Tisch", so Kowalczyk, „war die einzig mögliche und effiziente Lösung. Gewiss, es hätte auch andere gegeben, aber dann hätte man zum Schwert greifen und gegen Atomraketen kämpfen müssen." Gegenüber Casaroli bemerkte der General 1990: „Die Zeit hat uns Demut gelehrt. Sie hat uns gelehrt, uns auf die universellen Werte zu besinnen."[98]

Doch hinter dem Papst und dem General stand die bedrohliche Sowjetmacht, die die Angelegenheiten des „Bruderlandes" aufmerksam verfolgte. Die Situation änderte sich erst, als nach dem Tod Tschernenkos im Jahr 1985 Gorbatschow zum Generalsekretär der KPdSU gewählt wurde. Der neue Sowjetchef erklärte seine Bereitschaft, Reagan zu treffen, und kündigte zugleich ein Moratorium für die Stationierung von SS-20-Raketen in Europa an. Im November 1985 trafen sich Reagan und Gorbatschow in Genf und unterzeichneten eine Reihe von Abkommen. Es war der Beginn eines Prozesses, der eine neue Phase der internationalen Beziehungen einleitete. Doch die Lage in Polen war weiterhin äußerst angespannt, und die Solidarność-Bewegung agierte noch immer im Untergrund.

Jaruzelski spielte eine gewisse Rolle bei den Kontakten zwischen Gorbatschow und dem Papst. Was den neuen starken Mann in Moskau betraf, so war der Papst jedoch zunächst nicht gänzlich überzeugt, und auch Gorbatschow zeigte sich zuerst nicht sonderlich aufgeschlossen gegenüber dem Pontifex, den er, wie die gesamte Parteiführung, für zutiefst antisowjetisch hielt. Jaruzelski bemerkte aber, dass Gorbatschow ein „objektiv denkender Mann" war, der den Erklärungen über den Papst und die Rolle der Kirche aufgeschlossen gegenüberstand. Schließlich vermittelte der General zwischen Papst und Gorbatschow: „Ich brachte ihm die menschliche und moralische Seite des Papstes näher. Ich

[98] Bericht über die Begegnung zwischen Casaroli und Jaruzelski am 1.6.1990, in: Archivio di Stato di Parma, Archivio Agostino Casaroli, b. 106, f. 64.

sprach mit ihm über die historische Bedeutung der Kirche in Polen und versuchte ihm auch zu erklären, dass der Papst ein Mann war, der alles dafür tat, damit man auf diesem Planeten besser leben konnte." Im August 1987 sagte mir Johannes Paul II.:

> Man muss abwarten, welchen neuen Kurs Gorbatschow fahren wird. Noch ist nicht klar, wie es weitergehen wird und wie sehr er eingreifen will. Wenn es sich nur um politische Korrekturen handelt, wird sich meiner Ansicht nach nichts ändern. Wenn man aber gemeinsam mit den Menschen in die Mechanismen der Produktion und des wirtschaftlichen Konzepts eingreift, kann es gut sein, dass sich etwas ändert in Russland, diesem großen Reich.[99]

Der Papst ließ sich nicht von der Begeisterung mitreißen, mit der viele in das Moskau Gorbatschows reisten, so etwa der brasilianische Befreiungstheologe Leonardo Boff, der den neuen Generalsekretär der KPdSU (sehr zum Missfallen des Papstes) lauthals seiner Zustimmung versicherte. Die Situation in der Sowjetunion war unübersehbar angespannt. 1986 havarierte in der ukrainischen Stadt Tschernobyl ein Reaktor des Atomkraftwerks; radioaktives Material wurde freigesetzt, weswegen 135.000 Menschen die Region verlassen mussten. Dieses Ereignis machte deutlich, welche immensen Probleme das Sowjetreich zu bewältigen hatte. In internationaler Perspektive machte es zur gleichen Zeit jedoch beachtliche Fortschritte in der Abrüstungspolitik. Johannes Paul II. registrierte, dass sich die Beziehungen zwischen den beiden Blöcken in einer Übergangsphase befanden. Im Oktober 1986 lud er die Oberhäupter der christlichen Kirchen (unter anderem der russisch-orthodoxen, die durch den angesehenen Kiewer Metropoliten Filaret vertreten wurde) und aller Weltre-

[99] Gespräch des Autors mit Johannes Paul II.

ligionen nach Assisi – mit dem Ziel, für den Frieden zu beten und den Dialog zwischen den Religionen zu fördern.
Mit der Initiative von Assisi forderte er die Kirche feierlich auf, für den Frieden zu kämpfen, so wie es selbst die sozialistische Propaganda in den achtziger Jahren vehement forderte. Den Sowjets war die Tragweite dieser Forderung nach einer „Vorrangstellung" des Kampfes für den Frieden durchaus bewusst. Sowjetische Dokumente belegen dies. Auch den religiösen Organisationen, die an das Regime gebunden waren, empfahl man, sich aktiv zu beteiligen. „Um den Versuchen des Vatikans, die Initiative der Friedensbewegung in die Hand zu nehmen, entgegenzuwirken", regte man an, die katholische Kirche in das Friedensprogramm und die Kongresse des Weltkirchenrats in Genf einzubeziehen, in dem die katholische Kirche keine Führungsrolle beanspruchen konnte. Die Sowjets empfahlen deshalb den Vertretern der Orthodoxie, sich in die Debatte über den Frieden einzumischen und am Treffen von Assisi teilzunehmen, um den Kontakt zum weltweit organisierten Pazifismus nicht abreißen zu lassen.[100]

Das erste wirkliche Gespräch seit 1917

Johannes Paul II., der gegen die UdSSR Breschnews und Andropows gekämpft hatte, entwickelte ein immer größeres Interesse für das Neue, das sich mit Gorbatschow und der Perestroika zeigte. Wojtyła kannte zwar die russische Kultur, war aber zu Beginn seines Pontifikats nur unzureichend darüber informiert, was in der Sowjetunion tatsächlich geschah. Nun wollte er mehr wissen. Gern empfing er daher Menschen, die ihm weiterführende Informationen geben konnten. Das Thema Russland hatte für ihn fortan Priorität. Eine wichtige

---

[100] Brief des Präsidenten des Rats für religiöse Angelegenheiten, K. M. Chartschew, an das Zentralkomitee der KPdSU, geheim – ll. 4–5.

Rolle spielten dabei – für Wojtyła typisch – persönliche Kontakte, insbesondere zu Irina Alberti, der Tochter russischer Auswanderer und einer Mitstreiterin Aleksander Solschenizyns, die den Westen zur Solidarität mit den sowjetischen Dissidenten aufforderte. Zwischen 1985 und 2000 kam es zu mehreren Begegnungen zwischen Alberti und dem Papst, bei denen sie über Russland sprachen. Ganz offensichtlich schätzte Johannes Paul II. die weder romantische noch naive Sicht Irina Albertis auf die Problematik.[101] Bernard Lecomte nennt in diesem Zusammenhang auch die Rolle von Vincenzo Paglia bei der Überbringung von Nachrichten insbesondere durch den Kontakt mit Wadim Zagladin, einem Vertrauensmann Gorbatschows, in Bezug auf Italien und die katholische Kirche. Johannes Paul II. bediente sich der Hilfe Paglias sowohl beim Besuch Gorbatschows in Rom als auch bei Missionen in Albanien vor und nach dem Fall des Kommunismus, später auch bei Erkundungen beim serbischen Patriarchat, um eine eventuelle Reise des Papstes nach Serbien zu ermöglichen.[102]

Tad Szulc schrieb: „Der polnische Papst, der von Michail Gorbatschow immer stärker beeindruckt war, richtete nun den Blick auf die Sowjetunion. Er wollte für Religionsfreiheit eintreten, mit Moskau diplomatische Beziehungen aufnehmen und bei etlichen internationalen Problemen mit den Sowjets zusammenarbeiten."[103] Gegen Ende der achtziger Jahre und nach der Operation des „informelle[n] Vermittler[s]" Jaruzelski, „wies Johannes Paul II. die Diplomaten des Heiligen Stuhls an, sich um einen Dialog mit der Sowjetunion zu bemühen". Die ökumenischen Beziehungen zwischen Rom und dem Moskauer Patriarchat waren schon seit langem herzlich. Gleichwohl wurden sie 1987 durch die Publikation eines In-

---

[101] Gespräch des Autors mit Johannes Paul II.

[102] B. Lecomte, La verità prevarrà sempre sulla menzogna, Mailand 1992, S. 226.

[103] Dies und das folgende Zitat in: T. Szulc, Papst Johannes Paul II., S. 156.

terviews mit dem russischen Patriarchen Pimen erschüttert, das der Vatikanbeobachter der kommunistischen italienischen Tageszeitung „L'Unità“, Alceste Santini, als Buch herausbrachte. Den Text hatten zuvor auch der Metropolit von Kiew, Filaret, und weitere russische Theologen durchgesehen. Hinzugefügt sei, dass sich auch Casaroli bei den Kontakten zwischen Rom und Moskau der Hilfe Santinis bediente, zumal er in der Sowjetunion hohes Ansehen genoss. Die Äußerungen Pimens, die Kritik am Primat des Papstes und dessen Unfehlbarkeit enthielten, wurden in Rom und speziell von Wojtyła mit so großem Missfallen aufgenommen, dass man in Russland um eine Revision des Interviews nachsuchte. In Rom war man übrigens der Ansicht, bei Pimens Einlassungen handle es sich auch um eine Reaktion auf die Polenreise des Papstes vom selben Jahr. Pierre Duprey, der Sekretär des Päpstlichen Rates zur Förderung der Einheit der Christen, reiste nach Moskau, um eine Revision des Textes zu erreichen und sich zugleich für die Freiheit der ukrainischen Katholiken einzusetzen. Das Patriarchat akzeptierte tatsächlich einzelne Änderungen und zeigte sich kooperativ.[104]
Nach Ansicht Johannes Pauls II. war die russische Orthodoxie keineswegs frei und unabhängig. Der Entscheidung der russischen Kirche unter dem Patriarchatsverweser Sergius hinsichtlich ihrer Beziehung zur sowjetischen Staatsmacht seit der vorstalinistischen Zeit (der Papst sprach von „Unterwerfung“), stand er kritisch gegenüber. 1987 äußerte er:

> Das Problem der russischen Kirche ist der Cäsaropapismus. Heute ist es so wie zur Zarenzeit: Es herrscht immer noch dieselbe Mentalität. Deshalb sind sie immer und in allem vom Staat abhängig. Sicher, auch sie hatten ihre

[104] Gespräch mit Mons. Duprey. Vgl. Mille anni di fede in Russia. Il patriarca Pimen intervistato da Alceste Santini, Mailand 1987. Vgl. A. Santini, L'eredità di papa Wojtyła. Le sfide ancora aperte del papa che ha sconfitto il comunismo, Novara 2004.

Märtyrer. Und wie viele! Aber sie dürfen das weder aussprechen noch sonst darüber reden. Und da gibt es noch die Idee eines dritten Roms, die immer noch nicht erloschen ist, die Idee, aus der Kirche von Moskau ein neues Rom zu machen. Der Cäsaropapismus ist das Problem. Es versteht sich, dass die Sache für die katholische Kirche anders aussieht. Schon unter Gregor VII. hat sie ihre Autonomie, ja ihre Oberhoheit behauptet.[105]

Der Grund für die Schwäche der russischen Orthodoxie lag nach Ansicht Johannes Pauls II. darin, dass ihr das universale Amt des Papstes fehlte. Zugleich war er jedoch überzeugt, dass man der russischen Kirche, für die er großen Respekt empfand, beistehen musste, nicht zuletzt aufgrund ihrer vielen Märtyrer. Eine hervorragende Gelegenheit, dieses Interesse nachdrücklich zu bekunden, ergab sich bei der Tausendjahrfeier der Christianisierung Russlands im Jahr 1988. Im Rahmen dieses Ereignisses empfing Gorbatschow den Patriarchen Pimen, dem gegenüber er Fehler in der sowjetischen Religionspolitik einräumte. Dabei kündigte er einen neuen Kurs an, der auf die vollständige Gewährung von Religionsfreiheit in der UdSSR ausgerichtet sein werde. Johannes Paul II. fand herzliche Worte für die „Schwesterkirche des Moskauer Patriarchats, die einen Großteil des christlichen Erbes der alten Kiewer Rus übernommen“ habe. Zur Feier des Jubiläums entsandte der Papst eine ungewöhnlich große, von Casaroli geleitete Delegation von Kardinälen, unter ihnen der Pole Glemp und der Italiener Martini sowie Vertreter aller Kontinente, nach Moskau. Es war ein deutliches Zeichen des Interesses für die Moskauer Orthodoxie, aber zugleich auch der Versuch einer Kontaktaufnahme mit den dortigen Behörden.

[105] Gespräch des Autors mit Johannes Paul II. im Jahr 1987.

Casaroli war bereits 1971 in Moskau gewesen. Doch obwohl er damals eigens gekommen war, um den Beitritt des Vatikans zum Atomwaffensperrvertrag zu unterzeichnen, hatte ihn Gromyko nicht empfangen. 1988 herrschte ein anderes Klima. Im Bolschoi-Theater konnte der Kardinalstaatssekretär nun vor Vertretern aus Religion und Politik (auch Gorbatschows Ehefrau war anwesend) erklären: „Die Religion, insbesondere das Christentum, ist nach wie vor von unumstößlicher Aktualität [...]. Das kann niemand leugnen, dem es obliegt, sich mit der Wirklichkeit auseinanderzusetzen." Und klug fügte er hinzu: „Der Realismus des Staatsmannes erfordert das."

Der Staatssekretär wurde von Gorbatschow persönlich empfangen. Nachdem Casaroli ihm das Interesse des Vatikans an der Perestroika bekundet hatte, übergab er ihm einen freundschaftlich formulierten Brief des Papstes sowie eine Notiz über die Lage der Kirche in der UdSSR: „Ich erklärte umgekehrt", so erinnerte sich Gorbatschow später, „dass wir das Prinzip der Glaubensfreiheit durchaus verträten und zu schützen bereit wären. Es sei allerdings nicht zu akzeptieren, wenn kirchliche Kanäle dazu benutzt würden, sich in die inneren Angelegenheiten eines Staates einzumischen."[106] Gorbatschow erklärte, dass für ihn in der Politik das Wichtigste der Mensch und daraus schlussfolgernd die Humanisierung der internationalen Beziehungen sei. Daraus entspringe das neue Denken in der Weltpolitik.

Das Gespräch zwischen Gorbatschow und Casaroli war das erste offene und umfassende Gespräch zwischen Kreml und Vatikan seit 1917. Es war von so großer Bedeutung, dass es sich lohnt, anhand des vatikanischen Protokolls näher darauf einzugehen. Die beiden Männer waren sich einig über die Themen des Friedens, und der Generalsekretär versicherte zudem, das künftige Gesetz über die Religionsfreiheit werde

---

[106] M. Gorbatschow, Erinnerungen, Berlin 1995, S. 767.

viele Probleme lösen, die dem Heiligen Stuhl am Herzen lägen. Gorbatschow ließ sich zu Geständnissen hinreißen, die von den Vertretern des Heiligen Stuhls notiert und an Johannes Paul II. weitergereicht wurden:

> Ich bin Atheist. Das ist meine Entscheidung. Das hindert mich aber nicht daran, Respekt und Achtung jenen gegenüber zu empfinden, die sich anders entscheiden. Auch Sie, als Gläubiger, werden keine negativen Gefühle uns gegenüber hegen, so als wären wir verachtenswerte Menschen. Wir haben unterschiedliche Vorstellungen vom Menschen. Für uns ist der Mensch eine Frucht der Natur, für euch ein Geschöpf Gottes. Aber wir wollen, dass der Mensch nicht mehr durch Krieg bedroht wird, durch Revolutionen, durch Hunger, ökologische Katastrophen, durch Unsicherheit, diverse Übel, durch Korruption [...]. Das ist unsere Haltung gegenüber dem Menschen, gegenüber der Zivilisation [...]. Minister Schewardnadse und ich sind getauft worden. Ich gehöre der russisch-orthodoxen Kirche an, der Minister der autonomen georgischen Kirche [...]. Eine meiner schönsten Kindheitserinnerungen bezieht sich auf meine Großmutter, die vor zwanzig Jahren gestorben ist und sehr gläubig war. Großvater hingegen war Kommunist, einer derjenigen, die das neue sozialistische Leben mitorganisiert haben [...]. Aber mein Großvater hat den Glauben und die religiösen Traditionen immer mit Respekt behandelt. In den russischen Häusern war es üblich, dass man in einer Ecke, die mit einem Tuch geschmückt war, eine Ikone aufbewahrte. So war es auch bei meinen Großeltern, aber unter der Ikone befanden sich Porträts von Lenin und Stalin. Hätten wir gewusst, was alles unter Stalin geschehen würde, wäre da kein Platz für sein Porträt gewesen.

Die Atmosphäre war entspannt. Auch Casaroli ließ sich zu einem Scherz über die Taufe Gorbatschows hinreißen: „Also müssen wir den fünfzigsten Jahrestag der Taufe Eurer Exzellenz feiern, und nicht die Tausendjahrfeier!" Der Kardinalstaatssekretär bat darum, die Beziehungen zur UdSSR auf eine neue Ebene zu stellen: „Eines der Defizite, die wir in unseren Kontakten festgestellt und die ein Klima des Vertrauens verhindert haben, besteht darin, dass wir über diese Probleme nicht sprechen konnten [...]. Als Gromyko, damals Außenminister, in den Vatikan gekommen ist, haben wir ihm Protokolle übergeben, die allesamt im Nichts geendet sind." Im Namen von Johannes Paul II. bat er daher um „einen Kanal für direkte Kontakte, wie sie auch mit den anderen sozialistischen Ländern bestehen".
Der Sowjetchef war grundsätzlich einverstanden mit den Vorschlägen des Kardinals. Gleichwohl schien er unsicher zu sein und weiterhin zu erwägen, ob die religiösen Probleme nicht einer internen Lösung zugeführt werden könnten: „Meine Antwortet lautet daher: Wir werden darüber nachdenken!" Casaroli entgegnete: „Eine positive Antwort, aber *sub condicione*! Können wir davon ausgehen, dass die Tendenz dahin geht, diese Kontakte aufzubauen?" Gorbatschows Antwort lautete: „Zweifellos." Was allerdings blieb, war das Problem, dass der Vatikan die sowjetischen Grenzen nach dem Zweiten Weltkrieg nicht anerkannt hatte. Casaroli bemerkte dazu: „Es gelang uns nicht, Kontakte aufzubauen, und so ist es geblieben. Es gibt Dinge, die für uns von Interesse sind, aber auch solche, die beiderseits von Interesse sind." In der Grenzfrage zeigte sich Gorbatschow entschieden und unnachgiebig:

> Wir alle wollen und wir müssen realistisch sein, auch die Kirche und der Papst in Rom. Ich will sagen, dass die Schlussakte von Helsinki eine spezifische Bedeutung hat [...]. Es geht um eine Grundsatzfrage. Die Nachkriegsgrenzen in Zweifel zu ziehen ist eine sehr ernste Angelegen-

heit. Wie auch die Tatsache, dass sich ein Vertreter der litauischen Exilregierung im Vatikan aufhält [...]. Es gibt Wirklichkeiten, die anerkannt werden müssen. Wenn wir anfangen, diese Wirklichkeiten anzuzweifeln, können wir nicht mit dem Dialog beginnen.

Casaroli bestritt, dass sich ein „Vertreter einer Exilregierung" im Vatikan befand, aber die gute Atmosphäre war zerstört. Um das Gespräch zu retten, betonte er schließlich noch die konstruktive Beteiligung des Heiligen Stuhls beim Zustandekommen der Schlussakte von Helsinki. Tatsächlich bedurfte es noch einiger Zeit, bis vatikanische und sowjetische Diplomaten eine gemeinsame Grundlage und eine gemeinsame Sprache fanden. Gleichwohl wurde ein eventueller Rombesuch Gorbatschows angesprochen.[107] Insgesamt war die Begegnung zwischen dem Generalsekretär und dem Kardinal ungemein wichtig, auch wenn der Ton der Unterhaltung nicht erahnen ließ, dass nur etwa ein Jahr später ein Treffen zwischen dem Papst und Gorbatschow stattfinden sollte, das beiderseits von großer Herzlichkeit geprägt war.

Eine historische Begegnung und das Ende einer Epoche

Johannes Paul II. war sich über die große Bedeutung der Perestroika im Klaren. Das Sowjetreich, bis kurz zuvor noch abgeschottet und eine feindliche Welt, sandte auf einmal Signale der Veränderung aus, auch an den Papst, der es in Polen unübersehbar herausgefordert hatte. So öffneten sich schließlich die Tore der UdSSR, seit 1917 zum ersten Mal. Kardinal Glemp etwa konnte 1988 die Katholiken in Weißruss-

[107] Begegnung Casarolis mit Gorbatschow, Kreml, 13. Juni 1988, in: Archivio di Stato di Parma, Archivio Agostino Casaroli, URSS 59, Viaggio 8–13 giugno 1988, b. 3, fasc. 7,2.

land (größtenteils Polen) besuchen – eine Pastoralreise, die ihm bislang untersagt gewesen war. Gleichwohl waren die Aussichten auf politische Veränderungen noch begrenzt. Im Dezember 1988 vertraute Bronisław Geremek dem früheren italienischen Ministerpräsidenten Spadolini an, seine Vision für Polen sei „ein Status, der dem Finnlands gleicht".[108] Doch mit dem Jahr 1989 begann die Zeit der großen Veränderungen, in dem die Solidarność selbst schließlich zu einem gesellschaftlichen Akteur wurde: Am 20. April 1989 flog Wałęsa mit fünf seiner Mitarbeiter nach Rom, um Johannes Paul II. für seine Unterstützung im Kampf für die Freiheit Polens zu danken, hatte der Papst der Solidarność doch von Anfang an geholfen. 1987 sagte er mir gegenüber: „Der Wandel wird nicht gelingen, wenn nicht auch Arbeiter und Bauern einbezogen werden. Das hat die Solidarność getan; Intellektuelle, Arbeiter, Bauern: eine wahre Revolution. Und die ist 1956 nicht gelungen, weil es nur eine Sache der Arbeiter war. 1968 ist sie gescheitert, weil sich nur Intellektuelle beteiligt haben."[109] Dieses erfolgreiche polnische Modell, so die Vorstellung des Papstes, musste sich in irgendeiner Form auch in Russland wiederholen.

Im Juli 1989 nahmen Polen und der Heilige Stuhl diplomatische Beziehungen auf. Johannes Paul II. kam es jedoch nicht nur auf politische Veränderungen in Warschau an; ihm stand die Herausforderung vor Augen, die der Wandel des kommunistischen Imperiums insgesamt bedeutete. Während seiner Reise nach Montevideo im Mai 1988 bemerkte der Papst gegenüber Pater Vandrisse, einem französischen Journalisten: „Ich habe Vertrauen in die Reformvorschläge [von Gorbatschow]; auch, wenn es, wie wir sehen, eher Erklärungen als Tatsachen sind. Eine Reform umzusetzen, vor allem, wenn es sich um die Demokratisierung eines totalitären Systems han-

[108] G. Spadolini, A tu per tu, S. 219.
[109] Gespräch des Autors mit Johannes Paul II.

delt, ist nicht einfach." Einem anderen Gesprächspartner gegenüber formulierte Johannes Paul II. treffend: „Das ganze Problem für Gorbatschow besteht darin, das System zu verändern, ohne das System zu wechseln."[110] Der Papst war jedoch entschlossen, Gorbatschow zu unterstützen, da sein Interesse an den politischen und gesellschaftlichen Umbrüchen in der UdSSR groß war.

Wojtyła war auch an einem internationalen Diskurs über ein „gemeinsames europäisches Haus" – ein von Gorbatschow eingeführter Begriff – interessiert; dies entsprach einem Gedanken, den der Papst bereits 1978 ausgesprochen hatte. Innerhalb kurzer Zeit begann das Sowjetreich in einer Sprache zu kommunizieren, die der des Papstes nicht allzu fern war. Angelo Sodano, der vatikanische Außenminister, wurde 1989 in Moskau wie der Vertreter einer befreundeten Nation empfangen, und man gab ihm unmissverständlich zu verstehen, dass es endlich an der Zeit sei, offizielle diplomatische Beziehungen zwischen dem Vatikan und dem Kreml aufzunehmen. Karlov, der erste sowjetische Botschafter im Vatikan, der sich bereits seit längerem um engere Kontakte zwischen Rom und Moskau bemühte (1965 hatte er eine Abschlussarbeit über den Heiligen Stuhl als internationales Völkerrechtssubjekt vorgelegt) erinnert sich, Gorbatschow habe sofort ein Problem identifiziert, das noch die UdSSR überleben sollte: die politische Dreiecksbeziehung zwischen Vatikan, Moskau und dem Patriarchat, in deren Rahmen sich die drei Führungsfiguren wechselseitig beeinflussten.[111] 1990 konnte sich Karlov schließlich mit dem zwar geheimen, aber offiziell abgesegneten Vorschlag nach Rom begeben, eine Moskaureise des Papstes für das Jahr 1992 vorzubereiten.

Von sowjetischer Seite legte man großen Wert auf eine persönliche Begegnung zwischen Gorbatschow und Johannes

---

[110] B. Lecomte, La verità prevarrà sempre sulla menzogna, S. 231.

[111] J. Karlov, Parlando con il papa, Mailand 1998, S. 82.

Paul II. Wadim Zagladin, ein Berater des Generalsekretärs, der mit den italienischen Angelegenheiten ebenso vertraut war wie mit den vatikanischen, stand für diesen Kurs. In einem Interview, das er 1989 einer italienischen Zeitung gab, erklärte er die Ordnung von Jalta für hinfällig: „Heute kann man nicht mehr von einer Teilung zwischen Ost und West sprechen [...].“ Vincenzo Paglia schrieb an Zagladin, der ihn wegen des Gesprächs zwischen Gorbatschow und dem Papst konsultierte:

> Hier ist man überzeugt, dass die Legalisierung der unierten ukrainischen Katholiken nicht nur von einem solchen Abkommen [mit dem Patriarchat] abhängen kann, sondern vom Recht auf Religionsfreiheit in der UdSSR. Wenn dieses Recht erst einmal besteht, wird man für die Lösung praktischer Probleme höchst zugänglich sein [...]. Diese Problematik liegt dem Papst sehr am Herzen, und die Aussicht auf eine Lösung durch die höchste Autorität der UdSSR während der Gespräche wäre daher von großer Wirkung.

Sodano übergab bereits am 28. November 1989 einen Vermerk über die Ansprache, die Johannes Paul II. in Anwesenheit Gorbatschows halten sollte, vorab an Paglia, damit dieser sie an Zagladin weiterleitete: „Es wird gesagt, dass die jüngste Entwicklung und die neuen Perspektiven dazu beitragen, auf eine bessere Zukunft zu hoffen, und es wird auch die Erwartung geäußert, dass das neue Gesetz über die Gewissensfreiheit dazu beitragen möge, allen Gläubigen das volle Recht auf Religionsfreiheit einzuräumen.“[112]

Gorbatschows Besuch in Rom hatte etwas Feierliches. Der letzte Erbe der bolschewistischen Revolution und des kommunistischen Imperiums, das Pius XII. bedrohlich im Herzen

[112] Beide Dokumente befinden sich in Kopie im Besitz des Autors.

Europas hatte aufsteigen sehen, reiste zum ersten Mal in die italienische Hauptstadt und passierte die Tore des Vatikans. Nie zuvor hatte ein derart hochrangiger Funktionär aus Moskau die Stadt des Papstes besucht. Gorbatschow, der sowjetische Herrscher mit menschlichem Antlitz, hielt eine gewichtige Rede auf dem geschichtsträchtigen Kapitol, in der er die Notwendigkeit „gemeinsamer Prinzipien für die ganze Menschheit" betonte, aber auch den Stolz Moskaus kundtat, weiterhin sowjetisch zu bleiben. Die Begeisterung, mit der Gorbatschow in Rom empfangen wurde, war ungewöhnlich groß. Man hatte den Eindruck, einem historischen Ereignis beizuwohnen. Die Begegnung mit dem Papst bildete den Höhepunkt des Besuchs: Es kam zu einem echten Gedankenaustausch zwischen dem (slawischen) Papst und dem (humanistischen) Herrscher des Ostens, der trotz aller Schwierigkeiten noch immer über das Schicksal seines Landes und der Satellitenstaaten zu bestimmen schien.

Gorbatschow betonte gegenüber Johannes Paul II. die gemeinsamen Interessen. Zur Perestroika bemerkte der Papst: „Die Anstrengungen, die Sie unternehmen, sind daher in unseren Augen nicht nur äußerst interessamt, wir teilen sie auch."[113] Gorbatschow wiederum vertraute dem Papst seine politischen Schwierigkeiten an. Der Papst sprach auch die Religionsfreiheit in der UdSSR sowie die problematische Situation der ukrainischen Katholiken an und erhielt die Antwort, das Gesetz über die Religionsfreiheit werde alle Probleme lösen. Der interessanteste Teil des Gesprächs betraf die weitere Entwicklung des sowjetischen Systems. Gorbatschow betonte, die Zukunft Russlands dürfe nicht nach westlichem Muster gestaltet werden, sondern müsse im Einklang stehen mit der Geschichte des Landes. Der Papst verstand dies durchaus: Niemand könne verlangen, dass sich die Veränderungen in Europa und in der Welt nach westlichem Muster richten

[113] M. Gorbatschow, Erinnerungen, S. 768.

werden. Das widerspreche seinen tiefsten Überzeugungen. Europa müsse als Protagonist der Weltgeschichte mit zwei Lungen atmen. Und abschließend sagte der Papst, dies sei sein europäisches Credo. Gorbatschow nahm es mit Interesse auf.

Tatsächlich gab es durchaus einige Verbindungen zwischen Gorbatschows Perestroika und dem Denken des Papstes. Diese Zusammenhänge waren beiden Männern bewusst. Gab es also, so wird man fragen müssen, einen dritten Weg – zumal einzelne Wegbereiter der Perestroika, wie Zagladin, enge Beziehungen zur Kommunistischen Partei Italiens unterhielten, gute Verbindungen zur katholischen Kirche pflegten, mit den Beschlüssen des Konzils vertraut waren und noch dazu italienisch sprachen.[114] Aber teilte der Papst tatsächlich Gorbatschows Utopie, indem er auf einen Sozialismus mit menschlichem Antlitz hoffte? Mit letzter Sicherheit lassen sich all diese Fragen nicht beantworten. In jedem Fall war Johannes Paul II. nicht überzeugt davon, dass sich Osteuropa dem kapitalistischem Vorbild angleichen müsse. Es war in seinen Augen auch gar nicht notwendig, dass es zu einem Teil Europas wurde, da es doch bereits dazugehörte. 1991 sagte Johannes Paul II. zu Karlov, dem sowjetischen Botschafter beim Heiligen Stuhl: „Nur die Völker des Ostens selbst sind in der Lage, sich zu helfen. Mein Urteil über die früheren Regime in diesen Ländern ist weithin bekannt. Aber ich will es nochmals deutlich machen: Der Untergang dieser Regime bedeutet überhaupt nicht, dass der Kapitalismus gesiegt hat.“[115] Der Papst glaubte also noch immer, dass es weiter eine bipolare Welt geben könne – nicht nur aus geopolitischer Sicht, sondern auf der Grundlage verschiedener gesellschaftlich-politischer Systeme. Dass in Polen 1989 der Kapitalismus gesiegt

---

[114] Gespräch des Autors mit V. Zagladin und M. Gorbatschow.

[115] J. Karlov, Parlando con il papa, S. 82ff. Siehe auch den Vortrag „L'ambasciata di Mosca presso la S. Sede: bilancio del quinquennio“, den J. Karlov am 24. 3. 1995 beim Istituto Scienze Religiose di Bologna gehalten hat.

habe, hielt Johannes Paul II. für keineswegs sicher: „Für mich ist es ein Sieg der spirituellen Werte“, hat er mir gegenüber einmal geäußert.
Gorbatschow fühlte sich Wojtyła so sehr verbunden, dass er ihn ein zweites Mal besuchte. Auch der Papst empfand eine besondere Nähe zu Gorbatschow und brachte während des Putsches wie auch in anderen schwierigen Momenten seine Solidarität zum Ausdruck. Am Abend nach dem ersten gemeinsamen Treffen sagte der Papst zu Navarro Valls: „Er ist ein Mann mit Prinzipien.“ Navarro fragte den Papst, ob Gorbatschow wie ein Kommunist denke. „Ich glaube, seine Ideen sind nicht kommunistisch“, entgegnete Johannes Paul II., „aber es bleibt ein Geheimnis, woher er sie hat [...]“.[116] Ähnlich äußerte sich der Historiker François Furet: „Das Mysteriöse an ihm ist, dass er einerseits Kommunist geblieben ist, sich aber andererseits nicht wie jemand verhalten hat, der den Kommunismus bewahren will.“[117]
Zugleich befürchtete der Papst, dass sich in der UdSSR eine Implosion wiederholen könnte, wie sie sich gerade in Jugoslawien ereignete. Nichtsdestotrotz zeichnete sich im Sowjetreich eine neue Präsenz des Katholizismus ab. Der aus Weißrussland stammende Kondrusiewicz wurde zum Apostolischen Administrator für die Katholiken im europäischen Teil Russlands ernannt, erhielt aber nicht den Titel des Erzbischofs von Moskau, weil man die russische Orthodoxie nicht über Gebühr verletzen wollte. Der Vatikan erkannte zudem die ukrainischen Bischöfe an, und 1991 zog das Haupt der ukrainischen Katholiken, Kardinal Lubačivskij, der Nachfolger Slipyjs, aus dem römischen Exil wieder nach Lemberg, um die ukrainische Kirche neu zu organisieren. Der Heilige Stuhl erreichte auch, dass Marian Jaworski, katholischer Erzbischof nach lateinischem Ritus und ein enger Freund und philoso-

[116] J. Navarro-Valls, Begegnungen und Dankbarkeit, S. 25.
[117] R. Dahrendorf/F. Furet/B. Geremek, Wohin steuert Europa?, S. 46.

phischer Schüler des Papstes (er hatte einen schweren Unfall erlitten, als er Wojtyła bei einem Termin vertrat), nach Lemberg zurückkehren konnte, das nun nicht mehr länger eine „Witwe“ war.

Bald zeigten sich jedoch Probleme, die das ganze folgende Jahrzehnt bestehen bleiben sollten. Bereits 1991 reiste der orthodoxe Erzbischof Kirill mit einem Protestschreiben nach Rom. Es folgten weitere Beanstandungen, die sich allesamt gegen das Vorgehen des Heiligen Stuhls im Jurisdiktionsbereich des Moskauer Patriarchats richteten: „Man hat den Eindruck“, vertraute Kirill dem sowjetischen Botschafter Karlov an, „dass der Vatikan sich in Russland verhält wie im ‚Niemandsland‘ und nicht wie auf kanonischem Boden der russisch-orthodoxen Kirche“.[118] Hier wurde ein Dissens sichtbar, der schließlich in die große Krise der ersten Jahre des neuen Jahrtausends münden sollte.

Zunächst einmal wurde nun auch dem Vatikan bewusst, wie nützlich ein bipolares Gleichgewicht in strategischer Hinsicht war, nicht zuletzt mit Blick auf die internationale Krise von 1991, die am Ende zum Golfkrieg führte. Während dieser Krise übrigens – ein Detail, das für die totale Wende in den Beziehungen zwischen Moskau und Rom steht – bat der Nuntius in Bagdad ausgerechnet die sowjetische Botschaft darum, eine Nachricht an den Vatikan weiterzuleiten, da eine direkte Kommunikation zwischen Nuntiatur und Heiligem Stuhl kaum mehr möglich war. Gorbatschows Plan für eine Lösung der Krise im Nahen Osten (unter vorrangiger Beteiligung der UNO) stieß auch im Vatikan auf großes Interesse. Innerhalb kurzer Zeit sah sich der Heilige Stuhl einer Welt gegenüber, die von der einzig verbliebenen Supermacht – den USA – beherrscht wurde. Trotz der zahlreichen Verbindungen zu den Vereinigten Staaten sah sich auch das Papsttum dadurch in die Enge getrieben. Gorbatschows Traum von einer Reform

[118] Gespräch mit Botschafter Karlov. Vgl. J. Karlov, Parlando con il Papa.

innerhalb des kommunistischen Systems zerbrach im Sommer 1991, als sich die Sowjetunion auflöste und neue Nationalstaaten entstanden, unter anderem Russland und die Ukraine. Nicht zuletzt aus Gründen der internationalen Politik beobachtete der Heilige Stuhl das Ende des kommunistischen Imperiums mit Sorge.

Die neue russische Wirklichkeit, die von Boris Jelzin gelenkt wurde, stand dem Heiligen Stuhl weniger nahe als die universalistisch und humanistisch ausgerichtete Politik Gorbatschows. Für die nationale Identität Russlands war es freilich die Stunde der Wiedergeburt. Das wurde Johannes Paul II. in einem Gespräch mit dem russischen Vizepräsidenten bewusst, der ihm auch versicherte, dass das ganze Land bald vollständig demokratisiert werde. Der Papst zeigte sich zufrieden, war aber doch irritiert, dass die russische Regierung den Doppeladler des Zarenreichs wieder als Hoheitszeichen einzuführen gedachte. Seine Verwunderung äußerte er mit den Worten: „Ich hoffe, man wird wenigstens die Kronen weglassen." Doch zwei Jahre später hisste Moskau eine neue Flagge mit dem Doppeladler und drei Kronen, Zepter und Reichsapfel.[119] Russland war wiedergeboren, wenn auch nicht als Großreich.

---

[119] J. Karlov, Parlando con il papa, S. 171, 220 und 244.

X

Eine globale Führungspersönlichkeit

Kein Verzicht auf die Befreiung

In seiner Enzyklika „Laborem exercens“ aus dem Jahr 1981, einer Zeit also, in der die Macht des Marxismus gefestigt zu sein schien, schrieb Johannes Paul II.: „Die Gruppierungen, die sich als politische Parteien von der marxistischen Ideologie leiten lassen, streben gemäß dem Prinzip der ‚Diktatur des Proletariats‘ und durch die Ausübung verschiedenartiger Einflüsse – einschließlich des revolutionären Druckes – nach dem Machtmonopol in den einzelnen Ländern, um dort durch die Aufhebung des Privateigentums an den Produktionsmitteln das kollektivistische System einzuführen.“ Der Papst prangerte die Diktatur des Proletariats an und trat – angesichts einer Welt, in der es noch immer zwei Wirtschaftssysteme gab: das kapitalistische und das kommunistische – zugleich für die Soziallehre der Kirche ein. Allerdings entfaltete die Enzyklika bei Weitem nicht die Wirkung, die sich der Papst erhofft hatte, wie Kardinal Etchegaray berichtet.[1] Dass Wojtyła den Kommunismus streng verurteilte, entschärfte keineswegs seine Kritik an der westlichen Welt, die er 1987 in der Sozialenzyklika „Sollicitudo rei socialis“ wiederholte (ihr zentrales Thema war die Entwicklung).[2]
Die katholische Kirche akzeptierte das marxistische System nicht, passte sich jedoch auch nicht dem Kapitalismus an. Wie etwa aus den Gesprächen mit Gorbatschow hervorgeht, bestand die Vision des Papstes nicht etwa darin, den Osten

[1] Vgl. R. Etchegaray, J’ai senti battre le cœur du monde. Conversations avec Bernard Lecomte, Paris 2008.
[2] Johannes Paul II., Enzyklika „Sollicitudo rei socialis“, Bonn 1987 (Verlautbarungen des Apostolischen Stuhls 82).

Europas allein nach westlichem Vorbild neu zu gestalten. Wojtyłas Pontifikat stand für eine Wiederbelebung der katholischen Soziallehre, mit denen sich der Papst in gleich drei Enzykliken auseinandersetzte. Diese Lehre sollte in seinen Augen eine kritische Instanz für die beiden herrschenden Wirtschaftssysteme sein. Als man sich in katholischen Kreisen irritiert zeigte – nach dem Zweiten Vatikanischen Konzil, so wurde argumentiert, sei es nicht mehr möglich, eine eigene Soziallehre zu entwickeln, bedeutete dies doch gleichsam einen utopischen dritten Weg –, wischte der Papst diese Bedenken beiseite. Denn Wojtyła war zutiefst davon überzeugt, dass die Kirche als „Expertin der Menschlichkeit" (wie sie Paul VI. einmal genannt hatte) über einen großen Schatz an historischer und gesellschaftlicher Erfahrung verfüge und daher auch tragfähige Zukunftsentwürfe vorzuweisen habe. Nach 1989 erschien die kirchliche Soziallehre insofern umso notwendiger, als sich die Kirche, wie gesagt, nicht gänzlich mit dem westlichen Kapitalismus identifizieren wollte. Der Papst übte daher auch weiterhin Kritik am westlichen System, auch als es mit dem Fall der Mauer und der Globalisierung den Sieg davongetragen zu haben schien. Dies schlug sich insbesondere in der Enzyklika „Centesimus annus" aus dem Jahr 1991 nieder, in der Johannes Paul II. aufzeigte, dass das Ende des Kommunismus keineswegs mit der Umsetzung des sozialen Programms der Kirche gleichzusetzen sei. Im Gegenteil, er verwendete harte Worte gegen den „ungezähmten" Kapitalismus und rief zu neuen Beziehungen zwischen dem Norden und dem Süden der Welt auf.[3] Vor allem aber betonte der Papst, die historische Erfahrung des Westens zeige nicht nur, wie unzulänglich die marxistische Analyse über die Entfremdung sei, sie belege vielmehr zugleich, dass die Entfremdung im Westen noch immer eine Realität war.

---

[3] Johannes Paul II., Enzyklika Centesimus annus, Bonn 1991 (Verlautbarungen des Apostolischen Stuhls 101), passim.

Die Enzyklika „Centesimus annus" zu schreiben, hatte durchaus Mühe gekostet, zwang sie den Verfasser doch zu einer ebenso sorgfältigen wie vorsichtigen Analyse des Kapitalismus (manche Zeitgenossen sahen hier sogar eine kapitalismusfreundlichere Haltung als in „Laborem exercens"). An der Entstehung des Textes waren unter anderem Michael Novak, ein amerikanischer Ökonom, der später zum engeren Kreis um Präsident George W. Bush gehörte, und der italienische Philosoph Rocco Buttiglione beteiligt. Tatsächlich wollte sich der Papst vom Kapitalismus distanzieren, auch wenn die Welt inzwischen fast ausschließlich von ihm beherrscht wurde. Letzten Endes ist dies auch gelungen, allerdings aus einer Perspektive innerhalb dieser Welt heraus, ausgehend von ihrer eigenen Logik und Mentalität. Entsprechend positiv wurde der Text in den USA aufgenommen. Auch wenn die Soziallehre der Kirche nicht als dritter Weg zwischen Kapitalismus und Marxismus dargestellt werden wollte, vertrat sie doch eine dritte Position neben den beiden konkurrierenden Systemen. Heute, nach dem Ende des Kommunismus, scheint es allerdings schwieriger, hierüber eine Aussage zu treffen.

Zu Beginn des Pontifikats überraschte mich eine spontane Äußerung Johannes Pauls II.: „Man kann nicht behaupten, ich hätte keine Antikörper gegen das kommunistische System; wenn man die Situation des Kapitalismus im Westen betrachtet, könnte man das allerdings manchmal denken [....]."[4] Bereits hier wurde die Absicht des Papstes deutlich, den westlichen Lebensstil zu kritisieren. In ähnlicher Weise hat er sich später in zahlreichen Interviews immer wieder etwa zum Wert des Lebens, zur gängigen Praxis der Abtreibung oder zum Elend in den Ländern des Südens geäußert.[5] Die all dem

[4] Gespräch des Autors mit Johannes Paul II.

[5] Gespräch des Autors mit Johannes Paul II. Siehe auch A. Riccardi, Sant'Egidio, Roma e il mondo, colloquio con J.-D. Durand/R. Ladous, Cinisello Balsamo (MI) 1997, S. 74.

zugrunde liegenden Überzeugungen besaß Wojtyła schon in Polen. Er schrieb 1974:

> Bedrohlicher erscheint uns der liberale und konsumorientierte Materialismus der kapitalistischen Gesellschaft. Uns scheint auch, dass die Kirche im Westen angesichts dieser Form des Materialismus noch wehrloser ist als in Polen. Tatsächlich ist es so, dass sich der Mensch im Materialismus, in einem Klima der absoluten Freiheit, diesem eher unterwirft als derjenige, der seiner Freiheit beraubt ist.[6]

Als der Journalist Jas Gawronski Johannes Paul II. 1993 auf den Kopf zusagte, er halte ihn für antikapitalistisch, machte der Papst keinen Hehl aus seiner kritischen Haltung zur Marktwirtschaft und entgegnete: „Ursache vieler gravierender sozialer und menschlicher Probleme, die gegenwärtig Europa und die Welt erschüttern, sind auch einige degenerierte Erscheinungen des Kapitalismus." Zwar war er durchaus der Ansicht, dass sich der Kapitalismus seit der Enzyklika „Rerum novarum" von Leo XIII. tiefgreifend gewandelt habe, wobei er in erster Linie an die gesetzliche Regelung von Sozialleistungen und die Kontrolle durch den Staat dachte. In einigen Ländern der Welt hingegen habe der Kapitalismus seinen „ungezügelten" Charakter, fast wie im 19. Jahrhundert, bewahrt.[7]

Durch den Zusammenbruch des Kommunismus sah sich der Papst dazu veranlasst, die Kirche entschieden vom Kapitalismus abzugrenzen. Das Ende des Kommunismus bedeutete also nicht die Lösung aller sozialen Probleme. In diesen Kontext gehört auch die letzte Sozialenzyklika Johannes Pauls II.,

---

[6] Brief von Kardinal Wojtyła vom 26.2.1974 zur Vorbereitung der Bischofssynode, in: J. Dyduch, Kardynal Wojtyła w służbie Kościołowi Powszechnemu, Krakau 1998, S. 173.

[7] J. Gawronski, Il mondo di Giovanni Paolo II, Mailand 1994, S. 50f.

die bereits nach 1989 entstanden ist. Der Kapitalismus hatte sich als Gesellschaftssystem auf breiter Front durchgesetzt. Der Papst begrüßte diesen Sieg durchaus – sofern man unter dem Begriff Kapitalismus ein Wirtschaftssystem verstand, „das die grundlegende und positive Rolle des Unternehmens, des Marktes, des Privateigentums und der daraus folgenden Verantwortung für die Produktionsmittel, der freien Kreativität des Menschen im Bereich der Wirtschaft anerkennt".[8]
In einem Gespräch, das ich nach 1989 mit dem Papst führte, bemerkte er freilich auch: „Im Übrigen ist der Konsum-Kapitalismus eine große Gefahr, auch in Polen stellt er eine Versuchung dar, trotz aller Bindung an den christlichen Glauben."
Bei alledem setzte Johannes Paul II. keine allzu großen Erwartungen in den Staat. Gegenüber dem Direktor des Internationalen Währungsfonds, Michel Camdessus, der die marktregulierende Bedeutung des Staates hervorhob, bemerkte er einmal: „In Polen war der Staat überall, und es funktionierte nichts; hier in Italien gibt es den Staat nicht, und die Dinge laufen gut."[9] Freilich vollzog der Papst nach dem Fall des Kommunismus keine neoliberale Wende; stattdessen brachte er den Wert der wirtschaftlichen und politischen Freiheit des Menschen wieder ins Spiel, indem er die Frage nach ihren Grenzen aufwarf und die Rolle der Solidarität neu thematisierte.[10] Johannes Paul II. zog es vor, von unternehmerischer Wirtschaft oder vom freien Markt zu sprechen. Der Kapitalismus musste von einem „soliden rechtlichen Rahmen" umgeben sein, der ihn in den Dienst der menschlichen Freiheit stellte und „wesentlich ethisch und religiös" geprägt war. Im Apostolischen Schreiben „Ecclesia in America" von 1999, das auf die Synode der nord- und südamerikanischen Bischöfe

[8] Johannes Paul II., Enzyklika Centesimus annus, S. 49.
[9] Gespräch des Autors mit M. Camdessus.
[10] Vgl. B. Geremek, L'Historien et le Politique, entretiens avec Bronislaw Geremek recueillis par Juan Carlos Vidal, Paris 1999, S. 111.

folgte, fielen (acht Jahre nach „Centesimus annus“) harte Worte über den „Neoliberalismus“, der „den Profit und die Gesetze des Marktes als absolute Parameter betrachtet, zum Nachteil der Würde und des Respekts der Person und des Volkes“. Kardinal Etchegaray hat in diesem Zusammenhang darauf hingewiesen, dass der Begriff der „Freiheit“ ein Schlüsselwort in Wojtyłas Argumentation sei, jedoch nie losgelöst von der Anerkennung der „Wahrheit“ und der praktizierten „Solidarität“ verwendet werde.[11]

Es war allerdings nicht leicht, den Kapitalismus zu kritisieren, wenn es keine Alternativen gab. Die Römische Kirche hatte zwar keine überparteiliche Position zwischen Ost und West eingenommen. Im Westen war sie aber dank der bestehenden Freiheit fest in der Gesellschaft verwurzelt, hatte aktiven Anteil an öffentlichen Debatten und konnte ihre Mission erfüllen: Hier fühlte sich die Kirche noch wohl, auch wenn sie nicht mit allen wirtschaftlichen, sozialen und moralischen Entscheidungen einverstanden war. Gleichwohl war Johannes Paul II. davon überzeugt, dass auch der Westen verändert werden müsse – wenn auch nicht mit Hilfe des Marxismus. Karol Wojtyła war seit seinen ersten Kontakten mit der westlichen Welt überrascht, wie viele Christen hier mit dem Kommunismus sympathisierten. Für ihn sprach daraus eine gefährliche Naivität. Dennoch schenkte der Papst dem Thema der Befreiung der Unterdrückten durchaus Beachtung. Damals hatte das Wort „Befreiung“ einen geradezu magischen Klang, und dies nicht nur unter den Anhängern linker Bewegungen in Europa oder Lateinamerika, sondern auch bei jenen, die für die Entkolonialisierung gekämpft hatten. Der Papst glaubte nicht, dass die kommunistischen Bewegungen die wahre Befreiung des Menschen herbeiführen konnten. Daher sprach er sich für einen Weg der Befreiung der Unterdrückten aus, der der marxistisch inspirierten Perspektive

[11] Vgl. R. Etchegaray, J’ai senti battre le cœur du monde.

diametral entgegengesetzt war. Darüber hinaus betonte er immer wieder, die wichtigste Aufgabe der Kirche bestehe nicht in der politischen Befreiung, sondern darin, freie Menschen zu formen. Benedikt XVI. erinnerte sich an die Sorgen und Absichten seines Vorgängers wie folgt:

> Johannes Paul II. bestand darauf, dass die Theologie der Befreiung auch positiv betrachtet werden müsse, wenn die negativen Aspekte und die missbräuchlichen Vermischungen geklärt seien. Ich weiß nicht, inwieweit es uns daraufhin gelungen ist, sie positiv zu formulieren. Jedenfalls sollte die zweite Instruktion zur Theologie der Befreiung genau in diese Richtung weisen und berührte dabei ein Problem und eine Perspektive, die real waren und Johannes Paul II. am Herzen lagen.[12]

Gegen Marxismus, aber für Solidarität

Johannes Paul II. beschäftigte sich seit 1978 mit der starken Anziehungskraft des Marxismus, und dies nicht nur in der westlichen Kultur und der Dritten Welt, sondern auch im Katholizismus selbst. Das Gefühl, in der Vergangenheit einige Verabredungen mit der Geschichte versäumt zu haben, veranlasste nicht wenige Katholiken dazu, die Entwicklung von Kommunismus und Marxismus aufmerksam zu verfolgen, zumal sie eine „vollständige“ und „wissenschaftliche“ Interpretation der Geschichte und der Zukunft boten (was möglicherweise attraktiv für Menschen war, die eine Krise durchlebten oder sich von der Geschichte ausgegrenzt fühlten). Wojtyłas Position war, wie beschrieben, eindeutig: Es galt, alle Verbindungen zu politischen Kräften zu vermeiden, durch die gewaltsame revolutionäre Prozesse, die Errichtung

[12] Gespräch des Autors mit Benedikt XVI.

von Linksdiktaturen und ideologische Verirrungen gefördert werden und die darüber hinaus die Identität der Kirche gefährden konnten.

Henri de Lubac, Freund und theologischer Gesprächspartner Wojtyłas, sah im gesellschaftlichen Einfluss des Marxismus eine Hinterlassenschaft der *forma mentis* des Joachim von Fiore: Die „Suche nach dem Reich Gottes wird zur Gesellschaftsutopie", die schließlich in eine „Selbstzerstörung der Kirche" münde. Speziell der Dialog mit den Nichtgläubigen, der oft zu einer politisch-diplomatischen Angelegenheit geworden war, führe, so Lubac, gelegentlich dazu, dass „die Kirche marxistisch beeinflusst" werde.[13] War Lubac, der Mann der großen Visionen, der Freund Monchanins, der nach einem christlichen Weg im Hinduismus suchte und Teilhard de Chardin verteidigte, auf seine alten Tage zu einem Konservativen geworden? Etliche Katholiken glaubten das, doch Wojtyła teilte die Empfindungen seines Theologenfreundes ganz und gar. Er fürchtete, die Kirche werde möglicherweise auf eine politisch-soziale Vereinigung oder eine Gruppierung im Gefolge der marxistischen Bewegungen reduziert. Die Evangelisierung, so unterstrich er, bleibe daher die Hauptaufgabe der Kirche. Aus ihr heraus könnten befreiende Kräfte entspringen, vorausgesetzt, die Kirche bleibe sich selbst treu. Johannes Paul II. war nicht der Papst, der die katholischen Parteien im Zusammenhang mit der Soziallehre der Kirche in besonderer Weise gefördert hätte. Selbstverständlich beachtete er die italienischen Christdemokraten (DC) – jedenfalls bis zu dem Zeitpunkt, als sie in den neunziger Jahren unwiederbringlich in die Krise gerieten. Im postkommunistischen Polen aber engagierte er sich nicht für die Gründung einer katholischen Partei, deren Basis die Solidarność hätte sein können (im Gegenteil wünschte er sich sogar, die Solidarność

[13] Vgl. H. de Lubac, Über Gott hinaus. Die Tragödie des atheistischen Humanismus, Einsiedeln 1984; Ders., Meine Schriften im Rückblick. Mit einem Vorwort von Christoph Schönborn, Einsiedeln, Freiburg 1996.

möge als volksnahe Gewerkschaft weiterbestehen). Der Papst, der die europäische Politik mit seinem Kampf gegen den Kommunismus tiefgreifend verändert hatte, war kein Förderer christlicher Politiker oder christlicher Parteien. Er glaubte an den Wert und die Kraft der menschlichen Freiheit, dachte dabei aber nicht an ein Europa christlicher Demokratien.
Zwar prangerte die Kirche gesellschaftliche Missstände an. Doch die Verkündigung, so der Papst, sei immer wichtiger als die Kritik. Dies waren entscheidende Worte, wenn man bedenkt, dass sich im Kontext der siebziger und achtziger Jahre eine starke Tendenz zur Kritik bemerkbar machte, was durch die Medien und darüber hinaus durch die Tatsache verstärkt wurde, dass die katholische Kirche im Verhältnis zur herrschenden sozialen Ordnung in der Vergangenheit oft allzu nachgiebig auftrat. In gewisser Weise lastete die geradezu zwanghafte Vorstellung, Pius XII. habe während des Zweiten Weltkriegs geschwiegen – woran dann immer wieder erinnert wurde – auf dem Gewissen der Katholiken und der kirchlichen Amtsträger, und daher lautete die Devise, künftig besser „nicht zu schweigen". Johannes Paul II. stand nicht für eine Kirche der Nachgiebigkeit, was seinem Charakter widersprochen hätte. Er war überzeugt, dass gerade eine Kirche, die sich ganz der Verkündigung des Evangeliums widmete und ein intensives religiöses Leben pflegte, Kräfte der Erneuerung – auch in der Gesellschaft selbst – freisetzen konnte. Bei der europäischen Bischofssynode nach dem Zusammenbruch des Kommunismus erinnerte der Papst daran, dass der Marxismus die Religion als ein Element der Entfremdung des Menschen betrachtet hatte. Nun aber hatte sich das Gegenteil bewahrheitet: „Es hat sich gezeigt, dass die Religion und die Kirche zu den stärksten Faktoren gehörten, die eine Befreiung des Menschen aus einem System der totalen Abriegelung herbeigeführt haben."[14] Auch vor diesem Hintergrund war

[14] Vgl. A. Riccardi, Il potere del papa da Pio XII a Giovanni Paolo II, Rom 1993, S. 378ff.

für Wojtyła die Revolution kein Mittel, um die Welt besser zu machen.

Wenn Johannes Paul II. von Diktaturen sprach, die aus Revolutionen hervorgegangen waren, so dachte er auch an die sozialistischen Regime, die sich im Zuge der Entkolonialisierung in Afrika etabliert hatten. Seine Haltung gegenüber dem Marxismus auf dem schwarzen Kontinent war allerdings eine andere als gegenüber den Entwicklungen in Lateinamerika. Dies galt vor allem für Regime, die aus dem kolonialen Befreiungskampf erwachsen waren. Nach einer Begegnung mit dem mosambikanischen Präsidenten Samora Machel, der ein marxistisches Regime führte, bemerkte der Papst, Machel sei ein „Nationalist", aber kein „Marxist".[15] Der Kirche Johannes Pauls II. entging nicht, dass der Marxismus für die afrikanischen Potentaten oft nur ein Vehikel der Machtausübung war und als Ideologie dazu diente, sich vom Westen, von dem man sich ja gerade befreit hatte, abzugrenzen.

Der Papst verhielt sich auf allen Ebenen als Freund und Fürsprecher Afrikas und machte die Welt so auf die speziellen Probleme des Kontinents aufmerksam. Nicht nur im Zusammenhang mit dem Kalten Krieg, sondern auch darüber hinaus hatte die Afrika-Problematik eine ganz besondere Bedeutung für ihn. Er wollte als Papst Präsenz auf dem Kontinent zeigen, und auf vierzehn meist längeren Reisen löste er diesen Vorsatz auch ein. Kardinal Silvestrini wies darauf hin, dem Papst habe auch deshalb so viel an den afrikanischen Regierungen gelegen, weil es sich um Regime handelte, die noch auf der Suche nach einer Legitimation waren – wie in der Welt des europäischen Mittelalters.[16]

Im Jahr 1982 unternahm der Papst seine zweite Afrikareise und besuchte dabei Nigeria, Gabun, Äquatorialguinea und

---

[15] Gespräch des Autors mit Johannes Paul II. Zu Mosambik siehe R. Morozzo della Rocca, Mozambico. Una pace per l'Africa, Mailand 2002.

[16] Gespräch des Autors mit Kardinal Silvestrini.

Benin. Im letztgenannten Land empfing ihn Präsident Kérékou (der sich später den Evangelikalen anschloss) mit einem Bekenntnis zum Marxismus und erhobener Faust. Johannes Paul II. war sich allerdings sicher, vor einer Situation des Übergangs zu stehen, wenn er mit dem Afro-Marxismus konfrontiert wurde. So suchte die vatikanische Diplomatie kontinuierlich Kontakte zu den afrikanischen Regierungen, während der Papst die Kirchen unterstützte, die sich aktiv auch sozial engagierten und dabei oft über nur schlecht funktionierende Strukturen verfügten.[17] Aus Ouagadougou sandte der Papst 1980 einen Appell für die von der Trockenheit bedrohten Völker; 1990 kehrte er noch einmal dorthin zurück, um die Welt um Hilfe gegen den Hunger in Afrika zu bitten. Ausgehend von Afrika und dem dort herrschenden Elend entwickelte Johannes Paul II. eine scharfe Kritik am globalen System des Kapitalismus. Dieser Kontinent, so der Papst, „scheint geradezu das Ungleichgewicht zu verkörpern, das auf diesem Planeten zwischen Norden und Süden herrscht."[18] Johannes Paul II. betrachtete die Beziehungen zwischen dem Norden und dem Süden weiterhin als gesellschaftliche Problematik ersten Ranges. Einen anerkannten Vertreter dieses Kurses für Frieden und Armutsbekämpfung fand er in Kardinal Roger Etchegaray, der 1984 nach Rom berufen wurde, um den Päpstlichen Rat für Gerechtigkeit und Frieden zu leiten. Diese Institution widmete sich dem Kampf gegen die Armut, der Hilfe für vom Krieg betroffene Völker und dem Einsatz bei humanitären Katastrophen. Etchegaray hat durch eine Vielzahl von Reisen und sein persönliches Engagement dem Willen Johannes Pauls II. Ausdruck verliehen, nachdrücklich für die von Krieg und Leid gezeichneten Regionen der Welt

[17] Vgl. J. Mpisi, Jean-Paul II en Afrique (1980–2000), Paris 2004; O. Katshioko Kapita, Jean-Paul II et l'Afrique. Analyse du discours sociopolitique, Paris 2009.

[18] Botschaft beim Treffen „Uomini e Religioni" vom 1.–3. September 2002, in: J.-D. Durand, Lo „spirito di Assisi", Mailand 2004, S. 136.

einzutreten. Nach 1989 standen diese Aktivitäten durchaus im Gegensatz zur internationalen Politik, die sich immer weniger für den Süden der Welt interessierte. Dies zeigte sich nach dem Ende des Kalten Krieges vor allem in Afrika, weil der Kontinent, nun nicht mehr von zwei Großmächten umworben, sein geopolitisches Gewicht einbüßte. Mithilfe von Etchegaray schlug Johannes Paul II. einen anderen diplomatischen Kurs ein, parallel zum traditionellen. Und in gewisser Weise stand dieser neue Kurs für sein persönliches Verhältnis zu den Völkern. Vor allem aber wurde mit Etchegaray eine Kirche sichtbar, die sich aktiv für die Befreiung des Menschen von Armut und Krieg einsetzte. Der französische Kardinal war es, der Wojtyłas Vorstellung vom Weltfriedenstreffen 1986 in Assisi kreativ interpretierte.[19] Seinen aktiven Dienst beim Heiligen Stuhl schloss er mit der Leitung des Komitees für das Heilige Jahr ab, einer komplexen Maschinerie, die, angetrieben von Bischof Crescenzio Sepe, das vielschichtigste und meistbeachtete Heilige Jahr in der Geschichte organisierte, auf das sich Johannes Paul II. bereits seit 1978 vorbereitete.[20]

Verhandlungen über einen Wandel in Chile

Johannes Paul II. begann sein Pontifikat mit der Feststellung, dass das Gute nicht mit Gewalt zu suchen sei. Speziell mit Blick auf Nordirland und die IRA erklärte er, das Christentum verbiete es, „Lösungen für diese Situationen im Hass, im Töten von wehrlosen Menschen, in Methoden des Terrorismus zu suchen".[21] Während seiner ersten Auslandsreise, die

---

[19] Vgl. R. Etchegaray, J'ai senti battre le cœur du monde.
[20] R. Etchegaray, Un Giubileo... per prendere il largo, in: Il pontificato di Giovanni Paolo II, S. 91–101.
[21] Wojtyła galt in England als irlandfreundlich. Dies hing mit der historischen Nähe zwischen Irland und Polen zusammen, lag aber auch deshalb

er 1979 nach Irland unternahm, erklärte Johannes Paul II., dreißig Meilen von der nordirischen Grenze entfernt: „Auf Knien flehe ich euch an, die Pfade der Gewalt zu verlassen und auf den Pfad des Friedens zurückzukehren." 1980 erhielt er allerdings eine klare Absage von Margaret Thatcher, als er sie um Hafterleichterungen für verurteilte IRA-Kämpfer bat.[22] Der Appell für den Frieden, eine päpstliche Tradition, gewann eine aktive Dimension, wie etwa im Konflikt zwischen Chile und Argentinien. Der Papst war sich durchaus bewusst, dass er bei den Verhandlungen, die zu einer Ablösung des seit 1973 herrschenden Pinochet-Regimes führten, einen Beitrag geleistet hatte.

Auch die demokratischen Kräfte im Westen verfolgten die dramatischen Ereignisse in Chile aufmerksam, solidarisierten sie sich doch mit den chilenischen Flüchtlingen und der linken Opposition. In der Haltung Johannes Pauls II. zu Chile, seinem Besuch im Land und den Kontakten zu Pinochet sah die internationale Presse daher ein ungebührliches Entgegenkommen gegenüber dem Diktator. Dass der Papst an der Seite des Generals auf dem Balkon des Präsidentenpalasts La Moneda erschien, wo Salvador Allende 1973 von Putschisten getötet worden war, sorgte im Westen für erhebliche Irritation. Johannes Paul II. hatte zu den Journalisten, die ihn auf dem Flug nach Chile begleiteten, gesagt, die dortige Diktatur stelle nur eine Übergangsherrschaft dar – im Unterschied zu den kommunistischen Regimen in Osteuropa. Auch auf diese Bemerkung reagierte man mit Befremden. Die allgemeine Reaktion bestand darin, dass man dem Papst vorwarf, für die von rechtsgerichteten Regimen verübten Menschenrechtsverlet-

---

nahe, weil ihn seine erste Reise außerhalb Italiens auf die grüne Insel führte.

[22] A. Canavero, Lo shock Wojtyła. La reazione all'elezione di Giovanni Paolo II. La Gran Bretagna, in: M. Impagliazzo (Hg.), Shock Wojtyła. L'inizio del pontificato, Cinisello Balsamo (MI) 2010, S. 263–305. Vgl. F. Cavalera, Quel no della Lady di Ferro, in: „Il Corriere della Sera", 30.12. 2010.

zungen weniger Interesse aufzubringen als für jene, die kommunistische Diktaturen betrafen.[23]

Auch in Chile wandte Johannes Paul II. jedoch seine bekannte Strategie an: Einerseits unterstützte er die Kirche als Freiraum in einer unterdrückten Gesellschaft (dies betraf etwa die beachtliche solidarische Hilfe für die Opfer des Regimes); andererseits wollte er sowohl einen gewaltsamen Umsturz als auch eine Verschärfung der Militärdiktatur verhindern.[24] Die Regierung Pinochet war mehrfach beim Heiligen Stuhl vorstellig geworden, um gegen die offene regimekritische Haltung der chilenischen Bischöfe und des Klerus zu protestieren. So schrieb etwa der chilenische Außenminister Jaime Del Valle 1984 an Kardinal Casaroli, dass der „bewusste, nicht kleinzuredende [...] Angriff, den die Mehrheit von Episkopat und Klerus gegen die chilenische Regierung unternommen habe, den Beziehungen derart geschadet habe, dass sie als grenzwertig bezeichnet werden können." Ziel der Kirche sei es, so erklärten Pinochet-Vertraute gegenüber dem Vatikan, die Regierung in Santiago zu destabilisieren. Der chilenische Botschafter Rillon kritisierte den Heiligen Stuhl, weil er regierungsfeindliche Bischöfe ernenne. Es gebe immer wieder Anzeichen von „Horizontalismus und weltlichem Streben, in Verbindung mit der linksgerichteten Haltung des Klerus", so Rillon. Gegenüber Cavalli, der im Staatssekretariat für Chile zuständig war, verwendete er noch härtere Worte: „Die Kirche ist ein revolutionäres Element und Hindernis für die Demokratie."

---

[23] G. Weigel, Zeuge der Hoffnung. Johannes Paul II. Eine Biographie, Paderborn, München, Wien, Zürich 2002, S. 555–559; C. Bernstein/M. Politi, Seine Heiligkeit. Johannes Paul II. und die Geheimdiplomatie des Vatikans, München 1996, S. 551–556. Vgl. E. Correa/J. A. Viera-Gallo, Chiesa e dittatura in Cile, Bologna 1987.

[24] Zum Thema Menschenrechtsverletzungen in Chile (und dem Engagement der Kirche) siehe Chile: la memoria prohibida. Las violaciones a los derechos humanos 1973–1983, Santiago 1989.

Die Regierung Pinochet drohte zunächst unverhohlen, die rechtliche Situation der Kirche erneut auf den Prüfstand zu stellen. Tatsächlich war die Kirche jedoch ein starker autonomer Akteur innerhalb der chilenischen Gesellschaft, wie auch die Rolle zeigte, die sie später während der Zeit des Übergangs spielte. Das diplomatisch isolierte Chile bat den Vatikan 1984 um eine Verständigung. Minister Del Valle konnte nach einem Gespräch mit dem Papst festhalten, Wojtyła habe nicht ablehnend auf den Vorschlag reagiert, eine Einigung auszuhandeln, wolle aber zunächst mit Casaroli und Silvestrini reden. Im Gespräch mit dem chilenischen Außenminister bekräftigte Casaroli, dass sich „die Kirche um die Menschenrechte kümmern müsse". Und er fügte hinzu: „Die Kirche zieht die Demokratie vor, darf sich aber nicht in Angelegenheiten einmischen, die in den Kompetenzbereich der Regierung fallen." Der Minister antwortete seinerseits, die chilenische Regierung sei demokratisch legitimiert, da die Verfassung mit 67% Ja-Stimmen verabschiedet worden sei. Der chilenische Protokollführer notierte: „Es gab eine leichte Anspielung Casarolis, Schritte für einen Übergang einzuleiten, was der Minister jedoch ablehnte."
In einem Brief General Pinochets an den Papst war 1984 dann offen von den Schwierigkeiten die Rede, mit denen die Regierung zu kämpfen hatte: „Zu diesen Wechselfällen, Heiliger Vater, kommt der unheilvolle Einfluss der Theologie der Befreiung auf breite religiöse und zivile Kreise sowie eine starke Politisierung wichtiger Kirchenkreise, vor allem innerhalb der Bischofskonferenz." Der Präsident machte seine Position unmissverständlich deutlich:

> Als Ausdruck meiner persönlichen religiösen Bindung an Eure Heiligkeit und im Bewusstsein meiner Verantwortung gegenüber meinem Volk und vor Gott, möchte ich einmal mehr betonen, dass das wichtigste Anliegen meiner Regierung darin besteht, die demokratische Herr-

schaft, die so sehr in unseren Traditionen verankert ist, auf soliden Grundlagen neu zu errichten. Außerdem sollen die christlichen Prinzipien garantiert werden, die uns geprägt haben und die eine Inspirationsquelle unserer rechtlich-politischen Ordnung sind.

Der General verteidigte eine „geschützte Demokratie" ebenso wie eine gesetzestreue Diktatur. Aus dem Brief geht hervor, wie unmittelbar die Beziehungen zwischen Pinochet und dem Papst waren: Johannes Paul II. setzte sich persönlich bei ihm dafür ein, dass die eingegangenen Verpflichtungen hinsichtlich eines demokratischen Übergangs eingehalten wurden.[25] Sprach Pinochet von einer Wiederherstellung der Demokratie? Der Papst nahm ihn beim Wort und übte mit Hilfe seiner Autorität Druck auf Pinochet aus, damit das Vorhaben tatsächlich umgesetzt werde. Dies war die Politik Johannes Pauls II. – und sie brachte durchaus einige positive Ergebnisse.
Der Vatikan erklärte sich in der Zeit von 1984 bis 1987 zu Gesprächen mit der chilenischen Regierung bereit. So bat Kardinal Casaroli 1985 im Außenministerium um eine „vertrauliche Unterredung, um die bestehenden Probleme erhellen zu können und zu einer Verständigung darüber zu gelangen, wie Spannungen und Konfliktsituationen zu überwinden wären".[26] Tatsächlich gewinnt man anhand erster Dokumente den Eindruck, der Vatikan habe sich für die Chilenen viel Zeit genommen. Casaroli sprach bei dieser Gelegenheit auch von einem möglichen Besuch des Papstes, der im selben Jahr zudem Gegenstand eines Gesprächs zwischen Erzbischof Fresno und dem Landwirtschaftsminister war. Die chilenische Kirche hatte jedoch einige Vorbehalte gegen einen Papst-

[25] Gespräch des Autors mit Johannes Paul II.
[26] Die Dokumente über die Gespräche zwischen Chile und dem Heiligen Stuhl befinden sich im Besitz des Autors.

besuch, unter anderem wegen des Ausnahmezustands, wegen der vielen Verbannten und der Tatsache, dass der Präsident die Kommunion aus den Händen des Papstes empfangen wollte (was die Kirche nicht wünschte) – kurz: die Sorge der Kirche richtete sich auf die Gefahr einer Legitimierung der Diktatur durch den Papst. Dies sind nur einige wenige Aspekte, die die komplizierten Beziehungen zwischen Pinochet, dem Heiligem Stuhl und der chilenischen Kirche aufzeigen. Im April 1987 reiste der Papst tatsächlich nach Chile. Allein die Tatsache, dass er diese Reise unternahm, sorgte im Westen für Diskussionen. Doch Johannes Paul II. ging schwierigen Situationen nie aus dem Weg. Er predigte gegen die Anwendung von Gewalt, erschien zwar mehrfach an der Seite Pinochets, traf in der Nuntiatur aber auch Vertreter der Opposition. Den jungen Chilenen sagte er im Stadion von Santiago de Chile, wo am Tag nach Pinochets Staatsstreich viele politische Gefangene zusammengetrieben worden waren:

> Christus bittet euch, nicht gleichgültig zu sein vor der Ungerechtigkeit und euch verantwortungsbewusst für den Aufbau einer christlicheren Gesellschaft, einer besseren Gesellschaft einzusetzen. Deshalb ist es notwendig, dass ihr den Hass aus eurem Leben verbannt und erkennt, wie trügerisch, falsch und unvereinbar mit dem Anspruch Christi jede Ideologie ist, die Gewalt und Hass als Abhilfe für Gerechtigkeit propagiert.

Die Diktatur sollte freilich nicht durch eine Revolution gestürzt werden: „Lass dich nicht von der Gewalt und den tausend Gründen verführen, die sie zu rechtfertigen suchen. Verfalle nicht in Apathie vor dem, was unmöglich scheint. In dir sind die Keime des Lebens für das Chile von morgen", rief der Papst jedem einzelnen jungen Chilenen zu. Der Weg in die Zukunft sollte weder durch Gewalt noch durch Passivität geprägt sein. Aus seiner eigenen Erfahrung in Polen wusste Johannes Paul II., wie hemmend sich Angst und Resignation auswirken konnten. Aber er wusste auch, welche Anziehungskraft die Gewalt auf die jungen Lateinamerikaner in Situationen der Unterdrückung ausübte. Bereits bei seiner Ankunft auf dem Flughafen von Santiago wies er den Menschen den Weg zur Versöhnung, sprach er doch ausdrücklich von einem „Triumph des Verzeihens, der Barmherzigkeit und der Versöhnung". Angelo Sodano, damals Nuntius in Chile, wurde 1988 nach Rom berufen, wo er die Leitung des vatikanischen „Außenministeriums" übernahm und nach dem Abtritt Casarolis schließlich zum dritten Staatssekretär Johannes Pauls II. wurde. In Chile besiegelte 1988 eine von der Regierung herbeigeführte Volksabstimmung den Sieg der Demokratie und die Niederlage Pinochets, der nicht erneut zur Präsidentenwahl antreten durfte.[27] 1989 fand Chile, noch immer unter der Kontrolle Pinochets, zur Wahldemokratie zurück, und die Menschen erhielten wieder ihre Bürgerrechte. 1990 wurde schließlich ein christdemokratischer Kandidat der Opposition, Patricio Aylwin, zum Präsidenten der Republik gewählt. Der Übergang war vollzogen, und die Kirche hatte dabei einen Beitrag geleistet.[28]

Das Ende der Revolution

Johannes Paul II. war sich aufgrund des direkten Kontakts zu Pinochet und des auf ihn ausgeübten Drucks bewusst, dass er einen nicht unwesentlichen Anteil daran hatte, den General

[27] Beobachtungen von J. L. Egaña Barraona, La transición chilena a la democracia, 1996 [unveröfftl. Manuskript].

[28] Siehe dazu M. R. Stabili, Il Cile, Florenz 1991. Vgl. C. Bernstein/M. Politi, Seine Heiligkeit, S. 551–556. Beide Autoren gehen davon aus, dass die Ernennung von Kardinal Fresno zum Erzbischof von Santiago erfolgte, um den politischen Übergang zu begünstigen. Zugleich sind sie der Auffassung, dass der Papst eher ausweichend mit den Verbrechen des Regimes umgegangen sei.

zur Einhaltung der Regeln zu bewegen und damit den Übergang zur Demokratie zu ermöglichen. Einen solchen Einsatz betrachtete der Papst grundsätzlich als wichtigen Teil seines Amtes. Deshalb nahm er jede sich bietende Gelegenheit zur Begegnung wahr, wie etwa 1987, als er trotz jüdischer Proteste den österreichischen Bundespräsidenten Kurt Waldheim, dem Kriegsverbrechen während des Nationalsozialismus zur Last gelegt wurden, im Vatikan empfing. Ein Jahr später reiste Johannes Paul II. selbst nach Österreich, wo er abermals mit Waldheim zusammentraf – eine „Schande", wie Jacques Attali, ein enger Mitarbeiter François Mitterands, meinte.[29] Wojtyła, selbst kein Diplomat, war es stets wichtig, Staats- und Regierungschefs im Vatikan zu empfangen, wenn sie ihn darum baten, auch ohne Rücksicht auf das Protokoll. Und auch wenn er selbst der Idee der Souveränität des Heiligen Stuhls nicht verbunden war (wie es bei den italienischen Vertretern in der Kurie von jeher der Fall war), stand ihm doch die Bedeutung der internationalen Beziehungen des Vatikans deutlich vor Augen.

Ganz in diesem Sinne erklärte Johannes Paul II. in einem Interview mit der polnischen Zeitung „Tygodnik Powszechny" 1980, die Begegnung mit politischen Führern biete ihm eine Gelegenheit darzulegen, wie notwendig es sei, sich vom Totalitarismus zu befreien und stattdessen eine „authentische Demokratie" zu errichten und soziale Reformen durchzuführen: „Auf diese Weise können Revolten, Gewalt und Blutvergießen vermieden werden, die viel menschliches Leid kosten."[30] Ein anderes wichtiges Beispiel für einen friedlichen Übergang zur Demokratie, der ohne die katholische Kirche undenkbar gewesen wäre, sind die Philippinen. Hier konnte Johannes Paul II. zwar keinen direkten Einfluss geltend ma-

[29] J. Attali, Verbatim III. 1988–1991, Paris 1995, S. 52.

[30] Eine Übersetzung des Textes findet sich im „L'Osservatore Romano" vom 2.8.1980.

chen: Doch auf seiner großen Asienreise von Pakistan bis nach Japan (und Alaska) im Jahr 1981 besuchte er auch dieses große Land (neben Ost-Timor das einzige asiatische, dessen Bevölkerung in der Mehrheit katholisch war), an dessen Spitze der Diktator Ferdinand Marcos stand. Die westlichen Medien kritisierten, dass der Papst die ständige Begleitung durch den Diktator (und seine noch aufdringlichere Ehefrau Imelda) hinnahm. Allein, es ging dem Papst darum, von diesem katholischen Land aus eine Botschaft nach ganz Asien zu schicken. Dies tat er vor einer Million Menschen, indem er den philippinischen Missionar Lorenzo Ruiz seligsprach. Damit wollte er zunächst einmal die philippinische Kirche stützen, an deren Spitze Kardinal Sin, der Erzbischof von Manila, stand. Bei dieser Gelegenheit machte Johannes Paul II. jedoch auch gewichtige Ausführungen über die Gerechtigkeit. Zwei Jahre nach dem Besuch des Papstes, also 1983, unterbreiteten die philippinischen Bischöfe dem Diktator dann den Vorschlag, in einen politischen Dialog zu treten, und protestierten zugleich gegen die willkürliche Machtausübung des Regimes.
Der Übergangsprozess von der Diktatur zur Demokratie begann 1983 und wurde in der Folge entscheidend von Kardinal Sin und der Kirche, die durch den Sender Radio Veritas zusätzlich Gehör fand, vorangetrieben. Der Kurs des Kardinals, der nach seiner Aussage durch die Solidarność inspiriert wurde, bestand darin, dem Diktator friedlich entgegenzutreten und gegen seine Machenschaften und Repressionen zu protestieren. Der Nuntius agierte hier ausgesprochen vorsichtig, doch Sin fühlte sich in seinem entschiedenen Einsatz, wie er selbst sagte, vom Papst unterstützt. Tatsächlich kamen die Massendemonstrationen nach der Ermordung Benigno Aquinos auf dem Flughafen von Manila nicht mehr zur Ruhe, so dass Marcos 1986 Präsidentschaftswahlen ankündigen musste, um der Opposition entgegenzukommen. Aquinos Witwe Corazon stellte sich als Kandidatin zur Wahl, kam je-

doch wegen der Manipulation der Ergebnisse durch die Regierung vorerst nicht zum Zug. Dies wiederum veranlasste Sin und die übrigen Bischöfe dazu, den Weg des gewaltfreien Ungehorsams zu gehen und am Wahlsieg Aquinos festzuhalten. Ganz normale Leute, Geistliche und Ordensschwestern drängten sich, mit Kruzifixen und religiösen Bildern, durch die Straßen Manilas und schützten mit dem Einsatz ihres Lebens die Militärs, die sich für Frau Aquino eingesetzt hatten. Kardinal Sin gelang es schließlich, einen friedlichen Übergang nach dem Modell der gewaltlosen Utopie zu verwirklichen.[31]

Der entscheidende Punkt in der Sicht Johannes Pauls II. war seine distanzierte Haltung zur revolutionären Praxis, zu Gewalt und zum Marxismus überhaupt. Die europäischen Bischöfe, die nach den Umbrüchen 1989 zu einer Synode zusammenkamen, erinnerte der Papst daran, wie gerade „der Mythos der Revolution“ zum „Aufstieg totalitärer Regime“ geführt habe. Veränderung und Befreiung mussten daher ausschließlich mit friedlichen Mitteln erreicht werden. Diese Vision setzte Johannes Paul II. auch in seiner Ostpolitik um – ganz im Sinne eines friedlichen Übergangs von der Unterdrückung in autoritären Regimen hin zur Befreiung der Menschen. Mit der bereits erwähnten Enzyklika „Centesimus annus“ interpretierte Johannes Paul II. die Ereignisse von 1989 neu und widmete ihnen – es war ungewöhnlich, dass in einem päpstlichen Rundschreiben historische Ereignisse ein derartiges Gewicht erhielten – ein ganzes Kapitel mit interpretatorischem, sogar historiografischem Ansatz. Diese Ereignisse seien, so hieß es in der Enzyklika, ein „Beispiel für den Erfolg des Verhandlungswillens und des evangelischen Geistes“.[32] Der Kampf für einen friedlichen Übergang (mit

[31] Vgl. G. Weigel, Zeuge der Hoffnung, S. 530ff.

[32] Dies und das folgende Zitat in: Johannes Paul II., Enzyklika Centesimus annus, S. 28.

Ausnahme Rumäniens) habe keinem einzigen Menschen das Leben gekostet und daher umso mehr „Klarheit, Mäßigung, Leiden und Opfer verlangt". Zugleich erinnerte der Papst daran, dass dieser Kampf in einem gewissen Sinne auch der Kraft des Gebets entsprungen sei. Wenn die Kirchen einen Raum des Gebets, der Liturgie und des christlichen Lebens bewahrten, so lautete die Schlussfolgerung, konnten sie auch in einer unterdrückten Gesellschaft die Grundlagen der Freiheit verteidigen und in Jahrzehnten der Resignation den Menschen Hoffnung geben.

Für Wojtyła hatten die Ereignisse von 1989 gewiss eine universale Bedeutung. Besonders gravierend aber waren sie naturgemäß im Osten Europas, wo wiederum Polen – einer typischen Interpretation der nationalen Romantik folgend – nicht selten eine befreiende, ja, messianische Funktion gegenüber den anderen slawischen Völkern zugesprochen wurde. Die Umbrüche von 1989 prägten auch die historische Begegnung zwischen katholischer Kirche und Arbeiterbewegung. Noch längst nicht vergessen war das Drama der Kirche im 19. und 20. Jahrhundert, in dessen Verlauf, Pius' XI. zufolge, der Katholizismus die Arbeiterklasse verloren hatte, die sich im Westen fortan zu einem guten Teil lieber mit dem Sozialismus identifizierte. Und unvergessen war erst recht die „Anmaßung" der kommunistischen Parteien im Ostblock, die für sich in Anspruch genommen hatten, das Proletariat zu repräsentieren. Mit den Ereignissen von 1989 jedoch war der Klassenkampf überwunden. Kirche und Arbeiter hatten gemeinsam für die Freiheit gekämpft, während die entsprechenden Milieus im Westen weiter auseinanderdrifteten. Die Erfahrung des Ostens konnte daher, so der Papst, auch für die Länder der ‚Dritten Welt' bedeutsam sein, insbesondere bei ihrem Streben nach Entwicklung und einer neuen Politik. Vor allem aber waren die Ereignisse im Osten das Modell schlechthin für einen friedlichen Übergang und die Überwindung gewaltsamer und revolutionärer Formen politischen Wandels.

Auch in Spanien begleitete die Kirche nach Francos Tod den von König Juan Carlos eingeleiteten friedlichen Übergangsprozess von der Diktatur zur Demokratie. Sie verfolgte die politische Entwicklung in Portugal und unterstützte dort den Sozialisten Mario Soares, was soweit ging, dass sie die portugiesischen Katholiken sogar auf die Seite der Sozialisten zog, um die Kommunisten zu isolieren. Dieser Kurs ging auf die Zeit vor Wojtyłas Pontifikat zurück. Doch unter Johannes Paul II. engagierte sich die Kirche als dynamischer Akteur in Übergangsprozessen. So übte der Papst auch während seines Besuchs in Paraguay 1988 gezielt Druck aus, damit sich das (seit 1954 durch die Diktatur von General Stroessner unterdrückte) Land für einen demokratischen Übergang öffnete.[33] In diesem Sinne agierte die Kirche in den neunziger Jahren auch in Afrika. Zahlreiche Geistliche beteiligten sich hier an den gesellschaftlichen Veränderungen. In allen diesen Prozessen zeigte sich, so die Überzeugung des Papstes, die befreiende Kraft des Christentums.

Die Ereignisse von 1989 lassen sich als Sieg der christlichen Methode interpretieren, politische Veränderungen ohne jede Gewaltanwendung und ohne Angst vor Unterdrückung herbeizuführen. Diese Methode entsprach seit jeher der inneren Überzeugung der Römischen Kirche, die immer schon misstrauisch war gegenüber Revolutionen und Kriegen, welche die Welt – aller geschichtlichen Erfahrung nach – stets in einem schlechteren Zustand als zuvor zurückließen. Dieser Argwohn gegenüber der Revolution war im Katholizismus gute Tradition: Statt der Anwendung von Gewalt hatte man stets eher für Vermittlung und friedliche Übergänge plädiert. Diese traditionelle Haltung der Kirche, die während der Französischen Revolution und den daraus resultierenden revolutionären Umbrüchen des 19. und 20. Jahrhunderts ent-

---

[33] Gespräch des Autors mit M. Soares. Vgl. auch J. Kleiber, Iglesia, dictaturas y democracia en América Latina, Lima 1997, S. 174–176.

standen war, verband sich bei Wojtyła mit der besonderen Sichtweise eines Polen: „Die Revolution", so hat Rocco Buttiglione bemerkt, „gilt in Polen weiterhin als Auferstehung [im Unterschied zum Westen, wo sie als Bruch empfunden wird]."[34]

Im Denken Johannes Pauls II. sollten die Methoden der Gewalt also einem friedlichen Übergang weichen. Dies betraf sowohl das politische Leben der einzelnen Länder als auch die internationalen Beziehungen insgesamt. Das Ende des Kalten Krieges bot in seinen Augen auch die Gelegenheit, ein neues System der internationalen Beziehungen zu etablieren. In „Centesimus annus" beschwor der Papst daher die friedliche Kraft der Ereignisse von 1989: „Man konnte den Eindruck haben, dass die aus dem Zweiten Weltkrieg hervorgegangene und vom Abkommen von Jalta festgelegte Ordnung Europas nur durch einen neuerlichen Krieg erschüttert werden könnte."[35] Der Papst wusste: Es gab eine entwaffnende Kraft der Überzeugung, die stärker war als alle Mächte der Unterdrückung. Gegenüber André Frossard sagte er:

> Es schien, als ob nur ein Krieg die europäische Ordnung, wie sie aus dem Zweiten Weltkrieg hervorgegangen war, ins Wanken bringen konnte. Und dennoch wurde diese Ordnung mit einem Schlag durch die friedliche Aktion von Menschen überwunden, die, auch wenn sie es stets abgelehnt hatten, der Macht der Gewalt nachzugeben, in jeder Situation einen wirksamen Weg fanden, um die Wahrheit zu bezeugen. Das hat den Gegner entwaffnet.[36]

Dem Primat der Gewalt und des Waffengebrauchs wurde freilich nicht nur durch die Ereignisse im Osten Europas, auf den Philippinen und in Chile widersprochen, sondern auch in

---

[34] Vgl. R. Buttiglione, Il pensiero di Karol Wojtyła, Mailand 1982.
[35] Johannes Paul II., Enzyklika Centesimus annus, S. 27.
[36] A. Frossard, Il mondo di Giovanni Paolo II, Casale Monferrato 1992, S. 31.

Mandelas Südafrika und den anderen Teilen des schwarzen Kontinents, in denen sich ein politischer Wandel vollzog. Tatsächlich ist über die Bedeutung des Übergangs von 1989 bislang zu wenig nachgedacht worden. Sicherlich bezeichnete er den Endpunkt der gewaltsamen Revolution als politisches Instrument, wie sie das Denken, die politische Praxis und die Geschichte seit 1789 geprägt hatte. Die Revolution war fester Bestandteil vieler politischer Ereignisse des 20. Jahrhunderts gewesen; auch im Diskurs der autoritären Regime dieser Epoche war sie gängiger Topos. Dies gilt ebenso für Veränderungen, die mit der Entkolonialisierung einhergingen. Die Revolution war insgesamt ein entscheidendes Element der Praxis, der Sprache und der politischen Propaganda im 20. Jahrhundert. Mit dem friedlichen Übergang von 1989 wurde die Revolution als Instrument der gesellschaftlichen Veränderung nun ihrer Legitimation beraubt, und auch die revolutionären Bewegungen wurden in den folgenden Jahren immer weniger als legitimes Mittel betrachtet. Diese Krise war in weiten Teilen der Linken zu spüren. Johannes Paul II. wusste, dass gerade dieser Legitimationsverlust der Revolution einen großen Schritt für die Politik des 21. Jahrhunderts bedeutete. Und darin lag keineswegs nur ein „konservativer" Gedanke, der Verzicht auf Veränderung, ja, Ablehnung gewaltsamer Brüche überhaupt, propagierte. Der Papst glaubte vielmehr an die friedliche Revolution und setzte sich während seines ganzen Pontifikats für diese Form von Übergang ein.
Es ist bezeichnend, dass es Johannes Paul II. für notwendig hielt, über die historisch-politischen Lehren der Ereignisse von 1989, die er selbst und die Kirche angeregt und begleitet hatten, intensiv nachzudenken. Der französische Historiker François Furet hat in diesem Zusammenhang geäußert, die Französische Revolution und ihre langandauernden politischen Folgen hätten sich im Jahr 1989 erschöpft und seien nun endgültig zu Grabe getragen worden. Bronisław Geremek, Historiker und Protagonist der Solidarność-Bewegung,

wies seinerseits darauf hin, dass die alte jakobinische Tradition, jener Terror, der noch im Bolschewismus wiedergekehrt war, durch die Ereignisse von 1989 als Methode zur gesellschaftlichen Veränderung vollständig ausgedient habe. „Es war eine Revolution gegen die jakobinische Idee, in erster Linie gegen ihre Methoden, gegen die Gewalt, den Terror und das Blutvergießen, aber auch gegen die Zentralisierung der Macht und die Omnipräsenz des Staates [...].“ Geremek zog, wie auch Wojtyła, folgende Konsequenz aus dem Ende des Kommunismus: „Die Revolution von 1989 hat jener von 1789 den Gnadenstoß versetzt. Sie hat die beiden Jahrhunderte der Französischen Revolution beendet.“[37]

Johannes Paul II. und die orthodoxe Kirche

Das Ende des Kommunismus brachte den Ländern im Osten Europas die Religionsfreiheit. In Russland konnte man eine regelrechte Renaissance des Religiösen erleben: Millionen von Menschen näherten sich wieder der Religion; Kirchen wurden errichtet, die Strukturen des Moskauer Patriarchats wiederaufgebaut. Wie neuere Forschungen zum Martyrologium in der UdSSR zeigen, kann die russische Kirche als die christliche Gemeinschaft gelten, die im 20. Jahrhundert den meisten Verfolgungen ausgesetzt war.[38] Doch mit dem Ende

---

[37] F. Furet/R. Denit, Die Französische Revolution, München 1980; Ders. (Hg.), Kritisches Wörterbuch der Französischen Revolution, Frankfurt am Main 1980; aber vor allem Ders., Das Ende der Illusionen. Der Kommunismus im 20. Jahrhundert, München 1998. Il passato di un'illusione. L'idea comunista nel XX sècolo, Mailand 1995; B. Geremek/J. C. Vidal, L'Historien et le Politique, Entretiens avec Bronisław Geremek, Montricher 1999, S. 136f.

[38] Vgl. A. Riccardi, Salz der Erde, Licht der Welt. Glaubenszeugnis und Christenverfolgung im 20. Jahrhundert, Freiburg, Basel, Wien 2002, S. 30–64; R. Scalfi, Testimoni dell'Agnello. Martiri per la fede in URSS, Mailand 2000; Martyrs chrétiens d'URSS. Témoignages, hg. v. Aide à l'Église en détresse, Mareil-Marly 2002.

des Kommunismus fand auch sie ihre Freiheit zurück. Seit 1989 trafen die Vertreter der Kurie nicht mehr mit Gesprächspartnern zusammen, die von der Staatsmacht kontrolliert wurden und sich einen Spielraum für die Kontakte zum Ausland bitter erkämpfen mussten; sie begegneten vielmehr religiösen Subjekten, die die Freiheit besaßen, sie selbst zu sein. Die ökumenischen Beziehungen zu Rom, die in den Jahren der Sowjetherrschaft ein wichtiges Feld in der Politik des Patriarchats gewesen waren (und nicht bei allen Orthodoxen auf Zustimmung stießen), erfuhren nun gravierende Probleme. Einige wichtige Vertreter der Ökumene hatten diese Gefahr wohl schon vor 1989 erkannt; nun aber kam es verstärkt auf die Meinung der Gläubigen, des Klerus und der Mönche an, die dem römischen Katholizismus traditionell misstrauisch begegneten. Tatsächlich musste sich die russische Orthodoxie, die nicht mehr von der Sowjetmacht unterdrückt, aber auch nicht mehr von ihr geschützt wurde, künftig auf ihrem eigenen Terrain mit neuen Formen der religiösen Propaganda auseinandersetzen. Dadurch entstand eine Art Markt der Religionen in ihrem Land, auf dem auch evangelikale Strömungen breit vertreten waren. Rom wiederum stellte die kirchlichen Strukturen für die dortige katholische Bevölkerung wieder her. Dies war die erste Aufgabe, die der Papst dem Apostolischen Delegaten in der Russischen Föderation, Francesco Colasuonno, anvertraute, einem Diplomaten der alten vatikanischen Schule, der im Umkreis von Kardinal Tardini ausgebildet worden war und in Afrika und Osteuropa bereits Beachtliches geleistet hatte.[39] In orthodoxen Kreisen lösten diese Neuigkeiten allerdings Besorgnis aus.

Das Wiederaufblühen des Katholizismus auf dem Gebiet der ehemaligen Sowjetunion erschien dem Moskauer Patriarchat wie eine Herausforderung, ja, eine Einmischung in seinen

[39] Gespräch des Autors mit Kardinal Colasuonno.

Jurisdiktionsbereich und als offene Verletzung des ökumenischen Gedankens. Weitaus gravierender jedoch war, wie bereits geschildert, das ukrainische Problem. Die griechisch-katholische Kirche, die im Untergrund überlebt hatte, hielt ihre eigene Hierarchie aufrecht, insbesondere die um den Metropoliten Sternjuk, dem geheimen *locum tenens* des Erzbistums Lemberg. Für die historische Forschung bleibt in jedem Fall die Frage, wie eine nur im Untergrund existierende Kirche, die unter drückender Polizeiüberwachung stand und den Behörden zumindest teilweise bekannt war (während heimlich Bischofsernennungen stattfanden), überhaupt hatte überleben können. War es nicht die erklärte Absicht der Sowjets gewesen, jede Präsenz der griechisch-katholischen Kirche im Keim zu ersticken, selbst wenn dies großes Leid mit sich brachte und die Empfindungen des Volkes rücksichtslos verletzte? Der griechisch-katholische Widerstand war ein Beispiel für die Zähigkeit spiritueller Phänomene in Zeiten von Unterdrückung und Verfolgung.
Mit der wiedergewonnenen religiösen Freiheit verließ die katholische Kirche der Ukraine gleichsam die Katakomben und verlangte, mit Zustimmung der Bevölkerung (und nationalistischer Kreise, die sich gegen die russische Macht erhoben), entschlossen die Rückgabe der Kirchen, die ihr einst gehört hatten. Es gab Versuche, unter Leitung Colasuonnos eine russisch-katholische Kommission einzurichten, was allerdings sowohl das Kirchenvolk als auch die ukrainischen Bischöfe, die aus dem Untergrund zurückgekehrt waren, ablehnten. Die Gläubigen, die in der westlichen Ukraine als orthodox galten, verließen das russische Patriarchat und kehrten zur griechisch-katholischen Liturgie zurück. Für Moskau war das ein harter Schlag, verlor das Patriarchat so doch zahlreiche Gotteshäuser in der westlichen Ukraine. Die ehemaligen griechisch-katholischen Kirchen, die seit 1948 russisch-orthodox gewesen waren, wurden nun von den griechisch-katholischen Gläubigen wieder in Besitz genommen. Die Orthodoxen er-

klärten sich zu Opfern der griechisch-katholischen Gläubigen, die sich ihrerseits wiederum als Opfer der stalinistischen Entrechtung betrachteten. Und es gelang nicht, das Problem auf ökumenischer Ebene zu lösen. Ähnlich verhielt es sich im Übrigen in Rumänien, wo Orthodoxe die griechisch-katholischen Kirchen in Besitz genommen und Klerus sowie Gläubige in den Untergrund getrieben oder zum Übertritt zur Orthodoxie gezwungen hatten.

Die neunziger Jahre brachten so, im Zeichen der neuen Freiheit, eine Krise zwischen Rom und Moskau, bei der es um die lateinische katholische Kirche in der ehemaligen UdSSR und die griechisch-katholische Kirche in der Ukraine ging. Dies war nicht nur eine Auseinandersetzung um Grund und Boden, was freilich auch von Bedeutung war, sondern resultierte aus dem neu erstandenen Identitätsgefühl in der orthodoxen Welt. Dieses Identitätsgefühl wirkte sich insofern auf die Auseinandersetzung mit der Kurie aus, als die katholische Kirche sich in einer vergleichsweise starken Position gegenüber der Orthodoxie zu befinden schien, die schlimme Repressionen zu überstehen gehabt hatte. Im Hintergrund dieses Konflikts machte sich auch der historische Gegensatz zwischen Polen und Russland bemerkbar, wobei Polen mit dem Katholizismus und Russland mit der Orthodoxie identifiziert wurden.

Johannes Paul II. war sich der psychologischen Barrieren bewusst, die zwischen Katholiken und Orthodoxen bestanden. Während der Gespräche mit André Frossard im Jahr 1988 sagte er bezeichnenderweise: „Aus dogmatischer Sicht sind uns die Orthodoxen sehr nahe [...], psychologisch gesehen hingegen stehen sie uns sehr fern. Bei den Anglikanern ist es genau umgekehrt: Was die Lehre angeht, gibt es nach wie vor ernsthafte Divergenzen zwischen uns, dennoch nähern wir uns einander immer mehr an.“[40] Bezüglich der Anglikaner

[40] Vgl. A. Frossard, Conversando con Giovanni Paolo II, Mailand 1989, S. 99.

hätte er dies ein Jahrzehnt später womöglich nicht mehr so formuliert. Die Ökumene spielte eine wesentliche Rolle in Wojtyłas Vision von einem „großen Europa“, das sich von West nach Ost erstreckte. Doch in Russland scheiterte diese Vision. Der Papst träumte davon – wie er es anlässlich des erwähnten Ivanov-Kongresses ausdrückte –, dass man wieder „mit vollen Lungen zu atmen“ beginne, „im Herzen der Ökumene, in der durch die spirituelle Einheit der Kinder Gottes wiedererlangten Brüderlichkeit [...]“.

Auch bei seinen Reisen und Begegnungen verstand sich der Papst als Wegbereiter einer neuen ökumenischen Verbundenheit zwischen den Kirchen: 1979 besuchte er den ökumenischen Patriarchen Dimitrios, und 1987 empfing er ihn in Rom; auch den 1991 gewählten Nachfolger Bartolomeo empfing er persönlich im Vatikan; mehrmals traf er die Erzbischöfe von Canterbury und besuchte den Sitz des Primas der anglikanischen Kirche; er empfing die orthodoxen Patriarchen von Antiochia und Alexandria; in Damaskus besuchte er den orthodoxen und den syrischen Patriarchen; in Ägypten traf er den koptischen Patriarchen; er reiste zum Ökumenischen Rat der Kirchen in Genf und empfing dessen Generalsekretäre. Die ökumenische „Diplomatie“ war ein neues und wichtiges Betätigungsfeld des Heiligen Stuhls und Arbeitsgebiet eines eigenen Dikasteriums, dessen Leitung nacheinander Kardinal Willebrands (der theologische Erbe von Kardinal Bea), Kardinal Cassidy (unter Mitarbeit von Pierre Duprey, was eine Kontinuität zu Beas Linie sicherte) und schließlich Kardinal Kasper, ein deutscher Theologe, übernahmen. Die Verantwortlichen dieses Dikasteriums wählte der Papst besonders sorgfältig aus, benötigte er doch Persönlichkeiten, die auch in der nichtkatholischen christlichen Welt willkommene Gesprächspartner waren. Johannes Paul II. initiierte die Gründung einer gemischten Dialogkommission zwischen Katholiken und Orthodoxen, deren Tätigkeit schließlich zur Deklaration von Balamand über die katholischen Kirchen des Ostens führte, ein Dokument, das von den Katholiken im Osten nicht sonderlich positiv aufgenommen wurde, da es den Uniatismus als Mittel zur Erlangung der Einheit zwischen Katholiken und Orthodoxen definitiv ausschloss.

Die Katholiken des Ostens, die einen zwar quantitativ unbedeutenden, aber symbolisch wichtigen Teil der katholischen Kirche ausmachen – verbinden sie diese doch mit ihren Ursprüngen und offenbaren zugleich die Vielfalt der Traditionen –, haben sich oft darüber beklagt, von der Politik des Heiligen Stuhls, der sich vornehmlich für die Ökumene einsetze, übergangen zu werden.[41] Nicht selten erinnerten sie daran, dass das, was die Orthodoxen als Uniatismus bezeichneten, bis kurz vor dem Zweiten Vatikanischen Konzil *der* katholische Weg zur Einheit der Kirchen gewesen war. Um die Würde und den Rang der östlichen Katholiken hervorzuheben, betraute Johannes Paul II. im Jahr 2000 einen katholischen Würdenträger aus dem Nahen Osten mit der Leitung der Kongregation für die orientalischen Kirchen (dem Dikasterium, das für die Leitung der nichtlateinischen Kirchen zuständig ist) – Kardinal Moussa Daoud, den ehemaligen Patriarchen der syrisch-katholischen Kirche. Die Leitung dieses Dikasteriums durch einen Vertreter der orientalischen Kirchen war für die Kurie im 20. Jahrhundert eine Seltenheit, nur ein einziges Mal, unter Johannes XXIII., hatte es eine entsprechende Personalentscheidung gegeben. Für Wojtyła war es hingegen eine typische, symbolträchtige Geste.

Mit der vorchalzedonensischen christlichen Welt pflegte Rom gute Beziehungen, was unter anderem dazu führte, dass der Papst bei seinem Armenien-Besuch trotz des heftigen Widerstands der türkischen Regierung den Völkermord an den Armeniern voll und ganz anerkannte. Gut waren auch die Be-

[41] Gespräche des Autors mit Patriarch Maximos V. Hakim und mit Patriarch Bidawid.

ziehungen zu Syrern und Äthiopiern (Abuna Paulos von Äthiopien wurde 1993 in Rom empfangen, ein Erwiderungsbesuch war allerdings nicht möglich). Mit der alten assyrischen Kirche unterzeichnete der Papst 1994 ein bedeutendes christologisches Abkommen. Dennoch durchlebte auch die vorchalzedonensische Welt in ihrer Beziehung zu Rom eine Zeit der Krise – insbesondere im letzten Jahrzehnt –, was auf die starke Führungsposition des koptischen Patriarchen Shenouda III. (der eine strengere Haltung gegenüber Rom vertrat) innerhalb der alten Kirchen des Nahen Ostens zurückzuführen war.[42] Dies war nicht nur ein neues Element in diesem Teil der christlichen Welt, sondern auch ein Zeichen für dessen verstärktes Bedürfnis nach einem Zusammenschluss.

Seit den neunziger Jahren wurde auch der Dialog zwischen Katholiken und Orthodoxen immer schwieriger. Die Arbeit der gemischten Kommission blieb erfolglos. Dabei waren die Probleme zwischen Katholiken und Orthodoxen keineswegs nur theologischer Natur; es gab auch ganz konkrete Konflikte. Auch die Balkan-Problematik, der Konflikt zwischen Serben und Kroaten sowie zwischen Serben und Muslimen, hatte ihrerseits Auswirkungen auf die Beziehungen zwischen Rom und der Orthodoxie. Im Jahr 1994 hätte der Papst gern eine Reise auf den Balkan unternommen, wobei er nicht nur Zagreb und Sarajewo besuchen wollte, sondern auch Belgrad. So ließ er Erkundigungen einholen, ob der Patriarch dort grundsätzlich bereit war, ihn zu empfangen.[43] Doch es gelang ihm nicht, in die jugoslawische Hauptstadt zu reisen, da die Beziehungen zur serbischen Kirche in Folge des Konflikts gestört waren. Und die Probleme zwischen Orthodoxie und Katholizismus wuchsen mit dem Herannahen des neuen Jahrhunderts sogar noch.

---

[42] Vgl. L'Église orthodoxe en Europe orientale au XX siècle, hg. v. Ch. Chaillot, Paris 2009.

[43] Gespräch des Autors mit Johannes Paul II.

Tatsächlich waren die Beziehungen zu Moskau nie so schwierig wie in den ersten Jahren nach der Jahrtausendwende. Dies hing vor allem damit zusammen, dass Rom sich dazu entschlossen hatte, die bislang existierenden Apostolischen Administrationen auch auf dem Jurisdiktionsgebiet des Moskauer Patriarchats in regelrechte Diözesen umzuwandeln. Noch 1991 war Metropolit Kirill nach Rom gekommen, was allgemein als positives Zeichen interpretiert worden war. Doch nur kurze Zeit später wurde die Ernennung katholischer Bischöfe in Russland bekanntgegeben, ohne dass der Metropolit davon in Kenntnis gesetzt worden war. Hier bahnte sich eine erste Krise an. Die zweite Krise folgte im Jahr 2002, als die Apostolischen Administraturen zu Diözesen erhoben wurden – auch hier, ohne Kirill und die orthodoxe Kirche zu informieren. Kardinal Cassidy, der im Vatikan für die Ökumene zuständig war, hat mir gegenüber beteuert, Johannes Paul II. sei schmerzlich berührt gewesen über diesen Vorfall und habe das Staatssekretariat dafür verantwortlich gemacht.[44] Auch Metropolit Kirill, der künftige Patriarch, wurde in die Angelegenheit einbezogen, stand er doch mehr als andere Vertreter der russischen Orthodoxie für ein gutes Verhältnis zum Katholizismus – und dies nicht zuletzt, weil er ein Schüler von Metropolit Nikodim war, der 1978 während einer Audienz bei Johannes Paul I. verstorben war.
Die russische Kirche warf Rom ein inkonsequentes Verhalten (und missionarische Aggressivität) vor. Die Kurie hingegen erkannte die Idee des „Jurisdiktionsgebiets“, wie sie das Patriarchat von Moskau vertrat, nicht an, sondern erinnerte die Vertreter der orthodoxen Kirche an ihre seelsorgerischen Pflichten gegenüber den Gläubigen. Moskau wiederum warf Rom und dem Papst persönlich widersprüchliches Verhalten vor. Doch für Johannes Paul II. war der Widerspruch zwischen seinem ökumenischen Eifer und den Entscheidungen

[44] Gespräch des Autors mit Kardinal Cassidy.

hinsichtlich der katholischen Gläubigen auf dem Territorium der ehemaligen Sowjetunion nicht das Ergebnis seiner Politik, sondern nur mehr ein Ausdruck unverrückbarer Tatsachen. Trotzdem war er überzeugt, dass die katholische Kirche mit der russischen Orthodoxie weiter sprechen müsse. Im Vertrauen sagte er einmal: „Derjenige, der das Sagen hat, ist der Patriarch von Moskau. Er ist es, der die Truppen hat."

Der schwierige Primat

Mitten in die ökumenische Diskussion brachte der Papst das schwierige Thema des römischen Primats ein, der gewissermaßen das trennende Element in der Beziehung zur Orthodoxie und auch einen der Hauptstreitpunkte mit den Protestanten bildete. Das besondere Gewicht seines Amtes war dem Papst nur zu bewusst, und die Jahre des Pontifikats hatten ihn darin noch bestärkt. Bereits bei seinem Auftritt vor dem Ökumenischen Rat der Kirchen in Genf bekräftigte er 1984, dass die katholische Kirche trotz der Verwerfungen ihrer Geschichte überzeugt sei, „im Amt des Bischofs von Rom [...] den sichtbaren Pol der Einheit bewahrt zu haben". Und mit der 1995 veröffentlichten Enzyklika „Ut unum sint" wollte er mit allen Christen in ein Gespräch über die Ausübung des römischen Primats eintreten.

In diesem Dokument betonte Johannes Paul II. den spirituellen Aspekt der Ökumene: „Wenn Christen miteinander beten, erscheint das Ziel der Einheit näher."[45] Vor diesem Hintergrund hoffte der Papst, dass die kontroversen Fragen letztlich auf einer Ebene der Vernunft geklärt werden könnten. Allerdings betonte er auch, die Kirche von Rom habe das Amt des Nachfolgers des Apostels Petrus bewahrt und erin-

---

45 Johannes Paul II., Enzyklika Ut unum sint, Bonn 1995 (Verlautbarungen des Apostolischen Stuhls 121), S. 20.

nerte daran, dass die Ausübung dieses Amtes ohne Vollmacht und Macht nicht denkbar sei. Schon Paul VI. hatte dem Ökumenischen Rat der Kirchen in Genf das Problem des Petrusamtes offen dargelegt. Für Johannes Paul II. musste es in Kommunion ausgeübt werden. Mit der Enzyklika „Ut unum sint" lud er Kirchenvertreter und Theologen deshalb dazu ein, mit ihm einen brüderlichen und geduldigen Dialog über die konkreten Formen dieses Amtes zu beginnen.[46]

Der orthodoxe Theologe Olivier Clément zählte zu den wenigen, die die Einladung des Papstes annahmen, indem er sich in seinem Buch mit dem bezeichnenden Titel „Rome autrement" („Ein anderes Rom") ausführlich mit dem Primat auseinandersetzte. Für ihn gab es ein „kryptisches Sankt Peter", eine Stätte des tiefen Untergrunds, die eng mit dem Martyrium der ersten Generationen von Christen verbunden war. Dieses vom Martyrium gezeichnete Sankt Peter sollte mit „bedeutungsschwerer Demut" aus der gleichnamigen Basilika hervortreten, die allerdings von einem „kolossalen und leeren Umfang" und einem „fast naiven Stolz" geprägt sei. Die ökumenische Debatte über den Primat versprach lang und mühsam zu werden, da sie den vermutlich heikelsten Unterschied zwischen den christlichen Traditionen berührte. Clément berichtet, der Papst habe einmal in privatem Rahmen geäußert: „Das, was ich mir mit den Orthodoxen wünsche, ist die Kommunion, nicht die Jurisdiktion."[47] Der Papst hätte sich die Einheit daher nie als Erweiterung der Regierungsformen der katholischen Kirche vorstellen können. Clément verband die Reflexionen Johannes Pauls II. zum Primat mit dessen Entscheidung, trotz aller Drohungen nach Istanbul zu reisen, um den dortigen Patriarchen zu treffen. Dass er damit sein Leben riskierte, hieß nichts anderes, als dass der

---

[46] Ebenda, S. 28f.

[47] O. Clément, Rome autrement. Un orthodoxe face à la papauté, Paris 1997. Ähnlich äußerte sich Johannes Paul II. auch gegenüber dem Verfasser.

Papst bereit war, sogar das Martyrium auf sich zu nehmen. Auch für den russischen Akademiker Sergej Averincev bestand der entscheidende Punkt im Denken Johannes Pauls II. in der Verknüpfung von Einheit und Martyrium. Der Papst, so der russische Gelehrte, betone angesichts einer Welt, in der der Glaube weithin seine Inhalte und die Verankerung im Dogma einbüßte (*faith without belief*), das komplexe Erbe der Tradition, die alle Christen dazu „verpflichte", nach der Einheit zu streben.[48]

Johannes Paul II. beschritt weiter den Weg der spirituellen Ökumene. Eine wichtige Etappe bildete dabei das Jubiläumsjahr 2000, als er die Heilige Pforte der Petersbasilika öffnete (ein Ritual des Heiligen Jahrs, das dem Papst oder seinen Legaten vorbehalten ist), an seiner Seite Vertreter der großen christlichen Kirchen, unter ihnen der anglikanische Erzbischof von Canterbury, Carey. Das Jubiläum, in dessen Zentrum das Papsttum zu stehen schien, wurde so zu einem ökumenischen Ereignis. Im programmatischen Dokument des Jubiläumsjahres erklärte Johannes Paul II.: „Dazu bedarf es [...] einer enormen Anstrengung. Man muss den Dialog über die Lehre fortsetzen, sich aber vor allem stärker dem ökumenischen Gebet widmen."[49] Die Einheit bedeutete in seiner Vorstellung vor allem einen spirituellen Sprung, sie war weit mehr ein Geschenk als das Ergebnis eines dogmatischen Klärungsprozesses, für dessen Gelingen man sich gleichwohl einsetzen musste. Die letzten Jahre des Pontifikats haben einige Ökumeniker freilich als „ökumenischen Winter" bezeichnet. Sie meinten damit nicht nur die spürbare Abkühlung zwi-

---

[48] Die wichtige Abhandlung von Sergej Averincev zur päpstlichen Enzyklika findet sich in P. de Laubier, Les russes et Rome, Paris 2010, S. 87 und 106. Interessante Hinweise zum Apostolischen Schreiben „Orientale Lumen" aus ökumenischer Sicht in dem Beitrag von S. Khorougi/O. Sedakova/V. Bibikhine, ebd., S. 107–164.

[49] Johannes Paul II., Dem dritten Jahrtausend entgegen. Apostolisches Schreiben „Tertio millennio adveniente" vom 10. November 1994, Leutesdorf 1995, S. 54.

schen Orthodoxen und Katholiken, sondern auch die Probleme, die nach wie vor zwischen ihnen und den Protestanten bestanden (trotz der Unterzeichnung der Gemeinsamen Erklärung zur Rechtfertigungslehre zwischen Lutheranern und Katholiken in Augsburg). Darüber hinaus monierte man – insbesondere auf russisch-orthodoxer Seite –, dass Rom immerfort Entscheidungen treffe, die gegen den Geist der Ökumene verstießen, während die katholische Kirche gleichzeitig erklärte, die Einheit um jeden Preis erreichen zu wollen.
Diese Sicht der Dinge entsprach, unabhängig von den verschiedenen Verteidigungslinien und zufälligen Erklärungen, einem grundlegenden Erfordernis des Pontifikats. Es bestand darin, den Widerspruch zwischen zwei Wegen zu akzeptieren, die beide als richtig erschienen und die zu beschreiten unverzichtbar war. Dies betraf auch die Auseinandersetzung mit der russischen Welt. Der Papst war sich darüber im Klaren, welche Bedeutung das russische Christentum hatte. Einem Gesprächspartner, der ihn darauf aufmerksam machte, dass die Orthodoxie im Unterschied zum Katholizismus keine missionarischen Ansprüche habe, widersprach der Papst: „Wer ist dann aber für die Bekehrung der Russen zum Christentum verantwortlich?" Zugleich war Johannes Paul II. davon überzeugt, dass man den Katholiken auf dem Territorium der ehemaligen Sowjetunion mit Entscheidungen, die dem Heiligen Stuhl zustanden, helfen musste – in seinen Augen ein offener Widerspruch der Geschichte.
Das bereits erwähnte Problem einer Wiedererrichtung des ukrainischen Patriarchats konnte während des Pontifikats nicht gelöst werden, auch wenn viele Polen einer Lösung aufgeschlossen gegenüberstanden (was eine Neuheit darstellte). Mit einem eigenständigen Patriarchat wäre das religiöse Terrain der Ukraine, in dem der Ursprung des russischen Christentums lag, als autonomer christlicher und nationaler Raum gestärkt worden, und als solcher hätte er wohl auch orthodoxe Ukrainer angezogen, die dem Moskauer Patriarchat

feindlich gegenüberstanden. Patriarch Bartholomäus I. von Konstantinopel verfolgte die Entwicklungen, die sich in diesen Jahren in der Ukraine vollzogen, schon deshalb mit einem gewissen Interesse, weil er davon ausging, künftig eine Rolle in diesem Teil der Welt zu spielen. Für das Moskauer Patriarchat unter Alexius II. war die mögliche Errichtung eines ukrainischen Patriarchats nur ein Vorwand, damit sich die Katholiken der spirituellen Wurzeln der russischen Orthodoxie bemächtigen konnten. Das Agieren des Patriarchen von Konstantinopel rechnete man hingegen jener Art von Störfeuer zu, die man bereits aus Estland kannte und die man für reine Willkür hielt. Und in der Tat: Auch wenn Moskau auf seinen Anspruch verzichtete, das Dritte Rom zu sein (also der Erbe der Ökumenizität des Phanars), zeigte es das deutliche Bewusstsein, die größte orthodoxe Kirche gegenüber den alten und kleinen Patriarchaten zu repräsentieren. In Kiew, an den Ufern des Djneprs, der Wiege des russischen Christentums, wurde derweil eine große neue ukrainisch-katholische Kathedrale errichtet – als Sitz für Lubomyr Husar, den alle als „Patriarchen" betrachteten, einen spirituellen Mann und Erben Kardinal Slipyjs.[50]

Wojtyła: eine Leitfigur der Christen

Diese Aspekte der Krise machten, so dramatisch sie auch immer sein mochten, etwas deutlich, das neu war: Der Papst war am Horizont der anderen christlichen Kirchen präsent, er blieb nicht länger außerhalb. Auch die griechisch-orthodoxe Kirche, deren Haltung zu Rom restriktiver war als die anderer orthodoxer Kirchen, lud Johannes Paul II. im Jahr 2000 schließlich zu einem Besuch ein. Empfangen wurde er vom orthodoxen Erzbischof Christodoulos, der eine wichtige Rolle

[50] Gespräch des Autors mit Kardinal Husar.

für die Bevölkerung spielte und sich darum bemühte, die vielschichtige griechische Kirche zusammenzuhalten. Tatsächlich zeigte sich die griechische Orthodoxie infolge der Kontakte mit Rom an einer praktischen Ökumene interessiert, insbesondere was die Präsenz des Christentums in der Europäischen Union anging. Rom nahm seinerseits die nichtkatholischen Kirchen ernst und setzte sich mit ihren Positionen und Orientierungen intensiv auseinander. Möglicherweise fand der theologische Ausdruck Johannes Pauls II., der von einer „unvollkommenen Kommuion" sprach, hierin eine konkrete Bedeutung: Die christlichen Kirchen, die gespalten waren und sich über mancherlei theologische und historische Probleme nicht verständigen konnten, waren gleichwohl wichtig füreinander. Zwar gingen die Kirchen uneins ins dritte Jahrtausend der Christenheit. Doch sie hatten ein neues Bewusstsein gewonnen, und dies galt auch für jene, die bislang ganz auf sich selbst bezogen waren: Sie ignorierten sich nicht länger, sondern fühlten sich als Teil einer christlichen Ökumene – eine Perspektive, die es ein halbes Jahrhundert zuvor so nicht gegeben hatte. Sie waren zwar nicht vereint, aber auch nicht mehr soweit voneinander entfernt, dass sie sich gegenseitig ignoriert oder verkannt hätten, wie notwendig ein Dialog war um zu verhindern, dass man sich aus der Ferne dämonisierte oder mit einem Bann belegte. So entstand eine Art gemeinsamer christlicher Horizont. Und hatten nicht auch kontroverse Diskussionen schon zu den Lebensumständen der christlichen Kirchen im ersten Jahrtausend gehört?

Offen blieb freilich, ob die Ökumene auch den einfachen Gläubigen am Herzen lag oder ob dies den kirchlichen Eliten und intellektuellen Kreisen vorbehalten blieb. Wichtige Vertreter des Christentums waren der Ansicht, dass die Ökumene nicht nur eine Angelegenheit der Kirchenleitungen war, sondern die Gefühle der Völker berührte, auch wenn sich diese nicht selten auf der Suche nach einer eigenen Identität befanden, bei denen die konfessionelle Zugehörigkeit eine wichtige Rolle spielte. Die Popularität Johannes Pauls II. außerhalb der katholischen Welt war ein Beispiel für eine solche „Ökumene des Volkes". Dies zeigte sich auch 1999 während des Besuchs Johannes Pauls II. in Rumänien: Der alte Patriarch Teoctist hatte die Reise akzeptiert, obwohl ein Teil seiner Kirche und der Orthodoxie insgesamt hier Vorbehalte hatte. Die freundliche Atmosphäre dieser Reise war durch eine Begegnung im Geiste des Friedenstreffens von Assisi, auf Initiative der Gemeinschaft Sant'Egidio vorbereitet und durch einige persönliche Gesten des Papstes erleichtert worden. Einundzwanzig Jahre nach seiner Wahl war es die erste Reise des Papstes in ein orthodoxes Land, denn Wojtyła war zuvor immer wieder auf Hindernisse gestoßen, wenn es darum ging, Länder mit einer orthodoxen Mehrheit in der Bevölkerung zu besuchen. Und auch in Rumänien gab es wegen der Rückgabe der der orthodoxen Kirche einverleibten Kirchengebäude der griechisch-katholischen Kirche während der Zeit des Kommunismus viel Zwietracht zwischen Katholiken und Orthodoxen.

Ein orthodoxer, aber nicht slawischer Patriarch wie Teoctist von Rumänien ging mit dem Besuch des Papstes überaus intelligent um. Der orthodoxe Primas hatte den Papst bereits 1989 treffen wollen, noch vor dem Zusammenbruch des Kommunismus und trotz des erheblichen Widerstands der eigenen Regierung. Aus der Begegnung gewann Teoctist den Eindruck, dass der Papst, wie er immer wieder betonte, ein „Mann Gottes" sei. Darüber hinaus pflegte Johannes Paul II. freundschaftliche Beziehungen zu verschiedenen orthodoxen Bischöfen, unter anderem zu Metropolit Meliton von Konstantinopel, dem großen Wegbereiter des ersten Treffens mit Rom, der nach dem Attentat auf den Papst ein intensives Gespräch mit Johannes Paul II. im Krankenhaus führte.

Wie sehr auch das Volk dem ökumenischen Gedanken verpflichtet war, zeigte sich nicht zuletzt während des Papstbesuchs in Rumänien. Als sich Johannes Paul II. und Teoctist öffentlich umarmten, riefen die auf dem Platz versammelten Gläubigen: „Unitate! Unitate! (Einheit, Einheit)."[51] So gewann die Ökumene in Rumänien nach vielen Verwerfungen die Bedeutung einer nationalen Aussöhnung. Als der Papst den Libanon besuchte, wurde er von den nichtkatholischen Patriarchen der Region empfangen – und diese wichen nicht von seiner Seite. Die orientalischen Christen aber sahen in Johannes Paul II. unterschiedslos die große, weltumspannende Leitfigur des Christentums. Auf den Straßen von Damaskus zeigte sich der Papst unter dem Applaus aller Christen im Papamobil neben dem orthodoxen Patriarchen Hazim.

Auch wenn man sich über die Frage des römischen Primats weiter uneins war, begrüßte die globalisierte Welt augenscheinlich doch, dass sich Johannes Paul II. als christliche Leitfigur behauptete. Der Papst hatte sich durchgesetzt, unter den Massen wie auf den Bildschirmen, und konnte auch im Namen der anderen Christen sprechen, wie der anglikanische Erzbischof Carey betonte. Tatsächlich wurde Johannes Paul II. zur ersten Leitfigur des christlichen Universums. Dieses Phänomen verdeutlicht einen Aspekt der Beziehung zwischen Katholizismus und Globalisierung, die während des Pontifikats Johannes Pauls II. wichtige Entwicklungen durchlief.

Die Ekklesiologie des Zweiten Vatikanischen Konzils hatte bekanntlich großen Wert auf die Dimension der Ortskirche und die Verbindung zwischen Papst und Bischofskollegium gelegt; die Orientierung der öffentlichen Meinung und der tiefgreifende Prozess der Globalisierung haben jedoch letztthin zu einer Stärkung der – auch medienwirksam vermittelten – Figur des Papstes geführt. Dieser Umstand ist nicht zu vernachlässigen, wenn man über Wojtyłas Pontifikat spricht.

---

[51] Giovanni Paolo II in Romania, 7–9 maggio 1999, hg. v. der Botschaft der Republik Rumänien beim Heiligen Stuhl, Padua [2000].

Er ist aber auch wichtig, wenn man Überlegungen zur weiteren Entwicklung von Christentum und Ökumene anstellt. Tatsächlich sahen sich die im Lokalen verankerten religiösen Gemeinschaften mit zum Teil sehr alten historischen Wurzeln immer stärker vom Trend zum Universellen und Globalen herausgefordert. Das zeigte sich unter anderem im Schicksal jener Kirchen, die durch die verstärkte Entwicklung einer Diaspora in der westlichen Welt schrittweise ihre Verwurzelung im Nahen Osten verloren: Welchen Einfluss konnten sie außerhalb ihrer Ursprungsgebiete noch haben, eingebettet im religiösen Mosaik des Westens? Was blieb, waren vielfach kleine Glaubensgemeinschaften, die nicht mehr in der Lage waren, angemessen über einen kollektiven *Ethos* zu diskutieren oder ihn gar durchzusetzen, da sie durch den Druck größerer religiöser Gemeinschaften sowie gesellschaftlicher Assimilations- und Säkularisierungsprozesse häufig aufgerieben wurden. Trotz ihrer großen Vergangenheit und ihrer einstigen religiösen wie kulturellen Geschlossenheit (etwa der Syrer, die eine alte Geschichte wahrhafter Inkulturation repräsentieren) verloren sich diese Gemeinschaften in einer religiösen Zersplitterung, wie sie typisch ist für unsere Gesellschaften. Der Katholizismus des Westens, obwohl mittlerweile auch eine Diaspora innerhalb der Gesellschaft, antwortete darauf mit einer universalen Projektion, deren zentrale Figur der Papst war.
Für das Jubiläumsjahr träumte Johannes Paul II. von einem „denkwürdigen panchristlichen Treffen", wie er es in seinem Apostolischen Schreiben „Tertio millennio adveniente" beschwor. Dieses Wort fiel im Rahmen einer ausgedehnten Pilgerreise, die der Papst angekündigt hatte: Sie sollte ihn ins Heilige Land führen, ins chaldäische Ur im Irak (wo Saddam Hussein dem Papst allerdings die Einreise verwehrte), nach Athen, auf den Sinai und nach Damaskus.[52] Das panchrist-

[52] Giovanni Paolo II, Lettera del Sommo Pontefice Giovanni Paolo II sul pellegrinaggio ai luoghi legati alla storia della salvezza, Città del Vaticano 1999.

liche Treffen fand jedoch nicht statt. Bislang hatte es Begegnungen zwischen kirchlichen Oberhäuptern ausschließlich auf bilateraler Ebene gegeben. Und die fortdauernden Gegensätze zwischen Moskau und Rom verhinderten überdies eine direkte Begegnung zwischen Johannes Paul II. und Alexius II.[53] Gorbatschows Einladung an den Papst, eine Reise nach Russland zu unternehmen, wurde von seinen Nachfolgern nicht erneuert. Im Jahr 2001 reiste Johannes Paul II. in die Ukraine, wo er auch Babij Jar besuchte, den Schauplatz eines Massakers an Juden. Auch diese Reise missbilligte das Moskauer Patriarchat allerdings.

Ein kollegiales Treffen (wie dies unter den Orthodoxen üblich ist) wäre ein weiterer Schritt nach vorn gewesen, möglicherweise mit Blick auf die Vorbereitung eines allgemeinen christlichen „Konzils". Für die Zukunft schien sich die ein wenig apokalyptisch anmutende Vision des vom Papst geschätzten, wenngleich auch für ungewöhnlich befundenen russischen Denkers Vladimir Solovjev zu bewahrheiten: In seiner „Kurzen Erzählung vom Antichrist" sah dieser ein Europa voraus, das im Kampf gegen die muslimische Welt stand, und eine Welt, die vom Panmongolismus beziehungsweise vom Vormachtstreben der asiatischen Völker herausgefordert wird. Angesichts eines Herrschers und Übermenschen, eines nach Russland verbannten Papsttums und der Aushöhlung des Christentums insgesamt finden die Christen bei Solovjev schließlich im Lichte des eigenen Martyriums in Jerusalem zu einer neuen Einheit. Der orthodoxe Starez Johannes, der lutherische Professor Pauli und Papst Peter II. (dem der Primat zuerkannt wurde) finden zur Kommunion untereinander. Und Solovjev schließt: „So vollzog sich die Vereinigung der Kirchen inmitten dunkler Nacht […]."[54]

---

53 Zu den Ansichten Alexius' II. über die Beziehungen mit Rom siehe A. Carpifave, Conversazioni con Alessio II, Mailand 2003.

54 V. S. Solovjev, Kurze Erzählung vom Antichrist, München 1947, S. 63.

Wie Solovjev in seiner „Rechtfertigung des Guten", so war auch Johannes Paul II. davon überzeugt, dass der Staat nicht die Gesellschaft verändern solle, um ein Paradies auf Erden zu schaffen, sondern vielmehr dafür Sorge tragen müsse, dass sie nicht zu einem Inferno werde. Wie der russische Denker sah auch der Papst in der Emanzipation der Frau ein wichtiges Zeichen. Auf ähnliche Weise näherte er sich auch der Kraft des Bösen, dessen Wirken in der Geschichte er spürte. In einem gerade nicht vom Fortschrittsglauben beherrschten Rahmen konnte man eine neue Einheit der Kirche erzielen, vor allem durch das Martyrium und eine tiefe spirituelle Gemeinschaft.[55] Die Vision des im Jahr 1900 gestorbenen russischen Denkers entsprang einem faszinierenden „prophetischen" Denken, das bei vielen Zeitgenossen Anstoß erregte. Und wenn Johannes Paul II. einen Teil dieser Vision (eingefügt in eine strenge katholische Theologie und ein philosophisches Gerüst) wiederaufgriff, so stellt sich die Frage, wie ein Papst sein Amt mit einem solchen Denken ausüben konnte. Von hier aus wird jedenfalls leichter verständlich, weshalb der Papst Gesten, Appellen und Symbolen in dem, was man als Prophetie bezeichnen könnte, so viel Raum gab – in dem Wissen also, dass nicht alles entschieden und gelenkt werden kann.

Auch wenn kein Treffen zwischen den christlichen Oberhäuptern als Kollegium zustande kam, bleibt es nicht ohne Bedeutung, dass zur Trauerfeier für Johannes Paul II. im April 2005 nicht nur die politischen Führer der Welt zum Petersdom strömten, sondern auch ein Großteil der Oberhäupter der gesamten Christenheit. Der Patriarch von Moskau fehlte zwar, wurde jedoch durch Metropolit Kirill angemessen vertreten. Neben dem Patriarchen Bartholomäus erschienen der orthodoxe Erzbischof von Griechenland, Christodou-

---

[55] Vgl. die Einführung von O. Clément zu V. Solovjev, I fondamenti spirituali della vita, Rom 1998, S. 7–20.

los (auf dessen Besuch in Rom der Papst stets gehofft hatte), der Patriarch von Antiochien, der orthodoxe Erzbischof von Albanien, der anglikanische Erzbischof von Canterbury, Williams, die armenischen *Katholikos* Karekine II. und Aram I. sowie der äthiopische Patriarch Paulos. Und andere mehr. Neben den Gesten und Einladungen, aber auch den realen Widersprüchen der Geschichte blieb der Einheitswille Johannes Pauls II., wie er ihn bereits 1979 bei den ersten Schritten seines Pontifikats in Ephesus und dann immer wieder auch in schweren Krisen zum Ausdruck brachte, bestehen: „Wir setzen uns mit all unserer Kraft und mit einer Haltung der vollkommenen Offenheit gegenüber den Ratschlägen des Heiligen Geistes dafür ein, auf dem Weg hin zur vollständigen Einheit aller Christen voranzukommen." Am Ende der Enzyklika „Ut unum sint" heißt es: „Wenn wir uns fragen wollten, ob denn das alles [die Ökumene] möglich sei, würde die Antwort immer lauten: ja. Dieselbe Antwort, die von Maria von Nazaret zu hören war, denn bei Gott ist kein Ding unmöglich."[56] Johannes Paul II. wusste, dass es, jenseits aller Probleme und Schwierigkeiten, etwas gab, das stärker war – und das die Christen letztlich zur Einheit führen würde.

[56] Johannes Paul II., Enzyklika Ut unum sint, S. 72.

XI

Der Frieden und das Zusammenleben

Zwischen den Fronten

Das lange Pontifikat Johannes Pauls II. überdauerte verschiedene historische Szenarien: den Kalten Krieg, die Globalisierung und die amerikanische Vormachtstellung nach Auflösung der Sowjetunion, die zuvor das Gegengewicht zu den USA gebildet hatte. In seinem Testament schrieb Johannes Paul II. im Jahr 2000:

> Seit dem Herbst 1989 hat sich diese Lage geändert. Das letzte Jahrzehnt des vergangenen Jahrhunderts war frei von den früheren Spannungen; das heißt nicht, dass es nicht neue Probleme und Schwierigkeiten mit sich gebracht hätte. In besonderer Weise sei der Göttlichen Vorsehung Lob dafür, dass die Zeit des so genannten „Kalten Krieges" vorüber ist ohne den gewaltsamen Atomkonflikt, dessen Gefahr in der vorübergegangenen Epoche auf der Welt lastete.[1]

Sein Pontifikat, das in einem Klima schwelender Konflikte während des Kalten Krieges begonnen hatte, den der Papst für eines der zentralen Probleme hielt, stand nun vor einer völlig neuen internationalen Situation, in der es allerdings wiederum um Krieg und Frieden ging. Die Ansprachen Johannes Pauls II. vor dem Diplomatischen Corps, seine zahlreichen Reden sowie die Worte anlässlich des Angelusgebets ge-

[1] Johannes Paul II., Ich bin froh – seid ihr es auch! Das Testament, München 2005, S. 60.

mahnten fortlaufend an die ungelösten Konflikte. Der Papst machte so deutlich, wie aufmerksam er das Geschehen auf den Kriegsschauplätzen der Welt verfolgte, war der Heilige Stuhl doch – wenn man so will – die einzige internationale Institution, die das Leid der Menschen nicht in Vergessenheit geraten ließ. Zu Beginn seines Pontifikats hatte sich Wojtyła in Montecassino angesichts der Soldatengräber aus dem Zweiten Weltkrieg gefragt:

> Warum haben die einen gegen die anderen gekämpft, Männer und Nationen? Gewiss waren es nicht die Wahrheiten des Evangeliums und die Traditionen der großen christlichen Kultur, die sie zu diesem brudermörderischen Gemetzel angestiftet haben. Sie wurden durch die Kraft eines politischen Systems in den Krieg hineingezogen [...]. In gigantischen Schlachten hat dieses System eine definitive Niederlage erlitten.

Die weitere Reflexion über totalitäre Regime (und darüber, wie sie in den Krieg hineingerieten) veranlasste den Papst später zu der Feststellung: „Im Evangelium von heute stehen sich zwei Programme gegenüber. Eines basiert auf dem Prinzip des Hasses, der Rache und des Kampfes. Das andere auf dem Gesetz der Liebe [...]. Und dennoch wird uns, nach so vielen schrecklichen Erfahrungen wie dem letzten Krieg, immer bewusster, dass auf dem Prinzip ‚Auge um Auge, Zahn um Zahn', auf dem Prinzip des Hasses, der Rache und des Kampfes weder Frieden noch Versöhnung und Wiederaufbau möglich sind." Gerade die Erfahrungen des Krieges waren für Johannes Paul II. ein Anlass, immer wieder darauf hinzuweisen, wie nutzlos Gewalt und Repressalien seien und wie notwendig es stattdessen war, neue Wege der Konfliktlösung zu finden. Das war Wojtyłas großer „Traum" nach dem Ende des Kalten Krieges, angesichts einer Welt, die sich – auch wenn die Gefahr eines Krieges zwischen den Blöcken gebannt war

– außerordentlich komplex und konfliktreich präsentierte. Nach einer von Papst Paul VI. im Jahr 1968 begründeten Tradition, den 1. Januar in der katholischen Kirche als Weltfriedenstag zu begehen, veröffentlichte Johannes Paul II. Jahr für Jahr eine Friedensbotschaft, die auch und gerade an die Staats- und Regierungschefs in aller Welt gerichtet war. Angesichts der bestehenden Konflikte und Spannungen rief der Heilige Stuhl dabei ein ums andere Mal zum Dialog als wichtigstem Instrument für den Frieden auf. Geradezu hymnisch heißt es beispielsweise in der Botschaft von 1983: „Der wahre Dialog ist die Suche nach dem Guten mit friedlichen Mitteln." Damit war ein bedeutendes Vermächtnis des Zweiten Vatikanischen Konzils benannt. Schon Paul VI. hatte weite Teile seiner ersten Enzyklika dem Dialog gewidmet. Letztlich hatten alle Päpste des 20. Jahrhunderts die Menschen zum Dialog aufgerufen, um durch Gespräch und Vermittlung jede Anwendung von Gewalt unnötig zu machen. Daher war es auch das Mittel des Dialogs, mit dessen Hilfe der Heilige Stuhl den Gebietskonflikt zwischen Chile und Argentinien zu entschärfen suchte, der einen Krieg auszulösen drohte.

Johannes Paul II. wurde dabei mit zwei Diktaturen konfrontiert. Bekanntlich hat das Militärregime in Argentinien Verbrechen begangen, die den Tod unzähliger *desaparecidos* zur Folge hatte; über die tatsächliche Anzahl der Opfer schwanken die Angaben (zwischen 9.000 und 30.000), außer Frage steht jedoch, dass es sich vor allem um junge Menschen handelte.[2] Der argentinische Episkopat hielt sich mit seiner Kritik an der Militärdiktatur zwischen 1976 und 1983 zurück und konnte – trotz eines 1976 veröffentlichten Dokuments, in dem das „tägliche Blutvergießen" angeprangert wurde – zunächst keine wichtige Rolle in Argentinien spielen. Der „schmutzige

---

[2] Vgl. Los frutos de la paz. La mediación de Su Santidad Juan Pablo II en el diferendo austral entre Argentina y Chile, hg. v. M. Camusso, Buenos Aires 2009.

Krieg“ der Militärs wurde mit der Doktrin der nationalen Sicherheit im Zeichen revolutionärer Bedrohung gerechtfertigt (Ein kleiner Teil der Katholiken entschloss sich zum bewaffneten Kampf, während andere kirchliche Kreise, darunter einige Bischöfe, auf Seiten der Militärs standen).
Insgesamt war der argentinische Episkopat weitaus nachgiebiger gegenüber der herrschenden Diktatur, als dies beispielsweise in Chile der Fall war. Auch deshalb konnte die argentinische Kommission für Menschenrechte, trotz der Unterstützung durch Nuntius Laghi, keinen so großen Einfluss ausüben wie die chilenische „Vicaria de la Solidaridad“. Doch die Schreckensmeldungen im Vatikan häuften sich, und Staatssekretär Casaroli sowie Kardinal Pironio, der aus Argentinien stammende Präfekt der Kongregation für die Orden und Säkularinstitute, befürworteten schließlich ein deutliches Eintreten gegenüber der Regierung in Buenos Aires. Über Nuntius Pio Laghi gelangten viele Informationen nach Rom. Eine Intervention gegen die argentinischen Militärs drohte allerdings den vermittelnden Dialog zu gefährden, der einen Krieg zwischen Chile und Argentinien vermeiden sollte. Daran lag Johannes Paul II. sehr viel. Doch die Verteidigung menschlichen Lebens hatte am Ende mehr Gewicht.
Während des Angelusgebets vom 28. Oktober 1979 sprach der Papst mit Blick auf die politische Situation in Argentinien vom „Drama der getöteten oder verschleppten Menschen“. Weiter hieß es: „Wir bitten darum, dass die angekündigte Klärung der Lage der Inhaftierten beschleunigt und der Respekt vor der physischen und moralischen Unverletzlichkeit derjenigen, die gegen Gesetze verstoßen haben oder dessen beschuldigt werden, ohne Einschränkungen gewahrt bleibt.“[3]

---

[3] Vgl. F. Elenberg/B. Passarelli, Il cardinale e i desaparecidos. Baget Bozzo kritisierte die vatikanische Zurückhaltung gegenüber den Müttern von der „plaza de Mayo“ in seinem Artikel „Ma che direbbe papa Roncalli?“, in : „La Repubblica“ vom 3. Mai 1981.

Für die argentinischen Bischöfe war es nicht leicht, diese Äußerung Johannes Pauls II., die sie zu einer größeren Distanz zur Militärmacht verpflichtete, zu akzeptieren. Gleichwohl veranlasste die neue Haltung des Heiligen Stuhls den argentinischen Episkopat, sich zu Wort zu melden. So verfassten sie unter anderem ein Dokument, das 1981 veröffentlicht wurde. Angesichts des tatsächlichen Ausmaßes der Repressalien konnten sich die Familien der Vermissten mit derlei Gesten allerdings nicht zufriedengeben.[4] Bei seinem Besuch in Argentinien 1982 insistierte Johannes Paul II. darauf, dass sich die Bischöfe für die Versöhnung in einer zerrissenen Gesellschaft einsetzten.

Für den Heiligen Stuhl und speziell für den Nuntius gestaltete sich die Situation ausgesprochen kompliziert. Dies zeigen vor allem zwei Artikel aus der Zeitschrift „La Civilità Cattolica“, die die bislang verfolgte Politik des Vatikans auf den Punkt brachten. Laghi, dem „Schweigen“ und allzu große diplomatische Vorsicht vorgeworfen wurden, traf bei der Durchführung seiner Mission auf einen Episkopat, der sich allen Ermahnungen des Nuntius verschloss (wobei das Hauptproblem in Laghis Augen darin bestand, dass viele argentinische Bischöfe mit den Militärs sympathisierten).[5] Der Nuntius regte die Interventionen Roms an, verhandelte mit den Machthabern über die Freilassung der Gefangenen, setzte sich aber auch dafür ein, die Struktur des Episkopats durch eine gezielte Ernennungspolitik zu verändern. Auch wenn er seine Tätigkeit in Buenos Aires stets verteidigte,

---

[4] Siehe dazu E. F. Mignone, La testimonianza negata, Chiesa e dittatura in Argentina, Bologna 1988; H. Verbitsky, L'isola del silenzio. Il ruolo della Chiesa nella dittatura argentina, Rom 2006.

[5] Gespräch des Autors mit Kardinal Laghi. Vgl. auch Santa Sede–Argentina: vicenda, ingiusta e amara. Intervista al card. P. Laghi, in: Il Regno – Attualità 15 (1997), S. 385–390. Vgl. auch G. Salvini, I „desaparecidos“, uno dei drammi più grandi del nostro tempo, in: La Civiltà Cattolica 133 (1982), H. 4, S. 571–580; und H. Storni, La Chiesa in difesa dei „desaparecidos“, in: La Civiltà Cattolica 134 (1983), H. 1, S. 482–487.

schloss er seinen Bericht über die Geschehnisse allerdings mit den vielsagenden Worten: „Es ist schwierig, sich als Einzelperson von allem freizusprechen, und es ist schwierig, dies als Kirche zu tun."

Die vatikanische Vermittlungsarbeit zwischen Chile und Argentinien, die 1979 begann und 1984 ihren Abschluss fand, war ein für die vatikanische Diplomatie der jüngeren Vergangenheit ungewöhnliches Vorgehen, verhielt sich der Heilige Stuhl bei konkreten politischen Konflikten doch meist viel vorsichtiger. Eine gewisse Rolle als Vermittler und Schiedsrichter hatte er zuletzt unter Leo XIII. gespielt, und Pius X. wie Benedikt XV. hatten dieses Engagement auf eher bescheidene Weise fortgesetzt.[6] Die diplomatische Vermittlung zwischen Chile und Argentinien war die wohl entschiedenste Intervention des Heiligen Stuhls im 20. Jahrhundert – und zugleich Ausdruck des Selbstverständnisses von Johannes Paul II., der sich nicht auf die traditionellen Modelle des diplomatischen Wirkens beschränkte und vor großen Gesten des Friedens keineswegs zurückschreckte, auch wenn er dabei riskierte, in die komplizierte Dynamik der Konflikte hineingezogen zu werden. Laghi gegenüber, der ihm für die Vermittlungsinitiative dankte, sagte er aber: „Wie hätte ich es zulassen können, dass sich zwei katholische Völker in einen derartigen Wahnsinn begeben?"[7]

Mit einer unüberhörbaren Botschaft setzte sich Johannes Paul II. auch im Konflikt um die Falklandinseln (Malwinen) zwischen Großbritannien und Argentinien für Frieden ein. So lud er die Bischöfe beider Länder ein, gemeinsam im Petersdom die Messe zu feiern, um zu zeigen, dass sich die Gemeinschaft der Kirche nicht durch einen lodernden Konflikt zerreißen ließ. Darüber hinaus reiste er sowohl nach Großbri-

---

[6] Siehe dazu J. M. Ticchi, Aux frontières de la paix. Bons offices, médiations, arbitrages du Saint Siège (1878–1922), Rom 2002.

[7] F. Elenberg/B. Passarelli, Il cardinale e i desaparecidos, S. 300.

tannien als auch nach Argentinien, um sein Interesse an den beiden Ländern, die sich im Kriegszustand befanden, zu demonstrieren. Ursprünglich hatte er für 1982 zwei Südamerikareisen – nach Brasilien und Argentinien – geplant; um zu vermeiden, dass dies als Parteinahme für ein im Krieg befindliches Land verstanden wurde, entschied sich Johannes Paul II. schließlich, vorher auch Großbritannien zu besuchen (wo man auf politischer Ebene gewisse Vorbehalte gegen einen polnischen Papst hegte, den man für einen natürlichen Verbündeten der Iren hielt).
Die traditionelle Unparteilichkeit des Papstes gegenüber Ländern, die gegeneinander Krieg führten, wandelte sich bei Johannes Paul II. zu einem leidenschaftlichen Einsatz für den Frieden, der zuweilen über althergebrachte Grenzen der Vorsicht hinauszugehen schien. Während einer Messfeier in Buenos Aires übermittelte er den jungen Argentiniern 1982 den „ehrlichen Friedenswunsch" der jungen Briten. Ohne Rücksicht auf den Krieg zwischen Großbritannien und Argentinien und die mit ihm verbundenen Propagandamaßnahmen rief er der argentinischen Jugend zu: „Vereint euch auch mit den jungen Menschen in Großbritannien [...]. Lasst nicht zu, dass der Hass die in euch steckenden unbändigen Energien und die Fähigkeit, euch mit allen anderen zu verstehen, zum Erliegen bringt."

Waffengewalt und Frieden zwischen den Nationen

Wojtyłas Vorstellung von internationalen Beziehungen lässt sich in jene für ihn typische „Theologie der Nationen" einordnen (deutlich wurde sie im Falle Polens, aber auch in Bezug auf Italien und andere Länder), derzufolge ein Volk nicht allein durch den Staat repräsentiert wird. In der internationalen Gemeinschaft sah der Papst so etwas wie „eine Familie der Nationen", für die auch ein „internationales Gemeinwohl" existierte. Vor diesem Hintergrund war die UNO von entscheidender Bedeutung für den Heiligen Stuhl, der sich für den Dialog und die Achtung vor dem Recht einsetzte. So forderte Johannes Paul II. in seiner ersten, von großer Sympathie für die UNO geprägten Rede vor der UN-Vollversammlung, das System der Konzentrationslager auf der ganzen Welt endgültig zu überwinden – und dies zu einem Zeitpunkt, als die sowjetischen Gulags noch in Betrieb waren. 1995, vor dem Hintergrund radikal veränderter internationaler Beziehungen, sprach der Papst ein weiteres Mal vor der UNO. In seiner Rede bekräftigte er wiederum die Rolle dieser Organisation (der es nicht an Kritikern mangelte). Zugleich war seine Ansprache aber auch eine Meditation über den Wert der Freiheit nach dem Niedergang des Kommunismus, in deren Gebrauch er die Möglichkeit erkannte, die Gründungsideen der Vereinten Nationen umzusetzen. Angesichts eines neuen internationalen Systems und vielfältiger Migrationsbewegungen, so der Papst, müsse die Idee der Nation neu definiert werden. Die UNO blieb für ihn dabei ein wichtiges Forum für eine Welt des Friedens, eine Familie der Nationen.[8]

Bei allen internationalen Konflikten, von der Golfkrise bis zum Irakkrieg, war der Heilige Stuhl stets darum bemüht, die Funktion der UNO aufzuwerten. Auch angesichts der einzig verbliebenen Supermacht USA garantierte die UNO weiterhin eine multipolare Ausrichtung der internationalen Politik und repräsentierte zugleich das „internationale Gemeinwohl", das die jeweils unterschiedlichen nationalen Interessen in Einklang bringen soll. Der Heilige Stuhl glaubte fest an eine multipolar ausgerichtete Diplomatie, die fähig war, verschiedene nationale Subjekte einzubeziehen und zu einer gemeinschaftlichen Weltregierung zu gelangen. Für den Papst

---

[8] Giovanni Paolo II all'Assemblea dell'ONU, hg. v. M. Agnes, Vatikanstadt 1995.

war der Frieden ein Betätigungsfeld, das die verschiedensten Einsätze zuließ, nicht nur von Seiten der Regierungen. Seine Sicht der Dinge wurde in einem entscheidenden Moment deutlich, als er die Religionsführer, die 1986 zum Weltgebetstreffen in Assisi zusammengekommen waren, in ihrem Einsatz für den Frieden zu neuer Anstrengung aufrief:

> Der Frieden ist eine offene Baustelle für alle und nicht nur für Spezialisten, Gelehrte und Strategen. Der Frieden ist eine universale Verantwortung: Sie durchzieht die tausend kleinen Tätigkeiten des täglichen Lebens. Je nachdem, wie man mit den anderen lebt, entscheiden sich die Menschen für oder gegen den Frieden [...]. Mögen die jungen Menschen dazu beitragen, die Geschichte aus den Irrwegen, auf denen sich die Menschheit befindet, zu befreien.[9]

Es war gewissermaßen die Fortsetzung dessen, was Johannes XXIII. bereits in seiner Enzyklika „Pacem in terris" geäußert hatte, als er davon sprach, die Kirche könne auf christlichem Wege ein allgemeines Engagement für den Frieden anregen.[10] Ganz in diesem Sinne bemerkte Wojtyła in der Enzyklika „Sollicitudo rei socialis": „Jeder ist aufgerufen, seinen Platz in diesem friedlichen Kampf einzunehmen, den es mit friedlichen Mitteln zu führen gilt, um die Entwicklung zusammen mit dem Frieden zu erreichen [...]."[11] Diese Äußerungen fallen in die Endphase des Kalten Krieges, eine Zeit, in der der Frieden in den Händen von nur zwei Akteuren zu liegen schien, auch wenn die Zahl derjenigen, die tatsächlich über Krieg und Frieden zu entscheiden hatten, gewiss viel größer war. Mit

[9] Assisi, Giornata mondiale di preghiera per la pace, Vatikanstadt 1987, S. 96.
[10] A. Melloni, Pacem in terris. Storia dell'ultima enciclica di Papa Giovanni, Rom, Bari 2010.
[11] Johannes Paul II., Enzyklika Sollicitudo rei socialis, Bonn 1987 (Verlautbarungen des Apostolischen Stuhls 82), S. 58.

dem Ende des Kalten Krieges und dem Zusammenbruch der UdSSR veränderte sich die Welt. Wie sollte man sich in einer Welt verorten, die noch ungeordneter wirkte als zuvor und in der neue Akteure auftraten, neue Hegemonien entstanden? Seit dem Untergang des Sowjetreichs bekannte sich der Heilige Stuhl ohne Wenn und Aber zu einem multipolaren Konzept, wonach neben den USA auch andere Staaten, Akteure und internationale Gemeinschaften, mithin auch Europa, dazu aufgerufen waren, Lösungen für die anstehenden Konflikte zu finden.

Dass sich Johannes Paul II. so deutlich für den Frieden einsetzte, war keineswegs nur ein katholischer Gemeinplatz. Mehrfach hat der Papst unterstrichen, dass das Gebet für alle Gläubigen, und nicht nur für die Christen, gleichsam eine Waffe für den Frieden sei. 1979 betete der Papst anlässlich des Weltfriedenstags: „Bewahre uns vor dem Krieg! Vor jeder Art Krieg [...]. Es fleht dich an der Papst, Sohn einer Nation, die im Laufe der Geschichte, vor allem in unserem Jahrhundert, besonders unter den Gräueln, Grausamkeiten und Katastrophen des Krieges zu leiden hatte. Er fleht dich im Namen aller Völker der Welt an." Gerade das Treffen von Assisi 1986 war für den Papst über die katholische Kirche hinaus eine erneute Bestätigung des „einzigartigen Wertes, den das Gebet für den Frieden hat". In einer Ansprache vor der Kurie im Dezember 1986 betonte Johannes Paul II. denn auch, der Frieden sei „[...] nicht ohne das Gebet zu haben, das Gebet aller, eines jeden mit seiner Identität und auf seiner Suche nach der Wahrheit".

Doch der Papst, der nicht zuletzt wegen seines Eintretens für den Frieden während des Golfkriegs im Jahr 2003 allgemeine Zustimmung erfuhr, war durchaus kein Pazifist. Immer wieder gedachte er der Opfer all jener, die ihr Leben für die Verteidigung ihrer Heimat gelassen hatten. In einer bestimmten Situation konnte es geboten sein, sich gegen einen Überfall oder einen Angriff zu verteidigen, und manchmal war dies geradezu erforderlich. In diesen Kontext gehören die Appelle, mit denen Johannes Paul II. für einen humanitären Einsatz zum Schutz der Zivilbevölkerung in Bosnien eintrat. Bei einer Begegnung mit italienischen Wehrdienstleistenden im Jahr 1989 warf der Papst die Frage auf, ob man zugleich Christ und Soldat sein konnte. Die Antwort lautete:

> Diese Verteidigung kann zum Tod oder zur Verletzung des Aggressors führen, letzterer aber trägt in diesem Fall die Schuld. Natürlich versucht man immer, den Schaden für den Angreifer möglichst gering zu halten; derjenige aber, der dem Risiko einer Verletzung oder des Todes am meisten ausgesetzt ist, ist in erster Linie der Verteidiger. Hier genügt es, an all diejenigen zu denken, die für die Heimat gefallen sind. Ich hatte bereits Gelegenheit, die Kriegsschauplätze in den Bergen zu besuchen, wo im Ersten Weltkrieg die Gebirgsjäger gefallen sind. Wenn ich aber noch weiter zurückgehe in der Geschichte meines eigenen Heimatlandes, so gab es immer viele militärische Helden – auch Partisanen wie im letzten Krieg [...].

Es existierte, so war dies zu verstehen, ein Recht auf Selbstverteidigung: Christ *und* Soldat zu sein, bedeutete für den Papst nicht zu „divergieren, sondern zu konvergieren, kohärent zu sein". In diesen Worten drückt sich seine Lehre aus. Allerdings wurde sein Urteil über den Krieg mit den Jahren schärfer. Aus ihm sprach die Sensibilität eines Christen des 20. Jahrhunderts, der zum Zeugen vieler Konflikte geworden war. Den jungen Menschen einer sozialen Einrichtung, die nach dem Bürgermeister von Florenz, Giorgio La Pira, benannt war, sagte der Papst: „Es ist nicht der Pazifismus, um den ihr euch bemüht, sondern es ist ein Apostolat des Friedens, also zwei sehr verschiedene Dinge, die sich deutlich voneinander unterscheiden." Der traditionelle Standpunkt der Kirche zum Frieden könne, so Johannes Paul II., „wenig politisch, wenig strategisch, wenig militärisch" erscheinen. Und er fügte hinzu: „Wie beispielsweise kann man mit unserer christlichen Sprache des Evangeliums, der Sprache der Kirche, wie kann man mit dieser Sprache über die Probleme des Libanons sprechen?" Die Antwort auf diese Frage schien ihm umso leichter zu fallen, als eine christliche Präsenz für sich genommen bereits Ausdruck des Friedens sei: „Mutter Theresa, die in den Libanon geht, weiß das, auch ohne viele Handbücher gelesen zu haben [...]."

Das Recht auf den Gebrauch von Gewalt in bestimmten Situationen wurde in theoretischer Hinsicht zwar nicht bezweifelt, aus der Perspektive des Martyriums und der Gewaltlosigkeit jedoch überwunden. In persönlichen Worten sprach Johannes Paul II. etwa über Vittorio Bachelet, den ehemaligen Präsidenten der *Azione Cattolica Italiana* (Wojtyła hatte ihn in der Zeit des Konzils kennengelernt), der von den Roten Brigaden in der römischen Universität „La Sapienza" ermordet worden war, und flocht dabei auch Gedanken über Gewalt an sich ein. Die italienische Öffentlichkeit war damals zutiefst berührt davon, dass Bachelets Sohn bei der Trauerfeier für seinen Vater ausgerechnet ein Gebet für dessen Mörder sprach. Der Papst sagte bei dieser Gelegenheit: „Während wir heute um die Bahre unseres Bruders herum zusammenrücken, lasst uns daran denken, dass wir uns in Rom befinden, das in den ersten Jahrhunderten Schauplatz blutiger Verfolgungen derjenigen gewesen ist, die sich zu Christus bekannten, angefangen bei Petrus." Petrus hatte in Gethsemane versucht, Christus mit dem Schwert zu verteidigen, und die Anwendung von Gewalt war ihm dabei vernünftig und notwendig erschienen:

> In dem Moment, als Christus in Gethsemane verhaftet wurde, hatte Petrus die Hand nach dem Schwert ausgestreckt. Es war eine natürliche Reaktion. Jeder, der zu Unrecht angegriffen wird, hat das Recht sich zu verteidigen.

> Und er hat auch das Recht, einen anderen Unschuldigen zu verteidigen. Dennoch sagte Christus zu Petrus: „Stecke das Schwert in die Scheide [...]“ Und Petrus verstand. Er verstand ein für alle Mal. Er verstand bis zum Ende seines Lebens, dass weder er selbst noch seine Brüder je mit dem Schwert würden kämpfen können [...]. Und alle, die hier in Rom für diese Liebe und diese Wahrheit gestorben sind, haben das auch verstanden.

Nach 1989: Neue Szenarien und einzelne Niederlagen

Der Appell des Papstes, auf jede Anwendung von Gewalt zu verzichten, entstammte vermutlich einem besonderen Sinn für die Gerechtigkeit in der Welt. Doch wie war es möglich, mit einem solchen Postulat, das zunächst einmal auf individuelles Verhalten zielte, Einfluss zu nehmen auf die Politik von Staaten? Und wie konnte der Heilige Stuhl den Gebrauch von Waffen überhaupt verhindern? Zumal es der globalisierten Wirklichkeit, nicht zuletzt in verfahrenen Konfliktsituationen, nach dem Ende des Kalten Krieges an einem eindeutigen ideologischen Bezugspunkt mangelte. Auch der Heilige Stuhl musste seine Analyse und Interventionen den neuen Gegebenheiten anpassen.

Der Fall Jugoslawien war dabei besonders kompliziert. Am 13. Januar 1992 erkannte der Heilige Stuhl mit zwei Schreiben an die kroatische und slowenische Regierung die Unabhängigkeit beider Länder an. Die öffentliche Meinung in Serbien kritisierte daraufhin unverblümt die Rolle des Vatikans während der Jugoslawienkrise. Der französische Staatspräsident Mitterand etwa sprach scharf von einer Achse zwischen dem Vatikan und Deutschland, die sich eine Auflösung des Bundesstaates Jugoslawien zum Ziel gesetzt habe. Tatsächlich schien sich in der ungewöhnlich raschen Anerkennung Kroatiens und Sloweniens zu zeigen, dass der Heilige Stuhl im

Kampf gegen die Serben Position bezog. Wer die diplomatische Vorsicht kannte, die der Heilige Stuhl gerade in international ungeklärten Konstellationen grundsätzlich walten ließ (man denke etwa an die umstrittenen polnischen Grenzen nach dem Zweiten Weltkrieg), konnte nicht umhin, das schnelle Vorgehen des Vatikans als Begünstigung der Entstehung zweier neuer katholischer Staaten zu interpretieren – oder aber als Resultat eines von Kroatien ausgeübten Drucks. Dass die Entscheidung des Heiligen Stuhls bei den Serben und den Orthodoxen insgesamt nicht eben positiv aufgenommen wurde, versteht sich von selbst. Erzbischof Jean-Louis Tauran, der vatikanische „Außenminister", ist den entsprechenden Vorwürfen stets mit dem Hinweis begegnet, der Heilige Stuhl habe durch die Anerkennung der Unabhängigkeit die serbische Aggression gegen Kroatien stoppen und dem Land die Zustimmung der internationalen Gemeinschaft zu seiner Unabhängigkeit verschaffen wollen. Nach einer Reise in die Region hatte Tauran dem Papst seine Einschätzung übermittelt, die Einheit Jugoslawiens sei nicht zu retten.[12]

In allen Phasen der heiklen Balkankrise setzte sich der Heilige Stuhl dafür ein, die internationale Gemeinschaft aktiv an der Lösung des Konflikts zu beteiligen und sie zum Schutz der betroffenen Bevölkerungsgruppen heranzuziehen. Im Januar 1993 rief Johannes Paul II. in Assisi zu einem Gebet für den Frieden in Bosnien-Herzegowina auf, an dem sich Christen, Juden und Muslime beteiligten. In Assisi, einem wichtigen Ort der Fürbitte, fand Johannes Paul II. nachdenkliche Worte zur Jugoslawienkrise, in denen auch die Kritik an der schnellen Anerkennung Kroatiens und Sloweniens durch den Heiligen Stuhl Widerhall findet:

[12] Gespräch des Autors mit Kardinal Tauran. Vgl. G. Weigel, Zeuge der Hoffnung. Johannes Paul II. Eine Biographie, Paderborn, München, Wien, Zürich 2002; J.-F. Furnemont, Le Vatican et l'ex-Yougoslavie, Paris 1996.

> Jede Nation hat das Recht auf Selbstbestimmung als Gemeinschaft. Dabei handelt es sich um ein Recht, das mit Hilfe der eigenen politischen Unabhängigkeit umgesetzt werden kann, sei es in einem Bundesstaat oder einem Staatenbund mit anderen Nationen. Hätte eine dieser Optionen mit Blick auf die Nationen Ex-Jugoslawiens umgesetzt werden können? Dies ist schwer zu sagen. Der Krieg, der dort ausgebrochen ist, scheint eine solche Möglichkeit allerdings auszuschließen. Und der Krieg ist noch immer in Gang. Nach menschlichem Ermessen scheint ein Ende nicht in Sicht.[13]

In Bosnien-Herzegowina galt es, die katholische Gemeinschaft zu schützen, aber auch das Zusammenleben von Muslimen und Christen zu bewahren. Johannes Paul II. setzte große Hoffnungen in den Erzbischof von Sarajewo, Vinko Puljić, den er 1994 zum Kardinal erhoben hatte, als es ihm selbst noch unmöglich war, die Stadt zu besuchen. Für ihn war der junge Kardinal das Symbol für eine friedliche Kirche in kriegerischen Zeiten, die offen war für ein ziviles Zusammenleben.[14] Der Papst verfolgte die Balkankrise mit ungebrochener Aufmerksamkeit und Anteilnahme, doch der Heilige Stuhl tat sich schwer, die geeigneten Mittel zu finden, um in der konkreten Dynamik des Politischen präsent zu bleiben. Grundsätzlich bestärkten die Erfahrungen der neunziger Jahre den Papst einmal mehr darin, dass der Krieg letztlich unzulässig war, auch wenn er nach wie vor die Ansicht vertrat, „jedermann [habe] das Recht, sich zu verteidigen".[15] Dabei war sich Johannes Paul II. bewusst, dass Militärinterventionen

---

[13] Siehe Assisi 1993. Giovanni Paolo II per la pace in Bosnia Erzegovina, Vatikanstadt 1993, S. 64 sowie passim.

[14] Vgl. V. Puljić, Cristiani a Sarajevo. Intervista di Roberto Morozzo della Rocca, Rom 2010.

[15] J. Gawronski, Giovanni Paolo II. Intervista sulla storia, Mailand 2008, S. 12. Siehe auch Ders., Il mondo di Giovanni Paolo II, Mailand 1994.

und Kriegseinsätze in der öffentlichen Meinung wie auch in der internationalen Gemeinschaft wieder an Ansehen gewannen. Als Überlebender des Zweiten Weltkriegs empfand er daher eine umso größere Verantwortung, das Grauen eines Krieges, der zu sehr vergessen schien, vor der Welt zu bezeugen. Das Engagement für den Frieden, das sein gesamtes Pontifikat durchzieht, nahm in den letzten Jahren den Ton eines ganz und gar persönlichen Zeugnisses an. Der Krieg gehörte für ihn nicht zur Sprache der Christen: „Die Sprache der Waffen ist nicht die Sprache Jesu Christi und auch nicht die Sprache seiner Mutter", rief er 1983 in Wien den Gläubigen zu. Aus dieser Perspektive werden auch die deutlichen Worte verständlich, mit denen er sich 1991 gegen den Golfkrieg wandte, als der Einfluss Moskaus auf dem internationalen Parkett mehr und mehr zurückging und nur mehr die USA das Sagen hatten. In dieser Zeit ergriff der Papst gut fünfzigmal das Wort, um gegen den Krieg Stellung zu beziehen. Bereits in der Weihnachtsansprache von 1990 hatte der Papst sein Denken zusammengefasst: „Der Krieg ist ein Abenteuer ohne Rückkehr." Und er mahnte die Konfliktparteien, miteinander zu sprechen: „Mit der Vernunft, mit der Geduld und mit dem Dialog ist es, unter Wahrung der unveräußerlichen Rechte der Völker und der Menschen, möglich, Wege der Verständigung und des Friedens zu finden und zu beschreiten."[16] Voller Sorge beobachtete der Papst, wie infolge der Besetzung Kuwaits durch Saddam Hussein ein weiterer Krieg begann. Scharf fielen die Worte aus, die er in seinen Ansprachen an die irakische Führung richtete. Nicht minder deutlich wandte er sich jedoch auch an die USA, die er dazu aufforderte, den Krieg nicht als Mittel zur Konfliktlösung zu benutzen. Am 24. Februar 1991 sagte er: „Nie erschien der Krieg so sehr als ein

[16] Vgl. I Papi per la pace. Messaggi per la celebrazione della Giornata Mondiale della Pace, Vatikanstadt 1992. Siehe auch Enchiridion della pace, hg. v. E. Lora, Bologna 2004.

Keim des Todes wie in diesen Stunden."[17] Der Papst wollte vor allem verhindern, dass der militärische Konflikt als Auseinandersetzung zwischen dem christlichen Westen und der arabisch-muslimischen Welt erschien.

Im März 1991 lud Johannes Paul II. daher die Patriarchen des Ostens und die katholischen Bischöfe der arabisch-muslimischen Länder nach Rom ein. Unter ihnen befand sich der chaldäische Patriarch Raphael I. Bidawid aus dem Irak. Er vertrat seit jeher die Auffassung, gerade das laizistische Regime Saddam Husseins mit seinen schwerwiegenden Beschränkungen und Gewaltexzessen biete den Christen eine gewisse Sicherheit sowohl angesichts des Erstarkens fundamentalistischer Kräfte als auch der schiitischen Bevölkerungsmehrheit sowie der Kurden. Der Untergang des Regimes, so Bidawid, werde auch das Ende für die irakischen Christen bedeuten. Gegenüber den Oberhäuptern der orientalischen Kirchen sprach Johannes Paul II. über den Irak, das Heilige Land, den Libanon, das geteilte Zypern und die Kurdenfrage. Die, wenn auch bescheidene, Präsenz der Christen im Nahen Osten (nach dem Verschwinden des Judentums waren sie die einzige nichtmuslimische Glaubensgemeinschaft) eigne sich, zum besseren Verständnis zwischen den verschiedenen Völkern beizutragen. Der Papst wandte sich indes nicht allein an die Katholiken, sondern an alle Christen und Muslime, und auch an Israel.

Ein besonderer Konflikt erschütterte die Kirche zur gleichen Zeit aus ihrem Inneren heraus. In Ruanda wurde 1994 ein Völkermord an den Tutsi verübt, während im Vatikan die Afrika-Synode stattfand. Mehr noch als um eine Auseinandersetzung zwischen verschiedenen Ethnien handelte es sich hier um einen „kollektiven Wahnsinn", der zu einem Massaker an der Tutsi-Bevölkerung führte. Sowohl die Tutsi als auch die

---

[17] Giovanni Paolo II per la pace del Golfo, Vatikanstadt 1991, S. 32, 100 sowie passim.

Hutu wurden hauptsächlich nach ethnischen Gesichtspunkten charakterisiert, auch wenn sich ihre Gruppenidentität vielfach vor allem über soziale Aspekte definierte. Zu diesem Zeitpunkt war Ruanda ein zu achtzig Prozent katholisches Land (die Zahl der Katholiken ging in den darauffolgenden Jahren allerdings zurück). Ein Vertreter der Hutu, der zu den Anführern jener blutigen Aktionen gehörte, hat ein Zeugnis hinterlassen, in dem das ganze Ausmaß dieses Schreckens deutlich wird:

> Einmal haben wir eine kleine Schar Tutsi in den Sümpfen aufgestöbert. Sie erwarteten die Machetenhiebe mit Gebeten. [...] Sie beteten und sangen die Psalmen gemeinsam für sich. Wir haben darüber gespottet, wir haben uns über ihr *Amen* lustig gemacht, wir haben sie, was die Güte des Herrn angeht, verhöhnt und über das Paradies, das sie erwartete, unsere Witze gemacht. Das hat uns noch mehr aufgeputscht. [...][18]

Das Tragische war, dass selbst der ruandische Episkopat in weiten Teilen schwieg, da er mit dem Regime kooperierte. Der ethnische Konflikt betraf auch die Kirche. Viele Priester, die zu den Tutsi gehörten, wurden bei den Massakern getötet; drei Hutu-Bischöfe wurden bei einer Gegenoffensive der Tutsi ermordet. Der ethnische Hass erfasste also auch katholische Kreise. Johannes Paul II. war 1990 zu einem Besuch in das Land gekommen. Damals hatte ihn ein junger Mann zum Rassismus innerhalb der Kirche befragt. Seine unmissverständliche Antwort lautete: „Rassistische Gedanken zu hegen widerspricht der Botschaft Christi." Nicht zuletzt auf Initiative von Nuntius Bertello hatten die ruandischen Priester 1991 ein Dokument mit dem Titel „Convertissez vous et nous

---

[18] Jean Hatzfeld, Zeit der Macheten. Gespräche mit den Tätern des Völkermordes in Ruanda, Gießen 2004, S. 155.

vivrons en paix" (Bekehrt euch, und wir werden in Frieden leben") veröffentlicht, in dem sie auf die Gefahren eines Konflikts und die große Armut im Land aufmerksam machten. 1994 unternahm Kardinal Etchegaray seinerseits eine Mission, um eine Verhandlungslösung des Konflikts zu erwirken. Dabei richtete er einen lautstarken Friedensappell an die Menschen und besuchte auch das von Paul Kagame und seiner Ruandischen Patriotischen Front kontrollierte Gebiet. Doch die Situation war bereits eskaliert, und was folgte, war der Genozid. Erst nach dem militärischen Sieg Kagames im Juli 1994 konnte die von Chaos und Gewalt geprägte Lage schließlich unter Kontrolle gebracht werden.
Auch wenn Rom und die Nuntiatur mit ihren Initiativen Druck ausgeübt hatten, waren die katholischen Kreise in Ruanda weitgehend untätig geblieben. Auch dies war einer der Gründe, weshalb die Tragödie nicht verhindert werden konnte. Johannes Paul II., der eindringliche Appelle abgegeben hatte, polterte in Rom:

> Es handelt sich schlicht und einfach um einen Völkermord, für den leider auch Katholiken verantwortlich sind. Tag für Tag bin ich diesem mit dem Tode ringenden Volke nahe [...]. Alle werden sich für ihre Verbrechen vor der Geschichte und vor Gott verantworten müssen. Zu viel Blut! Gott erwartet von allen Ruandern ein moralisches Erwachen – mit Hilfe der befreundeten Länder: den Mut zur Vergebung und zur Brüderlichkeit.

Das Blutbad in Ruanda war ein harter Schlag für die katholische Kirche, zu deren Wesen die Förderung von Frieden und Aussöhnung gehört. Der Fall zeigte einmal mehr, wie zerbrechlich das Christentum in Afrika war und wie sehr eine Propaganda des Hasses und der Gewalt selbst Katholiken in ihren Bann zu ziehen vermochte. Und auch wenn noch zu wenig geschehen ist, um das katholische Leben in Ruanda neu zu beleben, so lässt sich doch sagen, dass gerade die tragischen Ereignisse in Ruanda den Papst von der Notwendigkeit überzeugt haben, auf einer engen Verflechtung von Glauben und Frieden zu beharren.

Der 11. September und seine Folgen

Es ist nicht zu verkennen, dass dem Heiligen Stuhl nach 1989 schmerzlich bewusst wurde, wie beschränkt seine Einflussmöglichkeiten in nationalen und internationalen Konflikten waren. Der vatikanische „Außenminister“ Tauran verfolgte nach dem Ende des Kommunismus die traditionelle Linie der römischen Diplomatie, das Völkerrecht als wichtigstes Mittel zur Konfliktlösung zu empfehlen. Gleichwohl wusste der Heilige Stuhl, dass er sich auf dem neuen weltpolitischen Terrain kaum an die Vermittlung zwischen einzelnen kriegführenden Parteien wagen durfte. Die aktive Vermittlung im Konflikt zwischen Argentinien und Chile bildete hier eine Ausnahme, und sie erklärt sich wohl vor allem aus der Tatsache, dass es sich um zwei katholische Nationen handelte und der Papst am Beginn seines Pontifikats noch ein ungebrochenes Verhältnis zur Möglichkeit direkter politischer Intervention besaß.[19]
Dass die Kirche in Polen ebenfalls eine solche Kraft hatte entfalten können, lag an der besonderen Verbindung zwischen Johannes Paul II. und der katholischen Bevölkerung Polens, die sich – von Primas und Bischöfen geleitet – nicht mit dem Status Quo abfand. Nicht immer führte eine solche Verbindung (wenn sie überhaupt zustande kam) jedoch zu den gewünschten Ergebnissen, wie etwa der Fall Ruanda zeigt, wo sich die starke katholische Gemeinschaft alles andere als handlungsfähig erwies. In anderen Konstellationen, auf dem

---

[19] Weigel zufolge soll der Papst einem vatikanischen Diplomaten gegenüber geäußert haben, dass man sich zur Vermittlungsaktion beglückwünschen könne.

Balkan beispielsweise, waren die Katholiken ohnehin nur in einigen Ländern präsent, andernorts befanden sie sich in der Minderheit. Wojtyła hatte die Ostpolitik Casarolis durch sehr persönliche und kreative Akzente bereichert und sich zunutze gemacht. Dies war in der Welt nach 1989 nicht mehr in gleicher Weise möglich, und die vatikanische Diplomatie musste neue strategische und politische Visionen erarbeiten. Für das Streben nach Frieden, welches das Pontifikat Johannes Pauls II. wie ein Leitmotiv durchzog, fanden sich nur mit Mühe konkrete Betätigungsfelder. Vermutlich waren dies die normalen Bedingungen der päpstlichen Diplomatie, während die Jahre zwischen 1978 und 1989 als Ausnahme zu betrachten sind, auch wenn sie Anregungen für die Zukunft bereithielten.

Nach 1989 wurde die Welt durch die Anschläge vom 11. September 2001 erschüttert. Der Papst war inzwischen alt und krank. Nach den Attentaten brachte der Heilige Stuhl seine große Anteilnahme mit den von den schmerzvollen Ereignissen betroffenen Amerikanern zum Ausdruck. Der Papst fühlte sich persönlich betroffen und begriff sogleich, dass der Terrorismus durch die Anschläge in New York einen qualitativen Sprung erfahren hatte. Doch hielt sich der Heilige Stuhl mit Aussagen über die Methoden im Kampf gegen den Terrorismus eher zurück. So erklärte etwa Kardinal Tauran 2002: „Man muss die Logik von Tat und Vergeltung, Vergeltung und Tat durchbrechen [...]. Es ist ein Teufelskreis, der zu zahlreichen Frustrationen auf allen Seiten führt."[20] Diese Überzeugung teilte auch der Papst.[21]

Beim zweiten Irakkrieg gab sich Johannes Paul II. entschlossen. Seine Ermahnungen waren in dieser heiklen Situation vor allem an die Vereinigten Staaten und ihren Präsidenten

---

[20] Interview mit J.-L. Tauran, in : Les Cahiers de l'Orient 68 (2002), S. 11–18.

[21] J.-L. Tauran, La doctrine pontificale des relations internationales d'après les discours de pape Jean Paul II, in : Le Saint Siège dans les relations internationales, hg. v. J.-B. d'Onorio, Paris 1989, S. 73ff.

George W. Bush gerichtet. Bereits dieser Umstand schien seinen Worten einen antiamerikanischen Tonfall zu verleihen. So entbrannte ein scharfer Konflikt zwischen dem Heiligen Stuhl und den USA unter ihrem dezidiert christlichen Präsidenten, der sich als *new born* bezeichnete. Neue amerikanische Dokumente, die erst in jüngster Zeit zugänglich geworden sind, belegen, dass der Heilige Stuhl die Bush-Administration seit 2001 nachdrücklich vor den Gefahren für die Christen im Irak warnte, sollte die „laizistische Diktatur Saddam Husseins" angegriffen werden. Ein Krieg werde die Situation insgesamt nicht verbessern, sondern möglicherweise sogar einer „islamischen Diktatur" den Weg ebnen.[22] Der amerikanischen Entscheidung, einen Militärschlag gegen den Irak zu beginnen, stellte sich der Papst daher frontal entgegen. Gleichwohl war sein persönliches Ansehen so hoch, dass die US-Administration in diesem Dissens keinen ausreichenden Grund sah, die diplomatischen Beziehungen mit dem Vatikan zu lockern oder gar die Autorität des Papstes in Frage zu stellen, wie sich beim ehrfurchtsvollen Besuch des US-Präsidenten in Rom zeigte. Als Sieger über den Kommunismus und furchtloser Christ war Johannes Paul II. für das 21. Jahrhundert zu einer Autorität von Weltrang geworden, zu einer „historischen" Persönlichkeit, der auch dann Respekt gebührte, wenn man ihre Ansichten nicht teilte.

In der Logik Johannes Pauls II. hatten die Entscheidungen eines Landes wie der USA, das nicht nur politisch und militärisch mächtig war, sondern auch eine bedeutende demokratische Tradition verkörperte, eine hohe Signalwirkung für die internationale Gemeinschaft. Die USA waren das letzte Weltreich, zu dem der römische Papst entschieden sprechen konnte, weil hier eine gewisse Nähe bestand, ja, ein gleichsam internes Gespräch möglich war, da die USA auf eine christli-

[22] Die von Wikileaks veröffentlichten Dokumente sind abgedruckt worden in „La Stampa" v. 11.12.2010.

che Tradition zurückblickten und der Katholizismus nach wie vor die bedeutendste Konfession des Landes war. Kurz gesagt, die Vereinigten Staaten waren ein christliches Land.
Johannes Paul II. verfolgte eine ganz persönliche Diplomatie, indem er Kardinal Laghi, den ehemaligen Nuntius und einen persönlichen Freund der Familie Bush, in die USA schickte, um Druck auf den Präsidenten auszuüben. Allein, die Aktion blieb ohne Folgen, da der Präsident zum Krieg entschlossen war und dem päpstlichen Gesandten nur von seinem Engagement gegen die Abtreibung berichtete. Parallel dazu schickte der Papst Kardinal Etchegaray zu Saddam Hussein, einen hochangesehenen Geistlichen, der, wie erwähnt, immer wieder in humanitären Angelegenheiten im Einsatz war. Am Ende konnte sich der Papst zwar nicht gegen den von Bush begonnenen Krieg durchsetzen. Er fand jedoch zugleich großen Anklang in Europa und anderswo – bei all jenen, die die Militäraktion ablehnten oder grundsätzlich eine pazifistische Gesinnung hatten.
Im Jahr 2003, vierzig Jahre nach der Enzyklika „Pacem in terris" von Johannes XXIII., bot sich die Gelegenheit, dieses Friedenspapstes zu gedenken: Angesichts des drohenden Irakkriegs lag darin eine sehr bewusste Entscheidung. So bemerkte der Papst etwa im „Osservatore Romano": „Man muss die Bemühungen vervielfachen. Man darf vor den Angriffen des Terrorismus nicht zurückschrecken, und auch nicht vor den Bedrohungen, die sich am Horizont abzeichnen. Man darf nicht aufgeben, so als sei der Krieg unausweichlich."[23] Johannes Paul II. war inzwischen bewusst geworden, dass der Krieg als politisches Instrument in den internationalen Beziehungen rehabilitiert war. Im Jahr 2003 hielt der katholische Denker Michael Novak, unter der Schirmherrschaft des amerikanischen Botschafters beim Heiligen Stuhl, Jim Nicholson, einen Vortrag in Rom, bei dem er, ausgehend vom 11. Septem-

[23] „L'Osservatore Romano" vom 9. Februar 2003.

ber, den Begriff des „gerechten Krieges“ neu formuliert und damit die Militärintervention der USA theologisch gerechtfertigt hat.[24]
Johannes Paul II. hatte verschiedene wichtige Erfahrungen gemacht – angefangen in Polen –, die ihn allesamt in seiner Überzeugung bestärkten, dass allein der Dialog und der friedliche Übergang der richtige Weg waren, um zu Frieden und Freiheit zu gelangen. Er hatte aber ebenso miterleben müssen, wie zerbrechlich sein katholisches Volk war, das in Konfliktsituationen der Logik des Krieges nicht zu widerstehen vermochte; und er hatte einsehen müssen, wie unzulänglich die Mittel der Diplomatie bisweilen waren. Wie schon 1986 in Assisi, war der Papst davon überzeugt, dass der Frieden eine Baustelle für alle werden müsse und sich die Christen künftig noch stärker zu beteiligen hatten. Ihm war klar, dass er das Bewusstsein „seiner“ Katholiken für die Bedeutung von Bündnissen im Einsatz für den Frieden schärfen musste. In seiner Ansprache vor dem Diplomatischen Corps im Januar 2003 erweiterte er das „Nein zum Krieg“ („der Krieg ist nie ein Verhängnis; er ist immer eine Niederlage der Menschlichkeit“) zu einem „Nein zum Tod“ (angefangen beim Schwangerschaftsabbruch) und einem „Nein zum Egoismus“.[25] Es war das Manifest einer neuen Zielsetzung des Pontifikats, in der sich das traditionelle Engagement für den Frieden eng mit dem Kampf für das menschliche Leben verband. Der Papst zeichnete das Bild einer Welt, die nicht nur den Kalten Krieg überwunden, sondern auch die Ideologien und politischen Kämpfe des 20. Jahrhunderts hinter sich gelassen hatte, und in der sich in immer stärkerem Maße rein individuelle Interessen durchsetzten. Dies zeigte sich nach Ansicht des Papstes auch in der weltweiten Ausbreitung der Logik des Marktes.

---

[24] Beobachtungen dazu in G. E. M. Scichilone, Il problema della guerra e della pace in Cataldo Naro, in: Sapienti per sempre, hg. v. E. Guccione/A. Raspanti, Palermo 2009, S. 201f.
[25] „L'Osservatore Romano“ vom 13. Januar 2003.

An der Wende vom 20. zum 21. Jahrhundert bekräftigte der Papst sein Engagement für den Frieden als wichtigen Bestandteil seines Amtes und seines Charismas, indem er es mit dem Kampf für das Leben verknüpfte. In der Welt nach dem Kalten Krieg fand das päpstliche Rom eine Sprache des Friedens, mit der sich nicht nur Christen, sondern auch Nichtchristen identifizierten. Karol Wojtyła war sich dessen bewusst. Sicherlich reduzierte er seine religiöse Botschaft nicht auf den Frieden, sondern suchte den alten Traum der römischen Päpste umzusetzen, der darin bestand, „Propheten" des Friedens in der Welt der Gegenwart zu sein. Das große Echo, das seine Worte fanden, bestärkte ihn darin.

Nach dem Kommunismus, dem 21. Jahrhundert entgegen

Wojtyła vermied es, nach 1989 den Sieg über den Kommunismus triumphal zu begehen. Er wünschte nicht, dass seine Rolle bei den Veränderungen im Osten während der Europasynode erwähnt wurde. Navarro-Valls sagte er: „Es war die Kirche, die in diesem Prozess gezählt hat, nicht der Papst." Helmut Kohl seinerseits hat die Ansicht vertreten, der Papst habe entscheidend zum Ende des Kommunismus und zur Wiedervereinigung Deutschlands beigetragen – ein Prozess, den Wojtyła trotz der alten Ängste, die die Polen gegenüber ihrem starken deutschen Nachbarn hegten, rückhaltlos unterstützte.[26] Bei verschiedenen Reisen, die Wojtyła unmittelbar nach dem Fall der Mauer unternahm, wurde das „Wunder" deutlich, das sich im Ende eines Systems ausdrückte, dem einst eine lange Lebensdauer vorausgesagt worden war. Noch 1990 reiste der Papst nach Prag, wo der Kommunismus ein besonders hartes Regiment gegenüber der Kirche geführt hatte. Hier wurde er vom neunzigjährigen Kardinal Tomášek (der

---

[26] Äußerungen von H. Kohl und J. Navarro-Valls gegenüber dem Verfasser.

Papst bezeichnete ihn als „Eiche") und von Präsident Havel empfangen, dem Wojtyła herzlich verbunden war. Havel sagte: „Ich weiß nicht, was ein Wunder ist, aber ich weiß, dass ich Zeuge eines Wunders bin." Auch Alexander Dubćek war anwesend, der 1968 Repressionen von Seiten der Sowjets zu erdulden hatte, nachdem er versucht hatte, einen Sozialismus mit menschlichem Antlitz zu schaffen. Als Johannes Paul II. 1996 durch das Brandenburger Tor schritt, an der Stelle, wo zuvor die Mauer gestanden hatte, verkündete er, von nun an sei dies das „Tor der Freiheit".

In Berlin, an der Seite von Bundeskanzler Kohl (der die vom Papst postulierte Ethik durchaus kritisch betrachtete), verzichtete Johannes Paul II. nicht darauf, seiner Hauptsorge angesichts des postkommunistischen Europa Ausdruck zu verleihen: „Der freie Mensch ist der Wahrheit verpflichtet, andernfalls ist die Wahrheit nicht mehr als ein schöner Traum, der sich beim Erwachen in Nichts auflöst." Insbesondere die Polenreisen nach dem Fall des Kommunismus waren von dem mahnenden Cantus firmus geprägt, die große Gelegenheit, die sich durch das Wunder der wiedereroberten Freiheit biete, nicht zu verschenken, indem man den Glauben und die „Wahrheit über den Menschen" vergaß. Johannes Paul II. war schwer enttäuscht über die ersten Schritte, die die Polen in der postkommunistischen Welt taten. Er forderte einen tieferen christlichen Geist und lehnte jede personelle Säuberung im Hinblick auf das alte Regime – im Geist des friedlichen Übergangs – ab. Damit unterschied er sich auch von einem Teil der polnischen Katholiken.[27] Der „politische" Sieg des Papstes von 1989 bildete für ihn hingegen den Ausgangspunkt für eine neue Verkündigung des Evangeliums in Polen und in der ganzen Welt. Es war ihm bewusst, dass die wiedererrungene Freiheit vieler Völker und die Freiheiten, derer

[27] Vgl. J. Kwitny, The Man of The Century. The Life and Times of Pope John Paul II., New York 1997.

sich die Menschen im Westen bereits zuvor erfreut hatten, die Gefahr in sich bargen, verschwendet zu werden und sich in neue, unbewusste Unfreiheiten zu verwandeln.
Johannes Paul II. hatte begriffen, dass in einer globalisierten Welt alle armen oder wirtschaftlich schwachen Länder, insbesondere in der südlichen Hemisphäre, dem Druck der großen internationalen Organisationen und der westlichen Medien ausgesetzt waren. In diesem Sinne sprach er von „kulturellem Kolonialismus". Durch den Prozess der Globalisierung (auch der Medien) nehme die Welt, so der Papst, die typischen Merkmale der westlichen Kultur an. Die Globalisierung werde so zur Verwestlichung der Welt. Die Kirche musste daher ihre Präsenz auf der südlichen Halbkugel verstärken, während sie zugleich ihren Kampf im hochentwickelten Norden fortführte, dessen Lebensmodell mittlerweile den Charakter eines Diktats angenommen hatte. 1992 unternahm Johannes Paul II. eine Reise in den Senegal, nach Guinea und Gambia – arme und muslimisch geprägte Länder Afrikas, in denen sich die Katholiken in der Diaspora befanden. Ein Jahr später reiste er nach Benin, Uganda (das einzige afrikanische Land, das Paul VI. besucht hatte) und in den Sudan, dessen christliche Minderheit Verfolgung ausgesetzt war.
1992 begab er sich sogar auf die senegalesische Insel Gorée, von wo aus einst Schiffe mit Sklaven nach Amerika abgelegt hatten. Geblieben ist das Bild eines Papstes, der, in Schweigen versunken, an der Tür des Sklavenhauses steht, vor sich den Ozean, auf dem die menschlichen Ladungen, Tieren gleich, verschifft worden waren, um niemals nach Afrika zurückzukehren.[28] Johannes Paul II. wollte persönlichen Anteil nehmen an dem großen Leid Afrikas, mit „dem Schrei von Generationen von Schwarzen, die man zu Sklaven gemacht hatte". Die Insel Gorée ist ein symbolischer Ort für das Leiden dieses Kontinents, der immer wieder missbraucht wurde und noch

[28] Vgl. L'esclavage, négation de l'humain. Paris 1999 (Mémoire spiritaine).

immer von der Gewalt beherrscht wird. Die Worte Johannes Pauls II. waren eindringlich. Was er empfand, stand ihm ins Gesicht geschrieben:

> Von diesem afrikanischen Heiligtum des schwarzen Schmerzes flehen wir den Himmel um Vergebung an [...]. Wir bitten darum, dass sie niemals wieder ihre eigenen Brüder unterdrücken mögen, in keiner Weise, sondern stets versuchen werden, dem Beispiel des barmherzigen Samariters des Evangeliums zu folgen, indem sie bedürftigen Menschen helfen. Wir bitten darum, dass die Geißel der Sklaverei für immer verschwindet.

Die „christliche" Befreiung der Armen wurde zwar nicht zur Losung im Kampf gegen den Marxismus und die Befreiungstheologie, blieb aber stets eine zentrale Sorge von Johannes Paul II. 1994 berief er eine Synode der afrikanischen Bischöfe ein. Fünf Jahre nach dem Ende des Kalten Krieges, in dem der afrikanische Kontinent strategisch wichtig gewesen war, interessierte sich der Westen kaum mehr für ihn – trotz beachtlicher demokratischer Fortschritte in einzelnen Ländern. Mit der Synode wollte der Papst dem afrikanischen Katholizismus eine neue Richtung weisen. So versammelte er zahlreiche Bischöfe, die maßgeblich an den Übergangsprozessen ihrer Länder zur Demokratie beteiligt waren, musste aber durch den Völkermord in Ruanda einen herben Rückschlag hinnehmen. Darüber hinaus forderte Johannes Paul II. die Bischöfe auf, im Rahmen der einzelnen Synoden grundsätzlich über die Zukunft ihrer Kontinente nachzudenken. In den Jahren der Vorbereitung auf das große Jubiläum fanden in Europa, Asien (wo sich der Papst der Herausforderung eines großen, nichtchristlichen Kontinents stellte), Amerika (für den Norden und den Süden hellsichtig gemeinsam) und Ozeanien mehrere Synoden statt. In der politischen Konstellation nach 1989 galt es, den allgemeinen Zustand der Kirche neu zu bedenken.

Aus geopolitischen Gründen musste sich die Kirche – das war dem Papst bewusst – in den durch die Globalisierung geprägten Konstellationen neu aufstellen, ja, es bedurfte regelrecht einer neuen Geografie des Katholizismus. Dass die Ergebnisse nicht überall glänzend ausfielen, wurde in den Ermahnungen des Papstes, die er auf der Grundlage der Beratungen der Synode aussprach, deutlich. Die Dokumente, die die Synoden schließlich vorlegten, waren bis auf wenige Ausnahmen nicht sonderlich originell. Sie zeigten, dass weder im Katholizismus im Allgemeinen noch bei den Bischöfen im Besonderen eine Kultur existierte, mittels derer man in der Lage gewesen wäre, Veränderungen vorzunehmen und die Zukunft wirksam zu planen. Im Vergleich zu seinem Kirchenvolk ging Wojtyła zügig voran, so dass dieses ihm nicht immer zu folgen und seine Anregungen aufzugreifen vermochte. Der Blick auf die Gesamtlage auf den einzelnen Kontinenten veranlasste die Bischöfe jedenfalls zu einer weiterreichenden Reflexion über eine Welt, die sich verändert hatte.

Nach 1989: noch immer Kommunismus

Auch in der neuen Zeit blieben dem Papst Russland und China verschlossen. Dass es Wojtyła nicht möglich war, nach Russland zu reisen, lag – wie erwähnt – an den schwierigen Beziehungen zur orthodoxen Kirche. 1990 hoffte Johannes Paul II. noch, der Zusammenbruch der kommunistischen Regime in Europa werde bald auch auf China und Vietnam übergreifen. In diesem Sinne äußerte er sich jedenfalls in einem Gespräch mit dem vietnamesischen Kardinal François Xavier Nguyên Van Thuân, der erst kurz zuvor aus langer Gefangenschaft entlassen worden war. Der Kardinal zeigte sich allerdings weitaus skeptischer.[29] Mehr noch, er ironisierte sogar

[29] Gespräch des Autors mit Kardinal Nguyên Van Thuân.

die vom Papst geäußerte Hoffnung („der Kommunismus ist zu Ende“), indem er lapidar bemerkte: „Er ist nur noch in einigen unbedeutenden Ländern übriggeblieben, wie in China, Vietnam, Nordkorea [...].“ Umso mehr war der Kardinal davon überzeugt, dass die Kirche geschickt und mutig mit den vietnamesischen Behörden verhandeln müsse.

Im kommunistischen Vietnam, wo etwa zehn Prozent der Bevölkerung katholisch sind, hatte die Kirche besonders hartnäckig Widerstand gegen das Regime geleistet. Von großer Bedeutung war dabei speziell die Gestalt Nguyên Van Thuâns, der vom Regime verfolgt wurde und anschließend dreizehn Jahre lang inhaftiert war. Im römischen Exil wurde er, als Nachfolger von Kardinal Etchegaray, an die Spitze des Päpstlichen Rats für Gerechtigkeit und Frieden berufen und hielt für den Papst, im Gedenken an das Martyrium, die geistlichen Exerzitien. Er starb 2002. Der Heilige Stuhl führte eine zurückhaltende Politik des Dialogs mit den vietnamesischen Kommunisten, die mit einer Reise von Kardinal Etchegaray im Jahr 1989 ihren Anfang nahm. Schon bei dieser Gelegenheit bat er um die Freilassung von Bischöfen und Priestern sowie um die Erlaubnis, neue Bischöfe zu ernennen.[30]

Die großen Probleme mit der Regierung in Peking, die bereits seit Pius XII. bestanden, blieben bis zum Tod Johannes Pauls II. ungelöst. Es war die größte ungeklärte Angelegenheit in Wojtyłas Pontifikat, betraf sie doch sowohl die Spaltung des chinesischen Katholizismus in eine Untergrundkirche und eine offizielle Kirche als auch das Fehlen von diplomatischen Beziehungen zwischen Rom und Peking. Im Unterschied etwa zu Fidel Castro zeigten die chinesischen Kommunisten keinerlei Interesse an der Persönlichkeit des Papstes, sondern fürchteten vielmehr dessen charismatische Ausstrahlung. Darüber hinaus gab es zwischen Rom und Peking keine Ver-

[30] R. Etchegaray, J'ai senti battre le cœur du monde. Conversations avec Bernard Lecomte, Paris 2008, S. 271ff.

handlungskanäle, die auch nur entfernt an Casarolis Ostpolitik heranreichten. Die ersten Jahrzehnte des 20. Jahrhunderts mit ihrem missionarischen Eifer hatten in China die Hoffnung auf eine vielversprechende Entwicklung des Katholizismus wachsen lassen, doch das Jahrhundert endete gewissermaßen mit einer Eiszeit.[31]
Bei seinem ersten Konsistorium 1979 erhob Johannes Paul II. Ignazio Gong Pinmei, den Bischof von Shanghai, der seit 1955 im Gefängnis saß, zum Kardinal *in pectore*. Seine Ernennung wurde erst 1991 bekanntgegeben und stieß bei der chinesischen Regierung sogleich auf Ablehnung. 1980 reiste Etchegaray nach China: „Rom hatte erst wenige Informationen über die Situation der Katholiken in einem Land, das kurz zuvor aus einem Jahrzehnt in völliger Abschottung herausgetreten war."[32] Es waren die ersten Kontakte zu Beginn der Ära Deng Xiaopings und der mit ihr verbundenen Öffnungen. 1981 sandte der Papst ein Signal aus Manila, mit dem er seine Wertschätzung Chinas und dessen Kultur zum Ausdruck bringen wollte. Er äußerte bei dieser Gelegenheit Respekt für jene Katholiken, die Rom treu geblieben waren, zeigte aber auch ein gewisses Verständnis für diejenigen, die sich vom Heiligen Stuhl entfernt hatten. Im Rahmen dieser Papstreise begab sich Kardinal Casaroli nach Hong Kong, wo er Bischof Dominic Tang Yee-ming traf, der daraufhin von Johannes Paul II. in Rom empfangen wurde. 1981 ernannte ihn der Papst zum Erzbischof von Kanton. Peking reagierte höchst verärgert. Der Vatikan, so bemerkte der Bischof von Hong Kong bei dieser Gelegenheit, habe keine Rücksicht auf den

---

[31] Vgl. A. Riccardi, La Chiesa fuori dalla cristianità, in: Roma e Pechino. La svolta extraeuropea di Benedetto XV, hg. v. A. Giovagnoli, Rom 1999, S. 11–20.

[32] R. Etchegaray, J'ai senti battre le cœur du monde, S. 264. Vgl. auch Ders., Verso i cristiani in Cina visti da una rana dal fondo di un pozzo, Mailand 2005; E. Giunipero, Chiesa cattolica e Cina comunista. Dalla rivoluzione del 1949 al Concilio Vaticano II. Brescia 2007; Chiesa e Cina nel Novecento, hg. v. E. Giunipero, Macerata 2009.

„historischen Kontext und die Gefühle der Chinesen" genommen. Dennoch hoffte Johannes Paul II. noch 1984 auf Neuerungen in China. In einem Gespräch mit einigen seiner Mitarbeitern über das Reich der Mitte gab er jenen, die eine Hinwendung Chinas zur Politik des Wohlstands für möglich hielten, zu bedenken (in Stichpunkten):

> Die Russen sind nicht fähig zu diesen Veränderungen. Die Länder der Dritten Welt ja. Phase der Erstarrung, vielleicht die Hilfe der Russen, dann auch Veränderungen. Die Chinesen verändern sich von selbst [...]. Die Russen schaffen es nicht. Den Chinesen geht es, alles in allem, um das Wohl des Volkes, deshalb ändern sie ihre Strategie. Das erste Ziel der Russen ist die Macht, die Herrschaft, nicht das Wohl des Volkes.[33]

Im Jahr 1984 fällte der Papst also ein negatives Urteil über die UdSSR, setzte jedoch gewisse Hoffnungen auf China. Doch die Situation war äußerst kompliziert. Dies betraf nicht nur die „politischen" Beziehungen zu einer starken Zentralregierung. Es ging, wie bereits erwähnt, auch um die Spaltung der Katholiken in patriotische Gläubige einerseits und Gläubige im Untergrund andererseits. Allerdings existierten hier keine eindeutigen Grenzen, vielmehr lag eine komplizierte Schichtung von einzelnen Gruppen vor. Hinzu kam, dass der Heilige Stuhl die diplomatischen Beziehungen mit Taiwan weiter aufrechterhielt und damit die Regierung in Taipeh ebenso anerkannte wie die in Peking. Taiwan verfügte zudem über eine aktive Botschaft beim Heiligen Stuhl. Zwar gab es viele katholische Chinaexperten, doch hatte der Heilige Stuhl sichtlich Mühe, für Peking eine kohärente Politik zu entwickeln, was zum Teil auf das problematische, unberechenbare Verhalten des chinesischen Verhandlungspartners zurückzuführen war.

[33] Eine Kopie des Dokuments befindet sich im Besitz des Autors.

Die Entscheidung, die chinesischen Märtyrer ausgerechnet am 1. Oktober 2000, dem chinesischen Nationalfeiertag, heiligzusprechen, war ein schwerwiegendes Versehen der Kurie, das in Peking größte Irritation auslöste. China brach jeden Kontakt zum Vatikan ab, da man hier überzeugt war, Rom habe bewusst provozieren wollen. Johannes Paul II. sah freilich keine Notwendigkeit, die Feierlichkeiten zu verschieben, sandte aber in seinen Ansprachen und mit Hilfe des „Osservatore Romano" deutliche Botschaften der Wertschätzung nach China.[34] Gleichwohl war dies der Beginn einer großen Krise zwischen Rom und Peking, die die gesamte letzte Phase des Pontifikats begleitete und zeigte, wie unfähig der Vatikan war, die Beziehungen zum chinesischen „Kontinent" systematisch und ergebnisorientiert zu gestalten. Was dabei ohnehin völlig fehlte, war der unmittelbare Kontakt mit dem Volk, wie ihn Wojtyła mit Blick auf das kommunistische Osteuropa stets besessen hatte. Die Mittel der Diplomatie wiederum erwiesen sich für dieses Szenario als wenig geeignet oder gar als unpassend.
Die chinesischen Gesprächspartner schienen ihrerseits nicht an einer positiven Entwicklung der Beziehungen zum Heiligen Stuhl interessiert zu sein, dessen politische Bedeutung aus Pekinger Sicht nebensächlich war. Große Aufmerksamkeit widmete die kommunistische Führung hingegen den religiösen Angelegenheiten und der Rolle der führenden Institutionen der patriotischen Kirche, deren Kontrolle ihr wichtig war. In den neunziger Jahren konnte man sogar den Eindruck gewinnen, dass Peking fürchtete, der Einfluss Wojtyłas könne das Land destabilisieren. Angesichts der geringen Anzahl von Katholiken war diese Sorge geradezu absurd; sie zeigt aber, welchen Ruf Wojtyła bereits genoss. Auch

[34] Siehe A. Riccardi, Testimoni del Vangelo e amici dei cinesi, in: „L'Osservatore Romano", 24. September 2000. Johannes Paul II. hat mich persönlich um diesen Artikel gebeten und die Grundrichtung des Textes vorgegeben.

wenn die Katholiken in China nur eine kleine Minderheit bildeten, die zudem stets bedroht war, gehörte die Volksrepublik mehr und mehr zu den entscheidenden Protagonisten auf der Weltbühne – nicht zuletzt durch den Beitritt zur Welthandelsorganisation im November 2001. Auch deshalb blieb die ungeklärte chinesische Angelegenheit, inmitten der Globalisierung, ein großes Manko im Pontifikat Johannes Pauls II.

Auf seiner Kubareise 1998 begegnete der Papst einer weiteren Spielart des Kommunismus, die ebenfalls die Zäsur des Jahres 1989 überlebt hatte. Fidel Castro fürchtete jedoch nicht, dass der Papstbesuch auch in seinem Land einen Demokratisierungsprozess auslösen werde. Er wich Johannes Paul II. während der Reise nicht von der Seite, verhielt sich aber zurückhaltend und durchaus respektvoll. In mehreren Gesprächen zeigte sich Fidel Castro interessiert am Papst.[35] Und den vatikanischen Pressesprecher Navarro-Valls erinnerte er daran, dass die kubanische Revolution keinem einzigen Priester das Leben gekostet hatte.[36] Im Übrigen hatte die Papstreise für ihn, der seit der Krise von 1989 – die spätere Linkswende vieler lateinamerikanischer Länder war noch nicht absehbar – nachgerade isoliert war, eine große politische Bedeutung. Johannes Paul II. entzog sich Castros Aufmerksamkeiten nicht, sondern pflegte einen offenen Umgang mit ihm. Er unterstützte die Kirche, verurteilte aber auch das Embargo und sprach von Freiheit. Die päpstliche Botschaft dieser Reise war ausgeglichen; der Pontifex forderte die Regierung in Havanna auf, sich zu bewegen, und appellierte zugleich an die internationale Gemeinschaft, die Isolierung Kubas zu beenden: „Damit Kuba sich der Welt öffne und die Welt sich Kuba öffne." Das Interesse der Medien am Besuch

---

35 Gespräch des Verfassers mit Fidel Castro und J. Navarro-Valls.

36 Vgl. J. Navarro-Valls, Begegnungen und Dankbarkeit. Erinnerungen und Gedanken des Pressesprechers von Papst Johannes Paul II., Aachen 2011.

des Papstes auf Kuba war erstaunlich groß, größer als je zuvor.[37]

Die Revolution von 1989 kam in Asien nicht an, und auch Kuba wurde von ihr nicht berührt. Allerdings entwickelte sich die Situation der Kirche hier deutlich positiver als im fernen Osten. Insgesamt betrachtet überlebten also einzelne Spielarten des Kommunismus, der im Osten gescheitert war, und nicht selten passten sie sich – wie in China – dem kapitalistischen System an. Vor diesem Hintergrund blieb der katholischen Kirche trotz des hohen (und von den Chinesen gefürchteten) Ansehens, das der Papst allenthalben genoss, nichts anderes übrig, als eine Diplomatie zu betreiben, mit deren Hilfe die Freiräume der Kirche so behutsam erweitert werden konnten, wie dies auch in den kommunistischen Ländern Europas erfolgt war. In China, dem größten kommunistischen Staat der Welt, stand der eine deutliche Minderheit bildende Katholizismus vor zwei besonderen Problemen: Zum einen musste er sich mit dem moralischen Vakuum durch den Atheismus auseinandersetzen, das das kommunistische Regime in der breiten Masse erzeugt hatte, zum anderen sah er sich hier in besonderer Schärfe mit der Wirklichkeit der kapitalistischen Säkularisierung konfrontiert. Vor diesem Hintergrund zeigte sich, dass sich die Menschen vor allem vom Protestantismus angesprochen fühlten, nicht aber vom Katholizismus. Für Wojtyła blieb der Traum einer Chinareise unerfüllt. Als der Papst schon müde und krank war, angekommen am Ende seines Lebens, konnte man noch einmal miterleben, wie er förmlich aufblühte, als er beim Empfang einer chinesischen Delegation auf eine mögliche Reise ins Reich der Mitte aufmerksam gemacht wurde. Sofort erklärte er sich bereit, auch diese Grenze zu überschreiten: „Das wäre schön!"[38] Er sollte sie jedoch nie passieren. Selbst an den

---

[37] Vgl. G. Minà, Il papa e Fidel, Mailand 1998. Dazu auch M. Vázquez Montalbán, Et Dieu est entré dans La Havane, Paris 2001.

[38] So die Erinnerung des Verfassers.

Trauerfeierlichkeiten für Johannes Paul II. nahm – trotz eines gewissen Interesses von Seiten Pekings – kein einziger offizieller Vertreter der Volksrepublik teil. Den taiwanesischen Präsidenten hingegen empfing man in Rom wie einen hohen Staatsgast – eine Ehrbezeugung, die ihm mittlerweile in kaum einem Land der Welt mehr zuteil wurde.

Was soll mit dem Islam geschehen?

Die Wahl Johannes Pauls II. erfolgte wenige Monate vor der siegreichen Rückkehr von Ayatollah Khomeini in den Iran, und nichts verdeutlichte die erneuerte Kraft des Islam anschaulicher als dieser Schritt. Dabei erwies sich der Islam nicht zuletzt auch als eine Befreiungsbewegung der Unterdrückten. So lässt sich etwa das Denken des iranischen Gelehrten Ali Schariati als eine Art islamischer Befreiungstheologie verstehen, mit unterschiedlichen Konsequenzen. Die westliche Kultur, die lange daran festgehalten hatte, Modernisierung und Säkularisierung gingen mit dem Verschwinden der Religionen auf der ganzen Welt einher, musste nun erstaunt feststellen, wie groß die öffentliche Anziehungskraft eben dieser Religionen, insbesondere des Islam, nach wie vor war. Es waren gerade kommunistische Regime, die – vor allem nach Khomeinis Triumph – argwöhnisch die Fähigkeit von Religionen betrachteten, zu gesellschaftlichen Befreiungsbewegungen zu werden. So waren die Sowjets wegen der ersten Polenreise des Papstes ebenso besorgt wie über die Rückkehr Khomeinis in den Iran. In ihrer Wahrnehmung handelte es sich um vergleichbare Phänomene, die die öffentliche Kraft des Religiösen offen zutage treten ließen.

Der neue Papst besaß keine besonderen Erfahrungen im Umgang mit Muslimen. Er wusste wenig vom Islam, auch wenn ihm die Spiritualität eines Charles de Foucauld nicht fremd war – aufgrund seines vertrauten Umgangs mit den Kleinen

Schwestern Jesu und ihrer Gründerin *petite sœur* Madeleine, der er zum ersten Mal in den fünfziger Jahren in Krakau begegnet war. Wojtyła hatte den Koran gelesen und die muslimische Welt auf seiner Reise ins Heilige Land 1964 kennengelernt. Zudem war ihm, als er als junger Mann die Fresken Fra Angelicos in der Kirche San Marco in Florenz besichtigte, ein Mann begegnet, der voller Bewunderung für dieses Kunstwerk war und sich als gläubiger Muslim vorstellte. Er sagte ihm: „Doch nichts ist vergleichbar mit unserem wundervollen moslemischen Monotheismus." Als Johannes Paul II. viel später diese Episode erzählte, konnte man darin eine Vorahnung des Dialogs zwischen Christentum und Islam erkennen.[39]

Der Wille zum Dialog war bereits lange vor dem Zweiten Vatikanischen Konzil da. Immer wieder hatten katholische Missionare feststellen müssen, dass sich die Muslime der Evangelisierung verweigerten, und so stand schließlich die Frage im Raum, wie überhaupt weiter zu verfahren sei (eine drängende Frage etwa für die Weißen Väter in Nordafrika oder die Franziskaner im Nahen Osten). Die römischen Behörden hatten im Laufe der Jahrhunderte erfahren müssen, welche Schwierigkeiten daraus erwuchsen, dass die Kirche in der muslimischen Welt mit den politischen Interessen des Westens gleichgesetzt wurde (auch die lange Geschichte der französischen Schutzherrschaft über die Katholiken im osmanischen Reich bietet hier reiches Anschauungsmaterial). So beabsichtigte Rom im 20. Jahrhundert, die Kirche in der muslimischen Welt, aber auch in China, von der Assoziation mit dem Westen zu befreien. Ein pragmatischer Umgang, Bezeugungen des Respekts, ein wacher Blick für muslimische Sensibilitäten und konkrete Zusammenarbeit kennzeichneten die Praxis vieler Missionare und der in muslimisch geprägten

[39] Johannes Paul II., Die Schwelle der Hoffnung überschreiten, hg. v. Vittorio Messori, Hamburg 1994, S. 120.

Ländern lebenden Katholiken, und dies lange, bevor das Zweite Vatikanum von Dialog sprach. Diese Verhaltensweisen waren eine wichtige Voraussetzung des Dialogs – und zugleich sein wesentlicher Bestandteil.[40]

Schon seit langem war jede Form von Aggressivität gegenüber Muslimen keine Handlungsoption mehr für die Kurie; seit der zweiten Hälfte des 20. Jahrhunderts wurde allerdings die Frage lauter, ob die Kontakte mit der islamischen Welt nicht intensiviert werden sollten. Dahinter steckte nicht nur der Wunsch, die Christen zu schützen oder ihre Freiräume zu erweitern; vielmehr wollte Rom mit Hilfe des Dialogs das Klima zwischen den Kulturen und Religionen vor Ort und in der Welt insgesamt verbessern. Aus diesen Gründen hatte Paul VI. die Botschaft des Konzils zum interreligiösen Dialog umgesetzt, wobei er gegenüber dem römischen Weihbischof Pietro Rossano erklärte, den Wert des Dialogs zwischen den Religionen von Pius XI. erlernt zu haben, der bereits von „religiösen Kulturen" gesprochen hatte.[41]

Der Islam, mit dem sich Wojtyła auseinanderzusetzen hatte, unterschied sich freilich erheblich von dem Islam der Konzilszeit. Nach seiner Wahl zum Papst fand Wojtyła in Rom einen Kurs des engagierten Dialogs mit der muslimischen Welt vor, der durch Kardinal Pignedoli, einen ehemaligen Mitarbeiter Montinis, vor allem aber durch Bischof Rossano gepflegt wurde, den er bis zu dessen Tod regelmäßig zu vertraulichen Gesprächen über Fragen des Islam empfing. Pignedoli und Rossano waren davon überzeugt, dass der religiöse Dialog mit Geduld weitergeführt werden müsse – auch wenn die anfängliche Begeisterung darüber nach einigen Schwierigkeiten und der Einsicht, dass große Resultate kurzfristig nicht zu erwar-

---

[40] Vgl. Il Mediterraneo nel Novecento. Religioni e Stati, hg. v. A. Riccardi, Cinisello Balsamo (MI) 1994.

[41] Gespräch des Autors mit Weihbischof Rossano. Vgl. auch Le Chiese e gli altri. Culture, religioni, ideologie e Chiese cristiane nel Novecento, hg. v. A. Riccardi, Mailand 2008.

ten waren, ein wenig nachgelassen hatte. Die Probleme waren nicht zuletzt 1976 in Tripolis deutlich geworden, als der libysche Machthaber Ghaddafi die vatikanische Delegation hinterging, indem er antizionistische Aussagen in eine Pressemitteilung einschleuste. Wojtyła setzte den Dialog in einer Zeit fort, in der der Islam ein neues Selbstbewusstsein entwickelte.

Im Briefwechsel, den Khomeini und Johannes Paul II. in den Jahren 1979/80 führten, klangen durchaus aggressive Töne an, wenn der Ayatollah den Papst mit der Frage konfrontierte, warum er sich für die Geiseln in der amerikanischen Botschaft in Teheran einsetze, dies aber zuvor nicht für die Entrechteten im Iran getan habe.[42] Entsprechend der Linie Ali Shariatis präsentierte sich der schiitische Islam Khomeinis als eine „Theologie der Befreiung“, die für die Entrechteten eintrat.[43] Allerdings war der Iran trotz seiner geostrategischen Bedeutung ein Land, in dem die katholische Kirche kaum präsent war. Im Libanon (für den Katholizismus von ungleich größerer Bedeutung) standen die Schiiten, eine mittellose, von Sunniten und Maroniten ausgegrenzte Minderheit, im Begriff, zu einer eigenen politischen und gesellschaftlichen Größe zu werden. Verantwortlich hierfür waren vor allem die Initiativen von Imam Musa al-Sadr (verstorben im Jahr 1978), dem Gründer der Amal-Bewegung, und später die Aktivitäten der Hisbollah.

Johannes Paul II. glaubte nicht an einen unabwendbaren Untergang der Religionen, weder in Europa noch in der Welt. Zum Weltgebetstreffen von Assisi im Jahr 1986 lud er daher

[42] Messaggi dell'Iman Khomeini al Papa ed al mondo cristiano, Rom 1982.

[43] Siehe dazu R. Cristiano, Tra lo scià e Khomeini. Ali Shariati: un'utopia soppressa, Rom 2006. Vgl. auch A. Shariati, Histoire et destinée, Textes choisis et traduits du persan par F. Hamèd et N. Yavari-d'Hellencourt, Paris 1982, dort auch eine wichtige Einführung von J. Berque. Einige Hinweise zur islamischen „Theologie der Befreiung“ finden sich in J. Ratzinger, Zur Lage des Glaubens. Ein Gespräch mit Vittorio Messori, Freiburg, Basel, Wien 2007, S. 176ff.

in der Überzeugung ein, dass die Religionen selbst eine Quelle des Friedens im Dialog untereinander seien, allerdings auch willkürlich für politische Kämpfe missbraucht werden konnten. In historischer Perspektive waren die Religionen für ihn wichtige Akteure, die zuweilen im Verborgenen, dann wieder ganz öffentlich am Werk waren. Schon ein gesunder Realitätssinn machte es also erforderlich, dass man dem Rechnung trug. Vor allem in den Jahren nach 1989 erkannte Johannes Paul II. sehr genau, dass der Islam nicht nur ein wichtiger Gesprächspartner, sondern für die Kirche durchaus auch ein Problem war.[44] In dem 1994 als Buch erschienenen Interview mit Vittorio Messori wird deutlich, dass der Papst intensiv über den muslimischen Glauben nachgedacht hatte. Über den Koran etwa sagte er, „dass sich hier ein Prozess der Einschränkung der Göttlichen Offenbarung vollzogen" habe, während der „ganze Reichtum der Selbstoffenbarung Gottes [...] im Islam hintangestellt" werde.[45] Später heißt es: „Dennoch verdient die Frömmigkeit der Muslime Hochachtung. Wir müssen beispielsweise ihre Treue zum Gebet bewundern."

In einigen muslimischen Ländern sah der Papst die Religionsfreiheit der Christen in Gefahr. Die besorgniserregende Situation im Sudan etwa (der Papst hatte das Land 1993 bei seiner Rückreise von Benin und Uganda besucht) beschäftigte den Heiligen Stuhl seit längerem. Und ganz grundsätzlich berichteten die Missionare immer öfter von einem wachsenden Einfluss des Fundamentalismus in Afrika, vor allem in Ländern mit einem toleranten Islam wie im subsaharischen Afrika.

Zeichnete sich also nach 1989 möglicherweise ein neuer Kalter Krieg ab, dieses Mal mit dem Islam? Nato-Generalsekretär Willy Claes erklärte 1995: „Der islamische Fundamentalismus

---

44 Gespräch des Autors mit Johannes Paul II.

45 Dies und das folgende Zitat in: Johannes Paul II., Die Schwelle der Hoffnung überschreiten, S. 120f.

ist für den Westen mindestens genauso gefährlich wie einst der Kommunismus."[46] Und die Thesen des amerikanischen Politikwissenschaftlers Samuel P. Huntington fanden mit ihrem historischen Determinismus bereits in den neunziger Jahren weithin Anklang, bevor sie sich durch den islamistischen Terroranschlag vom 11. September 2001 endgültig zu bestätigen schienen. Viele Menschen, auch viele Katholiken, konnten sich dem Schlagwort vom „Kampf der Kulturen" nicht entziehen. Der Papst allerdings wollte mit seinem aufmerksamen und besorgten Blick auf den Islam einen solchen Kampf ganz bewusst nicht schüren. Dabei war Wojtyła hinsichtlich der muslimischen Welt alles andere als naiv. Ihm war durchaus bewusst, welche Rolle die Gewalt bei der Expansion des Islam gespielt hatte. Und er kannte die großen Differenzen zwischen Christentum und Islam, wenn es um die Vorstellungen von der Offenbarung, vom Menschen und dem Verhältnis zu Gott ging, nur zu genau. Während er im Verhältnis zwischen Judentum und Christentum eine Kontinuität wahrnahm, war die Beziehung zum Islam für ihn durch eine tiefe Zäsur geprägt. Aus dieser Haltung resultierte jedoch keine Fundamentalopposition. Im Gegenteil: Johannes Paul II. war der Ansicht, das Verhältnis zu den Muslimen müsse „kulturell" gestaltet werden, also durch „Dialog, wechselseitige Anerkennung, Wahrung der Menschenrechte".[47] Wenn man vom Islam spricht, unterscheidet man häufig zwischen „moderat/gemäßigt" und „radikal". Tatsächlich ist diese Differenz in der muslimischen Welt selbst nicht immer leicht zu erkennen. Dies hängt nicht zuletzt damit zusammen, dass der Islam auch in seiner sozusagen moderaten Form einen fundamentalistischen Charakter besitzt, wenn man an die enge Verflechtung von Religion, Staat und Kultur denkt,

---

[46] Zit. n. A. Riccardi, Mediterraneo. Cristianesimo e islam tra coabitazione e conflitto, Mailand 1997, S. 197.
[47] Gespräch des Autors mit Kardinal Dziwisz.

die einen Pluralismus kaum zuzulassen scheint. Die Vorstellung von einer unausweichlichen Auseinandersetzung zwischen dem Westen und dem Islam hat seit dem letzten Jahrzehnt des 20. Jahrhunderts immer größere Beachtung gefunden. Seinen Ursprung hat dieses Denken in der Geschichte der Beziehungen zwischen beiden Religionen. Anhänger findet es auf beiden Seiten, wenn auch aus unterschiedlichen Gründen. War aber nun Johannes Paul II., der die Freiheit und das Christentum gegen den Kommunismus verteidigt hatte, dazu berufen, sich zum Wortführer des Widerstands gegen den Islam zu machen? Im Vatikan unterschätzte man die konkreten Probleme im Verhältnis zum Islam ganz gewiss nicht, wurden sie doch schon darin deutlich, dass es schlichtweg keine Repräsentanten der muslimischen Welt gab, die für ein theologisches Gespräch zur Verfügung gestanden hätten und zugleich in der Lage gewesen wären, Einfluss auf die gesamte *umma* zu nehmen. Gleichwohl war man in Rom davon überzeugt, dass die Kirche nichts gewinnen könne, wenn sie sich der Logik eines „Kampfs der Kulturen" öffne (darüber hinaus war auch die Situation der Christen zu bedenken, die in islamischen Ländern lebten). Aus einer solchen Logik konnte nichts Gutes für den Frieden erwachsen.

Penibel wachten der Heilige Stuhl und Johannes Paul II. daher darüber, dass das Profil der Kirche von den Muslimen nicht mit dem des Westens gleichgesetzt wurde. Eindeutig bezog der Papst Stellung gegen den Golf-Krieg; wiederholt trat er für die muslimische Bevölkerung in Bosnien-Herzegowina ein; und den angloamerikanischen Krieg gegen den Irak verurteilte er ebenfalls. Abgesehen von diesen politischen und humanitären Statements wollte der Papst ein starkes Signal setzen, gerade nach den Ereignissen vom 11. September 2001 und angesichts der Tatsache, dass jene Stimmen immer lauter wurden, die eine Auseinandersetzung zwischen Kulturen und Religionen für unvermeidbar hielten. Diesen Kurs verfolgte er so kompromisslos, dass man selbst in der katholischen Kirche über die Dialogbereitschaft des Papstes mit den Muslimen irritiert war. Für den 14. Dezember 2001 ordnete Johannes Paul II. einen Fastentag für alle Katholiken an – genau für den Tag also, an dem der Ramadan endete, der heilige Fastenmonat der Muslime. Nie zuvor hatte es so etwas in der Geschichte des Katholizismus gegeben. Durch das Zusammenfallen dieser beiden Fastentage signalisierte der Papst, wie wertvoll die religiöse Bindung zwischen Christen und Muslimen war. Mit dem Fastentag wurden die Katholiken auf der ganzen Welt in den letzten Fastentag des Ramadan einbezogen. Dies war ein Gegenentwurf zum „Kampf der Kulturen", ein Zeichen der religiösen Wertschätzung für das Fasten und das Gebet der Muslime.

In dieser Situation kehrte der Papst auch nach Assisi zurück, einem symbolisch bedeutsamen Ort seines Pontifikats. Für den 24. Januar 2002 lud er die Führer der christlichen Kirchen, des Judentums, des Islam und der asiatischen Religionen ein, in der Stadt des heiligen Franziskus für den Frieden zu beten und die Religionen von der Logik des Krieges fernzuhalten. Nach dem 11. September wollte der Papst den „Geist von Assisi" persönlich wieder aufgreifen, nachdem er die jährlich seit 1986 stattfindenden Friedenstreffen in diesem Geist unterstützt hatte. Viele geistliche Führer nahmen an dem Treffen in Assisi teil, unter ihnen auch der ökumenische Patriarch Bartholomäus I. In der Kurie waren dennoch einige irritiert. Man fürchtete, die Geste von Assisi könne als falsche Irenik verstanden werden – eine Sorge, die Kardinal Ratzinger, der persönlich an dem Treffen teilnahm und sich zufrieden über die Begegnung zeigte, übrigens nicht teilte. Zugleich erwarteten viele Vertreter der Kurie vom Papst deutlichere Worte gegen den Terrorismus; und einige dieser Sorgen fanden in den Texten von Assisi einen gewissen Widerhall. Alles in allem jedoch bekräftigte Wojtyła – unterstützt von Christen, Juden, Muslimen und Vertretern der asiatischen Religionen – jedoch, dass die Logik des Krieges in jedem Fall zu verwerfen sei. Tatsächlich übte Johannes Paul II. damit einen weder proklamierten noch kodifizierten, aber dennoch realen Primat innerhalb aller Führer der Weltreligionen aus – ein einzigartiges Ereignis in der Geschichte des römischen Pontifikats.

Unter Muslimen

Die Ansprachen Johannes Pauls II., auch während der Irakkrise, machten ihn in der muslimischen Welt populär. Noch 1979 hatte ihn Ali Ağca abschätzig als Anführer der Kreuzritter bezeichnet und bedroht; von Ayatollah Khomeini hatte er sich vorwerfen lassen müssen, ein Instrument des Imperialismus zu sein. Einige Jahre später änderte sich das Meinungsbild in der muslimischen Welt. Ein Vermittler zwischen arabischer und westlicher Kultur, der Algerier Slimane Zéghidour, bemerkte dazu: „Wissen Sie, wer die beiden populärsten westlichen Persönlichkeiten in der arabischen Welt sind? De Gaulle und Johannes Paul II.“[48] Dass er sich wiederholt um das Problem Jerusalem und die Lage der Palästinenser bemühte, brachte dem Papst eine hohe Glaubwürdigkeit in der arabischen Welt ein. Gerade auch seine Haltung gegenüber den Kriegen auf dem Balkan und im Irak ließ ihn in der Gunst der islamischen Medien, allen voran der arabischen, steigen. So widmeten ihm Fernsehen und Zeitungen am Persischen Golf und in Saudi-Arabien hohe Aufmerksamkeit. Dies war durchaus ungewöhnlich.
Der Papst wollte dazu beitragen, die konfliktgeladene Haltung zwischen Christen und Muslimen zu überwinden, die eine Art Archetyp in diesen beiden Welten darstellte. Seit Beginn seines Pontifikats, so hat er in Ankara bemerkt, habe er

[48] Siehe dazu G. Arboit, Chrétien au mieux. Occidental au pire, in : Les Cahiers de l'Orient 68 (2002), S. 114–124.

die Notwendigkeit verspürt, eine neue Seite im Buch der Geschichte aufzuschlagen, „um die spirituellen Bindungen, die uns vereinen, zu erkennen und zu entwickeln, um gemeinsam [...] die soziale Gerechtigkeit, die moralischen Werte, den Frieden und die Freiheit für alle Menschen zu fördern." Dabei ging es Johannes Paul II. nicht nur darum, in sozialen Belangen zusammenzuarbeiten, wie es sich etwa der algerische Episkopat vorstellte. Wojtyła ging es darum, auch und gerade die „spirituellen Verbindungen" zwischen Christentum und Islam zu stärken.[49] Dies war der Ansatz, den all jene verfolgten, die wie der ägyptische Dominikaner Georges Anawati für eine Fortschreibung der vom Konzil formulierten Positionen zum Islam eintraten.[50] Während seiner Marokko-Reise im Jahr 1985 sagte Johannes Paul II. zu den jungen Menschen, die König Hassan II. in Casablanca versammelt hatte:

> Christen und Muslime verstehen sich für gewöhnlich falsch, und manchmal haben wir uns in der Vergangenheit missverstanden und uns auch in Polemiken und Krieges verloren. Ich glaube, dass Gott uns heute auffordert, unsere alten Gewohnheiten abzulegen. Wir sollten uns gemeinsam respektieren und zu guten Werken auf dem Weg Gottes anspornen.[51]

Es war eine programmatische Ansprache, die Johannes Paul II. anlässlich dieser Begegnung, der zahlenmäßig größten zwischen einem Papst und der muslimischen Bevölkerung überhaupt, hielt. An ihrer Vorbereitung scheint auch Mar-

---

[49] Vgl. H. Teissier, Église en Islam. Méditation sur l'existence chrétienne en Algérie, Paris 1984; und Ders., Chrétiens en Algérie. Un partage d'espérance. Paris 2002.

[50] Vgl. J.-J. Pérennès, Georges Anawati 1905–1994. Un chrétien égyptien devant le mystère de l'islam, Paris 2008.

[51] Ansprache bei der Begegnung mit der muslimischen Jugend im Sportstadion in Casablanca (Marokko), Nr. 10, in: Verlautbarungen des Apostolischen Stuhls 66, S. 185f.

cello Zago beteiligt gewesen zu sein, ein Ordensmann, der von der Kraft des Dialogs überzeugt war und im buddhistischen Laos gearbeitet hatte.[52] Man konnte aus dem päpstlichen Text noch das Echo jener Koransure heraushören, die die Teilung zwischen den Gläubigen als Ergebnis des göttlichen Willens interpretiert und dazu aufruft, durch gute Taten miteinander zu wetteifern.[53] Zugleich kam in Casablanca das zum Ausdruck, was man als Wojtyłas Philosophie des Zusammenlebens bezeichnen könnte. Für den Papst war es geradezu unabdingbar, zusammenzuleben. Der Dialog war dabei das wichtigste Mittel, einander zu verstehen, sich zu respektieren und schließlich die „Freundschaft und die Einheit zwischen Menschen und Völkern" zu wählen, wie er es in Marokko formulierte. Vor der Jugend in Casablanca sprach Johannes Paul II. folgendes Gebet:

> Erlaube nicht, dass wir deinen Namen anrufen
> und dabei die menschliche Unordnung rechtfertigen.
> Gott, du bist der einzige, wir beten dich an.[54]

Dem Papst war bewusst, dass es angesichts der „Unordnung der Welt" viele konkrete Probleme beim Zusammenleben gab. Große Sorgen bereitete es ihm beispielsweise, wenn die allgemeine Religionsfreiheit durch einen konfessionell geprägten Staat unterdrückt und so das gleichberechtigte Zusammenleben religiöser Gruppen erschwert wurde. „In den Ländern, wo fundamentalistische Strömungen an die Macht kommen, werden die Menschenrechte und das Prinzip der re-

---

[52] Zu seiner Person vgl. Marcello Zago uomo del dialogo. Un'antologia, hg. v. F. Ciardi, Mailand 2007; P. Gheddo, Marcello Zago. Una vita per la missione, Rom 2005.
[53] Es handelt sich um die Sure 5,49. Der Koran, übers. und eingeleitet v. Hans Zirker, Darmstadt 2003, S. 77.
[54] Ansprache bei der Begegnung mit der muslimischen Jugend im Sportstadion in Casablanca (Marokko), Nr. 10, in: Verlautbarungen des Apostolischen Stuhls 66, S. 187.

ligiösen Freiheit leider sehr einseitig ausgelegt: Die Religionsfreiheit wird als Freiheit verstanden, allen Einwohnern die ‚wahre Religion' aufzuerlegen. Die Lage der Christen ist in diesen Ländern nicht selten sogar als bedrohlich zu bezeichnen", sagte Johannes Paul II.[55] Hier hielt sich der Papst ebenso wenig zurück wie bei seinen Äußerungen über die fehlende Religionsfreiheit in den kommunistischen Regimen zu Beginn des Pontifikats. Zugleich war er davon überzeugt, dass eine Gesellschaft, in der unterschiedliche religiöse Gemeinschaften zusammenlebten, gerade durch die verschiedenen spirituellen und menschlichen Bindungen gestärkt werden könnte. Infolgedessen stand er jedem religiösen Ausschließlichkeitsanspruch ebenso skeptisch gegenüber wie der Verabsolutierung einzelner Ethnien.
Der Papst pflegte die persönlichen Kontakte zu islamischen Religionsführern, die nicht selten während seiner Reisen geknüpft worden waren. Für die Muslime, die die kommunistische Expansion bis 1989 mit Sorge verfolgten, war der Papst eine wichtige Bezugsperson. Und zuweilen schien bei den Gesprächen zwischen dem Papst und den Vertretern der Muslime das Thema eines christlich-islamischen Bündnisses gegen den Atheismus wieder auf. Ein wichtiger Gesprächspartner für Johannes Paul II. war König Hassan II. von Marokko, eine vielschichtige Persönlichkeit, bestens vertraut mit den Dialoginitiativen des Bürgermeisters von Florenz, Giorgio La Pira.[56] Der Papst empfing ihn erstmals 1980 im Vatikan, um über das Thema Jerusalem zu sprechen. Auf die Worte Hassans II. antwortete der Papst: „Ich wage es mir zu wünschen, dass die Gläubigen der drei Religionen in der Lage sein werden, gleichzeitig ihr Gebet an den einzigen Gott zu richten, für die Zukunft einer Erde, die ihnen so sehr am Herzen liegt." Das „gleichzeitige" Gebet war genau das, was seit

[55] Johannes Paul II., Die Schwelle der Hoffnung überschreiten, S. 123.
[56] Die Marokko-Reise hat den Papst tief beeindruckt. Gespräch des Autors mit Johannes Paul II.

1986 in Assisi und bei den Folgetreffen in diesem Geist stattfand. Fünf Jahre nach dem Besuch des Königs reiste Wojtyła nach Marokko – gegen den Rat der algerischen Bischöfe, insbesondere von Erzbischof Henri Teissier, die befürchteten, das Oberhaupt der katholischen Kirche könne bei dieser Gelegenheit instrumentalisiert werden. Bereits schwer krank kam Hassan II. schließlich noch einmal in den Vatikan, bevor er starb. Es war ein Abschiedsbesuch bei Johannes Paul II., den er in seinen Briefen „Heiligster Vater und erlauchter Freund“ nannte.

Im Jahr 2000 reiste Johannes Paul II. nach Kairo, um die berühmte Al-Azhar-Universität zu besuchen, deren Lehre hohes Ansehen in der islamischen Welt genießt. Wojtyła war überzeugt, dass man mit den Muslimen zusammenleben musste, indem man versuchte, einen gemeinsamen Horizont von Bezugspunkten und Verbindungen zu schaffen, die – trotz aller Verschiedenheiten zwischen den Religionen – ein wechselseitiges Verständnis erleichterten und das Zusammenleben förderten. Ein Beispiel dafür war seine nicht unproblematische Reise nach Syrien im Jahr 2001. Der Besuch begann mit einem Zwischenfall am Flughafen von Damaskus, wo der junge Präsident Bashar al-Assad eine dezidiert antisemitische Rede hielt. Seinem Stil entsprechend, reagierte der Papst darauf nicht. Er hoffte vielmehr, dass sein Besuch als Botschaft des Zusammenlebens verstanden werde. Er ging zur alten Omayyaden-Moschee im Herzen von Damaskus, an deren Stelle einst eine christliche Kirche gestanden hatte, und betrat sie barfuß. Er war der erste Papst überhaupt, der eine Moschee betrat – eine der Premieren Wojtyłas. Mit dem syrischen Großmufti, Ahmed Kuftaro, den er mehr als zehn Jahre zuvor herzlich im Vatikan empfangen hatte, sprach er über den Dialog zwischen Christen und Muslimen.[57] Man schrieb April

[57] Siehe auch M. Lelong, Jean-Paul II et l’Islam, Paris 2003; vgl. außerdem Sarah Chevalley (Red.), Le Vatican et l’Islam, Paris 2002 (Les Cahiers de l’Orient 68).

2001, es war gewissermaßen der Vorabend der dramatischen Ereignisse vom 11. September.

Katholiken sein und mit den anderen leben

Johannes Paul II. unternahm sehr bewusst eine Pilgerreise nach Damaskus, in die Stadt also, in der der Apostel Paulus seine erste Predigt gehalten hatte, heute die Hauptstadt Syriens, zugleich Sitz eines arabisch-orthodoxen, eines syrisch-orthodoxen und eines griechisch-katholischen (arabischen und mit Rom verbundenen) Patriarchen. Es war daher nur folgerichtig, dass er großen Anteil am ökumenischen Geschehen zwischen Orthodoxen, Syrern und Katholiken nahm. Seine erste Station in Damaskus war die orthodoxe Kathedrale, wo er einer alles andere als förmlich gehaltenen Ansprache des Patriarchen Ignazio IV. Hazim zuhörte, eines Arabers mit französisch geprägtem theologischen Hintergrund. Johannes Paul II. fühlte sich in dieser Welt des tausendjährigen Zusammenlebens unmittelbar zuhause, auch wenn er zum ersten Mal in seinem Leben hier war. War dieser Besuch aber nun als Huldigung an eine letztlich auch leidvolle Vergangenheit zu verstehen, oder verfolgte er noch weitergehende Ziele? Der Papst, der für eine neue Mission der Kirche eintrat und die Katholiken dazu aufrief, sich ihrer eigenen Identität bewusst zu werden, war auch ein Papst des Dialogs und der Koexistenz. Wojtyła vertrat eine Idee von Mission, die nichts mit evangelikaler oder sektiererischer Proselytenmacherei zu tun hatte. Die persönliche Bekehrung zum Christentum war entscheidend, und das Leben der Kirche, so der „missionarische" Papst, bestehe ganz in der Sendung. Die Mission war etwas Weltumspannendes, das alle Kulturen durchdrang, abgesehen davon, dass sie den einzelnen Menschen berührte. Im Jahr 1990 widmete der Papst dem dauerhaften missionarischen Auftrag der Kirche eine umfangreiche Enzyklika. Ihm war bewusst, dass von dieser Sendung in der Gegenwart weniger zu spüren war als in der Vergangenheit, und dies, obwohl die Zahl der Nichtchristen weiter anstieg. War die Mission unter den Nichtchristen aber überhaupt noch zeitgemäß? Oder war sie nicht bereits ersetzt worden, etwa durch den interreligiösen Dialog? Johannes Paul II. zeigte, wie aktuell der missionarische Auftrag unter Wahrung der Freiheit der Menschen war, nicht zuletzt durch sein eigenes Dasein als Wanderer in der Welt und durch seine missionarische Begeisterung.

Auf die Frage „Warum Mission?", so Johannes Paul II. in seiner Enzyklika „Redemptoris Missio", „antworten wir mit dem Glauben und der Erfahrung der Kirche: sich der Liebe Christi öffnen bedeutet wahre Befreiung".[58] Die Kirche Johannes Pauls II. hielt trotz ihrer Außenseiterposition in einigen Regionen der Welt, insbesondere in Asien, an der Mission als Ausdruck einer spezifischen Kommunikation des Glaubens und der Universalität ihrer Anliegen fest: Sie verstand sich weder als ethnisch ausgerichtete oder als nur westlich orientierte Gemeinschaft, deren Schicksal auf eine bestimmte Nation oder Kultur beschränkt wäre. Sie sah sich nicht als proselytische Bewegung; ihr Blick reichte vielmehr bis zu den anderen Religionen und umschloss die Erneuerung der Kultur insgesamt (den „modernen Areopag", wie Wojtyła sich ausdrückte).[59]

Statistischen Erhebungen zufolge (der Heilige Stuhl veröffentlicht sie regelmäßig im „Annuarium statisticum Ecclesiae") war die katholische Kirche eine Institution mit „langsamem, aber konstanten Wachstum", wie die vatikanischen Behörden mitteilten.[60] Demzufolge stieg die Zahl der Katho-

[58] Johannes Paul II., Enzyklika Redemptoris Missio über die fortdauernde Gültigkeit des missionarischen Auftrags, Bonn 1990 (Verlautbarungen des Apostolischen Stuhls 100), S. 17.
[59] Ebenda, S. 41.
[60] So die Schlagzeile des „Osservatore Romano" v. 18.6.2003.

liken in der Welt von etwa 757 Millionen im Jahr 1978, als Wojtyła zum Papst gewählt wurde, auf 1,1 Milliarden im Jahr 2005, seinem Todesjahr. Dies entspricht einem Wachstum von 45%. Dennoch ging der relative Anteil der Katholiken infolge des rasanten Anstiegs der Weltbevölkerung im gleichen Zeitraum weltweit von 17,99% auf 17,19% zurück. Ein starkes Wachstum war insbesondere in Afrika zu verzeichnen, wo die Zahl der Katholiken von 55 auf 149 Millionen (2004) anstieg – eine Entwicklung, die weit über dem demografischen Wachstum liegt. Heute sind etwa 17% der afrikanischen Bevölkerung katholisch, 1978 waren es nur 12,4%. In Amerika und Asien entsprach der Zuwachs an Katholiken mehr oder weniger der demografischen Gesamtentwicklung. In Europa blieb die Zahl der Katholiken zwar einigermaßen stabil, ihr prozentualer Anteil an der Gesamtbevölkerung ging jedoch zurück. So sank der prozentuale Anteil der europäischen Katholiken an der Kirche von 35% auf 25,4%, während der Anteil der afrikanischen Katholiken im gleichen Zeitraum von 7% auf 13,5% stieg. Von 1978 bis 2004 erhöhte sich die Anzahl der katholischen Bischöfe von 3.714 auf 4.784, was nicht zuletzt mit der Einrichtung von vierhundert neuen Diözesen zusammenhing. Die Anzahl der Priester ging jedoch von 421.000 auf 406.000 (also um 3,5%) zurück, die der Ordensschwestern um über 22% (von 990.000 auf 767.000). Die Zahl der Seminaristen hingegen stieg von 64.000 auf 113.000.[61]
Auch wenn der Katholizismus insgesamt als eine im Wachstum befindliche Religion bezeichnet werden konnte, wurde er in seiner Entwicklung doch von anderen religiösen Gemeinschaften – etwa dem Islam – deutlich übertroffen. Und wenn nun der prozentuale Anteil der Katholiken an der Weltbevölkerung zurückging, war dann der Islam dazu bestimmt, zur beherrschenden Religion zu werden? Ein vor wenigen Jah-

[61] O. Petrosillo, Più cattolici in Africa, arretrano in Europa. Vgl. F. Mastrofini, Geopolitica della Chiesa cattolica, Rom, Bari 2006.

ren erschienenes Buch des amerikanischen Gelehrten Philip Jenkins, das realistische Zukunftsprognosen präsentiert, hat gezeigt, dass von einer Überflügelung des Christentums durch den Islam keine Rede sein kann. Die Anteile von Christen und Muslimen an der Weltbevölkerung werden sich vielmehr einander angleichen. Allerdings wird sich der Schwerpunkt des christlichen Glaubens dabei in Richtung Süden verlagern, während der Norden an Gewicht verliert und sich insgesamt neue, spontanere Formen des Christentums durchsetzen.[62]

Hat Johannes Paul II. diese Entwicklung vorausgesehen? Der Papst hegte keine besondere Furcht, der Islam könne das Christentum „überholen". Allerdings trat er dafür ein, speziell in Europa den Funken des Glaubens neu zu entfachen, da dieser Kontinent seiner Ansicht nach eine entscheidende geopolitische Funktion für den Katholizismus hatte. Ebenso überzeugt war er freilich, dass es nach wie vor großer Anstrengungen auf der südlichen Erdhalbkugel bedurfte. Dies zeigten nicht zuletzt seine Reisen nach Afrika (14) und Lateinamerika (16). Die Entwicklung in Asien, wo die Katholiken eine schwache Minderheit bildeten, bereitete ihm die größten Sorgen. Im Jahr 2001 ernannte er, als Nachfolger von Kardinal Tomko, Kardinal Sepe zum Präfekt der Kongregation für die Evangelisierung der Völker und übertrug ihm die Aufgabe, sich vorrangig um die Missionierung Asiens, vor allem Chinas, zu kümmern.[63]

Die katholische Kirche nimmt innerhalb der religiösen Gemeinschaften der Welt insofern eine Sonderstellung ein, als sie auf der Ebene von Verwaltung und Rechtsprechung das Erbe einer antiken Tradition vertritt und infolgedessen unter anderem über ein zentrales statistisches Büro verfügt, das die

[62] Ph. Jenkins, Die Zukunft des Christentums. Eine Analyse der weltweiten Entwicklung im 21. Jahrhundert. Gießen, Basel 2006.

[63] Gespräch des Autors mit Kardinal Sepe.

Anzahl der Gläubigen und Mitarbeiter regelmäßig neu berechnet. Auf diese Zählungen gehen auch die oben angeführten Zahlen zurück. Was Johannes Paul II. jedoch vor allem interessierte, war die missionarische Inspiration, die Kommunikation des Glaubens also, der Kontakt zu Menschen, Kulturen und Religionen. Der Papst war überzeugt: „Wenn das Heil für alle ist, muss es allen zur Verfügung stehen."[64] Natürlich blieb ihm nicht verborgen, dass die katholische Mission in starken religiösen Gemeinschaften wie dem Islam auf Widerstand stieß. Hierin liegt ein Geheimnis, das Johannes Paul II. akzeptierte, ohne in proselytischen Furor oder den Rückzug in schlichtes Desinteresse zu verfallen. Der Papst wollte nicht auf den Kontakt mit anderen Religionen wie dem Islam verzichten, selbst wenn sie sich der katholischen Missionstätigkeit entzogen: „Die Universalität des Heiles bedeutet nicht, dass es nur jenen gilt, die ausdrücklich an Christus glauben und in die Kirche eingetreten sind", schrieb er in seiner Enzyklika.[65] In seinem Interview-Buch mit Vittorio Messori sprach der Papst darüber hinaus von einer „gemeinsamen Wurzel" der Religionen. Wojtyła durchforschte die Geschichte, beschritt ausdauernd alle möglichen Wege und akzeptierte dabei auch die Geheimnisse der spirituellen und menschlichen Geschichte der Welt. Christus selbst finde gewiss einen Weg, alle Menschen zu erreichen.[66]

Einmal mehr geht es dabei um das Problem des Zusammenlebens, das bereits im Zusammenhang mit dem Besuch Johannes Pauls II. im Libanon angeklungen ist. In den Augen des Papstes gab es keine Alternative zur Koexistenz, auch wenn man verschiedenen Religionen angehörte und die Vergangenheit nicht ohne Konflikte gewesen war. So hatte der Dialog einen entscheidenden Anteil daran, das umzusetzen, was der

---

[64] Johannes Paul II., Enzyklika Redemptoris Missio, S. 16.

[65] Ebenda.

[66] Vgl. Johannes Paul II., Die Schwelle der Hoffnung überschreiten.

Papst gemäß der Tradition als die Einheit des menschlichen Geschlechts bezeichnete. Der Dialog war damit selbst Teil der kirchlichen Sendung, wie es auch die Missions-Enzyklika festhielt. Es gab keinen Widerspruch zwischen Mission und Dialog, und der Vorwurf, der missionarische Niedergang des Katholizismus sei letztlich darauf zurückzuführen, dass zu viel „dialogisiert" werde, lief ins Leere. Die Evangelisierung entsprang für Johannes Paul II. einer tiefen spirituellen Überzeugung, nicht jedoch der Gegnerschaft zu anderen Religionen. In diesem Sinne konnte die Kirche gerade durch den Dialog mit allen religiösen Gemeinschaften in Beziehung treten und so ihren universalen Geist erweisen. Sie war eben keine „große Sekte", der das Bedürfnis fremd war, über ihren Glauben Rede und Antwort zu stehen. Und sie hörte auch denen zu, die etwas anderes glaubten und dachten.

Insofern setzte sich die katholische Kirche für ein rechtes Zusammenleben ein. Mehr noch: Ihre Präsenz selbst sollte einen Bezugspunkt der Einheit und des wechselseitigen Verständnisses ganz unterschiedlicher religiöser Traditionen schaffen. Um einander verstehen zu können, musste die Vernunft stärker zur Geltung kommen – das erforderte allein schon der Aufschwung des Fundamentalismus. Auch die Religionen mussten Vernunft walten lassen, wenn sie miteinander in einen Dialog treten wollten. Um trotz aller Verschiedenheit miteinander zu leben, bedurfte es der Vernunft, der sich auch der Glaube nicht entziehen durfte. Im Jahr 1998 versuchte der Papst mit seiner Enzyklika „Fides et Ratio" (deren Originalität nicht hinreichend wahrgenommen und diskutiert wurde), diesen Gedanken auszuführen. Er erklärte, die Kirche besitze keine eigene Philosophie, betonte aber zugleich, wie notwendig ein „durchdachter Glaube" sei (der freilich nicht mit dem von Leo XIII. als offiziöse katholische Philosophie propagierten Neothomismus gleichzusetzen war). Für André Glucksmann, einen *nouveau philosophe*, war das, was der Papst vorschlug, ein „Frieden der Aufrichtigen zwischen Glaube und

Vernunft", die in der westlichen Kultur beide eine Krise durchmachten.[67] Wojtyłas Vorstoß hatte allerdings kaum Folgen, da er, wie es bei Glucksmann weiter heißt, „bei seinen Anhängern wie seinen Gegnern zu viele Vorurteile widerlegte". Auch dies war und blieb eine „Baustelle". Johannes Paul II. hatte sie eröffnet, in der Kirche allerdings wurde sie – von einzelnen Persönlichkeiten wie etwa Kardinal Ratzinger abgesehen – kaum wahrgenommen.

Für Wojtyła war der Pluralismus in Freiheit und Demokratie, so führte er 1988 in Straßburg aus, die Grundlage des menschlichen Zusammenlebens und zugleich der Boden, auf dem sich der Glaube gut entfalten konnte. Einerseits sehnte er sich in keiner Weise nach einem Staat zurück, der rein katholisch war. Andererseits durfte die Kirche aber auch nicht auf die eigene Identität verzichten, um in Frieden mit den anderen Menschen leben zu können. Der Papst ahnte bereits, in welche Richtung sich die globalisierte Welt bewegen würde. Aus seiner Sicht bestand die Gefahr, dass am Ende alle Unterschiede nivelliert würden und es zu einem relativistischen Austausch auf dem Markt der Religionen kommen würde. Die Welt sei einerseits durch den Nihilismus geprägt, andererseits durch viele widersprüchliche Identitätsangebote. Für Johannes Paul II. stand das Bewusstsein über die eigene religiöse Identität jedoch keineswegs im Gegensatz oder gar im Konflikt zu anderen Identitäten. Dem Freund-Feind-Denken konnte der Papst nichts abgewinnen. Vom ersten Weltgebetstreffen in Assisi 1986 bis hin zur globalisierten Wirklichkeit des 21. Jahrhunderts bestand Wojtyłas Utopie in einer Kultur des friedlichen Zusammenlebens, die dem universalen Gemeinwohl verpflichtet sein sollte und die unterschiedlichen Identitäten zu achten hatte. Die Heilsbotschaften der kommunistischen Utopien hatte Johannes Paul II. nicht geteilt.

[67] In diesem Sinne vgl. A. Glucksmann, La troisième mort de Dieu. Paris 2000, S. 25.

Ebenso wenig glaubte er aber den Versprechungen der Globalisierung, denen zufolge die Mechanismen des Marktes das erreichen würden, was alle großen Herrschaftssysteme und Religionen bislang vergeblich versucht hätten: die Menschen zu vereinen.

Bis zur Einheit der Menschen war es ein schwieriger Weg, den es mit realistischem Sinn zu beschreiten galt. Wojtyłas europäischer Traum schien mit der Errichtung der Europäischen Union und dem Beitritt der osteuropäischen Länder teilweise in Erfüllung zu gehen (der Papst setzte sich persönlich für den Beitritt Polens gegen Zweifler im Westen und in Polen selbst ein). Trotz manchem Unverständnis gegenüber den europäischen Institutionen blieb der Papst bis zuletzt ein Verfechter Europas. Komplizierter lagen die Dinge auf anderen Feldern. Johannes Paul II. war sich darüber im Klaren, dass man den Gang der Welt nicht beeinflussen konnte. Er empfand eine tiefe Ehrfurcht vor den Geheimnissen der Geschichte. Zugleich ließ er sich durch diese Einschätzung nicht zur Passivität verdammen, war er doch überzeugt, dass die Geschichte nicht linear verlief, sondern unvorhersehbare Überraschungen bereithielt.

Der komplizierte Fall Libanon

Zusammenzuleben war nicht einfach. Das zeigte sich in aller Deutlichkeit im gesellschaftlichen Mikrokosmos des Libanon, wo die verschiedenen Konfessionen, aber auch die politischen Fraktionen von Libanesen und Palästinensern nur schwer zueinander fanden. Johannes Paul II. verfolgte die langandauernde Krise im Libanon mit einer Aufmerksamkeit, die sich auf deutlich mehr als die geringe Anzahl von Katholiken im Land richtete. So attackierte er etwa die „unmoralische Gleichgültigkeit gegenüber dem Genozid am libanesischen Volk“, wie es der Chefredakteur des „Osservatore

Romano“, Mario Agnes, pointiert formulierte.[68] Seit Beginn des Pontifikats suchte der Papst die Amerikaner für eine Intervention im Libanon zu gewinnen, da er sicher war, die libanesische Frage lasse sich „unabhängig vom Problem der Palästinenser“ lösen, wie es in einem Vermerk für US-Präsident Ronald Reagan aus dem Jahr 1982 heißt.[69] Dem neugewählten Maronitischen Patriarchen von Antiochien, Pierre Sfeir, sagte Johannes Paul II.: „Der Libanon ist noch wichtiger als Jerusalem. Tatsächlich haben wir keinerlei politischen Zugriff auf Jerusalem. Mehr noch, es gibt im Libanon eine spirituelle Aktivität [...], er gleicht meinem Heimatland, Polen, und ich verstehe den Libanon sehr gut, weil er ebenfalls unterdrückt wird.“[70]

1991 bat der Papst Patriarch Sfeir darum, eine Synode der maronitischen Bischöfe einzuberufen, um die maronitische Kirche nach Jahren des Krieges zu konsolidieren. Darüber hinaus plante er auch eine Synode der libanesischen Bischöfe in Anwesenheit von Vertretern anderer christlicher Kirchen sowie muslimischer Beobachter. Die Durchführung außerordentlicher Synoden war in Wojtyłas Pontifikat ein probates Mittel, um die Kräfte der Kirche zu sammeln und den Blick auf eine bestimmte Weltregion zu richten. Darüber hinaus plante der Papst eine Reise in den Libanon, deren Antritt aber durch Attentate erschwert wurde, hinter denen einige Beobachter den mächtigen Nachbarn Syrien vermuteten. Im Mai 1997 schließlich reiste Johannes Paul II. in das Land der Zedern. Fast zwanzig Jahre nach seiner Wahl konnte der Papst zum ersten Mal den Nahen Osten besuchen. Seine Reise bot den Christen im Libanon, insbesondere den jungen Menschen, auch die

---

[68] Vgl. „L’Osservatore Romano“ v. 9.7.1989.

[69] Vermerk im Anhang zum Brief Johannes Pauls II. an Ronald Reagan v. 16.6.1982, in: Archivio di Stato di Parma, Archivio Agostino Casaroli, b. 37, f. 2.

[70] Deposizione del patriarca Sfeir al Processo di beatificazione e canonizzazione del Servo di Dio Giovanni Paolo II, Bd. II, S. 727.

Möglichkeit, ihren Unmut in Protesten zu äußern. Eine ähnliche Bedeutung hatte einst die Papstreise nach Polen im Jahr 1979 gehabt. Und auch hier rief der Papst den Menschen zu: „Es liegt an euch, die Mauern abzureißen, die sich in schmerzhaften Abschnitten der Geschichte eurer Nation errichten konnten; errichtet keine neuen Mauern mehr in euerm Land! Im Gegenteil: Es ist eure Aufgabe, Brücken zu bauen." Für den Libanon, so der Papst, sei „die Liebe die wichtigste Waffe".[71] In Wojtyłas Augen bestand die Gefahr, dass die Idee des Libanon, die friedliche Koexistenz verschiedener Religionen und Ethnien, infolge des Ungleichgewichts in der Region und der schwelenden Konflikte zwischen den verschiedenen Gruppierungen verloren gehe. Das Zusammenleben war also auch hier die Vision der Zukunft, und was sie umschloss, wurde nicht zuletzt im Apostolischen Mahnschreiben „Une espérance nouvelle pour le Liban" aus dem Jahr 1997 deutlich, einem Ergebnis der libanesischen Synode, das der Papst bei seiner Reise in das Land überreichte.
Bei der Übertragung von allgemeinen Grundsätzen auf konkrete Situationen – vom Weltgebetstreffen in Assisi 1986 auf die Probleme des Libanon etwa zeigte sich, dass es dem Papst nicht nur um einen Dialog zwischen Intellektuellen ging. Der Dialog sollte vielmehr ganz grundsätzlich „das Zusammenleben von Christen und Muslimen im Geist der Öffnung und der Zusammenarbeit fördern". Er sollte zu einer Haltung „im täglichen Leben, in der Arbeit und im Leben der Stadt" werden. Nur so könnten „die Menschen und die Familien lernen, sich gegenseitig wertzuschätzen". Und die „konkreten Solidaritätserfahrungen" seien dabei „ein Schatz für das ganze Volk". Auf diesem Weg wollte der Papst vor allem die Christen für das Zusammenleben gewinnen. In der Apostolischen Verlautbarung zum Libanon heißt es: „In den ökumenischen und interreligiösen Beziehungen ist der Sinn für den Frieden

[71] Vgl. „L'Osservatore Romano" v. 12./13. Mai 1997.

auch ein grundlegendes Element des brüderlichen Dialogs." Gerade die Christen aber bekannten sich zur Kraft der Liebe. Abschließend formulierte der Papst: „Die Religionsgeschichte präsentiert uns zahlreiche Heilige, die mit ihrer friedlichen Haltung, dem Gebet und der Nachahmung Jesu Christi zur Quelle der Aussöhnung wurden."[72]

Den Christen im Nahen Osten, aber auch jenen in den meisten anderen Ländern der Welt, die mit Spannungen in Berührung kamen, welche aus einem ethnischen und religiösen Pluralismus resultierten, stellte der Papst die Vision des „Zusammenlebens" als die beste Option vor, die zwar nicht leicht umzusetzen, am Ende aber außerordentlich lohnend war. Johannes Paul II. wurde sich zunehmend klar darüber, dass die scheinbar homogene Welt durch die Vertreibung von Völkern und durch Migrationsphänomene künftig erodieren würde. Als Christ galt es daher, sich für eine Kunst des Zusammenlebens einzusetzen, die zur Sendung der Kirche wurde.

Die Botschaft des Zusammenlebens war jedoch nicht auf den Libanon oder den Nahen Osten beschränkt. 1984 etwa zeigte sich der Papst sehr beeindruckt vom multiethnischen Charakter Kanadas und der Integrationsfähigkeit von Menschen mit unterschiedlichem ethnischen Hintergrund. So sagte er: „Euer Volk konnte sich seine Identität bewahren und trotzdem offen für andere Kulturen bleiben." Und auch nach seiner Brasilienreise im Jahr 1980 erinnerte der Papst an die komplexe Geschichte des Landes und seiner verschiedenen Völker, die schwierige Situationen durchlebt hatten, unter anderem die Enteignung indigener Gebiete und den Handel mit afrikanischen Sklaven. Er bewunderte den multiethnischen Charakter Brasiliens und die „Brüderlichkeit" zwischen den einzelnen Ethnien, die bis zur Mischung von Kulturen und Völkern reichen konnte: „Die Schwarzen haben sich mit den alten Eingeborenen und den Weißen vereint und damit

---

[72] „Une espérance nouvelle pour le Liban", Vatikanstadt 1997.

auch im anthropologischen Sinn den heutigen Typ des Brasilianers geschaffen."
Johannes Paul II. bewunderte ganz grundsätzlich multiethnische Staaten, die eine Kultur des Zusammenlebens pflegten, ohne dabei die Probleme zu überdecken, die sich aus der großen Unterschiedlichkeit ergaben. In Zaire (der heutigen Demokratischen Republik Kongo), das er 1980 besuchte, warf der Papst etwa die Frage auf: „Wie kann man eine Nation allein aus dieser vielschichtigen Pluralität heraus formen?" Um dies zu erreichen, so lautete die Antwort, musste man in eine gemeinsame Kultur investieren. Wojtyłas Verständnis der Nation mündete keineswegs in einen Nationalkatholizismus, sondern zielte auf eine Gemeinschaft der Völker. Auch Polen, das Wojtyła stets bewunderte und zugleich betrauerte, war einst gewissermaßen ein polnisch-litauisches Commonwealth gewesen, ein multinationaler Staat, der Gewissensfreiheit garantierte, in dem Juden lebten und der aus einem Gemisch verschiedener Kulturen und Religionen bestand:

> Im Grunde ist also der polnische Geist ein Geist der Mannigfaltigkeit und des Pluralismus und nicht der Begrenztheit und der Verschlossenheit. Es scheint jedoch, dass die hier erwähnte ‚jagiellonische' Dimension des polnischen Geistes in unserer Zeit leider nicht mehr etwas so Selbstverständliches ist.[73]

Die Vision von Assisi

Johannes Paul II. glaubte daran, dass die katholische Kirche eine Mission zu erfüllen habe, damit verschiedene Religionen und Kulturen zusammenleben konnten. Diese Vision zeigte

---

[73] Johannes Paul II., Erinnerung und Identität. Gespräche an der Schwelle zwischen den Jahrtausenden, Augsburg 2005, S. 115.

sich am deutlichsten am 27. Oktober 1986 – im franziskanischen und friedlichen Geist, wie er in Assisi offenbar wurde. Diese interreligiöse Begegnung ist unter verschiedenen Blickwinkeln untersucht worden. Claudio Bonizzi hat beispielsweise von der „Ikone von Assisi" gesprochen, um das schöpferisch Neue dieses Ereignisses im Vergleich zu *Nostra Aetate* zu beschreiben.[74] Der Dialog zwischen den Religionen, wie ihn das Konzil gewollt hatte, reichte nicht soweit, ein Ereignis wie das Weltgebetstreffen von Assisi zu ermöglichen. Tatsächlich hatte der brasilianische Bischof Dom Hélder Câmara bereits für den Abschluss des Zweiten Vatikanischen Konzils eine Veranstaltung mit Vertretern aller großen Religionen geplant, die in Form einer öffentlichen Aussöhnungszeremonie auf dem Petersplatz stattfinden sollte. Am Ende blieb es jedoch bei einer weitaus schlichteren liturgischen Form, bei der lediglich die Konzilsbotschaften überreicht wurden.[75]

Johannes Paul II. lud die Führer der Weltreligionen nach Assisi ein, nachdem er vielfältige Kontakte gepflegt hatte und ihm konkrete Vorschläge unterbreitet worden waren, unter anderem wohl von Carl Friedrich von Weizsäcker, dem Bruder des ehemaligen deutschen Bundespräsidenten, der die Idee eines „Konzils des Friedens" mit Vertretern aller christlichen Kirchen lanciert hatte. Die Idee weitete sich schließlich, wie Kardinal Willebrands (eine Schlüsselfigur der Ökumene) berichtet hat, auf die Vertreter aller Weltreligionen sowie auf all jene aus, „die sich auf religiösem Gebiet engagierten, an das Gebet glaubten und den Frieden als eine transzendente Gabe verstanden". Es wurde ein Tag des gemeinsamen Fastens und Betens. Das Ereignis von Assisi verbindet sich mit einem der stärksten und einprägsamsten Bilder des

---

[74] C. Bonizzi, L'icona di Assisi nel magistero di Giovanni Paolo II, Assisi 2002.

[75] Eine Kopie des Schreibens von Dom Hélder Câmara befindet sich im Besitz des Verfassers, der sie freundlicherweise von Kardinal Etchegaray erhalten hat.

20. Jahrhunderts, einer schlichten, aber faszinierenden Szene: Die versammelten Führer der Weltreligionen beteten nicht mehr „gegeneinander", sondern nebeneinander, allerdings nicht miteinander, da eine unangemessene Vermischung vermieden werden sollte.

Es fehlte nicht an polemischen Angriffen auf den vermeintlich angestrebten Synkretismus. In Wahrheit konnte davon schon deshalb keine Rede sein, weil die Gebete an verschiedenen Orten stattfanden.[76] Die Traditionalisten um Erzbischof Lefebvre etwa sahen im Treffen von Assisi eine Perversion der „wahren Religion" – und zugleich eine authentische Manifestation von Wojtyłas Denken, die zeige, wie weit sich der Papst von der katholischen Tradition entfernt habe. Don Divo Barsotti, eine spirituelle Figur in Italien, schrieb dem Papst, um seine Kritik am Weltgebetstreffen wegen der dadurch ausgelösten Synkretismus-Gefahr auszudrücken. Auch Giuseppe Dossetti wollte in Assisi synkretistische Elemente wahrgenommen haben und ging mit der gesamten Veranstaltung hart ins Gericht.[77] Der waldensische Theologe Paolo Ricca wiederum wies auf den Eventcharakter des Gebetstreffens hin und machte auf den Widerspruch aufmerksam, nicht gemeinsam, sondern an getrennten Orten zu beten. Kardinal Oddi, der Päpstliche Legat für die Basilika des Heiligen Franziskus, meinte sogar, einem folkloristischen Ereignis beizuwohnen, und kritisierte die Tatsache, dass den Buddhisten eine Kirche zur Verfügung gestellt worden war, um zu beten. Gianni Baget Bozzo bemerkte daher, in Assisi hätten sich „Einheit und Spaltung zugleich manifestiert". Er konstatierte einen „diplomatischen" Erfolg Wojtyłas, stellte aber auch die Frage in den Raum, ob es sich letztlich um ein „gro-

[76] Kritisiert wurde vor allem die Vermischung der Gebete in Assisi. Am umstrittensten waren ein buddhistisches Gebet, das in einer Kirche stattfand, sowie vermutlich das Schlussgebet.

[77] Gespräch des Autors mit Divo Barsotti und Alberto Melloni.

ßes Spektakel oder um ein historisches Ereignis“ gehandelt habe.[78]

Das Treffen von Assisi führte aller Welt gewissermaßen den moralischen Primat des Papstes vor Augen, wie Wojtyła ihn erlangt hatte. Rom war in der Lage, die Führer der christlichen Kirchen und aller anderen Religionen an einen Tisch zu bringen. Der anglikanische Erzbischof Runcie erklärte gegenüber dem Papst: „Nur das Petrusamt konnte eine solche Versammlung einberufen.“[79] Johannes Paul II. offenbarte mit dem Treffen von Assisi nicht zuletzt die religiöse Dimension des Einsatzes für den Frieden. Er glaubte an die Kraft des Gebets für den Frieden, an die „innere Verbindung zwischen einer authentischen religiösen Haltung und dem hohen Gut des Friedens“. So sagte er nach 1989: „Wir haben in Assisi nicht umsonst gebetet.“ Darüber hinaus bezog sich Johannes Paul II. nicht nur gern auf den „Geist von Assisi“, sondern setzte sich auch für die Fortsetzung des Weltgebetstreffens ein. Damit stärkte er die Arbeit der Gemeinschaft Sant'Egidio, die in diesem Sinn Jahr für Jahr Begegnungen mit Vertretern aller Religionen organisiert, in der Überzeugung, der Geist von Assisi müsse sich ausbreiten und dürfe keine isolierte Erscheinung bleiben.[80] 1988 schrieb Johannes Paul II. anlässlich eines solchen Treffens:

> Unsere Gebete, unser Wunsch nach Frieden, scheinen klein angesichts der sich ausbreitenden Logik der Macht, und dennoch sind sie eine wertvolle Quelle spiritueller und menschlicher Energien. Sie bewahrt die Welt vor dem

---

[78] Vgl. G. Baget Bozzo, Un giorno di pace nel nome di Wojtyła, in: „La Repubblica“ v. 8.10.1986; Ders., Quel calumet fumato ad Assisi, in: „La Repubblica“ v. 29.10.1986.

[79] Gespräch des Autors mit Johannes Paul II.

[80] Vgl. J.-D. Durand, Lo Spirito di Assisi. Discorsi e messaggi di Giovanni Paolo II alla Comunità di Sant'Egidio. Un contributo alla storia della pace, Mailand 2004.

Verderben durch Gewalt und inspiriert und ermutigt alle, die Frieden stiften. Die Welt braucht Friedensstifter.

In Assisi offenbarte sich ein charakteristischer Zug von Wojtyłas Botschaft: Die Christen durften ihre Identität nicht in der Auseinandersetzung mit anderen Religionen verlieren. Gleichwohl konnten sie in Frieden zusammenleben und die religiöse Dimension dieses Zusammenlebens kundtun, insbesondere im Gebet. Diese Botschaft ist zu einem wichtigen Angebot an eine Gegenwart geworden, in der Menschen unterschiedlicher Religionen zusammenleben; in der Nichtchristen in Länder mit alter christlicher Tradition kommen; in der Völker und Religionen nebeneinander leben, die über Jahrhunderte hinweg keinen Kontakt zueinander hatten.

Die Prüfung des Heiligen Landes

Die Reise Johannes Pauls II. ins Heilige Land im Jahr 2000 war insofern ein Höhepunkt seines Pontifikats, als doch gerade hier das friedliche Zusammenleben unterschiedlicher Nationen und Religionen seit mehr als einem halben Jahrhundert ein ungelöstes Problem darstellte. Während seiner Reise gelang es dem Papst, scheinbar Widersprüchliches miteinander in Einklang zu bringen: das traditionelle Interesse des Vatikans an der palästinensischen Frage, die Pilgerfahrt zu heiligen Orten des Christentums, eine Botschaft an das Herz Israels. Der Besuch fand am Vorabend einer zweiten Intifada statt. Die Pilgerreise ins Heilige Land zeigte, dass das Volk des alten Bundes für Wojtyła sein Erstgeburtsrecht nie verloren hatte: Der Bund war unauflöslich bestehen geblieben, wie Johannes Paul II. seit November 1980 immer wieder betonte. Ebendies hatte der Papst auch in der römischen Synagoge zum Ausdruck gebracht, als er von den Juden als den „älteren Brüdern" sprach (auch wenn manche römische

Juden dies als Anspielung auf Esau verstehen wollten, jenen älteren Bruder, der das Erstgeburtsrecht verloren hatte). Die Position des Papstes unterschied sich damit erheblich von der Ansicht katholischer Traditionalisten, in deren Augen die „blinde Synagoge" für immer ihr Erstgeburtsrecht eingebüßt hatte.

Der Papst war sich bei seinem Besuch im Heiligen Land bewusst, im Verhältnis zum Judentum ein neues Kapitel aufzuschlagen.[81] Dies war auch der Grund dafür, einen Bischof zu ernennen, der ausschließlich für die in Israel lebenden Katholiken jüdischer Herkunft zuständig sein sollte – eine kleine, aber nicht unbedeutende Gemeinde, der die palästinenserfreundliche Gesinnung des Lateinischen Patriarchen von Jerusalem, Michel Sabbah, Unbehagen bereitete. Die Ernennung dieses palästinensischen Patriarchen im Jahr 1987 hatte erstmals die Folge von Patriarchen italienischer Herkunft durchbrochen und stattdessen der lokalen Dimension den Vorzug gegeben. Später allerdings sollten Vorbehalte gegenüber dieser einseitigen Betonung des nationalen Elements laut werden. Immerhin handelte es sich um eine vielgestaltige, international zusammengesetzte katholische Gemeinschaft, zu der katholische Juden ebenso gehörten wie etwa auch eingewanderte Gläubige von den Philippinen. Johannes Paul II. zeigte sich sensibel für die Lage der Palästinenser, auch wenn er Arafat 1982 mit einiger Befangenheit im Vatikan empfing. Im Jahr 2002 forderte er den israelischen Ministerpräsidenten Sharon auf, die Angriffe auf den Sitz der Palästinenserbehörde einzustellen. Während seines Besuchs in Israel bemerkte Wojtyła, dass ihm die Juden eine besondere Aufmerksamkeit entgegenbrachten, ja, er meinte in ihrem Interesse sogar eine Art „Sehnsucht nach einem Hohepriester" wahrzunehmen.[82] Tatsächlich hatte die Reise ins Heilige Land

---

[81] Gespräch des Autors mit Johannes Paul II.

[82] Gespräch des Autors mit Johannes Paul II. sowie mit Stanisław Dziwisz.

große Auswirkungen auf die öffentliche Meinung in Israel und in der jüdischen Welt insgesamt.

Es war Johannes Paul II., der den Staat Israel 1993 offiziell anerkannte, nachdem alle seine Vorgänger diesem Schritt ausgewichen waren. Bereits während seines Besuchs in der römischen Synagoge 1986 war er mit einer entsprechenden Bitte konfrontiert worden. Und nach seiner Auffassung gab es keinen Grund, den Staat Israel nicht anzuerkennen. Doch es gab politische und diplomatische Schwierigkeiten, an deren Klärung er geduldig arbeitete, ohne gleich dem Druck nachzugeben, der unter anderem von amerikanischen Kreisen (etwa durch Präsident Reagan persönlich) und aus Israel auf ihn ausgeübt wurde. So war es letztlich seine persönliche Entscheidung, den Staat anzuerkennen, auch wenn der Verhandlungsprozess mit den Israelis noch nicht abgeschlossen war und keineswegs alle Probleme gelöst waren. Durch den Akt der Anerkennung wurden Heiliges Land und Judentum nicht in eins gesetzt, auch wenn er den Heiligen Stuhl dazu verpflichtete, gegen jede Form des Antisemitismus vorzugehen. So oder so war der Papst überzeugt, dass es notwendig war, Israel anzuerkennen, nicht zuletzt deshalb, weil der Heilige Stuhl aus seiner Sicht Beziehungen zu allen Staaten unterhalten musste. Zugleich verspürte er tiefes Verständnis für das Sicherheitsbedürfnis Israels, das aus der Tragödie der Shoah zu erklären war: „Das war [...] auch meine persönliche Erfahrung, eine Erfahrung, die ich heute noch in mir trage."[83] Der Besuch im Heiligen Jahr 2000 bot Johannes Paul II. die Gelegenheit, seine eigene Vision für eine zerrissene Region vorzustellen, in der das Christentum nur eine kleine Minderheit bildete.

Die israelische Öffentlichkeit wie die Juden in aller Welt konnten zufrieden sein, dass der Papst sie in ihrer eigenen Überzeugung feierlich unterstützte: „Der Antisemitismus ist

[83] Johannes Paul II., Die Schwelle der Hoffnung überschreiten, S. 124.

eine große Sünde gegen die Menschheit." Im Jahr 2001 schließlich veröffentlichte die Päpstliche Bibelkommission unter Kardinal Ratzinger ein wichtiges (wenn auch weitgehend unbekannt gebliebenes) Dokument: „Das jüdische Volk und seine Heilige Schrift in der christlichen Bibel."[84] Diese bedeutende Schrift untermauerte die Einheit von Altem und Neuem Testament auf theologischer Ebene. Es richtete sich damit gegen die Trennung des christlichen Glaubens von der hebräischen Bibel – ein Trugbild, das in der Geschichte des Christentums immer wieder auftauchte und beispielsweise in der Zwischenkriegszeit die Grundlage jener nationalsozialistischen Arisierung des Christentums bildete, die schreckliche Konsequenzen nach sich zog. Das Dokument war also insgesamt eine wichtige theologische Basis für die Beziehungen zwischen Juden und Christen – beide wussten sich im „reichen Erbe vereint".

Den Palästinensern wiederum entging nicht, mit welcher Anteilnahme der Papst seinen Besuch in Betlehem absolvierte, das sich auf palästinensisch kontrolliertem Boden befand. So war es gerade dieser Besuch im Heiligen Land, in dessen Zentrum die Pilgerfahrt zu den heiligen christlichen Stätten stand, der Wojtyłas besondere „Diplomatie" offenbarte. Sie bestand darin, dass der Papst sich selbst treu blieb, seine eigene Botschaft verkündete und dabei die Beweggründe der verschiedenen Parteien verstand, sich aber nicht auf die eine oder andere Seite ziehen ließ, sondern die unterschiedlichen Standpunkte in einer eigenen, unpolitischen Vision gleichsam transzendierte.[85] Dies war freilich nicht das Resultat geschickter Diplomatie, sondern die Leistung dieses phänome-

---

[84] Päpstliche Bibelkommission, Das jüdische Volk und seine Heilige Schrift in der christlichen Bibel, Vatikanstadt 2002.

[85] Vgl. A. Kapeliouk, Yassir Arafat. Die Biografie, Heidelberg 2005. Die palästinensische Regierung unterzeichnete ein Abkommen mit dem Heiligen Stuhl, in dem unter anderem der Wunsch festgeschrieben wird, eine angemessene Lösung für Jerusalem zu finden.

nologisch denkenden, spirituellen und menschlichen Papstes, der nunmehr alt und krank war. Auf diese Weise gelang es Johannes Paul II., mit Israel zu sprechen, ohne die Palästinenser zu übergehen.

Die Vielfalt leben und die Identität wahren

Johannes Paul II., der zwischen Jerusalem und Assisi die unterschiedlichsten Brennpunkte aufsuchte, war nicht nur ein Papst der Begegnung mit den Religionen, sondern auch das Oberhaupt einer Kirche in einer multireligiösen Welt. Dieser Umstand sorgte für ganz neue Fragen an die Theologie und für Antworten, die mit der traditionellen Lehre der Kirche auf den ersten Blick nicht vereinbar zu sein schienen, drohten sie doch scheinbar eine Relativierung der christlichen Wahrheit nach sich zu ziehen. Dabei ging es nicht nur um das Verhältnis zu Judentum oder Islam, sondern vor allem um die Auseinandersetzung mit den fernöstlichen Religionen und dem Hinduismus und damit um die Frage der Relativierung der christlichen Offenbarung als solcher. Im erwähnten Interview mit Vittorio Messori bemerkte Johannes Paul II.: „Der Buddhismus ist in erheblichem Maß ein ‚atheistisches' System."[86] Und er warnte die Christen vor den Gefahren der östlichen Meditation, zu der sich 1989 bereits die Kongregation für die Glaubenslehre geäußert hatte. Hinzukam, dass der Papst und die Kongregation sich über die Theologisierung des religiösen Pluralismus bereits seit längerem Sorgen machten, die die heilsbringende Botschaft des Christentums zu unterhöhlen drohte. Daneben waren es insbesondere Strömungen in Indien und innerhalb der indischen Theologie der Religionen, die den Vatikan in diesen Jahren beunruhigten. Es war

[86] Johannes Paul II., Die Schwelle der Hoffnung überschreiten, S. 113.

dieses Klima, in dem schließlich 2000 die Erklärung „Dominus Iesus" veröffentlicht wurde.
Das Dokument beschwor zunächst die „Einzigkeit und Universalität des Heilsmysteriums Jesu Christi" mit den Worten: „Diese Glaubenswahrheit nimmt nichts von der Tatsache weg, dass die Kirche die Religionen der Welt mit aufrichtiger Ehrfurcht betrachtet, schließt aber zugleich radikal jene Mentalität des Indifferentismus aus, die durchdrungen ist von einem religiösen Relativismus, der zur Annahme führt, dass ‚eine Religion gleich viel gilt wie die andere'". Kardinal Ratzinger sagte zur Entstehung des Dokuments später:

> Es ist verständlich, dass sich in einer Welt, die immer mehr zusammenwächst, auch die Religionen und Kulturen begegnen. Dies führt nicht nur zu einer äußeren Annäherung von Menschen unterschiedlicher Religionen, sondern auch zu einem gesteigerten Interesse gegenüber unbekannten religiösen Welten. In diesem Sinn ist es, im Hinblick auf das gegenseitige Kennenlernen also durchaus legitim, von einer gegenseitigen Bereicherung zu sprechen. Dies hat jedoch nichts damit zu tun, dass der christliche Glaube seinen Anspruch aufgibt, von Gott in Christus die letztgültige und vollständige Offenbarung des Heilsgeheimnisses erhalten zu haben und dass daher diese indifferentistische Mentalität ausgeschlossen werden muss.

Bereiteten die theologischen Überzeugungen Ratzingers der Öffnung eines dialogwilligen, zur Improvisation fähigen und universalistisch orientierten Papstes ein Ende? Die Erklärung „Dominus Iesus" über die „Einzigkeit und Universalität des Heilsmysteriums Jesu Christi" und der Kirche wurde im August 2000 veröffentlicht, wenige Monate nach Wojtyłas wichtiger Reise ins Heilige Land. Es schien wie ein kräftiger „Schlussstrich" unter die Ereignisse zwischen dem Treffen in

Assisi 1986 und dem Besuch in Jerusalem 2000. Interessant ist in diesem Zusammenhang die Geschichte des Dokuments. Der Papst von Assisi und der Sachwalter des ökumenischen Gedankens war vor allem mit Blick auf Asien und den Einfluss, den die fernöstlichen Religionen im Westen geltend machten, in Sorge. Auch war es Johannes Paul II. aufgefallen, dass sich die christliche Sendung vom inklusiven Charakter des Hinduismus fast schon entmutigen ließ. Er selbst war es daher, der die Kongregation für die Glaubenslehre bat, eine entsprechende Erklärung für das Jahr 2000, das christologische Jubiläumsjahr, auszuarbeiten. Nach der Veröffentlichung von „Dominus Iesus" gab es viel Kritik (und heftige Reaktionen in christlichen und jüdischen Kreisen), doch der Papst verteidigte wiederholt den Text, um zu verhindern, dass man ihn allein Ratzinger zur Last legte.[87] Möglicherweise erinnerte er sich nun daran, dass Ratzinger einige Jahre zuvor, im Zusammenhang mit der Befreiungstheologie, bereits den „Mythos" beklagt hatte, dass es sich bei einer Entscheidung der Glaubenskongregation „nur um ein Dokument des Präfekten handelte, der versuchte, seine Theologie in der Kirche durchzusetzen", während der „Heilige Vater hintergangen worden und nicht einverstanden gewesen sei".[88] Hinsichtlich des Inhalts der Lehre war der Papst unnachgiebig. Nach der Kritik an „Dominus Iesus" wollte Johannes Paul II. die Erklärung öffentlich verteidigen. Der Kongregation für die Glaubenslehre teilte der Pontifex mit:

> Die christliche Offenbarung und das Mysterium Jesu Christi und der Kirche verlieren ihren Charakter als absolute Wahrheit und heilsbringende Universalität oder zumindest wird der Schatten eines Zweifels und der Unsi-

---

[87] Es war die Entscheidung des Papstes, den Text vor dem Angelusgebet öffentlich zu verteidigen.
[88] Siehe La dichiarazione Dominus Iesus a dieci anni dalla promulgazione, hg. v. M. Gagliardi, Turin 2010.

cherheit auf sie geworfen. Um dieser sich zunehmend verbreitenden relativistischen Mentalität Einhalt zu gebieten, gilt es, den letztgültigen und vollständigen Charakter der Offenbarung Jesu Christi zu bekräftigen.

Festzuhalten ist, dass sich Wojtyła intensiv darum bemühte, das „gemeinsame grundlegende Element“ der Religion zu erfassen. „Wir sollten uns daher nicht so sehr wundern, dass die Vorsehung eine so große Verschiedenheit an Religionen erlaubt, als vielmehr über die zahlreichen gemeinsamen Elemente staunen, die sich in ihnen wiederfinden“, heißt es in dem erwähnten Interview-Buch.[89] Hier war der Geist von Assisi fest verankert. Der Papst freilich glaubte unerschütterlich an Christus, den „einzige[n] Mittler zwischen Gott und dem Menschen“.[90] Es ist daher auch nicht erstaunlich, wenn Johannes Paul II. die Verbreitung eines universalen Katechismus anstrebte und sich von katechetischen Texten einzelner Nationalkirchen distanzierte, da sie ihm nicht deutlich genug erschienen und er den Glauben „rein“ vermitteln wollte. Johannes Paul II. war überzeugt, dass erst einer klaren und gelebten christlichen Identität eine wahrhaft universale Dienstbarkeit entspringe. Und er schloss: „Für all diese Völker ist Christus auf die Welt gekommen. Er hat sie alle erlöst und verfügt heute gewiss über seine eigenen Wege, um in der gegenwärtigen eschatologischen Etappe der Heilsgeschichte jedes dieser Völker zu erreichen.“[91]
Der Papst der christlichen Identität und der Mission war gleichermaßen auch ein Papst des Dialogs und der Begegnung. Er war überzeugt, dass gerade eine stabile Identität die Grundlage einer Sendung sei, die mit den Mitteln des Dialogs und der Begegnung das Zusammenleben der Völker in Frieden

[89] Johannes Paul II., Die Schwelle der Hoffnung überschreiten, S. 110.
[90] Ebenda, S. 109.
[91] Ebenda, S. 111.

fördere. Lag darin ein Widerspruch? Ein Großteil der öffentlichen Meinung im Westen sah das so. Nicht jedoch Wojtyła, der mit Gesten und Worten das interpretierte, was er als Mission des Christen bezeichnete: das Evangelium zu verkünden und Menschen wie Völkern bei ihrem Zusammenleben zu helfen. Vor der Kurie sagte er nach dem Treffen von Assisi, man müsse „jenen großartigen Plan der Einheit" umsetzen, „der die Schöpfung leitet".

Der Papst, der in den ersten Jahren des Pontifikats die Herausforderungen durch den kommunistischen Atheismus und die fortschreitende Säkularisierung der westlichen Welt zu bestehen hatte, sah sich nun einem extremen Pluralismus gegenüber, der sich auf allen Kontinenten durchsetzte. Und ihm war klar, wie gut sich die fernöstlichen Religionen mit ihrer spezifischen missionarischen Ausprägung in den relativistischen Säkularismus des Westens einfügten.[92] Dies war der neue Horizont, der sich in den neunziger Jahren vor den Augen Johannes Pauls II. öffnete. In ihm schienen sich Osten und Westen mehr zu vereinen, mitunter aber auch zu verlieren. Speziell die fernöstlichen Religionen durchliefen einen Wandel und gewannen im Westen eine immer stärkere missionarische Dimension, die Spannweite des Pluralismus nahm zu. In Asien wiederum machte man sich in Wirtschaft, Kultur und Lebensstil nun verstärkt jene westlichen Modelle zu eigen, die man in der Zeit des Kolonialismus entschieden abgelehnt hatte. So riss die Globalisierung in den neunziger Jahren viele Schranken ein. Zugleich beförderte sie aber auch die Ausprägung neuer oder erneuerter Identitäten, die sich zum Teil auf aggressive oder fundamentalistische Weise durchzusetzen suchten. Die (nicht nur geopolitisch verstandene) Weltordnung, wie sie sich nach dem Zweiten Welt-

---

92 S. Magister, Giovanni Paolo II e le religioni, da Assisi alla Dominus Jesus, in: Andate in tutto il mondo. I Vaticanisti italiani raccontano Giovanni Paolo II, Bologna 2004, S. 127–144.

krieg herausgebildet hatte und durch die Prozesse der Entkolonialisierung gestärkt worden war, hatte sich seit der Zeit des Zweiten Vatikanums verändert. Dass Wojtyła die christliche Identität so stark herausstrich, war ungewöhnlich in einer Welt, in der alles relativ und austauschbar erschien. War er also doch ein Papst der Restauration in einer nunmehr für seine vereinfachende Sicht zu komplexen Welt? Wofür Johannes Paul II. vor allem stand, das war zunächst die althergebrachte Aussage des christlichen Glaubens. Dabei klang durchaus noch die Unnachgiebigkeit gegenüber den modernen Entwicklungen des 19. und 20. Jahrhunderts mit. Zugleich engagierte er sich jedoch für eine neue Form des christlichen Zeugnisses angesichts einer Welt der vielen Religionen, die durch die Säkularisierung keineswegs verschwunden, sondern in neuer Weise lebendig geworden waren. Der Papst, der gegen Atheismus und Säkularisierung gekämpft hatte, war ein Zeuge für die Wahrheit seines Glaubens und zugleich ein Diener des Friedens und der Begegnung zwischen den verschiedenen Religionen. Johannes Paul II. fühlte und lebte die Vielfalt der kirchlichen Sendung in der Welt eines neuen Pluralismus. Bereits in den neunziger Jahren wurde diese Welt des 21. Jahrhunderts in ihren Umrissen erkennbar.

XII

Charismatische Herrschaft

Der Nachfolger des Reformpapstes

Papst Paul VI. hatte während seines Pontifikats versucht, eine tiefgreifende Reform der Kirchenregierung auf den Weg zu bringen. Damit verfolgte er ein Ziel, das er bereits vor dem Zweiten Vatikanischen Konzil formuliert hatte. Drei Jahrzehnte hatte Montini in der Kurie verbracht und von 1937 bis 1954 überdies eine Sektion des Staatssekretariats geleitet; er mochte den römischen Kirchenstil nicht und hielt Änderungen für unausweichlich. Die Kirchenregierung durch Rom musste in seinen Augen ein Dienst an der universalen Kirche sein. Die katholische Kirche durfte nicht zu einer Föderation oder einer bloßen Gemeinschaft von Nationalkirchen werden. Rom sollte den Primat daher behalten, musste aber zugleich ein anderes Gesicht bekommen, moderner und internationaler werden, sodass sich die aus aller Welt kommenden Bischöfe hier zuhause fühlen und einen direkten Kontakt mit den vatikanischen Dikasterien pflegen konnten. Darüber hinaus sollte sich die Kurie ganz grundsätzlich einer weitergehenden Mitwirkung öffnen. Montinis Kurienreform wollte die vatikanische Regierung einerseits modernisieren und die Arbeit der Dikasterien andererseits besser koordinieren. So sollte dem Staatssekretär (und dem gesamten Sekretariat) im Verhältnis zu den Leitern der einzelnen Dikasterien gewissermaßen der Status eines Premierministers eingeräumt werden, auch wenn die Versammlung der päpstlichen „Minister" unter Montini noch eine geringere Rolle spielte als später unter Wojtyła. Das alte Heilige Offizium, nun in Kongregation für die Glaubenslehre umbenannt, spielte seit Paul VI.

nicht mehr die dominante Rolle, die es vor dem Konzil noch hatte beanspruchen dürfen. Auf der Rangliste der Dikasterien und der Behörden nahm das Staatssekretariat inzwischen uneingeschränkt die erste Stelle ein.
Möglicherweise übten speziell die internationalen Organisationen eine gewisse Faszination auf Paul VI. aus und beeinflussten die Reformschritte im Einzelnen. Montinis moderner Kurs war jedenfalls eine Antwort auf die Erfordernisse der fünfziger und sechziger Jahre, und sie war darauf ausgerichtet, mit den traditionellen Methoden einer zu römischen Kurie und dem in ihr herrschenden Klima zu brechen. Paul VI. verstand sich selbst als „Reformpapst", war er doch fest entschlossen, einige Aspekte der Kirche zu verändern, um sie den Menschen der Gegenwart näher zu bringen. Doch ausgerechnet seit dem Ende der sechziger Jahre sollte sich in der Gesellschaft eine Modernität Bahn brechen, die weitaus bewegter war, schillernd und individuell. Durch ihren Willen, radikal mit dem Alten zu brechen, wurde jedes evolutionäre Reformvorhaben für ihre Vertreter obsolet. Überdeutlich wurde dies in der 68er-Bewegung in all ihren Erscheinungsformen, den mit ihr verbundenen anthropologischen Wandlungsprozessen, den Träumen von Veränderung, dem Siegeszug des Subjektivismus, aber auch dem politischen Extremismus.
Paul VI. verkörperte gleichsam den Genius italienischen Regierens. Ausgerechnet Gorbatschow fand in seiner Rede auf dem Kapitol passende Worte für das, was er als die „magische Kraft des italienischen Prinzips" bezeichnete. Dieses Prinzip, so der sowjetische Staatschef, scheine in „seiner Universalität zu liegen, in seiner Fähigkeit, alle Seiten der Existenz zu durchdringen [...], in seinem natürlichen Pluralismus, in dem Bestreben, jeden Gesichtspunkt zu verstehen und doktrinäres Verhalten zu vermeiden". In diesem Sinne war Paul VI. ein universal denkender und handelnder Italiener, der stets darauf bedacht war, seine Strategien schrittweise umzusetzen

und dabei unterschiedliche Elemente zu kombinieren – und dies in einer Zeit, in der das Regieren keine leichte Aufgabe war. So versuchte er, die Strukturen einer internationalisierten Kurie optimal zu entwickeln. Seine lehramtlichen Entscheidungen bewegten sich ganz auf der Linie des Zweiten Vatikanischen Konzils, das er leitete und zum Ende führte. Er unternahm wichtige Reisen innerhalb und außerhalb Europas und entwickelte auch damit den Stil seiner Vorgänger weiter, die – mit Ausnahme Johannes' XXIII., der eine kurze Reise innerhalb Italiens gemacht hatte – nie über die Grenzen Roms oder Castel Gandolfos hinausgekommen waren.[1] Wojtyła war voller Bewunderung für Paul VI. und dessen Fähigkeit, trotz aller Schwierigkeiten standhaft zu bleiben: „Als Steuermann der Kirche, des Schiffes des Petrus, verstand er es auf providentielle Weise, Ruhe und Ausgeglichenheit auch in den kritischsten Augenblicken zu bewahren, wenn es schien, als werde das Schiff von innen her erschüttert", schrieb er in seiner Enzyklika „Redemptor Hominis".[2] Zugleich dachte Johannes Paul II. jedoch nicht daran, die Strukturen der Kirchenregierung institutionell zu erneuern, auch nicht in Form eines Bischofsrats neben dem Papst. Zu klären blieb freilich die Frage des Ausschlusses aller über achtzigjährigen Kardinäle von der Papstwahl. Diese Regelung war von Montini eingeführt worden und hatte während der beiden Konklaven 1978 für erhebliche Verstimmung im Kardinalskollegium gesorgt. Unmittelbar nach seiner Wahl empfing Johannes Paul II. Kardinaldekan Confalonieri und die Kardinäle, die aus Altersgründen nicht am Konklave teilgenommen hatten.[3] Möglicherweise hatte Paul VI., neben seinem Willen zur Strukturreform, auch ein strategisches Motiv zu diesem

[1] Vgl. A. Riccardi, Il potere del papa da Pio XII a Giovanni Paolo II, Rom 1993. Siehe auch A. Tornielli, Paolo VI. L'audacia di un papa, Mailand 2009.
[2] Johannes Paul II., Enzyklika Redemptor Hominis, Kevelaer, Würzburg [1979], S. 8.
[3] Vgl. C. Confalonieri, Momenti romani, Rom 1979.

Schritt bewogen: das Kalkül nämlich zu verhindern, dass die „Römer", die für ihren Widerstand gegen Montinis Entscheidungen bekannt waren, weiterhin ein übergroßes Gewicht im Konklave hatten. Wären die über Achtzigjährigen zur Papstwahl zugelassen worden, wäre dies aller Wahrscheinlichkeit nach Kardinal Siri zugute gekommen.

Offensichtlich bereitete der Ausschluss der alten Kardinäle Johannes Paul II. ein gewisses Unbehagen. Letztlich bestätigte er jedoch die von Montini eingeführte Regelung. Als einige Kardinäle den Papst 1987 bedrängten, die Altersgrenze für die Teilnahme am Konklave wieder aufzuheben, habe der Papst, so Kardinal Oddi, ihnen entgegnet, „es sei ihm nicht danach, die von Paul VI. eingeführte Norm zu ändern. ‚Vielleicht wird das mein Nachfolger tun', soll er gesagt haben."[4] Wojtyła war nicht der Mann, um Institutionen oder Regelwerke zu reformieren. Gleichwohl empfand er großen Respekt vor den Kardinälen und Bischöfen. Oft erlaubte er ihnen, über die eigentlich festgeschriebene Altersgrenze hinaus im Amt zu bleiben, so etwa Kardinal Siri von Genua. Der Respekt, den der Papst den Bischöfen grundsätzlich entgegenbrachte, zeigte sich zu Beginn seines Pontifikats auch im Zusammenhang mit der Verabschiedung des neuen Codex Iuris Canonici, des kirchlichen Gesetzbuchs. Die Bischofskonferenzen aus drei Ländern ersuchten den Papst um die Revision einzelner Regelungen. Kardinalstaatssekretär Villot empfahl Johannes Paul II., nicht auf die Änderungswünsche einzugehen, und hielt ihm überdies die progressive Haltung der entsprechenden Konferenzen vor Augen. Doch der Papst akzeptierte ihre Wünsche.

Wojtyła war sehr wohl in der Lage, Entscheidungen zu treffen, die für die Kurie ungewöhnlich waren – allerdings betrafen sie nicht in erster Linie Strukturen und Institutionen. Er

---

[4] S. Oddi, Il tenero mastino di Dio. Memorie del cardinale Silvio Oddi, hg. v. L. Brunelli, Rom 1998, S. 164.

respektierte die Meinungen der Bischöfe, vor allem der Kardinäle, auch wenn sie nicht auf derselben ‚Wellenlänge' waren wie er. Mit einiger Neugier fragte Casaroli einmal den Vorsitzenden der italienischen Bischofskonferenz, den Turiner Erzbischof Ballestrero: „Aber was sagen Sie dem Papst, Eminenz?" Der Kardinal antwortete: „Das, was ich denke, und was auch Sie denken, nur dass Sie es ihm nicht sagen." Casaroli fügte hinzu: „Ich glaube, dass das auch so ist, denn neulich sagte mir der Papst: Also dieser Kardinal Ballestrero muss die Kirche wirklich gernhaben, denn er spricht zum Papst in einer Weise, von der ich nicht weiß, woher er den Mut dazu nimmt!"[5]

Tatsächlich saß auf dem Stuhle Petri seit 1978 ein Mann, der durchaus seine eigenen Vorstellungen hatte, sich aber auch bewusst war, dass es unterschiedliche Ideen und Empfindlichkeiten gab, die jeweils ihre eigene Berechtigung hatten. Gerade deshalb war es wichtig, Anderen zu begegnen: „Der Papst ist sehr persönlich", hat Villot bemerkt. Wojtyła bemühte sich, diese sehr persönliche Dimension während seines gesamten Pontifikats zu entfalten. Doch wie wurden die vielfältigen Begegnungen in konkretes Regierungshandeln und Entscheidungen umgesetzt? In welcher Weise schlugen sich die Kontakte, die der Papst pflegte, in seiner Amtsführung nieder? Diese Fragen stellte man sich in vatikanischen Kreisen häufig. Man konnte sie buchstäblich auf den Lippen des irritierten Villot ablesen, der schon unter Paul VI. gearbeitet und einen französischen Blick auf die Kurie hatte: „Wegen seiner Sprachkenntnisse nimmt niemand von uns an seinen Privataudienzen teil [...]. Diese Praxis macht es seinen Mitarbeitern nicht unbedingt leichter."[6]

Der Tradition nach musste jede päpstliche Handlung eine gewisse Relevanz aufweisen, wenn nicht in eine Entscheidung

---

[5] A. Ballestrero, Autoritratto di una vita, Rom 2002, S. 308.

[6] A. Wenger, Le cardinal Jean Villot (1905–1979), Secrétaire d'État de trois papes, Paris 1989, S. 259f.

münden; jede Begegnung hatte entweder die Billigung einer Angelegenheit oder den Erlass einer Anordnung zur Folge. Nach einem althergebrachten Procedere setzte der Papst die Normen – sowohl auf realer als auch auf symbolischer Ebene, wie etwa während des Pontifikats Pius' XII. Trotz aller Reformschritte hatte sich daran auch unter Paul VI. nichts geändert. Johannes Paul II. wiederum war überzeugt, dass der Papst nicht in erster Linie ein Regent war, sondern vor allem ein Bischof. Sein Verhalten fügte sich in den Konzilsgedanken der „Pastoral", dem er eine hohe Bedeutung beimaß. Aufschlussreich in diesem Zusammenhang ist die programmatische erste Enzyklika Johannes Pauls II., „Redemptor Hominis". In ihr ist nicht nur das festgehalten, was der Papst in der Folge inhaltlich umzusetzen gedachte, sondern auch der Geist, in dem er das Amt antrat.

In diesem sehr persönlichen Text erklärte Wojtyła, die Kirche wolle nicht zum Triumphalismus zurückkehren. Vielmehr müsse sie zu größerer Einheit finden: zu einer Einheit im Glauben und in der Lehre, aber auch im Fühlen, das Wojtyła besonders wichtig war. Seine Aufgabe sah er vor allem darin, innerhalb der großen, brüchigen Welt des Katholizismus ein gemeinsames Empfinden zu stärken. Und tatsächlich war es keineswegs nebensächlich, aus der großen katholischen Kirche, ihren vielen Institutionen, den verschiedenen Episkopaten, Bewegungen und Strömungen, den vielen Debatten, aus dieser oft widersprüchlichen Welt also, eine Gemeinschaft zu formen, die von einem einheitlichen Geist getragen wurde. Dies war, wie Johannes Paul II. bemerkte, auch deshalb notwendig, um die Kirche zum Dialog zu befähigen – in dem Bewusstsein, dass der Geist auch außerhalb der Kirche wirke. Ohne ein gemeinsames Empfinden *ad intra* waren für den Papst weder eine Mission noch ein Dialog *ad extra* möglich. Darin bestand seine Vision.

Der Weg der Kirche führte durch die gemeinsame Geschichte der Welt, mehr noch: Der Mensch selbst war der Weg der Kir-

che – Worte, die berühmt werden sollten. Deshalb musste die Kirche allen Menschen Gehör schenken, so wie sich dies auch in der aufmerksamen Haltung des Papstes gegenüber der Welt um ihn herum ausdrückte. Gleichwohl durfte die Kirche bei diesem Dialog nicht die Gewissheit über ihren eigenen Glauben verlieren. Wenn diese Gewissheit aber zu einem festen Bezugspunkt, zur Identität werde, könne sich die Kirche allen Menschen öffnen. Zu Recht hat Kardinal Bertone darauf hingewiesen, dass Wojtyłas Pontifikat in „ungebrochener Kontinuität zum Glauben der katholischen Kirche" stand, „mit ihrer traditionellen und gefestigten Lehre", auch wenn es sich durch eine Bereitschaft zum Dialog auszeichnete.[7] Bereits in der ersten Enzyklika findet sich eine Bemerkung, die in diesem Zusammenhang außerordentlich aufschlussreich ist: „Wir müssen aber immer der Wahrheit eingedenk sein, dass jede Initiative nur so sehr der echten Erneuerung der Kirche dient [...], wie sie sich auf das volle Bewusstsein der Berufung und der Verantwortung für diese besondere, einzigartige und unwiederholbare Gnade gründet [...].[8]
Diese Formulierung war nicht zufällig gewählt. Vereinfacht gesagt wollte Johannes Paul II. damit zum Ausdruck bringen, dass jede Initiative wahrhaftig sein, mit persönlicher Anteilnahme gelebt und einer tiefen Berufung entsprungen sein müsse. Hier liegt ein wichtiger Schlüssel zum Verständnis des persönlichen Engagements Karol Wojtyłas: Der Papst glaubte an das, was er tat und was er sagte. Gewiss wäre es absurd zu behaupten, seine Vorgänger hätten dies nicht getan. Doch mit Wojtyła kam die zusätzliche Dimension einer persönlichen Authentizität ins Spiel, die sich in Inhalt und Form seiner Amtsausübung offenbarte. Wenn ein Slawe, ein Pole zudem, wenn ein Seelsorger und ein Mann, der totalitäre Regime

---

[7] Vgl. La dichiarazione del cardinale Tarcisio Bertone al Processo di beatificazione e canonizzazione del Servo di Dio Giovanni Paolo II, Bd. 4, S. 41.
[8] Johannes Paul II., Redemptor Hominis, S. 100.

durchlebt hatte, wenn ein Europäer zum Papst gewählt worden war – mussten die Erfahrungen dieses Menschen dann nicht für sein Pontifikat bedeutsam sein? Wojtyła war von der Richtigkeit dieser Annahme überzeugt. Das bedeutete freilich nicht, dass er sich in seiner „polnischen Welt" einkapselte. Wie sich in vielen Aspekten seines Pontifikats zeigte, hegte der Papst eine Leidenschaft für die gesamte Welt: Er hatte die feste Absicht, sich den Menschen zuzuwenden, alle Facetten der Welt kennenzulernen und überall seinen Glauben zu bekunden. Er war ein Bischof mit jener missionarischen Leidenschaft, wie sie die großen Bischöfe in der Geschichte des Katholizismus stets besessen hatten.
Wojtyłas Worte und Gesten entsprangen nicht nur einer tiefen Spiritualität, sie waren auch Ausdruck seines Menschseins. Abgesehen von den etwas oberflächlichen Bildern des „sportlichen" und unkonventionellen Papstes, der geistreichen und nicht typisch kirchlichen Persönlichkeit, wie sie in der ersten Zeit des Pontifikats verbreitet wurden, gründete die Popularität Johannes Pauls II. darauf, dass ihn die Menschen als jemanden wahrnahmen, der an das glaubte, was er vertrat. Später, als Wojtyła bereits alt und krank war und dennoch unermüdlich weiterkämpfte, um sein Amt auch mit einem ihm nicht mehr vollständig gehorchenden Körper weiter auszuüben, entsprach die Wirklichkeit ganz dem Eindruck aus der ersten Zeit des Pontifikats: Der Papst zeigte sich als der, der er war.

Charisma als Form der Kirchenleitung

Das Pontifikat Johannes Pauls II. war das eines Charismatikers – oder besser gesagt eines Papstes, der sein Amt auf charismatische Weise ausübte.[9] Als oberster Leiter seiner Kirche

[9] Siehe zu diesem Thema A. Riccardi, Governo carismatico. 25 anni di pontificato, Mailand 2003. Dort habe ich eine Interpretation der Jahre unter Johannes Paul II. vorgelegt, die hier aufgegriffen und neu diskutiert wird.

hat Wojtyła viele Jahre hindurch Entscheidungen getroffen, Maßnahmen ergriffen und Ernennungen durchgeführt. Er hat ein neues kirchliches Gesetzbuch verabschiedet und damit ein Werk zum Abschluss gebracht, das bereits Johannes XXIII. im Zusammenhang mit dem Zweiten Vatikanischen Konzil begonnen hatte. 1988 erließ der Papst mit *Pastor bonus* eine neue Konstitution über die Reform der Römischen Kurie, in der er die Ausrichtung des Dienstes, den der Nachfolger Petri und alle Bischöfe leisteten, auf den letztlich einzigen Hirten, Jesus Christus, bekräftigte. Es war eine Konstitution, die, mehr als zwanzig Jahre nach derjenigen von Paul VI., die bedeutenden Reformschritte Montinis weiterführte und sie in Einklang mit den neuen Gegebenheiten brachte. Ohne Zweifel war die Kurienreform Pauls VI. ein strategisch wichtiger Punkt in seinem Pontifikat gewesen, war es doch darum gegangen, die zentrale Verwaltung der Kirche an die veränderten Bedingungen nach dem Zweiten Vatikanum anzupassen und sie in ihrer Funktion zu stärken. Im Vergleich dazu bildete die Konstitution *Pastor bonus* zwar keinen zentralen Moment im Pontifikat Johannes Pauls II., erwies sich aber gleichwohl als wichtiger Ausdruck guten Regierens. Insgesamt betrachtet ist zu betonen, dass Johannes Paul II. seine Regierung verantwortlich und umsichtig führte, er letztlich aber in erster Linie ein Papst der Pastoral war.[10]

Den komplexen Problemen der Kirche begegnete der Papst nicht nur und nicht vorrangig mit einem bestimmten Regierungshandeln, sondern mit anderen Ressourcen seines Amtes: der Lehre, der Liturgie, den Reisen und den unzähligen Begegnungen. All dies war getragen von einem starken persönlichen Charisma. So kann man zwar nicht sagen, Johannes Paul II. habe nicht wirklich regiert, wohl aber, dass ein wesentlicher Teil seiner Amtsausübung von direkten Kontakten und einer starken charismatischen Ausstrahlung geprägt

[10] Gespräch des Autors mit Kardinal Re.

wurde. Dabei ging es vorderhand um den seelsorgerischen Aspekt: die Begegnungen, die Reisen, die großen und kleinen Versammlungen, das Gebet, die Weltjugendtage, die Visiten und anderes mehr. Der Papst war von der Kunst der Begegnung beseelt und praktizierte sie bis zum Äußersten – gewissermaßen als eine Form der Askese, der er sich mit Freude unterwarf.

Charismatische Ausstrahlung war den Päpsten im 20. Jahrhundert grundsätzlich nicht fremd. Das zeigte sich etwa bei Pius XII., als er die Mission einer Erneuerung Roms und der ganzen Welt voranbrachte, deren Urheber Pater Lombardi war. Der Pacelli-Papst war sich bewusst, dass eine ordentliche Amtsausübung allein nicht genügte. Johannes XXIII. hatte, mit dem Instinkt eines vom Geiste des Tridentinums geprägten Bischofs und in jener Seelenruhe, mit der er seine Entscheidungen zu treffen pflegte, zwischen der außerordentlichen und der ordentlichen Regierung eines Papstes unterschieden. Das ordentliche Amt übte er in enger Verbindung mit dem Staatssekretär aus, das außerordentliche hingegen persönlich: mit seinen Ansprachen, den Pastoralbesuchen und einzelnen großen Entscheidungen wie etwa der Einberufung des Zweiten Vatikanischen Konzils. Paul VI. legte trotz seines Engagements in der Kirchenregierung und seiner lehramtlichen Entscheidungen ebenfalls großen Wert auf diese außerordentliche Dimension des Pontifikats, ebenso auf Reisen und symbolische Gesten.[11]

Mit Johannes Paul II. gewann diese außerordentliche Regierung des Papstes an Bedeutung, der Erfindungsgeist nahm zu, und der Kontext, in dem sie sich bewegte, erweiterte sich. Die

---

[11] Beobachtungen dazu bei A. Riccardi, Il potere del papa; Ders., Le politiche della Chiesa, Cinisello Balsamo (MI) 1997. Zu Pater Lombardi siehe G. Zizola, Il microfono di Dio. Pio XII, padre Lombardi e i cattolici italiani, Mailand 1990; und A. Riccardi, Roma „città sacra"? Dalla Conciliazione all'operazione Sturzo, Mailand 1979. Vgl. auch A. Melloni, Papa Giovanni. Un cristiano e il suo concilio, Turin 2009.

außerordentliche Regierung wurde zu einem Feld, auf dem das Charisma des Papstes in besonderer Weise wirkte. Vielleicht war es sogar von zentraler Bedeutung, ohne dass dies freilich zu Improvisationen oder Extravaganzen geführt hätte. Zwischen den ordentlichen und den außerordentlichen Aspekten des päpstlichen Handelns bestand im Grunde ein tiefer innerer Zusammenhang, der sich nach außen in einem bescheidenen, aber inhaltsschweren Stil manifestierte. Es war das Charisma eines Konzilpapstes oder, wenn man so will, eines nachkonziliaren Katholiken, der den Stuhl Petri bestiegen hatte. Das außerordentliche Amt beruhte auf der Präsenz und dem Wort des Papstes: seinen Reisen um die Welt, seiner Erreichbarkeit in Rom und anderswo, aber auch der vielen Menschen eingeräumten Möglichkeit, seine Botschaft, wie er sie an Menschen und Nationen richtete, zu hören.

Johannes Paul II., der Papst und „Superstar", ist für die spektakulären Seiten seines Pontifikats durchaus kritisiert worden. Alphonse Dupront hat dazu bemerkt: „Als physische Präsenz und Symbol einer spirituellen Macht durchschreitet der Papst im Alleingang die Welt, und um sein Wort zu hören, drängen sich immense Menschenmassen zusammen." In einer Kirche, die sich „auf die Sprache des Alltäglichen beschränkt", also ihre eigene Sprache säkularisiert habe, so Dupront weiter, habe der Papst das Wort als Ereignis in einer Weise rehabilitiert, dass „die Erwartung des Wortes zur Erwartung eines Wiedererwachens, einer befreienden Kraft wird".[12] In Wojtyłas Lebensgeschichte war – seit seinen Erfahrungen im rhapsodischen Theater – die Reflexion über und die Konzentration auf die Kraft des Wortes von zentraler Bedeutung. Diese Reflexion wurde durch das tägliche Nachdenken über das Evangelium und die gesamte Bibel verstärkt, was ihn immer mehr von der Kraft des menschlichen und

[12] Vgl. A. Dupront, Puissances et latences de la religion catholique, Paris 1993.

göttlichen Wortes überzeugte. Ein beträchtlicher Teil seiner Amtsausübung bestand daher im Wort und in der Vermittlung des Wortes.

Eine Medienrevolution

Das Verhältnis Johannes Pauls II. zu den Medien ist ohne Zweifel ein wichtiges Kapitel. Manche haben geradezu von einer „Medienrevolution" gesprochen, die der Papst im Vergleich zu seinen Vorgängern ausgelöst habe. Und mitunter ist die Einschätzung zu hören, dass Wojtyłas Erfahrung als Schauspieler bei dieser revolutionären Wende eine nicht unbedeutende Rolle gespielt hätte. Tatsächlich lag einer der grundlegenden Aspekte im Verhältnis Johannes Pauls II. zu den Medien darin, dass Wojtyła sich selbst stets treu geblieben ist. Die traditionellen Handlungen des päpstlichen Amtes hat auch er nicht den Erfordernissen des Medienzeitalters untergeordnet; allerdings hat er sie mit der Kraft seiner Persönlichkeit versehen und sie auf diese Weise beherrscht und ausgeweitet. Man denke nur an die vielen Gesten, mit denen der Papst den Menschen begegnete: die zärtliche Zuwendung zu Kranken oder Kindern, die Sympathie für die Jugend, das spontane Scherzen mit jedermann, und all dies in verschiedenen Sprachen. Wojtyłas Präsenz war dabei keineswegs ätherisch, sondern betont körperlich. Und ebendies spürten die Menschen: Sie wollten zum Papst gelangen, sich ihm nähern, ihm die Hand drücken, ihn berühren oder von ihm berührt werden.

Berühmt sind die Bilder von Johannes Paul II. im sizilianischen Agrigent, als er die Eltern des jungen, von der Mafia ermordeten Richters Rosario Livatino traf und anschließend die Anhänger der Mafia vehement und in freier Rede attackierte. Die Überraschung, die diese unvorbereitete Ansprache auslöste, stand den erschrockenen Prälaten, die den Papst in diesem Moment umgaben, ins Gesicht geschrieben. Der Papst, in den Händen den Hirtenstab Pauls VI., der zu seinem Erkennungszeichen werden sollte, rief den Mafiosi mit ernstem Gesicht entgegen: „Ich sage dies den Verantwortlichen: Bekehrt euch! Eines Tages wird das Gottesurteil kommen." Der Eindruck, den die anwesenden Journalisten hatten, so Giuseppe De Carli, war der eines „nicht nur kommunikativen, sondern auch eines spirituellen Erdbebens".[13] Die sizilianische Bevölkerung hatte den Eindruck, die Worte eines authentischen Menschen zu hören, zugleich erkannte sie in ihm einen spirituellen Führer. Aus den Gesten und Worten des Papstes sprach ein persönliches Gefühl, das den Menschen Respekt einflößte, selbst wenn nicht alle seine Ideen teilten. Der Auftritt Johannes Pauls II. in Agrigent blieb nicht ohne Wirkung auf die Mafia. Sie entschloss sich, die Grenze des Respekts gegenüber der Kirche, die sie normalerweise achtete, nun aggressiv zu überschreiten. Am 15. August 1993 verübte die Mafia einen schweren Bombenanschlag auf die päpstliche Bischofskirche, die Lateranbasilika in Rom. Ein dergestalt brutaler Anschlag – etwas Vergleichbares war zuletzt etliche Jahrhunderte zuvor geschehen – zeigte deutlich, für wie gefährlich die Mafia die Worte des Papstes einschätzte. Und die Einschüchterungsversuche steigerten sich noch. Die päpstlichen Worte waren offensichtlich so bedrohlich für das organisierte Verbrechen, dass sie eine Reaktion auslösten, wie man sie bislang nicht kannte: Am 13. September 1993 wurde in Palermo der Priester Pino Puglisi im Auftrag der Mafia ermordet. Puglisi hatte sich Wojtyła zum Vorbild genommen, wie der Kirchenhistoriker und Erzbischof von Monreale, Cataldo Naro, berichtet. Ohne an die Öffent-

---

[13] So G. De Carli in: E. Lo Iacono, Se mi sbaglio mi corrigerete. La rivoluzione comunicativa di Giovanni Paolo II, Rom 2008, S. 187–197. Zur Bekräftigung dieser These siehe u.a. G. De Carli, I primi cento giorni: preludio di un sisma spirituale, in: Karol Wojtyła, un pontefice in diretta, hg. v. G. Mazza, Rom 2006, S. 119–122.

lichkeit zu gehen, hatte Puglisi die Kinder und Jugendlichen seiner Gemeinde dem Einfluss der Mafia entzogen.[14] Wojtyła erneuerte die Sprache des Anti-Mafia-Kampfes von Grund auf. Bislang hatte sich die Kirche bei ihrem Einsatz gegen die Organisation in ähnlicher Weise ausgedrückt, wie es die sizilianischen Zivilbehörden stets getan hatten. Johannes Paul II. jedoch „benutzte die althergebrachten Worte der christlichen Tradition: Sünde, Gottesurteil, Reue. Es waren „alte Worte, aber er gründete mit ihnen eine neue Sprache", so Naro.[15] Tatsächlich vollzog sich aufgrund der mahnenden Worte Johannes Pauls II. eine Wende im Bewusstsein der Sizilianer, und dies keinesfalls nur bei den kirchentreuen Katholiken.
Es waren gerade die Gesten, die in der Kommunikation des Papstes außerordentlich bedeutsam waren – angefangen mit dem Küssen des Bodens, ein Ritual, das er in jedem Land wiederholte. Das erste Mal geschah dies in Mexiko, wo man nicht wenig erstaunt war. Der Papst handelte dabei stets ganz unmittelbar: Er setzte sich den Sombrero auf den Kopf, den ihm junge Mexikaner geschenkt hatten, und er machte einige Bewegungen zu den Tänzen, mit denen er am Flughafen von Kisangani im Kongo empfangen wurde. Als Johannes Paul II. 1988 in der Arena von Verona zu jungen Menschen sprach, erklärte er seine besondere Sensibilität für die Macht der Geste wie folgt: „Was ist der Mensch: einer, der auch mit seinem Körper spricht. Sein Körper hat auch eine Sprache, und die

---

[14] Vgl. F. Deliziosi, Don Puglisi. Vita del prete palermitano ucciso dalla mafia, Mailand 2001; B. Stancanelli, A testa alta. Don Giuseppe Puglisi, storia di un eroe solitario, Turin 2003; Don Pino Puglisi prete e martire, hg. v. M. Naro, Trapani 2000. Zu Naros Beobachtungen G.E.M. Scichilone, Il problema della pace e della guerra in Cataldo Naro, in: Eugenio Guccione/Antonio Raspanti (Hrsg.), Sapienti per sempre. La ricerca storica e la produzione storiografica di Cataldo Naro. Atti del convegno tenutosi a Palermo il 6–7 novembre 2008, Caltanisetta, Rom 2009, S. 179–216, hier S. 213. Vgl. außerdem C. Naro, Il martirio di don Puglisi e la pastorale „moderna" della Chiesa in Sicilia, in: La Voce di Campofranco (November/Dezember 1993), H. 9–10, S. 8.
[15] C. Naro, La speranza è paziente, Caltanissetta, Rom 2008, S. 47.

Sprache dient immer auch dazu, eine Wahrheit kundzutun." Der Papst begleitete und ergänzte seine zum Großteil offiziell gehaltenen Ansprachen mit eigenen Beobachtungen und Gesten, die über den eigentlichen Text hinausgingen. Tatsächlich wachte er persönlich über die Ausarbeitung seiner Reden und brachte Ideen, Leitlinien und Vorschläge ein. Letztlich handelte es sich jedoch um eine Art Werkstattarbeit, an der Vertreter des Staatssekretariats, externe Spezialisten und die Episkopate der Länder beteiligt waren, in die der Papst reiste. Diese Werkstatt versuchte, sich in Wojtyłas Denken hineinzuversetzen und so die richtigen Formulierungen zu finden. Noch in späteren Jahren konnte die Vorbereitung einer wichtigen Ansprache den Papst und einen oder mehrere seiner Mitarbeiter eine ganze Arbeitssitzung beschäftigen. Von der immensen Textproduktion ließ sich der Papst gleichwohl nicht erdrücken, auch wenn sie ihn mitunter zur Verwendung von vorgestanzten Wendungen, zu einer Art kirchlicher Rhetorik, zwang. Die Dokumentation der Ansprachen beruht zwar nicht auf Texten, die Johannes Paul II. allesamt selbst verfasst hat (es gab Ausnahmen, der Papst war in unterschiedlichem Maße beteiligt). Dennoch sind seine Reden von großem Interesse, da sie einen zusammenhängenden Eindruck seines Denkens geben. Zumindest bei der Konzeption der Ansprache gab der Papst stets die Richtung vor.

Für die Wirkung der Worte spielte auch die Stimme des Papstes eine nicht unwesentliche Rolle: Sie war warm, kommunikativ und für Nuancierungen geeignet – wie diejenigen feststellten, die Wojtyłas Medienrevolution aus der Nähe verfolgten. Sein Landsmann Tadeusz Zasępa, der das Polnisch des Papstes untersucht hat, ist zu dem Schluss gelangt, die Sprechweise Johannes Pauls II. habe sich durch besondere persönliche Akzente ausgezeichnet.

So verzichtete der Papst beispielsweise auf Verben, die Verbote oder Befehle ausdrücken. Stattdessen benutzte er häufig das polnische Verb *prosić*, was so viel wie „fragen" bedeutet, oder *życzć* („wünschen, hoffen"), und dies immer in der ersten Person Singular. „Imperativsätzen gehen stets Formulierungen oder Konstruktionen voraus, die den imperativen Charakter etwas abschwächen und eine Atmosphäre der Ermutigung schaffen, des Wohlwollens und nicht des starken Drucks." Im Arsenal der Überzeugungsmittel des Papstes, so schlussfolgert Zasępa, gelangen vorzugsweise jene zur Anwendung, „die es erlauben, die Freiheit des Adressaten zu erhalten und ihn mit Respekt zu behandeln".[16]

Johannes Paul II. hat intensiv über das Problem der Kommunikation nachgedacht und dabei festgestellt, wie hilfreich in diesem Zusammenhang seine Studien zum Phänomen des Personalismus gewesen seien. Den Begriff „Masse" etwa wies er zurück und zog stattdessen das in der Bibel übliche Wort „Menge" vor: „Jeder Mensch ist eine individuelle Person, und deshalb kann ich nicht von vornherein eine bestimmte Form der menschlichen Beziehung voraussetzen, die dann für alle gilt, sondern muss sie gewissermaßen jedes Mal neu erschließen." Und weiter heißt es: „Ich habe alles aus dieser Überzeugung heraus getan, aber ich sehe ein, dass man diesen Stil nicht erlernen kann. Es ist etwas, das einfach da ist, weil es von innen kommt." Das Problem der Kommunikation war Teil seiner seelsorgerischen Tätigkeit als Bischof. Wojtyła erklärte: „Für einen Bischof ist es sehr wichtig, Beziehungen zu den Menschen zu haben und die Fähigkeit zu entwickeln, auf angemessene Weise mit ihnen in Kontakt zu treten."

Johannes Paul II. besaß für viele eine hohe Präsenz: als junger, kräftiger Mann ebenso wie als kranker Greis mit ausgezehrtem Körper. Der polnische Fotograf Grzegorz Gałązka,

---

[16] T. Zasępa, Il papa della parola. La lingua di Giovanni Paolo II, in: Karol Wojtyła, un pontefice, S. 73–80. Vgl. auch E. Lo Iacono, Caro signor papa. Cosa scrivono i fedeli a Giovanni Paolo II, Padua 2010. Zwei verschiedene Lesarten des Pontifikats durch professionelle Vatikanbeobachter: L. Di Schiena, Karol Wojtyła, Rom 1991; F. Zavattaro, Un santo di nome Giovanni, Rom 2010.

der den Papst seit 1985 auf seinen Reisen begleitete, hat beobachtet, dass seine Gestalt nie von jener Starrheit beherrscht wurde, die so typisch ist für den feierlichen Auftritt vieler Päpste. Gałązka hält weiter fest, der Papst habe „während der Zeremonie zwanzig-, dreißigmal seinen Ausdruck verändert, und in Anbetracht des intensiven Gestikulierens genügte es, dass der Fotograf einfach durch die Kamera blickte und Fotos schoss [...].“ Diese lebhafte Gestik, so Gałązka, „machte ihn den Italienern ähnlich, während wir in Polen doch kühler sind“.[17] Johannes Paul II., der eine wesentlich durch die Tradition bestimmte Rolle auszufüllen hatte, brachte eine persönliche Dimension ins Spiel, die seine Botschaft entschieden bekräftigte. Karol verschwand nicht hinter der Expressivität Johannes Pauls II.

Auch das Verhältnis zu Journalisten hat Wojtyła während seines Pontifikats von Grund auf verändert, indem er persönliche Beziehungen zu ihnen aufbaute, ohne jede Angst. Er ließ sich gern interviewen, so etwa während seiner vielen Reisen. Eine Neuerung erfolgte auch im Pressesaal des Heiligen Stuhls, der mit dem Zweiten Vatikanischen Konzil eingeführt worden war, eine gewisse Reserviertheit gegenüber journalistischen „Zudringlichkeiten“ aber nie verloren hatte. Mit der Berufung von Joaquín Navarro-Valls zum Direktor des vatikanischen Pressebüros im Jahr 1984 war die „Medienrevolution“ des Papstes vollendet. Der spanische Journalist und Arzt war künftig nicht nur der wichtigste Interpret und offizielle Sprecher Johannes Pauls II., sondern verschaffte sich auch Zugang zum engeren Umfeld des Papstes, das an seinen Entscheidungen und seinem öffentlichen Auftreten mitwirkte. Navarro-Valls brachte die wichtigsten Neuerungen im Umgang mit den Medien gegenüber dem bekannten Vatikanbeobachter Giancarlo Zizola wie folgt auf den Punkt: „der Wandel der Sprache, ihre Loslösung von den konfessionellen

[17] Zeugnis von G. Gałązka, in: E. Lo Iacono, Se mi sbaglio, S. 197–201.

Statuten in dem Sinne, dass den professionellen Erfordernissen der modernen Kommunikation Rechnung getragen werden konnte".[18]

Navarro-Valls besaß die Fähigkeit, das Interesse der Journalisten auf den Papst, auf seine Person und die Kirche insgesamt zu lenken. Gegenüber Zizola erklärte er: „Ein zugänglicher Papst: Das ist eine Revolution. Es bedeutet, dass sich jede Macht zugänglich machen muss, ohne sich hinter falschen Mysterien zu verstecken." Johannes Paul II. interessierte nicht nur die Vatikanbeobachter und die Mitglieder von Kirchenredaktionen, sondern auch die Journalisten, die nicht auf religiöse Dinge spezialisiert waren. Der Papst fühlte sich im Medienrummel dabei durchaus wohl: Er blieb er selbst, begegnete den Menschen mit Sympathie und fürchtete die Journalisten nicht. Navarro-Valls schloss seine Ausführungen über Wojtyłas Medienrevolution mit den Worten: „Mein wichtigster Verbündeter ist der Papst." Die Erneuerung der Beziehungen zu den Medien war Teil der charismatischen Herrschaft Wojtyłas. In ihrem Rahmen konnte er seine Botschaft mit großer Natürlichkeit übermitteln, vor allem aber eine Präsenz zeigen, die von den Nachrichtenagenturen in aller Welt nicht übergangen werden konnte. Dies zeigte sich am wachsenden Interesse, mit dem die Medien die Geschicke seines Pontifikats verfolgten, bis in die letzten, schmerzhaften Jahre seiner Krankheit. Der Papst war zu einem Protagonisten auf dem internationalen medialen Massenmarkt geworden.

Ein Regierungsprogramm?

Welches Programm verfolgte der Papst bei alledem? Diese Frage stellten sich viele Beobachter in den ersten Jahren des

[18] Vgl. G. Zizola, Santità e potere. Dal Concilio a Benedetto XVI. Il Vaticano visto dall'interno, Mailand 2009, S. 444.

Pontifikats. Manche dachten, es gehe Johannes Paul II. vor allem um eine Umsetzung des polnischen Modells in der westlichen Welt. Andere sahen in Wojtyła einen Wortführer der Restauration, wieder andere waren erstaunt über sein nonkonformistisches Verhalten. Johannes Paul II. antwortete generell in schlichten Worten, wie etwa in Belluno, wohin er gekommen war, um Johannes Paul I. zu ehren: „Der Kurs des Papstes: Es ist der Kurs des Glaubens." Diese Antwort könnte zu vereinfachend erscheinen, wenn sich nicht mit den Jahren ihre ganze Tragweite gezeigt hätte. Es galt, sich auf die Spur des Glaubens der Kirche zu begeben, der Heiligen und ihrer Vorgänger, und dabei einen eigenen Beitrag zu leisten. In Assisi sagte er 1989: „Auch heute hat das Evangelium nichts von seiner Kraft zur Wandlung verloren."

Wojtyła hatte kein Programm im Kopf, das er vorrangig umsetzen wollte. Es gab auch keinen Auftakt des Pontifikats, der ganz im Zeichen der Erneuerung gestanden hätte (sowohl Pius X. als auch Paul VI. hatten im ersten Abschnitt ihrer Regierung jeweils Kurienreformen verwirklicht). Fast bis zum Ende des Pontifikats konnte man vielmehr mit Erstaunen beobachten, dass Johannes Paul II. von der Kurie sprach, als wäre sie von ihm grundsätzlich getrennt. Dabei ging es sicherlich nicht um persönliche Distanz, wie etwa daran deutlich wird, dass der Papst in seiner Privatkapelle die Namen der wichtigsten Kurienvertreter aufbewahrte, um ihrer im Gebet zu gedenken. Für ihn lag die Hauptaufgabe seines Amtes schlichtweg andernorts. Die Kurie war gewiss notwendig, aber er wollte nicht all seine Kraft darauf verwenden, sie zu reformieren oder zu regieren. Der Papst wusste allerdings, dass er auf seine Mitarbeiter angewiesen war und er nicht allein oder gar spontan agieren konnte. Ein freundschaftliches Verhältnis zu den Mitarbeitern war ihm daher wichtig, und dies umso mehr, als er nicht gern isoliert arbeitete. Das Staatssekretariat, insbesondere die erste, vom Substitut geleitete Sektion war die Behörde, die den intensivsten Kontakt zum Papst und dem Päpstlichen Haus pflegte und daher für das Handeln Johannes Pauls II. am wichtigsten war.

Möglicherweise hat der Papst in den ersten Jahren seines Pontifikats versucht, die Leitung der Kurie stärker selbst in die Hand zu nehmen. Er kannte Menschen und Konstellationen und verfügte schon zu seiner Zeit als Kardinal über ein feines Gespür. Für einen Papst ist es – auch infolge der durch Respekt und Distanz zwangsläufig entstehenden Mauer – sicherlich nicht leicht, Menschen näher kennenzulernen, auch wenn er ihnen persönlich begegnet. Als Johannes Paul II. einmal äußerte, ein Bischof habe einen guten Eindruck auf ihn gemacht, entgegnete ihm ein Kardinal wissend: „Man stelle sich vor, er hätte einen schlechten Eindruck auf Sie gemacht [...]. Es wäre ein Desaster gewesen." Anfänglich kümmerte sich der Papst jedenfalls sehr sorgfältig um einzelne Ernennungen. So bestellte er 1979 Martini zum Erzbischof von Mailand; 1981 holte er Ratzinger ins Heilige Offizium, und Lustiger wurde zum Erzbischof von Paris ernannt. 1984 kam es dann zu einem personalpolitisch bedeutsamen Revirement, in dessen Folge vor allem alte Parteigänger Pauls VI. ihre Ämter einbüßten. Kardinal Baggio verließ die wichtige Bischofskongregation (die sich um die Ernennung von Bischöfen in allen Ländern kümmert, in denen die Kirche keine missionarische Aktivität verfolgt, also in sehr vielen), Kardinal Rossi verließ die Kongregation für die Evangelisierung der Völker, das Dikasterium für die Mission, und Kardinal Pironio die Kongregation für die Orden und Säkularinstitute. Keiner der drei Kardinäle hatte das 75. Lebensjahr vollendet, als die Bestätigung im Amt ausblieb.

An die Spitze der Bischofskongregation wurde stattdessen der afrikanische Kardinal Gantin berufen, der bei künftigen Ernennungen die Wünsche des Papstes möglicherweise besser umsetzen würde. Der Sekretär der Bischofssynode, Jozef Tomko (ein Tschechoslowake, der wichtige Kontakte zu den Ländern des Ostblocks pflegte), wurde zum Präfekten der

Kongregation für die Evangelisierung der Völker ernannt; und der belgische Kardinal Hamer, ein Dominikaner, sollte als Chef der Ordenskongregation die schwere Krise der Ordensleute künftig systematischer angehen, als dies bislang Pironio gelungen war – der im Übrigen zum Präsidenten des Päpstlichen Rats für die Laien berufen wurde, ein Amt, das für den Papst ebenfalls von großer Bedeutung war. Auch Kardinal Etchegaray von Marseille wurde nun für die Koordination der „humanitären Angelegenheiten" in die Kurie geholt, und aus Nigeria gelangte Erzbischof Arinze nach Rom, wo er neuer Präsident des Päpstlichen Rats für den Interreligiösen Dialog wurde.

Mit diesem Revirement bildete sich, wie Gianni Cardinale festgestellt hat, eine Zentralregierung, die mehr durch Wojtyła als durch Montini definiert war.[19]

In dieser Zeit des personellen Wechsels in der Kurie bekräftigte Johannes Paul II. zugleich die konziliare Ausrichtung seines Pontifikats. In der Apostolischen Konstitution zur Promulgation des kirchlichen Gesetzbuchs von 1983 hielt der Papst fest, dass der neue Kodex aus dem Konzil hervorgegangen und auf „ausgesprochen kollegiale Weise" ausgearbeitet worden sei, sowohl hinsichtlich der redaktionellen Arbeit als auch, was die „Substanz der Gesetze selbst" betraf.[20] Giuseppe Alberigo hat immer wieder die Bedeutung dieses Textes betont, die den meisten Beobachtern entgangen sei, und darauf hingewiesen, dass er den „konziliaren" Charakter im Denken Wojtyłas offenbare.[21] In diesem Dokument bestätigte der Papst zunächst das komplementäre Verhältnis zwischen dem Zweiten Vatikanum und dem neuen Gesetzbuch, das den Primat der Nächstenliebe nicht ersetzen, sondern ihm in größerem Rahmen dienen wolle. Dabei benannte und bekräftigte

---

[19] Vgl. G. Cardinale, Il segno di Ratzinger, in: „Avvenire" v. 17.6.2009.
[20] Siehe die Bulle zum Erlass des Gesetzbuchs, in: Codice di Diritto canonico, Rom 1983, S. 16–33.
[21] Gespräch des Autors mit G. Alberigo.

er zugleich die durch das Konzil eingeführten Neuerungen: die Kirche als Volk Gottes; das Verständnis der Autorität als Dienst; die Kirche als Kommunion; das prophetische und königliche Priestertum Christi, an dem jeder Gläubige Anteil habe. Ausgerechnet durch den Erlass eines Gesetzestextes (und wie viel Argwohn herrschte nach dem Zweiten Vatikanum gegenüber dem Gesetz!) beabsichtigte Wojtyła, die Neuerungen des Konzils zu unterstreichen.

1985, zwanzig Jahre nach dem Ende des Zweiten Vatikanums, hielt Johannes Paul II. eine Synode ab. Das Instrument der Synode (wie jede Form der kollegialen Zusammenarbeit) sagte einem Papst zu, dem daran lag zu überzeugen, zu ermuntern und zuzuhören. In der Synode von 1985 distanzierten sich die Bischöfe von jeder einseitigen Interpretation des Konzils. Zugleich beklagten sie eine Entfremdung vom Glauben, insbesondere bei der Jugend: „Vielleicht haben wir diese Anschauung nicht in ihnen gefördert, indem wir zu sehr von der Erneuerung der äußeren Strukturen der Kirche sprachen und nur wenig von Gott und Christus?“ Dies fragten sich die Bischöfe in der Abschlusssitzung. Und mit der Benennung dieses großen Problems war dabei durchaus eine gewisse Selbstkritik verbunden: „Stellt uns die Verbreitung der Sekten nicht vor die Frage, ob wir nicht gelegentlich zu wenig Sinn für das Heilige gezeigt haben?“

Am Ende der Synode drückte Wojtyła seine Zufriedenheit über das kollegiale Einvernehmen zwischen den Bischöfen aus, von dem „eine vitale Bewegung ihren Ausgangspunkt nehmen“ müsse, die in der Lage sei, „der Katholizität und der Einheit in den Köpfen und in den Herzen zu dienen“. Von dieser Synode gingen auch die wesentlichen Anstöße zur Erarbeitung eines neuen Katechismus beziehungsweise eines Kompendiums der kirchlichen Lehre aus. Für den Papst schien die Polarisierung, wie sie die Zeit nach dem Konzil geprägt hatte, nun beendet. Stattdessen stand eine Zeit der Rezeption des Konzils bevor, und zwar in Form einer Einladung, das Evangelium entschlossen zu verkünden und sich ganz der Gemeinschaft zu widmen: Eine „vitale Bewegung“ musste wachsen und weitergehen.[22] Am Ende der Synode von 1985 benutzte Johannes Paul II. die erste Person Plural (und meinte damit die Bischöfe und sich selbst), als er in Bezug auf das Zeugnis Jesu sagte: „Wir wollen Zeugnis ablegen, indem wir das Werk des Zweiten Vatikanischen Konzils unter den Völkern und Nationen fortsetzen, zu denen wir gesandt wurden.“

Die Kirche ist eine komplexe Realität, in der der Papst nicht alles ist. Eine solche Aussage mag seltsam wirken angesichts eines Pontifex, der die Bühne der Kirche so sehr dominiert hat wie Johannes Paul II. Wojtyła wollte den Bischöfen und Priestern (das priesterliche Amt befand sich in diesen Jahren in einer schweren Krise) pastorale Leidenschaft vermitteln und mitten unter ihnen sein, sie ermahnen und sie bei der Evangelisierung führen. Auch in Krakau hatte er es nicht gerade geliebt, Befehle zu erteilen oder Strafen auszusprechen; vielmehr ging es ihm um die Vermittlung von Gefühlen, zu ermahnen und gemeinsam zu verstehen. Oft ist Johannes Paul II. als autoritärer Papst beschrieben worden, weil er die Lehre stets verteidigt habe; in Wirklichkeit war er ein eher zurückhaltender Mann, aufmerksam und darauf bedacht, kein Missfallen zu erregen. Kardinal López Trujillo hat dazu bemerkt: „Er war ein Mann des Dialogs, der seine Meinung nicht aufzwang und alles dafür tat, damit sich die Menschen wohlfühlten und er sie nicht verletzte.“

So weit Trujillo über Wojtyła und dessen Regierung. Für ihn war Johannes Paul II. dabei sogar weniger emotional als Paul VI.: In seinen persönlichen Beziehungen habe er eine „würdevolle und herzliche Kälte“ gezeigt.[23] Kardinal Pellegrino, der

---

[22] Sinodo dei vescovi, Vocazione e missione dei laici nella Chiesa e nel mondo a vent'anni dal Concilio, Vatikanstadt 1985.

[23] Erklärung von Kardinal Alfonso López Trujillo beim Prozess der Selig- und Heiligsprechung des Dieners Gottes Johannes Paul II., Bd. 2, S. 456.

Erzbischof von Turin, der ihm während der beiden Konklaven 1978 zur Seite stand, erinnerte sich später: „Es ist nicht so, dass er ein verschlossener Mensch gewesen wäre. Er war eher reserviert. Einer, der keine unnötigen Worte verliert."[24] Tatsächlich war er ein Mann, der sich nur aus einer gewissen Schüchternheit heraus dem Kontakt, der Begegnung, der Diskussion öffnete, und zwar mit allen Menschen, dabei aber gleichwohl seine Zurückhaltung wahrte. Die Beziehungen zwischen Papst und Kurie zeichneten sich, Trujillo zufolge, durch einen von Sympathie geprägten Dialog aus, durch einen freundschaftlichen Umgang. Es gab jedoch keine regulären Sitzungen mit den Verantwortlichen der Dikasterien, ebenso wenig wie planmäßige Audienzen für diese, sodass einige von ihnen den Papst nur ein- oder zweimal im Jahr zu Gesicht bekamen. Dieser Umstand war vor allem den Reisen Johannes Pauls II. und seinem Stil geschuldet. Möglicherweise, so Trujillo, hing dieses Verhalten auch mit einer gewissen Widerspenstigkeit der Kurie zusammen, die ihre Macht unbedingt aufrechterhalten wollte. Laut Trujillo hat der Papst durchaus Ratschläge entgegengenommen, um anstehende Probleme lösen zu können: Allerdings müsse man auch sagen, „dass er oft genug den Druck des Staatssekretariats zu spüren bekam". Möglicherweise auch, um sich vor einer zu starken Einflussnahme zu schützen (Kardinal Trujillo war eine überaus durchsetzungsfähige Persönlichkeit), ließ der Papst auch andere Stimmen zu Wort kommen, etwa aus dem Staatssekretariat. Während seines gesamten Pontifikats hatten Vertreter der Kongregationen für die Glaubenslehre, für die Bischöfe und die Evangelisierung regelmäßig Zugang zum Papst, und gleiches galt selbstverständlich für den Kardinalstaatssekretär.
Folgt man dem aus Brescia stammenden Kardinal Re, Assessor und Substitut im Staatssekretariat, später dann Präfekt

[24] Vgl. Il vescovo che ha fatto strada ai poveri. Testimonianze su Michele Pellegrino, hg. v. P. G. Accornero, Florenz 1977; D. Agasso/R. Agasso, Michele Pellegrino, Mailand 1988.

der Bischofskongregation, so traf Johannes Paul II. seine Entscheidungen „nicht in Eile, sondern ließ sie in Reflexion und Gebet heranreifen [...]. Hatte er erst einmal eine Entscheidung getroffen, fand er auch den Mut, sie durchzusetzen, da er nicht fürchtete, sich gegen die öffentliche Meinung zu richten." Kardinal Ruini, der lange mit dem Papst in den italienischen Angelegenheiten zusammengearbeitet hat, ist zu einem ähnlichen Eindruck gelangt: Er habe keine Eile bei den Entscheidungen gehabt, sei aber unbeirrbar bei der Umsetzung seiner Entscheidungen gewesen. Kardinal Re kam zu dem Schluss: „Er war ein Chef und wusste anzuordnen. Aber er tat das nicht durch Druck [...]. Er arbeitete nie allein, sondern hörte sich die Meinung aller an [...], er mochte seine Mitarbeiter, er war menschlich."[25]

Johannes Paul II. ging stets fallbezogen an die Lösung von Problemen heran. Ratzinger berichtet, dass sich der Papst zu einigen Themen, die seine Kongregtion betrafen – Moral, theologische Fragen, Bioethik, Fragen des Lehramts, Katechismus usw. – persönlich äußerte und die Diskussion suchte, in anderen Fällen jedoch die Entscheidungen akzeptierte, die die Glaubenskongregation bereits getroffen hatte. In einer heiklen Angelegenheit, der Frage nämlich, wie man die anglikanischen (meist verheirateten) Geistlichen, die zum Katholizismus konvertiert waren, in die Kirche aufnehmen sollte, wofür es keine passende juristische Formel gab, habe sich der Papst nur sehr wenig eingemischt. Er beschränkte sich, so Kardinal Ratzinger, darauf, für Offenheit zu plädieren, zeigte dann aber kaum Interesse für die konkrete Lösung des Problems.[26] Der Papst wusste, dass er nicht alles kontrollieren und nicht jede Frage bis ins Detail verfolgen konnte.

---

[25] Gespräche des Autors mit den Kardinälen Ruini und Re.

[26] Vgl. J. Ratzinger/Benedikt XVI., Salz der Erde. Christentum und katholische Kirche im 21. Jahrhundert. Ein Gespräch mit Peter Seewald, München 2005.

Während seines Pontifikats musste Wojtyła ein ums andere Mal feststellen, dass seine persönlich getroffenen Entscheidungen beim Durchlaufen der verschiedenen Institutionen in der Kurie unerwartete Korrekturen und Veränderungen erfuhren (die durchaus nicht seinem Willen entsprachen). Es war in ihm etwas von der Weisheit Johannes' XXIII., der den römischen Synodenvätern anvertraute: „Nicht immer entsprechen die Handlungsmöglichkeiten den eigenen Wünschen und dem eigenen Wollen." Er habe sich stets damit getröstet, dass er seinem Lebensmotto treu geblieben sei: andere machen lassen, ihnen etwas zu tun geben, bewirken, dass sie etwas tun (*lasciar fare, dar da fare, far fare*)".[27] Roncalli selbst erinnerte immer daran, dass der Papst kein „Diktator" sei. Auch deshalb konnte er gar nicht in jedem Einzelfall die „richtige" Entscheidung treffen.

Kardinal Arns berichtet in seinen Memoiren, dass er sich vehement gegen die Aufteilung der Erzdiözese Saõ Paolo in mehrere Einzeldiözesen gewandt und darüber auch mit dem Papst persönlich gesprochen habe. Kardinal Lustiger, der bei diesem Gespräch anwesend war, unterstützte Arns, indem er darauf hinwies, es sei ein Fehler, die großen Städte zu teilen, wie dies in der Vergangenheit auch mit Paris geschehen sei. Johannes Paul II. schloss sich dem an. Allerdings weigerte er sich, Kardinal Boggio, den Präfekten der Bischofskongregation, anzurufen. Zu Arns sagte er: „Ich telefoniere nie, aber das Wort eines Kardinals ist so glaubwürdig wie das des Papstes. Bitte suchen Sie den Kardinal auf und informieren Sie ihn darüber, dass der Papst die Teilung nicht wünscht." Nichtsdestotrotz wurden durch ein Dekret vom März 1989 gleich vier Diözesen aus dem Erzbistum Saõ Paolo ausgegliedert. In Arns' Perspektive geschah dies „gegen den Willen des Papstes". Und mehr noch: Es sei „das traurigste Kapitel" seines Lebens als Erzbischof unter Johannes Paul II. gewesen.

---

[27] A. Riccardi, Il potere del papa, S. 181.

Der Papst folgte den Entscheidungen der Bischofskongregation.

Arns übte daraufhin öffentlich Kritik an der Kurie. Der Papst machte dem Kardinal freilich unmissverständlich klar, dass er dieses Verhalten nicht goutiere. „Die Kurie bin ich", so lautete seine Antwort.[28] Diese pointierte Aussage scheint mit der Diskussion mit dem brasilianischen Kardinal in Zusammenhang zu stehen, dessen öffentliche Kritik in den Augen des Papstes unangemessen war. Denn so, wie sich Johannes Paul II. nie offen gegen die Kurie richtete, so identifizierte er sich auch nicht vollständig mit ihr. Wenn der Papst über die Kurie sprach, benutzte er daher weitaus öfter das „sie" als das „wir". Oft mag dies ein Notbehelf gewesen sein, um sich nicht allen Entscheidungen des Apparats anpassen zu müssen, im Grunde entsprach dies jedoch der Idee einer pastoralen Kirchenleitung, die sich nicht in allem mit der Kurie identifizierte. Einem Gesprächspartner, der den Papst darauf hinwies, er selbst sei es doch, der die Kurienmitglieder berufe, entgegnete dieser: „Aber am Ende entscheiden sie."[29]

Die „Divisionen des Papstes"

Johannes Paul II. dachte nicht daran, seine Reisetätigkeit einzuschränken, nur um von Rom aus die katholische Kirche zu regieren. Ohnehin kam dem Papst seiner Ansicht nach eine andere Aufgabe zu. Das Geheimnis, so schreibt er, „ist größer als die sichtbare Struktur der Kirche und ihre Organisation. Struktur und Organisation dienen dem Mysterium. Als mystischer Leib Christi durchdringt und umfasst die Kirche uns alle. Ihre geistlichen und mystischen Dimensionen sind viel

[28] Vgl. P. E. Arns, Da esperança à utopia, Rio de Janeiro 2001.

[29] Gespräch des Autors mit Johannes Paul II.

größer als alles, was die soziologischen Statistiken beweisen können."[30]
Der Papst glaubte, dass das Leben des Geistes größere Dimensionen umfasse, als dass sie die ordentliche Regierung hätte erfassen können. Auf den Vorschlag, die Aktivitäten der kirchlichen Bewegungen einzuschränken, entgegnete er: „Ich kann dem Heiligen Geist keine Anweisungen erteilen." Tatsächlich hielt Wojtyła bereits als Kardinal die Rolle der Laienbewegungen bei der Umsetzung des Konzils für ausgesprochen wichtig. Persönlich erfahren hatte er dies in Polen, vor allem mit der Oase-Bewegung Licht–Leben, die 1954 von Pater Blachnicki gegründet worden war und die 1978 etwa 30.000 Mitglieder zählte. Im Rahmen der polnischen Gesetzgebung galt die Figur des Priesters aufgrund seines „professionellen" Dienstes zwar als anerkannt; eine Laienbewegung hatte allerdings keinerlei Existenzberechtigung. Daraus ergaben sich zahlreiche Schwierigkeiten für die „Oase", für die sich Wojtyła stets einsetzte. Angesichts der bestehenden Hindernisse ermunterte der Kardinal 1972 die zur Oase-Bewegung gehörenden Priester: „An die Kirche zu glauben bedeutet, den Menschen zu entdecken [...], die Gemeinschaft zu entdecken, Gott im Menschen zu entdecken."[31]
Als Mitglied des Päpstlichen Rats für die Laien, eines vatikanischen Gremiums, das nach dem Konzil für das Laienapostolat gegründet worden war, verfolgte Wojtyła die Entwicklung der unterschiedlichen Bewegungen mit großem Interesse. Als er 1981 – auf Initiative von „Licht – Leben" sowie von „Comunione e Liberazione" – einige Repräsentanten dieser Bewegungen in Audienzen empfing, machte Johannes Paul II. eine bedeutsame Äußerung: „Die Kirche selbst ist eine Bewegung und vor allem ein Geheimnis." Daher repräsentierten

[30] Johannes Paul II., Die Schwelle der Hoffnung überschreiten, S. 170.
[31] A. Boniecki, The Making of the Pope of the Millenium. Kalendarium of the Life of Karol Wojtyła, Stockbridge/Mass. 2000, S. 482.

„die Bewegungen im Schoß der Kirche, also des Volkes Gottes, jene vielschichtige Bewegung, die als Antwort des Menschen auf die Offenbarung selbst zu verstehen ist."[32] Das grundsätzliche Urteil über die Rolle dieser Bewegungen nach dem Konzil, zu dem Wojtyła in Krakau gekommen war, bestätigte sich vor dem Hintergrund der Kirchenkrise in den westlichen Ländern erneut.

Seit dem Beginn seines Pontifikats sah Johannes Paul II. die Bewegungen und die neuen Gemeinschaften, so verschiedenartig sie auch im einzelnen waren, als entscheidende Strömungen für die Erneuerung der Kirche an – auch und gerade mit Blick auf die Umsetzung der Konzilsbeschlüsse. Eine Analogie zur Funktion einiger religiöser Orden bei der Durchsetzung des Konzils von Trient lag dabei nicht fern. Giuseppe Dossetti, der an der Seite Kardinal Lercaros einen bedeutenden Beitrag zum Zweiten Vatikanischen Konzil geleistet hatte, beobachtete diese Entwicklung seit 1984 überaus kritisch: „Es ist eine historische Entscheidung, analog zu jener, die die Päpste getroffen haben, als sie die Gesellschaft Jesu anerkannten und ihr beträchtliche Vollmachten erteilten. [...] Geht man noch weiter zurück, erinnert das ganze sogar an die gregorianische Reform, von der vor allem die religiösen Orden profitierten, während die Kirche insgesamt leer ausging. Allerdings gab es damals immerhin einen Grund."[33]

Als Wojtyła nach Italien kam und ihm die Krise bewusst wurde, von der die *Azione Cattolica* erschüttert wurde, ja, als er die allgemeine Krise des kirchlichen Lebens begriff, machte er sich persönlich auf die Suche nach Orten, an denen der Erfahrungsschatz der Kirche ungebrochen vital zum Aus-

---

[32] La messa per i partecipanti al Convegno „Movimenti nella Chiesa", 27.9.1981, in: Giovanni Paolo II, Insegnamenti, vol. IV, t. 2, Vatikanstadt 1982, S. 305.

[33] Vgl. A colloquio con Dossetti e Lazzati. Intervista di Leopoldo Elia e Pietro Scoppola, 19 novembre 1984, Bologna 2003.

druck kam.[34] Dies war der Grund, weshalb er den Kontakt zu kirchlichen Strömungen suchte, die missionarisch ausgerichtet waren. Kurz nach seiner Wahl traf er Chiara Lubich, deren Fokolar-Bewegung er bereits in Polen kennengelernt hatte. Am 28. September 1978 empfing er den Leiter von Opus Dei, der ihn mit dem Problem der Anerkennung seiner Organisation als Personalprälatur konfrontierte. 2002 sprach Johannes Paul II. den Gründer von Opus Dei, Escrivá de Balaguer, heilig, zwanzig Jahre, nachdem diese Laienbewegung – allerdings gegen den Willen diverser Bischöfe – tatsächlich als Personalprälatur anerkannt worden war.
Der Papst war überzeugt, dass wichtige Formen des kirchlichen Lebens nicht immer und nicht notwendigerweise allein aus dem Willen und der Planung der Hierarchie hervorgehen müssen. Er selbst hatte dies in der Entwicklung des polnischen Katholizismus mehrfach erlebt. Die neuen Gemeinschaften und Bewegungen waren für ihn daher Gesprächspartner, zu ihnen zählte die Fokolar-Bewegung ebenso wie die Gemeinschaft Sant'Egidio, der Cammino Neocatecumenale, Communione e Liberazione und andere. Zu ihren Vertretern pflegte der Papst direkten Kontakt, wobei er durchaus in der Lage war, die Unterschiede zwischen den einzelnen Bewegungen zu erkennen und zugleich die hervorstechenden positiven Aspekte zu erfassen. Einen institutionellen Ort erfuhren die Bewegungen im Päpstlichen Rat für die Laien, einem Dikasterium, dessen Tätigkeit der Papst aufmerksam verfolgte. Komplizierter und umstrittener gestaltete sich hingegen die Anerkennung der Statute des Neokatechumenalen Wegs – auch wegen der erheblichen Breite dieser kirchlichen Strömung und aufgrund der Tatsache, dass sie sich nicht ausschließlich als Bewegung *innerhalb* der Kirche betrachtete. Der Papst war überzeugt, so Ratzinger im Jahr 1998, dass gerade diese Bewegungen in einer besonderen Beziehung zum

[34] Gespräch des Autors mit Kardinal Dziwisz.

Bischof von Rom stehen müssten.[35] Johannes Paul II. selbst schrieb in „Ecclesia in Europa" über sie: „Sie sind ein Gegenmittel gegen die Ausbreitung der Sekten; sie sind sehr behilflich dabei, in der Kirche Lebendigkeit und Freude zu verbreiten."[36] Während eines feierlichen und gutbesuchten Treffens zu Pfingsten 1998 auf dem Petersplatz stellte Johannes Paul II. die Bewegungen schließlich ganz in das Panorama der Kirche, indem er sie im Wirkungsraum des „Charismas" verortete. Dies war aus Sicht des Papstes ein durchaus wichtiger Aspekt.[37]

Die Krise der Ordensleute

Das Pontifikat Johannes Pauls II. war geprägt von einer Krise der Ordensleute, die sich bereits nach dem Konzil unter Paul VI. angedeutet hatte. Während der Umsetzung der Konzilsbeschlüsse und der kulturellen und antiautoritären Revolution der sechziger Jahre stand ein Aspekt stets im Mittelpunkt: die radikale Behauptung des Subjekts und der persönlichen Freiheit. Dies hatte Auswirkungen insbesondere auf die Familie, stellte es doch die Praxis eines gemeinsamen Lebensprojektes auf den Prüfstand, das auf Gehorsam beruhte. Einige Probleme jedoch hatten tieferliegende Ursachen und waren bereits unter Pacelli symptomatisch geworden.
In der ersten Hälfte des 20. Jahrhunderts hatten die Ordensgemeinschaften eine Blütezeit erlebt. Beeindruckend war

---

[35] Vgl. J. Ratzinger, I movimenti ecclesiali e la loro collocazione teologica, in: I movimenti nella Chiesa, hg. v. Pontificio consiglio dei laici, Vatikanstadt 1999, S. 23-51; Il papa e i movimenti. Testi e immagini dell'incontro con i movimenti. Pentecoste, 30 maggio 1998, hg. v. Pontificio consiglio dei laici, Cinisello Balsamo (MI) 1998.
[36] Vgl. Johannes Paul II., Nachsynodales apostolisches Schreiben Ecclesia in Europa.
[37] Il papa e i movimenti, Rom 1998. Vgl. Giovanni Paolo II, Ecclesia in Europa; M. Faggioli, Breve storia dei movimenti cattolici, Rom 2008.

etwa der Zuwachs, den die Gesellschaft Jesu verzeichnete, deren Mitgliederzahl von 21.678 im Jahr 1930 auf 35.929 im Jahr 1966 stieg. Die Jesuiten standen innerhalb der katholischen Orden an erster Stelle und waren darüber hinaus mit zahlreichen Universitäten und Ausbildungsstätten sowie verschiedenen religiösen Kongregationen, insbesondere für Frauen, verbunden. Der allgemeine Trend, der sich seit dem Zweiten Vatikanum mit nur wenigen Ausnahmen abzeichnete, war jedoch der eines steten Rückgangs bei den Ordensgemeinschaften. Von 1965 bis zum Tod Johannes Pauls II. im Jahr 2005 erlitten die zehn wichtigsten Frauenkongregationen einen Mitgliederrückgang von 52 Prozent bei den Vinzentinerinnen, 42 Prozent bei den Schwestern der Liebe vom Kinde Maria, 37 Prozent bei den Benediktinerinnen, 23 Prozent bei den Klarissinnen. Im gleichen Zeitraum verzeichneten die Jesuiten einen Rückgang um 44 Prozent, die Salesianer um 24 Prozent, die Franziskanerminoriten um 41 Prozent, die Benediktiner um 35 Prozent, die Dominikaner um 39 Prozent, die Brüder der christlichen Schulen um 68 Prozent, die Maristen um 57 Prozent, die Lazaristen um 32 Prozent, die Passionisten um 47 Prozent, die Zisterzienser um 42 Prozent, die Weißen Väter um 49 Prozent, die Piaristen um 45 Prozent und so weiter.[38] Der Rückgang der Geweihten ließ insbesondere die missionarischen Kongregationen überaltern, sodass die Mission weltweit insgesamt rückläufig war.

Im Rahmen dieser Krise, die die Gesamtentwicklung in Bezug auf neue Berufungen innerhalb der Orden widerspiegelt, fanden sich jedoch auch gegenläufige Elemente, und sie sollen im Folgenden näher betrachtet werden. Von einhundertzwanzig weiblichen Gemeinschaften mit jeweils mehr als eintausend Schwestern konnten weniger als zwanzig einen Zuwachs verzeichnen, darunter einige indische Kongregationen, eine me-

[38] Vgl. A. Pardilla, I religiosi ieri, oggi, domani, Rom 2007; Ders., Le religiose, ieri, oggi, domani, Vatikanstadt 2008.

xikanische, die Kleinen Schwestern Jesu sowie die Klarissinnen (mit einem Wachstum von 7,82 Prozent zwischen 1965 und 2005). Die von Mutter Teresa gegründete und für ihre Nähe zu den Armen bekannte Ordensgemeinschaft stach dabei deutlich heraus: Sie zählte fünftausend Schwestern und verzeichnete vom Ende des Konzils bis zum Tod Johannes Pauls II. ein Wachstum um 2679 Prozent. Von den fünfundvierzig Männerkongregationen mit jeweils mehr als eintausend Mitgliedern konnten nur sechs eine positive Entwicklung verzeichnen, unter anderem die Steyler Missionare, die Comboni-Missionare sowie eine indische Kongregation. In diesem Zusammenhang ist der Zuwachs der Legionäre Christi interessant, die auf den mexikanischen Pater Marcial Maciel zurückgehen und 1965 nur 245 Mitglieder zählten, dagegen 1917 im Jahr 2005: ein Wachstum von 682,44 Prozent. Maciel, ein Abenteurer, der immer wieder für Skandale sorgte und, in den Worten Benedikts XVI., ein Leben „fern von jeder Moral" führte, verfügte über ein breites Netz von Kontakten und bedeutende finanzielle Mittel. Über den Fall Maciel hat Ratzinger unlängst erklärt: „Leider sind wir nur sehr langsam und verspätet an diese Dinge herangekommen."[39]

Doch auch wenn einige religiöse Gemeinschaften einen Zuwachs ihrer Mitglieder verzeichnen konnten (insbesondere Kongregationen mit einer starken eigenen Identität), änderte dies nichts an der grundsätzlichen Tendenz. Dabei hatte das Zweite Vatikanum das religiöse Leben in den Ordensgemeinschaften gerade zu fördern versucht, indem es den einzelnen Subjekten, den Kongregationen also, erhebliche Freiheiten einräumte. Dies äußerte sich nicht zuletzt in einer größeren Autonomie bei der Umsetzung der Konzilsbeschlüsse; sie war oftmals weiter gefasst als in den einzelnen Diözesen, die durch die Bischofskonferenzen in ihren Gestaltungsmöglich-

---

[39] Benedikt XVI., Licht der Welt. Der Papst, die Kirche und die Zeichen der Zeit. Ein Gespräch mit Peter Seewald, Freiburg, Basel, Wien 2010, S. 56.

keiten eingeschränkt waren. Gleichwohl brachten viele Kongregationen, die durch das Konzil angehalten waren, über ihre eigene Identität nachzudenken und zu ihrer ursprünglichen charismatischen Sendung zurückzukehren, nicht die intellektuelle Kraft zu einem derartigen Schritt auf. So kamen zunehmend Experten ins Spiel, die der religiösen Welt zum Teil fernstanden, etwa Psychologen und Soziologen. Viele Kongregationen waren seit ihrer Gründung an eine bestimmte Funktion gebunden, die inzwischen nicht mehr aktuell erschien oder nunmehr von Laien übernommen wurde. Die zunehmende Internationalisierung innerhalb der Leitungsgremien der Orden, vor allem in jüngeren und kleineren Kongregationen, sorgte zudem dort für erhebliche Unruhe, wo man nicht an eine multikulturelle Herangehensweise gewöhnt war. Was darüber verlorenging, war die vertikale Verbindung zum Charisma, das zwar verknöchert oder anachronistisch erscheinen mochte, auf dem jedoch das begründende Moment der Gruppe beruhte.

In der Zeit der Experimente und der postkonziliaren Erneuerung suchten auch die Ordensleute, die sich in der modernen Welt fremd gefühlt hatten, da ihr eigenes Lebensmodell traditionell ausgerichtet war, eine größere Nähe zum täglichen Leben. Oft ließen sie die Klostermauern hinter sich, legten das Ordensgewand ab und widmeten sich Laienaktivitäten. In einem Bericht der Kongregation für die Glaubenslehre von 1989 über Mitglieder von Ordensgemeinschaften in Lateinamerika heißt es: „Die Ordensleute [...] stellen von dem Moment an eines der größten Probleme dar, in dem sie zu Förderern der sogenannten ‚Volkskirche' werden und parallele Aktivitäten entfalten, indem sie eine seelsorgerische Tätigkeit ausüben und sich dabei auf Lehren marxistischer Herkunft beziehen."[40]

---

[40] Congregazione per la dottrina della fede, Incontro con il Celam. Punti da trattare, 12.1.1989. Eine Kopie befindet sich im Besitz des Autors.

Insbesondere die Jesuiten bereiteten Paul VI. und Johannes Paul II. Sorge. Die Inkulturation, das politisch-gesellschaftliche Engagement dieses Ordens, eine größere Distanz zu den Richtlinien des Vatikans sowie das Verhältnis zum Marxismus waren Elemente, die Wojtyła als eine Entfernung der Kongregation von der traditionellen Position eines dem Papst nahen Ordens deutete. Der Ordensgeneral, Pedro Arrupe, führte die Jesuiten durch eine schwere Phase des postkonziliaren Übergangs. Die schwierigen Beziehungen zum Heiligen Stuhl veranlassten ihn sowohl unter Paul VI. als auch unter Johannes Paul II. dazu, seinen Rücktritt anzubieten, was jedoch in beiden Fällen abgelehnt wurde – nicht zuletzt aus Angst, dass ein Nachfolger den gleichen Kurs fortsetzen oder einen noch konfliktträchtigeren einschlagen könnte. Seit der Erkrankung des Generals im Jahr 1981 verfolgte Johannes Paul II. einen Weg, der das eigentlich vorgesehene Prozedere bewusst überschritt. Da Arrupes Stellvertreter, O'Keefe, der für eine Interimszeit an der Spitze der Jesuiten stand, dem Papst wegen seiner „progressiven" Haltung erhebliche Sorgen bereitete, ernannte er statt seiner einen Mann seines Vertrauens, den alten Pater Dezza, der sich schon unter Pius XII. einen Namen gemacht hatte. Zur Seite stand ihm Pater Pittau, ein Jesuit, den der Papst in Japan kennengelernt hatte. 1983 wurde schließlich Pater Kolvenbach zum neuen Ordensgeneral gewählt. Kolvenbach hatte lange Zeit im Nahen Osten gelebt und war anschließend zum Rektor des Päpstlichen Orientalischen Instituts ernannt worden. Er unterschied sich zwar von dem Basken Arrupe, gleichwohl bedeutete seine Wahl keinen Kurswechsel.[41]
In einem Schreiben an die amerikanischen Ordensleute aus dem Jahr 1983 drückte der Papst – angesichts der wenigen

[41] Vgl. Pedro Arrupe. Un uomo per gli altri, hg. v. G. La Bella, Bologna 2007; J.-Y. Calvez, Padre Arrupe. La Chiesa dopo il Vaticano II, Mailand 1998; P. M. Lamet, Pedro Arrupe. Un'esplosione nella Chiesa, Mailand 1993.

Neuberufungen und der Überlastung der verbleibenden Ordensmitglieder – seine Sorge über diejenigen aus, die sich von einem authentischen Leben entfernt hatten. Daher lud er die Bischöfe und Ordensleute ein, die religiöse Identität neu zu stärken, da er ihre Zerbrechlichkeit als eigentlichen Grund für die Krise betrachtete.[42] Allerdings erlebten die religiösen Gemeinschaften auch unter Johannes Paul II. keinen Aufschwung. Man könnte sogar sagen, dass viele Kongregationen nun zu ihren Mitgliederzahlen vor dem großen Zuwachs in der ersten Hälfte des 20. Jahrhunderts zurückkehrten: Die Dominikaner hatten noch etwa 6.000 Mitglieder, wie in den dreißiger Jahren. So auch die Jesuiten: 15.000 waren es im Jahr 1900 und 21.000 im Jahr 1930 (etwa 21.000 auch im Jahr 1750) gewesen, am Ende des Pontifikats zählte man 18.000. Salvatore Abbruzzese hat daher von einer Tendenz zur Stabilisierung gesprochen.[43] Doch die katholische Welt war inzwischen sehr komplex. In Wirklichkeit wird das Gesicht der Kirche im 21. Jahrhundert weniger als noch fünfzig Jahre zuvor durch Ordensmänner und -frauen geprägt.

Dennoch empfing Johannes Paul II. häufig die Generalkapitel, er traf die Ordensoberen und sprach mit ihnen über das religiöse Leben. Aber er vermochte es in seinem Pontifikat nicht, die rückläufige Tendenz einer großen Zahl von Ordensgemeinschaften umzukehren. Anders sieht es hinsichtlich seines Verhältnisses zu den neuen Gemeinschaften und den Laienbewegungen aus. Für Wojtyła war die Verbindung zu den Laien seit seiner Jugend von entscheidender Bedeutung. Dabei ging es ihm nicht um eine theoretische Erörterung ihrer Rolle in der Kirche, sondern um ein dichtes Netz an persönlichen Kontakten und Freundschaften. Gegenüber Profes-

---

[42] I problemi della vita consacrata, Lettera di Giovanni Paolo II, 31 maggio 1983, in: Enchiridion vaticanum, Bd. 9, Bologna 1987, S. 164-259.

[43] Vgl. S. Abbruzzese, La vita religiosa per una sociologia della vita consacrata, Rimini 1995.

sor Grygiel, seinem Schüler in Lublin und Angehörigen des Erzbistums Krakau, sagte er über sein Verhältnis zu den Laien, wobei er auf die Krise der Kirche während der Auseinandersetzung mit dem Arianismus anspielte: „Es ist in der Geschichte schon vorgekommen, dass sich der Papst allein wegen der Laien nicht allein gefühlt hat."

Seelsorge durch Reisen

Was sein Charisma ausmachte, wurde insbesondere bei den Reisen Johannes Pauls II. und seinen Begegnungen mit den Menschen deutlich. Der Papst unternahm 104 Reisen außerhalb Italiens und besuchte insgesamt 127 Länder. Oft glichen diese Visiten regelrechten Rundreisen von Land zu Land. Bei diesen Gelegenheiten leitete Johannes Paul II. liturgische Feiern und traf die verschiedensten Gläubigen, politische Würdenträger, Nichtkatholiken und gelegentlich auch Vertreter der Kulturszene. Er hielt viele Ansprachen, dachte über die spezielle Situation im jeweiligen Land nach und entwickelte zuweilen eine Art Theologie der Nation, die den Menschen meist lange nach seinem Besuch noch in Erinnerung blieb. Viele Reisen erwiesen sich dabei als durchaus problematisch. Dies galt besonders für die Reise nach Osttimor, eine ehemalige portugiesische Kolonie, die von Indonesien besetzt war. Die Regierung in Jakarta war über den Besuch des Papstes in dieser sehr katholischen, nach Unabhängigkeit strebenden Region des Landes alles andere als erfreut. Als Johannes Paul II. 1989 in Osttimor eintraf, küsste er nicht – wie sonst stets zu Beginn eines Staatsbesuchs – den Boden, sondern bat darum, man möge ihm ein Kruzifix reichen, damit er dieses küssen könne, während er die Gangway des Flugzeugs hinabstieg. Dies wurde jedoch durch Polizeikräfte verhindert. Daraufhin nahm der Papst für sich in Anspruch, vor dem Kruzifix niederzuknien, sobald er eine Kirche betrat.

Wojtyłas Reisen bilden einen wesentlichen Aspekt seines Pontifikats, den es erst noch zu untersuchen gilt. Ein italienischer Diplomat hat den Einfluss der Papstreisen anlässlich des Besuchs in Madagaskar 1989 wie folgt beschrieben: „Seine Präsenz und sein Wort hatten ein Echo, das weit über die katholische Gemeinschaft (etwa 30 Prozent der Bevölkerung) hinausreichte und in gewisser Weise die gesamte madagassische Bevölkerung miteinbezog. In einem Land, das unter der Ausgrenzung von der internationalen Politik und der Weltwirtschaft litt [...], gelang es dem Papst, empfindliche Saiten in der Seele des Volkes anzuschlagen, indem er die Solidarität seiner universalen Kirche und ihre Anteilnahme an der Tragödie dieses Elends bezeugte."[44] Mit dieser Reise gab er den Katholiken in Madagaskar etwas von ihrer Würde zurück. Er ließ sie spüren, im Herzen der Kirche aufgehoben zu sein, und rückte sie in das Scheinwerferlicht der Weltöffentlichkeit. Auch bei anderen Gelegenheiten verlieh er einer ganzen nationalen Gemeinschaft neue Würde. In jedem Fall erforderten diese Reisen eine intensive organisatorische Vorbereitung.

Oft hielt der Papst seine Reden in der jeweiligen Landessprache. Dank seiner polnischen Herkunft war er ohnehin mit den slawischen Sprachen vertraut, die er zu lesen verstand und in denen er sich zumindest rudimentär verständigen konnte. Er sprach Deutsch, das ihm sein Vater beigebracht hatte; in der Schule hatte er Englisch gelernt; sein Italienisch, das er während der ersten Romreise im Jahr 1946 zu lernen begonnen hatte, wurde zunehmend flüssiger; und Französisch sprach er ohnehin fließend. In den Jahren, in denen er die Werke des hl. Johannes vom Kreuz studierte, las er die Texte in spanischer Originalfassung; vor seiner Reise nach Puebla setzte er sich dann erneut mit dem Spanischen auseinander. Dasselbe

[44] ASILS, Fondo Giulio Andreotti, Vaticano, Giovanni Paolo II, Attività b. 307, f. 28.

tat er 1980 vor seiner Reise nach Brasilien mit dem Portugiesischen. Johannes Paul II. hatte eine große sprachliche Begabung, ja, er wagte sich sogar an völlig fremde Sprachen wie das Japanische – und sei es auch nur, um sie lesen zu können. Zu Weihnachten und zu Ostern ließ er es sich nicht nehmen, die weltweit übertragenen Wünsche von der Benediktionsloggia des Petersdoms aus in diversen Sprachen zu verkünden.

Geografische Kenntnisse waren keineswegs nebensächlich für einen Papst, dem es wichtig war, die Verschiedenheit der Völker zu unterstreichen. Unter anderem hielt er stets einen großen Atlas griffbereit, in dem er die Namen der Länder und der Diözesen nachschlagen konnte und den er immer wieder betrachtete.[45] Mit seinen Reisen wollte Johannes Paul II. die Einheit der katholischen Welt in ihrer ganzen Unterschiedlichkeit zeigen, aber auch sein persönliches Interesse an den unterschiedlichen Völkern und Kulturen bekunden. Paul VI. hatte mit fortschreitendem Alter, acht Jahre vor seinem Tod, von Reisen außerhalb Italiens Abstand genommen. Johannes Paul II. ließ sich nicht einmal davon abhalten, als er bereits von der Krankheit gebeugt war. Er setzte seine Reisen mit einer Zähigkeit fort, die offenbarte, dass sie ein wesentlicher Bestandteil seines „Berufs“ als Papst waren. Dazu hatte er bereits 1980 in Zaire bemerkt:

> Man sagt, der Papst solle weniger reisen. Er solle in Rom bleiben, wie früher. Dies höre ich öfter, oder ich lese es in den Zeitungen. Aber die Menschen hier sagen: „Wir danken dem Herrn, dass du gekommen bist, denn du kannst uns nur kennenlernen, wenn du zu uns kommst. Wie kannst du unser Hirte sein, ohne uns zu kennen?“ […] Das bestätigt mich in meiner Überzeugung, dass es Zeit wird

---

[45] S. Dziwisz, Mein Leben mit dem Papst. Johannes Paul II., wie er wirklich war, Leipzig 2007, S. 102.

für den Bischof von Rom, nicht nur Nachfolger des Petrus zu sein, sondern auch des Paulus, der ja bekanntlich keine Minute stillstehen konnte und immer kurz vor der Abreise war.

Dies ist ein wichtiger Hinweis, wenn man die Vision verstehen will, die Johannes Paul II. mit seinen Reisen verband. Er deutete auf sein spirituelles und physisches Bedürfnis hin, Menschen zu begegnen und sich begegnen zu lassen, zu sehen und gesehen zu werden, auf das Bedürfnis auch nach einer fühlbareren Gemeinschaft. Man konnte nicht Hirte sein, ohne die Menschen zu kennen und von ihnen erkannt zu werden. Wojtyła sagte: „Die Kirche wendete sich mit Hilfe ihres sichtbaren Oberhaupts den verschiedenen Nationen zu und entsprach so dem lebhaften Bedürfnis, das dem Herzen dieser Nationen entsprang."[46] Wojtyłas erste Reise nach Lateinamerika führte ihn in gleich drei Länder: in die Dominikanische Republik, nach Mexiko und auf die Bahamas. Wie bereits angedeutet, wurde der Papst bei seinen Besuchen mit vielen Problemen konfrontiert. Obwohl der Präsident des laizistischen Mexiko die Anwesenheit des Papstes schlichtweg zu ignorieren schien, wurde die Reise ein Erfolg – und zum Modell für künftige Reisen. Wojtyła begab sich stets in die offiziellen Amtsgebäude, um dort die Staats- und Regierungschefs zu treffen – im Unterschied zu Montini, der Regierungsvertreter fast nie in ihrem jeweiligen Amtssitz besucht hatte, um so den religiösen Charakter seines Aufenthalts zu unterstreichen. Johannes Paul II. tat dies aus Gründen der Zweckmäßigkeit (wie etwa in der Türkei), aber auch als Geste an die jeweilige Nation, die durch ihre staatlichen Organe vertreten wurde.

---

[46] Giovanni Paolo II, Insegnamenti, vol. III, t. 1, Vatikanstadt 1980, S. 1135-1138.

Reisen waren nicht das einzige Ausdrucksmittel dieser besonderen Form der Regierung. Von entscheidender Bedeutung waren auch die großen Zusammenkünfte, die in Rom oder anderen Städten der Welt stattfanden. Das sichtbarste Beispiel war hier der Weltjugendtag, der 1986 in Rom offiziell eingeführt wurde, in einem Jahr, in dem weitere wichtige Neuerungen stattfanden, etwa das Friedensgebet in Assisi oder der Besuch der römischen Synagoge. Der Einrichtung des Weltjugendtags waren bereits, 1984 und 1985, zwei Treffen mit jungen Menschen vorausgegangen. Johannes Paul II. fasste die Grundbotschaft des Weltjugendtags so zusammen: „Ihr Jungen müsst wissen, was das Wort Jesu bedeutet: Folge mir.“ An polemischer Kritik an der religiösen Wirkkraft dieser großen Jugendtreffen und an den sogenannten *papa boys* hat es bekanntlich nicht gemangelt. So beklagten manche Beobachter, der Weltjugendtag sei zu sehr auf den Aspekt des Feierns und der Geselligkeit ausgerichtet und weniger auf die gemeinsame christliche Botschaft. Dem Papst warf man daher vor, mehr an Massenveranstaltungen Gefallen zu finden als an einer echten religiösen Begegnung. Am Ende fülle man so die Plätze, nicht aber die Kirchen. Auch Kardinal Martini hat durchaus kritisch angemerkt, dass die Ortskirche durch die Massenveranstaltungen und die von Wojtyła initiierten Reisen zunehmend ihr Profil verloren habe und der einzelne Bischof in den Schatten gestellt worden sei, während der Papst als „Bischof der Welt“ alle Aufmerksamkeit auf sich gelenkt habe.[47]

Die „traditionalistischen“ Kreise, denen der sakrale Aspekt der Religion wichtig war und die die mit dem Konzil einhergehende Abkehr von der Tradition kritisiert hatten (es waren

[47] Erklärung von Kardinal Carlo Maria Martini beim Prozess der Selig- und Heiligsprechung des Dieners Gottes Johannes Paul II., Bd. 2, S. 763.

nicht allein die Anhänger Lefebvres), sahen in Wojtyłas Großveranstaltungen einen Prozess der religiösen Aushöhlung und der Zerstörung des Sakralen. Alain Daniélou, ein Experte für die indische Kultur und Bruder des Kardinals Jean Daniélou, hielt es für unbedingt notwendig, das Sakrale neu zu entdecken, um die westliche Welt zu retten. Er bemerkte nicht ohne Ironie über den Papst: „Er fährt in einem weißen japanischen Jeep herum, schüttelt Hände und nimmt ein Bad in der Menge – wie ein amerikanischer Präsidentschaftskandidat." Das Religiöse habe bei Johannes Paul II. jedes sakrale Element verloren: „Eine Religion ohne Großartigkeit und ohne Pracht, die sich nicht mehr in der geheimnisvollen und heiligen Sprache der Apostel ausdrückt, erweckt den Eindruck, zu einer politischen Partei geworden zu sein wie alle anderen auch."[48] Anstatt sich auf das Sakrale der „ewigen Religion" zu berufen, sei Wojtyłas Katholizismus zu einer Religion „des Stadions" verkommen, der jedes Geheimnis fehle. Beispiel dafür sei der Petersplatz, ein sakraler Ort par excellence, der durch Wojtyłas Audienzen zu einer Art Fußballstadion geworden sei.

Igor Man hingegen, ein feinsinniger Beobachter der Gegenwart, hat die ganze Tragweite der von Johannes Paul II. ins Leben gerufenen Großveranstaltungen begriffen: „Angesichts einer Generation von Eltern in der westlichen Welt, die kaum in der Lage sind, Mütter und Väter zu sein, fühlen sich die jungen Menschen angezogen von den ehrlichen Worten des ‚großen Großvaters', des Papstes."[49] Gerade die Begegnung mit der Jugend gehörte zu den charismatischsten Elementen des Wojtyła-Pontifikats. Der Papst fürchtete den Fan

[48] A. Daniélou, La via del Labirinto. Ricordi d'Oriente e d'Occidente, Padua 2004, S. 244. Die Anspielung auf die geheimnisvolle Sprache bezieht sich zweifellos auf die Abschaffung des Lateinischen in der Liturgie infolge des Konzils; hier ist allerdings festzuhalten, dass die Apostel keineswegs die lateinische Sprache benutzten.

[49] I. Man, Dal dolore la speranza, in: „Lo Specchio", 23.12.2000, S. 52-64.

im Stadion nicht, und er zeigte sich auch hier als der, der er nun einmal war: im Alter schwach und am Ende sogar krank, aber beseelt von einem Geist, den die jungen Menschen wahrzunehmen schienen. So ist es diesem „postmodernen Propheten“ – um abermals Igor Man zu zitieren – gelungen, zu einer wichtigen Bezugsperson für die Jugend zu werden, etwa 1997 in Paris, wo mehr als eine Million junger Menschen zusammenkamen, um den Papst zu sehen. Zunächst verhielt sich die Stadt kühl gegenüber dem päpstlichen Pilger, doch am Ende war sie von Begeisterung erfüllt. Zwei Jahre zuvor war es ihm auf den Philippinen sogar gelungen, zwischen fünf und sieben Millionen Menschen um sich herum zu versammeln, zum größten Weltjugendtag seines Pontifikats überhaupt. „Ich habe nie in meinem Leben so viele Menschen gesehen“, vertraute er dem philippinischen Botschafter an. Für den Papst mussten speziell die jungen Menschen den „messianischen Auftrag Christi“ fortführen, waren sie doch die Christen von morgen, die eine bessere Welt errichten sollten.[50]

Immer mehr Großveranstaltungen fanden statt, etwa die Weltfamilientreffen seit 1994, dem Jahr der Familie, in Rio de Janeiro, Manila und zweimal auch in Rom. Bei fast jeder Papstreise ergab sich die Gelegenheit für eine große Veranstaltung. So war das Jubiläumsjahr 2000 voller Ereignisse, in denen die außergewöhnliche Seelsorgetätigkeit des Papstes zum Ausdruck kam. Wojtyła teilte die Kritik nicht, die man in den siebziger Jahren an den Jubiläumsfeierlichkeiten übte, die nach dem Zweiten Vatikanischen Konzil als triumphalistisch und altmodisch abgetan wurden.

Johannes Paul II. hat sich auf die Jahrtausendwende lange vorbereitet. Bereits Kardinal Wyszyński hatte ihm beim Konklave von 1978 gesagt, er sei es, der die Kirche ins neue Millennium führen werde. Der Papst besaß ein ausgeprägtes Gespür für die Jahrestage, die in seinen Augen das Gedenken an

[50] Giovanni Paolo II, Carissimi giovani, Mailand 1995, S. 231.

die christliche Geschichte konturierten und zugleich in die Zukunft wiesen. Dem Modell der Tausendjahrfeier zur Christianisierung Polens folgend, leitete Johannes Paul II. eine lange Vorbereitung auf das Jubiläum in die Wege. 1994 gab er das Jubiläumsprogramm im Apostolischen Schreiben „Tertio millennio adveniente“ bekannt, in dem er zugleich die Absicht bekundete, die drei dem Jahr 2000 vorausgehenden Jahre jeweils einer der drei Personen der Dreifaltigkeit zu widmen. 1999, gewissermaßen am Vorabend des Jubiläums, organisierte er ein interreligiöses Treffen auf dem Petersplatz, und für das folgende Jahr wünschte er sich sogar ein Treffen zwischen den Oberhäuptern aller christlichen Kirchen, das allerdings nicht zustande kam.[51] Zudem wollte er eine Pilgerreise auf den Spuren Abrahams unternehmen, einer Figur, die eine große Anziehungskraft auf ihn ausübte und der er eines seiner letzten Gedichte gewidmet hat. Doch auch dieses Vorhaben ließ sich angesichts der politischen Situation im Nahen Osten nicht verwirklichen.
Im Jahr 2000 fand in Rom der Eucharistische Weltkongress statt. Unzählige Jubiläumsveranstaltungen wurden in diesem Jahr für die verschiedensten Gruppen, von den Bischöfen bis zu den Kranken, abgehalten. Der Papst leitete etwa fünfzig Veranstaltungen in Rom persönlich. Der Weltjugendtag, der in diesem Jahr ebenfalls in der italienischen Hauptstadt stattfand, war die Kundgebung mit den meisten Teilnehmern. Rund zweieinhalb Millionen junge Leute kamen auf einem großen Areal außerhalb der Stadt zusammen, auf dem ein riesiges Kreuz errichtet worden war. Mit all diesen außergewöhnlichen Veranstaltungen, den Gebeten und Pilgerreisen, wollte der Papst gleichsam den Anbruch einer neuen Zeit herbeiführen, die mit dem 21. Jahrhundert, dem ersten im dritten

[51] Vgl. Giovanni Paolo II, Lettera del Sommo Pontefice Giovanni Paolo II sul pellegrinaggio ai luoghi legati alla storia della salvezza, Città del Vaticano 1999.

christlichen Jahrtausend, beginnen sollte. Aus seiner Sicht musste das Jubiläum einen „neuen Frühling des christlichen Lebens" herbeiführen, wie ihn das Zweite Vatikanische Konzil bereits vorbereitet hatte. Zu Beginn des erwähnten Apostolischen Schreibens „Tertio millennio adveniente" heißt es: „Ein jeder ist eingeladen, alles in seiner Macht Stehende zu tun, damit die große Herausforderung des Jahres 2000, mit der sicherlich eine besondere Gnade des Herrn für die Kirche und für die ganze Menschheit verbunden ist, nicht vernachlässigt wird."[52]

Der Papst war überzeugt, dass die Kirche weniger eine Institution war, die es zu regieren galt, als vielmehr ein Volk, das geführt werden musste. Daher war es erforderlich, die verborgenen Energien der Männer und Frauen auf der ganzen Welt aufzuspüren, deren Wege nicht immer beherrschbar und vorhersehbar seien, und sie für die Kirche zu wecken. Einmal mehr drückte sich darin die Erfahrung aus, die der junge Bischof Wojtyła bei seinen ersten Pastoralreisen in Polen gemacht hatte und die er in seinem Gedicht „Die Geburt der Bekenner" so umschrieben hat: „Die Welt ist prall von verborgenen Energien, die ich beim Namen nenne."[53]

Seit 1978 versuchte der Papst, diese Energien in allen weltpolitischen Zusammenhängen beim Namen zu nennen. Er glaubte an die – auch gesellschaftlich wirksame – Kraft der spirituellen Energien, die durch den Materialismus nur unterdrückt wurden. Bereits Adam Mickiewicz hatte in einem Kommentar zu seinem Dramenzyklus „Totenfeier" (in dem die messianische Funktion der polnischen Opfernation zum Ausdruck kommt): „Der Glaube in seinem Einfluss auf die nicht sichtbare, immaterielle Welt, auf die menschlichen Ge-

---

[52] Zit. n. Johannes Paul II., Dem dritten Jahrtausend entgegen. Apostolisches Schreiben „Tertio millennio adveniente" vom 10. November 1994, Leutesdorf 1995, S. 10.

[53] K. Wojtyła, Der Gedanke ist eine seltsame Weite. Betrachtungen. Gedichte, Freiburg, Basel, Wien, S. 93.

danken und Taten, ist die Grundidee des Werks."[54] Die spirituellen Energien neu zu erwecken war das Hauptmotiv in Wojtyłas Handeln. Dies zeigte sich auch und gerade im Jubeljahr 2000, in dem sich alle Anliegen des Pontifikats bündelten.

Regiert der Papst nicht?

Die Behauptung, der Papst „regiere nicht", war schon in den ersten Jahren häufig in der Kurie zu hören. Auch nach den Reformen Pauls VI. war man dort daran gewöhnt, dass die Kirche mit dem klassischen römischen Regierungssystem geleitet wird. Und tatsächlich gab es auch unter Wojtyła viele Aspekte des kirchlichen Lebens, die ein Eingreifen erforderlich machten, mit zum Teil einschneidenden Maßnahmen. Dies galt etwa für die Pädophilie unter Teilen des Klerus und der Ordensmänner. Dieses Problem zeigte sich seit den neunziger Jahren in den USA (aber gleichzeitig auch in Irland und anderen Ländern). Dabei handelte es sich keineswegs um ein neues Problem, wenn man bedenkt, dass bereits Johannes XXIII. eine Akte auf dem Schreibtisch vorgefunden hatte, in der es um derartige Vorfälle in Deutschland während des Pontifikats Pius' XII. ging. Jetzt aber nahm die Angelegenheit so dramatische Ausmaße an, dass man anders mit ihr umgehen musste.[55] Bislang waren entsprechende Fälle stets den Ortsbischöfen anvertraut worden, die sie auf unterschiedliche Weise lösten – etwa, indem sie die Täter an einen anderen Ort versetzten, was freilich keine Garantie dafür war, dass es nicht wieder zu kriminellen Handlungen kam. Im Übrigen konnten die betroffenen Ordensleute oder Priester bei der

---

[54] Vgl. A. Mickiewicz, Dziady, Corrado Wallenrod e brevi componimenti, hg. v. E. L. Cirillo, Einführung von M. Spadaro, Rom 2006, S. 26.
[55] Gespräch des Autors mit L. F. Capovilla.

Römischen Rota Berufung gegen ihre Versetzung einlegen. Als in den neunziger Jahren immer mehr Fälle von Pädophilie ans Licht kamen, sah sich Johannes Paul II. gezwungen, diese Angelegenheit auf andere Art zu klären. Zunächst einmal schränkte er die kirchenrechtlichen Regelungen ein, die die Beschuldigten stärkten. Dabei wurde er sich zunehmend bewusst, dass die Diözesanbischöfe oftmals Mühe hatten, die Probleme eigenständig zu lösen. „Die mangelnde allgemeine Kenntnis über die Natur des Problems, zuweilen auch das Ausbleiben medizinischer Beratungen haben" – so Benedikt XVI. später – „die Bischöfe dazu veranlasst, Entscheidungen zu treffen, die sich angesichts der Folgegeschehnisse als falsch erwiesen haben." Die Haltung, die Johannes Paul II. in dieser Angelegenheit entwickelt hat, wurde überdeutlich, als er 2002 den amerikanischen Bischöfen ins Gewissen redete: „Die Menschen müssen wissen, dass im Priesteramt und im Ordensleben kein Platz ist für jene, die jungen Menschen Leid zufügen könnten."

Johannes Paul II. ging es vorrangig um den aufmerksamen Blick für den Umgang mit jungen Menschen, um Sensibilität gegenüber den Opfern sowie um die Notwendigkeit, ehrliches Verhalten im kirchlichen Leben wie im Leben der Priester und Ordensleute zu gewährleisten, über die rechtlichen Verfahren hinaus. Dass der Papst einzelnen Beschuldigten dabei zurückhaltend begegnete, hing nicht zuletzt mit seiner Erfahrung in kommunistischen Regimen zusammen, die in einigen Fällen falsche Anschuldigungen gegen den Klerus bemüht hatten, um die Kirche in ihrer Aktivität einzuschränken. Diese Sorge schien allerdings für den Papst im Zusammenhang mit den Fällen von Pädophilie nicht die vordringlichste Frage zu sein. Die Tatsache, dass der amerikanische und auch der irische Episkopat erhebliche Probleme damit hatten, in dieser kritischen Situation angemessen zu handeln, veranlasste Wojtyła seit den neunziger Jahren zu einer Reihe von Maßnahmen, die den Umgang mit pädophilen Priestern

auf eine neue Basis stellten und die Arbeit der Bischöfe besser zu kontrollieren halfen.
Mit dem 2001 veröffentlichten Schreiben „Normae de gravioribus delictis“ wurde Klarheit über die juristische Vorgehensweise geschaffen. Die oberste Verantwortung lag nun bei der Kongregation für die Glaubenslehre (was bis dahin nicht selbstverständlich gewesen war, nun aber die Aufsicht Roms über das Verhalten der Bischöfe ermöglichte). In diesem Schreiben heißt es: „Wann immer der Ordinarius oder Hierarch eine mindestens wahrscheinliche Nachricht über eine schwerwiegendere Straftat erhält, muss er nach Durchführung einer Voruntersuchung die Kongregation für die Glaubenslehre darüber informieren. Wenn die Kongregation den Fall nicht aufgrund besonderer Umstände an sich zieht, beauftragt sie den Ordinarius oder den Hierarchen, weiter vorzugehen [...].“ Nunmehr wachte also die Glaubenskongregation über den Ablauf der Prozesse und die Behandlung der schmerzlichen Angelegenheiten in den einzelnen Diözesen. Die Rechte der Beschuldigten wurden eingeschränkt. Es wurden Möglichkeiten geschaffen, in offenkundigen Fällen effektive und gerechte Ergebnisse zu erzielen. Vor allem versuchte man zu verhindern, dass die schuldigen Geistlichen ihre strafbaren Handlungen weiter fortsetzen konnten. Letzten Endes erkannte Johannes Paul II., und mit ihm Kardinal Ratzinger, den kritischen Punkt des Problems und sorgte für eine stärkere Kontrolle der Bischöfe.
Wohlgemerkt, es handelte sich gewissermaßen um einen dringlichen Notfall im Leben der Kirche, und nur deshalb ging die Zentrale in Rom dazu über, selbst die Verantwortung zu übernehmen, anstatt sie den Diözesen zu überlassen. Johannes Paul II. verfolgte die Tätigkeit der Kurie Tag für Tag und war daher auch mit den wichtigeren Angelegenheiten befasst, deren Klärung ihr oblag. Welche Rolle aber konnte die Regierung des Heiligen Stuhls im Rahmen von Wojtyłas charismatischem Pontifikat überhaupt spielen? Kardinal Etche-

garay hat dazu bemerkt: „Johannes Paul II. hat die Verantwortung für Verwaltung und Organisation gleich nach der Wahl anderen überlassen, um sich auf die apostolische Sendung zu konzentrieren." Dabei war Johannes Paul II. bis zu seinem Tod ein Papst, wie ihn die institutionelle Tradition der römischen Kirche erforderte: Er gewährte Audienzen, er traf Entscheidungen, er erteilte Aufträge, er sprach Ernennungen aus und intervenierte. Gleichwohl hat er eher neue oder außergewöhnliche Initiativen angeregt, als die alltäglichen Angelegenheiten zu überwachen und zu leiten.

Die Mitarbeiter in der Kirchenleitung

Benedikt XVI. erlebte die Kirchenführung Wojtyłas viele Jahre hindurch aus nächster Nähe. Er war der Kardinal, der am längsten mit dem Papst zusammenarbeitete. An die Regierung Johannes Pauls II. erinnert er sich wie folgt:

> Johannes Paul II. schätzte die Arbeit des Staatssekretariats und seiner Mitarbeiter in der Kurie. Er hatte einen Blick für die Menschheit, die es ihm ermöglichte, einige Probleme in besonderer Schärfe wahrzunehmen. So erdachte und plante er auch direkte und persönliche Formen des Agierens. Es gab schon immer eine dialektische Beziehung zwischen Mensch und Institution, zwischen dem persönlichen Empfinden und der Arbeit einer Verwaltung. Vielleicht war es für Paul VI. und Pius XII. etwas anders, denn sie hatten viele Jahre ihres Lebens damit verbracht, im Vatikan und im Staatssekretariat zu arbeiten.[56]

Wojtyła arbeitete nicht allein. Wie erwähnt, war das Staatssekretariat mit seinen Leitern und seinem Personal die Ku-

[56] Gespräch des Autors mit Benedikt XVI.

rieninstitution, die am engsten mit dem Papst zusammenwirkte. Durch die von Paul VI. durchgesetzte Reform war dem Sekretariat eine zentrale Rolle als Koordinationsorgan zugeteilt worden, gerade auch auf politischer Ebene. Kurz gesagt hatte das Staatssekretariat in der Montini-Kurie eine wesentliche Aufgabe bei der Kirchenleitung inne. Im Vergleich zu der Rolle, die er noch im 19. Jahrhundert ausfüllte, gewann der Staatssekretär damit institutionell und praktisch an Bedeutung (und mit der neuen Stellung wuchs auch die Anerkennung). Pius XI. hatte als Staatssekretär den mächtigen Kardinal Gasparri an seiner Seite, entschied sich dann jedoch für den jüngeren Pacelli, da er an der Spitze des Staatssekretariats eine weniger dominante Persönlichkeit sehen wollte. Nach dem frühzeitigen Tod von Kardinal Maglione ernannte Pius XII. zunächst keinen weiteren Nachfolger für das Amt. Johannes XXIII. hatte seinerseits Probleme mit Staatssekretär Tardini, von dem er sagte, er sei ein wenig professoral.
Der Staatssekretär war als wichtigster Mitarbeiter des Papstes nicht vergleichbar mit dem Generalvikar einer Diözese, freilich auch nicht mit einem Ministerpräsidenten, wie dies einmal gesagt worden ist. Das institutionelle Profil des Staatssekretärs, wie es durch Montinis Reform entstanden war, ähnelte vielmehr wohl eher dem eines französischen Premierministers in einer Republik, mit einem eher monarchisch handelnden Staatspräsidenten an der Spitze.[57] Tatsächlich wuchs durch die Reform Montinis der Einfluss des Staatssekretärs, auch wenn sie unter Paul VI. nicht vollständig umgesetzt wurde. Als Staatssekretäre standen ihm der alte Cicognani sowie der Franzose Villot zur Seite. Da letzterer der

[57] A. Riccardi, L'evoluzione della Segreteria di Stato dopo il 1870, in: École Française de Rome, Les Secrétaires d'État du Saint-Siège, XIXe–XXe siècles, Rom 2004 (= Mélanges de l'École Française de Rome, 116, 1), S. 33–44. Siehe auch École Française de Rome, Paul VI et la modernité dans l'Église. Actes du colloque organisé par l'École française de Rome, Rom 1984. Vgl. A. Riccardi, Il potere del papa; A. Tornielli, Paolo VI. L'audacia di un papa.

Kurie immer ein wenig fremd blieb und über geringere Kenntnisse über die Institution verfügte als der Papst selbst, war sein Einfluss entsprechend beschränkt. Stattdessen bediente sich der Montini-Papst des mächtigen Substituts Benelli, der keine Scheu zeigte, Probleme anzupacken und auf Menschen zuzugehen. Casaroli kümmerte sich um die auswärtigen Angelegenheiten. Paul VI. – und nicht Villot – war daher der eigentliche Leiter von Staatssekretariat und Kurie. Dies entsprach in Teilen dem, was auch von Pius XII. gesagt worden ist: er sei sein eigener Staatssekretär gewesen.[58]
Johannes Paul II. wollte und konnte nicht sein eigener Staatssekretär sein, deshalb berief er fähige Männer in dieses Amt. Dadurch ergab sich unter Wojtyła ein zum Teil neues Erscheinungsbild der von Paul VI. reformierten Kurie. Für Johannes Paul II. war der Staatssekretär eine prominente Persönlichkeit an der Seite des Papstes. Allerdings besprach er einzelne Dinge auch mit den Verantwortlichen der beiden Sektionen des Staatssekretariats. Nach Martínez Somalo wurde Giovanni Battista Re Substitut und stand von 1990 bis 2001 an der Spitze der ersten Sektion. Es waren elf kritische Jahre für eine Kirche, die sich in der Welt des Postkommunismus neu orientieren musste und in denen Re zum Bindeglied zwischen dem Papst und einer komplexen, nicht immer linear arbeitenden Administration im Vatikan wurde. Im Jahr 2001 wurde Re dann zum Präfekten der wichtigen Bischofskongregation ernannt, und Leonardo Sandri folgte ihm auf seinem bisherigen Posten. In vielerlei Hinsicht war der Substitut eine Art Werkzeug für die Umsetzung der Entscheidungen Johannes Pauls II. und des „Appartamento", des päpstlichen Hauses, wie man im vatikanischen Jargon die *Entourage* des Pontifex nennt.
Nach Casaroli wurde mit Kardinal Sodano, der zwölf Jahre lang Nuntius in Chile gewesen war, eine Persönlichkeit aus

[58] Die Formulierung stammt von Harold H. Tittmann. Zit. nach A. Riccardi, Il potere del papa, S. 45.

der Diplomatie zum Staatssekretär ernannt. Der Papst hatte Sodano während seiner problematischen Reise in das lateinamerikanische Land kennengelernt, wo er sich aktiv an der Vermittlung zwischen Chile und Argentinien beteiligt hatte. Von den Unterschieden in Charakter und Temperament, wie sie zwischen dem prophetischen Papst und dem diplomatischen Staatssekretär bestanden, war bereits die Rede. Der neue Staatssekretär sah sich vor die Aufgabe gestellt, das Zusammenspiel zwischen dem Papst und seinem Büro zu verbessern. Sodano war aufgrund seiner Tätigkeit als Nuntius sowohl mit der vatikanischen Diplomatie als auch mit dem Staatssekretariat vertraut, in dem er etwa zehn Jahre lang unter anderem die Kontakte zu den kommunistischen Regimen gepflegt hatte. Der Papst machte ihn 1991 zum Staatssekretär, und er blieb dies bis zum Tod Johannes Pauls II. im Jahr 2005.

Dass sich die Beziehungen zwischen Papst und Staatssekretär nicht immer leicht gestalteten, lag nicht zuletzt daran, dass die außerordentliche, charismatisch geprägte Regierung nicht leicht mit den laufenden Angelegenheiten der Kirchenleitung zu vereinbaren war. Möglicherweise entsprach das auf den Staatssekretär fokussierte Regierungsmodell, wie es durch die Kurienreform Pauls VI. eingeführt worden war, während des Wojtyła-Pontifikats nicht ganz den Gegebenheiten.[59] Johannes Paul II. verwendete hohe Energie auf die außerordentliche Regierung und lancierte seine Initiativen zum Teil unabhängig vom Staatssekretär, sodass sich dieser immer wieder veranlasst sah, auf die zentrale Rolle hinzuweisen, die er im komplexen System der Kurie spiele. Darüber hinaus vertraute der Papst die Verantwortung für die italienische Politik ausschließlich Kardinal Ruini an, dem Vorsitzenden der italienischen Bischofskonferenz, da er der Ansicht war, diese Aufgabe obliege allein den betroffenen Bischöfen. Die Pro-

[59] Vgl. A. Riccardi, L'evoluzione della Segreteria di Stato dopo il 1870.

bleme spitzten sich zu, als der inzwischen kranke Papst in den letzten Jahren seines Pontifikats zunehmend mit Hilfe außerinstitutioneller Instrumente regierte und dabei sein Privatsekretär, Stanisław Dziwisz, immer wichtiger wurde.

Die Qualität der Beziehungen zwischen dem Papsttum, den päpstlichen Privatsekretären und den Mitarbeitern der Kurie war in der Geschichte durchaus wechselhaft: angefangen bei der „segreteriola" Leos XIII. über die Vertrauten Pius' X. bis hin zur Rolle, die Figuren wie Schwester Pascalina unter Pius XII. (der offiziell keinen Privatsekretär hatte, auch wenn Pater Leiber dies *de facto* war), Capovilla unter Johannes XXIII. oder Macchi unter Paul VI. spielten. Speziell die Sekretäre, denen man oft vorwarf, persönliche Interessen zu verfolgen und den Willen des Papstes nicht immer treu umzusetzen, mussten mitunter mühsam den Kontakt zwischen dem Papst und der Maschinerie der Kurie aufrechterhalten, was nicht immer leicht war, vor allem, wenn die Päpste älter wurden.

Don Stanisław übernahm von Anfang an einen großen Teil der außerordentlichen Aktivitäten des Papstes, er pflegte die Kontakte nach Polen, aber auch die in Rom, er festigte die Beziehungen zu den christlichen Bewegungen und zu Wojtyłas persönlichen Freunden. Sein Einfluss wuchs auch deshalb, weil er Botschaften des Papstes überbrachte sowie Kardinäle (was beispielsweise Macchi nie getan hatte), Bischöfe und die verschiedensten Persönlichkeiten empfing. So wurde er zu einem wichtigen Verbindungsmann für Entscheidungen, die die ordentliche Regierung der Kurie betrafen. Zugleich war er stets an der Seite des Papstes und nahm an den Begegnungen an dessen Tafel teil, um die er sich persönlich kümmerte. Abgesehen von den Kontakten zur Verwaltung brauchte der Papst seinen Sekretär vor allem für seine Initiativen außerhalb der Institution. Der Papst verstand die Rolle von Don Stanisław als die eines Mittlers für seine direkte Regierung und die entsprechende Kontaktpflege. Er schätzte ihn aber auch, weil es mit seiner Hilfe möglich war, Menschen ohne institutionellen Hintergrund Zugang zum Papst zu verschaffen. 1998 veranlasste Johannes Paul II. daher eine Aufwertung dieser Funktion, indem er Don Stanisław zum Titularbischof und Beigeordneten Präfekten des Päpstlichen Hauses ernannte.

Zwischen Johannes Paul II. und Dziwisz bestand, wie viele Zeugen berichten, eine Art Vater-Sohn-Beziehung, war letzterer doch voll und ganz von der Botschaft und Sendung des Papstes erfüllt. Differenzen ergaben sich zwischen beiden, soweit man weiß, verschiedentlich in Fragen der Sicherheit und der Arbeitsbelastung des Papstes, nicht aber in inhaltlichen Punkten. Die Veröffentlichung eines Interview-Buchs von Kardinal Dziwisz über Johannes Paul II. hat einige persönliche Aspekte ihrer Beziehung ans Licht gebracht, aber auch das Regierungssystem selbst.[60] Tatsächlich zeigt gerade der große Handlungsspielraum von Don Stanisław, wie wichtig die außerordentliche Regierung in Wojtyłas Pontifikat war.

Wie bereits angemerkt, hatte der Papst weder die Absicht, die Regierungsmechanismen radikal zu verändern noch die außerordentliche Regierung in die ordentliche zu integrieren. Gelegentlich leitete er persönlich Sitzungen, vor allem, wenn es um Initiativen ging, die ihm am Herzen lagen – etwa bei der Vorbereitung der römischen Synode. Insgesamt besaß die Kirchenregierung mit Johannes Paul II. einen anderen Charakter als unter Paul VI., obwohl sich weder Institutionen noch Aufgabenbereiche veränderten. Wojtyła war in dieser Hinsicht zwar kein Reform-Papst, wohl aber ein Erneuerer.

---

[60] S. Dziwisz, Mein Leben mit dem Papst. Johannes Paul II., wie er wirklich war.

Reform von Kurie und Kirche

Forderungen, die Kurie und die Kirche zu reformieren, gab es während des gesamten Pontifikats. 1989 wurde, von Tübingen ausgehend, in einer Erklärung katholischer Theologen „ein neuer Zentralismus in Rom" angeprangert, nachdem Kardinal Meisner Erzbischof von Köln geworden war, obwohl sich sein Name nicht auf der vom Domkapitel vorgelegten Dreierliste befunden hatte.[61] Folgte man den Unterzeichnern des Dokuments, so hatte der Papst mit seinem Charisma gerade jenen römischen Zentralismus gestärkt, der mit Paul VI. ins Wanken geraten zu sein schien. Entscheidende Schritte hin zu mehr Kollegialität im Amt waren bislang ausgeblieben. Dies bekräftigte 1999 Kardinal König, der bereits am Zweiten Vatikanum teilgenommen hatte: „Die Autoritäten der Kurie, die mit dem Papst zusammenarbeiten, haben sich die Aufgaben des Bischofskollegiums zu eigen gemacht." Ähnlich äußerten sich 1998 auch die neuseeländischen Bischöfe.
Kardinal Pellegrino, der Erzbischof von Turin, kritisierte die Kurie bereits 1981: „Sie leben in einer künstlichen Welt, umgeben von wenigen und ohne zu wissen, was die Leute denken."[62] Die Fragen nach der Kirchenregierung, dem päpstlichen Dienst und der Rolle der Kurie wurden wieder neu gestellt und als notwendig für die Umsetzung des Konzils betrachtet. Aus dieser Perspektive veröffentlichte John Raphael Quinn, ehemaliger Vorsitzender der US-amerikanischen Bischofskonferenz, im Jahr 2000 die Schrift „Die Reform des Papsttums", in der er die Reform der Kurie als essentielle Voraussetzung für das päpstliche Amt und die Annäherung zwischen den Christen propagierte.[63] Vorschläge für Teilreformen, etwa bei den Bischofsernennungen, kamen auch aus der

[61] In: „Il Regno-Attualità" 34 (1989), Nr. 4, 15.2.1989, S. 71–74.
[62] D. Agasso/R. Agasso, Michele Pellegrino, S. 149.
[63] J. R. Quinn, Die Reform des Papsttums, Freiburg u.a. 2001.

Kurie selbst, zum Beispiel von Kardinal Pompedda, einem Juristen, der während des Konsistoriums 2001 sagte: „Die Praxis der Konsultation, wie sie gegenwärtig bei den Bischofsnominierungen gepflegt wird, scheint nicht ausreichend zu sein.“[64] Der kanadische Theologe Jean-Marie Tillard wiederum erklärte, es gebe „die Tendenz, die Verantwortung der Ortsbischöfe zugunsten der römischen Zentralisierung einzuschränken“. Zugleich erinnerte er aber auch an den Fortschritt im Dialog mit den Anglikanern über die „Gabe der Autorität“ und sagte diesbezüglich, dass „das Papsttum Teil des göttlichen Plans für die Kirche ist [...] und der Kirche Gottes ihren spezifischen Charakter verleiht“.[65]

Dass die Kirche in ihrer Regierung und ihrer Lehre mehr Rücksicht auf die Errungenschaften der modernen Welt nehmen müsse – diese Position vertrat auch der Schweizer Theologe Hans Küng immer wieder, der schon als junger Mann am Konzil teilgenommen hatte. Dass sich das kirchliche Regierungssystem und die demokratische Gesellschaft immer mehr auseinanderentwickelten, war für ihn ein sichtbares Anzeichen für die Spaltung zwischen dem Katholizismus und der modernen Welt und der Grund, weshalb sich viele Menschen von der Kirche abwandten. Das war allerdings nicht das einzige Problem. In den Augen des Schweizer Theologen hatte Johannes Paul II. die Menschen der Gegenwart einfach nicht verstanden, da er ein Gefangener seiner selbst und der kirchlichen Institution sei. Wojtyłas großer Aktionismus, so Küng, habe weder den Rückzug der Gläubigen bremsen noch die Probleme lösen können. Wojtyła sei daher als Papst gescheitert, urteilte Küng apodiktisch. Sein Pontifikat habe sich durch eine zentralistische, persönliche (oder sogar personalistische) Macht ausgezeichnet, sei voller Widersprüche ge-

[64] Gespräch des Autors mit Kardinal Pompedda.

[65] J. M. Tillard, Credo nonostante..., colloqui con F. Strazzari, Bologna 2000, S. 51; vgl. J. R. Quinn, Die Reform des Papsttums; und M. Albert/J. Boissonnat/M. Camdessus, Notre foi dans ce siècle, Paris 2002.

wesen und unfähig, die eigenen Erklärungen in authentische Tatsachen im Leben der Kirche zu verwandeln.
Johannes Paul II., so lautete das Urteil, sei gescheitert, weil es ihm nicht gelungen sei, eine echte Reform durchzuführen, die die aktuell anstehenden Probleme hätte lösen können.[66] Tatsächlich teilte man in katholischen Kreisen Küngs Kritik, vor allem im deutsch- und englischsprachigen Raum, wo man für eine Modernisierung der Kirche im Sinne einer vermehrten Anwendung demokratischer Regierungsmethoden und einer größeren Offenheit gegenüber den Werten der Gesellschaft eintrat, ganz abgesehen davon, dass man sich von der Kirche erhoffte, mehr als bisher auf die Bedürfnisse der Menschen einzugehen. Diese Art Katholizismus entsprach jedoch nicht der Vorstellung Wojtyłas. Der große französische Historiker Émile Poulat spricht hier von einem „bürgerlichen Katholizismus", weil er sich die Kriterien für die Anpassung an die Moderne zu eigen gemacht habe, wie sie für eine liberale öffentliche Meinung typisch seien. Poulat meinte damit zunächst den französischen Bürger des 19. Jahrhunderts, der als Katholik den Laizismus nicht nur akzeptierte, sondern sich in der liberalen Welt sogar ausgesprochen wohlfühlte.[67] Der Begriff lässt sich indes auch auf Hans Küng anwenden. Auch Küngs Katholizismus war „bürgerlich", er berief sich auf die liberalen Werte und schrieb ihnen eine reinigende Wirkung in Bezug auf die „mittelalterlichen" Strukturen und Lehren der Kirche zu. Der Schweizer Theologe stellte mit seinem umfangreichen Werk, das eine breite Medienaufmerksamkeit erfuhr, daher gewissermaßen eine liberal-bürgerliche Alternative zur Kirche Johannes Pauls II. dar.
Papst Wojtyła war kein Reformer im liberalen Sinn, aber er war – es sei einmal mehr betont – durchaus ein Erneuerer.

[66] Vgl. H. Küng, Erkämpfte Freiheit. Erinnerungen, München 2002.
[67] É. Poulat, Église contre bourgeoisie. Introduction au devenir du catholicisme actuel, Tournai 1977.

Dem Ruf nach Reformen stand er keineswegs taub gegenüber. 1986 erklärte er:

> In Assisi haben wir uns dafür entschieden, arm zu sein, arm wie Christus, arm wie der heilige Franziskus, arm wie viele große Geister, die den Weg der Menschheit erleuchtet haben. Wir haben das entschieden und hatten nur dieses Mittel zur Verfügung: das Mittel der Armut, und nur diese Stärke: die Stärke der Schwäche.[68]

Die strukturellen Probleme der Kirche interessierten Wojtyła nur begrenzt. Casarolis Definition zur Rolle des Souveräns im Vatikanstaat akzeptierte er daher gern: „Ein unbedeutendes Podest, über dem jedoch mit ausgebreiteten Flügeln eine unabhängige und souveräne Macht gleichsam über dem ganzen Erdkreis schwebt: respektiert und geschätzt, oder angefochten und bekämpft, die sich aber mit ihrer Statur, ihrer Geschichte und ihrem Einfluss behauptet."[69] Johannes Paul II. konzentrierte sich – um bei diesem Bild zu bleiben – mehr darauf, mit ausgebreiteten Flügeln zu „schweben", um die gesamte Erde zu bedecken, als das ein oder andere Podest zu verändern. Und um seinen eigenen, der Sprache des Apostels Paulus entnommenen Ausdruck zu verwenden, bestand das Problem für ihn vor allem darin, mit der „Stärke der Schwäche" zu bestehen. Johannes Paul II. glaubte, dass es weniger darauf ankomme, sich an die „Welt" anzupassen, als vielmehr das Evangelium zu verkünden, um „die Welt zu retten", die Kräfte des Guten zu wecken und denjenigen, die bereits sichtbar waren, zu größerer Wirksamkeit zu verhelfen.
Vielleicht nahm gerade im Jubiläumsjahr 2000 – so jedenfalls hatte es der Papst beabsichtigt – ein spirituelles Reformpro-

---

[68] Zit. n. L. Accattoli/D. Del Rio, Wojtyła, il nuovo Mosè, Mailand 1988, S. 42.
[69] A. Casaroli, Nella Chiesa per il mondo. Omelie e discorsi, Mailand 1987, S. 331.

jekt seinen Ausgangspunkt, das dazu bestimmt war, „die Kirche zum Haus und zur Schule der Gemeinschaft zu machen“. So heißt es nachdrücklich in seinem Apostolischen Schreiben „Novo millennio ineunte“. Weiter liest man dort: „Darin liegt die große Herausforderung, die in dem beginnenden Jahrtausend vor uns steht, wenn wir dem Plan Gottes treu sein und auch den tiefgreifenden Erwartungen der Welt entsprechen wollen.“ Diese Spiritualität der Gemeinschaft, die auf einem wachen Sinn für Einheit und Solidarität zwischen den Christen basierte, sollte Bischöfe und Priester, Geistliche, Familien und Gemeinschaften miteinbeziehen. Der Papst verurteilte mit Blick auf das kirchliche Leben scharf alle „egoistischen Versuchungen“, die „uns dauernd bedrohen und Rivalität, Karrierismus, Misstrauen und Eifersüchteleien erzeugen“. Keine Reform, erklärte er, habe einen Sinn, wenn ihr nicht eine Spiritualität der Gemeinschaft zugrunde liege: „Ohne diesen geistlichen Weg würden die äußeren Mittel der Gemeinschaft recht wenig nützen. Sie würden zu seelenlosen Apparaten werden, eher Masken der Gemeinschaft als Möglichkeiten, dass diese sich ausdrücken und wachsen kann.“
Der Papst verfolgte also nichts Geringeres als ein spirituelles Reformprogramm: Viel sei „seit dem Zweiten Vatikanischen Konzil [...] geschehen. Aber es bleibt sicherlich noch viel zu tun [...].“ Freilich war es nicht seine Absicht, das hierarchische System der Kirche oder den Petrusdienst anzutasten. Vielmehr wollte er eine neue Gemeinschaft schaffen, die die gesamte Kirche einbezog. Dies war sein Traum für das neue Jahrtausend: eine Kirche als Haus einer Gemeinschaft, die für Einheit und Frieden zwischen den Menschen tätig war. Doch mit dem 11. September 2001 wurde die internationale Lage komplizierter. In der Zwischenzeit hatte sich auch der Gesundheitszustand des Papstes verschlechtert, der nun Mühe hatte, seinen zahlreichen Verpflichtungen nachzukommen, auch wenn er sie nicht vernachlässigen wollte. Wojtyłas „spirituelle Reform“, die aus der Kirche ein „Haus der Gemein-

schaft" machen wollte und sich darin von der Reform Pauls VI. erheblich unterschied, ist daher zunächst eine Vision ohne unmittelbare Folgen geblieben. Johannes Paul II. hatte es stets als seine Aufgabe angesehen, die Kirche ins neue Jahrtausend zu führen. Nach dem Jahr 2000 jedoch wurde ihm zunehmend bewusst, dass die Früchte des Jubiläums und die Errungenschaften seines Pontifikats eher ein Erbe für den Katholizismus der Zukunft sein würden, als dass er darauf persönlich weiteren Einfluss hätte ausüben können. In seinen letzten fünf Jahren, nach dem Jubiläum, konzentrierte sich der Papst daher voll und ganz darauf, den Kontakt zu den Menschen aufrechtzuerhalten und zu reisen.
Diese Kontakte waren von essentieller Bedeutung für den Papst. Er wollte die unmittelbare, ja, geschwisterliche Verbindung zu seinen Gesprächspartnern nicht verlieren. Er war überzeugt, dass sich sein Amt nicht in den Beziehungen zu den Menschen und den Medien erschöpfte, sondern in ganz persönlichen Kontakten wirkte, die in einer großen, über die Welt verteilten Kirche eine „familiäre" Atmosphäre schufen. Dies betrachtete er als seinen persönlichen (wenn auch bescheidenen) Beitrag für ein erneuertes Klima in der Kirche. Kardinal Puljić, der Erzbischof des gemarterten Sarajewo, berichtet: „Jedes Mal, wenn ich nach Rom kam, lud er mich zum Essen und zum Reden ein [...]. 1994 schließlich gab er mir ein Mobiltelefon, um direkt mit mir Kontakt aufnehmen zu können."[70] Und den Erzbischof von San Salvador, Rivera y Damas, der den Papst auf keinen Fall stören wollte, ermunterte er: „Wenn es nötig ist, rufen Sie mich an!"[71] So wollte Johannes Paul II. auch in den letzten Jahren seines Lebens die persönlichen Kontakte pflegen. Ebenso lag ihm an der direkten Verbindung zu den Gläubigen. Eine Kirche der Gemeinschaft durfte darauf nicht verzichten.

---

[70] V. Puljić, Cristiani a Sarajevo. Intervista di R. Morozzo della Rocca, Mailand 2010, S. 39.
[71] Gespräch des Autors mit Mons. Rivera.

XIII

Der Kampf für das Leben

Stimme der Armen

Nach 1989 sah sich die Kirche neuen großen Aufgaben gegenüber. In einer zunehmend globalisierten Welt wurde sie dabei nicht nur durch den Islam herausgefordert, der allein schon demografisch stark wuchs – auch verschiedene evangelikale Strömungen sowie die Pfingstbewegung drohten mit ihren nicht klar definiertierten, gleichwohl aber attraktiven Ausdrucksformen den Katholizismus in die Defensive zu drängen. Angesichts der vielen Entscheidungen, die der Papst zu treffen hatte, beschrieb Igor Man die Grundrichtung seines Pontifikats sehr genau wie folgt: „Mit seiner dramatischen Präsenz sagte Wojtyła allen, dass allein die spirituelle Erfahrung den Menschen wieder ganz erfüllen kann.“[1]
Die spirituelle Erfahrung Johannes Pauls II. stand von seiner Jugend an im Zeichen des Leidens. Dies veranlasste Wojtyła freilich nicht dazu, sich in sich selbst zurückzuziehen; vielmehr befähigte es ihn, eine größere Sensibilität für das Leid Anderer zu entwickeln, den einzelnen Menschen gegenüber wie auch angesichts der Zerbrechlichkeit des Lebens als solcher. Wojtyłas Pontifikat war durchzogen von dieser Hinwendung zur Zerbrechlichkeit des Lebens – in all ihren Facetten. Dabei ging es ihm nicht allein um ein Nachdenken über spezielle gesellschaftliche Fragen wie etwa infolge wirtschaftlicher Umbrüche. Der Papst wollte die Welt der Armen ganz grundsätzlich erreichen. Einmal mehr zeigte sich hier Wojtyłas Universalität, die nicht nur geografisch zu verste-

[1] I. Man, Dal dolore la speranza, in: „Lo Specchio“, 23.12.2000, S. 52–64.

hen war. Sie umschloss auch und gerade jene Bevölkerungsschichten, die am Rande der Gesellschaft lebten: die Armen (der Papst verwendete bewusst eine christlich geprägte Sprache, die in den Jahren, in denen der marxistische Einfluss stark zu spüren war, nicht eben populär war). Wojtyłas Universalismus wollte alle Menschen einschließen, die von der Gesellschaft ausgegrenzt wurden.
Nach dem Erdbeben von 1980 in Potenza begab sich der Papst unmittelbar an den Ort des Geschehens. In einer extemporierten Ansprache betonte er, dass gerade die bedürftigsten Menschen stets „vom Mitleid der Kirche" umgeben sein müssten. Und er fuhr fort: „Wenn viele Menschen leiden, bedarf es vieler Menschen, um jenen zur Seite zu stehen, die dieses Leid erfahren." Und Johannes Paul II. wollte einer von ihnen sein. Dies wurde deutlich, wenn er sich zu den Kranken niederbeugte, wenn er HIV-Infizierte umarmte oder sich liebevoll Behinderten zuwandte. Dieses Zugehen auf die Menschen sei ihm allerdings nicht in die Wiege gelegt worden, er habe es vielmehr erst lernen müssen, bekannte er einmal. Die Zugewandtheit drückte sich in mutigen Gesten aus, etwa, als er beim Besuch einer römischen Pfarrei trotz einer alarmierten Polizei ohne besondere Schutzvorkehrungen ein kleines Zigeunerlager betrat. Der Erzbischof von Turin, Ballestrero, dem jede Schmeichelei gegenüber Johannes Paul II. fernlag, hat bewegt von dessen Besuch im Krankenhaus Cottolengo bei den oft schwerkranken Patienten berichtet, wo der Papst diese umarmt und mit ihnen geweint habe.[2] Seine Beziehung zu den „vom Leben Verwundeten" – wie er die Armen und Leidenden bezeichnete – war getragen von einer geradezu zärtlichen Zuwendung. Während des Heiligen Jahres 2000 sah man ihn beispielsweise bei einem Mittagessen im Atrium der Vatikanischen Audienzhalle an der Seite der Armen: Auf-

[2] A. Ballestrero, Autoritratto di una vita. Padre Anastasio si racconta, Rom 2003, S. 283.

merksam sprach er sowohl mit einem jungen afghanischen Flüchtling als auch mit einer alten Frau, die neben ihm saßen; bei einigen kurdischen Flüchtlingskindern hielt er sich ebenfalls eine Weile auf. In den unterschiedlichsten Situationen wollte Johannes Paul II. seine Liebe zu den Armen, die sein Pontifikat prägte, auf ganz persönliche Weise zeigen. In der Enzyklika „Centesimus annus" zeichnete der Papst eine Art Geografie der Armut:

> Ihre Liebe zu den Armen, die entscheidend ist und zu ihrer festen Tradition gehört, lässt die Kirche sich zur Welt zuwenden, in der trotz des technisch-wirtschaftlichen Fortschritts die Armut gigantische Formen anzunehmen droht. In den westlichen Ländern haben wir die vielfältige Armut der Randgruppen, der Alten und Kranken, der Opfer des Konsumismus und zudem noch das Elend der zahlreichen Flüchtlinge und Emigranten. In den Entwicklungsländern zeichnen sich am Horizont dramatische Krisen ab, wenn nicht rechtzeitig international aufeinander abgestimmte Maßnahmen ergriffen werden.[3]

Für das Verhältnis zwischen Nord und Süd hat der Papst oft das biblische Gleichnis vom armen Lazarus und dem reichen Prasser benutzt, das in gewisser Weise selbst eine Geografie der Armut entwirft, weil es, verkörpert in Lazarus, eine Welt des Elends an der Schwelle zu einer gänzlich anderen Welt zeigt, in der „herrlich und in Freuden" gelebt wird.[4] Dieses Bild benutzte Johannes Paul II. bereits während seiner ersten Reise nach New York. Zu diesem Anlass hielt der Papst eine sozial engagierte Rede, wobei er die Zuhörer zugleich daran erinnerte, dass die Wurzel jedes sozialen Engagements in

[3] Johannes Paul II., Enzyklika Centesimus annus, Bonn 1991 (Verlautbarungen des Apostolischen Stuhls 101), S. 65.
[4] Lukas 16, 19ff.

Christus selbst liege. Es waren Jahre, in denen sich der Katholizismus relativ diffus in Richtung auf ein stärkeres soziales Engagement hin bewegte – im Sinne einer „promozione umana", wie es im Kirchenjargon hieß, einer Förderung des Menschen. Der Papst jedoch legte größten Wert auf die religiöse Verankerung dieser neuen Orientierung. Wojtyła fühlte, welch zentrale Bedeutung gerade den Armen in der Kirche zukam. Und er war überzeugt, dass diese Bedeutung im Glauben selbst ihre Begründung hatte. Der Papst setzte so der Säkularisierung des sozialen Engagements der Kirche sehr bewusst die Botschaft des Glaubens entgegen. Für ihn stand fest, dass ohne sie jedes Engagement an wahrer Menschlichkeit und Dauerhaftigkeit verlieren oder zu einem rein politischen Einsatz reduziert würde.

Das soziale Engagement in den armen Ländern des Südens durfte daher nicht zu Lasten der Mission gehen. Bedeutungsvoll war in diesem Zusammenhang die Entscheidung des Papstes für den Bau einer großen Basilika nach dem Modell von Sankt Peter in Yamoussoukro, im Herzen der Elfenbeinküste. Die Anregung hierzu kam von Staatspräsident Félix Houphouët-Boigny, dem Gründer der Republik Elfenbeinküste, der als Katholik eine starke emotionale Bindung zu Johannes Paul II. entwickelt hatte („wenn ich ihm die Hand gedrückt haben werde, werde ich sie mir drei Tage lang nicht waschen").[5] Zweifellos verfolgte Houphouët-Boigny mit dem Bau der Basilika die Absicht, seinen Geburtsort zu verherrlichen, der zur neuen Hauptstadt des Landes geworden war. Er hoffte aber auch, die Kirche könne irgendwann einmal zu einem Zufluchtsort für den Papst werden, wenn er eines Tages Europa, diesem rettungslos der Säkularisierung verfallenen Kontinent, den Rücken kehren werde. Der Bau war also im

[5] Gespräch des Autors mit Mons. Jean-Pierre Kutwa. Zur Person des Präsidenten der Elfenbeinküste siehe F. Grah Mel, Felix Houphouët-Boigny. Biographie, Paris, Abidjan 2003.

Grunde genommen alles andere als religiös motiviert. Johannes Paul II. indes griff die Idee – trotz der Vorwürfe, in Anbetracht der in Afrika herrschenden Armut handle es sich bei diesem Bauprojekt um einen unverantwortlichen Triumphalismus – gleichwohl auf. Allerdings stellte er eine Bedingung: Neben der Kirche sollte ein großes Krankenhaus entstehen. Zahllos sind die Appelle, die Johannes Paul II. während seines Pontifikats zugunsten des armen Südens an die Welt gerichtet hat. Die Worte, die er im Zusammenhang mit der Situation in Obervolta, heute Burkina Faso, äußerte, waren hierfür in vielerlei Hinsicht beispielgebend. Der Papst erhob seine Stimme stellvertretend für all jene, die selbst keine Stimme hatten:

> Ich, Bischof von Rom und Nachfolger Petri, erhebe meine bittende Stimme, denn ich kann nicht schweigen, während so viele meiner Brüder und Schwestern bedroht sind. Ich spreche für jene, die keine Stimme haben, jene Unschuldigen, die gestorben sind, weil es ihnen an Brot und Wasser fehlte; es ist die Stimme der Väter und Mütter, die zusehen mussten, wie ihre Kinder starben, ohne es verstehen zu können [...].[6]

Mit den vielen Reisen in arme Länder (die politisch kaum Gewicht hatten) und den Begegnungen mit den Armen wollte Johannes Paul II. das besondere Interesse der Kirche verdeutlichen. Der arme Süden bildete, wie bereits angedeutet, den Ausgangspunkt für seine systematische Kritik an der geltenden Wirtschaftsordnung. Denn was hätte eindringlicher zeigen können, dass die Weltwirtschaft in gewisser Weise nicht richtig funktionierte, als die Tatsache, dass große Teile der

---

[6] Ch. de Monclos, Les voyages de Jean Paul II, Paris 1990, S. 118. Siehe auch A. Santini, Con Giovanni Paolo II per le vie del mondo, Soveria Mannelli (CZ) 2000.

Weltbevölkerung in Armut lebten? Der Heilige Stuhl insistierte weiterhin darauf, dass die Armut ein Quell der Unordnung war, da ungewiss schien, wohin sie am Ende führen würde. Selbst gewaltsame Entwicklungen waren denkbar, ja, sogar Kriege schienen durch die Armut entfesselt werden zu können. Noch im 21. Jahrhundert war Johannes Paul II. einer der wenigen, die sich auf internationaler Ebene mit ganzer Kraft für die Welt der Armen einsetzten. Doch auch wenn seine Stimme weithin gehört wurde, blieb dies letztlich folgenlos. Dabei knüpfte Wojtyła – unter den Bedingungen der Globalisierung – zugleich an eine alte Tradition des römischen Pontifikats an, derzufolge der Papst stets Beschützer der Armen war.

Die Liebe zu den Armen marginalisierte sogar die Sorgen, die einige hochrangige Prälaten bezüglich der Zuwanderung nach Europa hatten. Nicht nur Kardinal Biffi sah darin die muslimische Invasion eines christlichen Kontinents. Nun war Wojtyła durchaus um die christlichen Wurzeln Europas besorgt. Zugleich jedoch fühlte er sich in gewisser Weise für die Migranten verantwortlich: „Es sind unsere Brüder, die wir nicht sich selbst überlassen dürfen", sagte er und drängte die Politik dazu, sie aufzunehmen. Seine Haltung zu Flüchtlingen, Vertriebenen und Emigranten war gewissermaßen die „Summe" einer Kultur der Gastfreundschaft. Unermüdlich forderte Johannes Paul II. daher nach 1989, dass sich in einer globalisierten Welt auch die Solidarität globalisieren müsse. Seit seiner Botschaft zum Weltfriedenstag 1980 kam der Papst immer wieder voll Kummer auf das Thema der Solidarität zu sprechen:

> Und dann denke ich an all die Männer und Frauen überall in der Welt, die in Liebe entbrannt sind für eine Solidarität ohne Grenzen und denen es unmöglich ist, in einer global gewordenen Zivilisation die eigenen Freiheiten von denen zu trennen, die ihre Brüder und Schwestern auf anderen Kontinenten zu erkämpfen oder zu schützen versuchen.

Eine andere Kultur des Lebens

In den neunziger Jahren wurde Wojtyła immer bewusster, dass sich insbesondere in der westlichen Welt eine Auffassung vom menschlichen Leben etablierte, die sich deutlich von derjenigen der Kirche unterschied, die sich jedoch immer mehr durchsetzte, ja, zu einer global geltenden Meinung wurde. Wojtyłas Kampf gegen die Kultur des Todes, der kirchlicherseits auf eine lange Tradition zurückblicken konnte, verband sich mit seinem Engagement gegen die Armut. In einer globalisierten, immer westlicher werdenden Welt gewann dieser Kampf jedoch eine neue Dimension. 1995 veröffentlichte Johannes Paul II. die Enzyklika *Evangelium vitae* und stärkte damit einmal mehr den Päpstlichen Rat für die Familie:

> Mit den neuen, vom wissenschaftlich-technologischen Fortschritt eröffneten Perspektiven entstehen neue Formen von Anschlägen auf die Würde des Menschen, während sich eine neue kulturelle Situation abzeichnet und verfestigt, die den Verbrechen gegen das Leben einen bisher unbekannten und womöglich noch widerwärtigeren Aspekt verleiht und neue ernste Sorgen auslöst: breite Schichten der öffentlichen Meinung rechtfertigen manche Verbrechen gegen das Leben im Namen der Rechte der individuellen Freiheit und beanspruchen unter diesem Vorwand nicht nur Straffreiheit für derartige Verbrechen, sondern sogar die Genehmigung des Staates, sie in absoluter Freiheit und unter kostenloser Beteiligung des staatlichen Gesundheitswesens durchzuführen.[7]

Was der Papst hier im Blick hatte, war vor allem die Praxis der Abtreibung, die Kampagnen für Sterilisierung sowie ganz

---

[7] Dies und die folgenden Zitate in: Johannes Paul II., Enzyklika Evangelium vitae, Stein am Rhein 1995, S. 10.

grundsätzlich alle Formen der Manipulation menschlichen Lebens. In diesen Praktiken, die weit verbreitet waren, erkannte Johannes Paul II. eine spezifische „Kultur des Todes". Neben dem „Phänomen der Beseitigung so vieler menschlicher Leben vor der Geburt oder auf dem Weg zum Tod" stellte er fest, dass das „Gewissen, als wäre es von so weitreichenden Konditionierungen verfinstert, immer träger darin wird, die Unterscheidung zwischen Gut und Böse wahrzunehmen im Hinblick auf den fundamentalen Wert des menschlichen Lebens." Für ihn lag hierin die Ursache des Auseinanderklaffens zwischen christlichen und populären Moralvorstellungen, die in der Vergangenheit eng miteinander verbunden waren, wenn auch nie vollständig deckungsgleich. Johannes Paul II. schrieb: „So schwindet jeder Bezug zu gemeinsamen Werten und zu einer für alle geltenden absoluten Wahrheit: das gesellschaftliche Leben läuft Gefahr, in einen vollkommenen Relativismus abzudriften." Daher der warnende Aufruf: „Da lässt sich alles vereinbaren, über alles verhandeln: auch über das erste Grundrecht, das Recht auf Leben."[8]

Die Manipulation des Lebens, die Unterdrückung entstehenden menschlichen Lebens, aber auch das passive Hinnehmen der großen Armut in der Welt waren für den Papst gleichermaßen Aspekte jener Kultur des Todes, die sich durch den Prozess der Globalisierung immer weiter ausbreitete. Für Wojtyła stand daher fest, dass sich seine Kirche entschieden für eine Kultur des Lebens einsetzen müsse. Wie üblich schonte er sich nicht, sondern verbreitete unablässig Botschaften, sprach mit den Menschen, hielt Predigten. Er regte auch eine Initiative des Heiligen Stuhls bei der internationalen Gemeinschaft an. In den Jahren 1994 und 1995 kämpfte der Vatikan engagiert auf diesem Gebiet. Bei der Weltbevölkerungskonferenz der UNO in Kairo machte die vatikanische

[8] Ebenda, S. 27f. Vgl. G. Weigel, Zeuge der Hoffnung. Johannes Paul II. Eine Biographie, Paderborn, München, Wien, Zürich 2002.

Diplomatie aus ihrer Enttäuschung über den Entwurf des Schlussdokuments keinen Hehl. Sie stimmte ihren Einsatz dabei mit den Regierungen der muslimischen Länder ab, die die UNO und die USA eines demografischen Kolonialismus beschuldigten, der darauf abziele, die Abtreibung weltweit zu legalisieren.

In Vorbereitung auf die Weltfrauenkonferenz 1995 in Peking hielt der Papst zahlreiche Ansprachen zu diesem Themenkomplex und entwickelte in seinem Apostolischen Schreiben „Mulieris dignitatem" dabei eine Art christlichen Feminismus. Ausdrücklich erkannte der Papst an, dass die Menschheit infolge der Ausgrenzung der Frau erheblich verarmt sei. In Peking zeigte sich der Einsatz des Heiligen Stuhls für die katholische Auffassung von Familie und Ehe schwieriger als in Kairo. Wojtyła war nunmehr tief davon überzeugt, dass er eine Mission zur Verteidigung des Menschen zu erfüllen habe. In der Enzyklika „Evangelium vitae" schreibt er: „Wir sind das Volk des Lebens, weil Gott uns in seiner unentgeltlichen Liebe das Evangelium vom Leben geschenkt hat."[9] Wenn er von der Soziallehre sprach, die während Wojtyłas Pontifikat neu belebt wurde, äußerte sich der Papst immer öfter auch über die Kultur des Lebens, einen Gegenstand, den er in der globalisierten Postmoderne für außerordentlich wichtig hielt.[10]

Nach dem Kampf gegen die Vorherrschaft des Kommunismus führte Johannes Paul II. eine neue Auseinandersetzung, und er führte sie inmitten der westlichen Zivilisation.[11] Während er in Europa damit kaum auf Begeisterung stieß, fand der große Europäer Wojtyła ausgerechnet in Nordamerika große

[9] Johannes Paul II., Enzyklika Evangelium vitae. Frohbotschaft des Lebens, Stein am Rhein 1995, S. 95.

[10] Vgl. A. López Trujillo, Testimonianze. Conversazioni con José Luis Gutiérrez García, Rom 2000; G. Weigel, Zeuge der Hoffnung, S. 895.

[11] Einige Beobachtungen dazu finden sich in: C. Cardia, Karol Wojtyła. Vittoria e tramonto, Rom 1994, S. 39ff.

Zustimmung. Trotz seiner ablehnenden Haltung zum militärischen Vorgehen der beiden Bush-Administrationen wurde seinem Engagement für die Kultur des Lebens hier großes Interesse entgegengebracht. Gleichwohl schien ihm die menschliche Freiheit durch die Tatsache, dass sie in der westlichen Welt zunehmend losgelöst von der Wahrheit des Menschlichen verstanden wurde, in gleich mehrfacher Hinsicht existentiell bedroht zu sein.

An den Beginn seiner 1993 veröffentlichten Enzyklika „Veritatis splendor" stellte der Papst die biblische Geschichte jenes reichen Jünglings, der Jesus fragt, was er tun müsse, um das ewige Leben zu gewinnen:

> Wenn wir also in das Innerste der Moral des Evangeliums vordringen und ihren tiefen und unwandelbaren Inhalt erfassen wollen, müssen wir sorgfältig den Sinn der von dem reichen Jüngling des Evangeliums gestellten Frage und mehr noch den Sinn der Antwort Jesu erforschen, indem wir uns von ihm leiten lassen. Jesus antwortet nämlich mit pädagogischer Einfühlung und Behutsamkeit, indem er den jungen Mann gleichsam an der Hand nimmt und Schritt für Schritt zur Wahrheit hinführt.[12]

Die Enzyklika „Veritatis splendor" war ohne Zweifel ein besonders wichtiges Dokument, dessen Leitlinien den Papst seit längerem beschäftigten. Der zentrale Aspekt findet sich bereits in seiner Ansprache anlässlich des Kongresses für Moraltheologie im Jahr 1986. Mit Blick auf „Veritatis splendor" bemerkte Wojtyła später: „Ich denke, dass der Eckstein meines Pontifikats eben darin besteht, den transzendenten Wert der menschlichen Person darzulegen."[13] Seiner Ansicht nach

---

[12] Johannes Paul II., Enzyklika Veritatis splendor, Stein am Rhein 1993, S. 15.

[13] Zit. n. J. Kwitny, Man of the Century. The Life and Times of Pope John Paul II., New York 1997, S. 642.

stand die reiche Welt in der Gefahr, die eigene Freiheit verantwortungslos auszuweiten, ohne jede Grenze und ohne den notwendigen Bezug zur Wahrheit. Diese Überdehnung der Freiheit führe in letzter Konsequenz zur Manipulation des Menschen oder sogar zu seiner Zerstörung. In den neunziger Jahren führte Johannes Paul II. seinen Kampf für die „Wahrheit" unermüdlich fort. Die Veröffentlichung des „Katechismus der Katholischen Kirche" war ein wichtiger Schritt in diese Richtung, handelte es sich dabei doch, wie der Papst in „Veritatis splendor" bemerkte, um „eine vollständige und systematische Darlegung der christlichen Morallehre".[14] Und Kardinal Cottier, lange Jahre der Theologe des Päpstlichen Haushalts, fügte hinzu: „Die Gewissheit, dass die Wahrheit existiert, ist das Fundament für die Freude am Leben."[15] Nur, wenn man eine Wahrheit im Leben erkannte, so Johannes Paul II., konnte die Welt vor jenen Gefahren gerettet werden, die neue Totalitarismen heraufzuführen drohten. Aus solchen Worten wurde deutlich, worum es diesem prophetischen Papst letztlich ging und wie er es auch schon während des Kalten Krieges geäußert hatte.

Nun jedoch führte Johannes Paul II. seinen Kampf mitten im liberalen und aufgeklärten Westen. Gerade hier genoss der Papst nach 1989 allerdings eine so große Popularität und ein so hohes Ansehen, dass er nicht nur als Restaurator des Vergangenen oder als Feind der modernen Welt und der Freiheit betrachtet wurde. Viele Jahre waren mittlerweile seit dem Beginn seines Pontifikats vergangen, als der kämpferische polnische Papst von der öffentlichen Meinung als Konservativer abgetan worden war. Die Kritik an seinen Thesen über das menschliche Leben ebbte im Übrigen oft ab, da die Medien seine Botschaft nicht aufgriffen. Hier zeigte sich, wie fremd Europa und der Westen seiner Kirche gegenüberstanden.

[14] Johannes Paul II., Enzyklika Veritatis splendor, S. 11.
[15] P. Favre, Georges Cottier. Il teologo svizzero di Wojtyła si racconta, Siena 2009, S. 126f.

Doch Wojtyła war entschlossen, das hohe Ansehen, das er persönlich genoss, auch für das Lehramt der Kirche zu nutzen. Gerade hierin offenbarte sich jene unnachgiebige Haltung und prophetische Begabung, die charakteristisch für ihn waren.

Der Mystiker

Seit seiner Jugend und der Erziehung durch den Vater war Karol Wojtyła ein Mann des Gebets. Anfangs bedeutete ihm das Gebet in Form der Fürbitte in bestimmten Situationen oder für konkrete Personen nicht sonderlich viel. Doch bald änderte er seine Meinung.[16] Als Papst richteten schließlich immer mehr Menschen die Bitte um ein Gebet an ihn; diese Bitten pflegte er in der Kniebank in der Privatkapelle seiner Wohnung im Apostolischen Palast aufzubewahren. Dass ein Papst betet, ist an sich nicht überraschend. Viele Beobachter berichten allerdings, dass sie ihn immer wieder zum Gebet auf der Erde hätten liegen sehen, mit ausgestreckten Armen und zum Kreuz geformtem Körper, wie es in Polen üblich ist. War der Papst also ein Mystiker? Wer ihn in seiner Kapelle ins Gebet vertieft erlebte, bevor die Messfeier begann, war überrascht, wie konzentriert er dabei wirkte. Olivier Clément, ein Mann mit großer spiritueller Sensibilität, sprach geradezu von einem „Gebetsblock". Wojtyła liebte es zu beten, und sowohl auf seinen Reisen als auch in der Kappelle in seiner Wohnung im Vatikan sammelte er sich zwischendurch im Gebet. Es ist offensichtlich, dass das Gebet ein wesentlicher Teil seines Lebens war, gewissermaßen die Reserve

[16] Dies äußerte er gegenüber A. Frossard, Conversando con Giovanni Paolo II, Mailand 1989, S. 30: „Das Fürbittgebet erschien mir in jeder Hinsicht unwürdig. Später habe ich meine Meinung geändert: Heute bete ich viel, ich bitte um immer mehr, auch dank der kleinen Schwester mit ihrer Liste von Wünschen."

seiner spirituellen Energien, seiner geistigen Freiheit. Sein zweiter Sekretär, der aus Lemberg stammende Mieczysław Mokrzycki, erinnert sich: „Das Gebet war seine Natur, sein Alltag.“ Seiner Auffassung nach war „der Heilige Vater ein Mystiker. Er konnte sich entheben. In diesen Momenten reagierte er nicht auf seine Umgebung.“ Stanisław Dziwisz sagte im Zusammenhang mit den festen Gebetszeiten des Papstes: „Sie bildeten das tägliche Rückgrat seines geistlichen Lebens.“[17]

Als ein Gläubiger mit besonderer Hingabe an Christus und Maria schätzte Wojtyła speziell den Rosenkranz und den Kreuzweg (den er jeden Freitag, wo auch immer er sich gerade aufhielt, betete). Mit der Messe begann der Tag, weitere Gebete folgten. Darüber hinaus war der Papst eng vertraut mit der Bibel und insbesondere mit den Evangelien. In seinem Gedicht „Veglia Pasquale“ aus dem Jahr 1966 schrieb Karol Wojtyła über Jesus:

> Ich suche Deinen Leib für das ganze Weltgeschehen,
> ich suche Deine Tiefe; ich suche Dich zu verstehen.[18]

Das Gedicht entstand in Verbindung mit der Liturgie der Osternacht:

> Es gibt eine Nacht, wo wir, wachend an Deinem
> Grabe, am meisten Kirche sind –
> das ist die Nacht des Kampfes, den in uns
> Verzweiflung und Hoffnung führen:
> der Kampf schlägt sich nieder auf alle historischen
> Kämpfe,

[17] S. Dziwisz, Mein Leben mit dem Papst. Johannes Paul II., wie er wirklich war, Leipzig 2007, S. 91.

[18] Johannes Paul II., Ostervigil 1966, in: Johannes Paul II., Der Gedanke ist eine seltsame Weite. Betrachtungen. Gedichte, Freiburg, Basel, Wien 1979, S. 129.

erfüllt sie alle zutiefst
(alle – ob sie den Sinn verlieren? oder gewinnen?).
In dieser Nacht erreicht der Ritus der Erde seinen
Anfang,
und tausend Jahre sind wie eine Nacht: Die Nacht
des Wachens an Deinem Grabe.[19]

Als Wojtyła einmal zum Sinn und Zweck des Betens befragt wurde, erklärte er, „der Mensch erlangt die Fülle des Gebets nicht, wenn er sich selbst auf bestmögliche Weise äußert, sondern erst, wenn er zulässt, dass Gott selbst im Gebet vollständig gegenwärtig wird."[20] Bei diesen und anderen Gelegenheiten wurde zugleich auch die Scham des Menschen erkennbar, die Erfahrungen seines spirituellen Lebens zu offenbaren. Für Wojtyła wurde das Gebet zu einem ständigen Ringen: „Aus dem Kampf für den Sieg des Guten im Menschen und in der Welt entspringt das Bedürfnis zum Gebet", so hat er einmal gesagt. Mokrzycki erinnert sich an die Worte des Papstes:

> „Ich werde für die ganze Welt beten." Dann, beim Abendessen, begann er, die Nationen aufzuzählen, die Republiken in Afrika und Asien. Ich dachte, dass er wirklich für die ganze Welt betete. Dass er die ganze Welt in Gedanken und im Gebet umarmte. Bestimmte Nationen, bestimmte Regionen, bestimmte Personen. Er behielt sie in Erinnerung.

Tatsächlich war Wojtyła der Meinung, der Papst müsse eine universale Geografie vor Augen haben. Dies galt auch für das Gebet, wie er selbst bekräftigte: „Zunächst ist es notwendig,

---

19 Ebenda, S. 147.

20 Johannes Paul II., Die Schwelle der Hoffnung überschreiten, Hamburg 1994, S. 46.

das Geheimnis zu ergründen, dabei geht es darum, dieses Geheimnis zu leben und auf die gesamte Kirche auszudehnen. Ich lebe stets in dieser Dimension, indem ich mich in Gedanken um den Globus bewege. Jeden Tag durchquere ich diese spirituelle Geografie. Meine Spiritualität ist daher ein wenig geografisch."[21] Mit seinem Gebet wollte Johannes Paul II. die Bedürfnisse der Kirche und das Leiden der Welt gleichsam umfassen. Dies tat er bisweilen, indem er sich ideell von Ort zu Ort, von Situation zu Situation begab.

Die Geografie war eine entscheidende Dimension für Karol Wojtyła, der als Mann des Gebets alles andere als weltfremd war (so lag stets, während er Bischöfe aus aller Herren Länder empfing, ein Atlas vor ihm, aufgeschlagen die Karte des Landes, aus dem sein jeweiliger Gesprächspartner kam). Er interessierte sich für die verschiedensten Aspekte des Lebens, er wollte informiert sein und las selbstverständlich Zeitung. Dieses lebhafte Interesse am Leben zeigte sich auch in jenem Aspekt seiner Existenz, der immer wieder betont wurde: seiner ständigen Bereitschaft zum Gespräch mit den Menschen, denen er als aufmerksamer Zuhörer gegenübertrat.

Der päpstliche Tagesablauf war so strukturiert, dass er möglichst viele Menschen treffen konnte. Noch dazu war der Papst in der Lage, seine Zeit ausgesprochen effizient zu nutzen. Neben dem Gebet war es vor allem die Begegnung mit den Menschen, die Wojtyła am Herzen lag. Die Tatsache, dass die außerordentliche Form der Regierung, von der im letzten Kapitel die Rede war, so viel Raum in seinem Pontifikat einnahm, bedeutet daher nicht, dass sein Leben auf Improvisation beruhte. Stanisław Dziwisz schreibt: „Johannes Paul II. [war] ein Perfektionist, weil er immer die zur Verfügung stehende Zeit bis zum Letzten ausnutzen wollte. Deshalb plante

---

[21] Zit. n. L. Accattoli/D. Del Rio, Wojtyła. Il nuovo Mosè. Mailand 1988, S. 126. Vgl. auch M. Mokrzycki/B. Grysiak, I martedì di Karol. La vita quotidiana di Giovanni Paolo II, Cinisello Balsamo (MI) 2009.

er die verschiedenen Zeiten des Tages gewissenhaft: die Gebetszeiten, die Arbeit, die Begegnungen, die er hatte, die Mahlzeiten, bei denen er sich mit den Eingeladenen unterhalten konnte, und die Ruhezeiten."[22]

Gefangen in der Krankheit

Im Laufe seines Pontifikats konnte man miterleben, wie viele Begegnungen und wie viel Arbeit Wojtyła an einem Tag zu bewältigen imstande war. Viele Jahre lang war Johannes Paul II. ein Mann großer Tatkraft. Doch dann zeigte sich die Krankheit in ihrem ganzen Ausmaß und mit all ihren Einschränkungen.

Im Jahr 1991 begannen einige Finger der linken Hand zu zittern. Im Juli 1992 kündigte der Papst öffentlich an, er werde sich in die Gemelli-Klinik einweisen lassen: wegen Darmkrebses. 1993 stürzte er und zog sich dabei eine Verrenkung der rechten Schulter zu. Es folgte eine Hüftoperation. Die Symptome der Parkinson-Krankheit wurden bald immer deutlicher und schränkten ihn in seiner Lebensführung immer mehr ein. Der Papst, den man nun zu Gesicht bekam, war schwach und krank. Solange Wojtyła seinen Verpflichtungen nachkommen konnte, so Stanisław Dziwisz, wollte man seine Krankheit nicht öffentlich machen. Später ertrug Johannes Paul II. seine Krankheit mit großer Kraft und vor den Augen der Öffentlichkeit. Zwar verkürzte er die Dauer seiner Reden, verzichtete aber bewusst nicht auf den Kontakt mit den Menschen und nahm weiterhin viele Verabredungen wahr.

Zum Jubiläumsjahr 2000, einem großen Ereignis für die gesamte Kirche, stellte sich ein kranker und sichtlich gealterter Papst den unbarmherzigen Blicken der Medien. 1999 beschrieb ihn Bill Clinton nach einer Begegnung so: „Er hat Par-

[22] S. Dziwisz, Mein Leben mit dem Papst, S. 87.

kinson. Man hilft ihm auf die Beine [...]. Aber er ist nach wie vor sehr wach im Geist."[23] Im Laufe des Jahres 2000 nahm er unzählige öffentliche Termine wahr. Johannes Paul II. kämpfte gegen die Krankheit bis in die letzten Jahre hinein, als ihn der Schmerz bereits ermattet hatte. Der Leib des Papstes, bei vielen seiner Vorgänger unnahbar und geradezu ätherisch, wurde durch Johannes Paul II. zum Körper eines irdischen Menschen: zunächst stark und gesund, dann verletzlich, schließlich alt und krank.

Vor diesem Hintergrund wurde einmal mehr die Frage nach einem Rücktritt des Papstes diskutiert, wie ihn bereits Paul VI. in Erwägung gezogen hatte. Nach dem Zweiten Vatikanischen Konzil betraf die Rücktrittsregelung alle Bischöfe, die das 75. Lebensjahr erreicht hatten; die Tradition, derzufolge ein Bischof sein Leben lang mit seiner Diözese verbunden blieb, war durchbrochen. Durch den Anstieg des Durchschnittsalters hätte der Episkopat sonst bald in weiten Teilen aus alten Männern bestanden. Paul VI. hatte zudem verfügt, dass Kardinäle, die das achtzigste Lebensjahr überschritten hatten, nicht mehr am Konklave teilnehmen durften. Infolgedessen zogen sich die betreffenden Kardinäle auch von ihren Kurienämtern zurück. Wenn dem nun aber so war, musste dann nicht auch der Papst die Altersgrenze einhalten, die den Bischöfen oder jedenfalls den Kardinälen auferlegt war? Indes, für den Papst, so wurde es unter Montini ausgehandelt, sollte unter Rücksicht auf sein besonderes Amt und seine gleichsam väterliche Rolle eine Ausnahme gelten. Auch in Zukunft sollte er bis zu seinem Tod im Amt bleiben.

Im Jahr 1995 wurde Johannes Paul II. fünfundsiebzig Jahre alt. Bereits 1989 hatte er eine Verfügung hinterlegt, in der er die Absicht bekundete, auf das Pontifikat zu verzichten, sollte er unheilbar oder langfristig erkranken und dadurch an

---

[23] Vgl. T. Branch, The Clinton Tapes. Wrestling History with the President, London u.a. 2009, S. 295.

der angemessenen Ausübung seines apostolischen Amtes gehindert werden. Dies sollte auch für den Fall gelten, sollte er aus anderen, schwerwiegenden Gründen langfristig indisponiert sein. Ganz ähnlich war bereits Paul VI. verfahren. Im Jahr 1994 konsultierte Johannes Paul II. dann verschiedene Persönlichkeiten – unter anderem auch Kardinal Ratzinger – zur Frage eines eventuellen Rücktritts. Kardinal Fagiolo, ein Jurist, erarbeitete daraufhin mit einer kleinen Gruppe von Mitarbeitern das Szenario eines Rücktritts Johannes Pauls II. und berücksichtigte dabei auch die möglichen Folgen für die Kirche – speziell mit Blick auf eventuelle Divergenzen. Als er schließlich sein Gutachten vorlegen konnte, kam Johannes Paul II. zu dem Schluss, dass er „nur im Falle einer unheilbaren Krankheit oder einer anderen Behinderung auf das Amt verzichten" könne. Abgesehen von allen kirchenrechtlichen Erwägungen stellte er bei dieser Gelegenheit unmissverständlich fest, dass es ihm eine große Gewissenspflicht sei, seine Aufgabe, die ihm Christus selbst anvertraut habe, fortzuführen. Als Johannes Paul II. bereits schwer erkrankt war, erklärte Mons. Dziwisz Ende 2004 gegenüber Kardinal Herranz, der Papst befürchte, im Falle eines Rücktritts „einen gefährlichen Präzedenzfall zu schaffen". Kardinal Medina wiederum berichtet, der Papst habe allen, die ihn nach den Gründen fragten, weshalb er nicht zurücktrete, geantwortet: „Weil Jesus auch nicht vom Kreuz herabgestiegen ist."[24]

Johannes Paul II. suchte mit all seiner Kraft den Erwartungen zu genügen und hatte dabei keine Scheu, sich gebeugt und krank in der Öffentlichkeit zu zeigen. Die letzten Jahre wurden so zu einem Kampf gegen die Zeit – und gegen den eige-

---

[24] Vgl. La dichiarazione del cardinale Medina Estévez al Processo di beatificazione e canonizzazione del Servo di Dio Giovanni Paolo II, Bd. 2, S. 243–255. J. Herranz, Nei dintorni di Gerico. Ricordi degli anni di Josemaria e con Giovanni Paolo II, Mailand 2005, S. 451; S. Dziwisz, Mein Leben mit dem Papst, S. 215.

nen Körper. Im Jahr 2004 unternahm er eine Reise in die Schweiz, wo er eine Kirche vorfand, zu deren Wiedererstarken er beitragen wollte. Seine letzte Reise führte ihn im selben Jahr anlässlich des Festes Mariä Himmelfahrt nach Lourdes. Vor der Grotte, in der Maria der Bernadette erschienen war, sprach der Papst die Worte: „Ich bin am Ziel meiner Pilgerreise angelangt." Es schien wie ein Abschied. Die Anwesenden, unter ihnen der französische Staatspräsident Jacques Chirac, sahen einen Mann vor sich, der am Ende war, dessen Stimme heiser und bisweilen wie erstickt wirkte. Dies zeigte sich auch während der Predigt am 15. August 2004, als er seine Mitarbeiter um Hilfe bat. Marco Politi bemerkte in diesem Zusammenhang:

> So hat er die letzten Jahre verbracht, indem er seinen Schmerz durch die Welt trug. Er war nicht mehr der Athlet Gottes, er war ein Schatten seiner selbst. Er war nicht mehr der Papst mit der hervorstechenden Physis, wie ihn die Welt in den ersten fünfzehn Jahren des Pontifikats kennengelernt hatte. [...] Diesen Wojtyła gab es nicht mehr, als er sich im Jubiläumsjahr mit kleinen, zögernden Schritten der Klagemauer in Jerusalem näherte, um dort das *mea culpa* der Kirche für die antisemitischen Schrecken zu hinterlassen. Aber auch wenn Johannes Paul II. von Pein geplagt wurde, so gelang es ihm doch, seinen Körper zu einem Medium der Kommunikation zu machen. Er stieg die Gangway der Flugzeuge hinauf und hinab, mit dem langsamen Schritt eines Märtyrers, der sich blutig in die Arena schleift. Und gerade so bewegte er die Herzen. Dann war auch diese Zeit zu Ende. Und es begann das Drama eines Papstes, der auf Podesten und Thronen auf Rädern transportiert wurde.

Der Papst akzeptierte nicht, dass sein Leben und sein Amt mit dem Niedergang seiner physischen Kräfte zu Ende gingen.

Darin bestand sein persönlicher Kampf für das Leben, nach all den Kämpfen für die „Kultur des Lebens". Ein ums andere Mal wollte er zeigen, dass er noch am Leben, noch präsent war, auch wenn seine Stimme zunehmend versagte. „Das schmerzvolle, ausgezehrte Bild eines unbeugsamen Willens, verwoben in die Schlingen eines zunehmenden Unvermögens", so heißt es bei Politi weiter. Karol Wojtyła hatte mit dem Apostel Paulus immer daran geglaubt, dass sich die Kraft des Christen gerade in seiner Schwäche offenbare, doch nun schien er gefesselt zu sein, ein Gefangener seiner Schwäche, die ihn sogar daran hinderte, mit den Menschen zu kommunizieren. Gaspare Barbiellini Amidei bemerkte, der kranke Papst „schwäche die Kirche nicht", sondern „verleihe ihr nur noch mehr Gewicht". „Seine Geduld angesichts der Krankheit wurde zur Pädagogik für die Masse."
Benedikt XVI. hat mir gegenüber auf die Frage, wie Wojtyła es überhaupt vermocht habe, in einem derart schlechten Gesundheitszustand die Kirche zu führen, unumwunden geantwortet:

> So konnte man sich vernünftigerweise fragen: Ist es möglich, die Kirche in diesem Gesundheitszustand zu regieren? Heute, aus retrospektiver Sicht, verstehen wir die Tragweite jener Jahre des Leidens besser. Wir sehen, dass er auf seinen schwach gewordenen Schultern das Gewicht seines Amtes trug. Sein Leben war in den letzten Jahren eine wahre Katechese des Leidens geworden. Heute, in der Welt der Gegenwart, bleiben die Leidenden und die Leiden im Verborgenen. Aber das Leiden ist ein wesentlicher Teil des menschlichen Lebens. Johannes Paul II. hat mit seinem persönlichen Leiden gezeigt, dass das Christentum die Religion des Gekreuzigten ist.

Auf diese Weise habe Johannes Paul II., so Ratzinger, geradezu einen neuen Modus des Regierens gefunden:

Ja, man kann auch mit dem Leiden regieren. Es ist gewiss etwas Außergewöhnliches. Aber nach einem langen Pontifikat und nach einem langen aktiven Leben als Papst war eine Zeit des Leidens bedeutungsvoll und vielsagend, wurde sie doch fast zu einer Art Regierungsmethode.[25]

Todeskampf

Unausweichlich aber näherte sich die Stunde des Todes. Wie lange würde der Kampf dauern? In einem Gedicht über die Sixtinische Kapelle hatte Johannes Paul II. einst gelassen über seinen Tod geschrieben:

> Die Menschen, denen die Sorge um das Erbe der Schlüssel
> anvertraut wurde,
> versammeln sich hier unter dem Eindruck der Malerei
> der Sixtina,
> einer Vision, die Michelangelo uns hinterlassen hat –
> So war es im August, und so war es dann im Oktober
> des denkwürdigen Jahres zweier Konklaven,
> und so wird es wiederum sein, wenn es erforderlich wird.
> nach meinem Tode.[26]

Wie konnte ein Mann die Kirche regieren, der am Ende seiner Kräfte war und dennoch unablässig gegen das Böse kämpfte – und gegen seinen Körper? Wie konnte er seinen Willen ausdrücken und Entscheidungen treffen? Nachdem Johannes Paul II. am 8. Februar 2005 ins Krankenhaus eingewiesen

---

[25] Gespräch des Autors mit Benedikt XVI.

[26] Johannes Paul II., Meditation über das Buch ‚Genesis' an der Schwelle zur Sixtinischen Kapelle, in: Johannes Paul II., Römisches Triptychon. Meditationen. Mit einer Einführung von Joseph Kardinal Ratzinger, Freiburg, Basel, Wien 2003, S. 36f.

worden war, erklärte Kardinal Sodano gegenüber den Journalisten, die ihn zu einem möglichen Rücktritt des Kirchenoberhaupts befragten: „Das überlassen wir dem Gewissen des Papstes. Wenn es einen Mann gibt, der in der Kirche vom Heiligen Geist geleitet wird, wenn es einen Mann gibt, der die Kirche mehr als alle anderen liebt, wenn es einen Mann gibt, der eine wunderbare Weisheit besitzt, dann ist es der Papst." Die Öffentlichkeit interpretierte die Äußerungen des Kardinals so, dass ein Rücktritt nicht gänzlich auszuschließen sei. Wojtyła bewies aber auch in dieser Frage einen unbeugsamen, starken Willen. Er war bereit, seinen kranken Körper dem Amt unterzuordnen, so wie er auch seine außerordentliche Regierung nach Kräften verfolgt hatte. Kardinal Re, der Präfekt der Bischofskongregation, der Wojtyła sehr nahestand, reagierte denn auch mit den Worten: „Über einen Rücktritt zu sprechen ist geschmacklos." Und der polnische Kardinal Zenon Grocholewski sagte aufschlussreich: „Der Papst denkt nicht an Rücktritt, sondern will zeigen, dass es lohnt, sich selbst bis zum Letzten zu geben."
Daraufhin meldete sich Johannes Paul II. selbst zu Wort, nachdem er zuvor noch einmal in der Gemelli-Klinik behandelt worden war. Am Abend des 10. Februar kehrte der Papst in den Vatikan zurück. Doch er tat dies nicht diskret im Auto oder im Krankenwagen, sondern nutzte dafür überraschenderweise das Papamobil, das sonst nur bei triumphalen Anlässen zum Einsatz kam. Die Menschen konnten ihn sehen, wie immer. Aber Wojtyłas Körper war ausgezehrt: „Nur aus den tiefliegenden Augenhöhlen drang sein Blick nach außen. Verzweifelt und unbeugsam zugleich", beschrieb ihn Politi. Inzwischen war klar, dass er bis zum Tod im päpstlichen Amt bleiben würde. Für die Menschen aber, die seit Jahren an die Leiden dieses Papstes und sein langes Pontifikat gewöhnt waren, schien der Tod kein unmittelbar bevorstehendes Ereignis zu sein. Die öffentliche Aufmerksamkeit und wohl auch die Anteilnahme waren auf Wojtyłas Bemühungen ge-

richtet, weiterzuleben. Nur wenige stellten sich insgeheim die Frage nach der Zukunft.
Am 13. Februar 2005 konnte man noch einmal einige Worte des Papstes zum Angelusgebet vernehmen. Wenige Tage später veröffentlichte die „Editrice Vaticana" sein letztes Buch, „Memoria e identità" („Erinnerung und Identität"), einen für Wojtyła charakteristischen Text, in dem er seine theologischen Reflexionen mit historischen und geopolitischen Gedankengängen verbindet. So vereint das Buch Äußerungen Johannes Pauls II. aus Gesprächen über Themen wie Nation, Totalitarismus, Europa, Demokratie, das Böse und die Erlösung. Wojtyła wurde damit noch einmal zum Gesprächsstoff: nicht nur mit Blick auf seine Krankheit, sondern auch auf seine Ideen.[27]
Am 24. Februar wurde er nach einem Erstickungsanfall abermals in die Gemelli-Klinik eingewiesen. Man nahm einen Luftröhrenschnitt vor. Der Papst hatte Mühe zu sprechen und verständigte sich schriftlich. Am 13. März kehrte er ein letztes Mal in den Vatikan zurück. „Wojtyła scheint abgemagert und verloren. Nur seine Segensgesten sind entschlossen."[28] Die Liturgie der Karwoche und des Osterfestes zelebrierte der Papst nun nicht mehr persönlich – eine Entscheidung, die viel über seinen Gesundheitszustand aussagte. Tatsächlich sollte er den Petersdom nicht mehr als Lebender betreten. Zwar zeigte er sich noch am Fenster seiner Wohnung, sprechen allerdings konnte er nicht mehr. Zu Ostern hörte man ihn nur flüstern: „Ich habe keine Stimme." „Erschüttert, verbittert und zugleich wie erschöpft von der nutzlosen Anstrengung", vertraute er Stanisław Dziwisz an: „Vielleicht wäre es besser, dass ich sterbe, wenn ich die mir anvertraute Aufgabe nicht

[27] Johannes Paul II., Erinnerung und Identität. Gespräche an der Schwelle zwischen den Jahrtausenden, Augsburg 2005.
[28] M. Politi, Papa Wojtyła, l'addio, Brescia 2007, S. 120 und 125. Siehe auch L'agonia mediatica di Giovanni Paolo II, Sonderausgabe von Religioni e società 53 (2005).

erfüllen kann."[29] Die letzten Tage waren schwer, und sie blieben es bis zum 2. April. Schwester Tobiana, eine polnische Nonne, die bereits in Krakau bei Wojtyła gewesen war und dem Papst aufmerksam und diskret zur Seite stand, vernahm an jenem Abend, was Wojtyła murmelte: „Lasst mich zum Herrn gehen." Dann starb Johannes Paul II.[30]
In der Zwischenzeit hatte sich der Petersplatz mit Menschen gefüllt. Wie beim Tod Johannes' XXIII. vollzog sich das Sterben des Papstes vor einer dichtgedrängten, teilnahmsvollen Menschenmenge auf dem Platz. Schließlich war Wojtyłas Leben genauso verlaufen: immer inmitten der Menschen. Paul VI. war in der diskreten Zurückgezogenheit von Castel Gandolfo gestorben, nachdem ihn in hohem Alter eine plötzliche Krankheit heimgesucht hatte. Den Luciani-Papst hatte der Tod allein mitten in der Nacht ereilt. Nicht so Johannes Paul II., der am Vorabend des ersten Sonntags der Osterzeit in einer Gemeinschaft von Menschen starb, die sich von seinen Gemächern auf den Platz und von dort, durch die Medien, über die ganze Welt erstreckte. Die Polen, die um ihn herum versammelt waren, konnten nicht umhin daran zu denken, dass sein Todestag auf den Vorabend genau jenes Sonntags fiel, den Johannes Paul II. – gemäß der Offenbarung von Schwester Faustyna Kowalska, die fast siebzig Jahre zuvor, im Jahr 1938, in Krakau gestorben war – der Göttlichen Barmherzigkeit geweiht hatte.
Seine letzten Worte vertraute Johannes Paul II. seinem Testament an, mit dessen Niederschrift er 1979 begonnen hatte, das aber immer wieder Zusätze erhielt, da er es anlässlich der geistlichen Exerzitien jedes Jahr aufs Neue durchging. Als Modell diente ihm dabei das Testament Pauls VI., ein Dokument von beachtlichem literarischen und religiösen Rang. Wojtyłas Text war am Ende schlichter und entsprach so mehr seinem eigenen Lebensweg.

[29] S. Dziwisz, Mein Leben mit dem Papst, S. 259f.
[30] Ebenda, S. 262.

An seinem Testament lässt sich unter anderem nachvollziehen, wie intensiv Johannes Paul II. über seine letzte Ruhestätte nachdachte. Wie Paul VI. wollte er in der Erde bestattet werden. Zunächst dachte er dabei an eine Beerdigung in Krakau und überließ die Entscheidung darüber den Kardinälen und seinen „Landsleuten" (dem Erzbischof von Krakau sowie dem Generalrat der polnischen Bischöfe, wie er 1982 präzisierte). Vermutlich dachte er in den ersten Jahren, dass die Grablegung in Krakau ein Zeichen der Unterstützung für seine polnische Heimat sein könnte, die sich damals in einer schwierigen Situation befand. Doch dann änderte er seine Meinung. 1985 entband Johannes Paul II. die Kardinäle förmlich von der Verpflichtung, den polnischen Episkopat über seine letzte Ruhestätte zu befragen. Und in der Tat gab es 2005 keinen Zweifel mehr daran, dass Johannes Paul II. in der Grotte unter dem Petersdom begraben werden würde, wie seine unmittelbaren Vorgänger. Im Testament heißt es:

> Ich hinterlasse keinen Besitz irgendwelcher Art, für den Anweisungen nötig wären. Was die Dinge des täglichen Gebrauchs betrifft, die mir gedient haben, bitte ich darum, sie zu verteilen, wie es angemessen erscheint. Die privaten Notizen mögen verbrannt werden. Ich bitte darum, dass über all dies Don Stanislao (Dziwisz) wachen möge, dem ich für die so langjährige und verständnisvolle Zusammenarbeit und Hilfe danke. Alle anderen Danksagungen hingegen behalte ich im Herzen vor Gott selbst, denn es ist schwierig, sie auszudrücken.[31]

[31] Johannes Paul II., Ich bin froh – seid ihr es auch! Das Testament, München 2005, S. 53.

In dem Abschnitt des Testaments, der im Jahr 2000 entstanden ist, dankte der Papst ganz allgemein den Mitarbeitern der Kurie, des römischen Vikariats und in der ganzen Welt, den katholischen Bischöfen, aber auch den Nichtkatholiken, den Politikern und Vertretern der Kultur. Er nannte jedoch keinen Namen – mit Ausnahme von Stanisław Dziwisz, und, was überraschte, von Elio Toaff, dem Rabbiner von Rom, der ihn 1986 in der Synagoge am Tiber empfangen hatte. Beide waren durch wechselseitige Achtung und Freundschaft miteinander verbunden. Aber auch wenn ihre Beziehung als ausgesprochen gut galt, war man dennoch verwundert, dass Johannes Paul II. unter den vielen Menschen aus den unterschiedlichsten religiösen Zusammenhängen (mit denen er intensive Kontakte pflegte) ausgerechnet Rabbiner Toaff genannt hatte. Zu Recht tat man sich schwer, die Nennung dieses Namens allein als ein Zeichen persönlicher Zuneigung und Freundschaft zu deuten. Tatsächlich stand dahinter eine Botschaft, die über das rein private Verhältnis hinausging: Mit großer symbolischer Geste wollte Johannes Paul II. an den Rabbiner jener Stadt erinnern, deren Bischof er war. Sein Pontifikat hatte am 16. Oktober 1978 begonnen, dem Jahrestag der Razzia im römischen Ghetto durch die deutschen Besatzer 1943. Wojtyła fühlte sich dem Judentum eng verbunden, enger als all seine Vorgänger. Genau an diese Verbundenheit wollte er, wie er es bisweilen tat, mit besonderem Nachdruck in seinem Testament erinnern, indem er den Namen Toaffs nannte. Der Papst, als Freund des Rabbiners, gemahnte damit auch die Kirche an ihre unauflösliche Freundschaft mit Israel und den Juden als „älteren Brüdern“. Seine Botschaft an die Kirche lautet schlicht und einfach, die starke und lebendige Beziehung zum Judentum auch weiterhin zu pflegen. In schöpferischer Weise griff Johannes Paul II. so die Vision von Adam Mickiewicz wieder auf, die dieser in seiner Schrift

„Simbolo politico polacco“ umrissen hatte, erschienen 1948 im Verlag der Kongregation „Propaganda Fide“ auf polnisch und italienisch: „Israel, unserem älteren Bruder, Respekt, Brüderlichkeit, Hilfe im Leben zu seinem ewigen und irdischen Wohl.“[32] Der Frieden mit Israel war Zeichen einer neuen Epoche im Zusammenleben der Völker.

Fünf Jahre vor seinem Tod hatte der Papst im Testament auf sein Leben zurückgeblickt, angefangen bei den Erfahrungen in Wadowice: bei seiner Familie (er nennt hier auch die bereits vor seiner Geburt verstorbene Schwester), seinen Klassenkameraden, den Freunden, den Zusammenhängen, in denen er tätig war und mit denen er, in Krakau wie in Rom, verbunden blieb. Sein Pontifikat, so erinnerte er sich, habe mit der Prophetie von Kardinal Wyszyński begonnen: „Die Aufgabe des neuen Papstes wird es sein, die Kirche ins dritte Jahrtausend zu führen.“[33] Und weiter bemerkte Wojtyła: „Nach den Plänen der Vorsehung wurde es mir gegeben, im schwierigen Jahrhundert zu leben, das jetzt in die Vergangenheit eingeht, und jetzt, in dem Jahr, in dem mein Leben das achtzigste Jahr erreicht [...], muss man sich fragen, ob es nicht Zeit ist, mit dem biblischen Simeon zu sagen: ‚Nunc dimittis‘ [...].“

Auf seinem persönlichen Lebensweg, so fuhr der Papst fort, bildete das Attentat vom 13. Mai 1981 eine wichtige Zäsur: Der Herr „hat mir dieses Leben verlängert, in gewisser Weise hat er es mir neu geschenkt. Seit diesem Augenblick gehört es ihm noch mehr“. Noch einmal kehrte er zu jener Vorstellung vom Leben als gottgewolltes Überleben zurück, die er bereits als junger Mann angesichts der nationalsozialistischen Gräueltaten und Deportationen während des Zweiten Weltkriegs entwickelt hatte. In seinem Testament betonte Johannes Paul II.

32 A. Mickiewicz, Scritti politici. Hrsg. v. M. Bersano Begey, Turin 1965, Sp. 359f.

33 Dies und die folgenden Zitate in: Johannes Paul II., Ich bin froh – seid ihr es auch!, S. 58f.

daher, dass in ihm nach dem Attentat noch mehr das Bewusstsein herangereift war, sein Leben sei ein Geschenk und müsse gänzlich der Ausübung seines Dienstes geweiht werden.

Die Totenmesse am 8. April 2005 wurde von Kardinaldekan Ratzinger auf dem Petersplatz zelebriert, vor mehr als drei Millionen Menschen, die sich dort versammelt hatten. In den Tagen zuvor hatten all diese Menschen Schlange gestanden (zum Teil vierundzwanzig Stunden lang, wie es hieß), um den im Petersdom aufgebahrten Leichnam des Papstes zu sehen und sich von ihm zu verabschieden. Die Nationen der Welt schienen versammelt, um Johannes Paul II. zu ehren: 172 Länder und internationale Organisationen waren durch ihre höchsten Repräsentanten bei den Trauerfeierlichkeiten vertreten – die Arabische Liga etwa durch Amr Moussa und die UNO durch Kofi Annan. Unter den arabischen Ländern, die eigene Delegationen nach Rom entsandt hatten, befand sich nicht nur Ägypten, mit dem der Heilige Stuhl diplomatische Beziehungen unterhielt, sondern sogar Saudi-Arabien. Auf den Treppenstufen vor der Basilika trafen der iranische Präsident Khatami und Israels Staatspräsident Katsav aufeinander (und begrüßten sich). Insgesamt waren es über achtzig Staats- und Regierungschefs. Präsident George W. Bush erschien in Begleitung Bill Clintons, seines Vaters sowie von Außenministerin Rice. Der algerische Präsident Bouteflika begegnete auf dem Petersplatz einem Großteil der europäischen Führungspersönlichkeiten. Es fehlten Vertreter der chinesischen Regierung, was wohl mit der Anwesenheit des taiwanesischen Präsidenten zusammenhing (möglicherweise hätte Peking einen Vertreter entsandt, wenn der Vatikan auf die Präsenz Taiwans verzichtet hätte). Dass so viele hochrangige Persönlichkeiten in Rom versammelt waren, unterstrich einmal mehr die Bedeutsamkeit des Ereignisses. Ein Mann von historischer Bedeutung war gestorben, darin waren sich alle einig, und deshalb durften auch die Großen der Welt bei den Trauerfeierlichkeiten nicht fehlen.

Zu den zahlreichen Vertretern aus der katholischen Kirche gesellten sich viele Repräsentanten der meisten anderen christlichen Kirchen. Auch die Rabbiner von Rom, Di Segni und Toaff, waren mit diversen jüdischen Vertretern auf dem Petersplatz erschienen, von denen einige sogar aus Israel kamen. Selbst Muslime (mit einem Vertreter der Kairoer Al-Azhar-Universität), Sikhs, Hindus und die verschiedenen buddhistischen Schulen waren anwesend. So fügte sich die Geografie der Beziehungen, die Wojtyła entworfen und gepflegt hatte, bei seinem Begräbnis vor aller Augen von neuem zusammen. Es war ein einmaliges Ereignis für ein Jahrhundert, das mit dem 11. September 2001 im Zeichen des Zusammenpralls von Kulturen und Religionen begonnen hatte. Die katholischen Trauerfeierlichkeiten für Wojtyła vereinten viele unterschiedliche Menschen und Gruppen, die zum Teil miteinander in Konflikt standen. Politiker und Staatsmänner begegneten Vertretern der Religionen. Aber auch viele andere Menschen wurden in das Geschehen einbezogen, Katholiken wie Nichtkatholiken. In gewisser Weise war dieses Ereignis die Epiphanie des Lebens von Karol Wojtyła.

In seinem Testament hatte der Papst den Sinn seines Lebens ganz sachlich als „diese wichtigere Sache" umschrieben, „der ich zu dienen versuche: das Heil der Menschen, die Bewahrung der Menschheitsfamilie, und darin aller Nationen und Völker (unter ihnen wende ich mich auch in besonderer Weise an mein irdisches Vaterland), gewinnbringend für die Personen, die er mir besonderes anvertraut hat, für die Frage der Kirche, für die Ehre Gottes selbst".[34]

Das Leben Karol Wojtyłas war lang und reich an bedeutungsvollen Ereignissen. Allein die Dauer seines Pontifikats ist bemerkenswert, das mit siebenundzwanzig Jahren (nach Pius IX., der fast zweiunddreißig Jahre im Amt war) das zweitlängste in der Geschichte des Papsttums überhaupt war.

---

34 Ebenda, S. 56.

Angesichts der vielen Geschehnisse und Begebenheiten geraten die Grundlinien von Wojtyłas Pontifikat bisweilen fast ein wenig aus dem Blick. Anekdoten und Erinnerungen gibt es zuhauf aus diesen siebenundzwanzig dicht gedrängten Jahren. Am Ende hat sich jeder sein eigenes Bild von Johannes Paul II. gemacht, eigene, teilweise parteiische Interpretationen entwickelt. Zahlreiche, bisweilen umfangreiche Biografien sind erschienen.
Johannes Paul II. stellte sich seiner Verantwortung als Papst nicht mit einem einzelnen konkreten Projekt. Vielmehr ging es ihm darum, die Komplexität und Weite der Welt selbst zu erfahren. Karol Wojtyła war ein Mann der Erfahrung, der Begegnung, ein phänomenologisch denkender Philosoph, der das Leben liebte. Er war aber auch ein Mann, der im Strudel eines intensiven Lebens einen Weg zu finden suchte, der sich von Zeichen leiten ließ und eine Vision entwickelte, der er konsequent folgte. Dies wird bereits in einem Gedicht deutlich, das auf seine Zeit in Polen zurückgeht, in einer Situation, in der die Zukunft seines Heimatlandes alles andere als gewiss war. Neben der Mystik kann auch die Poesie ein erhellendes Licht auf Johannes Paul II. werfen. In einigen, teilweise bereits zitierten Versen, heißt es:

> Mir scheint aber, daß der Mensch aus Mangel an „Sehen“ leide.[35]

Doch wie konnte man zu einer solchen Vision gelangen? Karol Wojtyła fügte einige Verse hinzu, die gewissermaßen die innere „Methode“ seines eigenen Lebens beschrieben:

> Wer aus Mangel an Sehen leidet – muß durch die Zeichen hindurch

[35] Dies und das folgende Zitat in K. Wojtyła, Der Gedanke ist eine seltsame Weite. Betrachtungen und Gedichte, Freiburg, Basel, Wien 1979, S. 73.

zu dem, was ihn tief bedrückt, was im Wort
heranreift als Frucht.
Ist etwa das jene Last, die Jakob empfand in Gedanken,
als müde Sterne in ihm, wie Augen von Schafen
versanken?

Auch als Papst war Wojtyła darauf bedacht, die vielen, zum Teil unscheinbaren Aspekte des Lebens und die Menschen um ihn herum wahrzunehmen. Davon ließ er sich auch nicht durch die schwindelerregende Dynamik seiner Existenz, durch die unzähligen Bruchstücke dieses Lebens abhalten. Immer hatte er eine oder gleich mehrere Visionen vor Augen, die ihre Wurzeln zum Teil weit in der Vergangenheit hatten und sich im Laufe seines Lebens, in einer spirituellen und menschlichen Suche, weiterentwickelten. So ist Karol Wojtyła von vielen als besonders innerliche und authentische Persönlichkeit wahrgenommen worden, aber auch als jemand, der sich von der Geschichte nicht hat beugen lassen, ja, als ein Mann, der versuchte, den Lauf der Geschichte zu verändern. Das war Johannes Paul II. wirklich: ein Mann, der sich nicht von der Geschichte beugen ließ, der die Hoffnung nie aufgegeben hat, sie zu verändern und zu überwinden. Er war ein Mann, der auch in schwierigsten Momenten noch nach einer Zukunftsvision suchte, indem er – die Zeichen der Zeit im Blick – einen neuen Weg suchte. Vor allem in den letzten Jahren seines Lebens wurde er daher als ein großer Mann unserer Zeit betrachtet, auch außerhalb der katholischen Kirche. Seine Geschichte zu schreiben und die Jahre seines Pontifikats noch einmal zu rekapitulieren, bietet auch eine Möglichkeit, der Gewohnheit unserer Zeit, die Geschichte umzudeuten und zu verflachen, zu entkommen.
Anhand neuer Studien und Dokumente wird die Geschichte Johannes Pauls II. weiter ergründet werden – eine Geschichte, die nicht nur reich war an Ereignissen, sondern die das Leben einer besonderen, aufgeschlossenen Persönlich-

keit erzählt, die sich noch in fortgeschrittenem Alter darum bemühte, neue Welten und Probleme zu durchdringen. Und auch wenn das römische Pontifikat aus seiner katholischen Natur heraus immer schon eine universale Dimension besitzt, so war doch gerade Johannes Paul II. als Protagonist seiner Zeit zwischen dem Kalten Krieg und der Globalisierung ein durch und durch „global" agierender Papst. Er war ein Mann, mit dem sich die nachfolgenden Generationen werden auseinandersetzen müssen. David Maria Turoldo, ein italienischer Dichter und Literat, ein Christ von großer spiritueller Sensibilität und ein kritischer Geist, hat die Kraft der Persönlichkeit Johannes Pauls II. bereits zu Beginn seines Pontifikats intuitiv erfasst und beschrieben:

> Wojtyła, du bist der Wind
> der Hoffnung, die nicht besiegt wurde,
> durch die Zäune von Auschwitz,
> und nicht nur für dein Polen.
>
> Wind der Hoffnung
> über alle Grenzen hinaus,
> Wind über den Wäldern:
>
> ein Wind, höher noch
> als euer Stolz,
> oh ihr Menschen, Spielball
> endloser Ängste.[36]

[36] Gedicht von D. M. Turoldo in der italienischen Ausgabe von: J. De Roeck, L'uomo della Polonia, Casale Monferrato 1978.

Personenregister